प्रिंसिपल ऑफ कंप्यूटर साइंस
(Principle of Computer Science)

प्रिंसिपल ऑफ कंप्यूटर साइंस
(Principle of Computer Science)

लेखक :

डॉ. एस.एस. श्रीवास्तव

एम.एससी., पीएच.डी., पी.जी.डी.सी.ए.

विभागाध्यक्ष, गणित विभाग

शा. स्नातकोत्तर महाविद्यालय, शहडोल (म. प्र.)

FIREWALL MEDIA

(An Imprint of Laxmi Publications Pvt. Ltd.)

An ISO 9001:2008 Company

**BENGALURU • CHENNAI • COCHIN • GUWAHATI • HYDERABAD
JALANDHAR • KOLKATA • LUCKNOW • MUMBAI • RANCHI • NEW DELHI
BOSTON (USA) • ACCRA (GHANA) • NAIROBI (KENYA)**

प्रिंसिपल ऑफ कंप्यूटर साइंस (PRINCIPLE OF COMPUTER SCIENCE)

भारत में मुद्रित और जिल्दबंद

टाइपसैट : जे.आर. इंटरप्राइजिज, दिल्ली

प्रथम संस्करण : 2008

FPR-2952-285-PRINCIPLE OF COMP. SCIENCE-H

ISBN : 978-81-318-0343-1

Price : ₹ 285.00 *Only*

दायित्व की सीमाएँ/आश्वासन का अस्वीकरण : इस कार्य की सामग्री की परिशुद्धता या पूर्णता के संदर्भ में प्रकाशक और लेखक निरूपण या आश्वासन नहीं देते हैं और विशेषतया सभी आश्वासनों को अस्वीकार करते हैं। इसमें अंतर्विष्ट परामर्श, कौशल और क्रियाकलाप प्रत्येक स्थिति में अनुकूल नहीं हो सकते। निष्पादित क्रियाकलापों के दौरान बड़ों का निरीक्षण आवश्यक है। इसी प्रकार, इस पुस्तक या अन्य प्रकार से वर्णित, किसी और सभी क्रियाकलापों को संपादित करने हेतु सामान्य बुद्धिमत्ता और सावधानी आवश्यक है। इससे होने वाली किसी भी प्रकार की क्षति या नुकसान के लिए प्रकाशक या लेखक उत्तरदायी नहीं होंगे और न ही कोई जिम्मेदारी लेंगे। तथ्य यह है कि इस पुस्तक में उद्धरण या अतिरिक्त सूचना के संभावित स्रोत के रूप में उल्लेखित संस्था या वेबसाइट का अर्थ यह नहीं है कि लेखक या प्रकाशक सूचना, संस्था या वेबसाइट का समर्थन या अनुशंसा करते हैं। साथ ही पाठकों को यह अवश्य ज्ञात रहे कि पुस्तक में उद्धरित इंटरनेट वेबसाइट्स, पुस्तक को लिखने और पढ़ने के समयांतराल में बदली अथवा लुप्त की जा सकती हैं। इस पुस्तक में दर्शाए गए सभी मार्का, प्रतीक या अन्य कोई चिह्न; जैसे कि विबग्योर, यूएसपी, अमान्डा, गोल्डन बेल्स, फायरवॉल मीडिया, मरक्यूरी, ट्रिनिटी और लक्ष्मी सभी व्यापारिक चिह्न हैं और लक्ष्मी पब्लिकेशंज़ तथा इसके सहायक अथवा संबद्ध संस्थाओं की अपनी या अनुज्ञप्त बौद्धिक संपत्ति हैं। इस बात से भी इनकार नहीं किया जा सकता कि इस पुस्तक में वर्णित सभी नाम और चिह्न उनके निजी मालिकों के व्यापारिक नाम, मार्का या सेवा-चिह्न हैं।

शाखाएँ

✆ कोचीन	0484-237 70 04, 405 13 03
✆ कोलकाता	033-22 27 43 84
✆ गुवाहाटी	0361-254 36 69, 251 38 81
✆ चेन्नई	044-24 34 47 26, 24 35 95 07
✆ जालंधर	0181-222 12 72
✆ बेंगलुरु	080-26 75 69 30
✆ मुंबई	022-24 91 54 15, 24 92 78 69
✆ राँची	0651-220 44 64
✆ लखनऊ	0522-220 99 16
✆ हैदराबाद	040-27 55 53 83, 27 55 53 93

भारत में प्रकाशित, द्वारा–

FIREWALL MEDIA

(An Imprint of Laxmi Publications Pvt. Ltd.)

(An ISO 9001:2008 Company)

113, गोल्डन हाउस, दरियागंज

नई दिल्ली-110002, इंडिया

फोन: 91-11-4353 2500, 4353 2501

फैक्स: 91-11-2325 2572, 4353 2528

www.laxmipublications.com info@laxmipublications.com

C—R/016/07

मुद्रक : संजीब ऑफसेट प्रिंटर्स, दिल्ली

भूमिका

प्रस्तुत पुस्तक कंप्यूटर साइंस के छात्रों एवं कंप्यूटर विज्ञान में रुचि रखने वाले समस्त व्यक्तियों के लिए विशेष तौर पर लिखी गई है। सरल भाषा और विशेष तरीका निश्चित रूप से विषय को समझने में सहायक होगा, जिनके लिए यह पुस्तक लिखी गई है, और जो प्रथम बार कंप्यूटर साइंस से परिचित हो रहे हैं। विषय–वस्तु को सरल बनाने के लिए इस पुस्तक में विभिन्न उदाहरणों और टिप्पणियों का समावेश किया गया है। इस पुस्तक में भारत सरकार द्वारा प्रकाशित 'वृहत् पारिभाषिक शब्द–संग्रह विज्ञानः खंड 1 और 2' तथा 'कंप्यूटर विज्ञान शब्दावली' से वैज्ञानिक शब्दावली को लिया गया है। आशा है कि यह पुस्तक समस्त वांछित आवश्यकताओं की पूर्ति करने में सक्षम होगी।

प्रस्तुत पुस्तक में 18 अध्याय हैं। अध्याय 1 *परिचय* को प्रस्तुत करता है। *इनपुट/आउटपुट डिवाइसेस* को अध्याय 2 में रखा गया है। अध्याय 3 में *कंप्यूटर मेमोरी* का समावेश किया गया है। *कंप्यूटर के आधारभूत कार्य और आर्किटेक्ट* की जानकारी अध्याय 4 में रखी गई है। अध्याय 5 *संख्या पद्धति और इनफॉरमेशन कोड* को वर्णित करता है। *बूलीय बीजगणित और लॉजिक सर्किट* को अध्याय 6 में प्रस्तुत किया गया है। अध्याय 7 *ऑपरेटिंग सिस्टम* को प्रस्तुत करता है। *एमएस–डॉस* का वर्णन अध्याय 8 में किया गया है। अध्याय 9 *विंडोज* को प्रस्तुत करता है। *यूनिक्स* का समावेश अध्याय 10 में किया गया है। अध्याय 11 *लाइनक्स* को वर्णित करता है। *विंडोज एन टी* को अध्याय 12 में प्रस्तुत किया गया है। अध्याय 13 *प्रोग्रामिंग भाषाएँ, एल्गोरिथ्म और फ्लोचार्ट* को प्रस्तुत करता है। *सूचना प्रौद्योगिकी और डाटा वितरण का परिचय* अध्याय 14 में प्रस्तुत किया गया है। अध्याय 15 *डाटा कम्यूनिकेशन और कंप्यूटर नेटवर्क* को प्रस्तुत करता है। *इंटरनेट* को अध्याय 16 में रखा गया है। अध्याय 17 में *कंप्यूटर ग्राफिक्स* का समावेश किया गया है। अध्याय 18 *कंप्यूटर वायरस* को प्रस्तुत करता है। *कुछ आधारभूत परिभाषाएँ और शब्दावली* को परिशिष्ट में रखा गया है।

मैं उपयुक्त सुझावों और आलोचनात्मक टिप्पणियों को आमंत्रित करता हूँ, जो अगले संस्करण को प्रभावशाली ढंग से प्रस्तुत करने में मेरे मददगार होंगे।

–लेखक

विषय सूची

पृष्ठ संख्या

1. परिचय (Introduction) **1 – 31**
- 1.1. इतिहास (History) 1
- 1.2. पीढ़ी (Generation) 6
- 1.3. वर्गीकरण (Classification) 10
- 1.4. अनुप्रयोग (Application) 22

2. इनपुट/आउटपुट डिवाइसेस (Input/Output Devices) **32 – 65**
- 2.1. प्रारंभिक (Primary) 32
- 2.2. इनपुट डिवाइसेस (Input Devices) 33
- 2.3. आउटपुट डिवाइसेस (Output Devices) 50

3. कंप्यूटर मेमोरी (Computer Memory) **66 – 100**
- 3.1. परिचय (Introduction) 66
- 3.2. प्राइमरी मेमोरी (Primary Memory) 72
- 3.3. स्टोरेज डिवाइस (Storage Devices) 74
- 3.4. अन्य मेमोरीज (Other Memories) 91
- 3.5. डायरेक्ट एक्सेस स्टोरेज डिवाइस (Direct Access Storage Devices DASD) 95
- 3.6. सीक्वंसियल एक्सेस स्टोरेज डिवाइस (Sequential Access Storage Devices SASD) 95
- 3.7. रजिस्टर्स (Registers) 95
- 3.8. मेमोरी हाइरारकि (Memory Hierarchy) 96
- 3.9. मेमोरी मैनेजमेंट : पेज, सेगमेंट और ओवरले (Memory Management: Page, Segment and Overlay) 97
- 3.10. सूचना का भंडारण और मेमोरी से/को लाना/ले जाना (Information Storage & Retrieval to/From Memory) 98
- 3.11. सीरियल एक्सेस मेमोरी (Serial Access Memory) 98

4. कंप्यूटर के आधारभूत कार्य और आर्किटेक्ट (Basic Functioning of Computer and Architect) **101 – 125**
- 4.1. कंप्यूटर का ब्लॉक डायग्राम (Block Diagram of a Computer) 101
- 4.2. CPU: CPU संरचना, मेमोरी क्षेत्र और माइक्रोप्रोसेसर (CPU: CPU Structure, Memory Area and Microprocessor) 103
- 4.3. इंसट्रक्शनः इंसट्रक्शन कोड और इंसट्रक्शन साइकल (Instructions: Instruction Code and Instruction Cycle) 107

4.4. इकाइयों का आंतरिक संयोजन (Interconnection of Units) 109
4.5. प्रोसेसर–मेमोरी संचार (Processor to Memory Communication) 111
4.6. I/O–प्रोसेसर संचार (I/O to Processor Communication) 114
4.7. इंटरप्ट संरचना (Interrupt Structures) 117
4.8. प्रोसेसर विशेषताएँ (Processor Features) 119
4.9. रिड्यूस्ड इंसट्रक्शन सेट कंप्यूटर (Reduced Instruction Set Computers RISC) 123

5. संख्या पद्धति और इनफॉरमेशन कोड (Number System and Information Code) 126 – 152

5.1. दशमलव संख्या पद्धति (Decimal Number System) 126
5.2. द्विआधारी संख्या पद्धति (Binary Number System) 126
5.3. अष्टांक संख्या पद्धति (Octal Number System) 126
5.4. षष्ठ–दशांक संख्या पद्धति (Hexadecimal Number System) 126
5.5. एक पद्धति से दूसरे पद्धति में रूपांतरण (Conversion From one System to another) 127
5.6. कंप्यूटर अंकगणित–विभिन्न संक्रियाएँ (Computer Arithmetic-Various Operation) 131
5.7. द्विआधारी कोड (Binary Code) 133
5.8. ASCII कोड (ASCII Code) 134
5.9. EBCDIC कोड (EBCDIC Code) 136
5.10. संख्या का पूरक प्रदर्शन (Complement Representation of a Number) 138
5.11. 10वें पूरक पद्धति में योग (Addition in 10's Complement System) 138
5.12. 2सरे पूरक का उपयोग कर द्विआधारी घटाना (Binary Subtraction using 2's Complement) 139
5.13. ग्रे कोड (Gray Code) 140
5.14. एक्सेस–3 कोड (Excess-3 Code) 141
5.15. कैरेक्टर कोड (Character Code) 141
5.16. धनात्मक और ऋणात्मक संख्याएँ (Positive and Negative Numbers) 141
5.17. पूर्णांक और वास्तविक संख्याएँ (Integer and Real Numbers) 142
5.18. ओवरफ्लो और अंडरफ्लो (Overflow and Underflow) 142
5.19. एक संख्या का स्थिर–बिंदु निरूपण (Fixed-Point Representation of a Number) 143
5.20. संख्याओं का अस्थिर–बिंदु निरूपण (Floating-Point Representation of Numbers) 144
5.21. अस्थिर बिंदुओं का अंकगणित (Arithmetic of Floating Points) 145
5.22. पैरिटि बिट (Parity Bit) 147

6. बूलीय बीजगणित और लॉजिक सर्किट (Boolean Algebra and Logic Circuit) 153 – 187

6.1. सत्यता सारणी (Truth Tables) 153
6.2. बूलीय बीजगणित (Boolean Algebra) 155
6.3. डी–मार्गन नियम (De Morgan's Law) 158
6.4. बूलीय फलन (Boolean Function) 159
6.5. न्यून–पद और अधिक–पद (Minterms and Maxterms) 159

6.6. SOP और POS रूप (SOP & POS Forms) 160
6.7. बूलीय फलनों को अल्पतम करने की तकनीक (Minimization Technique of Boolean Functions) 161
6.8. लॉजिक गेट्स और उनकी सत्यता सारणी (Logic Gates and their Truth Tables) 171
6.9. सरल अंकगणित और लॉजिक सर्किट (Simple Arithmetic and Logic Circuits) 176
6.10. कॉम्बिनेशनल लॉजिक डिजाइन (Combinational Logic Design) 177

7. ऑपरेटिंग सिस्टम (Operating System) 188 – 199

7.1. इतिहास (History) 188
7.2. प्रकार (Types) 189
7.3. बैच प्रोसेसिंग (Batch Processing) 189
7.4. मल्टी टॉस्किंग (Multi Tasking) 190
7.5. मल्टी प्रोग्रामिंग (Multi Programming) 190
7.6. मल्टी प्रोसेसिंग (Multi Processing) 191
7.7. टाइम शेयरिंग (Time Sharing) 192
7.8. ऑन लाइन प्रोसेसिंग (On- Line-Processing) 194
7.9. रियल टाइम प्रोसेसिंग (Real Time Processing) 195
7.10. ऑपरेटिंग सिस्टम के प्रमुख कार्य (Major Functions of Operating System) 196

8. एमएस-डॉस (MS-DOS) 200 – 248

8.1. परिचय (Introduction) 200
8.2. डॉस के कार्य (Functions of DOS) 200
8.3. डॉस प्रॉम्प्ट (DOS Prompt) 201
8.4. फाइल (File) 201
8.5. डायरेक्टरी और डायरेक्टरी संरचना (Directory and Directory Structure) 205
8.6. वाइल्ड कार्ड (Wild Cards) 207
8.7. डॉस समादेश (DOS Commands) 207
8.8. आंतरिक समादेश (Internal Commands) 208
8.9. बाह्य समादेश (External Commands) 226
8.10. बैच फाइल (Batch Files) 242
8.11. समस्याएँ और समाधान (Problems and Solutions) 245

9. विंडोज (Windows) 249 – 266

9.1. विंडोज की अवधारणा (Windows Concept) 249
9.2. विंडोज सहायक (Accessories) 253
9.3. विंडोज एक्सप्लोरर (Windows Explorer) 257
9.4. एंटरटेनमेंट (Entertainment) 261
9.5. हार्डवेयर और सॉफ्टवेयर का प्रबंधन करना (Managing Hardware & Software) 262

9.6. कम्यूनिकेशन (Communication) 263

9.7. प्रोग्राम्स के मध्य सूचना शेयर करना (Sharing Information Between Programs) 265

9.8. OLE की समझ (Understanding OLE) 265

9.9. कट और पेस्ट का प्रयोग कर एम्बेडिंग और लिंकिंग करना (Embed/Link Using Cut and Paste) 265

9.10. ऑब्जेक्ट दाखिला द्वारा एम्बैडिंग और लिंकिंग करना (Embed/Link Using Insert object) 265

9.11. एम्बैडेड/लिंक ऑब्जेक्ट का प्रबंधन (Manage Embedded/Link object) 266

10. यूनिक्स (Unix) 267 – 275

10.1. UNIX का परिचय (Introduction to UNIX) 267

10.2. फाइल उन्मुख कमांड (File Oriented Commands) 268

10.3. डायरेक्टरी उन्मुख कमांड (Directory Oriented Commands) 271

10.4. उपयोगकर्ता संचार कमांड (Directory Oriented Commands) 272

10.5. व्यापक यूटिलिटी कमांड (General Utilities Commands) 272

10.6. यूनिक्स की विशेषताएँ (Features of UNIX) 274

11. लाइनक्स (Linux) 276 – 290

11.1. परिचय (Introduction) 276

11.2. लाइनक्स के लाभ (Advantages of Linux) 276

11.3. लाइनक्स की सीमाएँ (Limitations of Linux) 276

11.4. लाइनक्स ऑपरेटिंग सिस्टम की विशेषताएँ (Features of Linux Operating System) 277

11.5. लाइनक्स की संरचना (Structure of Linux) 277

11.6. लाइनक्स फाइल सिस्टम (Linux File System) 278

11.7. लाइनक्स कार्यप्रणाली (Linux Working) 278

11.8. टेक्स्ट एडिटर (Text Editor) 280

11.9. VI एडिटर (VI Editor) 281

11.10. लाइनक्स में लॉग–इन करना (Login into Linux) 282

11.11. बेसिक कमांड्स (Basic Commands) 284

11.12. त्रुटि सूचना (Error Message) 289

12. विंडोज एन टी (Windows NT) 291 – 299

12.1. परिचय (Introduction) 291

12.2. विशेषताएँ (Features) 291

12.3. संस्करण (Versions) 293

12.4. विंडोज एन टी को आरंभ करना एवं बंद करना (Starting and Shut down the Windows NT) 295

12.5. विंडोज एन टी में कार्य करना (Working in Windows NT) 296

13. प्रोग्रामिंग भाषाएँ, एल्गोरिथ्म और फ्लोचार्ट (Programming Languages, Algorithm and Flowchart) 300 – 326

13.1. सॉफ्टवेयर (Software) 300

13.2. मशीन लैंग्वेज (Machine Language) 301

13.3. असेंबली लैंग्वेज (Assembly Language) 301

13.4. उच्च स्तरीय भाषा (High Level Language) 302

13.5. निम्न स्तरीय भाषा (Low Level Language) 302

13.6. कंपाइलर (Compiler) 302

13.7. इंटरप्रीटर (Interpreter) 303

13.8. प्रोग्रामिंग भाषा का आकलन (Overview of Programming Language) 304

13.9. प्रोग्रामिंग भाषाओं का वर्गीकरण (Classification of Programming Languages) 304

13.10. प्रोग्रामिंग भाषाओं का विकास (Developments of Programming Languages) 304

13.11. प्रोग्राम लॉजिक डेवलपमेंट (Program Logic Development) 305

13.12. समस्या विश्लेषण (Problem Analysis) 306

13.13. अच्छी प्रोग्रामिंग के सिद्धांत (Principles of Good Programming) 306

13.14. 'C' भाषा का परिचय (Introduction to 'C' Language) 316

14. सूचना प्रौद्योगिकी और डाटा वितरण का परिचय (Introduction to Information Technology and Data Distribution) 327 – 335

14.1. सूचना और डाटा की अवधारणा (Concept of Information and Data) 327

14.2. कार्यक्षेत्र एवं उद्देश्य (Scope and Objectives) 328

14.3. सूचना तंत्र (Information System) 328

14.4. सूचना तंत्र के प्रकार (Types of Information System) 329

14.5. इंफॉरमेशन कंप्यूटिंग के प्रकार (Types of Information Computing Models) 331

14.6. DFD मॉडल (DFD Model) 332

14.7. डिस्ट्रब्यूटेड डाटा प्रोसेसिंग (Distributed Data Processing) 333

14.8. OSI मॉडल (OSI Model) 334

15. डाटा कम्यूनिकेशन और कंप्यूटर नेटवर्क (Data Communication and Computer Network) 336 – 349

15.1. डाटा संचार के आधारी (Basics of Data Communication) 336

15.2. संचार माध्यम (Communication Media) 337

15.3. एनालॉग और डिजिटल संचार (Analog and Digital Communication) 339

15.4. क्रमिक और समानांतर संचार (Serial and Parallel Communication) 340

15.5. कंप्यूटर नेटवर्क का परिचय (Introduction to Computer Network) 341

15.6. कंप्यूटर नेटवर्क के प्रकार (Types of Computer Network) 341

15.7. विभिन्न LAN टोपोलॉजी (Various LAN Topologies) 345

15.8. मॉडेम (Modem) 347

16. इंटरनेट (Internet) **350 – 398**

16.1. क्रमिक विकास (Evolution) 350

16.2. प्रोटोकॉल्स (Protocols) 350

16.3. इंटरफेस अवधारणा (Interface Concept) 351

16.4. इंटरनेट और इंट्रानेट (Internet and Intranet) 351

16.5. इंटरनेट का विकास (Growth of Internet) 352

16.6. ISP 353

16.7. डॉयल–अप (Dial-up) 355

16.8. इंटरनेट से जोड़ना (Connectivity with Internet) 357

16.9. लीज़्ड लाइन (Leased Line) 359

16.10. VSAT 360

16.11. URL 360

16.12. डोमेन नाम (Domain Name) 361

16.13. पोर्टल (Portals) 363

16.14. अनुप्रयोग (Application) 363

16.15. ई–मेल अवधारणा (E-Mail Concept) 364

16.16. POP और WEB आधारित ई–मेल (POP and WEB based E-Mail) 365

16.17. ई–मेल के लाभ (Advantages of E-Mail) 366

16.18. ई–मेल का पता (Address of E-mail) 366

16.19. ई–मेल भेजने और प्राप्त करने के आधारी (Basics of Sending and Receiving E-MAIL) 366

16.20. ई–मेल प्रोटोकॉल (E-Mail Protocols) 368

16.21. मेलिंग लिस्ट (Mailing List) 369

16.22. मुफ्त ई–मेल सेवाएँ (Free E-Mail Services) 371

16.23. डाटा ट्रांसमिशन प्रोटोकॉल (Data Transmission Protocols) 371

16.24. क्लाइंट/सर्वर आर्किटेक्चर और उसके गुण (Client/Server Architecture & its Characteristics) 374

16.25. FTP और उसका उपयोग (FTP & its Usages) 375

16.26. टेलनेट अवधारणा (Telnet Concept) 378

16.27. रिमोट लॉगइन (Remote Login) 379

16.28. टर्मिनल एमुलेशन (Terminal Emulation) 380

16.29. मैसेज बोर्ड (Message Board) 381

16.30. इंटरनेट चैटिंग (Internet Chatting) 381

16.31. वर्ल्ड वाइड वेब (World Wide Web) 383

16.32. वेब के कार्य (Working of the Web) 384

16.33. वेब ब्राउजर और उनके कार्य (Web Browsers and its Functions) 385

16.34. सर्च इंजन की अवधारणा (Concept of Search Engines) 387

16.35. वेब को खोजना (Searching the Web) 390
16.36. HTTP 393
16.37. URLs 394
16.38. वेब सर्वर (Web Server) 396
16.39. वेब प्रोटोकॉल (Web Protocols) 397

17. कंप्यूटर ग्राफिक्स (Computer Graphics) 399 – 420

17.1. मॉनीटर (Monitor) 399
17.2. ग्राफिक्स एक्सीलरेटर कार्ड (Graphics Accelerator Card) 401
17.3. डिजिटल इमेज और उसका प्रदर्शन (Digital Image and its Representation) 403
17.4. इमेज फॉर्मेट (Image Formats) 405
17.5. ग्राफिक फॉर्मेट (Graphic Formats) 406
17.6. डिजाइन के सिद्धांत (Theory of Design) 408
17.7. टाइपोग्राफी (Typography) 413
17.8. लेआउट (Layout) 415
17.9. डिजाइन के सिद्धांत (Principles of Design) 416
17.10. पोस्टर डिजाइन करना (Poster Designing) 418
17.11. पुस्तक डिजाइन करना (Designing of Books) 418
17.12. पत्रिका डिजाइन करना (Designing of Magazines) 419
17.13. कॉमिक्स डिजाइन करना (Designing of Comics) 419
17.14. चित्रात्मक पुस्तकों को डिजाइन करना (Designing of Picture Books) 419
17.15. चिल्ड्रेन लिटरेचर डिजाइन करना (Designing of Children Literature) 420
17.16. ब्रोशर डिजाइन करना (Designing of Brochures) 420

18. कंप्यूटर वायरस (Computer Virus) 421 – 431

18.1. कंप्यूटर वायरस क्या है ? (What is Computer Virus?) 421
18.2. वायरस का इतिहास (History of Virus) 422
18.3. वायरस के प्रकार (Types of Virus) 423
18.4. वायरस का पता लगाना (Searching of Virus) 428
18.5. वायरस का उपचार : टीका (Vaccine) 429
18.6. वायरस से बचाव : सावधानियाँ (Precautions) 430

परिशिष्ट 432 – 441

कुछ आधारभूत परिभाषाएँ और शब्दावली (Some Basic Definitions and Glossary) 432

1

परिचय
(Introduction)

1.1. इतिहास (History)

कंप्यूटर पद Compute शब्द से उत्पादित किया गया है, जिसका अर्थ गणना करना है। इस प्रकार कंप्यूटर अपनी छाप सिर्फ एक गणना करने वाले यंत्र के रूप में छोड़ता है, लेकिन वास्तव में कंप्यूटर एक सूचना–संसाधन यंत्र (Information-Processing Machine) है, जो विभिन्न प्रकार के बहुत से कार्यों को कर सकता है। इस तरह कंप्यूटर एक इलेक्ट्रॉनिक यंत्र (Electronic Machine) है, जिसे इस प्रकार से निर्मित किया जाता है कि वह दिए गए निर्देशों के समुच्चय या प्रोग्राम (Program) के आधार पर सूचना का संग्रहण एवं संसाधन कर सके।

द्वितीय विश्व युद्ध के दौरान यह महसूस किया गया कि बेहतर सामरिक स्थिति प्राप्त करने के लिए विज्ञान और तकनीक के क्षेत्र में कुछ और प्रगति की जाए। परिणामस्वरूप राडार का आविष्कार किया गया, जिसकी सहायता से न दिखाई देने वाले लक्ष्य को भी निशाना बनाया जा सकता था। अब एक ऐसे यंत्र की आवश्यकता महसूस हुई, जो लक्ष्य की सही दिशा व दूरी की माप कर सके। अतः आधुनिक यंत्र का विकास किया गया जिसका संशोधित रूप आज हम कंप्यूटर के रूप में देखते हैं।

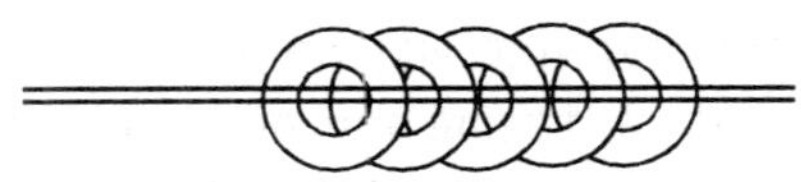

चित्र 1.1

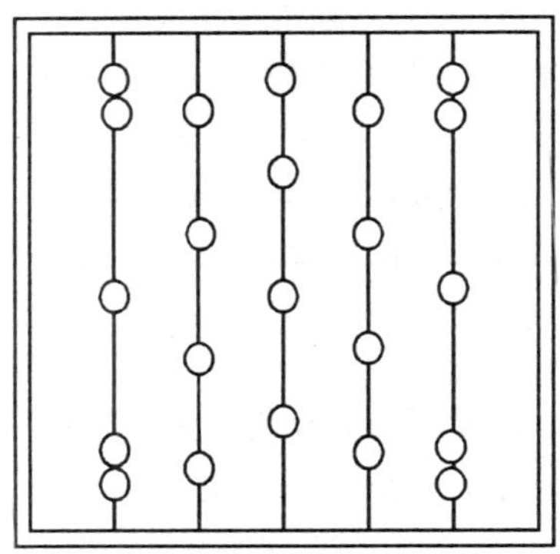

चित्र 1.2. *अबॉकस*

वास्तव में कंप्यूटर की खोज उसी समय से प्रारंभ हो चुकी थी, जिस दिन से मानव ने अपनी उँगलियों पर गणना करना सीखा। 3200 ई0पू0 में संसार का पहला गणन यंत्र बेबीलोन और टिग्रीस सुफ्रातिस नदी के किनारे प्राप्त हुआ था। यह एक मिट्टी का गोल टुकड़ा था, जिसके केंद्र में एक छिद्र होता था और उस छिद्र से होकर एक पतली छड़ गुजरती थी और इसी से घटाने जोड़ने की विधि ईजाद हुई।

चीन और जापान ने भी 2600 ई0पू0 में उपरोक्त प्रकार के यंत्र का प्रयोग किया। चीन में इसे 'अबॉकस' व जापान में 'सारोबान' कहा गया। 'अबॉकस' में कई समांतर छड़ों को एक साथ एक साँचे में कस दिया जाता था, जिसमें छोटी–छोटी गुरिया लगी होती थीं। इन गुरियों की सहायता से गणितीय संक्रिया की जाती थी। इसके बाद के विकास में भारत के गणितज्ञों का विशेष योगदान रहा। यह योगदान था शून्य व दशमलव चिह्न के आविष्कार के रूप में। बाद के सारे कंप्यूटरों के विकास को इस आविष्कार का लाभ मिला।

ईस्वी सन् की सत्रहवीं शताब्दी तक कंप्यूटर के विकास की गति बहुत धीमी रही। सन् 524 के आसपास रोमन तत्ववेत्ता बोएथियस ने एक गणन चक्र से अबॉकस को बदलने का प्रयास किया पर उसका ज्यादा प्रयोग नहीं

हुआ और फिर असफलता के बीच राजा की नजरों से गिर जाने के कारण बोएथियस को मार दिया गया। सन् 1,000 में सिल्वेस्टर II ने, जिन्हें गिलबर्ट के नाम से जाना जाता है, एक संशोधित अबॉकस बनाया जिससे किए गए गुणा भागों से दर्शाया गया था कि पृथ्वी का अंत पास नहीं है और इस गणना से यूरोप में भय और आतंक कम हुआ। लेकिन सत्रहवीं शताब्दी तक आते–आते कंप्यूटर के विकास ने गति पकड़ी और इसमें यूरोपीय देशों ने मौलिक योगदान दिया।

1640 ई0 में ब्लेज पास्कल (एक फ्रेंच गणितज्ञ) ने एक सरल यंत्र का आविष्कार किया, जिसमें एक पहिए पर दाँते लगे होते थे। पहिए पर कुल दस दाँते होते थे, जो 0 से 9 तक के अंकों को प्रदर्शित करते थे। जब एक पहिया 9 के अंक से गुजरता था तो एक छोटा सूचक स्वमेव ही दूसरे पहिए को घुमाने लगता था।

ई.स. 1642 से 1860 तक के वर्ष यूरोपीय देशों में प्रारंभिक कंप्यूटरों के विकास के माने जा सकते हैं। सन् 1642 में फ्रांसीसी गणितज्ञ ब्लेज पास्कल (1623–62) ने पहला यांत्रिकीय कैलकुलेटर बनाया जिससे जोड़ना घटाना और गुणा भाग करना संभव था। पास्कल का यह कैलकुलेटर पीतल के गियर चक्रों से बना था और एक छोटे सिगार रखने के डिब्बे में आ सकता था, पर इस कैलकुलेटर के पीतल के चक्र एक–दूसरे में फँस जाया करते थे और इसलिए यह व्यापारिक क्षेत्रों में कम सफल रहा, हालाँकि इसने पास्कल के पिता की टैक्स गणनाओं में खूब सहायता की।

सन् 1671 में, जर्मन तत्ववेत्ता गॉटफ्रीड विल्हेम्स वॉनलीवनिट्ज (1646–1716) ने पास्कल के यंत्र के दोषों को दूर करते हुए एक और यंत्र बनाया जिससे जोड़ना–घटाना सरल हुआ। बार–बार जोड़ने–घटाने से गुणा–भाग संभव था। सन् 1801 में एक फ्रांसीसी रेशम बुनकर ने, जिसका नाम जोसेफ मार्श जैकार्ड था, एक ऐसी आधुनिक मशीन का आविष्कार किया जिसमें छेद किए गए कागजों का (पंच कार्ड का) उपयोग किया गया था। इससे उन्होंने न केवल अपने उद्योगों को आधुनिक बनाया बल्कि यांत्रिकी कंप्यूटर के सरल आविष्कार के लिए चार्ल्स बैबेज को प्रेरणा प्रदान की।

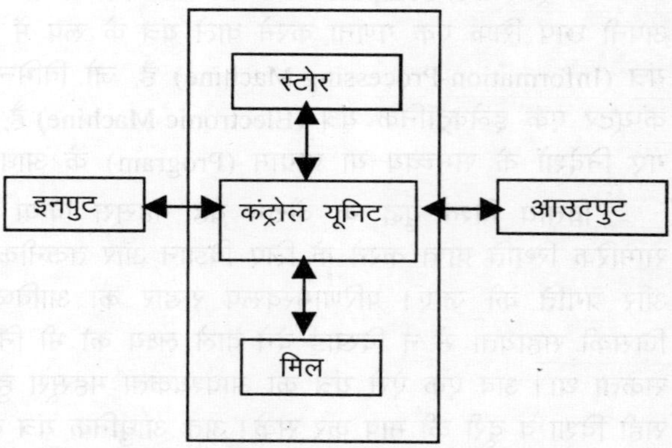

चित्र 1.3. *बैबेज का एनालिटिकल इंजन*

बैबेज को गणनाओं में बहुत दिलचस्पी थी। अपने समय की सीमाओं और कारीगरों के असहयोग के बावजूद उन्होंने एक 'डिफरेंस एंजिन' का निर्माण किया, जिसके उपयोग से लॉगरिथ्म टेबल का गणित किया जा सकता था। बैबेज ने लगभग 6,000 पौंड खर्च किए पर एक पूरी तरह से सफल यंत्र न बना सके। बैबेज ने एक बार फिर नई योजना सोची और 'एनालिटिकल एंजिन' नामक बहुउद्देशीय कंप्यूटर के निर्माण में जुट गए। इस यंत्र में एक अतिरिक्त स्मृति भंडार भी था, साथ ही पंच कार्ड इनपुट सिस्टम (Punched Card Input System), एक मेमोरी डिवाइस (Memory Device) और एक अर्थमेटिक डिवाइस (Arithmetic Device) भी था।

कवि लार्ड बायरन की पुत्री एडा लवलेस, बैबेज के एनालिटिकल इंजन के साथ जुड़ीं। उन्होंने अपने योगदानों के मध्य यह बताया कि कुछ सम परिस्थितियाँ होने पर पंच कार्ड के एक समूह से दूसरे समूह में सीधी कूद की योग्यता यंत्र में होती है, अर्थात् समान गणना की पुनरावृत्ति होने पर कार्ड के अतिरिक्त समूह तैयार करने की आवश्यकता नहीं। जब एक ही विधि की पुनरावृत्ति की जाती है, तो कार्ड के आवश्यक समूह पर यंत्र की सीधी कूद होती है और उनका उपयोग किया जाता है। 1842 में प्रसिद्ध अंग्रेज कवि लार्ड बायरन की पुत्री लेडी आगस्टा एडा लवलेस ने इस यंत्र की पूरी जानकारी लिखी थी। और उनका सम्मान करते हुए अमेरिकन पेटेंट विभाग ने जब कंप्यूटर की एक खास भाषा तैयार की तो उसका नाम एडा रखा।

बैबेज ने अपने जमाने से बहुत आगे का काम कर लिया था। यद्यपि तत्कालीन समाज व सरकार से उन्हें कोई सहयोग प्राप्त नहीं हुआ, उन्होंने अपने प्रयत्नों से आधुनिक कंप्यूटर की बुनियाद रखी वे कहते थे ''मैं अगर

500 वर्ष बाद सिर्फ तीन दिन के लिए जीवित हो सकूँ तो मैं जल्दी मरने के लिए तैयार हूँ। 18 अक्टूबर 1871 की रात में उनकी मृत्यु हो गई और मृत्यु के बाद उनका दिमाग अध्ययन के लिए निकाल के रखा गया जो आज भी रॉयल कॉलेज ऑफ सर्जंस के पास रखा है।

बैबेज के काम के आधार पर स्टॉक होम के जार्ज ओर एडवर्ड शुल्ट्ज ने पहला यांत्रिकीय कंप्यूटर बनाया जिसके लिए उन्हें पेरिस मेले में स्वर्णपदक प्राप्त हुआ। शुल्ट्ज के इस यंत्र का उपयोग 1869 में मनुष्य की जीवन संभावना निकालने में किया गया। उन्नीसवीं शताब्दी के अंतिम वर्षों में और 20वीं शताब्दी के प्रथम 60 वर्षों में कंप्यूटर संबंधी विकास का कार्य अमेरिका के हिस्से में आता है। गुणा–भाग करने की कठिन व उबाऊ प्रक्रिया से तंग आए अमेरिकी क्लर्क विलियम बरोज ने 1886 में एक गुणा भाग करने वाला यंत्र बनाया जो काफी सफल रहा। आगे चलकर उन्होंने ''बरोज कार्पोरेशन'' की स्थापना की जिसने अपने कारोबार का प्रारंभ उक्त मशीन को बनाने से किया।

जार्ज बूल अन्य आविष्कारक हैं, जिनका योगदान अति महत्त्वपूर्ण है। उन्होंने किसी भी यंत्र का निर्माण नहीं किया, लेकिन उनके वे विचार कि सूचनाओं को संयोजित करने के लिए प्रतीकों को कैसे उपयोग में लाया जाए, एक आधार हैं जिनकी सहायता से आधुनिक गणना करते हैं।

सन् 1890 में अमेरिकी जनगणना ब्यूरो ने पाया कि अगर पारंपरिक तरीके से जनगणना के परिणाम निकाले जाएँ तो उसमें पूरे दस साल लग जाएँगे अतः ब्यूरो ने हरमन होलेरिथ द्वारा बनाए विद्युत यांत्रिकी (Electro Mechanical) संगणक को उपयोग में लाने का निर्णय किया। जिसके उपयोग से यह कार्य तीन सालों में पूरा हो सका। इस सफलता को देखते हुए होलेरिथ ने स्वयं व्यापार में जाने का निर्णय किया और एक संगणक कंपनी गठित कर डाली। सन् 1896 की जनगणना में उनका यंत्र व्यापक रूप से उपयोग में लाया गया व उन्हें काफी ठेके मिले। यहाँ तक कि रूस की पहली जनगणना में भी इसका उपयोग किया गया। इसी बीच 1780 में अमेरिकी वैज्ञानिक बेंजामिन फ्रैंकलिन ने विद्युत का आविष्कार कर लिया था। माइकल फेराडे ने 1831 में पहला विद्युत जनित्र बनाया। विद्युत आधारित उपकरणों (इलेक्ट्रिकल सर्किट्स) पर ज्यादा से ज्यादा खोज की जा रही थी।

सन् 1903 में थॉमस एल्वाएडिसन के साथ काम करने वाले यूगोस्लाव वैज्ञानिक निकोला टेसला ने तर्क सिद्धांतों पर आधारित 'विद्युत लॉजिक सर्किट' बनाए जिस पर उन्हें पेटेंट मिला इन्हें 'गेट' या 'स्विच' कहा गया।

सन् 1914 में थामसन वाटसन (सीनियर) होलेरिथ कंपनी में भर्ती हुए। अब इस कंपनी में लगभग 1300 कर्मचारी थे और उसका नाम था ''कंप्यूटिंग–टेबुलेटिंग रेकार्डिंग कंपनी'' 1924 में वाटसन इस कंपनी के अध्यक्ष बने और उन्होंने कंपनी का नाम ''इंटरनेशनल बिजनेस मशीन्स'' (IBM) रखा जो आज तक इसी नाम से जानी जाती है और विश्व की कंप्यूटर बनाने वाली कंपनियों में अग्रणी है।

सन् 1925 में मेसाच्युसेट्स इंस्टीट्यूट ऑफ टेक्नालॉजी (MIT) बोस्टन में प्रोफेसर बुश और सहयोगी वैज्ञानिकों ने एक बड़ा एनालॉग केलकुलेटर बनाया जिसका नाम ''डिफरेंशियल एनालाइजर'' था। 1925 में पहली बार फिल्मों में, विशेषकर फ्रिट्स लैंग की फिल्म ''मेटरोपोलिस'' में यंत्रमानव दिखाया गया जिसे "R.U.R." नामक चेक नाटक के आधार पर ''रोबोट'' (ROBOT) कहा गया।

अमेरिका में 1928 में रूसी वैज्ञानिक ब्लादीमीर इवोरविन ने कैथोड रे ट्यूब का आविष्कार किया। जर्मन वैज्ञानिक कोनराड ने 1936 में जर्मनी में ZI कंप्यूटर का निर्माण किया जिसमें KEY BOARD INPUT का और उत्तर प्राप्त करने के लिए विद्युत बल्बों का प्रयोग किया गया था। 1938 में ही एक मोटर गैरेज में डेविड पैकार्ड और विलियम हेवलिट ने हेवलिट–पैकार्ड कंपनी की शुरूआत की जो आगे चलकर कई इलेक्ट्रानिक उपकरण व कंप्यूटर बनाने लगे। 1936 में जर्मनी में नाजियों का उदय हो रहा था। इसी समय जर्मन वैज्ञानिक कोनराड ह्यूज ने पहला ZI कंप्यूटर बनाया इसी का विकास करते हुए 1941 में Z3 कंप्यूटर बनाया गया जिसमें विद्युत और यांत्रिकी रिले लगाए गए थे यह एक गुणा करने में तीन से पांच सेकेंड का समय लेता था। अपना संचालन स्वयं करने वाला (स्वचालित पद्धति पर काम करने वाला) यह दुनिया का प्रथम संगणक था।

यह एक दुर्भाग्यपूर्ण परंपरा रही है कि तकनीकी विकास युद्धजन्य आवश्यकताओं और परिस्थितियों से संलग्न रहा है। दूसरे विश्वयुद्ध की शुरूआत के बाद जर्मनी और अमेरिका दोनों ने कंप्यूटर को युद्ध के उपयोग में आ

सकने वाले यंत्र की तरह देखना शुरू किया और उसमें कई संशोधन किए, सन् 1943 में ''कोलोसस'' नामक इलेक्ट्रॉनिक संगणक के उपयोग से जर्मन गुप्त संकेत कोड समझने में सहायता मिली और इससे युद्ध की परिस्थितियों में बहुत परिवर्तन आया। एक बार कंप्यूटर की उपयोगिता सिद्ध हो जाने पर उसमें गुणात्मक सुधार का काम बहुत तेजी पकड़ गया।

लगभग इसी समय प्रोफेसर हावर्ड आयकिन ने अमेरिका में 'हावर्ड आई.बी.एम. मार्क.2' नामक कंप्यूटर तैयार किया जो अपने किस्म का पहला विद्युत यांत्रिकी कंप्यूटर था और दस आँकड़ों वाली दो संख्याओं का गुणा पाँच सेकेंड में पूरा करता था। लेडी एडा ने जिस तरह चार्ल्स बैबेज के साथ काम किया था उसी तरह ग्रेस मरे हांपर ने प्रोफेसर आयकिन के साथ 'मार्क 2' पर प्रोग्राम लिखने का काम किया।

सन् 1944 में IBM (International Business Machine) ने एक यंत्र का आविष्कार किया, जिसका नाम MARK1 था। MARK1 को प्रथम डिजिटल कंप्यूटर (Digital Computer) के रूप में लिया जा सकता है। यह कंप्यूटर पंच कार्ड के माध्यम से आँकड़ों को स्वीकार करता था, उसे मेमोरी में संग्रहित करता था और इलेक्ट्रोमैगनेटिक रिले (Electromagnetic Relays) एवं अर्थमेटिक काउंटर (Arithmetic Counters) की सहायता से गणना करता था। यह एक इलेक्ट्रोमेकेनिकल कंप्यूटर (Electromechanical Computer) था। यह गणितीय एवं तार्किक संक्रिया को करने एवं वैज्ञानिक समस्याओं को हल करने में सक्षम था।

1945 में युद्ध समाप्त होने के पश्चात् भी कंप्यूटर के विकास की गति बनी रही। अमेरिकी वैज्ञानिक जॉन वैन न्यूमैन ने, जो ''एनियॉक'' कंप्यूटर प्रोजेक्ट के सलाहकार थे, प्रोग्राम मेमोरी में रखने वाले ''एडवैक'' (ADVAC) कंप्यूटर का ढाँचा बनाया।

उधर 1946 में जे. एकर्ट, जॉन माँचली तथा 50 वैज्ञानिकों के एक दल ने पेनसिलवीनिया के मूर स्कूल में विश्व का पहला डिजिटल इलेक्ट्रॉनिक कंप्यूटर ''एनियाक'' (Electronic Numerical Integrator And Computer ENIAC) तैयार किया।

लगभग 15,000 वर्गफुट की जगह लेने वाला यह कंप्यूटर दो मंजिलों की ऊँचाई वाला और तीस टन वजन का था ''एनियॉक'' एक सेकेंड में 357 गुणा कर सकता था और उस पर पाँच लाख डॉलर खर्च हुए थे। इस कंप्यूटर का पहला काम सैनिक मिसाइलों के पथ की गणना करना था। पेटेंट के मामलों से उत्पन्न विवादों के कारण एकर्ट तथा माँचली, मूर स्कूल छोड़कर चले गए और उन्होंने ENIAC के उद्घाटन से एक महीने के भीतर एक ''इलेक्ट्रॉनिक कंट्रोल कंपनी'' खोल ली जिसका उद्देश्य था एक यूनिवर्सल ऑटोमैटिक कंप्यूटर (Univac) बनाना।

सन् 1947 में अमेरिका में बेल लेबोरेटीरीज में कार्यरत वैज्ञानिक विलियम शॉकले, जान बार्डीन और वाल्टर ब्रातेन ने एक क्रांतिकारी आविष्कार ''ट्रांजिस्टर'' का किया जिसने वॉल्व की छुट्टी कर दी। इसी वर्ष ग्रेस हॉपर ने अपने दस्तावेजों में पहले कंप्यूटर 'बग' को स्थान दिया। मार्क–कंप्यूटर के डिब्बे में एक मृत तितली (कीड़ा) के पाये जाने से सर्किट में कुछ आंतरिक खराबी आ गई थी। ग्रेस ने इसे अपनी दैनंदिनी रिपोर्ट में चिपका दिया। उसी दिन से कंप्यूटर की शब्दावली में debugging नामक शब्द चल पड़ा जिसका मतलब किसी भी कंप्यूटर में पाये जाने वाले दोषों को निकालना है।

सन् 1949 में इंग्लैंड की कैंब्रिज यूनिवर्सिटी में एक कंप्यूटर बनाया गया, जिसका नाम EDSAC (Electronic Delayed storage Automatic Computer) था। इस कंप्यूटर के भंडारण इकाई में प्रोग्राम को पेपर टेप (Paper Tape) की सहायता से दाखिल कराया जाता था। इसमें भी निर्वात् नली का प्रयोग किया जाता था और यह ENIAC से थोड़ी तेज गति का था।

सन् 1951 में यूनिवेक डिवीजन ऑफ रेमिंगटन कंपनी, यू एस ए ने एक कंप्यूटर बनाया, जिसका नाम UNIVAC1(Universal Automatic Computer) था। इस कंप्यूटर में आँकड़ों को इनपुट कराने और आउटपुट प्राप्त करने के लिए मैगनेटिक टेप (Magnetic Tape) का प्रयोग किया जाता था। यह आंकिक आँकड़ों के साथ–साथ वर्णमाला युक्त आँकड़ों पर भी कार्य करने में सक्षम था। इस कंप्यूटर में भी निर्वात् नली का प्रयोग किया जाता था।

ट्रांजिस्टर के आविष्कार के बाद तो कंप्यूटर के विकास की गति में तेजी से वृद्धि हुई। पचास के दशक से आज तक के विकास को एक तूफान की संज्ञा दी जा सकती है। इसके सभी आयामों को इस भूमिका में समावेशित करना शायद संभव न हो, लेकिन मील के पत्थरों को निम्न तालिका में देखा जा सकता है:

वर्ष	*वैज्ञानिक कंपनी*	*आविष्कार*
1948	थॉमस जे.वॉटसन आई.बी.एम.	'स्मेक' (SSEC-Selective Sequence Electronic Calculator) का निर्माण, इसमें 12,000 से ज्यादा वाल्वों का प्रयोग
1949	मॉरिस विल्कीज कैंब्रिज यूनिवर्सिटी व मूर स्कूल	'ऐडसेक' (EDSAC-Electronic Delay Storage Automatic Computer) का निर्माण।
1950	वॉन न्यूमैन	'एडवैक' (EDVAC) का अंतिम रूप से निर्माण जो पहली बार डिजिटल व द्विअंकीय प्रणालियों का उपयोग करता है।
1951	रेमिंगटन रैंड	पहले यूनिवर्सल ऑटोमेटिक कंप्यूटर (UNIVAC1) का निर्माण जो 2000 गणनाएँ प्रति सेकेंड किया करता था।
1952	आई.बी.एम.	पहली बार आई.बी.एम. 701 जो स्टोर्ड प्रोग्राम कंप्यूटर था, बाजार में आया।
1953	बरोज कार्पोरेशन आई.बी.एम.	यूनिर्वसल डिजिटल इलेक्ट्रानिक कंप्यूटर (UDEC) बनाया गया। आई.बी.एम. द्वारा पहली बार मैगनेटिक टेप का प्रयोग।
1971	इंटेल आई.बी.एम. निकलॉस वर्थ	इंटेल द्वारा 4004 माइक्रो–प्रोसेसर का निर्माण। आई.बी.एम. द्वारा फ्लॉपी डिस्क का उपयोग। पास्कल नामक भाषा का आविष्कार।
1972	इंटेल गेरो किलडेल	इंटेल द्वारा 8088.8 बिट माइक्रो प्रोसेसर का निर्माण। P/L/1 नामक भाषा का आविष्कार, जो 4004 माइक्रो प्रोसेसर के काम में आती थी।
1975	एडराबट्र्स एवं बिल गेट्स एम.आई.टी.	पहले 8080 आधारित माइक्रो कंप्यूटर का निर्माण, जिसने पर्सनल कंप्यूटर निर्माण को नई दिशा दीं। CRAY 1 सुपर कंप्यूटर का आविर्भाव जो कई मिलियन गणनाएँ एक सेकेंड में करने में सक्षम था।
1976	डेक (DEC)	VAX 11 780 इत्यादि सुपर मिनी कंप्यूटरों का निर्माण।
1977	एपल रेडियाशैक	APPLE II माइक्रो कंप्यूटर का निर्माण। TRS 80 माइक्रो कंप्यूटर का निर्माण। CP/M भाषा का आविष्कार।
1978	डॉन ब्रिकलिन व बॉब फैक्लटन	विसिकैल्क स्प्रैडशीट की रचना।
1979	माइक्रो इंटरनेशनल	वर्डस्टार नाम वर्ड प्रासेसिंग प्रोग्राम की उपलब्धि।

1981	आई.बी.एम. ओसबॉर्न	आई.बी.एम. पर्सनल कंप्यूटर का आविर्भाव जो आजकल की सबसे ज्यादा प्रयुक्त होने वाली मशीन है। ओसबॉर्न–I, पहले पोर्टेबल कंप्यूटर के रूप में सामने आया।
1983	मिक केपर	LOTUS 1-2-3 द्वारा बिसि कैल्क स्प्रैड शीट का प्रस्थान। विश्व में कंप्यूटरों की संख्या 13 मिलियन आँकी गई।
1984	....	कंप्यूटरों की कीमतों में भारी गिरावट
1985	आई.बी.एम. इंटेल	आई.बी.एम. द्वारा PC/DOS एवं यूनिवर्सल ऑपरेटिंग सिस्टम का स्टैंडर्ड स्थापित इंटेल द्वारा नये माइक्रो प्रोसेसर 80386 की मार्केटिंग, गति और संचय क्षमता में अभूतपूर्व वृद्धि।
1988	....	कठिनतम समस्याओं के हल के लिए एक मिलियन से ज्यादा संगणन सर्किटों वाले कंप्यूटरों का प्रयोग।
1990	....	कृत्रिम बुद्धिमत्ता का ज्यादा से ज्यादा प्रयोग।
2000	....	एक बिलियन से ज्यादा संगणक सर्किटों वाले कंप्यूटर संभव।

1.2. पीढ़ी (Generation)

प्रथम पीढ़ी (First Generation 1951 – 1959)

पहली पीढ़ी के कंप्यूटर को निर्वात् नली के उपयोग से चिह्नित किया जा सकता है, जो इलेक्ट्रॉनिक घटक के रूप में था। इस पीढ़ी के कंप्यूटर में आँकड़ों को संग्रहित करने के लिए इलेक्ट्रॉनिक नली या मरक्यूरी डिले लाइन का भी प्रयोग किया जाता था। पेपर टेप और पंच कार्ड का भी उपयोग किया जाता था। किसी भी संक्रिया को करने में लगने वाला इलेक्ट्रॉनिक समय 0.1 से 1 मिलीसेकेंड था, जबकि मेमोरी तक पहुँचने में 1 मिलिसेकेंड का समय लगता था। इस पीढ़ी के कंप्यूटर की अन्य विशेषता स्टोरेज डिवाइस था, जो डाटा और प्रोग्राम को मुख्य स्मृति में संग्रहित करने में सक्षम था। इस समय मेमोरी अत्यधिक महँगी थी। आँकड़ों को संग्रहित करने के लिए मैगनेटिक टेप एवं ड्रम के साथ–साथ अन्य उपकरण भी खोजे गए।

इस पीढ़ी के कुछ कंप्यूटर – ENIAC (Electronic Numerical Integrator and Calculator), EDVAC (Electronic Discrete Variable Automatic Computer), UNIVAC-1, WHIRLIND और IBM आदि थे।

यू.एस.ए. की पेंसलवानिया विश्वविद्यालय में प्रोफेसर इकार्ट और मशूले के दल द्वारा 1946 में प्रथम इलेक्ट्रॉनिक कंप्यूटर की खोज की गई। यह कंप्यूटर ENIAC (Electronic Numerical Integrator and Calculator) कहलाया। इस कंप्यूटर में उच्च गति के वैक्यूम ट्यूब (Vaccum Tube) का प्रयोग किया जाता था। यह बहुत छोटी मेमोरी रखता था और इसे मिसाइल के ट्रॉजेक्टरी की गणना करने हेतु निर्मित किया गया था। किन्हीं दो अंकों को जोड़ने से ENIAC 200 माइक्रो सेकेंड का समय लेता था, जबकि उन्हें गुणा करने में 2800 माइक्रो सेकेंड का समय लगता था।

जब 1946 में प्रोफेसर जॉन वॉन न्यूमन ने स्टोरड् प्रोग्राम (Stored Program) की अवधारणा को स्पष्ट किया

तब कंप्यूटर की तार्किक डिजाइन में एक क्रांतिकारी परिवर्तन आया। उनका उपाय डाटा के साथ मशीन इंस्ट्रक्शन को कंप्यूटर में संग्रहित करने का था। ये इंस्ट्रक्शन अन्य इंसट्रक्शन की आवश्यकता के आधार पर स्वयं संशोधित हो सकते थे। ये प्रोग्राम लूप के आसान उपयोग की अनुमति देते थे। इस सिद्धांत पर आधारित प्रथम कंप्यूटर कैंब्रिज यूनिवर्सिटी यू.के. में प्रो. मौरिस के नेतृत्व में बनाया गया था। यह कंप्यूटर EDSAC (Electronic Delay Storage Automatic Calculator) कहलाया। इसे 1946 में तैयार किया गया था। इसमें संग्रहण हेतु मरक्यूरी डिले लाइन का उपयोग किया जाता था।

स्टोरड् प्रोग्राम (Stored Program) इलेक्ट्रॉनिक कंप्यूटर कर व्यवसायिक उत्पादन 50 के दशक से प्रारंभ हुआ। इस प्रकार का प्रथम कंप्यूटर UNIVAC I था जिस 1951 मे रेमिंगटन रेंड की यूनिवैक डिवीजन ने तैयार किया था। इस कंप्यूटर में वैक्यूम ट्यूब (Vaccum Tube) का प्रयोग किया जाता था। वैक्यूम ट्यूब में इलेक्ट्रान स्रोत के रूप में फिलामेंट का प्रयोग किया जाता था। ये सीमित आयु रखते थे। प्रत्येक ट्यूब में आधे वॉट की शक्ति खर्च होती थी। कंप्यूटर में लगभग दस हजार ट्यूब्स का उपयोग होता था।

इस समय कंप्यूटर प्रोग्रामिंग मुख्यतः मशीन भाषा में की जाती थी। असेंब्ली भाषा 50 के दशक के आसपास खोजी जा चुकी थी। ऑपरेटिंग सिस्टम की अवधारणा की खोज नहीं हुई थी।

हानियाँ

1. सीमित उपयोग।
2. वृहत् आकार।
3. वातानुकूलन की आवश्यकता।
4. अवहनीय।

द्वितीय पीढ़ी (Second Generation 1959-1964)

द्वितीय पीढ़ी के कंप्यूटर को मैगनेटिक कोर स्टोरेज की सहायता से चिह्नित किया जा सकता है। मैगनेटिक कोर एक पतला वलय (लगभग 0.02 इंच) था, जो केयरिट से बना था और या तो घड़ी की दिशा में या घड़ी की विपरीत दिशा में चुंबकित होता था। दोनों दिशाएँ 0 या 1 को प्रदर्शित करती थीं। द्वितीय पीढ़ी में मेमोरी क्षमता 100 किलो बाइट के लगभग थी। इसी समय मैगनेटिक डिस्क का भी आविष्कार किया गया।

इस पीढ़ी के कंप्यूटर में निर्वात् नली के स्थान पर ट्रांजिस्टर (Transistor) का प्रयोग किया जाता था। इलेक्ट्रॉनिक के क्षेत्र में एक बड़ा क्रांतिकारी परिवर्तन तब आया, जब बारडिन, ब्राटिन और शोकले ने 1947 में ट्रांजिस्टर की खोज की। ट्रांजिस्टर को जरमेनियम सेमीकंडक्टर से निर्मित किया जाता था और यह वैक्यूम ट्यूब की तुलना में अधिक विश्वसनीय था क्योंकि इसमें जलने के लिए किसी भी फिलामेंट का उपयोग नहीं किया जाता था। ये कम स्थान घेरते थे और ट्यूब की तुलना में 10 गुणा कम शक्ति की आवश्यकता होती थी। ये 0 से 1 पर कुछ माइक्रो सेकेंड में पहुँच जाते थे, जो कि ट्यूब की तुलना में 10 गुणा कम समय था।

किसी संक्रिया को करने में लगने वाला इलेक्ट्रॉनिक समय 1 से 10 माइक्रोसेकेंड का था, जबकि मेमोरी तक पहुँचने में 1 से 10 माइक्रोसेकेंड का समय लगता था। द्वितीयक भंडार के रूप में मैगनेटिक टेप, मैगनेटिक ड्रम और पंच कार्ड का प्रयोग किया जाता था। इस पीढ़ी के कंप्यूटर कम खर्चीले, तेज गति के, आकार में छोटे, कम उर्जा खपत वाले और कम उष्मा प्रदान करने वाले थे। इस पीढ़ी का पहला व्यवसायिक कंप्यूटर PHILICO TRANSIC S-2000 था। इस पीढ़ी के अन्य कंप्यूटर IBM 1401, IBM 7090/7094, IBM 1620, Burroughs B 5000, CDC 1604, GE 635, Honeywell 400, UNIVAC III आदि थे।

इस पीढ़ी के दौरान Fortran, Cobol, Algol और Symbol का विकास किया गया। कंप्यूटर विज्ञान में

अकादमिक प्रोग्राम का प्रारंभ किया गया। वेतन देयक, उत्पादन योजना, ऑपरेशन रिसर्च आदि का विकास किया गया। इसी समय बैच प्रोसेसिंग सिस्टम का भी विकास किया गया।

हानियाँ

1. रखरखाव की आवश्यकता।
2. उत्पादन में कठिनाई एवं खर्चीला।
3. वातानुकूलन की आवश्यकता।

तृतीय पीढ़ी (Third Generation 1964-1970)

इस पीढ़ी के कंप्यूटर को इंटीग्रेटेड सॉलिड स्टेट सर्किट (Integrated Solid State Circuit) की सहायता से चिह्नित किया जा सकता है। इस पीढ़ी के कंप्यूटर के द्वितीयक भंडार, इनपुट एवं आउटपुट डिवाइस परिपक्व हो चुके थे। किसी संक्रिया को करने में लगने वाला इलेक्ट्रॉनिक समय 0.1 से 1 माइक्रोसेकेंड का था, जबकि मेमोरी तक पहुँचने में लगने वाला समय 0.1 से 10 माइक्रोसेकेंड का था।

तृतीय पीढ़ी का आरंभ 1965 में जरमेनियम ट्रांजिस्टर के साथ माना जाता है। इंटीग्रेटेडस सर्किट, रेसिस्टर और कैपेसिटर सिलिकॉन के एकल चिप पर लगे होते थे। स्माल स्केल इंटीग्रेटेड सर्किट जो प्रतिचिप में 10 ट्रांजिस्टर रखता था, से लेकर मीडियम स्केल इंटीग्रेटेड सर्किट जिसमें प्रति चिप 100 ट्रांजिस्टर होते थे, की तकनीक का विकास किया गया। मुख्य मेमोरी (Main Memory) का आकार 4 मेगाबाइट तक पहुँच चुका था। इसी समय टाइम शेयर ऑपरेटिंग सिस्टम का विकास किया गया।

कम कीमत, उच्च विश्वसनीयता, लघु आकार, कम उर्जा खपत और तेज गति आदि इस पीढ़ी के कंप्यूटर की विशेषता थी। इसी समय पहला मिनी कंप्यूटर प्रकाश में आया, जब डिजिटल इक्यूपमेंट कारपोरेशन ने PDP-1 (Program Data Processor) का विकास किया।

ये कंप्यूटर अत्यधिक संग्रहण क्षमता वाले थे। इन कंप्यूटर में विभिन्न इनपुट/आउटपुट डिवाइस का भी प्रयोग किया जाता था, जैसे कि वीडियो डिस्प्ले, ग्राफिक टर्मिनल, प्लाटर (Plotter), मैगनेटिक डिस्क, मैगनेटिक ड्रम और टेप आदि। ये अत्यधिक सुविधाजनक ऑपरेटिंग सिस्टम (Operating System), एप्लीकेशन सॉफ्टवेयर (Application Software) और अन्य पैकेज को भी रखते थे।

Fortran IV भाषा व उसके कंपाइलर का विकास किया गया। इसी समय COBOL 68 को अमेरिकन नेशनल स्टैंडर्ड इंस्टीट्यूट (American National Standard Institute ANSI) द्वारा मानक किया गया। IBM द्वारा PL/1 नाम की शक्तिशाली भाषा का विकास किया गया।

इस पीढ़ी के कंप्यूटर व्यापक उद्देश्यों की पूर्ति करने वाले थे। इनका उपयोग व्यापारिक, वैज्ञानिक व अन्य समस्याओं को हल करने के लिए किया जाता था। इस पीढ़ी के कुछ कंप्यूटर IBM 360, Burroughs 6700/7700, CDC 6000/7000, Digital Equipment PDP-8/11, UNIVAC 1108/9, ICL 1900/2900 आदि थे।

हानियाँ (Disadvantages)

IC चिप को बनाने के लिए उच्च तकनीकी की आवश्यकता थी। वातानुकूलन की आवश्यकता थी।

चतुर्थ पीढ़ी (Fourth Generation)

लार्ज स्केल इंटग्रेशन (Large Scale Integration LSI) तकनीक को चतुर्थ पीढ़ी की तकनीक से जाना जाता है। यह माइक्रोप्रोसेसर (Microprocessor) के विकास का समय था। प्रत्येक माइक्रो–कंप्यूटर के अंदर एक विशेष

प्रकार का इंटीग्रेटेड सर्किट लगा होता था। इनपुट/आउटपुट उपकरण के साथ–साथ ऑप्टिकल रीडर का भी उपयोग किया जाता था, जिसकी सहायता से संपूर्ण लेख को कंप्यूटर में दाखिल कराया जा सकता था। ये कंप्यूटर वृहत् स्मृति, सुविधाजनक इनपुट/आउटपुट उपकरण, मैगनेटिक इंक रीडर, ऑप्टिकल रीडर, ऑडियो रिसपांस टर्मिनल आदि रखते थे। इस पीढ़ी के कुछ कंप्यूटर IBM 370, AMADAHL 470 आदि थे।

प्रथम चरण *(1976-85)*

चतुर्थ पीढ़ी को माइक्रोप्रोसेसर चिप के साथ चिह्नित किया जा सकता है। मीडियम स्केल इंटीग्रेटेड सर्किट के स्थान पर लार्ज और वेरी लार्ज इंटीग्रेटेड सर्किट (Very Large Integrated Circuits) VLSI का विकास किया गया, जिसमें एक चिप पर 50000 ट्रांजिस्टर लगे होते थे। मैगनेटिक कोर मेमोरी को सेमी कंडक्टर मेमोरी से प्रतिस्थापित किया गया। सेमी कंडक्टर मेमोरी का आकार 16 मेगाबाइट तक था। नेटवर्क कंप्यूटर और डिस्ट्रीब्यूटेड कंप्यूटर का विकास किया गया। ग्राफिक डिवाइस व ग्राफिक सिस्टम के लिए भाषा का विकास इस समय का एक महत्त्वपूर्ण विकास था। इसी समय UNIX ऑपरेटिंग सिस्टम का विकास किया गया।

द्वितीय चरण *(1986-98)*

अल्फा माइक्रोप्रोसेसर चिप को 1994 में DEC द्वारा डिजाइन किया गया। एक चिप पर 9.3 मिलियन ट्रांजिस्टर लगे होते थे। इसके अंदर 64–बिट फ्लोटिंग प्वांइट का अर्थमेटिक यूनिट लगा होता था तथा 64–बिट डाटा व 64–बिट एड्रेस बस का उपयोग करता था। इसमें 64KB की कैश मेमोरी और 32 रजिस्टर्स लगे होते थे। IBM, APPLE Computers और MOTOROLA कंपनी ने मिलकर एक माइक्रोप्रोसेसर का निर्माण किया जिसका नाम पॉवर PC600 था।

इसी समय इंटेल के द्वारा भी एक चिप डिजाइन किया गया, जो पेंटियम कहलाया। वास्तविक पेंटियम (Pentium) MMX(Multimedia Extension) और पेंटियम द्वितीय (Pentium II) के साथ बना, जिसकी क्लॉक स्पीड (ClockSpeed) 466Mhz थी, साथ ही एक सेलेरॉन प्रोसेसर (Celeron Processor) 300Mhz क्लॉक स्पीड के साथ तैयार किया गया।

माइक्रोप्रोसेसर जैसे कि Pentium, Power PC आदि का उपयोग पर्सनल कम्प्यूटर, पोर्टेबल लैपटॉप और पाम टॉप आदि में उपयोग किया जाता था। डेस्कटॉप वर्क स्टेशन और शक्तिशाली सर्वर अंकिक गणनाओं और फाइल स्थानांतरण सेवाओं हेतु RISC माइक्रोप्रोसेसर जैसे Alpla, MIPS और SUNSPARC का उपयोग करते हैं।

इसी समय वर्क स्टेशन में 100GB की क्षमता वाले हार्डडिस्क का प्रयोग आरंभ हुआ। 600 MB और 5.25 इंच वाले ऑप्टिकल डिस्क का प्रयोग प्रारंभ हुआ। नया ऑप्टिकल डिस्क, डिजिटल वर्सेटाइल डिस्क ROMs(DVD ROMs) जिसकी भंडारण क्षमता लगभग 17GB का भी प्रयोग 1998 से प्रारंभ हुआ। इसी समय लेखन योग्य डिस्क (Writable Disk) का विकास किया गया।

इसी समय कंप्यूटर नेटवर्क का आरंभ हुआ। फाइबर ऑप्टिकल लोकल एरिया नेटवर्क का भी विकास हुआ जो 100MB से 1GB के डाटा 1 सेकेंड में स्थानांतरित कर सकता था।

इसी समय WWW(World Wide Web), इंटरनेट, लक्ष्य उन्मुख भाषा (Object Oriented Language) JAVA आदि का भी विकास हुआ। C एवं C++ भाषा भी इसी समय प्रचलित हुई।

पंचम पीढ़ी (Fifth Generation)

कंप्यूटर की किसी भी पाँचवीं पीढ़ी का कोई अस्तित्व नहीं है, सिर्फ उसे विकसित करने की होड़ लगी हुई है, परिणाम आना शेष है। पाँचवीं पीढ़ी के कंप्यूटर की मुख्य विशेषता विस्तृत मेमोरी है।

कंप्यूटर पीढ़ी : एक तुलनात्मक अध्ययन
(Computer Generation : A Comparative Study)

क्र.	*पीढ़ी*	*वर्ष*	*स्विचिंग डिवाइस*	*स्टोरेज डिवाइस*	*स्विचिंग टाइम*	*MTBF**	*साफ्टवेयर*	*अनुप्रयोग*
1.	प्रथम	1949–55	वैक्यूम ट्यूब	अकॉउस्टिक डिले लाइस, मैगनेटिक ड्रम, 1KB मेमोरी	0.1 से 1 मिली सैकेंड	30mts से 1 घंटे	असेंबली लैग्वेज	वैज्ञानिक और व्यापारिक समस्याएँ
2.	द्वितीय	1956–65	ट्रांजिस्टर	मैगनेटिक कोर, टेप, 100KB मुख्य मेमोरी	1 से 10 माइक्रो– सैकेंड	लगभग 10 घंटे	उच्च स्तर भाषा, FORTRAN, COBOL, ALGOL बैच प्रोसेसिंग सिस्टम	तदैव
3.	तृतीय	1966–75	इंटीग्रेटेड सर्किट	उच्च गति वाले मैगनेटिक कोर, बड़ी डिस्क 100 MB, 1MB मुख्य मेमोरी	0.1 से 1 माइक्रो– सेकेंड	लगभग 100 घंटे	FORTRAN IV, COBOL 68, PL/1	डाटाबेस मैनेजमेंट सिस्टम
4.	चतुर्थ (प्रथम चरण)	1975–84	LSI सर्किट, माइक्रो– प्रोसेसर	सेमी कंडक्टर मेमोरी, मुख्य मेमोरी 10MB, हार्डडिस्क 1000MB	10 से 100 नैनो सेकेंड	लगभग 1000 घंटे	FORTRAN 77, Pascal, ADA, COBOL 74	PC, CAD/ CAM, ग्राफिक उन्मुख सिस्टम
5.	चतुर्थ (द्वितीय चरण)	1985 से अब तक	VLSI सर्किट 3 मिलियन ट्रांजिस्टर प्रति चिप	सेमी कंडक्टर मेमोरी, मुख्य मेमोरी 1GB, हार्डडिस्क 100GB	1 से 10 नैनो सैकेंड	लगभग 10,000 घंटे	C, C++, JAVA, Prolog, Miranda, FP	मल्टी– मीडिया, सामांतर गणना

1.3. वर्गीकरण (Classification)

वे आँकड़े जो गणना से प्राप्त होते हैं, असंतत् आँकड़े (Discrete Data) कहलाते हैं, जबकि मापक यंत्रों से प्राप्त आँकड़ों को संतत् आँकड़े (Continuous Data) कहते हैं। उदाहरण के लिए किसी छात्र द्वारा परीक्षा में प्राप्त किए गए अंक असंतत् आँकड़े हैं, जबकि किसी रोगी का Electro-Cardio-Gram द्वारा प्राप्त Constant Monitoring संतत् आँकड़ों का उदाहरण है।

उपरोक्त आधार पर कंप्यूटर को निम्न तीन भागों में वर्गीकृत किया जाता है:

1. एनालॉग कंप्यूटर (Analog Computers)
2. डिजिटल कंप्यूटर (Digital Computers)
3. हाइब्रिड कंप्यूटर (Hybrid Computers)

(1) एनालॉग कंप्यूटर (Analog Computers)

एनालॉग कंप्यूटर संख्याओं की गणना नहीं करते हैं, बल्कि भौतिक परिमाण की माप करते हैं, अर्थात् दाब, ताप, गति आदि। यह नाम ग्रीक शब्द Analog से जनित किया गया है, जो उन दो परिमाणों के मध्य समानता स्थापित करता है जिन्हें वोल्टेज (Voltage) या करंट (Current) से प्रदर्शित किया जाता है। एनालॉग कंप्यूटर का उपयोग वैज्ञानिक और अभियांत्रिक उद्देश्यों की पूर्ति के लिए होता है।

एनालॉग पद्धति की मुख्य विशेषता यह है कि इसमें निरंतरता है, अर्थात् एनालॉग सिग्नल हमेशा संतत् होते हैं। उदाहरण के लिए, सुईयुक्त हाथ घड़ी एनालॉग है। घड़ी के काँटे निरंतर घड़ी में घूमते रहते हैं।

मिनट की सुई गोल घूमते हुए 1 से 12 तक के अंकों को छूती है, साथ ही इनके बीच के अनगिनत बिंदुओं को भी छूती है। दूसरे शब्दों में, एनालॉग सिग्नल में हम एक डाटा के क्षेत्र में घूमते हैं। यद्यपि किसी भी पल में एक ही मान चुन सकते हैं। हमारा पुराना पारे का थर्मामीटर भी एनालॉग है – हम 95 से लगभग 107 तक की डिग्री तक को एक साथ देखते हैं। हालाँकि माप के समय हम एक ही मान का चुनाव कर सकते हैं। उदाहरण के तौर पर, चित्र क्रमांक 1.4 ऑस्किलॉस्कोप (Oscilloscope) का चित्र है, जो एनालॉग सिग्नल के द्वारा कार्य करता है।

चित्र 1.4. *एनालॉग सिग्नल पर आधारित ऑस्किलॉस्कोप*

इस प्रकार के एनालॉग कंप्यूटर अधिक मिश्रित रूप में 1950 एवं 1960 के दशक में विभिन्न प्रकार के अवकल समीकरणों को हल करने के लिए उपयोग में लाए जाते थे।

(2) डिजिटल कंप्यूटर (Digital Computers)

डिजिटल कंप्यूटर की संक्रिया संख्याओं पर आधारित होती है। यह सीधे संख्याओं पर कार्य करते हैं जो बाइनरी नंबर सिस्टम (Binary number System) के रूप में प्रदर्शित होते हैं। एनालॉग कंप्यूटर की तुलना में डिजिटल कंप्यूटर अधिक परिशुद्व होते हैं। डिजिटल कंप्यूटर व्यवसायिक के साथ–साथ वैज्ञानिक और अभियांत्रिक अनुप्रयोगों के लिए भी उपयुक्त होते हैं। ये गणितीय व्यंजकों के मूल्यांकन एवं आँकड़ों के संयोजन में भी उपयोगी होते हैं (जैसे कि देयक तैयार करना, लेखाबही, युगपत समीकरणों के हल आदि)।

डिजिटल कंप्यूटर को पुनः दो समूहों में विभाजित किया जा सकता है:

(अ) विशिष्ट उद्देशीय कंप्यूटर (Special Purpose Computers)

(ब) बहु उद्देशीय कंप्यूटर (General Purpose Computers)

विशिष्ट उद्देशीय कंप्यूटर वैज्ञानिक या वर्गीकृत समस्याओं को हल करने के लिए निर्मित किए जाते हैं। इन्हें आवश्यकतानुसार विशेष कार्य या अनुप्रयोगों हेतु निर्मित किया जाता है। इनके आंतरिक भंडार में आवश्यक निर्देश स्थित होते हैं ताकि ये दिए गए कार्यों को साधारण निर्देश पर ही संपन्न कर सकें।

बहुउद्देशीय कंप्यूटर वे हैं जो विभिन्न प्रोग्राम को संग्रहित कर सकते हैं और पुनः तैयार भी किए जा सकते हैं। ये इस प्रकार निर्मित किए जाते हैं ताकि विभिन्न अनुप्रयोगों की आवश्यकता की पूर्ति हो सके। बहुउद्देशीय कंप्यूटर में किसी विशेष प्रकार के कार्यों को संपन्न करने के लिए आवश्यक निर्देश स्थाई रूप से आंतरिक स्मृति में नहीं

रहते हैं। एक कार्य के संपन्न होते ही दूसरे कार्य को संपन्न करने के लिए वांछित निर्देश आंतरिक स्मृति में भरे जा सकते हैं। इस प्रकार से बहुउद्देशीय कंप्यूटर का उपयोग वेतन देयक, विक्रित सूची आदि को तैयार करने में किया जा सकता है।

(3) हाइब्रिड कंप्यूटर (Hybrid Computers)

हाइब्रिड कंप्यूटर वे हैं जिनमें एनालॉग और डिजिटल कंप्यूटर दोनों के आवश्यक गुण रहते हैं। हाइब्रिड कंप्यूटर का उपयोग सिर्फ विशिष्ट उद्देश्यों के लिए ही किया जाता है।

यदि वर्गीकरण आकार और क्षमता के आधार पर किया जाय तो कंप्यूटर को निम्न प्रकार वर्गीकृत किया जा सकता हैः

माइक्रो-कंप्यूटर (Micro-Computers – Personal Computers)

माइक्रो-कंप्यूटर बहुउद्देश्यों की पूर्ति करने वाले होते हैं, जो दिए गए निर्देशों के आधार पर प्रोग्राम का प्रदर्शन करते हैं। ये उन सभी कार्यशील तत्वों को रखते हैं जो वृहत् आकार के कंप्यूटर में पाए जाते हैं। ये इस प्रकार निर्मित किए जाते हैं, कि इन्हें एक व्यक्ति एक समय में ही उपयोग कर सके। चूँकि इसे बड़े कंप्यूटर के साथ आसानी से जोड़ा जा सकता है, अतः ये वृहत् सूचना तंत्रों के महत्त्वपूर्ण हिस्सों को निर्मित करते हैं।

सर्वाधिक प्रचलित PCs डेस्कटॉप मशीन है। प्रारंभिक PCs में 8088 माइक्रोप्रोसेसर का उपयोग किया जाता था। पेंटियम द्वितीय 1998 से सर्वाधिक प्रचलित हुआ। वर्तमान में पेंटियम चतुर्थ का उपयोग किया जा रहा है। IBM के द्वारा बनाई गई मशीन को IBM PCs कहते हैं। IBM PCs में अधिकांशतः MS DOS या MS-Windows, Windows-NT या UNIX का प्रयोग ऑपरेटिंग सिस्टम के रूप में किया जाता है। Apple Macintosh मशीन में Motorola 68030 माइक्रोप्रोसेसर का उपयोग किया जाता था लेकिन अब Power PC 603 प्रोसेसर का प्रयोग किया जाता है।

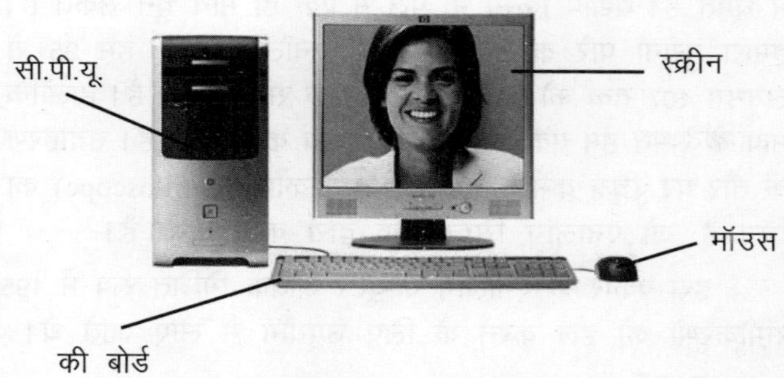

चित्र 1.5. *पर्सनल कंप्यूटर*

ये छोटे, कम कीमत के डिजिटल कंप्यूटर हैं। माइक्रो-कंप्यूटर के शब्दों की लंबाई 8-32 बिट्स (Bits) के परिसर में स्थित होती है। PCs और PS/2 व्यापक उद्देश्यों की गणना करने वाले माइक्रो-कंप्यूटर हैं। उपयोगकर्ता PCs और PS/2 पर उच्च-स्तरीय भाषा (High-Level Language) में कार्य कर सकता है, जैसे कि BASIC, FORTRAN, COBOL, PASCAL आदि।

IBM PC

किसी कंप्यूटर को पी.सी. कहने का तात्पर्य यह है कि वह IBM के सबसे पहले पी.सी. के समान है। हम यह कह सकते हैं कि IBM ने 1981 में वह कंप्यूटर इजाद किया जिसे हम आज पी.सी. कहते हैं। अतः IBM ने पी.सी. को डिजाइन किया तथा बनाया। साथ ही IBM ने उन सब मापदंडों को परिभाषित किया जो कि पी.सी. को अन्य पर्सनल कंप्यूटरों से कुछ अलग करते हैं।

अतः IBM ने पी.सी. का आविष्कार नहीं किया परंतु उसने वह मशीन बनाई जिसे हम आज पी.सी. कहते हैं। इस परिभाषा को और आगे ले जाते हुए, पी.सी. वह पर्सनल कंप्यूटर है जो IBM PC-Compatible है। कुछ वर्ष पहले पी.सी. को IBM Compatible/IBM Clone कहा जाता था।

इस बहाने IBM पी.सी. ने अन्य निर्माताओं के लिए मापदंड निर्धारित कर दिए। जल्द ही अन्य निर्माता IBM

पी.सी. के समान पी.सी. ले आए। इन्हें हम पी.सी. क्लोन (Clone : कॉपी) या IBM P.C.-Compatible मशीनें कहते हैं। यही पी.सी. शब्द से तात्पर्य है – एक ऐसा पी.सी. जिसकी जड़ें IBM के पर्सनल कंप्यूटर में हैं।

Characteristics

पी.सी. के लॉन्च से पहले बड़े–बड़े मिनी कंप्यूटर तथा मेनफ्रेम से कई टर्मिनल जुड़े रहते थे। इन टर्मिनलों में नगण्य या बहुत ही कम प्रोसेसिंग शक्ति थी। पी.सी. के आने से एक आम उपयोगकर्ता को भी कुछ प्रोसेसिंग शक्ति मिल गई। इस तरह से उपयोगकर्ता को पूरे समय मेनफ्रेम या अन्य किसी कंप्यूटर से जुड़े रहने की आवश्यकता नहीं थी। यह प्रोसेसिंग शक्ति व्यक्तिगत उपयोगकर्ता के लिए काफी थी हालाँकि यह मेनफ्रेम या मिनी कंप्यूटर का मुकाबला नहीं कर सकती थी।

गति एवं तकनीक में सुधार से आज के पी.सी. कुछ बड़ी मशीनों से मुकाबला करने में सक्षम हैं। पी.सी. मुख्यतः इंटेल माइक्रोप्रोसेसर की संरचना पर आधारित है। तथा इसके लिए तथा संबंधित प्रोसेसर जैसे कि AMD का K6 तथा Intel के Celeron या Pentium के लिए लिखे गए सॉफ्टवेयर चलाता है।

PC-XT/AT

मोटे तौर पर विभिन्न सिस्टम इस प्रकार के हो सकते हैं–

8-bit
16-bit
32-bit
64-bit

हालाँकि कुछ मामूली फर्क के बावजूद, 16-bit से 64-bit तक के सिस्टम काफी हद तक मूल डिजाइन तथा ऑर्किटेक्चर में समान हैं। अतः हार्डवेयर की 2 श्रेणियाँ ही रह जाती हैं–

8-bit (PC/XT) System

16/32/64 bit (PC/AT) system

यहाँ पर XT का मतलब है Extended Technology जबकि AT का मतलब Advanced Technology है। यह दोनों नाम IBM के शुरूआती P.C. से लिए गए हैं। मूल P.C. में मात्र 5.25 इंच की 2 फ्लॉपी डिस्क थी। PC/XT में इनके अलावा 20MB या 40MB की हार्डडिस्क भी थी। इनमें 8 बिट का 8088 प्रोसेसर तथा 8 बिट की ISA (Industry Standard Architecture) bus थी। Bus से हमारा तात्पर्य उन expansion slots से है जिनमें अतिरिक्त Plugin circuit board लगाए जा सकते हैं। इन Boards के द्वारा हम अपने सिस्टम की क्षमताओं में वृद्धि कर सकते हैं।

PC/XT की ISA bus एक cycle में सिर्फ 8 bits का डाटा ले तथा दे सकती है। 16–bit या उससे अधिक वाले सिस्टम को AT-class का कहा जाता है। इनमें सर्वप्रथम 16–bit के प्रोसेसर तथा expansion slots आए थे। इसके पश्चात् 32 तथा 64–bit सिस्टम भी आए, और यह भी AT-class के ही कहलाए।

किसी भी AT-class system में कम से कम Intel-80286 का प्रोसेसर होगा, तथा उसकी bus कम से कम 16 bits की होगी। सभी AT-class के सिस्टम bus तथा मेमोरी ऑर्किटेक्चर के सिद्धांत से एक समान होते हैं।

पी.सी. के प्रकार

मूल रूप से पी.सी. का वर्गीकरण आकार के आधार पर किया जाता है।

1. डेस्कटॉप

एकदम सरल शब्दों में, डेस्कटॉप कंप्यूटर वह कंप्यूटर है जो कि डेस्क पर आसानी से फिट हो जाता है। अतः इसके अंतर्गत सबसे साधारण पी.सी. जैसे की 80846, पेंटीयम–133 MHz, पेंटीयम–166 MHz, और नवीनतम पेंटीयम–4 कंप्यूटर भी आ जाते हैं।

इस श्रेणी में एक और प्रकार के कंप्यूटर समाहित हैं–इन्हें हम Macintosh कहते हैं। यह Apple कंप्यूटर कंपनी की देन है। Macintosh कोई IBM पी.सी. नहीं है: Macintosh Computers आम पी.सी. के मुकाबले एक अलग संरचना पर आधारित है। 1984 में लांच किया गया Mac पहला दूर–दूर तक प्रचलित होने वाला कंप्यूटर था जो GUI पर आधारित था। Macintosh शुरूआती समय में मोटोरोला 68000 प्रोसेसर श्रृंखला पर चला। आज Macintosh Power PC प्रोसेसर पर चलता है। यह प्रोसेसर IBM, Motorola तथा Apple के संयुक्त तत्वाधान में विकसित किया गया। Macintosh Computer Mac ऑपरेटिंग सिस्टम के द्वारा कार्य करता है।

चित्र 1.6. *डेस्कटॉप पी.सी.*

Macintosh साधारण पी.सी. से कुछ अधिक विशेषताएँ लिए है। Macintosh की प्रोसेसिंग शक्ति तथा मॉनिटर साधारण पी.सी. से बेहतर है। इस वजह से इसकी कीमत IBM पी.सी. से कुछ अधिक होती है। हालाँकि इस वजह से Macintosh का उपयोग कुछ सीमित दायरे में रह गया है। डी.टी.पी- (Desk Top Publishing) एक क्षेत्र है जहाँ इसका प्रयोग काफी हुआ था क्योंकि यहाँ पर उसका बेहतर मॉनिटर तथा प्रोसेसिंग पावर साफ और अच्छे परिणाम देते थे। हालाँकि आज IBM पी.सी. भी अच्छी गति तथा ग्राफिक्स के कारण डी.टी.पी. में लोकप्रिय हो रहा है।

Macintosh Proprietary सिस्टम होने के कारण आम उपभोक्ता के ज्यादा करीब नहीं आ पाया।

टीप–Proprietary सिस्टम में सारे अपग्रेड कंपोनेंट जैसे कि मदर बोर्ड, पॉवर सप्लाई इत्यादि केवल वास्तविक निर्माता के यहाँ ही उपलब्ध होंगे।

अब नया Mac बाजार में उतारा गया है। इसमें पेरीफेरल्स का अपने आप configure होना तथा नेटवर्क में भी मशीन का auto-configuration संभव है। इसके अलावा आर–पार दिखने वाले मॉनिटर भी Mac की तकदीर बदल रहे हैं। आज भी Mac विज्ञापन तथा एनिमेशन जगत में अपना विशेष स्थान बनाए हुए है। आँकड़े बताते हैं कि आज विश्व की डेस्कटॉप मार्केट में Macintosh का हिस्सा 4% है।

चित्र 1.7. *एप्पल मैकिनटोश*

2. *लैपटॉपनोट-बुक*

यह एक छोटा पोर्टेबल कंप्यूटर है। ये इतना छोटा है कि यह हमारी गोदी (Lap) में आ सकता है। इस कारण इसे लेपटॉप कंप्यूटर कहते हैं। इन्हें नोट–बुक कंप्यूटर भी कहा जाता है। यह एक अत्यंत हल्का पी.सी. है। साधारणतः इसका वजन 3 कि.ग्रा. से कम होता है। छोटे आकार के कारण ये हमारे ब्रीफकेस में भी समा जाते हैं।

यह आम पी.सी. से महँगे होते हैं। आम तौर पर नोट–बुक की कीमत पी.सी. के मुकाबले 1.5 से 2 गुणा अधिक होती है। यह बैट्री के द्वारा चलाए जा सकते हैं, अतः इन्हें चलाने के लिए हमेशा प्लग में लगाने की आवश्यकता नहीं होती है। हालाँकि बैट्रियों को हमें कुछ घंटों में चार्ज करना पड़ता है।

TrackBall तथा TouchPad उपकरणों के जरिए हम ग्राफिक निर्देश कंप्यूटर को भेजते हैं जिसके द्वारा पॉइंट, स्केच या ड्रॉ कर सकते हैं। अर्थात् ये दोनों उपकरण नोटबुक में माउस का कार्य करते हैं। चित्र 1.20 में TouchPad युक्त नोटबुक दिखाया गया है।

चित्र 1.8. *नोटबुक*

नोटबुक का स्क्रीन - विशेषताएँ

नोटबुक के स्क्रीन से संबंधित कुछ सबसे अलग विशेषताएँ होती हैं। नोटबुक के मॉनिटर में निम्नलिखित गुण होने चाहिए–

वज़न में हल्का

छोट़ा आकार

ऐसा स्क्रीन बनाने के लिए flat-panel technologies नाम की तकनीक का प्रयोग होता है। अन्य गुण डिस्पले की तकनीक पर निर्भर करते हैं। जैसा कि स्वाभाविक है, यह गुण डेस्कटॉप मॉनिटर के लिए लागू नहीं होते हैं। नोटबुक कंप्यूटर में डिस्प्ले तकनीक तीन प्रकार की होती हैं–

पैंसिव मैट्रिक्स (Passive Matrix)

डुअल स्कैन (Dual Scan)

ऐक्टिव मैट्रिक्स (Active Matrix)

नोटबुक की-बोर्ड

नोटबुक का आकार काफी छोटा रहता है, अतः इसका की–बोर्ड भी छोटे आकार का होता है। नोटबुक में keys छोटी तथा काफी पास–पास होती हैं। साथ ही, नोटबुक के की–बोर्ड में कुछ कम keys होती हैं।

नोटबुक के साथ साधारण की-बोर्ड का प्रयोग

कई नोटबुक में एक प्लग का प्रावधान रहता है जिसके द्वारा हम उसमें बाहरी की–बोर्ड जोड़ सकते हैं। नोटबुक ऑफ होने की स्थिति में हम की–बोर्ड प्लग में लगा देते हैं। दोबारा नोटबुक चलाने पर वह स्वतः ही बाहरी की–बोर्ड को भॉप लेगा तथा उसके साथ ही कार्य करेगा न कि आंतरिक की–बोर्ड के साथ।

टीप–नोटबुक की पावर ऑन होने पर बाह्य की–बोर्ड को न तो जोड़ना चाहिए और ना ही निकालना चाहिए।

नोटबुक के विशेष गुण

नोटबुक की कुछ विशेषताएँ उसे पी.सी. से भिन्न बना देती हैं। यह इस प्रकार हैं :–

Processor (प्रोसेसर)–यह एक विशेष मोबाइल प्रोसेसर होना चाहिए। मोबाइल प्रोसेसर के दो विशेष गुण होते हैं–

यह कम ऊष्मा देते हैं।

यह कम बिजली से भी चलते हैं। जिससे बैट्री की खपत कम होती है।

इंटेल कंपनी ने नोटबुक के लिए Centrino नाम का प्रोसेसर विकसित किया है। AMD कंपनी ने Athlon XP-M प्रोसेसर लॉन्च किया है जो नोटबुक में प्रयोग में आता है।

P.C. Card Slot (पी.सी. कार्ड स्लॉट)–यह खासतौर से नोटबुक के लिए बनाया गया एक expansion slot है। इनकी नवीनतम टेक्नॉलोजी CardBus तथा Zoomed Video है।

Battery (बैट्री)–Lithium-Ion (LiO) बैट्री सबसे अच्छी मानी जाती है। Nickel-Metal Hydride (NimH) बैट्री भी एक अच्छा विकल्प है। Nickel-Cadmium बैट्री पुरानी हो गई है। Hot swappable नोटबुक में हम बिना सिस्टम बंद किए एक बैट्री से दूसरी बैट्री पर शिफ्ट कर सकते हैं।

External Port (बाह्य पोर्ट)–पोर्ट की आवश्यकता प्रिंटर, बाह्य मॉनिटर, बाह्य की–बोर्ड तथा माउस को जोड़ने में पड़ती है। वैकल्पिक पोर्ट में स्पीकर तथा बाह्य मोडेम का प्रावधान भी हो सकता है।

Port Replicator (पोर्ट रिप्लीकेटर)–यदि नोटबुक को डेस्कटॉप सिस्टम की जगह प्रयोग में लाया जा रहा है तो पोर्ट रिप्लीकेटर की आवश्यकता होगी। पोर्ट रिप्लीकेटर में नोटबुक के सभी पोर्ट होते हैं। बाह्य मॉनिटर, की–बोर्ड, तथा मॉउस को हम रिप्लीकेटर से जोड़ देते हैं।

नोटबुक भी रिप्लीकेटर से जुड़ जाती है। अब इन बाह्य उपकरणों को एक–एक करके छुए बिना हम आसानी से नोटबुक को रिप्लीकेटर में लगा सकते हैं या निकाल सकते हैं।

Docking Station (डॉकिंग स्टेशन)–यह पोर्ट रिप्लीकेटर से बड़ा एवं बेहतर विकल्प है। डॉकिंग स्टेशन में पोर्ट रिप्लीकेटर के सभी गुण हैं। इसमें कुछ अतिरिक्त गुण भी हैं जैसे कि अतिरिक्त ड्राईव की सुविधा तथा expansion कार्ड के लिए स्लॉट।

नयी खोज

जापान की Toshiba कंपनी ने पोर्टेबल कंप्यूटर हेतु एक फ्यूल सेल विकसित किया है जो कि रिचार्जेबल बैट्री पर हमारी निर्भरता खत्म कर सकता है। ये छोटे आकार का मिथेनॉल फ्यूल सेल (Methanol Fuel Cell) 20 वॉट का अधिकतम आउटपुट दे सकता है। संभवतः अपने किस्म का यह एक पहला सेल है तथा एक चार्ज में 5 घंटे तक चल सकता है। यह नया फ्यूल सेल बहुत छोटे फ्यूल टैंकों में मिथेनॉल को अत्यधिक सांद्रता में संग्रह करके बनाया गया है। इसका व्यवसायिक लॉन्च 2004 के अंत तक संभव है।

3. *टेबलेट पी.सी.*

यह एक प्रकार का नोटबुक कंप्यूटर है जिसमें LCD स्क्रीन है। उपयोगकर्ता स्क्रीन पर एक विशेष पेन **(Stylus)** के द्वारा लिख सकता है। **Stylus** एक पेन नुमा प्वाइंटिंग तथा ड्राइंग उपकरण है। Stylus को एक डिजिटाइजिंग टेबलेट या टच स्क्रीन पर चलाया जाता है। इससे हस्त–लेख डिजिटाइज हो जाते हैं। हस्त–लेख पहचान के द्वारा उसे मानक टेकस्ट में बदल दिया जाता है। या फिर उसे हस्तलिखित टेकस्ट के रूप में ही दिखा सकते हैं। टेबलेट पी.सी. में की–बोर्ड तथा माउस की भी सुविधा है।

टेबलेट पी.सी. डिजिटल इंक टेक्नॉलोजी पर आधारित है। इसमें एक डिजिटाइजर को LCD के ऊपर या नीचे रख दिया जाता है, जिससे एक विद्युत चुंबकित क्षेत्र उत्पन्न होता है। यह क्षेत्र हमारे विशेष पेन की गतिविधियों को भाँप सकता है तथा यह क्रिया LCD स्क्रीन पर रिकॉर्ड हो जाती है। चित्र क्रमांक 1.9 में विभिन्न प्रकार के टेबलेट पी.सी. दिखाये गए हैं।

चित्र 1.9. *टेबलेट पी.सी.*

डिजिटाईजिंग टेबलेट

यह एक इनपुट डिवाइस है जिसके द्वारा हम ड्रॉइंग तथा स्केच को इनपुट कर सकते हैं। इस टेबलेट में एक इलेक्ट्रॉनिक टेबलेट तथा एक कर्सर या पेन होता है जिसे हम puck भी कह सकते हैं। यह माउस के समान है परंतु इसमें एक छोटी खिड़की–सी है जिसमें cross hair के द्वारा हम इसे बारीकी से रख सकते हैं। इसमें 16

बटन तक हो सकते हैं। यह पेन–नुमा स्टाईलस इंक के बजाय एक इलेक्ट्रॉनिक हैड का प्रयोग करता है। टेबलेट के अंदर विशेष सर्किट पेन की गतिविधियों को भाँप कर उन्हें डिजिटल सिग्नल के रूप में कंप्यूटर को भेज देता है।

डिजिटाईजिंग टेबलेट का प्रत्येक बिंदु डिस्प्ले स्क्रीन के बिंदु को एक स्थाई रूप में प्रदर्शित करता है। यह माउस से भिन्न प्रक्रिया है जिसमें कि सारी गतिविधियाँ मौजूदा कर्सर स्थिति के संदर्भ में होती हैं। कई डिजिटाईजिंग टेबलेट **mouse emulation mode** का पालन कर सकती हैं जिससे हमारा पेन माउस के समान कार्य कर सकता है। डिजिटाईजिंग टेबलेट को हम डिजिटाइजर, ग्राफिक टेबलेट, टच टेबलेट या टेबलेट भी कह सकते हैं। माइक्रोसॉफ्ट टेबलेट पी.सी. के तकनीक का काफी प्रसार कर रहा है।

टेबलेट पी.सी. की आवश्यकता

कंप्यूटर हालाँकि कई प्रकार के कार्य कर सकते हैं परंतु वह उपयोगकर्ता को एक जगह से बाँध देते हैं। यह किसी कॉल सेंटर के कर्मचारी या किसी लेखक के लिए अच्छा है। परंतु आज कई व्यक्ति यहाँ–वहाँ घूम रहे हैं तथा उन्हें रास्ते में ही कंप्यूटर की सुविधा चाहिए। PDA कुछ आवश्यक कार्य कर सकते हैं परंतु वह ज्यादा कंप्यूटर पावर नहीं ला सकते हैं।

पी.सी. तथा PDA के बीच का यह फासला टेबलेट पी.सी. कम करते हैं। टेबलेट पी.सी. एक हल्का तथा पोर्टेबल आकार का विकल्प प्रदान करते हैं। यह दो अत्यंत रोमांचकारी तकनीक पर आधारित हैं–

हस्तलेख पहचान (Handwriting recognition)

आवाज की पहचान (Voice recognition)

इन दो तकनीकों से उपयोगकर्ता को माउस और की–बोर्ड से आजादी मिल जाती है और इसके बावजूद वह पूर्ण रूप से कार्य कर सकता है। हालाँकि ये दोनों तकनीक काफी मुश्किलें खड़ी कर रही हैं।

हस्तलेख पहचान (Handwriting Recognition)

इस तकनीक के द्वारा कंप्यूटर किसी अक्षर या और किसी हस्तलिखित आकृति को पहचान सकता है। सिद्धांतः हस्तलेख पहचान हमें की–बोर्ड से मुक्त कर सकती है। इससे हम और अधिक प्राकृतिक रूप से लिख तथा ड्रॉ कर सकते हैं। यही तकनीक PDA की सफलता या असफलता निर्धारित करेगी। ये तकनीक थोड़े धीमे कार्य करती है तथा इसकी सटीकता अभी पूर्ण रूप से सिद्ध नहीं हुई है। साथ ही, कुछ उपयोगकर्ता की–बोर्ड को कहीं ज्यादा सुविधाजनक मानते हैं। कुछ उपयोगकर्ता हाथ के मुकाबले की–बोर्ड पर तेजी से लिख सकते हैं।

टेबलेट पी.सी. की मुख्य चुनौती टेकनालॉजी से संबंधित न हो करके आदत से संबंधित है। कई वर्षों के की–बोर्ड प्रयोग के पश्चात् उपयोगकर्ता की हस्तलेखा खराब हो गयी है। अतः विभिन्न व्यक्तियों की लिखाई समझना एक बड़ी समस्या है। हालाँकि IDC (International Data Corporation) के पास उपलब्ध डाटा हस्तलेख पहचान की सटीकता को 75 से 80 प्रतिशत के बीच आँकता है।

वाणी की पहचान (Voice Recognition)

यह टेबलेट पी.सी. से संबंधित एक और प्रमुख मुद्दा है। यदि वह भाषा को समझकर आसानी से टेकस्ट में परिवर्तित कर दे तो क्या कहना। परंतु यदि टेबलेट पी.सी. उपयोगकर्ता की भाषा को मिश्रित कर दे तो उसका कोई लाभ नहीं। वाणी की पहचान का सॉफ्टवेयर आमतौर पर टेबलेट पी.सी. के ऑपरेटिंग सिस्टम के साथ उपलब्ध होता है। बाजार में कुछ अन्य वाणी की पहचान के सॉफ्टवेयर भी मिलते हैं। इनका प्रदर्शन ऑपरेटिंग सिस्टम के साथ उपलब्ध वाणी की पहचान के सॉफ्टवेयर से ज्यादा अच्छा रहा है। सॉफ्टवेयर के शब्दकोष का वाणी की पहचान के हिट रेट (hit rate) पर सीधा असर पड़ता है।

4. *पामटॉप*

अंग्रेजी भाषा में हथेली को "पाम" कहते हैं। यह कंप्यूटर हमारी हथेली में समा जाता है। इसीलिए इसका

नाम पामटॉप दिया गया है। पामटॉप को हैंड हेल्ड कंप्यूटर या PDA (Personal Digital Assistant) या पॉकेट कंप्यूटर भी कहते हैं।

पूर्ण साइज के कंप्यूटर के मुकाबले PDA बहुत ही बौने कहे जा सकते हैं। हालाँकि यह फोन बुक तथा कैलेंडर जैसे कार्य हेतु अत्यंत लाभकारी हो सकते हैं। इनमें की–बोर्ड के बजाए पेन का प्रयोग भी किया जा सकता है। जिसके हेतु इनमें हस्तलेख पहचान टेकनालॉजी है। वह वाणी पहचान टेकनालॉजी का भी प्रयोग कर सकते हैं। PDA एक हैंड हेल्ड डिवाइस है जो निम्न चार तकनीकों को समाहित करता है–

कंप्यूटिंग

टेलिफोन / फैक्स

इंटरनेट

नेटवर्किंग

एक आम PDA फैक्स, मोबाइल फोन, वेब ब्राउजर तथा व्यक्तिगत संगठन का कार्य कर सकता है। अतिरिक्त छोटे आकार के कारण पामटॉप कंप्यूटर में डिस्क ड्राइव नहीं होती है हालाँकि कई मशीनों में PCMCIA स्लॉट होते हैं। इनके द्वारा हम मोडेम, मेमोरी इत्यादि जोड़ सकते हैं।

Apple Computer PDA लाने वाली पहली कंपनियों में से एक थी जिसका Newton Message Pad 1993 में लॉन्च हुआ था। इसके बाद कई और निर्माता PDA ले आए हैं। आज इनके सबसे लोकप्रिय ब्रांड में Palm, Inc. कंपनी की Palm Pilots श्रृंखला है। चित्र क्रमांक 1.22 में पामटॉप कंप्यूटर दिखाया गया है, जो अत्यंत छोटे आकार का है।

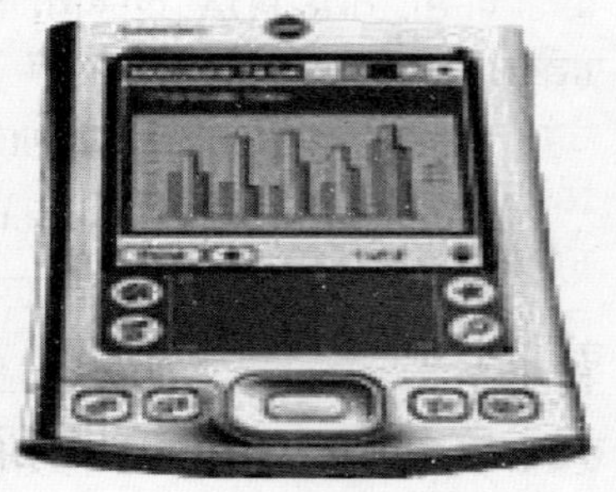

चित्र 1.10. *पॉम टॉप*

मीडिया कॉर्पोरेशन ने हाल ही में पॉकेट आकार का कंप्यूटर निकाला है जो कि मात्र 52 × 52 मि.मी. साइज का है। मशीन का नाम *टी–क्यूब* है जो कि जापान में विकसित ट्रॉन नाम का ऑपरेटिंग सिस्टम प्रयोग में लाती है। इसका वजन मात्र 165 ग्राम तथा ऊँचाई 45 मि.मी. है। की–बोर्ड तथा मॉनिटर अलग से आते हैं, तथा मशीन में built-in हार्डडिस्क नहीं हैं।

5. *वर्क स्टेशन*

यह शब्द स्पष्ट रूप से परिभाषित नहीं है। दरअसल इस शब्द के दो अर्थ हो सकते हैं–

एक स्थान जहाँ कोई व्यक्ति कंप्यूटर पर कार्य करे।

एक विशेष प्रयोजन का उच्च क्षमता वाला डेस्कटॉप कंप्यूटर।

जब उच्च क्षमता के डेस्कटॉप कंप्यूटर (Desktop Computer) बाजार में आए थे तो उन्हें इंजीनियरिंग वर्क स्टेशन (Engineering Workstation) कहा गया क्योंकि यह मुख्यतः इंजीनियरों तथा वैज्ञानिकों को ध्यान में रखकर बनाए गए थे। Sun Microsystems, Silicon Graphics तथा Hewlett-Packard ने बाजार में workstation उतारे हैं।

आगे चलकर, इनकी उच्च क्षमता के कारण इनका प्रयोग ग्राफिक्स की प्रोसेसिंग में किया जाने लगा। अतः ये कंप्यूटर ग्राफिक्स डिजाइनर तथा ऐनीमेशन फिल्म के निर्माताओं द्वारा प्रयोग में लाए जाने लगे। इन कंप्यूटरों को ग्राफिक वर्क स्टेशन का नाम दिया गया।

जैसा हम देख सकते हैं, वर्क स्टेशन कंप्यूटर की कोई खास परिभाषा नहीं है। इसके अलग–अलग मतलब हो सकते हैं। जो इस पर निर्भर करता है कि कौन इसका उपयोग कर रहा है। फिर भी, परिभाषा के तौर पर हम कह सकते हैं कि वर्क स्टेशन एक उच्च क्षमता का तथा अच्छी कोटि के मॉनिटर से सुसज्जित कंप्यूटर है, जो अलग–अलग उपयोगकर्ता के लिए उच्चस्तरीय गणना में अलग–अलग रोल अदा कर सकता है।

वर्कस्टेशन भी एक डेस्कटॉप मशीन होता है, जिसमें PCs से दस गुना अधिक तीव्र गति वाले प्रोसेसर का प्रयोग किया जाता है। सामान्यतः वे 32 से 64 MB की मुख्य मेमोरी तथा 1 से 5 GB की हार्ड–डिस्क रखते हैं।

वर्क स्टेशन सामान्यतः RISC प्रोसेसर जैसे MIPS(SIC), ALPHA(DEC), RIOS(IBM), SPARC(SUN) या PA-RISC(HP) आदि का उपयोग करते हैं।

वर्कस्टेशन के लिए मानक ऑपरेटिंग सिस्टम UNIX और उसके व्युत्पन्न जैसे AIX (IBM), Solaris (SUN) और HP-UX(HP) है। वर्क स्टेशन का उपयोग न्यूमेरिक और ग्राफिक अनुप्रयोगों के लिए किया जाता है। जैसे– कंप्यूटर एडेड डिजाइन (CAD)

मिनी कंप्यूटर (Mini Computers)

मिनी कंप्यूटर भी व्यापक उद्देश्यों की पूर्ति करने वाले होते हैं, जिनका आकार डेस्कटॉप (Desktop) से लेकर चार दराज वाली अलमारी तक का हो सकता है। इनका उपयोग अनेक उपयोगकर्ता एक साथ कर सकते हैं।

चित्र 1.11. *मिनी कंप्यूटर*

ये माइक्रो–कंप्यूटर की तुलना में अधिक कीमती और शक्तिशाली होते हैं। माइक्रो और मिनी कंप्यूटर के मध्य मुख्य अंतर यह है कि मिनी कंप्यूटर इस प्रकार निर्मित किए जाते हैं कि उन्हें कई उपयोगकर्ता एक साथ उपयोग कर सकें। एक सिस्टम जो कई उपयोगकर्ताओं के लिए होता है मल्टीटर्मिनल (Multiterminal), टाइमशेयरिंग (Timesharing) सिस्टम कहलाता है। मिनी कंप्यूटर प्रचलित डाटा प्रोसेसिंग सिस्टम (Data Processing Systems) हैं।

मिनी कंप्यूटर मूलतः एक मध्यम आकार का कंप्यूटर है। आकार तथा क्षमता के दृष्टिकोण से मिनी कंप्यूटर वर्क स्टेशन तथा मेनफ्रेम कंप्यूटर के बीच में आते हैं। हाल के वर्षों में बड़े मिनी कंप्यूटर तथा छोटे मेनफ्रेम के बीच का फासला काफी कम रह गया है।

ये भी कह सकते हैं कि छोटे मिनी कंप्यूटर तथा वर्क स्टेशन के बीच का अंतर कम सा हो गया है। साधारणतः मिनी कंप्यूटर एक मल्टी–यूजर सिस्टम है जो 4 से 200 उपयोगकर्ताओं की एक साथ सेवा कर सकता है। इसका आकार माइक्रो कंप्यूटर से बड़ा होता है।

मिनी कंप्यूटर में गति 10-30 MIPS (Mega Instructions Per Seconds) के परास में होती है, स्मृति क्षमता 8-96 M Byte के परास में स्थित होती है। कुछ कंप्यूटर में यह 128-256 M Byte तक विस्तारित हो जाती है। मिनी कंप्यूटर का उपयोग वेतन देयक तैयार करने, आय–व्यय का लेखा रखने और वैज्ञानिक गणनाओं आदि को करने में किया जाता है। इसका उपयोग वास्तविक समय नियंत्रण एवं अभियांत्रिक कार्यों में भी किया जाता है। IBM AS/4007B60, VAX 8842 और WIPRO आदि मिनी कंप्यूटर के उदाहरण हैं।

मेनफ्रेम कंप्यूटर (Mainframe Computers)

वे कंप्यूटर जो भौतिक रूप से किसी उपयोगकर्ता की पहुँच से बाहर होते हैं और कुशल व्यक्तियों द्वारा ही चलाए जा सकते हैं, मेनफ्रेम कंप्यूटर कहलाते हैं। ये विभिन्न उपयोगकर्ताओं को कई सिरों पर एक साथ उपयोग करने की अनुमति देते हैं। आँकड़ा संसाधन वितरण प्रणाली में इनका उपयोग केंद्रीय कंप्यूटर के रूप में भी किया जाता है। ये मिनी कंप्यूटर की तुलना में अधिक तीव्र गति के और शक्तिशाली होते हैं। इनकी शब्द की लंबाई 48, 60 या 64 बिट्स की हो सकती है, मेमोरी क्षमता 64-125 M Byte या अधिक हार्डडिस्क (Hard Disk) क्षमता 1-10 Giga Byte या अधिक होती है।

चित्र 1.12. *मेनफ्रेम कंप्यूटर*

यह कंप्यूटर बहुत बड़े तथा महँगे हैं। इनमें सैकड़ों से हजारों उपयोगकर्ता एक साथ कार्य कर सकते हैं। मेनफ्रेम क्षमता के मापदंड से सुपर कंप्यूटर से एक पायदान नीचे है। यह कई विशाल कंपनियों के लिए केंद्रीयकृत व्यवसायिक कार्य में प्रयुक्त होते हैं जैसे कि इनवेंटरी कंट्रोल, एकाउंटिग आदि। कई बड़े वेबसाइट मेनफ्रेम के द्वारा चल रहे हैं। 1970 के दशक के उत्तरार्ध में अधिकांश कंप्यूटिंग पॉवर मेनफ्रेम के द्वारा बनाई गई थी।

मेनफ्रेम पर एक साथ 25000 हजार उपयोगकर्ता कार्य कर सकते हैं। इनका ऑपरेटिंग सिस्टम लगभग 14GB साइज का होता है। इसका आकार काफी बड़ा होता है।

ये प्रक्रम करने के लिए अधिक मात्रा में आँकड़ों का प्रयोग करते हैं। इनका उपयोग अनुसंधान केंद्रों, वृहत् व्यवसायिक और सरकारी संगठनों आदि में किया जाता है। IBM 4300, IBM 308X, IBM 3090, HP 9000 model 870S/400 आदि मेनफ्रेम कंप्यूटर के उदाहरण हैं।

सुपर कंप्यूटर (Super Computers)

सुपर कंप्यूटर अत्यधिक खर्चीले व शक्तिशाली होते हैं। ये राष्ट्रीय संपत्ति हैं। ये इस प्रकार से निर्मित किए जाते हैं, ताकि वैज्ञानिक व अन्य समस्याओं का हल आसानी से किया जा सके। इन कंप्यूटर में गति अत्यधिक महत्त्वपूर्ण होती है। सुपर कंप्यूटर की गति 400-10,000 MIPS के परास में होती है, शब्द की लंबाई 64-96 बिट्स या अधिक, स्मृति क्षमता 256 M byte या अधिक, हार्डडिस्क क्षमता 1000 Giga byte या अधिक होती है। CRAY 3, SX-2, SX-3R, HITAC S-300, PARAM आदि सुपर कंप्यूटर के उदाहरण हैं।

यह सबसे तेज चलने वाले कंप्यूटर हैं। यह बहुत ही महँगे हैं तथा इन्हें उन विशिष्ट कार्यों में लाया जाता है जहाँ कि अत्यधिक गणितीय गणना की आवश्यकता हो। अतः सुपर कंप्यूटर एक आम कंप्यूटर के भाँति नहीं है। वह क्षेत्र जहाँ कि अत्यधिक जटिल तथा विशाल गणनाएँ शामिल हों, सुपर कंप्यूटर के लिए आदर्श स्थिति होती है।

विशिष्ट उपयोगों की बात करें तो सुपर कंप्यूटर मौसम की भविष्यवाणी में प्रयुक्त किया जाता है। अन्य उपयोगों में नाभिकीय एनर्जी रिसर्च, एनिमेटेड ग्राफिक्स, पेट्रोलियम की खोज तथा अंतरिक्ष विज्ञान हैं, जो U.S.A. और U.S.S.R. के बीच की हथियारों की स्पर्धा का नतीजा था। ऐसे सिस्टम जिन्हें वैज्ञानिकी तथा इंजीनियरिंग समस्याओं को अत्यंत जटिल चल–बिंदु गणना (Floating-point calculations) के माध्यम से सुलझाना हो, सुपर कंप्यूटर आधारित होते हैं।

आम तौर पर एक सुपर कंप्यूटर की कीमत $100,000 के लगभग है। उच्च क्षमता तथा ऊँची कीमत वाले पेरीफरल सुपर कंप्यूटर के भारी भरकरम इनपुट/आउटपुट को चलाते हैं। सबसे पहला Cray-1 सुपर कंप्यूटर Los Alamos National Laboratory, USA को 1976 में दिया गया था जिसकी गति 167 MFLOPS थी तथा इसकी कीमत थी $4 मिलियन से $11 मिलियन। USA में आज IBM के "Big Blue" शृंखला के सुपर कंप्यूटर अत्यंत जटिल कार्य कर रहे हैं। यह नाभिकीय शोध की प्रयोगशाला के अंदर ही नाभिकीय परीक्षण की नकल करने में काम आ रहे हैं। इस प्रकार वैज्ञानिकों को बाहर खुले मैदान में जाकर नाभिकीय परीक्षण करने की आवश्यकता नहीं है। वह कुर्सी पर बैठे–बैठे ही कुछ बटन दबाने पर प्रयोग पूरा कर लेते हैं। इससे एकत्रित आँकड़े बाद में विश्लेषण के द्वारा अति महत्त्वपूर्ण जानकारी प्रदान करते हैं। इंटेल कंपनी ने एक सुपर कंप्यूटर बनाया है जो कि 1 सेकेंड में 1 खरब गणनाएँ कर सकता है। इसके अंदर 7,000 प्रोसेसर एक साथ या किसी भी समय 7,000 गणनाएँ कर

रहे होते हैं। ये कंप्यूटर 1 सेकेंड में इतना कार्य कर सकता है जितना पूरे U.S.A. की जनसंख्या कल्कुलेटर लेकर 125 वर्ष में पूरा करेगी।

तेल की कंपनियाँ आजकल तेल और गैस की खोज में सुपर कंप्यूटर का प्रयोग कर रही हैं। सुपर कंप्यूटर से वह भूकंप संबंधित डाटा और भंडार के बहाव की नकल करके अपनी खोज को सटीक निशाने पर बैठा सकती हैं। इससे उनकी तेल खोजने की कीमत तथा इसमें निहित जोखिम काफी कम हो जाएँगे। कार निर्माता सुपर कंप्यूटर पर आधा तैयार मॉडल के क्रैश की नकल करके तेजी से नतीजों का विश्लेषण कर सकते हैं, तथा बाजार में नई तथा भरोसेमंद गाड़ी शीघ्र अतिशीघ्र ला सकते हैं। चित्र क्रमांक 1.8 एक सुपर कंप्यूटर का है। जैसा हम देख सकते हैं, इसका आकार काफी बड़ा है।

बैंक भी सुपर कंप्यूटर को हजारों ऑन–लाइन ट्राँजेक्शन के लिए इस्तेनाल करते हैं। कुछ ही सेकेंड में वे अपने ग्राहक की पुरानी खरीददारी का लेखा–जोखा प्राप्त कर सकते हैं। बड़े–बड़े दुकानदार सुपर कंप्यूटर के द्वारा करोड़ों बिलों का विश्लेषण करते हैं तथा डाटा के अति–विशिष्ट विश्लेषण के द्वारा कुछ महत्त्वपूर्ण चलन देख सकते हैं। यह उन्हें अपने कार्यकलापों को सुचारु बनाने में मददगार होगा।

मौसम की भविष्यवाणी हेतु उपग्रह द्वारा भेजे गए डाटा को बेस स्टेशन द्वारा एकत्र किया जाता है। तत्पश्चात् इसे सुपर कंप्यूटर को विश्लेषण के लिए भेज दिया जाता है। सुपर कंप्यूटर इनकी प्रोसेसिंग करके वह चित्र बनाता है जो हम टी.वी. के मौसम समाचार में देखते हैं। भारत ने भी मौसम की भविष्यवाणी के लिए कुछ वर्ष पहले एक Cray XMP सुपर कंप्यूटर खरीदा है। इसमें 4 processor हैं तथा इसकी गति 941 MFLOPS है। आमतौर पर इस कंप्यूटर की कीमत $2.5 million से $16 million के बीच है।

चित्र 1.13. *सुपर कंप्यूटर*

भारत ने भी अपना एक सुपर कंप्यूटर बनाया है जिसका नाम "परम" है। C-DAC पुणे द्वारा विकसित यह कंप्यूटर हम सब भारतवासीयों के लिए गर्व का विषय है।

शुरूआती दिनों मे सुपर कंप्यूटर मुख्यतः प्रॉप्रीटेरी ऑपरेटिंग सिस्टम पर चलने थे जिसके कारण उनकी कीमत अधिक हो जाती थी। साथ ही इन पर सिर्फ वही प्रोग्राम चल पाते थे जो कि उस विशिष्ट ऑपरेटिंग सिस्टम के लिए बनाए गए थे। आज कंपनियों ने लचीलापन दिखाया है तथा IBM का AIX, SUN का SOLARIS तथा SGI का IRIX कई मशीनों पर काम कर सकता है। इस कारण सुपर कंप्यूटर थोड़े सस्ते तथा अधिक लचीले हो गए हैं। इनके लिए उपलब्ध सॉफ्टवेयर भी अधिक हो गए हैं।

मेनफ्रेम तथा सुपर कंप्यूटर के बीच मुख्य अंतर यह है कि सुपर कंप्यूटर आमतौर पर कुछ ही प्रोग्राम शीघ्र अतिशीघ्र क्रियान्वित करता है। जबकि मेनफ्रेम आमतौर पर कई प्रोग्राम एक साथ चलाता है। ये संभव हुआ है एक नई तकनीक के कारण जिसे हम पैरलल प्रोसेसिंग कहते हैं। सुपर कंप्यूटर की क्षमताओं में निरंतर वृद्धि करना बहुत आसान है। जैसे–जैसे हमारी आवश्यकता बढ़ती है उसी प्रकार सुपर कंप्यूटर में अतिरिक्त प्रोसेसर तथा हार्डडिस्क लगा कर उसकी क्षमता को बढ़ाया जा सकता है। सुपर कंप्यूटर के बाजार में IBM, SUN, CRAY तथा SGI कुछ प्रमुख कंपनियाँ हैं।

1.4. अनुप्रयोग (Application)

1. *वैज्ञानिक व व्यवसायिक*

(क) वैज्ञानिक

वैज्ञानिक शोध के विकास काल में एक समय ऐसा भी था जब शोधकर्ता संबंधित गणना करना बेहद कठिन व उबाऊ कार्य माना जाता था। काफी समय व शक्ति इस कार्य में नष्ट हो जाती थी और इसके बावजूद भी गलती होने की संभावना बनी रहती थी। कंप्यूटर ने इस क्षेत्र में बहुत योगदान दिया है। इसी वजह से शोध कार्यों के स्तर व मात्रा में गुणात्मक वृद्धि हुई है। गणित, भौतिकी, रसायन शास्त्र और यहाँ तक कि जीव विज्ञान में भी शोध में कंप्यूटर का अधिक से अधिक उपयोग हो रहा है।

(ख) व्यवसाय में उपयोग

आरंभ में जहाँ कंप्यूटर अंकगणितीय गणनाओं के सरलीकरण के लिए निर्मित हुए थे, वहीं आगे चलकर विभिन्न कार्यों में उन्हें प्रयुक्त किया जाने लगा। आज कंप्यूटर पर होने वाला 80% कार्य व्यावसायिक कार्य की श्रेणी में आता है।

सर्वप्रथम इस क्षेत्र में कंप्यूटर कार्यालयों में उपयोग में लाए गए। कार्यालयों में किया जाने वाला बहुत–सा काम एक परंपरागत रूप से किया जाने वाला काम होता है। यह काम चूँकि फाइलों के रूप में पहले ही काफी व्यवस्थित रूप से होता था। अतः इसे कंप्यूटर से करवाने में विशेष परेशानियों का सामना नहीं करना पड़ा। 1954–55 के बाद से व्यावसायिक क्षेत्र में कंप्यूटरों का अधिकाधिक प्रयोग होने लगा। अब अधिकांश कंपनियाँ, ऑफिस, उद्योग इत्यादि कंप्यूटर का उपयोग कर रहे हैं।

(ग) वेतन एवं व्यक्तिगत जानकारी

एक दूसरा महत्त्वपूर्ण पहलू जो कंप्यूटर को छोटे–छोटे स्थानों तक पहुँचाने में निर्णायक रहा है वह है कंप्यूटर टेक्नालॉजी के तीव्र विकास की वजह से उसका घटता आकार, व साथ–साथ तेजी से कम होती कीमतें। यही वजह है कि छोटे उद्योग भी कंप्यूटर की कीमत वहन कर सकते हैं। कार्यालयों में छोटे–छोटे वर्ड–प्रोसेसर बहुत सामान्य होते जा रहे हैं। कार्यालयों का हिसाब–किताब पत्र–व्यवहार, रिपोर्ट तैयार करना इत्यादि कार्य बहुत सुविधापूर्वक कंप्यूटर निपटा देते हैं। रिकार्ड का अध्ययन भी आसानी से किया जा सकता है। अतः रिकार्ड नवीन बना रहता है। किसी भी समय नवीनतम सूचना उपलब्ध कराई जा सकती है। वेतन का हिसाब–किताब, व्यक्तिगत जानकारी, लेखा–जोखा, विभिन्न सूचनाओं का रिकार्ड रखना, स्टॉक नियंत्रण, बचे हुए माल का हिसाब–किताब, आर्थिक नीतियों की विवेचना, इत्यादि कार्य कंप्यूटर की सहायता से आसानी से किए जा रहे हैं। कार्यालयीन बैठकों के दस्तावेज व्यवस्थित कर तत्काल प्रिंट किए जा सकते हैं। कार्यालयों के अन्य कागजी कार्यों में भी कंप्यूटर बहुत सहायक सिद्ध हुए हैं।

कंप्यूटर द्वारा वेतन अदायगी का विवरण तैयार करना इसकी बिल्कुल प्रारंभिक व्यावसायिक उपयोगिताओं में से एक है। वैतानिक विवरण में कर्मचारी से संबंधित सभी जानकारियाँ उपलब्ध कराई जाती हैं। उसका मूल वेतन, वेतन वृद्धि का समय, पदोन्नति की जानकारी, पद का नाम, आयकर की कटौती, विशेष भत्ते, ऋण कटौती इत्यादि सभी जानकारियाँ प्रत्येक कर्मचारी के लिए तैयार करके कंप्यूटर को उपलब्ध कराई जाती हैं। फिर प्रत्येक माह उसकी पुनरावृत्ति की जाती है। प्रोग्राम इस तरह से किया जाता है कि समय–समय पर होने वाले परिवर्तनों को आवश्यकतानुसार मास्टर फाइल में बदला जा सके।

इस कार्य को कंप्यूटराईज कर लेने से बहुत फायदा हुआ है। हर कर्मचारी के व्यक्तिगत रिकार्ड को तुरंत प्राप्त किया जा सकता है। उनकी सेवाओं के सारे विवरण मिल सकते हैं। ऐसे कार्यालय या फैक्ट्री जहाँ कर्मचारियों की संख्या अधिक होती है वहाँ बिना बिलंब के तत्काल वेतन दी जी सकती है। इससे लेखा कार्य में गड़बड़ी की संभावनाएँ भी कम हो जाती हैं। इसी प्रोग्राम को और बेहतर बनाकर चेक या ड्राफ्ट भी कंप्यूटर पर ही तैयार कर लिए जाते हैं।

चूँकि कंप्यूटर का उपयोग दिनोंदिन व्यापक होता जा रहा है। कोशिश अब इस बात की होती है कि मानक सॉफ्टवेयर पैकेज किसी भी प्रोग्राम के लिए बना दिए जाएँ। उदाहरण के लिए वेतन विवरण का प्रोग्राम कुछ इस तरह तैयार किया जाए कि लगभग हर विभाग के वेतन विवरण की समस्त संभावनाएँ उसमें उपस्थित हों, फिर भी किसी विभाग के लिए मामूली परिवर्तनों के साथ उसे उपयोग में लाया जा सके। इसी तरह के कई अन्य उपयोग जैसे स्टाक कंट्रोल, बैंकिंग इश्योरेंस, बिलिंग इत्यादि के मानक पैकेज आजकल तैयार किए जाते हैं।

(घ) स्टाक कंट्रोल व बिक्री

विक्रय के लिए ऑर्डर विक्रय के आय–व्यय का लेखा–जोखा, विक्रय का विश्लेषण, बाजार की घट–बढ़, भविष्य की संभावनाएँ इत्यादि के लिए कंप्यूटर का बहुतायत से उपयोग हो रहा है। कंप्यूटर सूचनाओं के आधार पर व्यापारी अपना उत्पादन नियंत्रण, अपना स्टाक भविष्य की प्लानिंग इत्यादि कर लेते हैं। इन सूचनाओं के बेहतर प्रयोग द्वारा, उचित निर्णय लेकर काफी लाभ कमाया जा सकता है।

चूँकि कंप्यूटर में नवीनतम जानकारी उपलब्ध रहती है, तुरंत स्टॉक की स्थिति मालूम की जा सकती है। आवश्यकता से अधिक सामान को स्टोर करके रखने से या जरूरत के वक्त आवश्यकता से कम सामान होने की स्थिति में नुकसान उठाना पड़ता है। कंप्यूटर द्वारा स्टॉक एवं विक्रय की स्थिति का ठीक–ठीक अनुमान लगाया जा सकता है। इसके अलावा प्रतिदिन के नगद भुगतान व आय–व्यय का ब्यौरा रखने में भी कंप्यूटर द्वारा सहायता मिलती है।

(ङ) बैंकिंग

बैंक ऐसे संस्थान हैं जहाँ लेखे–जोखे का अत्यधिक कार्यभार होता है। यहाँ जो व्यक्तिगत रिकार्ड ग्राहक के लिए बनाया जाता है वह अत्यधिक महत्त्व रखता है। यह अत्यंत महत्त्वपूर्ण दस्तावेज होता है और भविष्य में कभी भी इसमें से सूचना माँगी जा सकती है। आरंभ में कार्यभार कम होने पर किसी भी बैंक के लिए कर्मचारियों की सहायता से यह कार्य पूरा करना कठिन न था। परंतु अब जब बैंकों में कार्य अत्यधिक बढ़ गया है, व्यापक रूप से कंप्यूटरों का उपयोग बैंकों में किया जा रहा है। प्रायः एक बड़े कंप्यूटर को मुख्य ब्रांच में लगाया जाता है, व अधीनस्थ ब्रांचों को टर्मिनल द्वारा उससे जोड़ दिया जाता है। कंप्यूटर द्वारा हर ब्रांच के हर एकाउंट का ब्यौरा तैयार करके रख दिया जाता है। समय–समय पर होने वाले परिवर्तनों को अर्थात् पैसा निकालने या जमा करने को तुरंत अद्यतन कर लिया जाता है।

(च) इंश्योरेंस

बैंकों की तरह इंश्योरेंस कंपनियों को भी बहुत बड़ा हिसाब–किताब सँभालना होता है। कई ग्राहकों का आजीवन रिकार्ड व्यवस्थित करना पड़ता है। पॉलिसियों के समय–समय पर भुगतान इत्यादि का भी ध्यान रखना पड़ता है, जो ग्राहक समय पर अदायगी न करें उनको लगातार आगाह करना पड़ता है। इन सब कार्यों में कंप्यूटर महत्त्वपूर्ण भूमिका अदा कर रहे हैं।

(छ) मैनेजमेंट को सहायता

कुशल प्रबंधन में भी कंप्यूटर काफी काम आ रहे हैं। कंप्यूटर से फायदा यह है कि इनके द्वारा नवीनतम सूचना प्राप्त की जा सकती है। अतः जो निर्णय लेना होता है वह नवीनतम सूचना पर आधारित होता है। इस वजह से निर्णय अधिक भरोसेमंद व कारगर साबित होता है। साथ ही निर्णय संकट का समय आए, इसके काफी पूर्व ही लिया जा सकता है और इस तरह संकटापन्न स्थिति को टाला जा सकता है। आपरेशनल रिसर्च जो मैनेजमेंट का एक खास विषय है निर्णय लेने के वैज्ञानिक तरीकों पर आधारित होता है। इसमें PERT व CPM तकनीकों द्वारा कार्य–विश्लेषण किया जाता है। इस कार्य में भी कंप्यूटर काफी सहायता कर रहे हैं।

(ज) उद्योगों में उपयोगिता

उद्योगों में उत्पादन की रूपरेखा, विभिन्न विभागों में सहयोग, इत्यादि कंप्यूटर द्वारा किए जा सकते हैं। मशीनों

को चलाने में भी कंप्यूटर सहायक सिद्ध हो रहे हैं। ड्रिलिंग मशीन, लेथ मशीन व इस तरह की अन्य नियमित काम करने वाली मशीनें कंप्यूटर द्वारा संचालित की जा सकती हैं।

केमिकल इंडस्ट्री व अन्य प्रक्रिया आधारित कारखानों में तो कंप्यूटर पूरी प्रक्रिया का ही संचालन कर रहे हैं। इससे बचत के अलावा सुरक्षा व उत्पादन की गुणवत्ता बढ़ जाने में भी सहायता मिलती है। किसी कारखाने में जहाँ एक परिस्थिति विशेष के अनुसार (जैसे ताप या दबाव) के आधार पर अगली प्रक्रिया तुरंत प्रारंभ करनी हो उसे कंप्यूटर द्वारा प्रारंभ किया जा सकता है। मानव द्वारा यही कार्य करने में गलती की अधिक संभावना रहती है। तेल के कारखानों में ताप और दबाव की विभिन्न परिस्थितियों के आधार पर कई उत्पाद तैयार किए जाते हैं। यहाँ कंप्यूटर का उपयोग बहुत लाभकारी सिद्ध होता है।

इसी प्रकार बिजली के उत्पादन में पॉवर स्टेशन को प्रारंभ करना व संचालित करना एक जटिल प्रक्रिया है। यहाँ विभिन्न कार्य एक निश्चित क्रम में, निश्चित समय के अनुसार करना होता है। यह कार्य कंप्यूटर बहुत आसानी से बिना गलती किए कर लेते हैं। बिजली के उत्पादन व लोड कंट्रोल के लिए भी कंप्यूटर उचित परामर्श दे सकते हैं या आवश्यकतानुसार इन्हें कंट्रोल कर सकते हैं।

स्टील इंडस्ट्री भी एक ऐसा उद्योग है जहाँ लगातार प्रोसेसिंग की आवश्यकता होती है। रोलिंग मिल में जहाँ लोहे के टुकड़ों को एक निश्चित साइज में काटना होता है, कंप्यूटर बहुत सहायक सिद्ध हुए हैं।

समाचार पत्रों के लिए यह आवश्यक है कि वे नवीनतम समाचार जल्द से जल्द सामान्य जन को उपलब्ध कराएँ। इसी में उनकी उपयोगिता है व इनके बिना वे स्पर्धा में आगे नहीं रह सकते। आज समाचार पत्रों की प्रिंटिंग में कंप्यूटर काफी योगदान दे रहा है। समाचार टेप या डिस्क पर ले लिए जाते हैं और जरूरत पड़ने पर इनमें आखिर समय तक परिवर्तन किया जा सकता है।

(झ) इंजीनियरिंग डिजाइन

इंजीनियरिंग डिजाइन एक बेहद महत्त्वपूर्ण कठिन और श्रमसाध्य विषय है। डिजाइन की निपुणता पर ही तैयार माल की विश्वसनीयता निर्भर करती है। अच्छी डिजाइन के अच्छे परिणाम सामने आते हैं। जबकि कमजोर डिजाइन से पुल के गलत बनकर गिरने का खतरा है। बाँध के बह जाने की संभावना है कार के उलट जाने या हवाई जहाज के कठिन समय में असहाय होकर दुर्घटनाग्रस्त हो जाने का अंदेशा है।

यह सच है कि बिना कंप्यूटर के भी विभिन्न साजो–सामान, पुल या बाँध बनाए जाते रहे हैं। परंतु आज कंप्यूटर के सहयोग से समय की काफी बचत की जा रही है। साथ ही बेहद सावधानीपूर्वक हर तत्त्व को ध्यान में रखकर संतुलित डिजाइन बनाने में सहायता मिली है। पहले व बाद की इंजीनियरिंग डिजाइन में मितव्ययिता का काफी फर्क है। बरसों पुरानी इमारतों में हम मोटी–मोटी दीवारें पाते हैं। उनकी मजबूती का आधार अत्यधिक सामान का उपयोग करना है परंतु आज की भव्य बड़ी–बड़ी इमारतों में कम सामान का उपयोग कर उतनी ही मजबूती लाई जा रही है। इस सबके लिए इंजीनियरिंग डिजाइन की निपुणता अत्यावश्यक है जो कंप्यूटर द्वारा संभव हो सकी है। हवाई जहाज व कारों की बनावट को संतुलित बनाने में भी कंप्यूटर की सहायता ली जा रही है।

(ञ) अंतरिक्ष विज्ञान व मौसम की जानकारी

अंतरिक्ष की सूचनाओं को कंप्यूटर द्वारा प्राप्त करना व फिर विश्लेषण करके निष्कर्ष निकालना, आजकल बहुत प्रचलित है। मौसम का नवीनतम विश्लेषण प्राप्त सूचनाओं के आधार पर किया जाता है। उसी आधार पर भविष्यवाणियाँ कर ली जाती हैं। मौसम के बारे में बरसों पुरानी जानकारियाँ भी एकत्रित करके रख ली जाती हैं। इसके आधार पर भी मौसम में होने वाले परिवर्तनों को आँका जाता है। यह डाटा भविष्य के मौसम के बारे में भी अंदाजा लगाने में सहायक होता है। अंतरिक्ष की यही जानकारी हवाई जहाज अथवा समुद्री जहाज के मार्ग व दिशा की पथ प्रदर्शिका के रूप में भी उपयोगी होती है।

यदि कहा जाए कि चंद्रमा पर पहुँचना केवल कंप्यूटर की वजह से संभव हुआ तो अतिशयोक्ति न होगी तेजी से त्रुटिहीन गणनाएँ करना व उसके आधार पर अपना मार्ग तय करना रॉकेट के लिए कंप्यूटर के द्वारा ही संभव

हुआ। कंप्यूटर की सहायता से ही उपग्रहों को अंतरिक्ष में छोड़ा गया व उनके द्वारा सूचनाओं को एकत्रित कर उपयोग में लाया गया।

(ट) दूर-संचार

दूर-संचार एक ऐसा क्षेत्र है, जहाँ कंप्यूटर काफी मूल्यवान योगदान दे रहे हैं। हवाई यात्रा, रेलवे यातायात नियंत्रण, तार व टेलीफोन इत्यादि के सुचारु रूप से संचालन में भी इनका उपयोग बढ़ता जा रहा है।

हवाई यात्रा को ही लें। जैसे-जैसे हवाई यात्रा की रफ्तार तेज होती जाती है। वैसे-वैसे निर्णय तुरंत लेने की आवश्यकता बढ़ती जाती है, उड़ान चालक को स्टेशन से प्राप्त निर्देशों का पालन तो करना ही होता है साथ-साथ तेजी से बदलती वायुमंडलीय परिस्थितियों जैसे बादल, हवा की गति, दबाव व तापमान का भी सामना करना पड़ता है। विभिन्न उपकरण उसे इन बदलती परिस्थितियों का ज्ञान कराते हैं। यह एक बेहद कठिन कार्य होता है कि सभी उपकरणों को पढ़ा जाए, विश्लेषण किया जाए व उस हिसाब से निर्णय लिया जाए, यदि गति बहुत ज्यादा हुई तो चालक का काफी समय इन गणनाओं में चला जाएगा और क्रियान्वयन करने के लिए बहुत कम समय उसके पास बचेगा। ऐसी परिस्थितियों में कंप्यूटर तुरंत गणना कर यान को नियंत्रित करने का निर्देश देते हैं।

उड़ान चालकों के प्रशिक्षण में भी कंप्यूटर महत्त्वपूर्ण भूमिका अदा कर रहे हैं। जिन परिस्थितियों में यान को उड़ाना होता है वे कंप्यूटर द्वारा वैसी ही निर्मित की जा सकती है। उन परिस्थितियों में चालक द्वारा लिए गए एक्शन से चालक की कार्यकुशलता मापी जाती है। इसके अतिरिक्त टिकिट रिजर्वेशन, स्टॉक कंट्रोल, टाइमटेबल निर्धारण, व्यक्तिगत रिकार्ड इत्यादि में तो कंप्यूटर काम में आ ही रहे हैं।

(ठ) यातायात

रेलवे द्वारा टिकिट बुकिंग व रिजर्वेशन का काम अब कंप्यूटरों ने सँभाल लिया है। इसके अलावा गाड़ियों का आवागमन, समुद्री यात्रा व नहरों में भीड़ वाले क्षेत्रों में यातायात का संचालन व ट्रकों के लिए अनुकूल व कम खर्चे वाले मार्ग का निर्धारण भी कंप्यूटर द्वारा ही किया जा रहा है।

विकसित देशों में ट्रैफिक सिग्नलिंग का कार्य भी कंप्यूटर कर रहे हैं। जहाँ सामान्य ट्रैफिक सिग्नल, यातायात के दबाव का ध्यान रखे बिना एक निश्चित समय के बाद ऑन-ऑफ होने का समय ट्रैफिक के दबाव पर निर्भर करता है जिससे वाहन चालकों को अधिक सहूलियत हो जाती है।

(ड) टेलीफोन व टेलीग्राम

आधुनिक समय में टेलीफोन पर व्यक्ति की निर्भरता, विशेषकर महानगरों में बढ़ती जा रही है। जहाँ मानवचालित टेलीफोन एक्सचेंज बढ़ते दबाव को झेलने में दिनों-दिन असमर्थ सिद्ध हो रहे हैं। वहीं उनके रख-रखाव पर भी ज्यादा समय नष्ट करना होता है। कंप्यूटर युक्त आधुनिक स्वचालित टेलीफोन एक्सचेंज उस लिहाज से बेहद सुविधायुक्त है। कई गुना अधिक भार वहन करने के बाद भी वे काफी कम समय में काम निपटा देते हैं।

उसी प्रकार टेलीग्राम के लिए भी कंप्यूटर बहुत सहायक सिद्ध हुए हैं, जो टेलीग्राम कई बार रिले करने के बाद गंतव्य स्थान तक पहुँचते हैं उनके लिए तो कंप्यूटर वरदान सिद्ध हुआ है। एक कंप्यूटर से कई स्थानों की लाइनें जोड़ दी जाती हैं व फिर उन पर संदेश प्रेषित कर दिए जाते हैं, कंप्यूटर उनका विश्लेषण कर निर्धारित लाइन पर उन्हें भेज देता है। यही कार्य ऑपरेटर द्वारा करने पर समय की अत्यधिक हानि होती है व कई बार संदेश का मूल ब्यौरा तक बदल जाता है। अत्यधिक कार्यभार होने पर भी कंप्यूटरों द्वारा यह कार्य बहुत विश्वसनीयता से किया जा रहा है।

(ढ) औषधालयों में उपयोग

औषधालयों में भी कंप्यूटर बहुत उपयोगी सिद्ध हो रहे हैं, सामान्य उपकरणों में हॉस्पिटल का रिकार्ड रखना दवाइयों की स्टॉक सूची रखना, उपकरणों की उपलब्धता का ब्यौरा रखना इत्यादि आता है, पर इनसे बढ़कर, मरीजों

की विभिन्न परिस्थितियों का अध्ययन व विवेचना और तदनुसार उनकी चिकित्सा कंप्यूटरों द्वारा की जा रही है। हालाँकि अंतिम निर्णय डाक्टर का ही होता है, पर कंप्यूटर एक अच्छा सहायक सिद्ध होता है।

इसके अतिरिक्त दवाई की उचित मात्रा निर्धारित करने में भी कंप्यूटर सहायक है। उदाहरण के लिए कैंसर के रोग में रेडियो थेरेपी द्वारा रोग का निदान किया जाता है। इसमें रेडियम की एक निश्चित मात्रा ही शरीर के अंदर प्रविष्ट की जाती है। इस तरह के महत्त्वपूर्ण निर्णय लेने में कंप्यूटर सहायता करता है।

(ण) रेलवे में उपयोग

भारतीय रेलवे विश्व का तीसरा सबसे बड़ा रेलवे है जहाँ लाखों यात्री प्रतिदिन यात्रा करते हैं व हजारों टन माल रोज ढोया जाता है। निश्चित ही बड़े पैमाने पर हिसाब–किताब रखे जाने की आवश्यकता रेलवे में है। भारतीय रेलवे में पहला कंप्यूटर 1966 में लगाया गया था। आज विभिन्न क्षेत्रीय रेलवे और रेलवे के उत्पादन कारखाने में कंप्यूटर प्रणालियाँ लगाई गई हैं और कई अन्य छोटे माइक्रोप्रोसेसर व कंप्यूटर लगाए जा रहे हैं। यात्रियों के आरक्षण की व्यवस्था, आरक्षण संबंधित जानकारी की प्रत्येक काउंटर पर शीघ्र उपलब्धि, आरक्षणचार्ट का निर्माण, रेलवे वैगनों की उपलब्धता व देशभर में उनकी स्थिति, गाड़ियों की ट्रैक पर स्थिति, सिगनल प्रणाली का आधुनिकीकरण व आर्थिक प्रक्रियाओं का कंप्यूटरीकरण जैसे कई कार्य रेलवे में कंप्यूटरों की सहायता से किए जा रहे हैं।

(त) सरकारी कार्यालयों में उपयोग

जानकारी का बड़े पैमाने पर आदान–प्रदान सरकारी कार्यालयों में भी होता है। उदाहरण के लिए उद्योगों में लगी पूँजी, उनके उत्पादन कर्मचारियों की संख्या व प्रगति के आँकड़े योजनावार रखना चाहता है। शिक्षा विभाग, स्कूलों व छात्रों की संख्या पर नजर रखना चाहता है भूमि विकास निगम विभिन्न प्रकार की भूमि के उपयोग की जानकारी रखता है व वन विकास निगम वनों की। संक्षेप में जानकारी इकट्ठी करना व उसका उपयोग करना प्रत्येक सरकारी विभाग का मूल कार्य है। कंप्यूटर इसमें सहयोगी सिद्ध होते हैं व अधिक से अधिक प्रयुक्त किए जा रहे हैं।

इसके अतिरिक्त ऐसे कई कार्य है जहाँ कंप्यूटर सफलतापूर्वक प्रवेश कर चुके हैं व ऐसे कार्यों की संख्या दिनोंदिन बढ़ती जा रही है। पुस्तकालयों में, शिक्षा के क्षेत्र में, रिसर्च में, ऑफिस में, बैंकों में और आस–पास के कई क्षेत्रों में कंप्यूटर सहयोगी भूमिका निभा रहे हैं। भारत सरकार द्वारा स्कूली शिक्षा का एक बड़ा कार्यक्रम क्लास प्रॉजेक्ट के नाम से चलाया जा रहा है। जिसमें राष्ट्रीय शैक्षणिक व अनुसंधान परिषद सहयोग दे रही है। अब तक लगभग सात सौ स्कूलों में कंप्यूटर लगाए जा चुके हैं। कालेजों व यूनिवर्सिटी में भी उच्च शिक्षा अनुदान आयोग के सहयोग से कंप्यूटर शिक्षा प्रारंभ की गई है, शायद कंप्यूटर के बारे में जानना प्रत्येक व्यक्ति के लिए कुछ वर्षों में अनिवार्य होगा।

2. *कंप्यूटर के घरेलू अनुप्रयोग*

आजकल अनेक कंप्यूटर निर्माता अपने कंप्यूटरों को घरेलू कंप्यूटर के रूप में प्रस्तुत कर रहे हैं। हालाँकि अभी भारत में कंप्यूटर के घरेलू उपयोग में तेजी नहीं आई है लेकिन आने वाले दशक में कंप्यूटर लगभग टेलीविजन और वी.सी.आर. की तरह का घरेलू उपकरण हो जाएगा।

घर में कंप्यूटर के कुछ उपयोग इस प्रकार हो सकते हैं–

1. शैक्षणिक उपयोग
2. घर का बजट तैयार करने में
3. मनोरंजन के साधन के रूप में
4. पत्रलेखन में/बधाई पत्र बनाने में
5. अन्य उपयोग।

(अ) शैक्षणिक उपयोग

घरेलू कंप्यूटर का सर्वाधिक उपयोग इसी क्षेत्र में किया जा रहा है, वर्तमान में छोटी–छोटी कक्षाओं से लेकर प्रतियोगी परीक्षाओं से संबंधित विषयों को सीडी पर विशेष प्रोग्रामों के रूप में संग्रहित किया जा चुका है।

इन सीडी का कंप्यूटर पर उपयोग कर हम उस विषय की जानकारी अत्यंत सरल व विस्तृत रूप में प्राप्त कर सकते हैं। इन सीडी में ही प्रत्येक अध्याय के अंत में प्रश्न भी रहते हैं और उपयोगकर्ता को इन प्रश्नों के उत्तर देने होते हैं। दिए गए उत्तरों के आधार पर कंप्यूटर उपयोगकर्ता के ज्ञान का आकलन भी कर देता है।

विज्ञान से संबंधित अनेक प्रयोगों की क्रमवार, चित्रसहित जानकारियों से युक्त प्रोग्राम भी आज उपलब्ध है, जो उस प्रयोग की संपूर्ण जानकारी उपलब्ध कराते हैं और उनकी क्रियाविधि समझने में सहायता देते हैं।

(ब) घर का बजट तैयार करने में

घर का बजट तैयार करने में कंप्यूटर का उपयोग अत्यंत प्रभावी ढंग से किया जा सकता है, किंतु कंप्यूटर का यह स्वरूप अभी हमारे देश में अपनी शैशवावस्था में ही है। पश्चिमी देशों में यह पूर्णरूपेण विकसित हो चुका है। कंप्यूटर से बजट बनाने के लिए हम महीने की कुल आय को विभिन्न मदों में किए जाने वाले खर्च का अनुमान लगाकर विभक्त कर लेते हैं और प्रत्येक मद में होने वाले खर्च को फ्लॉपी पर संग्रहित कर रख लेते हैं। उसी के अनुसार आय का उपयोग करते हैं। कंप्यूटर से बजट बनाने का सबसे बड़ा लाभ यह है कि हम कंप्यूटर पर ही संग्रहित पिछले माहों के बजट आदि से इस माह के बजट का तुलनात्मक विश्लेषण कर सकते हैं और उस आधार पर यह निर्णय ले सकते हैं कि किस मद में कटौती की आवश्यकता है या किस मद को बढ़ाया जाना चाहिए।

(स) पत्र लेखन/ग्रीटिंग कार्ड बनाना

घरेलू कंप्यूटर का प्रयोग अपने मित्रों या संबंधियों को पत्र लिखने में किया जा सकता है। पत्र में उपयोग किए गए शब्दों को अत्यंत सुंदर रूप में कागज पर प्रिंट किया जा सकता है और एक ही पत्र में अनेक तरह से शब्दों को प्रिंट कर पत्र को सुंदर बनाया जा सकता है।

इसके अतिरिक्त मित्रों या संबंधियों को बधाई संदेश भेजने के लिए भी कंप्यूटर का प्रयोग किया जाता है। इन बधाई पत्रों को बनाने के लिए विभिन्न प्रकार के सॉफ्टवेयर पैकेजों का उपयोग किया जाता है। इन दोनों ही सॉफ्टवेयर में अनेक प्रकार के सुंदर अक्षरों के समूह व चित्र उपलब्ध हैं, जिनका कि प्रयोग इन बधाई पत्रों को तैयार करने में किया जाता है। इसके अतिरिक्त घरों में होने वाली छोटी–छोटी पार्टियों आदि के निमंत्रण पत्र भी इससे बनाए जा सकते हैं।

(द) मनोरंजन के साधन के रूप में

कंप्यूटर का उपयोग शैक्षणिक कार्यों में तो किया ही जाता है, लेकिन फुरसत के क्षणों में हम इसका उपयोग एक मनोरंजक साधन की तरह भी कर सकते हैं। कंप्यूटर पर कई तरह के खेल, खेले जा सकते हैं। कुछ खेल बच्चों को खेल–खेल में ही महत्त्वपूर्ण जानकारी उपलब्ध कराते हैं, साथ ही कंप्यूटर की तरफ उनकी रुचि को बढ़ाने में भी सहायक होते हैं। आज कंप्यूटर पर विभिन्न प्रकार के ऐसे खेल उपलब्ध हैं जो कि कंप्यूटर पर खेले जाते हैं। इन खेलों को बच्चे व बड़े सभी उम्र के लोग पसंद करते हैं। इन खेलों को खेलने से एकाग्रता व तुरंत निर्णय लेने की क्षमता का अच्छा विकास हो सकता है।

(य) अन्य उपयोग

घरों में उपरोक्त कार्यों के अतिरिक्त भी कंप्यूटर का प्रयोग किया जा सकता है। यह उपयोग किस प्रकार का हो, यह उपयोग करने वाले की प्रकृति पर निर्भर करता है। घरेलू महिलाएँ अपनी रसोई में बनाए जाने वाले व्यंजनों की विभिन्न विधियाँ इस पर संग्रहित कर रख सकती हैं, व आवश्यकता पड़ने पर पुनः उसे प्राप्त कर सकती हैं। घर में लगाए जा सकने वाले पेड़ों की जानकारी भी इस पर रखी जा सकती है, साथ ही अपने मित्रों व संबंधियों की जानकारी जैसे–उनकी जन्मतिथि, शादी की वर्षगाँठ आदि महत्त्वपूर्ण विधियाँ, तिथियाँ व पत्ते उस पर संग्रहित

करके रख सकती हैं, जिससे कि समय पर उन्हें बधाई–पत्र आदि भेजे जा सकें। इसके अतिरिक्त दैनंदिनी (Daily Diary) का निर्माण भी इस पर कर सकते हैं।

3. *उच्च स्तरीय अनुप्रयोग*

वर्तमान में कंप्यूटर कई नये अनुप्रयोगों के लिए उपयोग में लाया जा रहा है, इन्हें इनकी उन्नत तकनीक, अधिक कीमत और कल्पनाशीलता के कारण उच्च–स्तरीय अनुप्रयोग कहा जाता है। संबंधित क्षेत्र के विशेषज्ञ ही इस तरह के अनुप्रयोगों को कार्यान्वित कर सकते हैं इनमें से कुछ हैं–

(अ) लोकल एरिया नेटवर्क

यदि किसी स्थानीय क्षेत्र में स्थापित किए गए कंप्यूटरों को एक–दूसरे से टेलीफोन के तार अथवा केबल का प्रयोग कर आपस में जोड़ दिया जाए तो कंप्यूटरों का यह समूह लोकल एरिया नेटवर्क कहलाता है। ये सभी कंप्यूटर्स एक मुख्य कंप्यूटर से जुड़े रहते हैं, जो इनके बीच में मध्यस्थ की भूमिका निभाता है। लोकल एरिया नेटवर्क में स्थापित किए गए कंप्यूटर पर स्वतंत्र कंप्यूटर के रूप में कार्य करते हैं, लेकिन आवश्यकता पड़ने पर वे अपने समूह में स्थापित किसी दूसरे कंप्यूटर से संपर्क स्थापित कर सकते हैं व उनसे डाटा, प्रोग्राम या अन्य प्रकार की जानकारी प्राप्त कर सकते हैं। लेकिन यह सारा कार्य मुख्य कंप्यूटर के माध्यम से ही होता है। इसके साथ ही यदि नेटवर्क के किसी कंप्यूटर को काफी बड़ा डाटा प्रोसेस करना है जो उसकी मेमोरी में संग्रहित नहीं हो सकता है तो उसे मुख्य कंप्यूटर पर भेजकर प्रोसेस किया जा सकता है।

लोकल एरिया नेटवर्क के उदाहरण के लिए हम एक कारखाने का उदाहरण लेते हैं जिसके कई विभाग हैं– जैसे–स्थापना, लेखा, उत्पादन, विक्रय आदि। इनमें से प्रत्येक विभाग में एक–एक कंप्यूटर लगा हुआ है, साथ ही एक कंप्यूटर भी कारखाने में उपलब्ध है। प्रत्येक विभाग के कंप्यूटर इस मुख्य कंप्यूटर से जुड़े हैं।

इस नेटवर्क में प्रत्येक कंप्यूटर अपना स्वयं का कार्य तो करते ही हैं, साथ ही दूसरे विभागों से जानकारी भी प्राप्त कर सकते हैं। लोकल एरिया नेटवर्क को स्थापित करने के लिए किसी भी LAN सॉफ्टवेयर का उपयोग किया जाता है। इसी सॉफ्टवेयर को स्थापित करते समय ही डाटा प्रवाह की दिशाएँ व नियंत्रण आदि निश्चित कर दिए जाते हैं।

(ब) वाईड एरिया नेटवर्क

भौगोलिक रूप से दूर स्थापित कंप्यूटरों का जब नेटवर्क स्थापित किया जाता है तो यह वाईड एरिया नेटवर्क कहलाता है। इस कार्य के लिए उपग्रह संचार की सुविधाओं का प्रयोग किया जाता है। इसके अंतर्गत एक शहर से दूसरे शहरों या अन्य देशों में स्थापित कंप्यूटरों का नेटवर्क स्थापित किया जाता है। भारत में वर्तमान में योजना आयोग का एक बहुउद्देशीय नेटवर्क कार्य कर रहा है जिसे निकनेट (NICNET) के नाम से जाना जाता है। इस नेटवर्क के अंतर्गत भारत के प्रत्येक जिले में एक उच्च क्षमता का कंप्यूटर स्थापित किया गया है, साथ ही राज्यों की राजधानियों में सुपर मिनी कंप्यूटर व दिल्ली, पूना, भुवनेश्वर व हैदराबाद में सुपर कंप्यूटर स्थापित किए गए हैं। इन कंप्यूटरों पर उस जिले से संबंधित सभी प्रकार की जानकारी उपलब्ध रहती है। सभी कंप्यूटर उपग्रह के माध्यम से आपस में जुड़े हुए हैं। ये कंप्यूटर एक–दूसरे से सूचना का आदान–प्रदान कर सकते हैं। इसके अतिरिक्त स्टील अथॉर्टी ऑफ इंडिया लिमिटेड तथा कोल इंडिया लिमिटेड ने भी अपने–अपने वाईड एरिया नेटवर्क स्थापित कर लिए हैं।

(स) कृत्रिम बुद्धिमत्ता

वर्तमान समय में कृत्रिम बुद्धिमत्ता कंप्यूटर का एक महत्त्वपूर्ण क्षेत्र बन गया है। सदियों से मनुष्य एक ऐसी मशीन बनाने की कोशिश में लगा है जो मानव मस्तिष्क के समान कार्य करने की क्षमता रखती है। इस शब्द का सर्वप्रथम प्रयोग सन् 1956 में जॉन मैकारथी ने किया था। कृत्रिम बुद्धिमत्ता से आशय ऐसे कंप्यूटर प्रोग्राम विकसित करने से है जिनके जरिए कंप्यूटर मानव के ही समान बुद्धिमत्तापूर्वक निर्णय लेकर समस्याएँ सुलझा सके, मनुष्य

की भाषा को समझ सके, उनके ही तरह कार्य कर सके। कृत्रिम बुद्धिमत्ता के क्षेत्र में अभी मानक तो निर्धारित नहीं हो पाए हैं, परंतु सामान्य इसे तीन भागों में बाँटा जा सकता है।

विशेषज्ञ प्रणाली

विशेषज्ञ प्रणालियाँ किसी भी एक विषय के ज्ञान पर आधारित प्रणालियाँ हैं, जिनमें उस विषय से संबंधित संपूर्ण जानकारी उपलब्ध रहती है और इसी जानकारी के आधार पर ये प्रणालियाँ, समस्याओं के संबंध में अपना निर्णय देती है।

आज अनेक विशेषज्ञ प्रणालियाँ, योजना, हवाई यात्रा नियंत्रण, तेल व खनिज उत्पादन तथा रोग निदान जैसे महत्त्वपूर्ण क्षेत्रों में सफलतापूर्वक कार्य कर रही है। विशेषज्ञ प्रणालियों की सफलता इस बात पर निर्भर करती है कि उसके ज्ञान भंडार में संबंधित क्षेत्र में होने वाली नवीनतम खोजों व परिर्वतनों का समावेश किया गया है या नहीं, इसके अतिरिक्त उपयोगकर्ता को विशेषज्ञ प्रणाली की जानकारी समझ में न आ पाने की स्थिति में यदि वह संबंधित जानकारी के संबंध में प्रश्न करे तो उसके देने की क्षमता इस प्रणाली में होनी चाहिए।

प्राकृतिक भाषा प्रणालियाँ

कृत्रिम बुद्धिमत्ता की इस शाखा के अंतर्गत ऐसे कंप्यूटरों का विकास हो रहा है, जो कंप्यूटर के लिए निर्धारित भाषा के स्थान पर आम बोलचाल की भाषा का प्रयोग कर सके तथा उसके अनुसार दिए गए कार्य को संपन्न कर सके। वर्तमान में इस क्षेत्र में कुछ प्रणालियाँ उपलब्ध हैं, लेकिन वे अत्यंत सीमित क्षमता की है। इनको व्यापक क्षेत्रों में उपयोगी बनाने की कोशिश जारी है।

प्राकृतिक भाषा प्रणालियों को विकसित करने का मुख्य उद्देश्य इसे जन–साधारण (जो कंप्यूटर की भाषा के बारे में नहीं जानते) को कंप्यूटर के उपयोग की सुविधा देना है।

अनुभूति प्रणाली

इस समय मानव सभ्यता कृत्रिम बुद्धिमत्ता के क्षेत्र पर आँख गड़ाए है, और जापान व अमेरिका की बड़ी–बड़ी कंपनियाँ अनुभूति प्रणालियाँ विकसित करने की दिशा में प्रयत्नशील हैं। इन प्रणालियों में मानव जैसी देखने, सुनने व कार्य करने जैसी काबिलियत होगी, अर्थात् ये प्रणालियाँ वस्तु को उसके आकार के आधार पर पहचान सकेंगी, मनुष्य द्वारा बोले गए शब्दों को समझ सकेंगी, और जिस तरह मनुष्य चल फिर कर कार्य करता है उसी तरह ये सभी एक स्थान से दूसरे स्थान पर जाकर कार्य कर सकेगी, आज भी इस तरह की कुछ प्रणालियाँ मौजूद हैं, इन्हें रोबोट के नाम से जाना जाता है। लेकिन अभी ये सिर्फ औद्योगिक कार्यों में ऐसे स्थानों पर उपयोग में लाए जाते हैं, जहाँ मनुष्य का कार्य करना मुश्किल होता है।

(द) सजीव चित्रीकरण

वर्तमान समय में हम टी.वी. में अनेक ऐसी घटनाएँ व विज्ञापन आदि देखते हैं जो सामान्य न होकर आसामान्य से लगते हैं या ऐसा कहा जाए कि ये बातें वास्तविकता से परे होती हैं। उदाहरण के लिए समाचारों के पहले पृथ्वी का घूमना और फिर उसके पीछे से समाचार का लिखा आना, कावासाकी बजाज के विज्ञापन में एक चीते का मोटर साईकिल में बदल जाना या फिर ''लियो ट्वायज'' की छोटी–छोटी कारों को खूबसूरत रास्तों पर भागना, ये विज्ञापन कंप्यूटराइज्ड ग्राफिक्स एनीमेशन का कमाल है।

सजीव चित्रीकरण, काल्पनिक वस्तुओं को जीवित वस्तुओं की तरह या फिर सामान्य जीवन की तरह चलते–फिरते दिखाने की कला है, जिसमें प्रत्येक परिवर्तन को दिखाने के लिए चित्र बनाया जाता है और बाद में ऐसे सारे चित्रों को एक–एक कर कैमरे द्वारा छायांकित कर लिया जाता है। उदाहरण के लिए हम टी.वी. सीरियल ''मिकी–डोनाल्ड'' व ''ही–मैन'' को ले सकते हैं। इस तरह के सीरियल बनाने का कार्य काफी खर्चीला व अत्यधिक समय लेने वाला होता था, परंतु आज कंप्यूटर युग में यह एनीमेशन का कार्य बहुत कम खर्चीला व अत्यंत आसान हो गया है। आज

अनेक ऐसे सॉफ्टवेयर उपलब्ध हैं जिनकी सहायता से हम किसी भी चरित्र को डिजाइन कर सकते हैं, उसमें मनचाहे रंग भर सकते हैं और फिर जिस दिशा में जिस तरीके से चाहें घुमा फिरा सकते हैं।

संपूर्ण परीक्षण व आवश्यक परिवर्तनों के बाद उसे कैमरे द्वारा या वी.सी.आर. की सहायता से छायांकित कर लिया जाता है। इस तरह कंप्यूटराइज्ड एनीमेशन फिल्म तैयार हो जाती है।

आज विज्ञापन एजेंसियों के अतिरिक्त वास्तुशिल्पी भी बहुतायत में इसका उपयोग कर रहे हैं। वास्तुशिल्पी कंप्यूटर पर अपना पूरा भवन डिजाइन कर सकते हैं। उसका बाह्य दृश्य देख सकते हैं, उसमें रंग आदि सभी भर सकते हैं। प्रत्येक कमरे के अंदर का फर्श, अलमारी, दीवारों का रंग आदि सब कार्य सुंदरतापूर्वक कंप्यूटर पर ही डिजाइन कर सकते हैं, और जब ग्राहक आए तो वे उसे भवन का प्रत्येक कमरा कंप्यूटर की स्क्रीन पर दिखा सकते हैं। एनीमेशन ग्राफिक्स के जरिए द्वि–अयामी (Two- Dimensional) व त्रि–आयामी (Three Dimensional) चित्र भी बनाए जा सकते हैं।

इस कार्य के लिए साधारणतः PC/AT मशीन की आवश्यकता होती है, जिसमें गणितीय प्रक्रियाएँ करने के लिए सहायक प्रोसेसर व वीडियो डिजिटाईजर कार्ड होना चाहिए, इसकी आऊटपुट वीडियो कैमरे या 35 या 70 मि.मी. की फिल्म पर भी प्राप्त की जा सकती है।

(य) डेस्क टॉप प्रकाशन प्रणाली

परंपरागत तरीकों का उपयोग प्रकाशन के कार्यों में करने पर समय व खर्च दोनों ही अधिक होते हैं, क्योंकि इसके लिए प्रिंटिग, फोटोग्राफी, कला व टाइप सेटिंग आदि क्षेत्रों के विशेषज्ञों की आवश्यकता होती है, लेकिन डेस्क टॉप पब्लिशिंग सिस्टम (D.T.P.) ने आते ही इस क्षेत्र में तहलका मचा दिया। कंप्यूटर युक्त एक टेबिल पर आसानी से रखे जा सकने वाले इस प्रकाशन उपकरण ने जो कि कुछ ही लाख (1.25 से 4 लाख) रुपयों में आता है, न केवल टाइपसेटिंग उपकरण में खर्च होने वाले लाखों रुपयों को बचाया है, वरन् समय व मेहनत भी काफी कम कर दी है।

डेस्क टॉप प्रकाशन प्रणाली का उपयोग कर किसी कंपनी की छोटी बुकलेट, बुलेटिन, अखबार या बड़ी–बड़ी किताबों को रंगीन चित्रों सहित अत्यंत सुंदर व आकर्षक रूप में छापा जा सकता है। D.T.P. के रूप में प्रिंटिंग के क्षेत्र में यह क्रांति सन् 1985 में एप्पल मैकनटोश (Apple Macintosh) द्वारा लेसर राइटर (Laser Writer) को प्रस्तुत करने से हुई, जो कि अत्यंत उच्च कोटि की प्रिंटिंग करने में सक्षम था।

एक साधारणतः उपयोग में आने वाले D.T.P. सिस्टम में एक माइक्रो कंप्यूटर जिसमें कम से कम 1 मेगाबाइट की मुख्य मेमोरी, एक फ्लॉपी डिस्क ड्राइव, 20 मेगाबाइट संग्रहण क्षमता की हार्डडिस्क, एक लेसर प्रिंटर, माउस व स्केनर होता है।

इस प्रणाली में एक पेज मेकर प्रोग्राम, एक वर्ड प्रोसेसर, ग्राफिक, सॉफ्टवेयर, स्केनर सॉफ्टवेयर व एक सॉफ्टवेयर जो कि इन सभी सॉफ्टवेयर प्रोग्रामों में परस्पर संबंध स्थापित करने की सुविधा प्रदान करता है की आवश्यकता होती है।

डी.टी.पी. प्रणाली का उपयोग कर किसी भी अखबार या पत्रिका को प्रिंट करने के लिए सर्वप्रथम पाठ्य–सामग्री को की–बोर्ड की सहायता से वर्ड प्रोसेसर का उपयोग कर कंप्यूटर में टाइप कर दिया जाता है। तत्पश्चात्, पत्रिका या अखबार में छापे जाने वाले चित्रों या ग्राफ आदि को भी कंप्यूटर में संग्रहित किया जाता है। यह कार्य दो विधियों से किया जा सकता है–(1) ग्राफ चित्रों को ग्राफिकल सॉफ्टवेयर का प्रयोग कर कंप्यूटर पर बनाकर उन्हें संग्रहित किया जाए। (2) स्केनर का उपयोग कर उन चित्रों को सीधे ही कंप्यूटर पर संग्रहित कर दिया जाए। स्केनर एक ऐसा उपकरण है जो कि किसी भी चित्र या ग्राफ आदि को कंप्यूटर द्वारा समझ आ सकने वाले रूप में परिवर्तित कर देता है।

अब जब पाठ्य व चित्र सामग्री कंप्यूटर में संग्रहित हो जाती है, उसके बाद पेज बनाने वाले पेज मेकर प्रोग्राम का प्रयोग कर पत्रिका का पेज कंप्यूटर पर बनाया जाता है, जिसमें पाठ्य या दृश्य सामग्री के पेज–ले आउट के

अनुसार कर दिया जाता है और पूरे पेज को कंप्यूटर की स्क्रीन पर देखा जा सकता है, इसे लेसर प्रिंटर से ही पूरी की जा सकती हैं, यदि काफी अधिक प्रतियाँ हों तो एक प्रति निकाल कर किसी प्रिंटिंग प्रेस को प्लेट बनाने व प्रिंट करने के लिए दे दी जाती हैं।

सिस्टम का सर्वाधिक महत्त्वपूर्ण प्रोग्राम पेज मेकअप प्रोग्राम है, इसी प्रोग्राम के द्वारा वर्ड प्रोसेसर, स्प्रेडशीट, डाटाबेस, ग्राफिक्स आदि के पैकेजों द्वारा बनाई गई सामग्री को एक साथ एक पेज के रूप में प्रस्तुत किया जाता है। अच्छे पेज मेकअप प्रोग्राम कंप्यूटर स्क्रीन पर वैसा ही दृश्य प्रस्तुत करते हैं जैसा कि प्रिंट होने के बाद होगा इसे WYSIWYG (What you see is what you get) अर्थात् जैसा आप देखेंगे वैसा ही प्राप्त करेंगे" नाम से जाना जाता है।

अच्छे D.T.P. सिस्टम में प्रोग्राम में ही शब्दकोश व अक्षरों को अनेक कलात्मक तरीकों से प्रस्तुत करने की क्षमता भी होती है।

आज विश्व की लगभग सभी प्रमुख भाषाओं के लिए D.T.P. सिस्टम की सुविधाएँ उपलब्ध है। भारतीय भाषाओं में हिंदी, तमिल, गुजराती, मराठी, तेलुगू, बंगाली, आदि सभी भाषाओं के लिए भी D.T.P. उपलब्ध है।

इस तरह कहा जा सकता है कि कंप्यूटर के उपयोग की संभावनाएँ अनंत हैं, यह हमारी अपनी कल्पना शक्ति पर निर्भर करता है कि हम उसका कहाँ और कैसे उपयोग करें।

अभ्यास-प्रश्न (Exercise-Questions)

1. चार्ल्स बैबेज की कंप्यूटर के इतिहास में महत्ता बताइए।
2. सभी पीढ़ी के कंप्यूटर्स के नाम लिखिए।
3. प्रथम, द्वितीय एवं तृतीय पीढ़ी के कंप्यूटर्स की सीमाएँ लिखिए।
4. 18वीं शताब्दी के पूर्व के कंप्यूटर्स के इतिहास पर टिप्पणी लिखिए।
5. द्वितीय विश्व युद्ध के बाद कंप्यूटर के विकास पर टिप्पणी लिखिए।
6. कंप्यूटर के इतिहास पर एक लेख लिखिए।
7. कंप्यूटर पीढ़ी पर विवेचना लिखिए।
8. पचास के दशक से लेकर आज तक के कंप्यूटर्स का एक तुलनात्मक चार्ट बनाइए।
9. विभिन्न पीढ़ियों के कंप्यूटर्स का तुलनात्मक चार्ट बनाइए।
10. कंप्यूटर के वर्गीकरण को समझाइए।
11. कंप्यूटर का विभिन्न क्षेत्रों में अनुप्रयोग बताइए।

2

इनपुट/आउटपुट डिवाइसेस
(Input/Output Devices)

2.1. प्रारंभिक (Primary)

डाटा सबसे पहले उस रूप में परिवर्तित होते हैं, जिसे कंप्यूटर के इनपुट इकाई द्वारा पढ़ा जा सके। यह रूप 'Machine readable form' के नाम से जाना जाता है। मशीन के द्वारा पढ़े जाने वाले डाटा को इनपुट इकाई द्वारा पढ़ा जाता है। तत्पश्चात् उपयुक्त आंतरिक कोड का स्थानांतरण कर कंप्यूटर की मेमोरी में संग्रहित किया जाता है।

किसी प्रोग्राम द्वारा निर्देश दिए जाने पर मेमोरी में संग्रहित प्रोसेस डाटा को आउटपुट इकाई की ओर भेजा जाता है।

I/O का अर्थ कंप्यूटर के इनपुट/आउटपुट सबसिस्टम (input-output subsystem) से है, जो सेंट्रल सिस्टम (central system) और बाह्य वातावरण के मध्य संचार की सुविधा प्रदान करता है। इनपुट या आउटपुट डिवाइसेस जो कंप्यूटर से योजित होते हैं, पेरिफेरलस (peripherals) कहलाते हैं। कुछ प्रसिद्व और सार्व इनपुट/आउटपुट डिवाइसेस नीचे दिए गए हैं:

इनपुट डिवाइसेस (Input Devices)

इनपुट डिवाइसेस को दो प्रकारों में वर्गीकृत किया जा सकता है:

(अ) *डायरेक्ट इनपुट डिवाइसेस (Direct input devices)*

1. की–बोर्ड (The Keyboard)
2. डाटा एंट्री टर्मिनल (The Data Entry Terminal)
3. बार कोड रीडर (The Bar Code Reader)
4. टच स्क्रीन (The Touch Screen)
5. लाइट पेन (The Light Pen)
6. इनपुट टैबलेट (The Input Tablet)
7. माउस (The Mouse)
8. वॉइस ड्राइवर (The Voice Drive)
9. मैग्नेटिक इंक कैरेक्टर रीडर (Magnetic Ink Character Reader)
10. ऑप्टिकल कैरेक्टर रीडर (Optical Character Reader)

(ब) *इनडायरेक्ट इनपुट डिवाइसेस (Indirect input devices)*

1. पंच कार्ड रीडर (Punched Card Reader)
2. फ्लॉपी डिस्क रीडर (Floppy Disk Reader)
3. मैग्नेटिक टेप रीडर (Magnetic Tape Reader)

आउटपुट डिवाइसेस (Output Devices)

आउटपुट डिवाइसेस को निम्न प्रकार विभाजित किया जा सकता है–

(अ) स्टोर्ड आउटपुट (Stored Output)

(ब) प्रिंटेड आउटपुट (Printed Output)

(स) डिस्प्लेड आउटपुट (Displayed Output)

(अ) *स्टोर्ड आउटपुट (Stored Output) :* इसे सिस्टम के सेकंडरी स्टोरेज (secondary storage) से भी जाना जाता है। सेकंडरी स्टोरेज के विभिन्न रूप निम्न हैं–

1. पंच पेपर (Punched Paper)
2. मैग्नेटिक टेप (Magnetic Tape)
   (i) कैसेट (Cassette)
   (ii) स्पूल (Spool)
3. मैग्नेटिक डिस्क (Magnetic Disk)
   (i) हार्डडिस्क (Hard Disk)
   (ii) फ्लॉपी डिस्क (Floppy Disk)
4. RAM डिस्क स्टोरेज (RAM Disk Storage)
5. मैग्नेटिक बबल स्टोरेज (Magnetic Bubble Storage)
6. ऑप्टिकल डिस्क (Optical Disk)

(ब) *प्रिंटेड आउटपुट (Printed Output) :* इस प्रकार के आउटपुट सामान्यतः कागज पर प्रिंटेड मैटर को जनित करते हैं। व्यापक रूप से प्रिंटर्स को निम्न प्रकारों में वर्गीकृत किया जा सकता है–

1. डॉट मैट्रिक्स प्रिंटर (Dot Matrix Printers)
2. लैटर क्वालिटी प्रिंटर (Letter Quality Printers)
3. लाइन प्रिंटर (Line Printers)
4. लेजर प्रिंटर (Laser Printers)

2.2. इनपुट डिवाइसेस (Input Devices)

1. *की-बोर्ड (Key Board KB)*

कंप्यूटर का की–बोर्ड टाइपराइटर के की–बोर्ड के समान होता है। की–बोर्ड का उपयोग आँकड़ों के सभी स्रोतों को निवेशित करने के साथ–साथ विभिन्न भाषाओं में लिखे गए प्रोग्राम्स को टाइप करने में किया जाता है। यह CPU से एक केबिल द्वारा जुड़ा होता है। की–बोर्ड टाइप किए गए संख्याओं, अक्षरों या प्रतीकों को बायनरी कोडेड इलेक्ट्रॉनिक सिग्नल्स (binary coded electronic signals) में लगभग 8 संकेत प्रति कैरेक्टर की दर से परिवर्तित करता है।

की–बोर्ड लगभग सभी कंप्यूटरों का मुख्य टेकस्ट इनपुट डिवाइस है। इसमें अक्षर, अंक, तथा विशेष प्रकार के चिह्नों (@,#,$,%,&, आदि) के लिए की (keys) होती हैं। इसके अलावा की–बोर्ड में कुछ स्टैंडर्ड फंक्शन की (Standard function keys) होती हैं जैसे Escape, Tab, Cursor movement, Shift, तथा Ctrl 'की'। कुछ की–बोर्ड में निर्माता द्वारा दी गई विशेष प्रकार की 'की' (key) हो सकती हैं। सार्व की–बोर्ड निम्न प्रकार हैं:

101 keys की–बोर्ड

104 keys की–बोर्ड

82 keys Apple Standard की–बोर्ड

108 keys Apple Extended की–बोर्ड

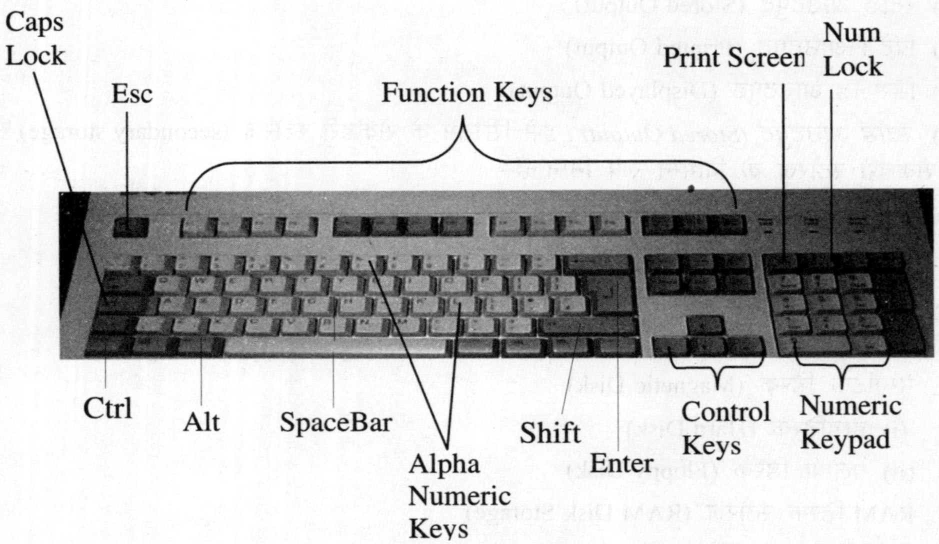

चित्र 2.1. *की–बोर्ड*

की–बोर्ड में चार प्रकार की 'की' (keys) होती है :

टाइपराइटर या अल्फा न्यूमेरिक की (Typewriter या Alpha Numeric Keys) : इसमें सभी मानक अक्षर, अंक, Tab, Shift, तथा SpaceBar हैं, जो सामान्यतः QWERTY क्रम में होते हैं। यही क्रम हम टाइपराइटर में भी पाते हैं। टाइपराइटर की Return 'की' की–बोर्ड में Enter 'की' से बदल दी जाती है। कुछ विशेष कंप्यूटर की (Ctrl तथा Alt) की–बोर्ड के आखरी पंक्ति में नजर आते हैं।

न्यूमेरिक कीपैड (Numeric Keypad): इसका रेखाचित्र ठीक कैलकुलेटर के समान ही है। इस ग्रुप के दो कार्य हैं, जो "Num Lock" 'की' की स्थिति पर निर्भर करता है। वे निम्न हैं:

(अ) नंबर लॉक ''ऑन'' होने पर यह 10–की कैलकुलेटर का काम करता है।

(ब) नंबर लॉक "ऑफ" होने पर यह मात्र कर्सर मूवमेंट की (cursor movement keys) के अतिरिक्त सेट के रूप में कार्य करता है।

फंक्शन की (Function keys): यह आमतौर पर F1 से F12 तक की 'की' होती है। (सबसे ऊपरी पंक्ति में बाएँ से दाएँ ओर जाते हुए) सबसे बाएँ ओर की 'की' F1 है तथा अगली F2 और ये क्रम F10/F12 तक चलता है। इन 'की' की अलग–अलग प्रोग्राम में अलग–अलग भूमिका हैं। यह IBM द्वारा 1986 में विकसित की गई थी। हर प्रोग्राम इनके द्वारा अपने–अपने मतलब से कुछ विशिष्ट कार्य कराता है जैसे कि, इंटरनेट एक्सप्लोरर में F5 दबाने पर वेब पेज सर्वर से दुबारा मांगा जाता है, जबकि विजुअल बेसिक में F5 दबाने पर प्रोग्राम चलने लगता है।

कंट्रोल की (Control Keys): यह ग्रुप अल्फा न्यूमेरिक की तथा न्यूमेरिक कीपैड के बीच में रहता है। इसमें ऐरो (Arrows) तथा अन्य 'की' हैं जिनसे कर्सर ऊपर, नीचे, दाएँ, बाएँ जा सकता है। इसमें Insert, Delete, Home, End, Page Up, तथा Page Down 'की' भी हैं। Home और End 'की' के द्वारा हम वर्तमान पंक्ति के प्रारंभ में या अंत में जा सकते हैं। Page Up और Page Down 'की' के द्वारा हम स्क्रीन के ऊपर की ओर या नीचे की ओर आ–जा सकते हैं।

कुछ विशेष 'की' का उपयोग इस प्रकार है :–

Esc से हम वर्तमान में दिए गए निर्देश को रोक सकते हैं।

Print Screen से हम वर्तमान स्क्रीन की तस्वीर को मेमोरी में डालकर किसी अन्य प्रोग्राम में कॉपी कर सकते हैं।

Scroll Lock से दिशीय ऐरो कर्सर (Directional Arrow Cursors) की एक्शन बदली जा सकती है।

विशेष कैरेक्टर

कुछ डाकुमेंट्स में ऐसे कैरेक्टर आते हैं जो की–बोर्ड पर नजर नहीं आते हैं। इनमें से कुछ हैं:

यूनानी भाषा के अक्षर, वैज्ञानिक चिह्न (£, À, आदि), विदेशी मुद्रा के चिह्न, कॉपीराइट तथा रजिस्ट्रेशन इत्यादि (©,® आदि)

कुछ प्रोग्राम में इन चिह्नों के लिए विशेष शॉर्टकट दिए गए हैं।

विंडोज की विशेष 'की' :

कुछ की–बोर्ड में विशेष 'की' विंडोज के कुछ खास कार्य कर सकती हैं। इनसे हम माउस का काम भी ले सकते हैं। इससे कंप्यूटर पर काम करना आसान हो जाता है क्योंकि अब उपयोगकर्ता को बार–बार माउस तथा की–बोर्ड के बीच में शिफ्ट नहीं करना पड़ता है। आमतौर पर यह दो 'की' होती हैं :

(अ) *विंडोज लोगो 'की' (Logo Keys):* ये प्रायः दो होती हैं, प्रत्येक Alt 'की' के बाहर एक। दोनों में विंडोज का लोगो अंकित होता है।

(ब) *मेन्यू 'की' (Menu Key):* यह एकमात्र 'की' विंडोज लोगो 'की' तथा Ctrl 'की' के मध्य में स्पेस बार के दाएँ ओर होती है। इसमें एक मेन्यू के साथ एक 'ऐरो' भी अंकित होता है।

चित्र 2.2. *विंडोज और मेन्यू की*

विंडोज लोगो 'की' निम्नलिखित कार्य कर सकती है:–

'की' संयोजन	कार्य
WINDOWS	'Start' मेन्यू का आरंभ।
WINDOWS+R	'Run' डायलॉग बॉक्स को खोलना।
WINDOWS+E	'Windows Explorer' को खोलना।
WINDOWS+F	'Find' को खोलना।
Ctrl+WINDOWS+F	'Find Computer' डायलॉग बॉक्स को खोलना।
WINDOWS+M	सभी विंडो को न्यूनतम करना।
Shift+WINDOWS+M	सभी 'Minimize' को 'Undo' करना।
WINDOWS+Tab	वर्तमान टॉस्क बार बटन के साथ चलना।
WINDOWS+Break	'System Properties' डायलॉग बॉक्स को खोलना।
WINDOWS+F1	'Help' को खोलना।

मेन्यू 'की' का एक ही कार्य है, किसी भी चित्र/चिह्न को सेलेक्ट कर मेन्यू 'की' दबाने पर वही मेन्यू आता है जो कि उस चित्र/चिह्न पर माउस से दाएँ क्लिक करने पर आएगा।

2. माउस (Mouse)

माउस एक संकेतक उपकरण है, जो लगभग कैसेट टेप के आकार का होता है। सामान्यतः, यह बेयरिंग पर घूमता है और दो या तीन बटन रखता है। यह स्क्रीन पर कर्सर (cursor) को निर्देशित करने का कार्य करता है।

आज के ज्यादातर पी.सी. ऑपरेटिंग सिस्टम (विंडोज 98/2000/2000XP तथा Mac) स्क्रीन पर उपलब्ध एक प्वाइंटर द्वारा कमांड को चुनने तथा चलाने का काम लेते हैं। माउस के द्वारा इस ऑन–स्क्रीन प्वाइंटर को स्वभाविक विधि से नियंत्रित किया जा सकता है। माउस GUI (Graphical User Interface) आधारित सिस्टम का मुख्य इनपुट डिवाइस है। GUI में स्क्रीन पर चित्र मौजूद होते हैं तथा हम माउस के द्वारा इन्हें चुन (Click/Right-Click) कर फाइल खोल सकते हैं, मिटा सकते हैं, फाइल की जानकारी ले सकते हैं, आदि।

माउस में एक रबर की गेंद उसके नीचे भाग में रहती है तथा हल्की–सी बाहर निकली रहती है। जब हम माउस हिलाते हैं, तो माउस के अंदर की गेंद धूमती है तथा कंप्यूटर को प्वाइंटर हिलाने हेतु दिशा निर्देश देती है। माउस को हिलाने पर स्क्रीन का प्वाइंटर भी साथ ही में हिलता है। एक बार माउस को उपयुक्त जगह पर पहुँचा देने पर हम माउस के बटन से कमांड चला सकते हैं। की–बोर्ड मात्र डाटा एंट्री में काम आता है, जबकि माउस के द्वारा हम कंप्यूटर को डाटा पर कुछ कार्य करने का आदेश देते हैं।

प्रारंभ में एप्पल कंप्यूटर ने माउस को एप्पल मैकिनटोश का अभिन्न अंग बना दिया। आज माउस हर पी. सी. के GUI का एक अभिन्न अंग बन गया है।

माउस के ऊपर दो या अधिक बटन होते हैं। जिनसे हम चुनाव पर कुछ कार्य करने को कहते हैं। बाएँ हाथ से अभ्यस्त उपयोगकर्ता माउस को अपने बाएँ हाथ के हिसाब से ढाल सकते हैं।

माउस का उपयोग

माउस पर अपने हाथ को विश्राम देते हुए हम माउस को अपने अंगूठे तथा दो दाएँ अंगुलियों से हिला सकते हैं। बाकी दो अंगुलियाँ माउस का बटन दबाने के काम में आती हैं। माउस द्वारा हम दो कार्य कर सकते हैं:

(अ) क्लिकः माउस के बटन को दबाना तथा उसे छोड़ देना।

(ब) डबल क्लिकः माउस के बटन को दबाना तथा उसे दो बार जल्दी–जल्दी से छोड़ना।

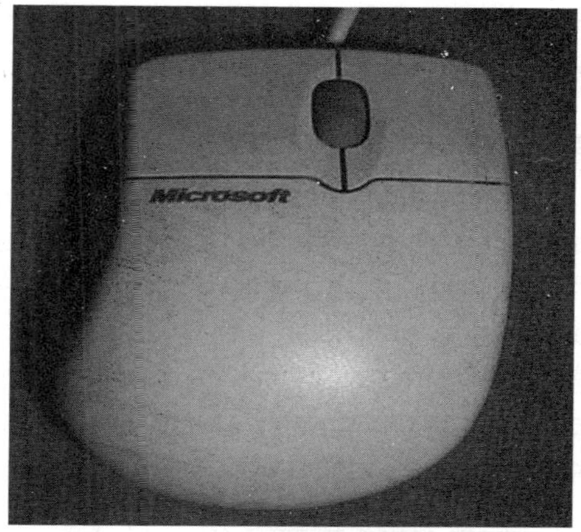

चित्र 2.3. *माउस*

हम आमतौर पर माउस पर दो बटन देखते हैं:

(अ) बायाँ बटनः यह अधिक प्रयोग में आता है। यह बटन डाटा तथा टेकस्ट को चुनता है, निर्देश का पालन करता है और डाटा को चलाने में मदद करता है। इसके द्वारा उपयोगकर्ता कोई वस्तु विशेष पर क्लिक करके उसे सेलेक्ट कर लेता है। अगले कदम में दो त्वरित क्लिक अर्थात् डबल क्लिक से कुछ विशेष कदम उठाया जाएगा। उदाहरण के लिए, विंडोज में एम.एस.–वर्ड (**MS-Word**) की फाइल को डबल क्लिक करने पर एम.एस.–वर्ड खुल जाता है तथा उसमें चुनी गई फाइल नजर आ जाती है।

(ब) दायाँ बटनः यह बटन बाएँ बटन की तुलना में कम प्रयोग में लाया जाता है हालाँकि इसका भी अपना महत्त्व है। उदाहरण के लिए, कोई वेब पेज देखते हुए हम किसी चित्र पर दायँ बटन दबा सकते हैं। इससे एक पॉप–अप (नीचे से उठता हुआ) मेन्यू मिलेगा जिसके द्वारा हम उस चित्र को अपने कंप्यूटर में रिकार्ड कर सकते हैं। ऐसे मेन्यू को हम पॉप–अप, राइट–क्लिक या संदर्भ–आधारित मेन्यू कहते हैं। संदर्भ–आधारित मेन्यू हमेशा बदलते रहता है। हमें नजर आने वाला मेन्यू इस पर निर्भर करता है कि हमने स्क्रीन के किस हिस्से में दायाँ बटन दबाया था।

कुछ निर्माता माउस में तीसरा बटन भी देते हैं जिससे कुछ अतिरिक्त क्षनताऐं प्राप्त हो जाती हैं। कुछ में बाएँ हाथ से काम करने वालों के लिए अलग संस्करण होता है।

माउस पैड

यह एक वर्गाकार या चौकोर पैड है जो या तो हार्ड प्लास्टिक का बना होता है या फिर रबर के ऊपर कपड़ा लगाकर बनाया जाता है। पैड के द्वारा माउस को एक चिकनी सतह मिलती है तथा इससे माउस का धूल एवं मिट्टी से बचाव होता है। हार्ड प्लास्टिक के माउस पैड कपड़े–ढके पैड से ज्यादा चिकनी सतह देते हैं तथा इनमें धूल कम लगती है।

माउस की सफाई

माउस के भाग इस प्रकार हैं:

प्लास्टिक की बॉडी, एक गेंद जो थोड़ा–सा बॉडी के बाहर निकली रहती है, बॉडी के ऊपर दो या तीन बटन एवं एक तार जो उसे कंप्यूटर से जोड़ता है।

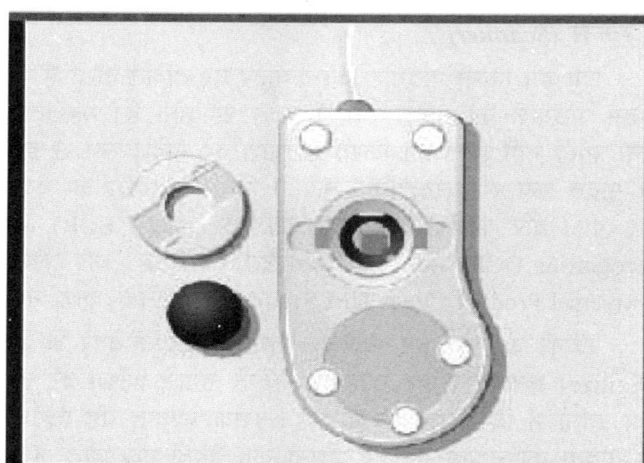

चित्र. 2.4. *माउस का पार्श्व भाग*

हमें बॉल को निकालकर उसी तरह से साफ करना चाहिए जिससे उस पर जमी हुई धूल–मिट्टी

निकल जाय। माउस के आसपास के सेंसर (छोटी–सी छड़) पर जमी धूल की परत को भी साफ कर देना चाहिए, इससे हमारा माउस हल्का चलने लगता है।

इंटेली माउस व्हील का प्रयोग

माइक्रोसॉफ्ट तथा अन्य के माउस में आज कल दो बटन के बीच एक छोटा–सा व्हील दिया गया है। (यह व्हील हमने चित्र क्रमांक 2.3 में पूर्व में ही दिखा दिया है) यह व्हील प्रोग्राम के स्क्रोलबार (Scroll Bar) को सीधे नियंत्रित करता है। इस व्हील के द्वारा हम किसी फाइल में ऊपर या नीचे जा सकते हैं और इसके लिए हमें माउस को स्क्रीन के एकदम बाएँ ओर ले जाने की आवश्यकता नहीं। इंटेली माउस से हम पैनिंग (Panning) भी कर सकते हैं। पैनिंग होने पर डाकुमेंट धीरे–धीरे ऊपर या नीचे स्क्रॉल करते जाता है, परंतु हमें माउस के बटन को निरंतर दबाने की आवश्यकता नहीं होती है। इस प्रकार उपयोगकर्ता स्क्रॉलिंग टेकस्ट पर ध्यान केंद्रित कर सकता है तथा माउस के बटन दबाए रखने की चिंता से मुक्त हो जाता है।

3. *ग्राफिक इनपुट डिवाइस (Graphic Input Devices)*

पाठ्यांश अभिलेखों को मुद्रित रूप से इलेक्ट्रॉनिक रूप में परिवर्तित करने के अतिरिक्त यह डिवाइस आलेखी प्रतिबिंबों को कंप्यूटर में स्कैन (scan) करने की सुविधा प्रदान करता है।

4. *ग्राफिक टैबलेट (Graphic Tablets)*

स्क्रीन पर आलेख का सृजन करने के लिए एक और रुचिकर डिवाइस ग्राफिक टैबलेट है। यह इलेक्ट्रॉनिक पैंटोग्राफ के समान होता है। इलेक्ट्रॉनिक पैंटोग्राफ का प्रयोग सौ वर्षों से प्रतिबिंबों की प्रतिलिपियाँ बनाने में किया जाता रहा है।

5. *लाइट पेन (Light Pen)*

लाइट पेन एक हैंडहेल्ड डिवाइस है, जो हमें प्रत्यक्षतः स्क्रीन पर खींचने की अनुमति देता है। ग्राफिक के साथ ग्राफिक टैबलेट के समान वहाँ कोई टैबलेट नहीं होता है। हम इलेक्ट्रॉनिक बीम के द्वारा कंप्यूटर स्क्रीन पर लाइट पेन की सहायता से किसी चित्र को पेंट कर सकते हैं।

6. *वॉइस इनपुट डिवाइस (Voice Input Devices)*

वॉइस इनपुट डिवाइस का विकास सीमित है। यह मनुष्य की आवाज को एक संकेत में परिवर्तित करता है, जिसे कंप्यूटर समझ सकता है। यह सरल कार्य नहीं है। वाणी की आवृत्ति स्पष्ट होनी चाहिए।

7. *स्कैनर (Scanner)*

जब हम किसी पाठ्यांश को कंप्यूटर पर टंकित करते हैं और उसका मुद्रण प्रिंटर पर प्राप्त करते हैं, तो वास्तव में हम पाठ्यांश को मुद्रित रूप में बदल रहे होते हैं। यह विधि एक ऐसे रास्ते के समान होती है, जिससे वापस आना संभव नहीं होता है। किसी पाठ्यांश को मुद्रित रूप से इलेक्ट्रॉनिक रूप में परिवर्तित करना आसान नहीं होता है। मुद्रित रूप से इलेक्ट्रॉनिक रूप में किसी पाठ्यांश को बदलने के लिए अत्यधिक क्षमता वाले स्कैनर विकसित किए गए। बार कोड स्कैनर (Bar Code Scanner – BCR), ऑप्टिकल कैरेक्टर रिकॉगनीशन (Optical Character Recognition OCR) आदि कुछ प्रचलित स्कैनर हैं। बार कोड स्कैनर विभिन्न मदों और यूनीवर्सल प्रोडक्ट कोड (Universal Product Codes UPCS) को इलेक्ट्रॉनिक कोड में बदल सकते हैं।

स्कैनर के द्वारा हम ग्राफिक्स तथा टेकस्ट कंप्यूटर के अंदर भेज सकते हैं। यह हार्ड कॉपी को डिजिटाइज (Digitize) करते हैं। एक तरह से, स्कैनर हमारी आँखों की तरह कार्य करता है। स्कैनर इमेज को सूक्ष्म पंक्तियों तथा स्तंभों में विभाजित कर देता है। इसके पश्चात् यह प्रत्येक पंक्तियों तथा स्तंभों के संगम से भेजी गई रोशनी की तीव्रता को नापता है। हर रोशनी की तीव्रता एक डॉट के रूप में रिकार्ड हो जाती है। इसके बाद प्रत्येक डॉट से जानकारी एकत्रित की जाती है। डाटा पूरा हो जाने पर इसकी डिजिटल फ़ाइल कंप्यूटर पर तैयार हो जाती है।

चित्र, लोगो तथा ड्रॉइंग स्कैन करके कंप्यूटर में डाल दिए जाते हैं। फिर ये विभिन्न रिपोर्ट, न्यूज़ लैटर में डाले जा सकते हैं। कई स्कैनर में इमेज एडिटिंग सॉफ्टवेयर हैं। इसके द्वारा हम स्कैन हो चुके ग्राफिक को संपादित कर सकते हैं।

टीपः स्कैन हो चुके इमेज का टेकस्ट एम.एस. वर्ड इत्यादि में बदला नहीं जा सकता है। टेकस्ट पूरे पिक्चर का हिस्सा बन चुका होता है। स्कैनिंग के द्वारा तेजी से डाकुमेंट कंप्यूटर में डाले जा सकते हैं।

स्कैनर के प्रकार

हैंड हैल्ड स्कैनर (Hand Held Scanner): यह सबसे सस्ता स्कैनर है। इसको एक सपाट सतह पर माउस की तरह मूव करते हैं। यदि प्रतिदिन उपयोग न हो तो ये स्कैनर अच्छा माना जाएगा क्योंकि इसमें कोई आंतरिक कार्ड की आवश्यकता नहीं होती है। ज्यादातर स्कैनर 4 इंच की स्कैनिंग कर सकते हैं। इनमें सधा हुआ हाथ भी चाहिए।

फ्लेट बैड स्कैनर (Flat Bed Scanner): ये काफी महँगे तथा लचीले होते हैं। ये फोटोकॉपी मशीन के समान नजर आते हैं। स्कैन का आइटम ग्लास प्लेट पर रखा जाता है तथा स्कैनिंग हैड ग्लास के नीचे से गुजरता है। इस प्रकार हम पूरी किताब का स्कैन बिना पेपर फाड़े कर सकते हैं।

चित्र 2.5. *फ्लैट बैड स्कैनर*

शीट–फेड स्कैनर (Sheet-Fed Scanner): यह हैंड हेल्ड के मुकाबले सस्ता तथा ज्यादा विश्वसनीय है। यह फैक्स मशीन की तरह दिखता है। इसमें पेज एक तरफ से डाला जाता है और दूसरी तरफ से निकल आता है। ज्यादा मात्रा में टेकस्ट होने पर शीट–फेड उपयुक्त होते हैं। नाजुक फोटो के लिए यह ठीक नहीं है।

कलर और ग्रेस्केल स्कैनर (Grayscale): कलर स्कैनर पूर्ण कलर स्कैन दे सकते हैं। घटती कीमतों के कारण कलर स्कैनर और भी लोकप्रिय हो गए हैं। कलर स्कैनर का औचित्य कलर प्रिंटर के साथ ही है, अन्यथा वो बेकार हैं। ग्रेस्केल स्कैनर सिर्फ काले तथा सफेद के शेड में स्कैन करते हैं। ये काफी सस्ते आते हैं तथा आम उपभोक्ता के लिए यह उपयुक्त मशीनें हैं।

चित्र 2.6. *शीट–फेड स्कैनर*

रिजोल्यूशन और डॉट्स प्रति इंच (Resolution and Dots Per Inch)

प्रिंटर के समान स्कैनर का रिजोल्यूशन भी डी.पी.आई. (DPI - Dots Per Inch) में नापी जाती है। अधिक बड़े डी.पी.आई. के कारण अधिक अच्छे परिणाम मिलेंगे। ऐसा इसलिए क्योंकि अधिक डी.पी.आई. के कारण 1 वर्ग इंच में अधिक डॉट आ सकते हैं। अतः इमेज अधिक स्पष्ट हो जाती है। अधिक रिजोल्यूशन के कारण दो बातों का ध्यान रखना आवश्यक हैः

(अ) स्कैन करने का समय बढ़ जाएगा।

(ब) स्कैन इमेज की फाइल बड़े साइज की होगी। (अधिक डॉटस से अधिक सूचना और अधिक सूचना से बड़ी फाइल)

TWAIN ड्राइवर्स

किसी भी हार्डवेयर को ऑपरेटिंग सिस्टम से बात करने के लिए विशेष सॉफ्टवेयर की आवश्यकता होती है, जिसे हम *ड्राइवर* (Driver) कहते हैं। स्कैनर के लिए बने ड्राइवर को TWAIN ड्राइवर कहा जाता है। TWAIN ड्राइवर के उपयोग से स्कैनर किसी भी TWAIN आधारित प्रोग्रम से बातचीत कर सकता है। कुछ उदाहरण जैसे Paint Shop, Adobe PhotoShop, MS-Office97। TWAIN आधारित प्रोग्राम एक समानता लिए बटन, प्रक्रिया आदि का पालन करते हैं।

स्कैनर को पी.सी. से कनैक्ट करने के पश्चात् स्कैनर में TWAIN ड्राइवर डाला जाता है। TWAIN ड्राइवर इंस्टॉल होने के पश्चात् विंडोज हमारे स्कैनर से बात कर सकेगा तथा हम स्कैनर से काम ले सकेंगे।

8. *मैग्नेटिक इंक कैरेक्टर रीडर (Magnetic Ink Character Reader MICR)*

इस उपकरण का उपयोग बैंक द्वारा विभिन्न प्रकार के चेक को जारी करने के लिए किया जाता है। संख्याएँ और विशेष चिह्न विशिष्ट स्याही द्वारा मुद्रित होते हैं, जिसे उपकरण पहचान कर आवश्यक जानकारी CPU को देता है। इस उपकरण की यह विशेषता होती है, कि चेक को किसी भी तरह मोड़ने या रखने पर भी उसकी शुद्वता नष्ट नहीं होती है। इस उपकरण की मुख्य सीमाएँ यह हैं कि इसमें सिर्फ 10 अंक और 4 विशेष कैरेक्टर ही होते हैं।

M.I.C.R. विशेष नंबरों तथा चिह्नों का विवरण देता है। इन्हें हम आज लगभग हर चेक तथा डिमान्ड ड्राफ्ट पर नीचे की सफेद पट्टी में देखते हैं। M.I.C.R. में उस टेक्नॉलोजी तथा प्रक्रिया का विवरण है, जो इन कैरेक्टरों को प्रस्तुत करेगी तथा उनका विश्लेषण करेगी। यह सूचना को स्कैन तथा प्रोसेस करने का एक अत्यंत सुरक्षित तथा तीव्र गति का माध्यम है।

M.I.C.R. सूचना प्रिंट करने का एक तरीका है जिसे हम इलेक्ट्रॉनिक पद्धति से पढ़ते हैं तथा इससे हम मुख्यतः चेक प्रिंट करते हैं। चेक के नीचे पाए जाने वाले नंबर तथा अक्षर चुंबकीय स्याही के द्वारा प्रिंट किए जाते हैं। इस स्याही वाले डॉक्युमेंट को पढ़ने के लिए निम्न प्रक्रिया का पालन किया जाता है:

(अ) डॉक्युमेंट को मशीन के अंदर से गुजारा जाता है।

(ब) यह मशीन स्याही को चुंबकीय कर देती है।

(स) यह मशीन अब चुंबकीय सूचना को कैरेक्टर में परिवर्तित कर देती है।

चुंबकीय स्याही प्रिंट करने के लिए ऐसे लेजर प्रिंटर की आवश्यकता है जो M.I.C.R. टोनर को ले सके। प्रतिदिन के लेजर प्रिंटर निःसंदेह लेजर के बाजार की सबसे बड़ी श्रेणी है। परंतु M.I.C.R. प्रिंटर भी धीरे–धीरे अपने आपको बाजार में स्थापित कर रहे हैं। U.S.A. आधारित I.D.C. कंपनी का अनुमान है कि डेस्कटॉप M.I.C.R. प्रिंटर्स का इंस्टालेशन 25,000 के पार पहुँच गया है तथा इसमें सालाना 3,000 की वृद्धि हो रही है।

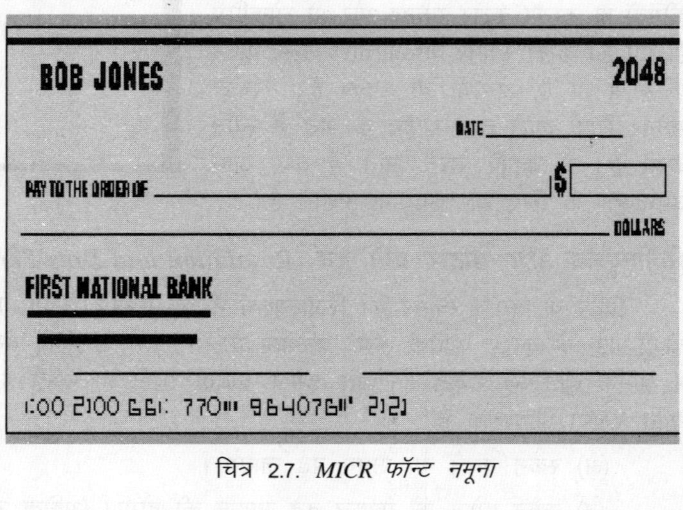

चित्र 2.7. *MICR फॉन्ट नमूना*

M.I.C.R. प्रिंटर विशेष फॉन्ट तथा चुंबकीय स्याही या टोनर के प्रयोग से चुंबकीय अक्षर का निर्माण करते हैं। इसे इलेक्ट्रॉनिक डाटा प्रोसेसिंग सिस्टम पढ़ते हैं, जैसा कि बैंकों में चेक की प्रोसेसिंग में होता है। अमेरिकन बैंकर एसोसिएशन तथा

अमेरिकन नेशनल स्टैंडर्ड इंस्टीट्यूट (ANSI) ने प्रिंटरों के लिए कुछ मापदंड तय किए हैं। यह मापदंड एकल शक्ति (Signal Strength), स्थायित्व तथा फॉन्ट की गुणवत्ता से संबंधित हैं। M.I.C.R. की प्रिंटिंग दो प्रकार के प्रिंटरों से हो सकती है:

(अ) पूर्ण संमर्पित M.I.C.R. प्रिंटर

(ब) लेजर प्रिंटर जिन्हें M.I.C.R. के योग्य बनाया गया है।

अधिकांशतः निर्माता M.I.C.R. प्रिंटिंग में गुणवत्ता के महत्त्व से सहमत हैं। हालाँकि इस बात पर मतभेद है कि इस हेतु एक विशेष M.I.C.R. प्रिंटर अथवा M.I.C.R. के योग्य लेजर प्रिंटर का प्रयोग किया जाए।

M.I.C.R. आधारित चेक प्रोसेसिंग में अक्षरों को पहचानने वाले उपकरणों को रीडर/सॉर्टर (Reader/Sorter) कहा जाता है। यह 1950 के दशक में विकसित किए गए थे। यह प्रति मिनट 2,400 चेकों को Read, Log, Sort और Route कर सकते हैं। इससे बहुमूल्य समय की बचत होती है तथा धोखाधड़ी का खतरा निम्नतम रहता है।

डॉट मैट्रिक्स, इंकजेट तथा कुछ लेजर प्रिंटर के स्याही तथा टोनर में चुबकीय गुण नहीं होते हैं। कुछ लेजर प्रिंटर के टोनर सीमित चुंबकीय गुण रखते हैं परंतु वह निर्धारित मापदंड से नीचे है। साथ ही, उन्हें रीडर/सॉर्टर से 30 बार गुजरने के लिए फॉरम्युलेट नहीं किया गया है।

9. *ऑप्टिकल कैरेक्टर रीडर (Optical Character Reader OCR)*

एक ऑप्टिकल स्कैनर वह डिवाइस है जिसका उपयोग किसी इमेज को पढ़ने, उसे 0 और 1 के समूह में परिवर्तित करने, और फिर इसे कंप्यूटर की मेमोरी में संग्रहित करने हेतु किया जाता है। अब हम यह स्पष्ट करेंगे कि कैसे यह परिवर्तन संभव होता है। माना इमेज ग्राफ शीट पर बना हुआ है। यदि क्षैतिज और उर्ध्वाधर रेखा के प्रतिच्छेदन बिंदु पर कोई गहरा धब्बा है, तो वहाँ इमेज एक 1 के द्वारा प्रदर्शित किया जाएगा। यदि प्रतिच्छेदन बिंदु पर कोई गहरा धब्बा नहीं है, तो उसे 0 से प्रदर्शित किया जाएगा।

एक ऑप्टिकल स्कैनर किसी प्रतिबिंब (Image) को उसके समतुल्य बिट मैप में प्रदर्शित करता है। दो प्रकार के स्कैनर होते हैं। एक हैंड हैल्ड स्कैनर (Hand Held Scanner) और दूसरा फ्लैटबैड स्कैनर। हैंड हैल्ड स्कैनर 13 सेमी. लंबा और 15 सेमी. चौड़ा होता है। इसमें एक प्रकाश उत्सर्जन करने वाला डायोड लगा होता है। जब स्कैनर धीमी गति (2.2 सेमी./सेकेंड) से चलता है, तब प्रतिबिंब 400 बिट्स प्रति इंच की दर से परिवर्तित होता है और संग्रहित होता है। फ्लैट बैड स्केनर एक बॉक्स के सदृश्य होता है, जिसमें ग्लास प्लेट लगी होती है। जिस डॉक्यूमेंट को स्कैन करना होता है उसे ग्लास प्लेट के ऊपर रखा जाता है। प्रकाश पुंज ग्लास प्लेट के नीचे स्थित होता है और क्षैतिजतः बाएँ से दाएँ गति करता है। 21 सेमी. × 28 सेमी. आकार के एक पृष्ठ को स्कैन करने में 20 सेकेंड का समय लगता है। पृष्ठ की विषय–वस्तु बिटमैप के रूप में संग्रहित होती है लगभग 400 डॉट प्रति इंच। स्कैनर रंगीन चित्रों को भी स्कैन कर सकता है। प्रत्येक डॉट को प्रदर्शित करने के लिए 24 बिट की और 256 रंगों की आवश्यकता होती है।

किसी भी मुद्रित कैरेक्टर को पढ़ने के लिए यह सीधी अनुमति देता है। किसी विशेष स्याही की आवश्यकता नहीं होती है। ये इस प्रकार से निर्मित किए जाते हैं कि हाथ से बनाए गए किसी चिह्न या कैरेक्टर को और यंत्र से मुद्रित किसी कैरेक्टर या विशेष बार कोड को पहचान कर उनकी व्याख्या कर सकें। अधिकतर ऑप्टिकल रीडर मुद्रण करने का कार्य प्रकाश के परावर्तन या अवशोषण की सहायता से करते हैं। यह उपकरण मुख्यतः एक भंडारण उपकरण है, लेकिन वृहत् पैमाने पर आँकड़ों को दाखिल करने के लिए इनपुट डिवाइस का भी कार्य करता है। OCR स्कैनर के प्रकार:

अ. लेबल स्कैनर (Label Scanners)

यह डिवाइस प्राइस टैग, शिपिंग लेबल आदि से आँकड़ों को पढ़ता है। हैंड हैल्ड वांड स्कैनर एक लेबल स्कैनर होता है।

ब. पेज स्कैनर (Page Scanners)

यह डिवाइस नियमित रूप से टंकित किए गए पृष्ठ पर स्थित अल्फा न्यूमेरिक कैरेक्टर का स्कैन और उनकी व्याख्या करते हैं।

स. डॉक्युमेंट स्कैनर (Document Scanners)

डॉक्युमेंट स्कैनर विभिन्न प्रकार के डॉक्युमेंट का स्कैन करने की क्षमता रखते हैं। उदाहरण के लिए देयक, विक्रित पर्ची आदि।

द. संतत-रूप स्कैनर (Continuous-form Scanners)

ये डिवाइस संतत रूप में मुद्रित डाटा को पढ़ते हैं, जैसे कैश रजिस्टर आदि।

इ. ऑप्टिकल मार्क स्कैनर (Optical Mark Scanners)

ऑप्टिकल मार्क स्कैनर पूर्वमुद्रित रूपों को स्कैन करते हैं, जैसे बहुविकल्पीय परीक्षण उत्तर आदि।

कंप्यूटर के अंदर डाटा टाइप करने में काफी समय व्यतीत होता है। इनपुट की प्रक्रिया को तेज करने के लिए कुछ वैकल्पिक टेक्नॉलोजी विकसित की गई है। ओ.सी.आर. भी इनमें से एक है। ओ.सी.आर. के प्रयोग से स्कैनर प्रिंटेड कॉपी को टेकस्ट फाइल में परिवर्तित कर देगा। इस टेकस्ट फाइल को फिर वर्ड–प्रोसेसर में एडिट किया जा सकता है, जिससे हमारे समय की काफी बचत होगी।

टीपः ओ.सी.आर. प्रिंटिंग का उल्टा काम है। प्रिटिंग में हम टाइप करके डाटा को प्रिंटेड आउटपुट के रूप में बाहर लेते हैं। ओ.सी.आर. में हम प्रिंटेड आउटपुट से डाटा कंप्यूटर के अंदर देते हैं।

यह जानना आवश्यक है कि कई ओ.सी.आर. प्रोग्राम की सटीकता की दर 95% के आसपास है। इस कारण इसे परिपूर्ण नहीं कहा जा सकता। सबसे अच्छे नतीजे के लिए साफ प्रिंट–आउट की आवश्यकता होती है। साथ ही, फॉन्ट साधारण हों तथा सफेद कागज पर हों। हस्तलिखित शब्द स्पष्ट होने चाहिए अन्यथा अनुवाद ठीक नहीं होगा। अच्छी स्कैनिंग के लिए स्कैन हो रहा दस्तावेज साफ होना चाहिए, तथा प्रिटिंग बहुत छोटी नहीं होनी चाहिए।

बार कोड रीडर

यह भी एक प्रकार का डायरेक्ट ऐंट्री डिवाइस है। इसमें भी उपयोगकर्ता को कुछ टाइप करने की आवश्यकता नहीं है। इसमें एक स्कैनर बार कोड को पढ़ता है। इस कोड में अलग–अलग चौड़ाई तथा अलग–अलग गैप के ''बार'' होते हैं। प्रत्येक ''बार'' किसी विशेष उत्पाद के विषय में अंकिक तथा अक्षरीय जानकारी प्रदान करता है। आवश्यकता पड़ने पर स्कैनर से ''बार'' को पढ़ा जाता है। इससे बार कोड इलेक्ट्रॉनिक रूप में परिवर्तित हो जाता है, जिसे कंप्यूटर प्रोसेस कर सकता है।

बार कोड के स्कैनर तेज, सटीक तथा सस्ते होते हैं। इस कारण यह बड़ी–बड़ी दुकानों तथा डिपार्टमेंटल स्टोर्स में काफी प्रयोग में आ रहा है। इन दुकानों में लगभग सभी वस्तुओं में बार कोड अंकित होता है। प्रत्येक बार कोड किसी वस्तु तथा उसकी कीमत से जुड़ा होता है। ये जानकारी कंप्यूटर में रिकॉर्डेड रहती हैं।

चित्र 2.8. *बार कोड*

सामान काउंटर पर देने पर क्लर्क बार कोड रीडर को बार कोड पर ले जाता है। यह स्कैनर उस कंप्यूटर से जुड़े होते हैं जिसमें बार कोड का विवरण हो। स्कैनर के द्वारा जानकारी कंप्यूटर में पहुँचती हैं तथा वह डाटाबेस से संबंधित जानकारी उपलब्ध करा देता है।

इस उपकरण से कंप्यूटर बिक्री के बारे में सारी जानकारी रखता है। अतः इससे हम और अधिक जानकारी प्राप्त कर सकते हैं, जैसे कि विक्रय की जानकारी देना, किसी विशेष उत्पाद की बिक्री का विश्लेषण, भंडारण की ताजा जानकारी, कंपनी प्रबंधन के लिए रिपोर्ट बनाना, इत्यादि।

U.P.C. (Universal Product code): यह 11 डिजिट का सिस्टम है। ये मुख्यतः जनरल गुड्स के लिए प्रयुक्त होता है।

Code-39: इसके अंतर्गत 9 समूह के 3 बार प्रत्येक कैरेक्टर के लिए होते हैं। इसमें नंबर और अक्षर दोनों ही चल जाते हैं। यह काफी लोकप्रिय है।

Postnet: इसे U.S.A. के डाक विभाग ने निकाला है। इसमें डाक को स्वचालित रूप से छाँटा जाता है। इस प्रक्रिया में बार को छोटा या बड़ा नहीं किया जा सकता। इस कारण से यह सबसे कठिन तकनीक है।

बार कोड स्कैनर में निम्नलिखित विकल्प उपलब्ध हैः

Wand: सस्ता–सा स्कैनर जिसे स्कैन करते समय कोड से चिपकाना पड़ता है।

FFO (Fixed Focus Optics): जो बार–कोड से 20 इंच की दूरी से स्कैन किए जा सकते हैं।

CCD (Charge Coupled Devices): इनका एक रीडिंग हैड तथा एक ट्रिगर होता है। हैड को बार कोड पर रखने के पश्चात् ट्रिगर खींचा जाता है।

Laser Scanner: यह स्कैनर लेजर बीम से बार कोड पढ़ते हैं।

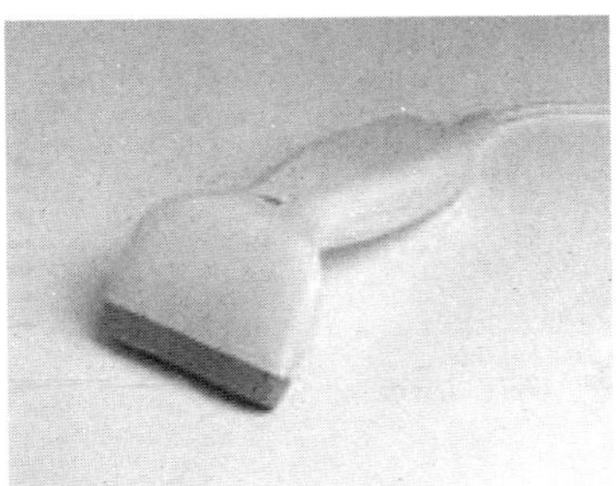

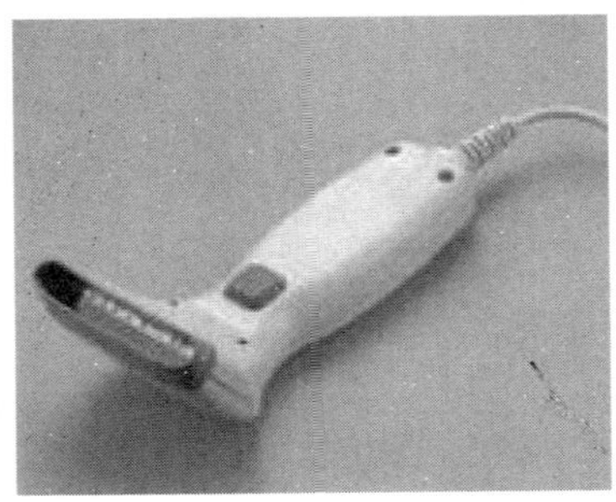

चित्र 2.9. *बार कोड रीडर*

10. *ऑप्टिकल मार्क रीडिंग और रिकाजनिशन (Optical Mark Reading and Recognition OMR)*

इस विधि में बॉक्स के साथ विशिष्ट प्रकार के पूर्व मुद्रित फॉर्म डिजाइन किए जाते हैं, जिन्हें डार्क पेंसिल से चिह्नित किया जा सके। इस प्रकार के डॉक्युमेंट को डॉक्युमेंट रीडर द्वारा पढ़ा जाता है, जो चिह्न को विद्युत संकेत में परिवर्तित करता है, जिसे कंप्यूटर में स्थानांतरित किया जाता है। इस रीडर का उपयोग निम्न कार्यों में किया जाता है।

1. वस्तुनिष्ठ प्रकार के प्रश्न–उत्तर वाले प्रश्न–पत्रों की उत्तर पत्रक बनाने में।
2. बाजार, जनसंख्या का सर्वेक्षण।
3. आर्डर फार्म बनाने में।

आज हम कई प्रतियोगी परीक्षाओं में उत्तर पेंसिल के द्वारा देते हैं। कई प्रतियोगी परीक्षाओं जैसे कि पी.ओ., एम.बी.ए., पी.ई.टी. तथा पी.एम.टी. में वस्तुनिष्ठ प्रश्न के उत्तर दिए जाते हैं। उत्तर पत्रिकाओं में सभी प्रश्नों के

नंबर छपे होते हैं। हमें प्रत्येक प्रश्न के सामने सही विकल्प पर काला निशान लगाना होता है। साथ ही हमें विशेष प्रकार की पेंसिल का प्रयोग करना होता है, जैसे एच.बी., 2बी आदि ।

उत्तर पत्रक परीक्षण करने हेतु प्रत्येक शीट स्कैनर में डाली जाती है। यह स्कैनर कंप्यूटर से कनेक्ट रहता है जिसमें प्रश्नों के सही उत्तर दिए रहते हैं। स्कैनर छात्र द्वारा बनाए गए पेंसिल के चिह्न को पढ़ता है। यह चिह्न कंप्यूटर के डाटा बैंक से मिलाया जाता है। इस प्रकार प्रत्येक उत्तर पुस्तिका तेजी से जाँच ली जाती है तथा परिणाम भी शीघ्र ही घोषित कर दिया जाता है।

इस पूरी प्रक्रिया के पीछे ओ.एम.आर. तकनीक कार्य करती है। ओ.एम.आर. डिवाइस उच्च क्षमता की रोशनी की किरण पेपर की शीट पर डालता है। ये किरण चिह्न को स्कैन करती है। प्रत्येक चिह्न की संख्या तथा स्थान का पता करती है और इस डाटा को विद्युत संकेत में परिवर्तित कर कंप्यूटर को देती है।

इस तकनीक के लिए इनपुट फॉर्म ध्यान से डिजाइन करने होते हैं। छात्र द्वारा बनाए गए पेंसिल के निशान स्पष्ट होने चाहिए। इससे उचित स्कैनिंग में सहायता प्राप्त होती है तथा सही परिणाम प्राप्त होते हैं।

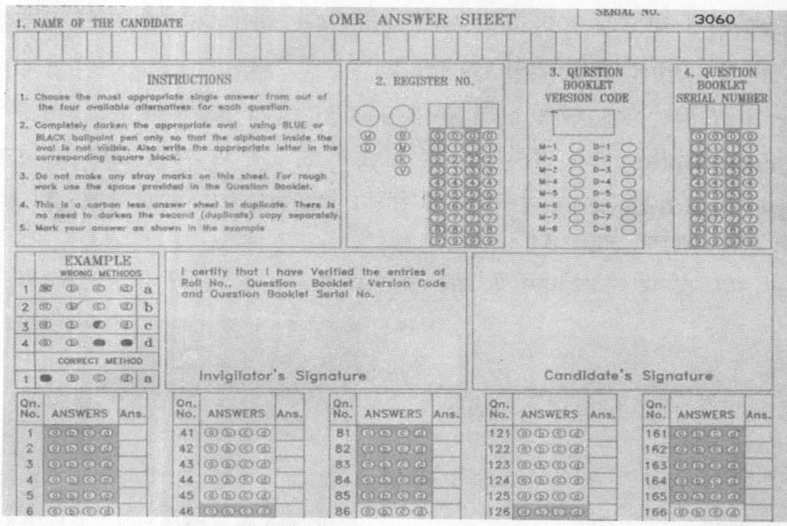

चित्र 2.10. *OMR आधारित उत्तर पत्रक*

11. *जॉयस्टिक (Joystick)*

जॉयस्टिक का प्रयोग प्रत्यक्षतः टी. वी. या कंप्यूटर पर खेल खेलने के लिए किया जाता है। जॉयस्टिक मुख्यतः गेम्स के साथ प्रयोग में लाया जाता है तथा इससे उपयोगकर्ता को क्रियाओं पर और अधिक नियंत्रण मिल जाता

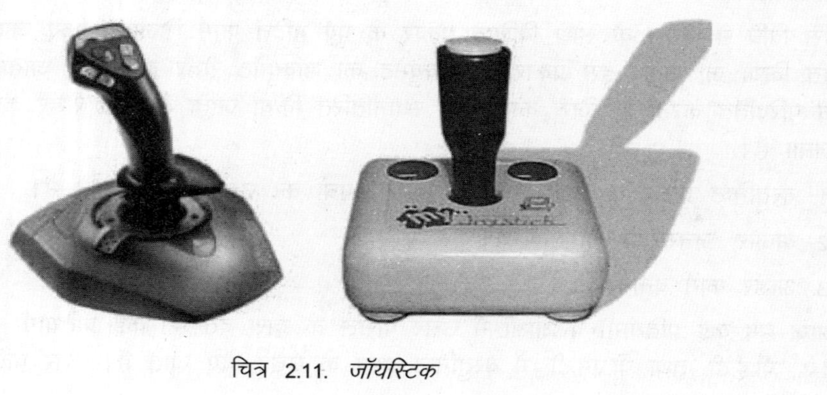

चित्र 2.11. *जॉयस्टिक*

है। जॉयस्टिक हवाई जहाज में लगे कंट्रोलर के समान नजर आता है। इस स्टिक पर बटन होते हैं जिनसे हम कई क्रियाएँ कर सकते हैं जैसे कि बंदूक चलाना, कार को दाएँ या बाएँ मोड़ना इत्यादि। जॉयस्टिक के द्वारा हम तेजी से तथा सटीकता से किसी भी दिशा में जा सकते हैं।

जॉयस्टिक एक बेस यूनिट से जुड़े रहते हैं जो जॉयस्टिक की क्रिया तथा उसके चलने की दूरी को किसी भी दिशा में माप सकता है– दाएँ, बाएँ, ऊपर–नीचे या तिरछा।

बेस यूनिट में इलेक्ट्रॉनिक सेंसर होते हैं जो इन क्रियाओं को कंप्यूटर के समझने हेतु अनुवादित कर देते हैं। जॉयस्टिक पूर्णतः गेम से संबंधित हैं तथा यह माउस का स्थान कभी नहीं ले सकेंगे।

जॉयस्टिक भिन्न प्रकार के आकृति तथा साइज में आते हैं। कुछ हवाई जहाज के फ्लाइट कंट्रोल्स की भाँति नजर आते हैं तो कुछ स्टियरिंग व्हील के जैसे नजर आते हैं।

जॉयस्टिक का कैलिब्रेशन

कैलिब्रेशन के द्वारा हम जॉयस्टिक को 'सेंटर' कर सकते हैं जिससे कि जॉयस्टिक मुक्त करने पर न्यूट्रल स्थिति में आ जाए। कैलिब्रेशन के बाद जॉयस्टिक के दाएँ से बाएँ या ऊपर–नीचे होने पर हमे स्क्रीन पर चिकनी तथा अवश्यंभावी (Predictable) हरकतें नजर आएँगी।

12. *ट्रैकबॉल*

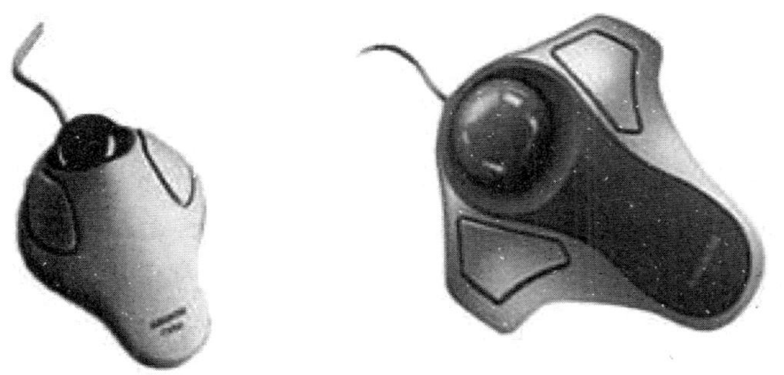

चित्र 2.12. *ट्रैकबॉल*

ट्रैकबॉल एक उल्टे दिए गए माउस के समान हैं जो हमारे डेस्क पर स्थिर रहता है। बॉल को हम अपनी अंगुलियों या हथेली से हिलाते हैं जिससे स्क्रीन पर प्वाइंटर भी हिलता है। माउस के समान, बॉल के घूमने की दिशा ही प्वॉइंटर की दिशा निर्धारित करती है। हम बॉल के द्वारा कर्सर (Cursor) को उपर्युक्त स्थान पर ले जाते हैं। तत्पश्चात् हम बॉल के दोनों ओर स्थित बटन में से एक दबाते हैं (यह क्रिया माउस पर कार्य करने के समान ही है)। यदि हमारे पास स्थान की कमी हो तो ट्रैक बॉल माउस के मुकाबले एक अच्छा विकल्प है। नोटबुक कंप्यूटर में, जहाँ स्थान अत्यंत सीमित होता है, माउस के स्थान पर ट्रैकबॉल का प्रयोग किया जाता है।

ट्रैकबॉल काफी भरोसेमंद माने जाते हैं। यह इसलिए क्योंकि माउस पैड की धूल तथा मिट्टी माउस के अंदर प्रवेश कर जाती है परंतु ट्रैकबॉल के साथ ऐसी कोई दिक्कत नहीं। ट्रैकबॉल हाथों में अच्छी तरह फिट होने के लिए डिजाइन की गई है। उसमें उपलब्ध बटन भी काफी सोच–विचार कर लगाए गए हैं जिनसे क्लिक करना आसान हो जाता है। कुछ ट्रैकबॉल के बटन ऐसे बनाए गए हैं कि उनसे डबल क्लिक स्वतः ही हो जाता है।

13. *टचपैड*

टचपैड कंप्यूटर स्क्रीन पर प्वाइंट करने के लिए उपकरण है। ये भी माउस का एक विकल्प है। आरंभ में यह केवल लैपटॉप कंप्यूटर में आया परंतु अब डेस्कटॉप कंप्यूटर के लिए भी टचपैड बनाए जा रहे हैं।

टचपैड उपयोगकर्ता की अंगुलियों की हरकत तथा उनके दबाव को भाँप कर कार्य करता है। टचपैड से हमारी

अंगुलियां प्वाइंटिंग करती हैं। टचपैड पर अंगुलियों के द्वारा हम क्लिक, डबल क्लिक तथा ड्रैग (Drag : एक स्थान से दूसरे स्थान तक घसीटकर ले जाना) भी कर सकते हैं।

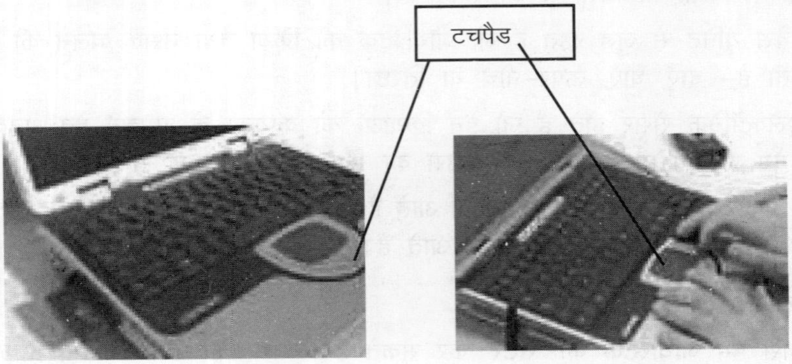

चित्र 2.13. *टचपैड*

टचपैड की कार्यप्रणाली

टचपैड में कई परतें होती हैं। सबसे ऊपर वह पैड होता है जिसे हम स्पर्श करते हैं। इसके नीचे कि परतों में इलेक्ट्रोड की उर्द्धवाधर (vertical) और क्षैतिज (horizontal) कतारें होती हैं जो एक जाली–सा (ग्रिड) बनाती हैं। इन सभी परतों के बीच अत्यंत सूक्ष्म इंसुलेशन होता है। इन सभी परतों के नीचे एक सर्किट बोर्ड होता है जिससे इलेक्ट्रोड की परतें जुड़ी होती हैं। इलेक्ट्रोड की परतों में निरंतर विद्युत प्रवाह होता रहता है।

जब हमारी अंगुली इलेक्ट्रोड ग्रिड के पास आती है तो करंट का प्रवाह अवरूद्ध हो जाता है। यह अवरोध सर्किट बोर्ड भाँप लेता है। प्रारंभिक स्थिति को टचपैड रजिस्टर कर लेता है। इसके पश्चात् सारी अंगुली की हरकतें इस प्वाइंट से आगे ही निर्धारित की जाएँगी।

कुछ टचपैड में दो विशेष स्थान होते हैं, जिससे कि एक स्थान पर दबाव से क्लिक माना जाता है तथा दूसरी जगह दबाने पर राइट–क्लिक माना जाता है। कुछ अन्य टचपैड ऊँगलियों के सिंगल या डबल "टैप" (हल्का स्पर्श) को भाँप लेते हैं।

14. *डिजिटल कैमरा*

डिजिटल कैमरा वह यंत्र है जो चित्रों को डिजिटल रूप में रिकॉर्ड और संग्रहित कर सकता है। यह चित्र कंप्यूटर को भेजे जा सकते हैं। इसके अलावा यह चित्र कैमरे में भी स्टोर किए जा सकते हैं जिन्हें बाद में कंप्यूटर पर लोड किया जा सकता है। कई डिजिटल कैमरे इमेज एडीटर सॉफ्टवेयर के साथ आते हैं। इस सॉफ्टवेयर के द्वारा हम कंप्यूटर पर चित्र को संपादित कर सकते हैं।

फोटो की गुणवत्ता कैमरे की रिजोल्यूशन पर निर्भर करती है। अधिक रिजोल्यूशन के कारण चित्र अधिक स्पष्ट हो जाते हैं। डिजिटल कैमरा फोटो को अपनी मेमोरी में स्टोर करते हैं जब तक हम उसे कंप्यूटर पर स्थानांतरित न कर दें। कैमरा में या आंतरिक मेमोरी या हटाने योग्य (Removable) मेमोरी होती है।

डिजिटल कैमरा वह यंत्र है जो स्थिर चित्र देने के लिए बना है। कुछ मॉडल हमें वीडियो भी देते हैं। परंतु यह कैमकॉर्डर का स्थान नहीं ले सकते। डिजिटल कैमरा का वीडियो बहुत ही छोटा होता है, एक या दो मिनट से अधिक का नहीं। इसके अतिरिक्त रिजोल्यूशन प्रायः कम ही होती है तथा कैमकॉर्डर के मुकाबले फ्रेम–प्रति–सेकेंड आधे होते हैं। साथ ही, यदि डिजिटल कैमरा में माइक्रोफोन ना हो तो हमारे चलचित्र मूक रहेंगे। इस कारण से हमें अच्छे नतीजे नहीं मिलेंगे।

चित्र 2.14. *डिजिटल कैमरा*

डिजिटल कैमरा की विशेषताएँ

रिजोल्यूशनः यह स्वभाविक तौर पर पहली विशेषता है। इस गुण से इमेज की गुणवत्ता पर सीधा असर पड़ेगा। रिजोल्यूशन का निर्धारण पिक्सल (pixcel) के द्वारा होता है। अधिक पिक्सल होने पर रिजोल्यूशन भी ज्यादा होगा। ऊँची रिजोल्यूशन होने पर डिजिटल फोटो सफाई खोए बिना बडी़ की जा सकती है। उच्च कोटि के फोटो हेतु $1{,}152 \times 864$ रिजोल्यूशन का कैमरा चाहिए। इन्हें हम मेगा–पिक्सल (Mega-Pixel) कैमरा कहते हैं। 3.3 मेगा–पिक्सल कैमरा के सेंसर (sensor) लगभग 3 मिलियन बिंदु रिकॉर्ड कर सकते हैं और इससे बनने वाली इमेज 10×14 आकार की हो सकती है। डिजिटल कैमरा की रिजोल्यूशन 0.3 से 5 मेगा–पिक्सल होती है। 1 मेगा–पिक्सल का कैमरा ई–मेल तथा प्रिटिंग के लिए उचित है। परंतु पिक्चर को बड़ा करने की आवश्यकता पर 2 मेगा–पिक्सल के कैमरे की आवश्यकता होगी। यदि हम कम रिजोल्यूशन की इमेज बड़े साइज में प्रिंट करें तो वह काफी धुंधली तथा दानेदार हो जाएगी।

बैट्री लाइफः डिजिटल कैमरा कि बैट्री काफी जल्दी खत्म होती है। फोटो को डाउन लोड करने में या कैमरे के स्क्रीन पर देखने में काफी बैट्री खर्च होती है। रिचार्जेबल बैट्रियाँ विशेषकर NiMH बैट्रियाँ अच्छी मानी जाती हैं। A.C. ऐडैप्टर युक्त कैमरा से हम और भी बैट्री बचा सकते हैं।

आंतरिक मेमोरीः कई कैमरा बाह्य मेमोरी का इस्तेमाल करते हैं। यह मेमोरी कार्ड के रूप में होती है जिसे पूरा होने पर हटाया जा सकता है। Secure Digital, Compact Flash, Smart Media और Memory Stick मेमोरी कार्ड के सामान्य विकल्प हैं। यह अलग होने लायक (Removable) स्टोरेज मेमोरी है। अतः हम यह कार्ड लगाकर उससे शूटिंग आरंभ रख सकते हैं। अतिरिक्त कार्ड से हम ज्यादा फोटो ले पाएँगे।

LCD Power: कई कैमरा में ऑप्टिकल View finder होता है। कुछ में LCD Screen होता है, जिसे हम View finder के रूप में उपयोग कर सकते हैं। LCD Screen के दो कार्य हैं:

(अ) पिक्चर देने के पहले वह हमें पिक्चर का स्वरूप दिखा देता है।

(ब) जो पिक्चर हम ले चुके हैं उन्हें दिखाने में मदद करता है।

LCD Screen काफी बैट्री खर्च करता है, इसलिए उसका सोच–समझ कर प्रयोग करना चाहिए।

डिजिटल कैमरा का आउटपुट विशेष फोटो प्रिंटर द्वारा लिया जाता है। यह प्रिंटर पामटॉप के साथ भी काम करते हैं। फोटो प्रिंटर कि गति 13 से 22 पृष्ठ प्रति मिनट होती है।

15. *वॉइस रिकॉग्नीशन (Voice Recognition)*

यह क्षेत्र उस सिस्टम से संबंधित है जिसमें बोलचाल की भाषा की पहचान हो सके। यह जानना आवश्यक है कि वॉइस रिकॉग्नीशन कंप्यूटर को सिर्फ डिकटेशन लेने की योग्यता प्रदान करता है। यद्यपि इस सिस्टम से कंप्यूटर हमारे बोल का मतलब नहीं समझ पाएगा। मानवीय भाषाओं को समझने की प्रक्रिया एक–दूसरे ही कार्यक्षेत्र में आती है जिसे हम नेचुरल लैंग्वेज प्रोसेसिंग (Natural Language Processing) कहते हैं।

आज के समय में कई वॉइस रिकॉग्नीशन सिस्टम मार्केट में उपलब्ध हैं। इनमें से सबसे शक्तिशाली सिस्टम हजारों शब्दों को पहचान सकते हैं। ऐसे सिस्टम को उपयोग करने के लिए एक शर्त है – हमें सिस्टम के साथ एक लंबे प्रशिक्षण सत्र की आवश्यकता होगी। इस सत्र के दौरान कंप्यूटर सिस्टम हमारी आवाज तथा हमारे उच्चारण को समझ लेता है। ऐसे सिस्टम को हम स्पीकर–आश्रित सिस्टम कहते हैं। प्रशिक्षण सत्र के दौरान प्रत्येक शब्द स्क्रीन पर दिखाया जाता है तथा हमें उस माइक्रोफोन में जोर से बोलना पड़ता है। हमारा उच्चारण डिजिटाइज तथा विश्लेषित किया जाता है। तत्पचात् इसे एक वॉइस टेंप्लेट (Voice Template) के रूप में संग्रहित कर लिया जाता है।

अगली बार जब हम सिस्टम से बात करते हैं तो सिस्टम हमारी आवाज के पैटर्न को अपनी मेमोरी में संग्रहित किए हुए वॉइस टेम्प्लेट से मिलाता है। एक बार मेल होने पर सिस्टम उस शब्द को दर्शाएगा या वह कमांड का पालन करेगा।

अधिकांशतः सिस्टम की आवश्यकता है कि उपयोगकर्ता इस तरह से बोलेः धीरे, स्पष्ट, हर शब्द को एक छोटे से ठहराव के बाद बोले।

ऐसे सिस्टम को हम डिस्क्रीट स्पीच सिस्टम (Discrete Speech System) कहते हैं। वर्तमान में कॉन्टीन्युअस स्पीच सिस्टम (Continuous Speech System) में भी अत्यधिक उन्नति हो चुकी है। इस प्रकार के सिस्टम हमें काफी प्राकृतिक ढंग से बोलने की स्वतंत्रता देते हैं। इस प्रकार के कई कॉन्टीन्युअस स्पीच सिस्टम पी.सी. के लिए उपलब्ध हैं।

वॉइस रिकॉग्नीशन सिस्टम की मुख्य कमजोरी है उनकी तकनीकी सीमाएँ तथा ऊँची कीमत। अतः वॉइस रिकॉग्नीशन सिस्टम कुछ चुने हुए क्षेत्रों में ही प्रयोग में आ रहे हैं। उदाहरण के लिए, जिस उपयोगकर्ता के हाथ या तो खराब हैं या फिर हमेशा व्यस्त रहते हैं, ऐसे उपयोगकर्ता टाइप करने के बजाए सीधे हैडसेट में कमांड देते हैं। हाल के दिनों में इस सिस्टम की कीमत कुछ कम हुई तथा प्रदर्शन में सुधार हुआ है। इस वजह से उम्मीद की जाती है कि यह सिस्टम तेजी से आगे बढ़ेंगे।

स्पीच इनपुट यूनिट (Speech input Unit)

ऐसा डिवाइस जो बोले हुए शब्दों को इनपुट के रूप में ग्रहण कर उसे कंप्यूटर के समझ सकने योग्य बनाता है, स्पीच इनपुट यूनिट कहलाता है। स्पोकेन कमांड (Spoken Command), टाइपिंग कमांड (Typing Command) की तुलना में सरल होता है। स्पीच इनपुट यूनिट को निम्न प्रकार वर्गीकृत किया जा सकता हैः

(अ) सिंगल वर्ड रिकॉग्नीशन यूनिट (Single word recognition Unit)

(ब) कॉन्टीन्युअस स्पीच रिकॉग्नीशन यूनिट (Continuous Speech recognition Unit)

सिंगल वर्ड रिकॉग्नीशन से तात्पर्य एकल शब्द निर्देश की पहचान से है, जैसे STOP, START, ONE, YES, NO आदि। कॉन्टीन्युअस स्पीच से तात्पर्य वाक्यों को लगातार बोलने से हैं, जैसे What time.docs Amarkantak express arrive? एकल शब्द की पहचान वाक्य की पहचान की तुलना में सरल होता है।

स्पीच इनपुट यूनिट को पुनः निम्न प्रकार वर्गीकृत किया जाता है :–

(1) स्पीकर आधारित

(2) स्पीकर से स्वतंत्र

स्पीकर आधारित इकाई को इस प्रकार निर्मित किया जाता है कि वह केवल विशिष्ट व्यक्ति की ही आवाज को पहचान सके, जबकि स्पीकर से स्वतंत्र डिवाइस किसी भी व्यक्ति की आवाज को पहचान सकता है। स्पीकर आधारित इकाई डिजाइन करने में आसान होता है और इसे इस प्रकार डिजाइन किया जाता है कि इसमें सिंगल वर्ड और कॉन्टीन्युअस स्पीच दोनों का उपयोग किया जा सके। स्पीकर से स्वतंत्र इकाई को निर्मित करना कठिन होता है।

16. *लाइट पेन (Light Pen)*

इस इनपुट डिवाइस में एक रोशनी–संवेदी डिटेक्टर (light-sensitive detector) के द्वारा डिस्प्ले स्क्रीन पर चित्र चुने जाते हैं। लाइट पेन माउस की भाँति है, फर्क है तो यह कि लाइट पेन से हम इमेज को सीधे पेन द्वारा प्वाइंट कर चुन सकते हैं।

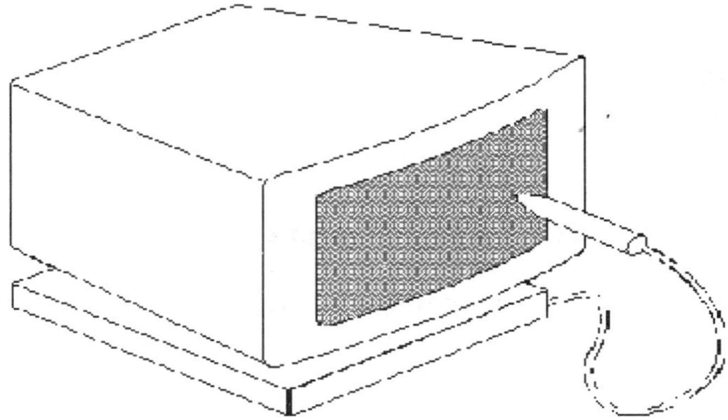

चित्र 2.15. *लाइट पेन*

17. *टच-स्क्रीन (Touch Screen)*

इस प्रकार के डिस्प्ले स्क्रीन में स्पर्श–संवेदी पारदर्शी पैनल होता है। यह पैनल आम स्क्रीन के ऊपर लगा दिया जाता है। यहाँ हम अपनी अंगुली से सीधे इमेज को स्क्रीन पर प्वाइंट करते हैं। इसमें प्वाइंट करने के लिए माउस या लाइट पेन की आवश्यकता नहीं होती है।

कंप्यूटर से अनभिज्ञ व्यक्तियों के लिए टच–स्क्रीन एक अत्यंत प्राकृतिक माध्यम प्रदान करता है। इसके अतिरिक्त टच–स्क्रीन कई परिस्थितियों में असंतोषजनक रहे हैं क्योंकि अंगुली काफी बड़ी चीज़ हो जाती है। इस कारण से स्क्रीन के छोटे से क्षेत्र में सटीकता से पॉइंट करने में समस्या आती है। साथ ही, हाथों के लंबे उपयोग के बाद कई उपयोगकर्ता के हाथ थक जाते हैं।

ELO द्वारा विकसित की गई एक्यू स्पर्श तकनीक (Accu Touch technology) से बने स्क्रीन तरल पदार्थ के गिरने के बावजूद अच्छी तरह से कार्य करते हैं। ये स्क्रीन विशेष रसायनों द्वारा काफी ठोस तथा प्रदूषण–रोधी बनाए गए हैं। इनकी 35 मिलियन स्पर्श की आयु होती है।

हाल ही में 42 इंच के टच–स्क्रीन विकसित किए गए हैं। कुछ टच–स्क्रीन में व्यक्तिगत फिल्टर का प्रावधान है। इससे गुप्त जानकारियाँ भी ली जा सकती हैं, जैसे कि ATM मशीन पर पासवर्ड की जानकारी इत्यादि।

18. *डिजिटाइजर (Digitizers)*

यह एक इनपुट डिवाइस है, जो ग्राफिक और चित्रात्मक डाटा को बाइनरी (binary) रूप में परिवर्तित करता है, जिन्हें प्रत्यक्षतः कंप्यूटर के अंदर भंडारित किया जा सकता है। डिजिटाइजर दो प्रकार के होते हैं: (i) आयताकार या फ्लैटबैड (ii) इमेज–स्कैन .

फ्लैटबैड डिजिटाइजर में डिजिटाइज होने वाली ड्राइंग एक आयताकार फ्लैटबैड टेबल पर स्प्रेड होती है। इसका प्रयोग साधारण ड्राइंग, ग्राफ, चार्ट आदि को डिजिटाइज करने में किया जाता है।

इमेज–स्कैन डिजिटाइजर संपूर्ण ड्राइंग और फोटोग्राफ को स्वमेव स्कैन कर और पुनः जनित कर देते हैं। यह फ्लैटबैड डिजिटाइजर से अधिक शक्तिशाली होता है। इसका उपयोग अधिक मिश्रित तस्वीरों और फोटोग्राफ को डिजिटाइज करने में किया जाता है।

19. *पंच कार्ड (Punched Card)*

पंच कार्ड को वास्तव में एक फ्रांसीसी जोसेफ जैकार्ड ने अपने लूम (looms) को नियंत्रित करने के लिए अविष्कृत किया था। आँकड़ों को दाखिल करने की इस अवधारणा को 1880 में हरमन होलेरिथ ने विकसित किया था। होलेरिथ पंच कार्ड लंबाई में 19.3 सेमी, चौड़ाई में 9.5 सेमी और मोटाई में 0.018 सेमी था। कार्ड की सतह 80 उर्ध्व स्तंभों में विभाजित होती थी, जो बाएँ से दाएँ की ओर चलते हुए क्रमशः 1 सें 80 तक की संख्याओं से चिह्नित होते थे।

पत्रक पुनः 12 पंक्तियों में विभाजित होता था, जिन पर ऊपर से नीचे की ओर क्रमशः 12, 11, 0, 1, 2, 3, 4, 5, 6, 7, 8 और 9 संख्याएँ लिखी होती थीं। प्रत्येक स्तंभ एक कैरेक्टर को प्रदर्शित करता था। इसलिए एक पत्रक

द्वारा अधिकतम 80 कैरेक्टर को प्रदर्शित किया जा सकता था। 0 से 9 तक की 9 पंक्तियाँ, संख्यांक पंक्तियों के नाम से जानी जाती हैं। इन संख्यांक पंक्तियों का प्रयोग, संगत पंक्ति स्थिति में पंचिंग द्वारा एक छिद्र कर, किसी संख्यांक अंक को प्रदर्शित करने के लिए किया जाता था। इन छिद्रों में पंचिंग द्वारा इस कार्ड पर आँकड़े दाखिल होते थे। एक कार्ड पर कुल 80 कैरेक्टर भंडारित हो सकते थे। पंचिंग के लिए निम्न यंत्रों की आवश्यकता थीः (अ) कार्ड–पंच या की–पंच (ब) वेरीफायर (स) सॉर्टर (द) कार्ड रीडर

2.3. आउटपुट डिवाइसेस (Output Devices)

1. *विज़ुअल डिस्प्ले यूनिट (Visual Display Unit VDU)*

यह हमारे माइक्रो–कंप्यूटर से संबंधित होता है और जब हम कार्य कर रहे होते हैं, तो उसी क्षण हमारे द्वारा किए गए कार्य को दिखाता भी है। यह हमारे कंप्यूटर की एक खिड़की भी है। हम जैसे ही किसी पाठ्यांश को की–बोर्ड पर टंकित करते हैं, वैसे ही वह कंप्यूटर की मेमोरी में दाखिल होता है और उसका अक्स हमें स्क्रीन पर दिखाई देता है। हमारे कंप्यूटर के लिए विभिन्न प्रकार के स्क्रीन बाजार में उपलब्ध हैं।

मॉनीटर कंप्यूटर का डिस्प्ले यूनिट है। प्लास्टिक के केस में बंद संपूर्ण डिस्प्ले यूनिट को हम मॉनीटर कहते हैं। व्यवहारिक तौर पर मॉनीटर, डिस्प्ले तथा स्क्रीन को हम एक ही तौर पर लेते हैं। मॉनीटर को विजुअल डिस्प्ले यूनिट (Visual Display Unit VDU) भी कहते हैं। मॉनीटर उपयोगकर्ता को टेकस्ट तथा ग्राफिक्स दिखाता है। इसमें अलग–अलग तकनीक का प्रयोग होता है, जैसे कि–

(i) कैथोड रे ट्यूब (Cathode Ray Tube CRT)

(ii) लिक्विड क्रिस्टल डिस्प्ले (Liquid Crystal Display LCD)

(iii) लाइट इमीटिंग डायोड (Light Emitting Diode LED)

(iv) गैस प्लाज्मा (Gas Plasma)

अधिकांशतः कंप्यूटर डिस्प्ले चित्र की निर्माण प्रक्रिया में एनालॉग सिग्नल का इनपुट लेते हैं। मॉनीटर का सबसे महत्त्वपूर्ण अंग पिक्चर ट्यूब है जिसे हम कैथोड रे ट्यूब (CRT: Cathode Ray Tube) कहते हैं। स्क्रीन पर दिखाई देने वाला चित्र CRT ही बनाता है। अच्छे मॉनीटर में हमेशा ही अच्छा CRT होगा। खराब CRT वाला मॉनीटर हमेशा ही खराब परिणाम देगा तथा इसमें कोई भी उपाय विशेष अन्तर नहीं ला सकता। वास्तव में मॉनीटर तथा CRT एक–दूसरे से इतना करीब से जुड़े हैं कि मॉनीटर को कई बार सिर्फ CRT ही कहा जाता है।

एनालॉग तथा डिजिटल CRT

आज दिखाई देने वाले लगभग सभी मॉनीटर एनालॉग हैं जबकि पुराने मॉनीटर डिजिटल होते थे। यह थोड़ा दुविधाजनक है – आखिरकार कंप्यूटर मुख्यतः डिजिटल डाटा ही पढ़ते हैं। ऐसे में मॉनीटर को एनालॉग कहना विरोधाभासी लगता है। बावजूद इसके, हकीकत ये है कि मॉनीटर वाकई में एनालॉग है। उसे नियंत्रित करने वाला सर्किट डिजिटल है।

अब भी दुविधा में हैं? तो इसे इस तरह देखें – C.P.U. से मॉनीटर तक डाटा की यात्रा निम्न चार चरणों में होती है–

(i) बस (BUS) से वीडियो चिपसेट (Video Chipset): जहाँ उसे प्रोसेस किया जाता है। डिजिटल डाटा (Digital Data)

(ii) वीडियो चिपसैट से वीडियो मेमोरी (Video Memory): यहाँ पर स्क्रीन का प्रतिबिंब संग्रहित किया जाता है। डिजिटल डाटा (Digital Data)

(iii) वीडियो मेमोरी से डिजिटल एनालॉग कन्वर्टर (Digital analog Converter-DAC): यहाँ पर स्क्रीन का प्रतिबिम्ब पढ़कर मॉनीटर के लिए परिवर्तित किया जाता है। (डिजिटल डाटा)

(iv) डिजिटल एनालॉग कन्वर्टर से मॉनीटर तक। एनालॉग डाटा (Analog Data)

जैसा हमने देखा, प्रथम तीन चरणों में डाटा डिजिटल ही था परंतु चतुर्थ चरण पर अर्थात् मॉनीटर में प्रवेश करने पर उसका एनालॉग प्रारूप हो गया। इस कारण से हम आज के अधिकांश मॉनीटरों को एनालॉग कहते हैं।

आरंभ में मॉनीटर डिजिटल कलर सिग्नल देते थे। इसका अर्थ यह है कि प्रत्येक कलर के लिए कुछ पूर्व निर्धारित कलर के स्तर थे। यह CGA और EGA वीडियो कार्ड में लागू होता था। डिजिटल वीडियो सिग्नल को TTL भी कहते हैं अर्थात् ट्राँजिस्टर–ट्राँजिस्टर लॉजिक (Transistor To Transistor Logic)।

IBM के VGA कार्ड लाँच करने से डिजिटल छोड़कर एनॉलाग की दुनिया में प्रवेश किया गया। जैसा कि हम जानते हैं एनालॉग सिग्नल के लिए वैल्यू की रेंज होती है। इस कारण एनालॉग सिग्नल में विभिन्न कलर के स्तर की संख्या बहुत बढ़ जाती है। व्यावहारिक तौर पर, एनालॉग कलर प्रत्येक कलर के लिए 256 विभिन्न कलर वैल्यू का प्रयोग करता है। इस तरह हमारे पास कुल 16.7 मिलियन विभिन्न कलर की उपलब्धता हो जाती है।

आधुनिक मॉनीटर तथा वीडियो कार्ड एनालॉग सिग्नल का प्रयोग करते हैं। 1980 के उत्तरार्द्ध में नए एनालॉग VGA Card आए थे। परंतु पुराने डिजिटल आधारित CGA/EGA कार्ड भी मार्केट में चल रहे थे। अतः कुछ कंपनियों ने ऐसे मॉनीटर बनाए जो कि एनालॉग तथा डिजिटल, दोनों सिग्नल पर चल सकते थे। इनके पीछे एक स्विच था जिससे हम डिजिटल या एनालॉग में बदल सकते थे। बेशक यह मॉनीटर पुराने तथा अनुपयोगी हो गए हैं। लगभग सभी नए मॉनीटर एनालॉग सिग्नल पर चलते हैं। यह VGA, SVGA तथा अन्य नवीनतम कार्ड की आवश्यकता भी है।

आकार

आकार को स्क्रीन के आर–पार विकर्णतः नापा जाता है। आमतौर पर 14, 15, 17 तथा 21 इंच के मॉनीटर उपलब्ध हैं। बड़े साइज के मॉनीटर ज्यादा महगे होते हैं तथा यह डेस्कटॉप पब्लिशिंग, ग्राफिक्स या बड़ी स्प्रेडशीट के काम करने के लिए उपयुक्त हैं। निर्माता प्रायः मॉनीटर की पिक्चर ट्यूब के एक कोने से दूसरे कोने के नाप को ही दर्शाते हैं। यह असल दिखाई देने वाले क्षेत्र से अधिक होता है। इसका कारण यह है कि मॉनीटर पर एक प्लास्टिक का केस भी होता है। इस कारण वास्तव में दिखाई देने वाला क्षेत्र कुछ कम हो जाता है। अतः साइज का निर्णय लेते वक्त वास्तविक दिखाई देने वाला साइज ही सर्वोपरि होना चाहिए – पिक्चर ट्यूब का कोने से कोने का माप अपनी जगह है। 16 इंच या उससे अधिक साइज के मॉनीटर को हम "फुल पेज मॉनीटर" कहते हैं।

रिजोल्यूशन (Resolution)

यह बताता है कि मॉनीटर के पिक्सल (Pixel) कितने पास–पास हैं। आमतौर पर, अधिक पिक्सल होने से चित्र भी अच्छा बनता है। पिक्सल की संख्या अक्सर डॉट्स–पर–इंच (DPI-Dots Per Inch) में दर्शायी जाती है। अधिकांशतः मॉनीटर आज 1024 × 768 रिजोल्यूशन दिखा सकते हैं और यही SVGA स्टैंडर्ड है। कुछ महँगे मॉनीटर 1280 × 1024 या 1600 × 1200 भी दिखा सकते हैं। आज 2048 × 1536 सबसे बड़ी रिजोल्यूशन है।

कुछ मॉनीटर स्थिर आवृत्ति के हैं अर्थात् वह सिर्फ एक ही आवृत्ति में इनपुट लेंगे। कई मॉनीटर मल्टी स्कैनिंग हैं अर्थात् वह आने वाले सिग्नल की आवृत्ति के अनुसार अपने आपको ढाल सकेंगे। इसका तात्पर्य ये है कि वह चित्रों को अलग–अलग रिजोल्यूशन पर दिखा सकते हैं।

रिफ्रेश दर

डिस्प्ले मॉनीटर को प्रति सेकेंड कई बार रिफ्रेश करना पड़ता है। रिफ्रेश रेट को सिर्फ *हर्ट्ज* में पढ़ा जाता है और इसे हम ऊर्ध्वाधर आवृत्ति (Vertical Frequency) या ऊर्ध्वाधर स्कैन दर (Vertical scan Rate) या ऊर्ध्वाधर रिफ्रेश दर (Vertical Refresh Rate) भी कहते हैं। रिफ्रेश दर अधिक होने से स्क्रीन पर फ्लिकर (Flicker) कम हो जाती है। इससे आँखों पर बोझ कम पड़ता है।

रिफ्रेश रेट यह बताता है कि एक सेकेंड में कितनी बार मॉनीटर पूरे स्क्रीन को रिड्रॉ (Redraw) करता है। पूर्व का मापदंड 60 मेगाहर्ट्ज था। आज का नया VESA मापदंड रिफ्रेश दर 75 हर्ट्ज पर रख देता है। इसका मतलब यह है कि मॉनीटर पूरे स्क्रीन को एक सेकेंड में 75 बार बनाता है।

इंटरलेस्ड/नॉन-इंटरलेस्ड मॉनीटर (Interlaced/Non-Interlaced Monitor)

मॉनीटर पर नजर आने वाली पिक्चर बार–बार रिफ्रेश की जाती है। अधिकांशतः मॉनीटर 60 मेगाहर्ट्ज पर प्रत्येक पिक्चर को रिफ्रेश कर सकते हैं। यद्यपि कुछ मॉनीटर लघु रीति का उपयोग करते हैं तथा एक लाइन छोड़कर रिफ्रेश करते हैं। इससे मॉनीटर 1 सेकेंड में 60 बार रिफ्रेश तो होगा परंतु हर एक पिक्सल की लाइन एक सेकेंड में 30 बार ही रिफ्रेश होगी। इस प्रक्रिया को हम इंटरलेसिंग कहते हैं।

इंटरलेस्ड मॉनीटर नॉन–इंटरलेस्ड मॉनीटर से सस्ते होते हैं। परंतु इंटरलेस्ड मॉनीटर से नॉन–इंटरलेस्ड मॉनीटर रिफ्रेश ज्यादा करेंगे। यदि हम लंबे समय तक स्क्रीन के सामने बैठते हैं तो हमें नॉन–इंटरलेस्ड मॉनीटर लेना चाहिए।

डॉट पिच (Dot Pitch)

इसे फॉस्फोरस पिच (Phosphorus Pitch) भी कहते हैं, जो मॉनीटर पर 2 डॉट्स के मध्य की दूरी है। CRT का स्क्रीन लाल, हरे तथा नीले फॉस्फोरस मैटीरियल से बना होता है। हर एक ऐलिमेंट को हम डॉट पिच कहते हैं। प्रत्येक लाल, हरे, नीले समूह के अगले समूह को हम डॉट पिच कहते हैं। डॉट पिच से चित्र की शार्पनेस (Sharpness) निर्धारित होती है। जितना छोटा डॉट पिच उतना अच्छा चित्र। इस कारण हमें छोटे डॉट पिच के मॉनीटर का चुनाव करना चाहिए। डॉट पिच बताता है कि चित्र को बनाने वाले डॉट कितने बारीक हैं। यदि हम दो 15 इंच के मॉनीटर देखें जिनका डॉट पिच 0.26 तथा 0.31 मि.मी. है, तो हम यकीन से कह सकते हैं कि 0.26 मिमी वाला मॉनीटर हमें बेहतर चित्र देगा। साधारणतः बड़े मॉनीटरों का डॉट पिच भी ज्यादा होता है।

वीडियो डिस्प्ले स्टैंडर्ड (Video Display Standard)

किसी वीडियो कार्ड की गुणवत्ता, रिजोल्यूशन, कलर मोड इत्यादि को बताने के लिए कई तरीके हैं। इस कारण पी.सी. के आरंभिक वर्षों में IBM ने वीडियो स्टैंडर्ड (Video standards) लाए थे। इनके पीछे उद्देश्य था कि कुछ सर्वसम्मत रिजोल्यूशन, कलर, रिफ्रेश दर इत्यादि के मापदंड स्थापित किए जाएँ। इससे पी.सी., मॉनीटर तथा सॉफ्टवेयर के निर्माता अपने–अपने उत्पाद को अन्य उत्पादों के साथ बेहतर तरीके से चला सकते थे।

पिछले कुछ वर्षों से IBM अपने ऊँचे स्थान से नीचे खिसक गया है। इस कारण कोई मापदंड स्थापित करने वाला बचा नहीं। साथ ही, कई निर्माता नए तथा तेज कार्ड बनाना चाहते हैं। इससे मार्केट में भिन्न–भिन्न प्रकार के मापदंड स्थापित हो गए हैं। इन नए स्टैंडर्ड को एक बेहतर प्रारूप देने के लिए वीडियो इलेक्ट्रॉनिक स्टैंडर्ड एसोसिएशन (Video Electronics Standards Association VESA) बनाई गई है। वीडियो स्टैंडर्ड का क्रमशः विकास निम्न प्रकार है:

(1) *MDA (मोनोक्रोम डिस्प्ले ऐडाप्टर)*

इसे IBM ने अपने पहले पी.सी. के साथ उतारा था। आरंभिक मशीनों के वीडियो कार्ड सभी MDA का उपयोग करते थे। यह एक ही रंग का स्टैंडर्ड है जो केवल टेकस्ट स्टैंडर्ड को सपोर्ट करता है। इसमें 80 × 25 कैरेक्टर के हिसाब से टेकस्ट दिखाया जाता है। इससे हमें 720 × 350 की रिजोल्यूशन मिलती है। इसमें रिफ्रेश दर 50 Hz है। आज के परिप्रेक्ष्य में MDA बहुत ही पुरानी टेक्नॉलोजी है।

(2) *HGA (हरक्युलिस ग्राफिक्स कार्ड)*

MDA की सबसे बड़ी कमी यह थी कि इसमें ग्राफिक्स का सपोर्ट नहीं था। 1980 के पूर्वाद्ध में हरक्युलिस

नाम की कंपनी ने ऐसा वीडियो कार्ड निकाला जो टेकस्ट के साथ ग्राफिक्स भी सपोर्ट करता था। Lotus1-2-3 जैसे लोकप्रिय सॉफ्टवेयर ने ग्राफ तथा चार्ट दिखाने के लिए इस कार्ड का सहारा लिया।

(3) *CGA (कलर ग्राफिक्स ऐडाप्टर)*

यह 1981 में IBM द्वारा उतारा गया। यह IBM पी.सी. के लिए पहला कलर कार्ड था। यह मुख्यतः कंप्यूटर गेम्स के लिए बनाया गया था तथा इसमें शार्प कैरेक्टर नहीं आते थे। यह 2-color mode में 640 × 200 का रिजोल्यूशन देता है। 16 कलर में रिजोल्यूशन 160 × 200 हो जाती है। इसका रिफ्रेश दर 60Hz. है। यह बताना आवश्यक है कि CGA की अधिकतम रिजोल्यूशन MDA से कम है। इस कारण से डिस्प्ले अच्छी गुणवत्ता का नहीं था।

(4) *EGA (एनहैन्स्ड ग्राफिक्स ऐडाप्टर)*

1984 में IBM ने इनहैन्स ग्राफिक्स ऐडाप्टर (Enhanced Graphics Adapter EGA) को उतारा। CGA के मुकाबले EGA ने अधिक बेहतर रिजोल्यूशन तथा कलर दिए। EGA ने 16 कलर में 640 × 350 का रिजोल्यूशन दिया। रिफ्रेश दर 60Hz. ही रहा। विंडोज 3.0 सिस्टम के लिए कम से कम EGA की आवश्यकता होती है।

(5) *VGA (वीडियो ग्राफिक्स ऐडाप्टर)*

यह IBM का आखिरी सर्वमान्य मापदंड था। आज के पी.सी. में हर वीडियो कार्ड VGA से निकला है। VGA को IBM ने PS2 मशीन में सर्वप्रथम निकाला था, जिसे अन्य निर्माताओं ने कॉपी किया। IBM के पतन के बाद भी VGA चलता रहा तथा इसका कई रूपों में विस्तार होता गया।

कई वीडियो कार्ड आज VGA से अधिक रिजोल्यूशन तथा कलर सपोर्ट करते हैं। परंतु वह मूल VGA को भी सपोर्ट करते हैं। इस कारण यह कार्ड "VGA Compatible" कहे जाते हैं। आज के संदर्भ में VGA काफी पुराना है तथा विंडोज की स्टैंडर्ड रिजोल्यूशन इसको पार कर गयी है। VGA 16 कलर में 640 × 480 रिजोल्यूशन देता है तथा 256 कलर में 320 × 200 रिजोल्यूशन देता है।

VGA एनालॉग सिग्नल प्रयुक्त करने वाला पहला कार्ड था। इससे कलर की बारीकी और बढ़ गयी (पुराने कार्ड डिजिटल सिग्नलका प्रयोग करते थे।) VGA में कोई हार्डवेयर एसिलिरेशन (Acceleration) के गुण नहीं थे – डिस्प्ले इमेज बनाने का सारा काम सिस्टम प्रोसेसर ही करता था। हार्डवेयर एसिलिरेशन का अर्थ यह कि क्या वीडियो कार्ड अपनी ओर से इमेज बनाने में हार्डवेयर की सहायता करता है या नहीं। VGA में एसिलिरेशन के गुण नहीं होने का अर्थ है कि उसमें हार्डवेयर की गति बढ़ाने से संबंधित कोई गुण नहीं था।

(6) *SVGA और उसके उपरांत*

VGA आखिरी सर्वमान्य वीडियो कार्ड था। IBM के पतन के बाद कई कंपनियों ने नए कार्ड बनाए परंतु सभी VGA से Compatible थे। आज कई कार्ड तथा मॉनीटर सुपर VGA (SVGA) होने का दावा करते हैं। SVGA के असली मायने स्पष्ट नहीं है। SVGA में मात्र तीन बातें हैं: अलग–अलग रिजोल्यूशन, अलग–अलग कलर मोड, कुछ कम मान्यता लिए मापदंड।

अतः SVGA कोई बहुत स्पष्ट जानकारी नहीं देता है। विभिन्न प्रकार के वीडियो स्टैंडर्ड होने से हमें प्रत्येक कार्ड के रिजोल्यूशन, रिफ्रेश दर इत्यादि का बारीकी से अध्ययन करना पड़ता है। इसी प्रकार, SVGA मॉनीटर की भी कुछ धूमिल–सी परिभाषा है।

हाल ही में एक और परिभाषा आयी है – Ultra VGA या UVGA। SVGA की तरह UVGA का भी कुछ स्पष्ट मतलब नहीं है। कहा जाय तो UVGA केवल दुविधा ही बढ़ा रहा है। कुछ व्यक्ति इन्हें ऐसे परिभाषित करते हैं: VGA 640 × 480 रिजोल्यूशन, SVGA 800 × 600 रिजोल्यूशन, UVGA 1024 × 768 रिजोल्यूशन।

हालाँकि ये भी काफी स्पष्ट नहीं है। IBM ने VGA का विस्तार किया तथा कुछ नए स्टैंडर्ड बनाए। VGA के मुकाबले इनका ज्यादा पालन नहीं हुआ। इसका कारण यह था कि ये कार्ड IBM के MCA (Micro Channel

Architecture) पर आधारित थे–तथा MCA की खुद मार्केट में कोई पकड़ नहीं बन सकी थी। हम इन नए कार्ड का जिक्र सुन सकते हैं:–

(7) *8514/A*

IBM ने 1987 में पी.सी. के लिए एक उच्च रिजोल्यूशन मानक वीडियो प्रदान किया। ये मानक VGA के समय पर ही लॉच किया गया था तथा VGA के मुकाबले इसके निम्न फायदे हैं: बेहतर रिजोल्यूशन, बेहतर कलर मोड, सीमित हार्डवेयर एसिलिरेशन की क्षमता।

आज के मानकों से तुलना करने पर 8514/A पुराना लगता है : 1024 × 768 रिजोल्यूशन 256 कलर तथा 43.5 रिफ्रेश दर के साथ; 640 × 480 60Hz (Non-Interlaced) के साथ। 1024 × 768 पर 8514/A VGA से 2.5 गुणा रिजोल्यूशन देता है।

(8) *XGA*

Extended Graphics Array (XGA) को 1990 में लाया गया। इसने 8514/A की जगह ली। PS/2 मशीन के नए मॉडलों में इसे जगह मिली। Bus Mastering के द्वारा यह तेजी से कार्य करता है। इसमें 512KB या 1MB कि VRAM भी है। VRAM वीडियो सिस्टम के लिए बनायी गयी विशेष मेमोरी है। XGA 1024 × 768 रिजोल्यूशन 256 कलर में या फिर 640 × 480 रिजोल्यूशन हाई कलर (16 Bits Per Pixel) में देता है। 8514/A के 256 कलर के मुकाबले यह 65,000 कलर देता है तथा इसमें मॉनीटर Non-Interlaced हो सकता है।

(9) *XGA-2*

यह XGA को बेहतर करते हुए हाई कलर में 1024 × 768 देता है। इसके रिफ्रेश दर भी XGA तथा 8514/A से अधिक है।

(10) *VESA Super VGA मानक*

चूँकि विभिन्न SVGA मानक एक–दूसरे से लड़ रहे हैं। इस हेतु वीडियो इलेक्ट्रॉनिक स्टैंडर्ड एसोसिएशन (Video Electronic Standard Association VESA) ने कुछ नए वीडियो मानक स्थापित किए हैं। एक बार फिर उद्देश्य यही है कि वीडियो हार्डवेयर तथा ऐप्लीकेशन सॉफ्टवेयर के मध्य एक समान–सा प्लेटफॉर्म विकसित किया जाय। इस तरह सॉफ्टवेयर बनाने वाले को एक ही वीडियो मॉडल के लिए कोड करना होगा। उन्हें बाजार में उपलब्ध अलग–अलग कार्ड के लिए अलग–अलग प्रोग्राम नहीं बनाने होंगे।

कई प्रोग्राम विशेषकर कंप्यूटर गेम्स VESA SVGA के द्वारा अच्छा प्रदर्शन करते हैं। इस कारण VESA मानक को आज सभी के द्वारा माना जा रहा है। VESA के SVGA मानक को VESA BIOS Extension (VBE) भी कहते हैं। इसके कई संस्करण प्रचलन में हैं। VBE सॉफ्टवेयर तथा हार्डवेयर दोनों में क्रियान्वित हो सकता है। इस लचीलेपन के कारण VBE काफी पसंद किया जा रहा है।

VBE के दो मानक उपयोग में हैं– 1.2 तथा 2.0 । पुराना होने के कारण 1.2 ज्यादा नजर आता है। नए कार्ड 2.0 के लिए सपोर्ट देते हैं। 2.0 के लिए हार्डवेयर सपोर्ट बेहतर विकल्प है। इसमें हमें हार्डवेयर सपोर्ट के लिए अतिरिक्त सॉफ्टवेयर कि आवश्यकता नहीं होती है।

LCD

LCD अर्थात् लिक्विड क्रिस्टल डिस्प्ले (Liquid Crystal Display)। यह डिस्प्ले हम डिजिटल कलाई घड़ी तथा पोर्टेबल कंप्यूटर में देखते हैं। इस डिस्प्ले में ध्रुवीय द्रव्य (polarizing material) की दो शीट के बीच एक तरल क्रिस्टल सॉल्यूशन होता है। विद्युत के तरल से निकलने पर क्रिस्टल इस तरह जुड़ते हैं कि रोशनी उनके बीच से ना निकल सके। प्रत्येक क्रिस्टल एक शटर के रूप में कार्य करता है – या तो रोशनी रोकी जाएगी या तो पार हो जाएगी।

मोनोक्रोम LCD में हम ग्रे–सफेद (gray-white) पृष्ठ भूमि पर नीली या डार्क–ग्रे आकृतियाँ देखते हैं। कलर LCD में कलर हेतु दो टेक्नॉलोजी उपलब्ध हैं:

Passive Matrix: ये थोड़ी सस्ती टेक्नॉलोजी है। हाल के डिस्प्ले नवीनतम CSTN तथा DSTN टेक्नॉलोजी का प्रयोग करते हैं। इनके शार्प कलर की तुलना active matrix से की जा सकती है।

Active Matrix: इसे TFT (Thin Film Transistor) भी कहते हैं। ये passive matrix से महँगी टेक्नॉलोजी है। इसकी कलर आकृतियॉ काफी शार्प होती हैं।

ज्यादातर नोटबुक के स्क्रीन पीछे से उजले होते हैं, जिससे इन्हें पढ़ना आसान हो जाता है।

CRT तथा LCD आज के सबसे आम मॉनीटर के प्रकार हैं। CRT कई वर्षों से चले आ रहे हैं जबकि LCD उनके मुकाबले काफी नए हैं। LCD मॉनीटर काफी लोकप्रिय हो रहे हैं। इन दोनों का तुलनात्मक अध्ययन नीचे किया जा रहा है –

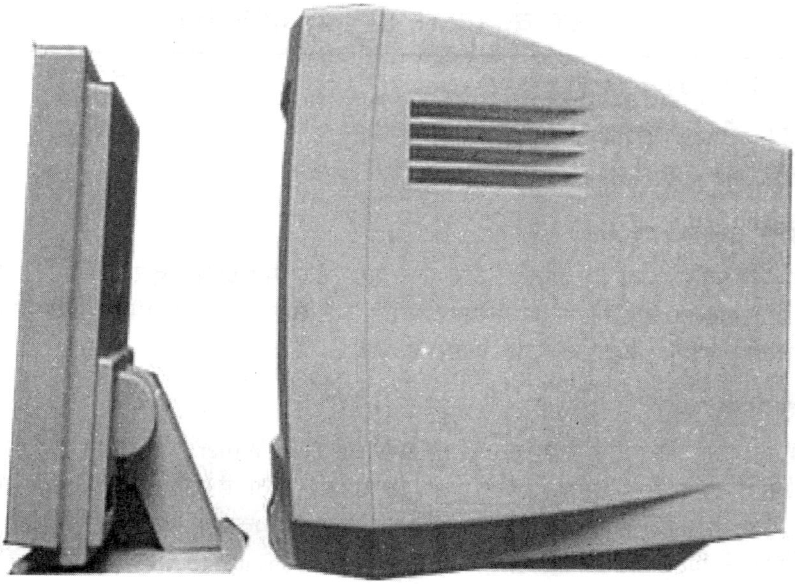

चित्र 2.16. *CRT तथा Flat Panel LCD मॉनीटर*

(i) LCD का CRT के मुकाबले मुख्य आकर्षण उनका हल्का वजन तथा छोटा साइज है।

(ii) CRT स्क्रीन को हम काफी चौड़े एंगल से, यहाँ तक की कोने से भी देख सकते हैं। दूसरी ओर LCD का देखने का एंगल काफी सीमित है। इसे हम प्रायः सामने से ही देख सकते हैं।

(iii) LCD के मॉनीटर CRT के मुकाबले कहीं कम बिजली से चलते हैं।

(iv) CRT सामान्यतः LCD से सस्ते होते हैं।

2. *प्रिंटर (Printers)*

प्रिंटर वह डिवाइस है जो टेकस्ट या अन्य डाटा कागज पर प्रिंट करता है। इसके द्वारा कंप्यूटर का डाटा प्रिंटेड रूप में मिल जाता है। इस प्रिंटेड कॉपी को हार्ड कॉपी (Hard Copy) या प्रिंट–आउट (Print-Out) भी कहा जाता है। प्रिंटर अलग–अलग साइज, गति, कीमत तथा जटिलता के होते हैं। साधारणतः महँगे प्रिंटर उच्च रिजोल्यूशन प्रिटिंग में काम लाये जाते हैं। प्रिंटर के द्वारा हम चिट्ठियाँ, बिल, न्यूज लैटर, लेबल, पैकिंग स्लिप तथा अन्य कई और चीज़ें प्रिंट करा सकते हैं। प्रिंटर डेस्क पर जितनी जगह घेरता है उसे "फुट प्रिंट" कहते हैं। यदि हमारे पास छोटा कमरा है तो हमारे लिए छोटे फुट प्रिंट का प्रिंटर ही उपयुक्त होगा। कुछ प्रिंटर 50 शीट तथा अन्य 250 शीट तक एक साथ रख सकते हैं। कुछ प्रिंटरों में एक से ज्यादा "पेपर होल्डर" होता है तथा प्रत्येक होल्डर

अलग–अलग साइज की शीट रखता है। इससे कार्य क्षमता बढ़ सकती है। साथ ही हम किसी अतिरिक्त प्रयास के बिना एक साइज़ के पेज से दूसरे साइज़ के पेज में जा सकते हैं।

रिजोल्यूशन अर्थात पिक्सल की संख्या जो की उर्द्ववाधर (vertical) तथा क्षैतिज (horizontal) धुरी पर पिक्सल की संख्या से निर्धारित होता है। प्रिंटर की रिजोल्यूशन से उसके द्वारा मिलने वाली इमेज की गुणवत्ता प्रभावित होती है। उच्च रिजोल्यूशन हमें बेहतर इमेज देती है। प्रिंटर की रिजोल्यूशन डॉट्स/इंच (DPI-Dots Per Inch) से नापी जाती है। आम तौर पर 600 dpi सामान्य ऑफिस डाकुमेंट में काम आती है। 1200 DPI के प्रिंटर ग्राफिक्स प्रिंट करने के लिए बेहतर हैं।

प्रिंटर के प्रकार (Types of Printers)

प्रिंटर मुख्यतः दो प्रकार के होते हैं–

इंपैक्ट प्रिंटर (Impact Printer)

नॉन–इंपैक्ट प्रिंटर (Non-Impact Printer)

(1) *इंपैक्ट प्रिंटर (Impact Printer)*

जैसा नाम से प्रतीत होता है, इंपैक्ट प्रिंटर एक पेपर शीट पर इंपैक्ट द्वारा, अर्थात उससे ज़ोर से टकराकर आउटपुट देते हैं। पेपर से टकराने से ये कैरेक्टर बनाते हैं। कुछ शुरूआती इंपैक्ट प्रिंटर ऑटोमैटिक टाइपराइटर के समान चलते थे। इंपेक्ट प्रिंटर के कुछ प्रकार हैं जैसेः

(अ) डेजीव्हील प्रिंटर

यह कुछ हद तक बॉल–हैड टाइपराइटर (Ball-Head Type Writer) के समान हैं। इसमें एक प्लास्टिक या धातु का बना पहिए होता है, जिसपर प्रत्येक अक्षर उभरा–सा रहता है। पेपर पर लिखते समय एक हथौड़ा इस पहिऐ को एक रिबन (Ribbon) से टकराता है। ऐसा करने से कैरेक्टर के रूप में रिबन की स्याही पेपर पर उभर आएगी। इस प्रकार के प्रिंटर लैटर क्वालिटी प्रिंट (Letter Quality Print) देते हैं, परंतु ग्रफिक्स प्रिंट नहीं कर सकते।

(ब) डॉट मैट्रिक्स प्रिंटर

यह प्रिंटर कैरेक्टर प्रिंट करने के लिए एक प्रिंटर हैड को इंक युक्त फैबरिक रिबन (Fabric Ribbon) से टकराते हैं। प्रिंटर के हैड में छोटे पिन होते हैं तथा यह पिन काफी सिमटे हुए डॉट्स को उचित आकार में प्रिंट करते हैं, इस कारण इसे डॉट मैट्रिक्स कहा जाता है अर्थात् यह "डॉट्स का मैट्रिक्स" प्रिंट करता है।

इस प्रिंटर का आउटपुट वास्तव में एक डॉटस् के मैट्रिक्स के रूप में रहता है। इन्हें इतनी बारीकी से प्रिंट किया जाता है कि पूर्ण आकृति पेपर पर उभर आती है। यह एक लोकप्रिय तथा सस्ता प्रिंटर है जो एक समय पर

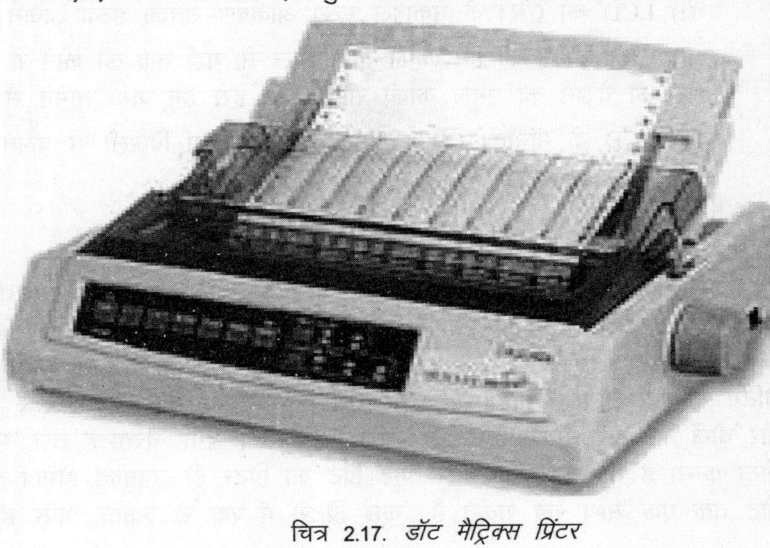

चित्र 2.17. *डॉट मैट्रिक्स प्रिंटर*

एक लाइन प्रिंट करता है। इसकी गुणवत्ता काफी निचले स्तर की है। इसकी कार्यप्रणाली ऑटोमैटिक टाइपराइटर के समान है।

यह प्रिंटर अलग–अलग प्रकार के कागज ले सकते हैं जिसमें लूज़ पेपर तथा सतत स्टेशनरी शामिल है। *नैरो कैरेज* प्रिंटर में साधारण साइज़ का कागज़ तथा *वाइड कैरेज* प्रिंटर में 11"×17" का पेपर भी आ सकता है। इस कारण इन्हें चौड़े डाकुमेंट्स प्रिंट करने में इस्तेमाल किया जाता है, जैसे कि वित्तीय दस्तावेज। हालाँकि इसकी गुणवत्ता निम्न स्तर की है परंतु यह मल्टी–पेज फॉर्म में प्रिंट कर सकते हैं। यह इसीलिए क्योंकि इनका 'हैड' अत्यंत तीव्र गति से टकराता है। यह इसकी बहुत बड़ी विशेषता है तथा यह नए प्रिंटरों में भी उपलब्ध नहीं है।

इनके साथ एक समस्या साउंड की है – यह प्रिंटर काफी आवाज़ करते हैं अतएव छोटे ऑफिस या फैक्ट्री में इनकी आवाज़ के कारण असुविधा हो सकती है। इनके प्रिंट हैड में 24 या 9 पिन हो सकते हैं। इनकी प्रिंट क्वालिटी मोड (Mode) में जाहिर की जाती है:

(i) Draft Mode (Low Resolution)

(ii) Near-Letter-Quality-Mode (Medium Resolution)

(iii) Letter Quality Mode (High Resolution)

इनकी स्पीड का निर्धारण मोड से होता है, ड्राफ्ट मोड सबसे तेज चलता है। इनकी स्पीड (Characters per second) (CPS) में नापी जाती है। यह 50 से 500 CPS तक हो सकती है।

(स) लाइन प्रिंटर

इसमें कैरेक्टर या पिंस (Pins) की शृंखला होती है। यह शृंखला एक बार में एक पूरी लाइन प्रिंट करती है। तेज गति के लाइन प्रिंटर प्रति मिनट 3,000 लाइन तक प्रिंट कर सकते हैं। यह श्रेणी अत्यंत निम्न कोटि का आउटपुट देती है। इसके अतिरिक्त लाइन प्रिंटर ग्राफिक्स प्रिंट नहीं कर सकते तथा इनसे काफी शोर उत्पन्न होता है।

लाइन प्रिंटर एक समय में एक लाइन को प्रिंट करता है। इस प्रकार के प्रिंटर की प्रिंटिग स्पीड 150 लाइन से 2500 लाइन प्रति मिनट होती है एक 15 इंच की लाइन में 96 से 160 कैरेक्टर्स के साथ। प्रत्येक इंच में 6 लाइन प्रिंट होती हैं।

लाइन प्रिंटर दो प्रकार के होते हैं–

(i) ड्रम प्रिंटर

एक ड्रम प्रिंटर में एक बेलनाकार ड्रम होता है। प्रिंट होने वाले कैरेक्टर इसकी सतह पर स्थित होते हैं। एक लाइन की प्रत्येक प्रिंट स्थित के लिए कैरेक्टर्स का एक समूह उपस्थित होता है। इस प्रकार प्रत्येक लाइन में 132 कैरेक्टर्स और 96 कैरेक्टर समूह रखने वाले एक प्रिंटर की सतह पर 132 × 96 = 12672 कैरेक्टर्स होते हैं। मुद्रित होने वाले प्रत्येक कैरेक्टर्स के कोड कंप्यूटर की मेमोरी से प्रिंटर की संग्रहण इकाई (Storage Units) में स्थानांतरित होते हैं। यह संग्रहण इकाई प्रिंटर बफर रजिस्टर (Printer Buffer) कहलाता है। जिसमें सामान्यतः 132 कैरेक्टर्स कोड को संग्रहित किया जा सकता है। प्रिंटर ड्रम उच्च गति से घूर्णन करती है। सतह पर स्थित कैरेक्टर्स के विरूद्ध हैमर की चोट से कैरेक्टर्स प्रिंट होते हैं। एक लाइन के प्रिंट होने के लिए ड्रम को एक घूर्णन की आवश्यकता होती है। यह विधि 'On the fly' कहलाती है। प्रिंटर ड्रम कीमती होते हैं और उन्हें अक्सर बदला नहीं जा सकता है। इस प्रकार ड्रम प्रिंटर एक स्थिर Font रखते हैं।

(ii) चेन प्रिंटर

चेन प्रिंटर में एक स्टील बैंड होता है जिस पर कैरेक्टर समूह बैंड पर स्थित होते हैं। एक 64 कैरेक्टर समूह वाले प्रिंटर के लिए 64 कैरेक्टर्स के 4 समूह बैंड पर स्थित होते हैं। एक लाइन को मुद्रित करने के लिए, लाइन में स्थित प्रत्येक कैरेक्टर्स को मेमोरी से प्रिंटर बफर रजिस्टर की ओर भेजा जाता है। जैसे ही बैंड घूर्णन करता है। एक हैमर सक्रिय हो जाता है। एक लाइन में 132 कैरेक्टर्स के साथ वाले प्रिंटर के लिए, 132 हैमर चोट करने

के लिए तैयार होते हैं। इस प्रिंटर में एक कार्बन रिबन लगा होता है, जो चेन, कागज और हैमर के मध्य। इस प्रकार के प्रिंटर का मुख्य लाभ यह है कि चेन को आसानी से बदला जा सकता है। इस प्रकार विभिन्न फॉन्ट का भी उपयोग किया जा सकता है।

सीरियल प्रिंटर (Serial Printer)

सीरियल प्रिंटर एक समय में एक कैरेक्टर प्रिंट करता है। यह टाइपराइटर के सदृश्य होता है। यह सामान्यतः धीमी गति का होता है और लगभग 30 से 300 कैरेक्टर प्रति सेकेंड में प्रिंट करता है। प्रसिद्ध सीरियल प्रिंटर 'डॉट मैट्रिक्स प्रिंटर' है।

प्रिंट किए जाने वाले कैरेक्टर मेमोरी से प्रिंटर को भेजे जाते हैं। कैरेक्टर कोड को प्रिंटर इलेक्ट्रॉनिक्स द्वारा डिकोड किया जाता है और प्रिंट हैड में उपयुक्त पिन को सक्रिय किया जाता है। ये पिन कार्बन पर चोट करती है तथा उसके पीछे लगे कागज पर कैरेक्टर प्रिंट हो जाता है। बहुत से डॉट मैट्रिक्स प्रिंटर द्वि–दिशीय (bi-directional) होते हैं, अर्थात् वे बाएँ से दाएँ एवं दाएँ से बाएँ भी प्रिंट करते हैं। ये प्रिंटर अंग्रेजी के अक्षरों के साथ–साथ देवनागरी, तमिल आदि अक्षरों को भी प्रिंट करते हैं। वर्तमान में डॉट मैट्रिक्स प्रिंटर 9, 15, 24 पिन वाले उपलब्ध हैं। प्रिंटिंग हैड क्षैतिजतः गति करता है। ये लाइन प्रिंटर की तुलना में सस्ते होते हैं।

लेटर क्वालिटी प्रिंटर (Letter quality printer)

जैसा कि डॉट मैट्रिक्स प्रिंटर में कोई भी कैरेक्टर निश्चित संख्या के डॉट्स के रूप में प्रिंट होता है, इसलिए प्रिंटेड आउटपुट अच्छा नहीं होता है। अतः अच्छी प्रिंटिग प्राप्त करने के लिए एक अन्य प्रिंटर का उपयोग किया जाता है जिसे इंकजेट प्रिंटर (Inkjet Printer) कहते हैं। इंकजेट प्रिंटर में एक प्रिंटिग हैड होता है। जिसमें कई छोटे–छोटे छिद्र या नोजल होते हैं। ये नोजल अधिक तीव्र गति से (माइक्रो सेकेंड) एक इंटीग्रेटेड सर्किट रजिस्टर (Integrated Circuit resister) द्वारा गर्म होते हैं। जब रजिस्टर गर्म होते हैं, तब इसके समीप को स्याही (Ink) वाष्पित होती है और नोजल की सहायता से उत्सर्जित होती है तथा हैड के समीप रखे गए कागज पर एक डॉट बनाती है। उच्च रिजोल्यूशन इंकजेट प्रिंटर में लगभग 50 नोजल होते हैं, जिनकी ऊँचाई 7 मिमी की होती है और प्रति इंच में 300 डॉट बनाते हैं।

हैड द्रुत गति से कागज पर चलता है। आधुनिक इंकजेट प्रिंटर कई हैड रखते हैं जिसमें एक कलर हैड (Colour Head) भी होता है, जिससे कलर प्रिंटिग (Colour Printing) भी की जा सकती है। इंकजेट प्रिंटर की स्पीड 120 कैरेक्टर प्रति सेकेंड होती है। इस प्रिंटर की सहायता से चित्र भी बनाया जा सकता है। वर्तमान में ये प्रिंटर उपलब्ध है।

लेटर क्वालिटी प्रिंटर का परिणाम डॉट मैट्रिक्स प्रिंटर की तुलना में अपेक्षाकृत अच्छा होता है। ये डेजी चक्र (Daisy Wheel) तकनीक का उपयोग करते हैं। डेजी चक्र एक वृत्ताकार उपकरण होता है, जिसमें अनेक पैडल लगे होते हैं वह एक प्रिंटिंग हैड होता है। डेजी चक्र 106 विभिन्न प्रकार के कैरेक्टर को रखता है। डॉट मैट्रिक्स प्रिंटर की तुलना में ये प्रिंटर अधिक कीमती होते हैं। इनकी मुद्रण गति अपेक्षाकृत कम होती है, लगभग 18 – 32 कैरेक्टर / सेकेंड।

(2) *नॉन–इंपैक्ट प्रिंटर*

जैसा नाम से प्रतीत होता है, नॉन–इंपैक्ट प्रिंटर (Non-Impact Printer) पेपर शीट पर इंपैक्ट द्वारा आउटपुट नहीं देते हैं। यह अलग विधि से कैरेक्टर बनाते हैं।

(अ) इंकजेट प्रिंटर

यह एक इंक कार्ट्रिज (Ink Cartridge) के द्वारा कागज के काफी करीब से स्याही का छिड़काव करते हैं। स्याही का छिड़काव कर यह कैरेक्टर का निर्माण करते हैं तथा उच्च कोटि का टेकस्ट तथा ग्राफिक्स, प्रिंट करते हैं। तकनीकी तौर पर, यह प्रिंटर आयोनाइज्ड इंक (Ionized Ink) को कागज पर फेंकते हैं। इंक के रास्ते में चुंबकीय प्लेट्स इंक को आवश्यकतानुसार शक्ल दे देते हैं। स्याही खत्म होने पर कार्ट्रिज बदला जा सकता है।

यह उच्च कोटि का प्रिंट देते हैं जिसकी तुलना लेजर प्रिंटर से की जाती है। इनकी रिजोल्यूशन 180 से 700 dpi तक रहती है, हालाँकि नए मॉडल इससे अधिक रिजोल्यूशन भी दे देते हैं। यह प्रिंटर आम कार्यालयीन तथा निजी प्रयोग हेतु सर्वोत्तम हैं। इनमें 8" × 11" का पेपर लग जाता है, साथ ही ये लिफाफे, लेबल तथा ट्रॉन्सपेरेन्सी भी ले सकते हैं।

साधारणतः इंकजेट की कीमत लेजर प्रिंटर से कम होती है। इनकी गति भी लेजर प्रिंटर से कम रहती है। ये प्रिंटर प्रति मिनट 5 से 50 पेज प्रिंट कर सकते हैं। इनकी इंक घटिया किस्म के पेपर पर फैल जाती है, जिससे आउटपुट काफी भद्दा दिखता है। इसके अतिरिक्त, यह श्रेणी पोर्टेबल प्रिंटर के रूप में लोकप्रिय है, चूंकि इसमें मेकैनिकल पार्ट्स न के बराबर हैं। साथ ही, पूर्ण कलर कागजात हेतु इंकजेट प्रिंटर किफायती विकल्प है।

चित्र 2.18. *इंकजेट प्रिंटर*

(ब) लेजर प्रिंटर–

लेजर प्रिंटर उच्च कोटि का टेकस्ट तथा ग्राफिक्स प्रिंट करते हैं। यह प्रिंटर लेज़र किरण के द्वारा काम करता है। लेज़र से यह एक ड्रम पर चित्र बनाता है। लेज़र की रोशनी जहाँ–जहाँ ड्रम पर पड़ती है, वहाँ–वहाँ ड्रम का 'ऐलेक्ट्रीकल चार्ज' बदल जाता है। इस ड्रम को विशेष इंक से पास कराया जाता है और ड्रम के चार्ज वाला क्षेत्र इस विशेष इंक को उठा लेता है। तत्पश्चात् ऊष्मा तथा दबाव के मिश्रण से इंक को कागज़ पर स्थाई रूप दे दिया जाता है। फोटो कॉपी मशीन भी इसी सिद्धांत पर कार्य करती है। लेज़र प्रिंटर की विशेष इंक को टोनर कहा जाता है, जो एक कार्ट्रिज (Cartridge) में उपलब्ध होता है। यूँ तो एक टोनर लगभग 3000 पेज प्रिंट कर सकता है, परंतु यह डाकुमेंट की रिजोल्यूशन पर निर्भर करता है। यदि हम लगातार उच्च रिजोल्यूशन की प्रिंटिंग कराएँ तो टोनर जल्दी खत्म हो जाएगा। टोनर खत्म होने पर नया कार्टिज खरीदा जा सकता है।

लेजर प्रिंटर प्रिंट करने से पहले सारे पेज को मेमोरी में स्टोर करता है इस हेतु इसमें 4 से 8 MB तक की मेमोरी होती है। ज़्यादा मेमोरी होने पर प्रिंटर की स्पीड बढ़ जाती है। इसे उच्च गति के प्रिंटर के रूप में कार्यालयीन तथा व्यक्तिगत कार्य हेतु भी उपयोग में लिया जाता है। लेज़र 8" × 11" का पेपर, लिफाफा, लेबल तथा ट्रान्स्पेरेन्सी पर प्रिंट कर सकता है। लेज़र प्रिंटर टोनर लगने के पहले पूरा पेज प्रेषित कर देता है। अतः इसे हम पेज प्रिंटर (Page Printer) भी कहते हैं। इस श्रेणी में कुछ और प्रिंटर भी आते हैं, भले ही वे लेज़र का उपयोग न करते हों। इनमें मुख्य हैं :–

(i) LEDs Printers (Light Emitting Diode)

(ii) LCDs Printer (Liquid Crystal Display)

इनका ड्रम एक बार इनकी विशिष्ट पद्धति से चार्ज हो जाता है। तत्पश्चात् वह एक आम लेज़र प्रिंटर की तरह ही कार्य करता है।

लेजर प्रिंटर कि एक विशेषता उनकी रिजोल्यूशन है, अर्थात् प्रति इंच वह कितने डॉट्स बना सकते हैं। वर्तमान रिजोल्यूशन 300 से 1200 DPI है। नए माडलों में 1800 DPI भी उपलब्ध है। इसके विपरीत, ऑफसेट प्रिंटिंग में 1200 से 3600 DPI तक की रिजोल्यूशन हो सकती है। रिजोल्यूशन इनहैंसमेंट (resolution enhancement) जैसी विशेष तकनीक के द्वारा कुछ लेजर प्रिंटर बेहतर रिजोल्यूशन दे सकते हैं।

लेजर प्रिंटर या तो मोनोक्रोम (Monochrome) या तो कलर प्रिंटर हो सकते हैं। जैसा की स्वाभाविक है, मोनोक्रोम प्रिंटर एक ही रंग में प्रिंट करते हैं तथा एक ही टोनर का इस्तेमाल करते हैं। कलर लेज़र प्रिंटर फुल कलर के लिए 4 टोनर का प्रयोग करते हैं। कलर प्रिंटर मोनोक्रोम प्रिंटर से ज्यादा महँगे होते हैं।

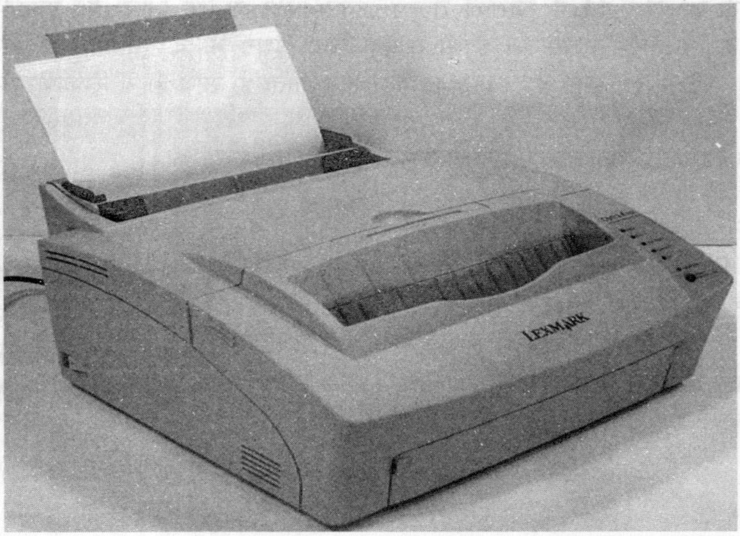

चित्र 2.19. *लेजर प्रिंटर*

लेजर प्रिंटर के आउटपुट की गुणवत्ता उच्च स्तर की होती है। यह लगभग असीमित फॉन्ट से प्रिंट कर सकते हैं। अधिकतर लेजर प्रिंटरों में फॉन्ट का एक मूल सैट होता है। इसे हम आंतरिक फॉन्ट भी कहते हैं। आवश्यकता होने पर अतिरिक्त फॉन्ट निम्न में से किसी एक विधि से डाले जा सकते हैं–

(i) *फॉन्ट कार्ट्रिज (Font Cartridge):* लेजर प्रिंटर में कुछ स्लॉट होते हैं जिनमें फॉन्ट कार्टिज डाले जा सकते हैं। फॉन्ट कार्ट्रिज मूलतः ROM के बोर्ड हैं जिन पर फॉन्ट रिकॉर्ड किए गए हैं। फॉन्ट कार्टिज का मुख्य आकर्षण यह है कि वह प्रिंटर की मेमोरी का बिल्कुल भी उपयोग नहीं करते हैं। फॉन्ट कार्टिज पर उपलब्ध फॉन्ट को हार्ड फॉन्ट कहा जाता है।

(ii) *सॉफ्ट फॉन्ट (Soft Font):* सभी प्रिंटरों में कुछ ना कुछ RAM रहती है। इस मेमोरी को अतिरिक्त मेमोरी बोर्ड के द्वारा बढ़ाया जा सकता है। ऐसा करने पर फॉन्ट किसी डिस्क से हमारे प्रिंटर के RAM पर कॉपी किए जा सकते हैं। इसे डाउन लोडिंग ऑफ फॉन्ट्स कहते हैं। डाउन लोडेड फॉन्ट्स को हम सॉफ्ट फॉन्ट कहते हैं। RAM अधिक होने पर डॉउन लोडेड फॉन्ट्स की संख्या बढ़ाई जा सकती है।

लेजर प्रिंटर टेकस्ट के साथ–साथ ग्राफिक्स भी अच्छा प्रिंट करता है। उच्च रिजोल्यूशन ग्राफिक्स के लिए लेज़र एक मात्र विकल्प है। 300 DPI पर प्रिंट करने के लिए 1 MB प्रिंटर RAM की आवश्यकता होती है।

लेजर प्रिंटर एक नॉन–इंपैक्ट प्रिंटर है। इस कारण से वह प्रिंट करते समय शोर पैदा नहीं करता। लेज़र प्रिंटर की गति भी अच्छी होती है। यह समान्यतः 5 से 50 पेज प्रति मिनट प्रिंट कर सकते हैं। 6 PPM की गति लगभग 40 CPS के बराबर होती है। इंकजेट की भाँति, B&W प्रिंट होने पर लेजर तेज चलेगा तथा कलर होने पर थोड़ा धीमे चलेगा।

टीप : किसी भी प्रिंटर के लिए वास्तविक गति इसपर निर्भर करती है कि हम क्या प्रिंट कर रहे हैं–टेकस्ट, इमेज अथवा विशिष्ट कैरेक्टर। साधारण टेकस्ट में प्रिंटिंग सबसे तेज होगी।

लेजर प्रिंटर का नियंत्रण पेज डिस्क्रिप्शन लैंग्वेज (Page Description Language PDL) के द्वारा होता है। PDL मूलतः एक सॉफ्टवेयर है जो प्रिंटर को बताता है कि डाकुमेंट कैसे प्रिंट किया जाए। इस PDL के लिए दो मापदंड हैं–

(i) *प्रिंटर कंट्रोल लैंग्वेज (Printer Control Language PCL):* इसे HP के द्वारा बनाया गया है। HP लेजर

प्रिंटरों की सबसे पुरानी कंपनी है। PCL के कई संस्करण आज उपलब्ध हैं। इसका मतलब यह है की हमारा प्रिंटर किसी संस्करण का पालन करेगा अथवा किसी का नहीं। PCL 5 तथा बाद के संस्करणों में एक स्केलेबल फॉन्ट टेक्नोलॉजी (scalable font Technology) का समावेश हुआ जिसे हम इंटेलीफॉन्ट (intellifont) कहते हैं।

(ii) *पोस्ट स्क्रिप्ट (Post Script):* इसे एडॉब सिस्टम (Adobe System) ने 1985 में विकसित किया। यह DTP तथा एप्पल मैकिनटोश (Apple Macintosh) का अघोषित मानक है। यह PCL से महँगा है। परंतु इसमें खूबियाँ भी ज्यादा हैं। पोस्ट स्क्रिप्ट फाइल का विस्तारक ".ps" है। पोस्ट स्क्रिप्ट ऑब्जेक्ट ओरिऐंटेड है, अर्थात् इसमें इमेज तथा फॉन्ट को ज्यामितीय ऑब्जेक्ट्स का संग्रह माना जाता है न की बिटमैप (BitMap – इमेज का एक रूप) के रूप में।

प्रत्येक पोस्ट स्क्रिप्ट कैरेक्टर की रूप–रेखा अर्थात "आउट लाइन" परिभाषित की गई है अतः पोस्ट स्क्रिप्ट फॉन्ट को आउट लाइन फॉन्ट (Outline Font) भी कहा जाता है। इन्हें हम स्केलेबल फॉन्ट (Scalable Font) भी कहते हैं चूँकि इनका साइज़ पोस्ट स्क्रिप्ट कमांड से बदला जा सकता है। बिटमैप ग्राफिक्स की तुलना में पोस्ट स्क्रिप्ट उच्च रिज़ोल्यूशन आउटपुट डिवाइस का प्रयोग कर सकता है। 600 DPI पर पोस्ट स्क्रिप्ट 300 DPI से बेहतर दिखेगी। दूसरी ओर, बिटमैप पिक्चर दोनों पर ही एक समान दिखेगी।

पोस्ट स्क्रिप्ट के तीन स्तर हैं: 1, 2, और 3। स्तर 2, 1992 में आया था जिसमें कलर प्रिंटिंग के लिए बेहतर सपोर्ट था। स्तर 3, 1997 में आया जिसमें अधिक फॉन्ट तथा तेज प्रिंटिंग के अतिरिक्त गुण दिए गए।

ज्यादातर सॉफ्टवेयर दोनों प्रकार के PDLs को सपोर्ट करते हैं।

(स) फोटो प्रिंटर

यह प्रिंटर हाल ही में बाजार में आए हैं यह प्रिंटर डिजिटल कैमरा का आउटपुट प्रिंट कराते हैं। इनकी रिजोल्यूशन 4800 DPI तक जा सकती है। इनकी औसत गति 15 PPM है।

3. *प्लॉटर्स (Plotters)*

प्रिंटर प्लॉटर

प्रिंटेड आउटपुट के एक भाग के रूप में, कई अनुप्रयोगों में, ग्रॉफिक आउटपुट अधिक उपयोगी होते हैं, जैसे पाइ–चार्ट (Pie Chart), बार चार्ट (Bar Chart) और ग्राफ डॉट मैट्रिक्स कैरेक्टर प्रिंटर इस प्रकार निर्मित होते हैं कि जिसमें प्रिंट हैड बाएँ से दाएँ और दाएँ से बाएँ गति कर सके साथ ही कागज की गति भी नियंत्रण में रहे तथा कागज ऊपर–नीचे भी गति कर सके। यह योग्यता प्रिंटर को ग्राफ, पाइ–चार्ट आदि खींचने हेतु योग्य बनाती है। कुछ प्रिंटर में एक से अधिक कलर रिबन भी होते हैं। ये रंगीन ग्राफ की प्रिंटिग करने की अनुमति देते हैं। इंकजेट प्रिंटर की सहायता से बने चित्र अधिक अच्छे होते हैं।

प्लॉटर

प्रिंटर प्लॉटर के अतिरिक्त विशिष्ट प्लॉटर भी बाजार में उपलब्ध हैं। दो प्रकार के प्लॉटर होते हैं, ड्रम प्लॉटर (Drum Plotter) और फ्लैट बैड प्लॉटर (Flat bed Plotter)।

ड्रम प्लॉटर में, वह कागज जिस पर ग्राफ खींचा जाना है एक घूर्णन ड्रम पर चढ़ा होता है। एक पेन जो रैखिकतः चल सके अर्थात् ड्रम घूर्णन की दिशा के लंबवत् दिशा में, कागज पर चलता है। ड्रम या तो घड़ी की दिशा में या घड़ी की विपरीत दिशा में घूर्णन करती है, कंप्यूटर द्वारा जारी किए गए प्लॉटिंग निर्देश के अंतर्गत। पेन बाएँ से दाएँ या दाएँ से बाएँ गति कर सकता है। पेन ऊपर नीचे भी गति कर सकता है। पेन और ड्रम की गति को ग्राफ प्लॉटिंग प्रोग्राम द्वारा नियंत्रित किया जाता है।

फ्लैट बैड प्लॉटर स्टेशनरी क्षैतिज प्लॉटिंग सतह रखता है जिस पर कागज स्थिर रहता है। इस पर एक

पेन चढ़ा होता है जो X या Y की दिशा में गति करता है। पेन ऊपर–नीचे भी गति कर सकता है। एक ग्राफ प्लॉटिंग प्रोग्राम पेन की गति को नियंत्रित करता है।

प्लॉटर का उपयोग ऐसे आउटपुट को जनित करने के लिए किया जाता है, जो आलेख या आरेख रखता है। प्लॉटर दो प्रकार के होते हैं:

1. पेन एप्रोच प्लॉटर (Pen Approach Plotters)
2. इंकजेट एप्रोच प्लॉटर (Inkjet Approach Plotters)

पेन एप्रोच प्लॉटर को पुनः निम्न दो प्रकारों में वर्गीकृत किया जाता है:

(i) ड्रम प्रकार
(ii) फ्लैट बेड प्रकार

ड्रम प्रकार के प्लॉटर में पेन और कागज दोनों गतिशील होते हैं। लेकिन फ्लैट बैड प्रकार के प्लॉटर में कागज स्थिर होता है और पेन गतिशील होता है।

इंकजेट एप्रोच प्लॉटर में विभिन्न रंगों के साथ स्याही के जेट का प्रयोग किया जाता है और ये वृहत् आकार के आरेखों को जनित करने में समर्थ होते हैं, जो बहुत–से रंगों को रखते हैं।

प्लॉटर ऐसे पहले उपकरण हैं जो कलर में प्रिंट करते थे तथा ग्राफिक्स और फुल साइज की इंजीनियरिंग ड्राइंग भी बनाते थे। प्लॉटर प्रिंटर से कहीं अधिक महँगे हैं। उदाहरण के लिए, H.P. के प्लॉटर $7,000 तथा इससे अधिक के भी मिलते हैं। दूसरी ओर, H.P. के लेज़र प्रिंटर $300 से 2,000 में उपलब्ध हैं। H.P. विश्वभर में प्लॉटर की अग्रणी कंपनी है।

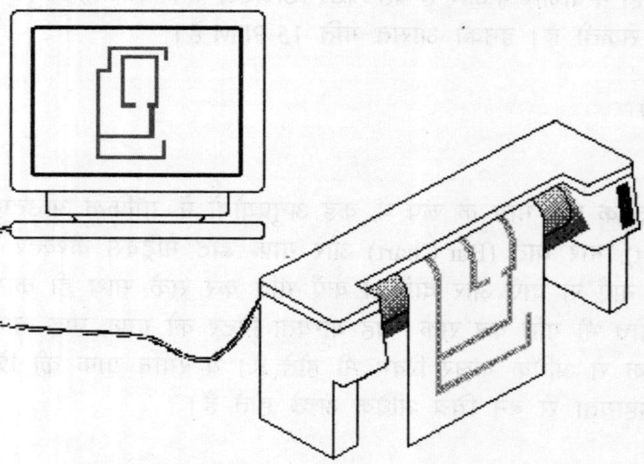

चित्र 2.20. *प्लॉटर*

प्लॉटर का इंजीनियरिंग क्षेत्र में प्रयोग किया जाता है, जहाँ सूक्ष्मता एवं बारीकी अत्यंत महत्त्वपूर्ण है। यह मुख्यतः CAD (Computer Aided Designing), CAM (Computer Aided Manufacturing), CAE (Computer Aided Engineering) की बड़ी इंजीनियरिंग तथा आर्किटेक्चरल ड्राइंग प्रिंट करने में प्रयुक्त होते हैं। इनका GIS (Geographical Information Systems) में भी उपयोग है।

प्लॉटर का आउटपुट काफी बड़ा होता है। प्लॉटर की अधिकतम प्रिंट लेंथ 300 फीट होती है। वैकल्पिक 'मल्टी फीड रोलर' के द्वारा यह 900 फीट तक जा सकती है। साधारणतः प्लॉटर की गति मिनट प्रति पेज या वर्ग फीट प्रति घंटा में नापी जाती है।

4. कंप्यूटर आउटपुट माइक्रोफिल्म *(Computer Output Microfilm)*

यह अक्सर आवश्यकता होती है कि अत्यधिक डाटा संकुचित रूप (Compact form) में संग्रहित किया जाय। लाइन प्रिंटर पर प्रिंट करने के स्थान पर कंप्यूटर से प्राप्त आउटपुट को उच्च रिजोल्यूशन कैथोड रे ट्यूब पर प्रदर्शित किया जाता है। यह 35 मि.मी. फिल्म पर एक फोटाग्राफ के तुल्य होता है। इसे पढ़ने के लिए एक विशिष्ट माइक्रोफिल्म रीडर का प्रयोग किया जाता है। कुछ माइक्रोफिल्म रीडर एक हार्ड कॉपी जनित करते हैं, जीरोग्राफिक (Xerographic) विधि का प्रयोग कर।

कुछ सिस्टम में माइक्रोफिल्म को माइक्रोफिच रूप में परिवर्तित किया जाता है। माइक्रोफिच 4″ × 6″ आकार का एक फिल्मशीट होता है जिसमें 8.5″ × 11″ आकार के 98 पृष्ठ होते हैं, इस पर इमेज को 24 गुना कम कर संग्रहित किया जा सकता है। माइक्रोफिच पर संग्रहित डाटा को माइक्रोफिच रीडर की सहायता से पढ़ा जा सकता है।

कंप्यूटर आउटपुट माइक्रोफिल्म (Computer Output Microfilm COM) एक आउटपुट डिवाइस है, जो माइक्रोफिल्म के एक शीट या एक रोल पर सूचनाओं का अभिलेखन करता है। COM अभिलेखन तकनीक में एक माइक्रोफिल्म रिकॉर्डर होता है, जो उन सूचनाओं को प्राप्त करता है, जो व्यापक रूप में मैग्नेटिक टेप पर भंडारित होते हैं।

रिकार्ड सीधे CPU से भी सूचनाओं को प्राप्त कर सकते हैं। एक विशिष्ट डिवाइस जिसे माइक्रोफिल्म रीडर के नाम से जाना जाता है, का उपयोग शीट या फिल्म के रोल पर अभिलेखित होने वाली सूचनाओं को देखने के लिए किया जाता है। फिल्म की एक शीट जिसकी माप 4 × 6 इंच है, माइक्रोफिच कहलाता है। एक माइक्रोफिच की क्षमता 270 फ्रेम (सूचना के पृष्ठ) की होती है, और कुछ सिस्टम उसी स्थान पर 1,000 फ्रेम का भंडारण कर सकते हैं।

शासकीय संस्थाएँ, बैंक, बीमा कंपनी और अन्य प्रकार के संगठन COM के नियमित उपयोगकर्ता हैं।

COM के गुण और दोषः

(अ) प्रिंट आउटपुट की तुलना में माइक्रोफिल्म आउटपुट कम लागत का होता है।

(ब) यह कंप्यूटर आउटपुट के हजार पृष्ठ के तुल्य होता है।

(स) औसत लाइन प्रिंटर की तुलना में COM की अभिलेखन गति 20 से 25 गुना तीव्र होती है।

(द) COM सिस्टम अधिक खर्चीले होते हैं।

5. टेलीप्रिंटर टर्मिनल *(Teleprinter Terminals)*

यह वीडियो डिस्प्ले टर्मिनल के समान होता है। यह की–बोर्ड के साथ संयोजन में CRT के स्थान पर प्रिंटर का प्रयोग करता है। यह वीडियो डिस्प्ले टर्मिनल से धीमी गति का होता है। यह एक समय में एक कैरेक्टर मुद्रित करता है। कुछ वहनीय प्रकार के टेलीप्रिंटर उपलब्ध हैं। पत्रकार, प्रबंधक, अभियंता और अन्य इसका उपयोग करते हैं।

6. साउंड कार्ड *(Sound Card)*

प्रत्येक PC अंतःनिर्मित लघु स्पीकर के साथ आते हैं, जो PC के बूटिंग या हार्डवेयर/सॉफ्टवेयर में त्रुटि उत्पन्न होने पर प्री–प्रोग्राम बीप देते हैं। साथ ही, उच्च स्तरीय भाषा में लिखे गए प्रोग्राम की सहायता से कुछ श्रव्य संगीत, ध्वनि आदि सृजित किए जा सकते हैं। साउंड कार्ड, साउंड हैंडलिंग में समर्थ होते हैं। यह एक सरल PCB होता है, जो मदरबोर्ड के स्वतंत्र विस्तारित खांचा में नियत रहता है। एक प्रकार का साउंड कार्ड, माइक्रोफोन पोर्ट, एक स्पीकर पोर्ट CD-ROM ड्राइव के लिए इंटरफेस और MIDI (Musical Instrument Digital Interface) पोर्ट आदि रख सकता है।

साउंड कार्ड, ऐनालॉग से डिजिटल कनर्वटर (Analog to Digital Converter ADC) और डिजिटल से ऐनालॉग कनवर्टर (Digital to Analog Converter DAC) चिप का युग्म रखते हैं। ADC चिप ऐनालॉग संकेतों को सूक्ष्मदर्शी या पूर्व–भारित तरंग संचिकाओं से प्राप्त करते हैं, उन्हें डिजिटल संकेतों में परिवर्तित करते हैं, फाइल में संग्रहित करने के लिए उन पर प्रक्रम करते हैं। DAC चिप इन प्रक्रमयुक्त अंकीय संचिकाओं को ऐनालॉग संकेतों में परिवर्तित करता है, उन पर परिवर्धक के द्वारा प्रक्रम करता है और श्रव्य का सृजन करने के लिए स्पीकर को भेजता है।

साउंड आज के खरीदे गए पी.सी. पर काफी लोकप्रिय विकल्प है। अलग–अलग व्यक्तियों की साउंड के लिए अलग–अलग कारणों से आवश्यकता है। कुछ को साउंड मात्र CD चलाने के लिए चाहिए। कुछ को मल्टीमीडिया पर काम करने के लिए साउंड चाहिए, तो कुछ को कंप्यूटर गेम्स खेलने के लिऐ साउंड चाहिए। पी.सी. पर साउंड पैदा करने के लिए मात्र दो चीजों कि आवश्यकता है – साउंड कार्ड तथा स्पीकर।

चित्र 2.21. *साउंड कार्ड*

जैसा कि नाम से पता चलता है, साउंड कार्ड/ऑडियो कार्ड एक पेरिफेरल डिवाइस है, जिससे कंप्यूटर साउंड को इनपुट करता है, प्रोसेस करता है तथा साउंड का आउटपुट देता है। यह मदर बोर्ड से विस्तारक स्लॉट के द्वारा जुड़ा रहता है। कुछ मदर बोर्ड पर साउंड चिप लगा हुआ (In-Built) आता है।

साउंड कार्ड निम्नलिखित कार्य करता है :–

(i) साउंड का बनना।

(ii) MIDI इंटरफेस (Musical Instrument Digital Interface)

(iii) ऐनालॉग से डिजिटल परिवर्तन (माइक्रोफोन से साउंड रिकार्ड करते समय)।

(iv) डिजिटल से ऐनालॉग परिवर्तन (स्पीकर के लिए साउंड पैदा करते समय)

साउंड के बनने के लिए 3 तरह की पद्धतियाँ हैं :–

(i) फ्रीक्वेंसी मॉड्यूलेशन तकनीक (Frequency Modulation (FM) Technology)

(ii) वेब टेबल (Wave Table)

(iii) फिजिकल मॉडलिंग (Physical Modeling)

फ्रीक्वेंसी मॉड्यूलेशन तकनीक सबसे कम खर्चीली पद्धति है। यद्यपि यह सबसे कम असर कारक भी है। साउंड का एल्गोरिथ्म के द्वारा नकल कर साइन वेव (Sine Waves) बनाई जाती हैं जो मूल साउंड के जितना संभव हो उतना करीब होती है।

7. *स्पीकर (Speaker)*

लगभग सभी पी.सी. में आंतरिक स्पीकर होता है। परंतु यह गाने सुनने इत्यादि के लिए नहीं है। यह सिर्फ कुछ सिस्टम साउंड के लिए है, जैसे कि चेतावनी की बीप इत्यादि (यदि सिस्टम में कुछ खराबी आ जाए तो)। जटिल साउंड के लिए बाह्य स्पीकर की आवश्यकता होगी। स्पीकर मुख्यतः जोड़े में ही आते हैं तथा इन्हें साउंड कार्ड से प्लग के द्वारा कनेक्ट किया जाता है। डेस्क पर स्पीकरों की उचित व्यवस्था से हम अच्छा स्टीरियो इफैक्ट पा सकते हैं।

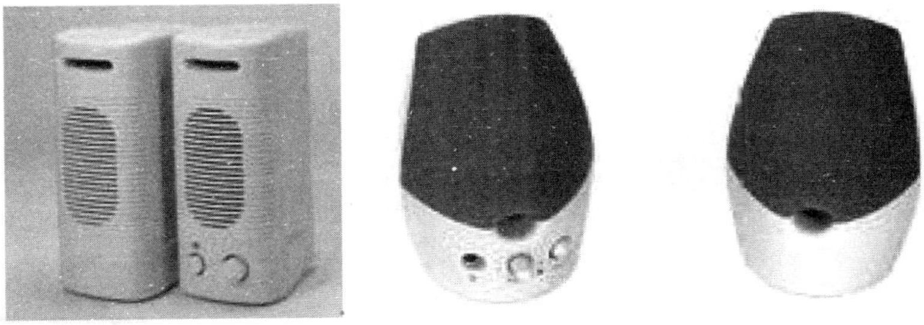

चित्र 2.22. *स्पीकर*

कुछ स्पीकर सिस्टम सब वूफर (Sub Woofer) के साथ आते हैं। इससे बास (Bass) बेहतर हो जाता है। स्पीकर के बहुत करीब होने पर मॉनीटर का डिस्प्ले थोड़ा बिगड़ सकता है। स्पीकर के अंदर मैग्नेट होते हैं। अतः उन्हें फ्लापी डिस्क से दूर रखना चाहिए अन्यथा उनके डाटा का नुकसान हो सकता है।

8. माइक्रोफोन *(Microphone)*

माइक्रोफोन साउंड कार्ड से प्लग के द्वारा कनेक्ट किया जाता है। इससे हम अपनी आवाज या कोई और साउंड रिकार्ड कर सकते हैं। इंटरनेट पर टेलिफोन करने के लिए भी माइक्रोफोन की आवश्यकता होती है। जब हम माइक्रोफोन में कुछ बोलते हैं तो दूसरे छोर पर खड़ा व्यक्ति अपने स्पीकर पर हमारी आवाज सुन सकता है।

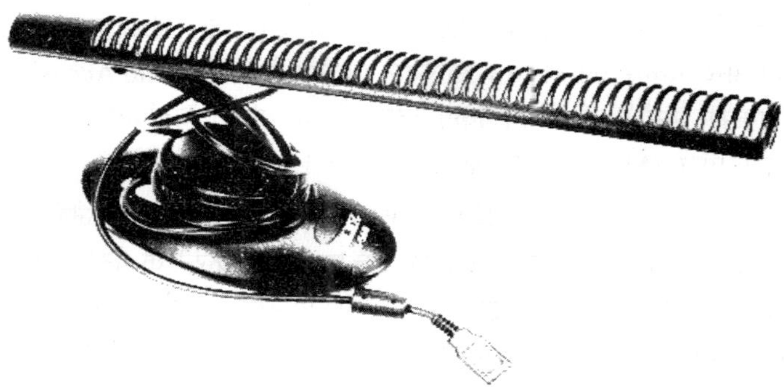

चित्र 2.23. *माइक्रोफोन*

अभ्यास-प्रश्न (Exercise-Questions)

1. इनपुट/आउटपुट डिवाइसेस से क्या समझते हैं?
2. विभिन्न इनपुट डिवाइसेस को विस्तार से समझाइए।
3. विभिन्न आउटपुट डिवाइसेस को विस्तार पूर्वक समझाइए।

3

कंप्यूटर मेमोरी

(Computer Memory)

3.1. परिचय (Introduction)

कंप्यूटर मेमोरी

कंप्यूटर में प्रोग्राम्स का संग्रहण करने के लिए मेमोरी की आवश्यकता होती है। मेमोरी वृहत् संख्या के कोष्ठों (cells) द्वारा निर्मित होती है, जिसमें से प्रत्येक कोष्ठ एक बिट को संग्रहित करने की क्षमता रखता है। कोष्ठों को पतायुक्त शब्दों के समूह द्वारा संगठित किया जाता है, जिसमें प्रत्येक शब्द बिट्स के अनुक्रम को संग्रहित करता है। ऐसे एक संगठन में किसी शब्द को संग्रहित करना या निकालना शब्द के पते से स्वतंत्र होता है। ऐसा संगठन रैंडम एक्सेस मेमोरी (Random Access Memory) कहलाता है, जिसे कंप्यूटर की मुख्य मेमोरी के रूप में प्रयुक्त किया जाता है। अन्य प्रकार का संगठन सीरियल एक्सेस मेमोरी (Serial Access Memory) कहलाता है। कोष्ठ (cell) जो सीरियल एक्सेस मेमोरी में प्रयोग किए जाते हैं, वे चलित चुंबकित सतह (Movable Magnetizable Surface) पर मैग्नेटिक डाइपोल (Magnetic Dipoles) होते हैं।

चुंबकित रिकार्डिंग सतह स्वयं विभिन्न रूपों में संगठित होते हैं, जैसे हार्ड डिस्क, फ्लॉपी डिस्क और टेप। कोटेड डिस्क (Coated Disk) की सतह पर डाटा को संग्रहित करने के लिए ऑप्टिकल रिकार्डिंग (Optical recording) तकनीक का प्रयोग किया जाता है। इस प्रकार की सीरियल एक्सेस मेमोरी को CD ROM (Compact Disk Read Only Memory) कहते हैं। वर्तमान में इससे भी अच्छी तकनीक का प्रयोग किया जा रहा है जिसे DVD ROM (Digital Versatile Disk Read Only Memory) कहते हैं।

मेमोरी सेल (Memory Cell)

मेमोरी सेल को एक डिवाइस के रूप में परिभाषित किया जा सकता है जो प्रतीकों के समूह से चुने गए प्रतीक को संग्रहित कर सकता है और उसे निम्न गुणों के द्वारा वर्गीकृत किया जा सकता है।

1. स्थायी अवस्था की संख्या जिसमें इसे स्थानांतरित किया जा सके।
2. एक सेल एक प्रतीक को अनंत बार संग्रहित कर सकता हो जबकि विद्युत बंद हो।
3. सेल से एक प्रतीक को पढ़ने के उपरांत संग्रहित प्रतीक समाप्त हो जाते हैं।
4. सेल से पढ़ने हेतु लिया गया समय और इस पर लिखने के लिए लगने वाला समय।
5. एक बार लिखा गया प्रतीक सिर्फ पढ़ा जा सके, उसे परिवर्तित न किया जा सके।

यदि बगैर ऊर्जा के लगातार प्रवाहित हुए एक प्रतीक को एक सेल पर अनंत बार संग्रहित किया जा सके,

तो इसे नॉन वोलेटाइल सेल (Non Volatile Cell) कहते हैं। दूसरे रूप में, जब कोई ऊर्जा प्रवाहित न हो रही हो, तो सेल में संग्रहित कोई भी प्रतीक समाप्त हो जाता है,, तब इसे वोलेटाइल सेल (Volatile Cell) कहते हैं।

सामान्यतः यदि किसी सेल से प्रतीक को पढ़ने के बाद वह समाप्त नहीं होता है, तो उसे नॉन डिस्ट्रक्टिव (Non Destructive) कहते हैं। साथ ही यदि पढ़ने के उपरांत प्रतीक समाप्त हो जाते हैं, तो उसे डिस्ट्रक्टिव कहते हैं। किसी सेल से प्रतीक को पढ़ने के लिए लगने वाला समय रीड टाइम (Read Time) तथा किसी प्रतीक को लिखने में लगा समय राइट टाइम (Write Time) कहलाता है। यदि किसी मेमोरी सेल में सूचना को स्थायी रूप से लिखा गया है तथा उसे सिर्फ पढ़ा जा सके, तो इसे रीड ओनली सेल (Read Only Cell) कहते हैं।

मेमोरी यूनिट

मेमोरी की गणना हम *बाइट्स* में करते हैं। मेमोरी के विभिन्न यूनिट इस प्रकार हैं:

बिटः बिट (bit) अर्थात बाइनरी डिजिट (binary digit)। कंप्यूटर के अंदर प्रत्येक कैरेक्टर विशेष रूप से प्रस्तुत किया जाता है। कुछ '0' तथा '1' के मिश्रण से कंप्यूटर डाटा को समझता है। इसका अर्थ यह कि इन दो अंक मात्र (0 तथा 1) से कंप्यूटर अपनी सारी जानकारी रख सकता है। इसी कारण से हम इसे *बिट* अर्थात *बाइनरी डिजिट* कहते हैं। जैसा कि हम जानते हैं 'बाइ' (bi) का अर्थ 2 होता है। चूँकि समस्त आंतरिक डाटा इन्हीं दो अंकों के मिश्रण पर आधारित हैं, अतः हम इसे *"बाइनरी डिजिट"* कहते हैं। इसका अर्थ यह कि *बिट* कंप्यूटर में डाटा को प्रस्तुत करने का सबसे छोटा यूनिट है।

बाइटः एक *बाईट* अर्थात् एक अक्षर या एक अंक, जैसे कि 'A', '+', '9', '?', इत्यादि। एक बाइट में आठ बिट होते हैं।

किलोबाइट (KB): एक *किलोबाइट* 1024 बाइट के बराबर होता है। यह लगभग एक पृष्ठ पेज के बराबर होता है।

मेगाबाइट (MB): एक *मेगाबाइट* में 1,048,576 कैरेक्टर्स होते हैं। यह लगभग एक किताब के बराबर है।

गीगाबाइट (GB): एक *गीगाबाइट* में 1,073,741,824 कैरेक्टर्स होते हैं। यह लगभग लाइब्रेरी के एक सैल्फ के बराबर है।

टेराबाइट (TB): एक *टेराबाइट* में 1,099,511,627,776 अक्षर होते हैं। यह लगभग एक लाइब्रेरी के बराबर है।

यूनिट	*आकार*
बाइट	8 बिट
किलोबाइट	1024 बाइट
मेगाबाइट	1024 किलोबाइट
गीगाबाइट	1024 मेगाबाइट
टेराबाइट	1024 गीगाबाइट

(सारणी क्र. 3.1)

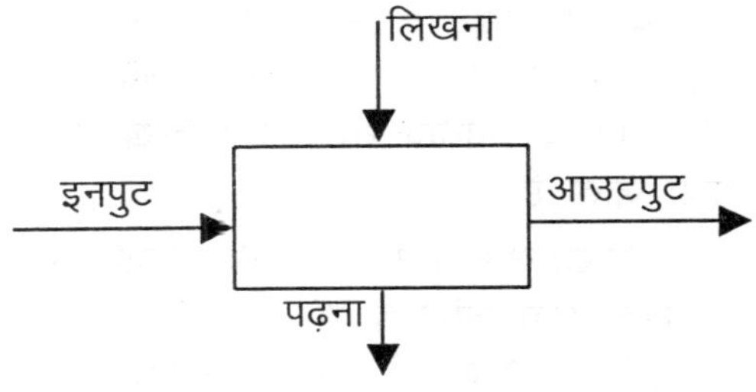

चित्र 3.1. *मेमोरी सेल*

मेमोरी ऑर्गेनाइजेशनः

मेमोरी सेल को बाइनरी सेल भी कहते हैं और प्रत्येक सेल एक बाइनरी डिजिट (Binary digit) रखता है। दो स्थायी अवस्थाओं में से एक बाइनरी 0 तथा एक बाइनरी 1 को प्रदर्शित करने के लिए किया जाता है।

सेल में एक इनपुट डाटा लाइन (Input Data Line) होता है, जिस पर से लिखे जाने वाले प्रतीक (Symbol) को सेवा में भेजा जाता है। इस प्रतीक को सेल में लिखने के लिए राइट लाइन (Write line) द्वारा सेल में राइट

कंट्रोल सिग्नल (Write Control Signal) भेजा जाता है। यदि सेल के कंटेंट (Content) को पढ़ा जाता है, तो एक रीड कंट्रोल सिग्नल (read control signal) को रीड लाइन (read line) पर भेजा जाता है और सेल के कंटेंट आउटपुट डाटा लाइन (output data line) पर आ जाते हैं। सेलों के समूह का एक सरल संगठन चित्र क्र. 3.2 में दिखाया गया है। उसमें तीन सेल आपस में आंतरिक रूप से संबंधित हैं तथा रीड कंट्रोल और राइट कंट्रोल लाइन इस प्रकार व्यवस्थित हैं कि वे तीनों सेल से जुड़ी हुई है। जब सेल पर नई सूचना लिखी जाती है, तो उस पर पूर्व में लिखे गए डाटा समाप्त हो जाते हैं। प्रत्येक सेल में लिखे जाने वाले बिट उपयुक्त इनपुट डाटा लाइन में भरे जाते हैं। जब राइट कंट्रोल लाइन पर राइट सिग्नल प्रयुक्त किया जाता है, तो ये बिट्स व्यक्तिगत सेल पर लिखे जाते हैं। यदि सेल से डाटा पढ़े जाने की प्रक्रिया को नॉन डिस्ट्रक्टिव मान (Non destructive value) लिया जाए तो रीड ऑपरेशन (read operation) द्वारा व्यक्तिगत सेल से डाटा पढ़े जाने पर वे समाप्त नहीं होते हैं सेलों का यह आंतरिक संबंध रजिस्टर कहलाता है। यह रजिस्टर तीन बिट्स को संग्रहित करता है।

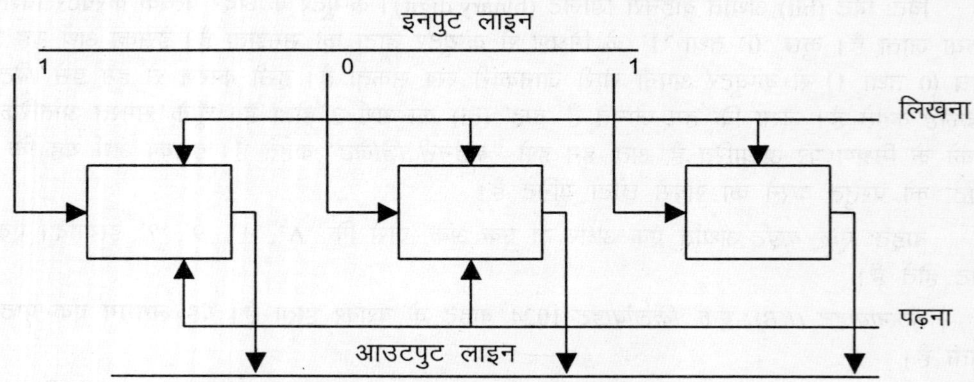

चित्र 3.2. *3–बिट रजिस्टर*

रजिस्टर्स का समूह आंतरिक रूप से संबंधित होकर मेमोरी को बनाता है। यह मेमोरी तीन बिट्स वाले चार शब्दों को संग्रहित करता हुआ कहलाता है। इस संगठन में सभी चारों रजिस्टर्स के प्रथम बिट के डाटा पंक्ति एक दूसरे से जुड़े होते हैं और उनके तीसरे भी आपस में जुड़े होते हैं। चित्र क्र. 3.3 देखें। प्रेक्षण करते है कि वहाँ तीन या चार राइट लाइन (write line) हैं, प्रत्येक 3 बिट रजिस्टर के लिए और चार रीड लाइन (read line) हैं। इस मेमोरी में डाटा को लिखने के लिए, वे रजिस्टर्स जिसमें डाटा को लिखा जाना है, उल्लेखित होना चाहिए। यदि डाटा को द्वितीय रजिस्टर में लिखा जाना है, तो इस रजिस्टर के राइट लाइन (write line) पर एक सिग्नल भेजा जाता है।

लिखा जाने वाला डाटा इनपुट लाइन (input line) पर स्थानांतरित हो जाता है। यदि तृतीय रजिस्टर में उपस्थित डाटा को पढ़ा जाना है, तो उस रजिस्टर के संगत रीड–लाइन पर एक रीड सिग्नल (read signal) भेजा जाता है। तृतीय रजिस्टर के डाटा आउटपुट लाइन पर प्रकट हो जाते हैं।

प्रत्येक चारों रजिस्टर्स एक रीड लाइन (Read Line) और एक राइट लाइन (Write Line) रखते हैं। हम रजिस्टर से एक समय पर या पढ़ सकते हैं या उस पर लिख सकते हैं। मेमोरी में प्रत्येक रजिस्टर को एक अद्वितीय पहचान रखनी चाहिए ताकि लिखने या पढ़ने हेतु उपयुक्त रजिस्टर का चुनाव किया जा सके।

चित्र क्रमांक 3.3 में एक रजिस्टर के संगत रीड/राइट लाइन (read/write line) के प्रत्येक युग्म को बाइनरी कोड 00, 01, 10 और 11 द्वारा पहचाना जाता है।

मेमोरी में एक शब्द के संगत प्रत्येक रजिस्टर का आइडेंटीफिकेशन कोड (Identification code) उसके एड्रेस (address) के रूप में जाना जाता है। यदि मेमोरी 8 शब्दों को रखती है, तो बाइनरी कोड 000, 001, 010, 011, 100, 101, 110 और 111 इन पंक्तियों के अद्वितीय पते होंगे। व्यापक रूप में n बिट्स के साथ मेमोरी को 2^n शब्द

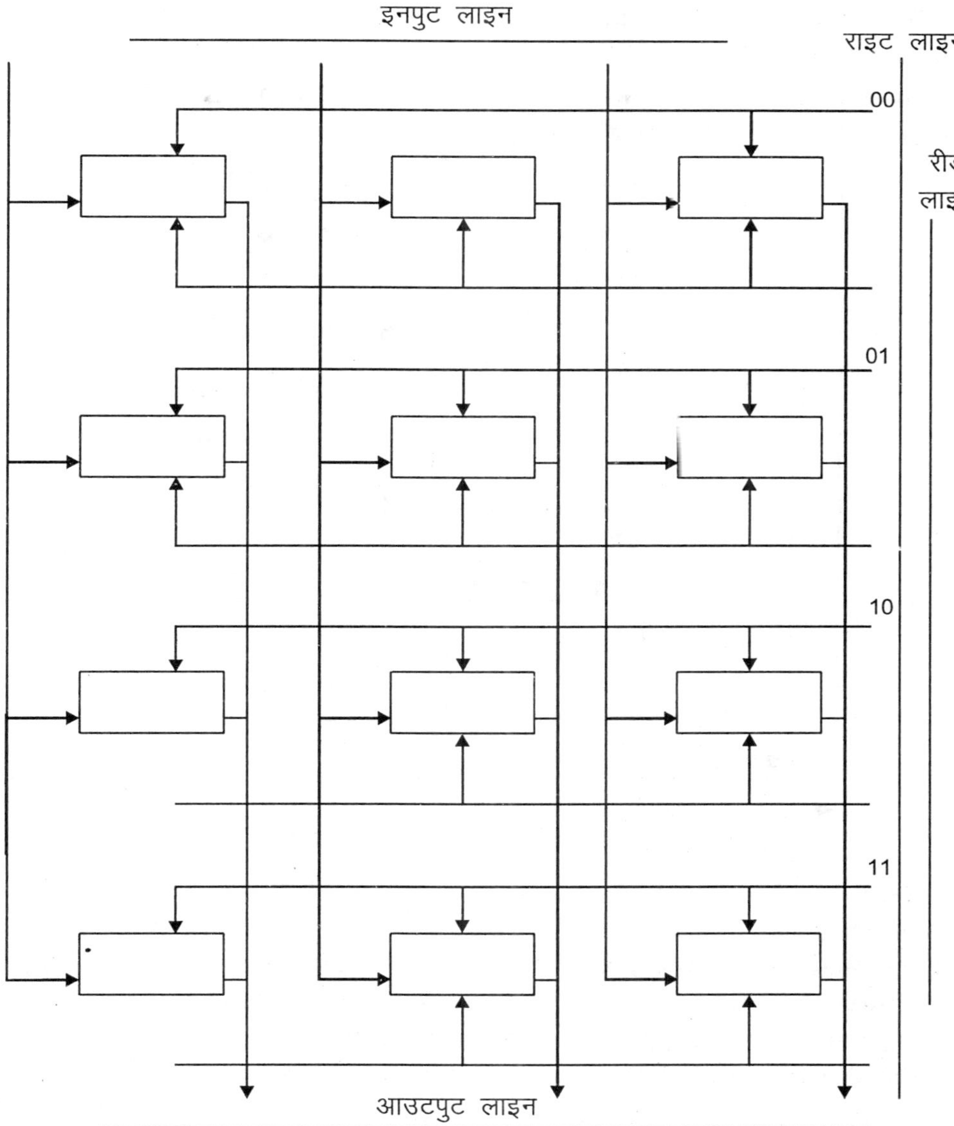

चित्र 3.3. *3–बिट प्रति शब्द 4 वर्ड मेमोरी*

का पता निरूपित किया जा सकता है। पढ़ने या लिखने हेतु मेमोरी में एक उपयुक्त शब्द को चुनने के लिए शब्द का पता उल्लेखित होना आवश्यक है। यह पता एक बाइनरी संख्या के रूप में उल्लेखित किया जाता है और इसे एक रजिस्टर में रखा जाता है, जिसे MAR (memory address register) कहते हैं। MAR के साथ एक सलेक्टर सर्किट (selector circuit) जुड़ा होता है, जो MAR की विषय वस्तु पर आधारित उपयुक्त रीड/राइट कंट्रोल लाइन (read/write control line) को चुनता है। चित्र क्रमांक 3.3 में प्रदर्शित मेमोरी के लिए MAR, 2 बिट वाला रजिस्टर होगा।

मेमोरी से पढ़ा जाने वाला या मेमोरी में लिखा जाने वाला डाटा एक रजिस्टर में रखा जाता है जिसे MDR (memory data register) कहते हैं। यह रजिस्टर रीड ऑपरेशन (read operation) के समय मेमोरी सेल के आउटपुट

को ग्रहण करता है। राइट ऑपरेशन (write operation) के लिए मेमोरी सेल में संग्रहित किए जाने वाले डाटा इस रजिस्टर में रखे जाते हैं। उदाहरण के लिए चित्र क्रमांक 3.3 की मेमोरी हेतु MDR, 3 बिट वाला रजिस्टर होता है।

चित्र क्रमांक 3.3 की मेमोरी का ब्लॉक डायग्राम (block diagram) चित्र क्रमांक 3.4 में बनाया गया है। पढ़े/लिखे जाने वाले डाटा को संग्रहित करने हेतु रजिस्टर्स इसमें शामिल होते हैं।

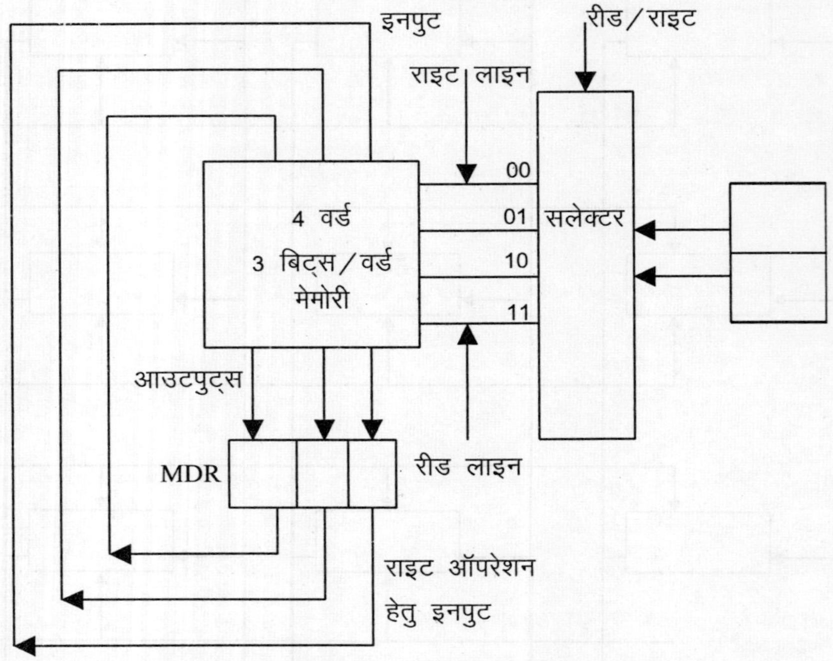

चित्र 3.4. *3–बिट प्रति शब्द 4 वर्ड मेमोरी का ब्लॉक डायग्राम*

एक मेमोरी का ब्लॉक डायग्राम जो 64K (K=1024) बाइट्स को संग्रहित करने की क्षमता रखता है, चित्र क्रमांक 3.5 में दर्शाया गया है। प्रेक्षण करते हैं कि 64K = 2^{16}, इस प्रकार MAR में बिट्स की संख्या 16 है। 64K शब्द द्वारा मेमोरी बनेगी, जिसमें प्रत्येक शब्द 8 बिट्स को संग्रहित करता है, अर्थात् एक बाइट। MDR, 8 बिट वाला रजिस्टर होगा। चित्र क्रमांक 3.5 में सलेक्टर ब्लॉक (selector block) पढ़े/लिखे जाने वाले शब्द के संगत रीड/राइट लाइन (read/write line) को चुनेगा। प्रेक्षण करते हैं कि पढ़े/लिखे जाने वाले शब्दों के पते MAR में होंगे। मेमोरी से पढ़े या मेमोरी में लिखे जाने वाले डाटा MDR में रखे जाएँगे।

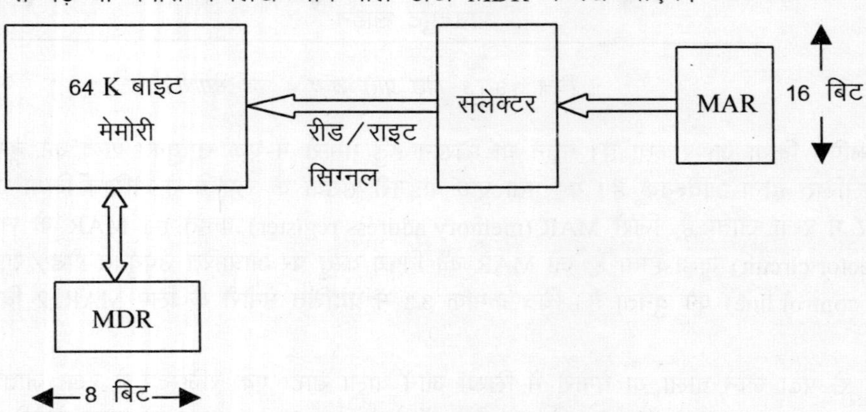

चित्र 3.5. *64K बाइट मेमोरी का ब्लॉक डायग्राम*

यदि संख्या 173 = $(10101101)_2 = (AD)_{16}$ को मेमोरी में $(1111110101011010)_2 = (FD5A)_{16}$ पते पर लिखा जाना है, तो संख्या $(AD)_{16}$ को MDR में प्रविष्ट करें ओर पता $(FD5A)_{16}$ को MAR में। MDR में संख्या वहाँ पहले से विद्यमान डाटा को हटा कर लिखी जाएगी, नामतः $(AD)_{16}$ के स्थान पर $(FD5A)_{16}$। एक शब्द के विषय वस्तु को पढ़ने के लिए जिसका पता $(AB34)_{16}$ है, यह पता $(1010101100110100)_2$, MAR में स्थानांतरित किया जाता है। $(AB34)_{16}$ में संग्रहित डाटा की प्रतिलिपि पुनः प्राप्त कर MDR नें रखी जाती हैं।

माना किसी समय t_0 पर वह पता जहाँ से डाटा को प्राप्त किया जाता है, MAR में स्थानांतरित किया जाता है और समय t_1 पर वांछित डाटा MDR में उपलब्ध है। समय $(t_1 - t_0)$ को मेमोरी का एक्सेस टाइम (Access time) कहते हैं। मेमोरी में व्यक्तिगत सेल के रीड टाइम (read time) से एक्सेस टाइम थोड़ा बड़ा होता है। चित्र क्रमांक 3.6 देखें। यदि डाटा को मेमोरी में लिखा जाना है, तो डाटा को MDR में तथा पते को MAR में t_2 समय पर रखा जाता है और एक राइट सिग्नल (write signal) MDR को दिया जाता है। जब लिखने का कार्य t_3 समय पर पूर्ण हो जाता है तब समय $(t_3 - t_2)$ राइट टाइम (write time) कहलाता है। समय t_0, जिस पर रीड/राइट निर्देश मेमोरी को दिया जाता है तथा समय t_4, जब मेमोरी के लिए अगला निर्देश जारी किया जा सकता, के मध्य का अंतराल नामतः $t_4 - t_0$ को मेमोरी का सायंकल टाइम (cycle time) कहते हैं।

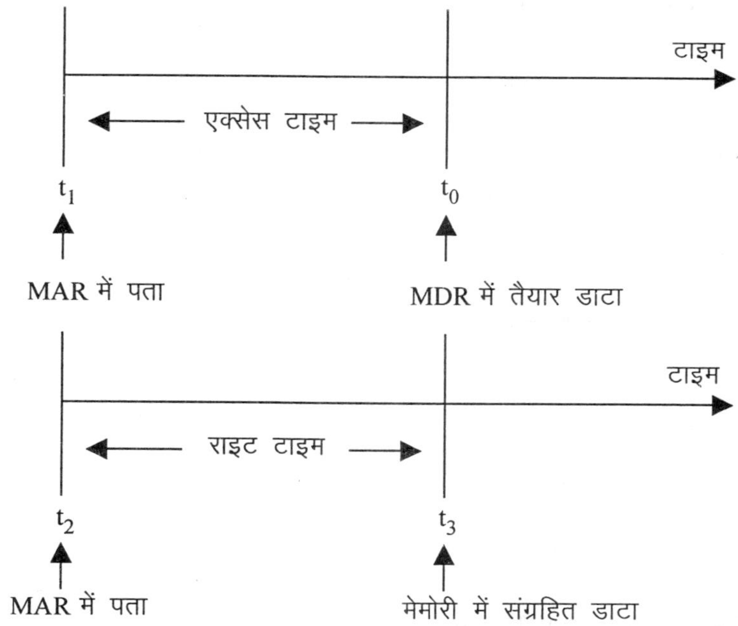

चित्र 3.6. *मेमोरी में एक्सेस टाइम और राइट टाइम*

यदि मेमोरी में किसी शब्द तक पहुँचने में लगने वाला समय शब्द के पते से स्वतंत्र हो, तो मेमोरी रैंडम एक्सेस मेमोरी (random access memory) कहलाती है, जिसे RAM से इंगित करते हैं। मुख्य मेमोरी जिसका उपयोग प्रोग्राम और डाटा को कंप्यूटर में संग्रहित करने के लिए किया जाता है, रैंडम एक्सेस मेमोरी कहलाता है।

चुंबकित सतह पर रिकार्डिंग (Magnetic Surface Recording):

चुंबकित शीर्ष पर एक कुंडली के द्वारा धारा (Current) के गुजरने से चुंबकित शीर्षों में स्थित अंतराल में चुंबकित क्षेत्र का निर्माण होता है। दो दिशाओं में से किसी एक दिशा में चुंबकित क्षेत्र का निर्माण होता है। फेरो मैग्नेटिक पदार्थ की परत चढ़ी हुई प्लास्टिक की सतह शीर्ष के नीचे स्थित होती है। सतह दोनों में से किसी एक दिशा की ओर चुंबकित होता है, जो रिकार्डिंग हैड (Recording head) के पार स्थित चुंबकित क्षेत्र पर निर्भर करता है। चित्र क्रमांक 3.7 देखें।

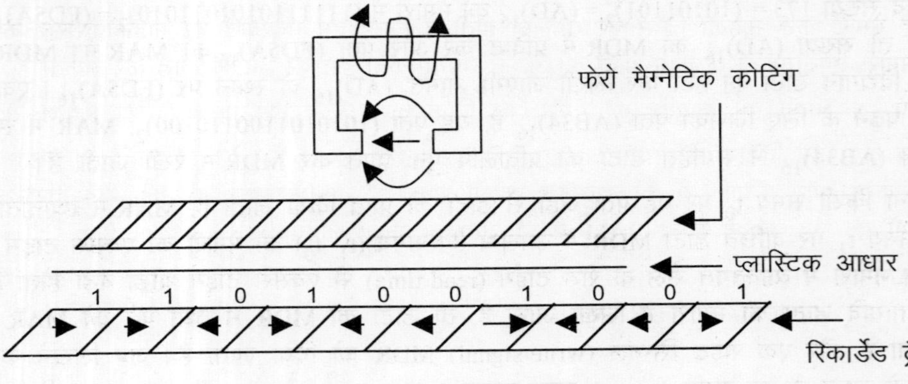

चित्र 3.7. *मैग्नेटिक सतह पर रिकार्डिंग*

1 प्रदर्शित करता हुआ मानकर यदि सतह का एक भाग बाएँ से दाएँ दिशा की ओर चुंबकित होता हो तथा दाएँ से बाएँ ओर 0 मानकर, तो चुंबकित सतह की पट्टी को 1 या 0 संग्रहित करता हुआ माना जा सकता है जैसा कि चित्र क्रमांक 3.7 में दिखाया गया है।

चुंबकित सतह पर संग्रहित बिट्स को पढ़ने के लिए सतह चुंबकित शीर्ष के नीचे उच्च गति से चलती है। चुंबकित सतह एक छोटे चुंबक के समान कार्य करता है और कुंडली में वोल्टेज उत्पन्न होता है। 0 के चुंबकत्व का उन्मुखीकरण 1 के विपरीत होता है। जब एक 1 शीर्ष के नीचे गति करता है, तो वोल्टेज की ध्रुवता 0 के गति के विपरीत होता है। चित्र क्रमांक 3.8 देखें।

उपरोक्त वर्णित विधि में एक ही शीर्ष द्वारा लिखने व पढ़ने का कार्य किया जाता है।

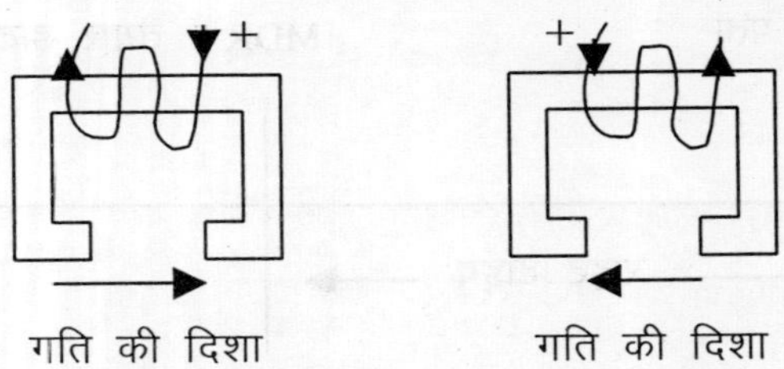

चित्र 3.8. *मैग्नेटिक रिकार्डिंग से बिट्स का पढ़ना*

3.2. प्राइमरी मेमोरी (Primary Memory)

1. *रैनडम एक्सेस मेमोरी (Random Access Memory RAM)*

यह एक सेमी कनडक्टर मेमोरी (semi conductor memory) है। तकनीकी रूप से RAM का अर्थ रीड/राइट मेमोरी होता है, अर्थात् ऐसा उपकरण जिस पर लिखा और पढ़ा जा सके। जब मेमोरी के किसी भी भाग को पढ़ा जाता है, तो उस भाग में कोई परिवर्तन नहीं होता है। लेकिन यदि मेमोरी के किसी भाग पर कोई सूचना भर दी जाती है, तो उस भाग में पहले से स्थित अंतर्वस्तु (contents) स्वमेव ही समाप्त हो जाते हैं। RAM ऊर्जाहासी होते हैं। अर्थात विद्युत् के अचानक न रहने पर यह अपनी संग्रहित सूचनाओं को खो देते हैं। अतः RAM का उपयोग प्रोग्राम या डाटा को अस्थायी रूप से संग्रहण करने के लिए किया जाता है।

RAM को निम्न दो भागों में वर्गीकृत किया जा सकता है:

(क) स्टैटिक RAM: इस प्रकार की RAM का उपयोग अनंत बार किया जा सकता है। पहले के कंप्यूटर में मैग्नेटिक कोर मेमोरी का प्रयोग किया जाता था, जो कि स्टैटिक RAM थे।

(ख) डाइनैमिक RAM: इस प्रकार के RAM का उपयोग कुछ निश्चित समय के लिए ही किया जा सकता है।

यह मेमोरी कुछ माइक्रो चिप्स पर उपलब्ध होती है जिन्हें हम मदरबोर्ड पर माइक्रोप्रोसेसर के पास लगा देते हैं। यह मेमोरी उपयोगकर्ता के काम आती है। अर्थात् उपयोगकर्ता इस पर डाटा रेकार्ड कर सकता है, लिख सकता है।

टीपः—जब कभी हम कंप्यूटर की मेमोरी का जिक्र करते हैं हमारा तात्पर्य हमेशा RAM से ही होता है।

जब कभी हम विंडोज में प्रोग्राम चलाते हैं, वह सर्वप्रथम RAM में लोड हो जाता है। प्रोग्राम का डाटा जैसे कि नाम, कक्षा, आयु इत्यादि या तो डाटाबेस से आ सकते हैं या फिर इन्हें हम की–बोर्ड द्वारा टाइप कर सकते हैं। जो भी हो, यह समस्त डाटा RAM में ही संग्रहित किया जाएगा।

RAM का हम गति के आधार पर वर्गीकरण कर सकते हैं। धीमी RAM 250 ns (नैनो सेकेंड) की गति से कार्य करती थी जबकि सबसे तेज RAM 10 ns से चलती है। साधारणतः RAM की स्पीड 50 से 70 ns के बीच है।

टीप :— RAM एक नोटबुक की तरह है। हम नोटबुक में लिख सकते हैं, रिकॉर्ड कर सकते हैं। RAM की भी यही भूमिका है।

हम RAM को कुछ डिब्बों का समूह कह सकते हैं, जिसमें प्रत्येक डिब्बा 1 बाइट डाटा रिकार्ड कर रहा है। इस कारण वह कंप्यूटर जिसमें 1 MB मेमोरी है, 1 मिलियन बाइट या कैरेक्टर रिकॉर्ड कर सकता है।

चित्र 3.9. *RAM चिप*

2. *रीड ओनली मेमोरी (Read Only Memory ROM)*

ROM शब्द "Read Only Memory" की ओर संकेत करता है। तकनीकी रूप से ROM के अंतर्वस्तु सिर्फ पढ़े जा सकते हैं, उनमें कोई संशोधन नहीं किया जा सकता है। ये अह्रासी होते हैं। अर्थात् अचानक विद्युत के न रहने पर भी ROM में संग्रहित सूचना को कोई हानि नहीं होती है। अतः ROM का उपयोग प्रोग्राम एवं डाटा को स्थायी रूप से संग्रहित करने के लिए किया जाता है।

ROM एक ऐसे रैंडम एक्सेस मेमोरी का अस्तित्व है, जिसमें डाटा स्थायी रूप से लिखे जा सकते हैं। इसमें लिखे हुए किसी भी शब्द के पते को उल्लेखित कर शब्द को पढ़ा जा सकता है। शब्द के विषय–वस्तु को परिवर्तित नहीं किया जा सकता है। इस प्रकार की मेमोरी को रीड ओनली मेमोरी (Read Only Memory) कहते हैं। मेमोरी को, नॉन वोलेटाइल (Non-Volatile) होना चाहिए। ROM का उपयोग सारणी, विशेष प्रकार के अनुप्रयोगों हेतु बने छोटे प्रोग्राम्स को संग्रहित करने के लिए किया जाता है।

ROM के विभिन्न प्रकार निम्न हैं–

(क) *ROM:* इस प्रकार के ROM में स्थित सूचना को आवश्यकतानुसार परिवर्तित नहीं किया जा सकता है। इस प्रकार का ROM व्यापक रूप में कंप्यूटर सिस्टम में उपयोग नहीं किया जाता है।

(ख) *PROM (प्रोग्रामेविल ROM):* इस प्रकार के ROM को कंप्यूटर बनाने वाली संस्था, PROM चिप बनाने वाली संस्था से खरीद कर कंप्यूटर में लगाने के लिए तैयार करती है। अतः इस प्रकार के ROM को राइट–वंस ROM भी कहते हैं।

(ग) *EPROM (इरेजेबल प्रोग्रामेबल ROM):* इस प्रकार के ROM में स्थित अंतर्वस्तुओं को न सिर्फ कंप्यूटर का निर्माण करने वाले बल्कि उपयोगकर्ता भी कुछ साधारण उपकरणों की सहायता से संशोधित कर सकता है। ROM चिप के भंडारण कोष्ठिका पर 30 से 60 मिनट तक एक खिड़की के द्वारा पराबैंगनी प्रकाश डालने से उस पर संग्रहित सूचना आसानी से समाप्त की जा सकती है।

(घ) *EAROM (इलेक्ट्रिकली ऑलट्रेबल ROM):* इस प्रकार के ROM में स्थित अंतर्वस्तु को समाप्त करने के लिए ROM चिप को उस परिपथ से अलग करने की आवश्यकता नहीं होती है जहाँ उसे उपयोग में लाया जा रहा हो। परिपथ से बिना अलग किए ही इस पर स्थित अंतर्वस्तु को समाप्त किया जा सकता है। पहले से स्थित अंतर्वस्तु को समाप्त करने के लिए इस प्रकार के ROM चिप को पराबैंगनी प्रकाश में रखने की आवश्यकता नहीं होती है। इस पर स्थित अंतर्वस्तु को बदलने के लिए कीमती उपकरणों की आवश्यकता होती है।

3.3. स्टोरेज डिवाइस (Storage Devices)

स्टोरेज डिवाइस के द्वारा हम डाटा को लंबे समय के लिए संग्रहित कर सकते हैं। इसके आम डिवाइस हैं–हार्ड डिस्क, फ्लॉपी डिस्क, टेप ड्राइव, जिप ड्राइव, आदि।

स्टोरेज डिवाइस के द्वारा सूचना को स्टोरेज मीडिया में रखा जाता है। स्टोरेज डिवाइस के द्वारा हम बहुत सारा डाटा स्टोर कर सकते हैं। लगभग सभी कंप्यूटरों पर इस कार्य हेतु हार्ड डिस्क का प्रावधान किया गया है। फ्लॉपी डिस्क तथा सी.डी. रोम के द्वारा डाटा एक पी.सी. से दूसरे पी.सी. पर ले जाया जा सकता है। यह स्टोरेज डिवाइस निम्न प्रकार के हो सकते हैं:

(i) मैग्नेटिक डिस्क (Magnetic Disks)

(ii) मैग्नेटिक टेप (Magnetic Tapes)

(iii) ऑप्टिकल डिस्क (Optical Disks)

3.3.1. *मैग्नेटिक डिस्क (Magnetic Disks)*

इनमें मैग्नेटिक पद्धति से कुछ प्लेटों (Disks) पर डाटा संग्रहित किया जाता है। अधिक तीव्र गति से डाटा को इनपुट/आउटपुट करने के माध्यम के रूप में तथा रैंडम एक्सेस मेमोरी के रूप में मैग्नेटिक डिस्क अतिरिक्त मेमोरी के साधन के रूप में प्रयोग में लाई जाती है। यह ग्रामोफोन रिकार्ड के समान डिस्क होती है। यह डिस्क सिलिका प्लेट की होती है। जिसमें दोनों ओर चुंबकीय पदार्थों का लेप रहता है। यह प्लेट 6 या अधिक संख्या में एक पैक के रूप में एकत्रित होती है, जिसे डिस्क पैक कहते हैं। ये डिस्क पैक एक मुख्य अक्ष पर काफी तीव्र गति से घुमाया जाता है, इस डिस्क पैक में ऊपरी डिस्क की सबसे ऊपरी परत को छोड़कर शेष सभी डिस्कों के दोनों ओर चुंबकीय तथा अचुंबकीय बिंदुओं के रूप में डाटा तथा सूचना को लिखा जाता है। प्रत्येक सतह कई ट्रैकों में विभाजित रहती है तथा प्रत्येक ट्रैक कई सेक्टरों में विभक्त रहता है। प्रत्येक सेक्टर में अधिकतम 128 बाइट का एक रिकार्ड लिखा जा सकता है, प्रत्येक ट्रैक में इस प्रकार के 20 से 30 सेक्टर होते हैं। एक मानक 14'' व्यास की डिस्क में दोनों ओर 800 ट्रैक होते हैं, जिनमें से प्रत्येक ट्रैक 15,360 कैरैक्ट्रर्स संग्रहित करने में समर्थ होता है। मैग्नेटिक डिस्क को डायरेक्ट एक्सेस इकाई भी कहा जाता है। ऐसा इसलिए क्योंकि डिस्क पर सूचना या डाटा लिखते या पढ़ते समय यह आवश्यक नहीं कि क्रमिक रूप से कार्य किया जाए। प्रत्येक सेक्टर, डिस्क की सतह क्रमांक, ट्रैक क्रमांक तथ सेक्टर क्रमांक से जाना जाता है। इन सभी को मिलाकर सेक्टर एड्रेस बनता है तथा किसी भी समय कोई भी सूचना सेक्टर एड्रेस को व्यक्त करके डिस्क से पढ़ी अथवा लिखी जा सकती है। मैग्नेटिक टेप में सूचना केवल क्रमिक रूप से ही पढ़ी/लिखी जा सकती है, किंतु डिस्क पर यह क्रमिक या अक्रमिक (रैंडम) दोनों ही प्रकार से किया जाता है।

डिस्क या डिस्क पैक एक धुरी पर चढ़ा होता है जो एक स्थिर गति से घूमती है। डिस्क की सतह पर पढ़ने

/लिखने की प्रक्रिया रीड/राइट हैडों की एक श्रेणी के द्वारा संपन्न की जाती है, जो डिस्क सतह के पास होते हैं। सामान्यतः दो प्रकार के हैड की व्यवस्था होती है।

(1) अस्थिर हैड प्रणाली तथा

(2) हैड–प्रति ट्रैक।

अस्थिर हैड प्रणाली में प्रत्येक सतह के लिए एक हैड रहता है जो एक भुजा से जुड़ा रहता है। यह भुजा कंधे के समान आकार की होती है जो डिस्क पैक की प्रत्येक डिस्क पर घूमती है। इन भुजाओं से जुड़े रीड/राइट हैड डिस्क को प्रत्येक सेक्टर तथा ट्रे से गुजारते हैं तथा निर्देशानुसार किसी सेक्टर या ट्रैक विशेष से अपना डाटा पढ़ते हैं या उस पर डाटा लिखते हैं।

हैड–प्रति ट्रैक प्रणाली में भी लगभग यही प्रक्रिया अपनाई जाती है। अंतर सिर्फ यही रहता है कि इस प्रणाली में प्रत्येक ट्रेक के लिए एक हैड रहता है। इस प्रणाली में सभी हैड स्थिर रहते हैं। अधिकांशतः अस्थिर हैड प्रणाली में डिस्क पैक आवश्यकतानुसार बदला जा सकता है।

इसके प्रकार निम्न हैं–

1. *हार्ड डिस्क (Hard Disk)*

मैग्नेटिक हार्ड डिस्क धातु की चिकनी प्लेट होती है, जिस पर दोनों ओर चुंबकीय पदार्थ की परत चढ़ी होती है। इस प्रकार की चुंबकीय प्लेटों का समूह जिसमें प्लेट एक के ऊपर एक रखी होती है। एक डिस्क पैक (disk pack) का निर्माण करती है। यह डिस्क पैक सील्ड होती है तथा डिस्क ड्राइव में लगी होती है। इस प्रकार के डिस्क ड्राइव को विनचेस्टर डिस्क ड्राइव कहते हैं। डिस्क ड्राइव में एक मोटर लगी होती है जो डिस्क पैक को उसके अक्ष पर 5400 चक्कर प्रति मिनट की दर से घूर्णित करती है। इस ड्राइव में चुंबकीय शीर्षों का एक समूह लगा होता है, यह समूह एक भुजा पर स्थित होता है। जब यह डिस्क अपने अक्ष के चारों ओर घूर्णित होती है, तो सतह पर सूचना रिकार्ड होती है। इस प्रकार प्रत्येक डिस्क सतह पर वृत्ताकार ट्रैक (Track) स्थित होता है। प्रत्येक सतह पर संकेंद्री वृत्तों का समूह उपस्थित होता है। डिस्क पैक की सभी सतहों में संगत ट्रैक्स का समूह एक सिलेंडर (cylinder) कहलाता है। यदि एक डिस्क पैक में n प्लैट्स हों तो वहाँ 2n सतह उपलब्ध होती है। इस प्रकार प्रति सिलेंडर ट्रैक्स की संख्या 2n होती है। प्रत्येक ट्रैक (Track) सेक्टर्स (Sectors) में विभाजित होता है। पढ़ने या लिखने की संक्रिया सेक्टर की सीमा से आरंभ होती है। यदि किसी सेक्टर में संग्रहित किए जाने वाले बाइट्स की संख्या सेक्टर की क्षमता से कम हो, तो सेक्टर का शेष भाग अंतिम रिकार्ड किए गए बाइट के साथ पैडेड (Padded) हो जाता है।

डिस्क की संग्रहण क्षमता और घनत्व की गणना निम्न सूत्र द्वारा की जाती है :–

$$\text{संग्रहण क्षमता} = s \times t \times p \times b$$

जहाँ सतहों की संख्या s, प्रति सतह ट्रैक की संख्या t, प्रति ट्रैक सेक्टर की संख्या p तथा प्रत्येक सेक्टर में संग्रहित होने वाले बाइट्स की संख्या b है।

$$\text{घनत्व} = (b \times b)/(\pi \times d) \text{ बाइट्स/इंच}$$

जहाँ d डिस्क का व्यास है।

उदाहरण : माना एक डिस्क पैक, जिसका व्यास 3 इंच का है। 5 प्लेट्स रखता है। प्रति सेक्टर में 512 बाइट्स संग्रहित होते हैं। कुल सेक्टर्स की संख्या 256 है तथा प्रति सतह 4096 ट्रैक्स हैं। डिस्क की संग्रहण क्षमता तथा घनत्व की गणना करें।

हल : $\text{संग्रहण क्षमता} = 512 \times 256 \times 4096 \times 10 = 5368709120$ बाइट्स

$$\text{घनत्व} = (512 \times 256) / (\pi \times 3) = 13901.57 \text{ बाइट्स/इंच}$$

डिस्क ड्राइव्स का एक समूह डिस्क कंट्रोलर (disk Controller) से जुड़ा होता है। डिस्क कंट्रोलर कंप्यूटर

से निर्देश प्राप्त करता है और रीड राइट हैड (read write head) को उल्लेखित डिस्क पर पढ़ने या लिखने के लिए भेजता है। डिस्क पैक पर लिखने या वहाँ से पढ़ने के लिए ड्राइव संख्या, सिलेंडर संख्या, सतह संख्या और सेक्टर संख्या आदि का उल्लेख कंप्यूटर द्वारा किया जाना चाहिए। ड्राइव की संख्या उल्लेखित होना आवश्यक होता है क्योंकि कंट्रोलर सामान्यतः एक से अधिक ड्राइव को कंट्रोल करता है।

जब डिस्क कंट्रोलर एक रीड–राइट निर्देश को प्राप्त करता है, तब कंट्रोलर सबसे पहले भुजा (arm) संगठन को व्यवस्थित करता है ताकि रीड–राइट हैड उल्लेखित सिलेंडर तक पहुँच सके। उल्लेखित सिलेंडर तक पहुँचने में लगने वाले समय को सीक टाइम (Seek Time) कहते हैं। भुजा संगठन की स्थिति पर सीक–टाइम निर्भर करता है, जब रीड–राइट निर्देश को कंट्रोलर द्वारा प्राप्त किया जाता है। सबसे बाह्य सिलेंडर से सबसे अंदर के सिलेंडर तक पहुँचने में रीड–राइट हैड द्वारा लिए जाने वाले समय को अधिकतम सीक टाइम कहते हैं। यदि चुने गए सिलेंडर पर पहले से ही हैड स्थित हो तो लगने वाला सीक टाइम शून्य होता है। औसत सीक टाइम 10 मिली सेकेंड का होता है।

एक बार हैड को उल्लेखित सिलेंडर पर स्थित हो जाने पर उल्लेखित सतह के संगत हैड स्विच्ड (Switched) हो जाता है। यह स्विचिंग इलेक्ट्रॉनिक होती है। हैड के चुनाव हो जाने के उपरांत वहाँ एक डिले (delay) होता है क्योंकि उल्लेखित सेक्टर रीड–राइट हैड तक पहुँचता है। यह रोटेशनल डिले (rotational delay) चलायमान होता है। औसत रोटेशनल डिले डिस्क के एक बार घूर्णित होने में लगने वाले समय का आधा होता है। यह समय लेटेंसी टाइम (latency time) कहलाता है। एक डिस्क के 7200 घूर्णन प्रति मिनट हेतु लगने वाला लेटेंसी टाइम 0.5/7200 मि. = 4.15 मिली सेकेंड होता है। औसत लेटेंसी और सीक टाइम का योग औसत एक्सेस टाइम (Access time) कहलाता है।

जब एक सेक्टर पहुँचता है, तो इस पर स्थित डाटा डिस्क के घूर्णन की निर्धारित गति द्वारा पढ़े जाते हैं। एक पूर्ण चक्कर 7200 rpm हेतु डिस्क द्वारा लिया जाने वाला समय 8.33 मिली सेकेंड का होता है। 256 सेक्टर्स वाले एक ट्रैक के एक चक्कर में 512 बाइट्स प्रति सेक्टर की दर से पढ़े जाते हैं। इस प्रकार 8.33 मि.से. में $256 \times 512 = 128$ KB का डाटा पढ़ा जाता है जो कि $128 / 8.33 \times 10^{-3} = 15.36$ MB प्रति सेकेंड की स्थानांतरण दर देता है। प्रेक्षण करते हैं कि एक सेक्टर तक पहुँचने में लगने वाला समय = औसत सीक टाइम + औसत लेटेंसी टाइम = (10 + 4.16) = 14.16 मि.सेकेंड का होता है जो कि एक सेक्टर को पढ़ने के लिए वांछित समय का 400 गुना होता है।

वर्तमान में सभी डिस्क ड्राइव्स आंतरिक रूप से जुड़े हुए नियत्रंक रखते हैं, जो सामान्यतः माइक्रोप्रोसेसर होता है। सेक्टर में डाटा को संग्रहित करने के पूर्व उसे संकुचित (Compress) किया जाता है। इस विधि को RLE (Run length encoding) कहते हैं। डाटा में उपस्थित 1 और 0 के लंबे अनुक्रम को संग्रहित करने से बचने का प्रयास किया जाता है। उदाहरण के लिए माना एक डाटा 111111111111001 है। प्रेक्षित करते हैं कि वहाँ बारह 1 का एक अनुक्रम है। इसे संग्रहित करने के स्थान पर हम उसे 11001 में संकुचित करते हैं और इसे पढ़े जाते समय विस्तारित कर लेते हैं। 0 के लंबे अनुक्रम को भी इसी प्रकार संकुचित किया जा सकता है।

उचित सेक्टर पर लिखने और पढ़ने हेतु रीड/राइट हैड की पहुँच को नियंत्रित करने के अतिरिक्त कंट्रोलर यह भी परीक्षण करता है कि कंप्यूटर की मुख्य मेमोरी से भेजे गए डाटा डिस्क पर सही तरीके से लिखे जा रहे हैं या नहीं।

हार्ड डिस्क मूलतः ठोस प्लेट है जो *सबस्ट्रेट* (Substrate) तथा चुंबकीय माध्यम से बनी है। *सबस्ट्रेट* अर्थात् प्लेट का बेस मैटीरियल। इसमें निम्न गुण होने चाहिए:

(अ) इसे गैर चुंबकीय होना चाहिए।

(ब) उसे अत्यंत चिकनी तथा सपाट सतह में बदल सकते हों।

सबस्ट्रेट या तो ऐलुमिनियम या ग्लास तथा सिरैमिक के मिश्रण से बनता है। डाटा स्टोर करने हेतु प्लेट के दोनों ओर चुंबकीय माध्यम लगाया जाता है। यह धातु की परत के रूप में होता है जिसे हम *थिन फिलम मीडियम*

(thin film medium) कहते हैं। यह डाटा को चुंबकीय पैटर्न में स्टोर करता है। प्रत्येक प्लेट लगभग एक अरब बिट्स प्रति वर्ग इंच (B.P.S.I. - Bits Per Square Inch) स्टोर करती है।

प्लेटें विभिन्न साइज की होती हैं, मुख्यतः 5.25 तथा 3.5 इंच। प्लेट हेतु ग्लास का प्रयोग निम्नकारणों से अधिक किया जाता हैः

(अ) इसकी ऊष्मारोधक क्षमता बेहतर है।

(ब) ग्लास की प्लेट ऐलुमिनियम से पतली बनायी जा सकती है।

हार्ड डिस्क का अंदरूनी हिस्सा भी हर समय धूल रहित होना चाहिए। इस हेतु प्लेटों को एक केस में "सील" कर दिया जाता है। इस चेंबर को हम "हैड डिस्क ऐसेंबली" कहते हैं।

प्रत्येक डिस्क में डाटा गोलाकार "ट्रैक्स" में रिकॉर्ड किया जाता है। यह कुछ हद तक पहले चलने वाले ग्रामोफोन के गोल रिकॉर्ड के समान है। डिस्क में एक "हैड" होता है। यह हैड एक एक्यूटेटर आर्म (Acutator Arm) पर फिक्स्ड रहता है। यह ट्रैक से डाटा पढ़ने तथा रिकॉर्ड करने का कार्य करता है। डिस्क के दोनों ओर एक हैड होता है जो डिस्क के घूमने पर डाटा लिखता या पढ़ता है। इस घुमाव को रेवोल्यूशन प्रति मिनट (आर.पी.एम.) में नापा जाता है। अधिक आर.पी.एम. से डिस्क की कार्यक्षमता बढ़ जाती है।

चित्र 3.10. *हार्ड डिस्क*

साधारणतः दो या अधिक प्लेटें एक के ऊपर एक रहती हैं तथा एक गोल छड़ इनके बीच से निकलती है तथा इन्हें एक यूनिट में बांधे रखती है। इस गोल छड़ को "स्पिंडल" या "शाफ्ट" कहा जाता है। इसके शाफ्ट के द्वारा पूरी ऐसेंबली को तेज गति से घुमाया जा सकता है।

इन प्लेटों के बीच स्थान में मैग्नेटिक रीड/राइट हैड होता है। यह हैड प्लेट के बहुत करीब रखा जाता है जिससे डाटा को संकीर्णता से स्टोर किया जाता है।

यह हैड डिस्क न घूमने की स्थिति में उसे छूते रहते हैं। डिस्क घूमने पर हवा का दबाव बनता है जिससे हैड थोड़ा ऊपर उठ जाता है। इस स्थिति में हैड हवा में तैरता रहता है। ऐसे में डिस्क तथा हैड के बीच की जगह मात्र 0.07m.m. रह जाती है। ऐसे में धूल का बारीक कण, धुआँ और अंगुली का निशान तक हैड से टकराकर उसे "क्रैश" करा सकता है। इसी कारण हार्ड डिस्क को एयर टाइट केस में सील करके रखा जाता है।

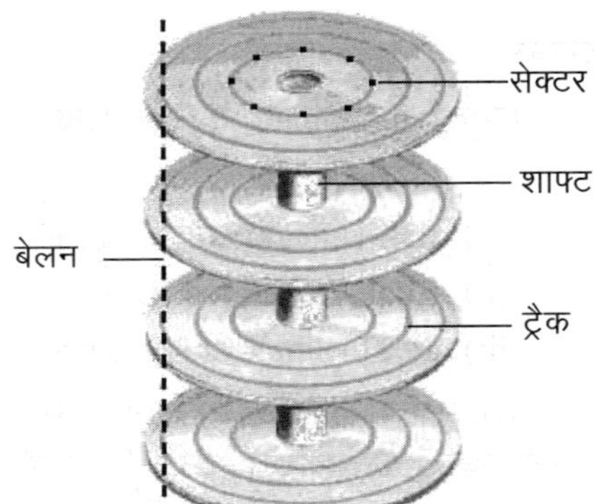

चित्र 3.11. *हार्ड डिस्क का आंतरिक भाग*

प्रत्येक रीड/राइट के लिए डाटा को खोजना (locate) पड़ता है। इस प्रक्रिया को *"सीक"* (**seek**) कहते हैं। हार्ड डिस्क की घूमने की गति सामान्यतः 4,500 से 7,200 आर.पी.एम. होती है। हालाँकि आजकल 10,000 आर.पी.एम. या उससे अधिक की ड्राइव उपलब्ध है। अधिक गति के कारण ड्राइव ज्यादा गर्म और ज्यादा आवाज करती है। अतः तेज गति की हार्ड डिस्क को पंखे के द्वारा ठंडा किया जाता है।

हार्ड डिस्क एक घुमाव में एक ट्रैक से सारे सेक्टरों को पढ़ लेती है। भौतिक लोकेशन को सिलेंडर, ट्रैक तथा सेक्टर के माध्यम से पहचाना जा सकता है। हार्ड डिस्क प्रायः बाहर से अंदर की ओर लिखती है। अतः डाटा बाहर की ओर होने पर जल्दी से रीड/राइट किया जा सकता है।

सीक टाइम/हैड स्विच टाइम/सिलेंडर स्विच टाइम

सीक टाइम एक ट्रैक से ठीक अगले ट्रैक जाने पर सबसे कम होगा। सबसे बाहर के ट्रैक से सबसे अंदर के ट्रैक में आने पर सीक टाइम सबसे ज्यादा होगा। औसत सीक टाइम वह टाइम है जिसमें ड्राइव का हैड किसी भी माँगे डाटा की जानकारी के लिए सही जगह ला दिया जाए। छोटे साईज की डिस्क में सीक टाइम कम रहता है।

डिस्क के सभी हैड एक ही छड़ से बंधे हैं। अतः सभी हैड एक ही सिलेंडर पर होते हैं। ड्राइव को डाटा रीड/राइट करते समय एक हैड से दूसरे हैड को स्विच करने में जो समय लगता है, उसे "हैड स्विच टाइम" कहते हैं।

"सिलेंडर स्विच टाइम" वह टाइम है जो हैड को रीड/राइट करते समय एक ट्रैक से दूसरे ट्रैक जाने में लगता है। यह सभी समय मि.से. में मापे जाते हैं।

रोटेशनल लेटेंसी

हैड को सही ट्रैक पर आने के बाद सही सेक्टर का इंतजार करना होता है। इंतजार के इस समय को "रोटेशनल लेटेंसी" कहा जाता है। ड्राइव के तेज होने पर यह समय भी कम लगेगा। इसका औसत समय वह है जितने में डिस्क आधी घूम जाती है।

डाटा एक्सेस टाइम

यह टाइम 3 कारकों पर निर्भर है :–

(अ) सीक टाइम

(ब) हैड स्विच टाइम

(स) रोटेशनल लैटेंसी

यह टाइम भी मि.से. में मापा जाता है।

इंटरफेस

कंप्यूटर से वार्तालाप करने के लिए हार्ड डिस्क को इंटरफेस की आवश्यकता होती है। इसके 3 विकल्प उपलब्ध हैं:

(i) IDE (Integrated Device Electronics)
(ii) EIDE (Extended IDE)
(iii) SCSI (Small Computer Systems Interface)

IDE पुराना वाला इंटरफेस है। इसमें अधिकतम दो ड्राइव रह सकती हैं, प्रत्येक 504 MB की। EIDE में एक प्राइमरी तथा एक सेकेंडरी चैनल है। प्रत्येक चैनल दो डिवाइस से संयुक्त हो सकता है। अर्थात् EIDE से कुल चार ड्राइव तक चल सकती हैं। इसके अलावा सी.डी. रोम तथा टेप ड्राइव भी EIDE से चल सकते हैं। SCSI से सात डिवाइस चल सकते हैं। चौड़े SCSI से 15 डिवाइस संयुक्त हो सकते हैं। SCSI की वास्तविक ताकत यह है कि कई डिवाईस उसे एक साथ इस्तेमाल कर सकते हैं। अतः SCSI का पूर्ण लाभ तब मिलता है जब कई डिवाइस उससे जुड़े हुए हों। सबसे अच्छे प्रदर्शन वाली हार्ड डिस्क प्रायः SCSI ही होती है।

डिस्क कैश

डिस्क कैश हाल ही में प्रयोग में लाए गए डाटा को स्टोर करके कंप्यूटर को तेज चलाने में मदद करता

है। डिस्क कैश मेमोरी का वो क्षेत्र है जिसमें कंप्यूटर हाल ही का डाटा रखता है। डाटा की आवश्यकता होने पर कंप्यूटर पहले डिस्क कैश में देखता है। डिस्क कैश हार्ड डिस्क के मुकाबले हजारों गुणा तेजी से डाटा दे सकता है।

नवीन खोज

वेस्टर्न डिजिटल कॉरपोरेशन हाल ही में 80 GB प्रति प्लेट की टेक्नोलॉजी लाया है। इससे पी.सी. हार्ड डिस्क की क्षमता 250 GB तक हो जाएगी। यह वेस्टर्न की पुरानी डिस्क पर 25% की बढ़त है। पुरानी डिस्क 67 GB प्रति प्लेट से 200 GB का स्टोरेज देती थी। इनमें 8 MB कैश मेमोरी है जो अन्य हार्ड डिस्क से कहीं अधिक है।

2. फ्लॉपी डिस्क *(Floopy Disk)*

इसका आविश्कार IBM ने 1967 में किया। सन् 1971 में IBM के द्वारा सिस्टम 370 मेनफ्रेम कंप्यूटर में पहली बार फ्लॉपी डिस्क का समावेश किया गया। यह 8 इंच की प्लास्टिक डिस्क आयरन ऑक्साइड से कोटेड थी। यह 80 KB की एक रीड–ओनली डिस्क थी। सन् 1973 में IBM ने नए संस्करण की फ्लॉपी लाई। इसमें रीड/राइट करने की क्षमता थी। इसमें 256 KB तक की स्टोरेज थी।

सन् 1976 में इस डिस्क को छोटा कर 5.25 इंच कर दिया गया। अगस्त 1981 में IBM द्वारा पहली बार 5.25 इंच की फ्लॉपी का पी.सी. में उपयोग किया गया। 5.25 डिस्क की शुरुआती क्षमता 160 KB थी। अतंतः यह 1984 में आकर 1.2 MB पर रुक गई।

चित्र 3.12. *5.25 इंच फ्लॉपी डिस्क*

1990 के मध्य तक 5.25 इंच की फ्लॉपी की लोकप्रियता घट गई। यह इसलिए क्योंकि डिस्क का एक्सेस एरिया (रीड/राइट स्लॉट) खुला रहता था तथा इससे अंगुली के निशान तथा धूल मिट्टी आ जाती थी। 5.25 इंच का नाम "फ्लॉपी" इसलिए रखा गया क्योंकि इसे दोनों साइड से इलास्टिक तथा प्लास्टिक के लिफाफे से पैक किया जाता था जिस कारण यह काफी लचीली होती थी।

सन् 1981 में Sony कंपनी द्वारा एक नयी फ्लॉपी ड्राइव बाजार में उतारी गई जो 3.5 इंच की थी। इसकी स्टोरेज क्षमता 720 KB की थी। सन् 1984 में इसकी क्षमता 1.44 MB कर दी गई। जैसे–जैसे फ्लॉपी डिस्क छोटी होती गयी हम उसे "*डिस्केट*" (Diskette) कहते गए। 5.25 इंच के मुकाबले 3.5 इंच की फ्लॉपी काफी ठोस कवर की थी।

चित्र 3.13. *3.5 इंच फ्लॉपी डिस्क*

फ्लॉपी डिस्क में रीड/राइट हैड डिस्क की सतह को *रीड/राइट स्लॉट* (read/write slot) के द्वारा छूते हैं। यह स्लॉट डिस्क के प्लास्टिक कवर में बना होता है। इसमें एक *रीड/राइट हैड* लगा होता है जो डाटा को पढ़ता और लिखता है। इसकी स्पीड लगभग 300 RPM की होती है। इनका *रीड/राइट स्लॉट* कवर से ढका रहता है, इसे हम "*शटर*" कहते हैं। जब हम डिस्क को लगाते हैं तो डिस्क का शटर अपने आप एक तरफ हो जाता है, इससे दो तरह की बातें होती हैं:

(अ) रीड/राइट स्लॉट दिखाई देता है।

(ब) फ्लॉपी ड्राइव भीतरी मैग्नेटिक डिस्क से संपर्क कर सकती है।

फ्लॉपी ड्राइव "ओपन लूप ट्रैकिंग" का प्रयोग करती है। यह 1.44 MB की डिस्क में 135 टी.पी.आई. (TPI- Tracks Per Inch) स्टोर करती है।

चित्र 3.14. *3.5 इंच फ्लॉपी ड्राइव*

बनावट के लिहाज से फ्लॉपी डिस्क प्लास्टिक का टुकड़ा है जिस पर आयरन ऑक्साइड लगाया गया है। यही तत्त्व हम ऑडियो तथ वीडियो कैसेट में देखते हैं। यह प्लास्टिक की डिस्क मुलायम तत्त्व की दो शीटों के बीच में होती है। इस तत्त्व पर एक चिकना पदार्थ लगा रहता है। डिस्क के ड्राइव में घूमने पर यह चिकना पदार्थ उसकी रक्षा करता है।

फ्लॉपी डिस्क की स्टोरेज क्षमता बढ़ाने के कई प्रयास किए गए हैं। परंतु विशेष सफलता हाथ नहीं लगी है। 1991 में IBM ने 2.88 MB फ्लॉपी डिस्क विकसित की जिसमें बेरियम फेराइट का प्रयोग किया गया। यह काफी महँगी थी तथा ज्यादा चली नहीं। 1993 में ओमेगा तथा 3M ने 21 MB की फ्लॉपी डिस्क का निर्माण किया परंतु यह भी सफल नहीं रही।

फ्लॉपी चार प्रकार की होती है:

(1) सिंगल–साइड–सिंगल–डेंसटि (S S S D)

(2) सिंगल–साइड–डबल–डेंसटि (SSDD)

(3) डबल–साइड–सिंगल–डेंसटि (DSSD)

(4) डबल–साइड–डबल–डेंसटि (DSDD)

फ्लॉपी निम्न कारणों से आसानी से नष्ट हो सकती है:

1. अभिलेखन सतह को उँगली या किसी अन्य वस्तु से स्पर्श करने पर।
2. फ्लॉपी पर किसी तरल पदार्थ के गिरने से।
3. फ्लॉपी को मोड़ने पर।
4. फ्लॉपी सतह पर किसी बाल–प्वाइंट पेन या पेन्सिल से लिखने पर।
5. फ्लॉपी को अत्यधिक ऊष्मा में प्रदर्शित करने पर।
6. फ्लॉपी को किसी विचरनशील चुंबकीय क्षेत्र में प्रदर्शित करने पर।

3. *जिप ड्राइव (ZIP Drive)*

इसे ओमेगा ने 1995 में लॉन्च किया था। यह एक छोटी पोर्टेबल डिस्क ड्राइव है जिसे मुख्यतः PC फाइल के बैकअप तथा आर्चिव (archive) के लिए प्रयोग में लाया जाता है। ओमेगा जिप ड्राइव विशेष सॉफ्टवेयर के साथ आती है जिससे हम हार्ड डिस्क के सारे डाटा को एक या अधिक जिप ड्राइव पर कॉपी कर सकते हैं। ये डिस्क लचीली तथा मुलायम होती हैं। इन्हें बनाना सस्ता पड़ता है तथा यह झटकों को बेहतर सह सकती हैं। जिप ड्राइव का प्रदर्शन काफी अच्छा रहता है, जिसके दो कारण हैं:

(i) 3000 RPM का उच्च चक्र दर

(ii) ओमेगा की नई टेक्नोलॉजी जो बरनोली के एयरोडायनमिक सिद्धांत पर आधारित है। इसके अंतर्गत डिस्क को रीड–राइट हैड के पास खींचा जाता है। (इसके विपरीत, हार्ड डिस्क में डिस्क को स्थिर रख हैड हिलता है)।

ZIP की क्षमता 94MB है। यह आंतरिक तथा बाह्य दोनों रूप में उपलब्ध है। यह लगभग 70 फ्लॉपी डिस्क का डाटा स्टोर कर सकती है। आंतरिक यूनिट में या तो SCSI या फिर ATAPI इंटरफेस होता है तथा यह तेज चलती है – औसत सीक समय 29ms तथा डाटा स्थानांतरण दर 1.4KBps है। 1998 में ZIP100 प्लस संस्करण आया। यह इंटरफेस को अपने आप ही डिटेक्ट कर के कार्य करता है। 1999 में इसका USB (Universal Serial Bus) संस्करण भी आया जिसके दो कारण थे:

चित्र 3.15. *ZIP ड्राइव*

(i) Windows -98 द्वारा USB support प्रदान करना

(ii) Apple iMac की सफलता, जिसमें USB पोर्ट रहते हैं।

बाह्य ZIP ड्राइव आंतरिक से थोड़ा धीरे चलती है। परंतु यह पोर्टेबल होती है, जिससे दो PC के बीच अधिक डाटा ट्रांस्फर करने में आसानी होती है। ZIP ड्राइव 3.5" फ्लॉपी से बैकवर्ड कंपटेबल नहीं होती है।

1999 में 250MB की ZIP ड्राइव आई। यह SCSI तथा पैरेलल पोर्ट संस्करण में उपलब्ध थी। पैरेलल में 100MB ड्राइव के मुकाबले दोगुनी रीड स्पीड तथा 1.5 गुणा राइट स्पीड थी। ZIP 250 पुराने ZIP 100 से बैकवर्ड कम्पिटेबल है परंतु राइट करते समय कार्य काफी धीमी गति से होता है।

डाटा बैकअप के अतिरिक्त ZIP ड्राइव के उपयोग निम्न हैं:

(अ) पुराने ई–मेल तथा फाइलों को archive करना, जिनकी हमें अधिक आवश्यकता न हो।

(ब) अत्यंत बड़ी फाइलों को स्टोर करना, जिनकी आवश्यकता रोज नहीं पड़ती हो।

(स) बड़ी फाइलों को अन्य उपयोगकर्ताओं से शेयर करना।

(द) व्यक्तिगत तथा खुफिया फाइलों को अलग स्टोर करना।

3.3.2. *मैग्नेटिक टेप (Magnetic Tape)*

इन्हें कार्ट्रिज टेप भी कहा जाता है। इनमें *मैग्नेटिक* पद्धति से कुछ टेपों पर डाटा स्टोर किया जाता है। यह काफी अच्छे विकल्प के रूप में उभरे हैं। कार्ट्रिज मैग्नेटिक टेप की लंबी पट्टी रखते हैं, इसलिए यह एक बड़े कैसेट के समान होता है। टेप कार्ट्रिज का संकुलन करना अत्यधिक सुविधा प्रदान करता है।

धूल आदि के विरुद्ध यह सुरक्षा प्रदान करता है। यह डाटा स्थानांतरण की निम्न दर रखता है, लगभग 10,000 बाइट प्रति सेकेंड।

मैग्नेटिक टेप की मेमोरी ऑडियो टेप रिकार्डर के समान होती है। मैग्नेटिक टेप ड्राइव एक स्पूल रखता है, जिस पर मैग्नेटिक टेप लगा होता है। टेप मैग्नेटिक हैड के समूह के पास से गुजरता है और दूसरी ओर लगे हुए एक अन्य स्पूल में एकत्र होता है। दो स्पूल्स के मध्य नौ हैड का समूह डाटा को पढ़ने और लिखने के लिए लगा होता है। प्रत्येक हैड स्वतंत्र रूप से संचालित होता है तथा डाटा को टेप के ट्रैक पर संग्रहित करता है। ये नौ हैड डाटा को नौ सामांतर ट्रैक्स में रिकार्ड करते हैं जो टेप की कोर के सामांतर रहते हैं। 9 ट्रैक्स में से

8 ट्रैक्स डाटा के एक बाइट रिकार्ड करने के लिए तथा नौवाँ ट्रैक प्रत्येक बाइट की पैरटी बिट (Parity Bit) को रिकार्ड करने हेतु उपयोग में लाया जाता है। (पुराने टेप ड्राइव में कैरेक्टर्स की कोडिंग 6 बिट्स में की जाती थी और सातवाँ बिट पैरटी बिट के रूप में उपयोग किया जाता था। इस प्रकार के टेप सैवेन ट्रैक टेप (Seven Track Tape) कहलाते हैं।)

एकल ट्रैक के प्रति इंच पर स्थित बिट्स की संख्या रिकार्डिंग घनत्व कहलाता है, जो 1600, 3200, 6250 या 12500 बिट्स का हो सकता है। स्मरण रहे 9 ट्रैक टेप के एक इंच भाग में $1600 \times 9 = 14400$ बिट्स रिकार्ड होते हैं, जब टेप 1600 bpi वाला हो।

टेप की गति 100 इंच प्रति सेकेंड की होती है। टेप के पूर्ण गति से चलायमान होने पर डाटा के लिखने या पढ़ने की दर 8×10^4 बिट्स प्रति सेकेंड होती है। टेप पर लिखे गए डाटा को क्रम से ही पढ़ा जा सकता है। टेप पर रिकार्ड किए गए डाटा का कोई पता नहीं होता है। वे जिस क्रम में लिखे जाते हैं उसी क्रम में पढ़े भी जाते हैं। पुरानी सूचनाओं को लंबे समय तक संग्रहित रखने के लिए टेप का प्राथमिक रूप में उपयोग किया जाता है। ये कम खर्चीले होते हैं।

आँकडों को संग्रहित करने के लिए यह पूर्णतया प्रचलित माध्यम है। ये दो प्रकार के होते हैं। एक नियमित कैसेट टेप होता है, जिसका उपयोग ऑडियो टेप रिकार्डिंग के लिए किया जाता है। आँकड़ों तक पहुँचने और उसे संचारित करने के लिए एक नियमित ऑडियो कैसेट और एक कैसेट प्लेयर की आवश्यकता होती है। कैसेट टेप में आँकड़ों को सीमित मात्रा में संग्रहित किया जा सकता है।

आँकड़ों का संग्रह करने के लिए दूसरा प्रकार प्रायः उपयोग में लाया जाता है। इस विधि में आँकड़े मैग्नेटिक टेप पर संग्रहित होते हैं। टेप पर पहले से स्थित आँकड़ों को समाप्त कर उसी स्थान पर नए आँकड़े दाखिल कराने के लिए इसका उपयोग कई बार किया जा सकता है।

डाटा को स्थायी तौर पर संग्रहित कर सकने तथा साथ ही आवश्यकता होने पर डाटा इनपुट कर सकने वाले माध्यमों में मैग्नेटिक टेप का नाम प्रमुखता से आता है। इसमें 1/4 इंच चौड़ी प्लास्टिक की बिना जोड़ वाली पट्टी होती है, जिसके एक ओर फैरामैग्नेटिक पदार्थ की परत चढ़ाई जाती है। इस पट्टी को हम मैग्नेटिक टेप कहते हैं। यह टेप विभिन्न लंबाइयों में उपलब्ध होता है। प्रायः 400, 800 या 2400 फीट लंबाई वाले मैग्नेटिक टेप उपलब्ध हैं।

टेप पर डाटा चुंबकित या अचुंबकित बिंदुओं के रूप में लिखा जाता है। एक अक्षर के लिए 7 बिट या 9 बिट कोड प्रयोग में लाया जाता है, अर्थात् एक अक्षर के लिए 7 या 9 चुंबकित या अचुंबकित बिंदु होते हैं। इस तरह से पास–पास यदि बहुत सारे अक्षर एक साथ लिखे जाएँ तो चुंबकित और अचुंबकित बिंदुओं की कतारें टेप की लंबाई के समानांतर बन जाती हैं, जिन्हें हम ट्रेक्स कहते हैं। टेप में अक्षरों को संग्रहित करने के लिए अलग–अलग घनत्व वाले टेप प्रचलित हैं। सामान्यतः एक इंच में 250/800/1600/या 6250 अक्षरों को संग्रहित कर सकने वाले टेप उपलब्ध हैं। एक बार लिखे टेप को कई बार पढ़ा जा सकता है। डाटा की उपयोगिता समाप्त होने पर डाटा को या तो मिटाया जा सकता है या बिना मिटाए ही दूसरा नया डाटा लिखा जा सकता है। इस स्थिति में पहले से लिखा गया डाटा अपने आप ही समाप्त हो जाता है तथा नया डाटा उसका स्थान ग्रहण कर लेता है, ठीक वैसे ही जैसे टेप रिकार्डर के कैसेट में एक बार रिकार्ड किए गए गाने को मिटाकर नया गाना रिकार्ड कर दिया जाता है।

जो उपकरण मैग्नेटिक टेप को पढ़ने या लिखने के काम आते हैं उसे मैग्नेटिक टेप ड्राइव कहते हैं। इसमें प्रायः दो रीलें होती है। एक सप्लाई रील व दूसरी पिक–अप रील, जो टेप हम रीडिंग/राइटिंग के लिए लगाते हैं वह सप्लाई रील होती है, जिसे हम अपनी आवश्यकता अनुसार बार–बार बदलते रहते हैं। पिक–अप रील प्रायः स्थिर होती है एवं बार–बार निकाली नहीं जाती। टेप सप्लाई रील से चलकर पिक–अप रील पर आता है। इस दौरान वह एक रीड/राइट हैड से गुजरता है। इस हैड के माध्यम से ही टेप पर डाटा लिखा जाता है या लिखे गए डाटा को पढ़ा जाता है। विभिन्न गति से डाटा को लिखने/पढ़ने वाले टेप ड्राइव उपलब्ध हैं।

टेप प्रणाली का एक दोष यह है कि इसमें डाटा को क्रमिक लिखा व पढ़ा जाता है, इसमें समय ज्यादा लगता है, परंतु इससे कई लाभ भी हैं। अनेक नए माध्यमों के विकसित हो जाने के बाद भी मैग्नेटिक टेप की उपयोगिता बनी हुई है।

माइक्रो कंप्यूटरों के बढ़ते प्रयोगों के कारण मैग्नेटिक टेप का कैसेट के रूप में अधिकता से प्रयोग होने लगा है। सामान्य रूप से घरों में प्रयुक्त होने वाले ऑडियो कैसेट के समान आकार वाले इस टेप का उपयोग छोटे कंप्यूटरों में डाटा तथा प्रोग्राम का संग्रहण करने में किया जाता है तथा आवश्यकता होने पर इसे कंप्यूटर की मेमोरी में पहुँचाया जा सकता है। इस प्रकार के कैसेट में धूलकणों से ज्यादा बचाव की कोई समस्या नहीं है, क्योंकि यह सभी तरफ से बंद रहता है। इन कैसेटों का पुनः उपयोग, में सरलता तथा अधिक डाटा संग्रहण क्षमता के कारण इनका प्रयोग आजकल बहुतायत से किया जा रहा है।

लाभ

(अ) अभिलेख की लंबाई असीमित होती है।

(ब) उच्च आँकड़ा घनत्व। मैग्नेटिक टेप के एक इंच पर 800, 1600 या 6250 कैरेक्टर संग्रहित किए जा सकते हैं।

(स) कम कीमत और उपयोग में सुविधा।

(द) तीव्र स्थानांतरण दर।

(य) डाटा संग्रहण के लिए अधिक सघन माध्यम।

(र) पंच कार्ड की तुलना में अधिक डाटा घनत्व। एक टेप रील में लगभग 20 लाख अक्षर संग्रहण क्षमता।

(ल) फाइल की लंबाई की कोई सीमा नहीं।

(व) पुनः उपयोग सरलता से संभव।

(श) पंचकार्ड की तुलना में डाटा स्थानांतरण गति काफी अधिक।

(ष) मैग्नेटिक टेप डाटा संग्रहण के लिए सी.पी.यू. के आंतरिक कोड उपयोग करता है, अतः अनुवाद की कोई आवश्यकता नहीं।

मैग्नेटिक टेप की सीमाएँ

(अ) अभिलेख तक सीधी पहुँच संभव नहीं होती है। वातावरण की समस्या।

(ब) मनुष्य द्वारा अलेखनीय/अपठनीय, उपयोग करने के लिए ड्राइव अत्यावश्यक है।

(स) केवल क्रमिक रूप से ही डाटा संग्रह संभव।

(द) धूल के कणों से शीघ्र ही खराब होने का अंदेशा।

इसके मुख्य प्रकार निम्न हैं:

1. *QIC*

Quarter-Inch-Tape Cartridge 1972 में 3M द्वारा बनाई गई थी। यह मुख्यतः दूर संचार तथा डाटा संग्रहण प्रोग्राम हेतु बनाई गई थी। सस्ता होने के कारण यह सिंगल PC के लिए भी डाटा संग्रहण में काम आने लगी।

QIC कार्टिज ऑडियो टेप के समान लगते हैं। इनमें दो रील होती हैं। कार्ट्रिज के अन्दर एक बैल्ट रील को चलाती है।

मध्य 1990 में स्टोरेज की माँग बढ़ने से कार्ट्रिज का टेप लंबा तथा चौड़ा कर दिया गया। QIC के कई मानक चलन में हैं (लगभग 120)। अतः सभी QIC ड्राइव सभी मानकों का पालन नहीं कर पाती हैं।

2. ट्रवन *(Travan)*

यह 3M द्वारा विकसित किया गया था। इसका मूल उद्देश्य QIC के अत्यधिक मानकों से पार पाना था। ट्रवन ने कई उच्च क्षमता के फॉरमैट दिए जो QIC से भी चल सकते थे। ट्रवन में 144 ट्रैक तक हो सकते हैं। ट्रवन के मिनी कार्टरिज में 108 ट्रैक के साथ 10 MB की स्टोरेज क्षमता होती है। टेंडबर्ग ने उच्च स्तर का फॉरमैट विकसित किया है। इसका नाम मल्टी चैनल लीनियर रिकार्डिंग है जिसकी क्षमता 13GB है। QIC/ Travan का निर्माण स्तर काफी अच्छा है। अतः इनका लंबे समय के संग्रहण हेतु प्रयोग किया जाता है।

3. *DAT (Digital Audio tape)*

शुरुआत में यह CD स्तर के ऑडियो फॉरमैट के लिए बनाया गया था। सोनी तथा एचपी ने 1998 में DDS (Dgital Data Storage) को परिभाषित किया। इससे फॉरमैट काफी तब्दील हो गया तथा कंप्यूटर हेतु उपयुक्त हो गया। DAT में 4MM का टेप लगाया गया। इसमें हेलिकल स्कैन रिकॉर्डिंग (Helical Scan Recording) का प्रयोग किया गया। यह तकनीक वीडियो तथा ऑडियो रिकॉर्डर में काम आती है तथा अत्यंत धीमे है। अतः यह वहाँ प्रयुक्त होता है जहाँ उच्च क्षमता अति आवश्यक है परंतु कार्य की गति सर्वोपरि नहीं है।

DAT की क्षमता QIC तथा ट्रवन के मुकाबले अधिक है। परंतु यह ज्यादा महँगा है। QIC के मुकाबले DAT की कीमत दोगुनी है। DAT मुख्यतः SCSI इंटरफेस के साथ आता है। यह भी अधिक कीमत का एक कारण है।

4. *8 MM*

यह टेक्नोलॉजी मुख्यतः वीडियो उद्योग के लिए बनाई गई थी। इसके द्वारा उच्च कोटि की कलर इमेज को टेप पर संग्रहण और पुनः प्राप्ति के लिए ट्रांस्फर किया जाता था। हालाँकि आज कंप्यूटर उद्योग इसके द्वारा विश्वसनीय रूप से काफी अधिक डाटा स्टोर कर रहा है। DAT के समान यह भी हेलिकल स्कैन तकनीक पर आधारित है परंतु यह DAT से ज्यादा स्टोरेज क्षमता देता है। हेलिकल सिस्टम की खामी टेप का जटिल पथ है। इसमें टेप काफी तनाव में रहता है।

8 MM के लिए दो प्रमुख प्रोटोकॉल हैं, जिनमें कंप्रेशन तथा ड्राइव की अलग–अलग टेक्नोलॉजी है। अपितु मूल कार्य एक ही है। एक्ज़ाबाइट कॉर्पोरेशन (Exabyte Corporation) ने मामुथ (Mammoth) को, जबकि सीगेट तथा सोनी ने AIT का विकास किया है।

(i) मामुथ (Mammoth)

एक्ज़ाबाइट कॉर्पोरेशन ने 8mm टेप का बैकअप हेतु सर्वप्रथम प्रयोग किया। इसमें सोनी की कैमकार्डर तकनीक का प्रयोग किया गया। कैमकार्डर तकनीक छोटे कार्यों हेतु काफी थी परंतु आज के सर्वर आधारित अनुप्रयोग से मात खा गई। इसी सर्वर मार्केट हेतु एक्ज़ाबाइट ने 1996 में मामुथ का आविष्कार किया। यह अधिक विश्वसनीय तथा नई टेक्नोलॉजी है।

मामुथ में एक्ज़ाबाईट निर्मित एक *डैक* होता है। इसमें पुराने 8mm ड्राइव के मुकाबले 40% कम पार्ट्स हैं। इससे टेप का घिसना तथा तनाव कम होता है और विश्वसनीयता बढ़ती है। इसमें अतिरिक्त सटीकता, धूल से बचाव तथा बाहरी झटकों से बचाव के गुण हैं। मामुथ मल्टीमीडिया तथा वीडियो सर्वर अनुप्रयोगों को सपोर्ट करता है।

मामुथ-2 ड्राइव 2000 में लाई गई। यह उच्च गति तथा क्षमता का लाभ देती है। इसका डाटा स्थानांतरण दर 12 MBps तथा अधिकतम क्षमता 60 GB है। SCSI इंटरफेस, कंप्रेसन तथा 32MB बफर के साथ अधिकतम क्षमता 150GB हो जाती है।

(ii) AIT तकनीक

AIT (Advanced Intelligent Tape) को 1996 में लाया गया। यह मिडरेंज सर्वर मार्केट के लिए पहला मल्टी सोर्स टेप था। इस क्षेत्र में 2 से 130 उपयोगकर्ता तक हो सकते हैं। AIT इस मार्केट में अति उत्तम गति, क्षमता तथा सटीकता प्रदान करता है। AIT में नए प्रावधान इस प्रकार हैं:

(अ) पतला तथा मजबूत मीडिया

(ब) नयी शीर्ष तकनीक

(स) अद्वितीय MIC (Memory-In-Cassette) विशेषता

इसका नतीजा यह कि AIT द्वारा मल्टीगीगाबाइट, हाई परफॉरमेंस टेप ड्राइव मिलती हैं जिनमें त्रुटि की संभावना न्यूनतम होती है। अतः यह टेप लाइब्रेरी एवं मिड रेंज सिस्टम के बैकअप से संबंधित रोबोटिक अनुप्रयोगों के लिए आदर्श है।

5. *डिजिटल लीनियर टेप (Digital Linear Tape)*

इसकी उत्पत्ति 1980 के मध्य में हुई थी। डिजिटल इक्विप्मेंट कॉर्पोरेशन ने आधा इंच मैग्नेटिक टेप पर आधारित नई टेक्नोलॉजी विकसित की।

पहला वास्तविक DLT सिस्टम 1989 में आया। ये मुख्यतः ऑटोमेटेड टेप लाइब्रेरी में काम आता है। DLT पुराने रील से रील मैग्नेटिक रिकार्डिंग पद्धति का बदला हुआ स्वरूप है।

DLT ड्राइव्स में 0.5 इंच चौड़े धातु कण के टेप प्रयुक्त होते हैं। यह सभी टेप में सबसे चौड़ा है। इसमें डाटा सर्पाकार रूप में समानांतर ट्रैक्स पर रिकार्ड किया जाता है। प्रत्येक डाटा ट्रैक टेप की पूरी लंबाई तक चलता है। डाटा रिकॉर्ड होने पर ट्रैक का पहला सैट टेप की लंबाई में रिकॉर्ड किया जाता है। टेप खत्म होने पर शीर्ष को पुनःव्यवस्थित कर ट्रैक का नया सैट बनाया जाता है, परंतु इस बार विपरीत दिशा में। यह द्वि–विमीय रिकार्डिंग टेप के पूरे भर जाने तक चलती है। मौजूदा ड्राइव्स या तो 128 या 208 ट्रैक रिकार्ड करती हैं।

DLT के मुख्य लाभ हैं बेहतर स्टोरेज क्षमता, डाटा स्थानांतरण दर तथा बेहतर विश्वसनीयता, क्योंकि मीडिया ड्राइव के हैड को कभी सीधे छूता नहीं है।

6. *सुपर DLT (Super DLT)*

क्वांटम कंपनी का 1999 में टेप ड्राइव के बाजार में 80% हिस्सा था क्वांटम ने ही सुपर DLT विकसित किया, जो DLT से भी चल सकता है। यह दो तकनीकों का मिश्रण है:

(अ) ऑप्टिकल रिकॉर्डिंग

(ब) मैग्नेटिक रिकॉर्डिंग

इस मिश्रण को LGMR (Laser guided magnetic recording) कहते हैं। इसके द्वारा सुपर DLT रिकार्डिंग हैड को लेजर की मदद से बारीकी से सैट करता है।

सुपर DLT से 100MBps के डाटा ट्रांस्फर से 1.2 TB स्टोरेज की योजना है। फिलहाल 11MBps के डाटा ट्रांस्फर से 110 GB स्टोर किया जा सकता है।

7. *ADR तकनीक (ADR Technology)*

ADR (Advanced Digital Recording) फिलिप्स का आविष्कार है जिसे 7 वर्षों के शोध के बाद विकसित किया गया। एक संपूर्ण कंपनी केवल ADR पर ही केंद्रित रहने के लिए बनाई गई। सर्वप्रथम ADR उत्पाद IDE ड्राइव के रूप में 1999 में निकाले गए। इनकी क्षमता 15GB नेटिव मोड में तथा 30GB संकुचित मोड में थी।

ADR बहुत ही अधिक विश्वसनीयता देता है, जिसकी दर है 1 अपठित बिट प्रति 10^{19} बिट्स रिकॉर्डेड। यह दर हार्ड डिस्क के मुकाबले भी 10,000 गुणा बेहतर है। आम PC टेप ड्राइव की तुलना में ADR डाटा को दोगुनी कार्य कुशलता से रिकॉर्ड करता है। ऐसे में जबकि अन्य टेक्नोलॉजी (DAT, Travan) अपनी सीमा तक पहुँच रहे हैं, ADR की अभी शुरुआत मात्र है।

8. *LTO (Linear Tape Open)*

DLT क्वांटम की प्रोप्रीटेरी तकनीक है। इसके विपरीत, LTO लीनियर टेप स्टोरेज के लिए खुला मानक है।

यह DLT फॉरमैट का विकल्प है। LTO को कई कंपनियों ने सुझाया है, जैसे कि Hewlett-Packard, IBM तथा Seagate। LTO तकनीक में लीनियर मल्टी चैनल तथा द्वि–दिशीय फॉरमैट होते हैं।

3.3.3. *ऑप्टिकल डिस्क (Optical Disks)*

इस श्रेणी में वह सारे उपकरण आते हैं जिनमें डाटा को रीड/राइट करने हेतु प्रकाश किरणों का प्रयोग किया जाता है। इसके विभिन्न प्रकार नीचे दिए जा रहे हैं।

1. *CD*

CD (Compact Disc) का आविष्कार सोनी तथा फिलिप्स ने 1982 में किया था। ये मूलतः ऑडियो मार्केट के लिए बनाया गया था। आज यह सूचना का अत्यंत बहुउपयोगी माध्यम है। CD पॉली कार्बोनेट (प्लास्टिक) का बना होता है जिसमें धातु की एक या अधिक परतें होती हैं। इन पर इलेक्ट्रॉनिक पद्धति से रिकॉर्डिंग कर ऑडियो, टेकस्ट, वीडियो तथा अन्य जानकारी को डिजिटल रूप में रखा जा सकता है। आवश्यकता होने पर इसे प्लेबैक किया जा सकता है। इसका मुख्य आकर्षण हैः

(अ) टिकाऊ

(ब) अकस्मात पहुँच

(स) उच्च ऑडियो गुण

इन सभी गुणों ने इसे काफी सफल बनाया तथा इससे ग्रामोफोन रिकॉर्ड तथा ऑडियो कैसेट की माँग काफी घट गई। इसके द्वारा प्रति CD 74 min. का ऑडियो आ जाता है। एक CD में कुल 783,216,000 बाइट्स का डिजिटल डाटा आ जाता है।

चित्र 3.16. *CD*

निर्माण के समय CD की प्लास्टिक सतह पर अत्यंत छोटे–छोटे गड्ढे बना दिए जाते हैं। यह डिस्क की पिट्स तथा लैंड्स के समान कार्य करते हैं। CD में एक नालीदार (Grooves) स्पाइरल ट्रैक होता है। यह डिस्क के अंदर से बाहर तक एक ही स्पाइरल में चलता है। यह स्पाइरल ट्रैक एक लेजर किरण को डाटा रिकार्डिंग के लिए निर्देशित करता है तथा लेजर डिस्क की ऊपरी सतह पर कुछ निशान बनाता है। पढ़ने पर यह पिट्स तथा लैंड्स रोशनी को विशिष्ट रूप से परावर्तित करते हैं। यह परावर्तन ही डिजिटल डाटा का रूप ले लेती है, जिसे अनइनकोड (unencode) करके प्लेबैक किया जाता है।

2. *CD ROM*

डाटा को संग्रहित करने के लिए प्रयुक्त की जाने वाली वाली डिस्क को CD ROM कहते हैं। इसे लेजर डिस्क के नाम से भी जानते हैं। इसका व्यास 5.25 इंच (12 सेमी) का होता है। यह 650 MB तक का डाटा संग्रहित कर सकता है, जो लगभग 2,50,000 मुद्रित टेक्स्ट के बराबर होता है।

डिस्क की सतह पर लेजर बीम की सहायता से पिट्स का निर्माण कर डाटा को लिखने का कार्य किया जाता है। यदि 1 लिखा जाता है तो पिट का निर्माण होता है तो 0 लिखे जाने पर किसी पिट का निर्माण नहीं किया जाता है।

पहले से ही रिकार्ड की गई सूचना को पढ़ने के लिए CD ROM रीडर का प्रयोग किया जाता है जो लेजर बीम का प्रयोग करता है। CD ROM को इसके निर्धारित स्लॉट में प्रविष्ट कराया जाता है। 360 चक्कर प्रति मिनट की दर से एक मोटर द्वारा इसे घूर्णित किया जाता है। एक लेजर हैड इस पर उल्लेखित जगह पर गति करता है। ड्रिस्क के घूर्णित होने पर इस पर 0, 1 की भाषा में मौजूद सूचना को पढ़कर कंप्यूटर की ओर भेजा जाता है।

CD ROM डिस्क की गति को nx द्वारा घोषित किया जाता है, जहाँ n एक पूर्णांक है, जो उस गुणक को

इंगित करता है जिससे प्रमुख नॉमिनल गति 150 KB प्रति सेकेंड का गुणा किया जाता है। इस प्रकार एक 32 × CD ROM की पढ़ने की गति 32 × 150 KB प्रति सेकेंड = 4800 KB प्रति सेकेंड होती है।

CD ROM का उपयोग बड़े डाटा को संग्रहित करने के लिए किया जाता है। उदाहरण के लिए, संपूर्ण एनसाइक्लोपीडिया ब्रिटानिका एक CD ROM में संग्रहित किया जा सकता है। वर्तमान में उपलब्ध CD ROM में टेकस्ट, ऑडियो और वीडियो डाटा भी संग्रहित किए जा सकते हैं। उपयुक्त सॉफ्टवेयर की सहायता से ये CD ROM शैक्षिक उद्देश्य हेतु उपयोग में लाए जाते हैं।

CD ROM (Compact Disc Read Only Memory) को 1984 में लाया गया था। यह CD का विशेष तौर पर कंप्यूटर डाटा स्टोर करने का माध्यम ऑडियो CD तथा CD-ROM का फॉरमैट लगभग एक सा ही हैः 120mm (4.75") का व्यास तथा 1.22mm (0.05") की मोटाई। बीच का गोला 15 m.m. का होता है। इसमें पॉलीकार्बोनेट प्लास्टिक सबस्ट्रेट (नीचे की सतह, जो इसका मुख्य शरीर है), एक या अधिक परावर्तित धातु की परतें (प्रायः ऐलुमिनियम) होती है। इन पर एक लेक्वर (Lacquer) की परत चढ़ाई जाती है।

आज की CD ROM ड्राइव तेज तथा सस्ती है इस कारण कई सॉफ्टवेयर आजकल CD ROM पर ही दिए जाते हैं। कई प्रोग्राम जैसे कि पिक्चरें, गेम्स आदि सीधे CD-ROM से ही चलाए जाते हैं।

CD ROM आज सभी समान मानकों का पालन कर रहे हैं। इस कारण कोई भी CD ROM किसी भी CD ROM ड्राइव में चल जाता है। CD ROM ड्राइव गाने के ऑडियो CD भी पढ़ सकता है। इनमें डिजिटल–टू–एनेलॉग कनवर्टर (Digital-to-analog converter: DAC) लगे होते हैं। हम ऑडियो CD को हैडफोन के द्वारा सुन सकते हैं। CD ROM 74min के उच्च कोटि डिजिटल ऑडियो के लिए बनाए गए थे। आज इसमें 650MB का कंप्यूटर डाटा, 100 फोटो अथवा 74min के पूर्ण–गति ऑडियो तथा वीडियो आ सकते हैं।

3. *CD-R*

CD-R (Compact Disc – Recordable) का फॉरमैट सोनी तथा फिलिप्स ने दिया था। यह WORM (Write Once Read Many) प्रकार का CD फॉर्मेट है जिसमें CD पर एक बार रिकॉर्ड किया जा सकता है। CD-R के पहले CD में दो ही विकल्प थेः

(i) Read only Audio (CD-Digital Audio for CD players)

(ii) Multimedia (CD-ROM for Computers CD ROM Drives)

CD-R के बाद से CD रिकार्डर युक्त कंप्यूटर पर उपयोगकर्ता स्वयं अपनी CD बना सकते थे।

CD-R में पॉलीकार्बोनेट तथा धातु परत के बीच एक ऑर्गेनिक पॉलीमर डाई होता है। यह ही रिकॉर्डिंग माध्यम का कार्य करता है। रिकॉर्डिंग करते समय डाई को एक विशेष प्रकाश आवृत्ति से एक्सपोज किया जाता है जिससे उसकी संरचना हमेशा के लिए बदल जाती है। कुछ CD-R में अतिरिक्त सुरक्षात्मक परत होती है। जिससे उन पर खरोंच का असर कम होता है।

CD-R 74min (650 MB) का डाटा स्टोर कर सकता है। हालाँकि कुछ CD-R 80min (700 MB) का डाटा भी रख सकते हैं। CD रिकार्डर को CD बर्नर भी कहा जाता है। CD-R को किसी भी CD-R या CD-RW drive में बनाया जा सकता है।

चित्र 3.17. *CD-ROM ड्राइव*

4. *CD-RW*

CD-RW (Compact Disc Re-Writeable) वह CD फॉरमैट है जिस में डिस्क पर बार–बार रिकॉर्ड किया जा सकता है। इस फॉरमैट को Hewlett-Packard, Mitsubishi, Philips, Ricoh तथा Sony ने 1997 में निकाला था। CD-RW ड्राइव किसी भी प्रकार की CD पढ़ सकती है तथा CD-R तथा CD-RW डिस्क को राइट कर सकती है।

CD-RW में CD-R के डाई की जगह एक एलॉय होता है। एक विशेष लाईट को एक्सपोज करने पर यह एक क्रिस्टल रूप से दूसरे क्रिस्टल रूप में परिवर्तित हो जाता है। इस टेक्नोलॉजी को ऑप्टिकल फेज चेंज कहते हैं। इसके पैटर्न अन्य CD फॉरमैट से कुछ कम स्पष्ट होते हैं। अतः इसके प्लेबैक के लिए ज्यादा संवेदनशील डिवाइस कि आवश्यकता होती है। केवल मल्टीरीड ड्राइव ही CD-RW डिस्क को विश्वसनीयता से पढ़ सकती है। आम तौर पर CD-RW को 1000 बार रिराइट किया जा सकता है।

5. *VCD*

इसे वीडियो CD कहते हैं। ये MPEG-1 वीडियो डाटा के लिए बनाई गई है। यह CD-ROM-XA पर आधारित है। VCD की रिजोल्यूशन VHS के बराबर है तथा VCD का रिजोल्यूशन DVD से कहीं कम होता है। प्रत्येक VCD 72 - 74 min का वीडियो रख सकता है। VCD को चलाने के लिए कंप्यूटर से जुड़े VCD प्लेयर या DVD प्लेयर की आवश्यकता होती है।

VCD को JVC, Philips, Sony तथा Matsushita ने 1993 में बाजार में उतारा। वीडियो डाटा में काफी जगह चाहिए होती है। प्रत्येक सेकेंड लगभग 5MB मेमोरी माँगता है। अर्थात् 600MB की VCD में केवल दो मिनट का वीडियो आ सकता है। इस कारण डाटा को *कंप्रेस* करके CD पर स्टोर किया जाता है। प्लेबैक के वक्त इसे *अनकंप्रेस* कर पढ़ा जाता है। MPEG-1 में डाटा *कंप्रेशन* का अनुपात 200 : 1 है।

VCD 2.0, VCD का बदला स्वरूप है जिसे 1995 में लाया गया। इसमें उच्च रिजोल्यूशन स्टिल, फास्ट फॉरवर्ड और रिवाइंड फंक्शन अतिरिक्त हैं। VCD-Rom 1995 में आया जिससे हाइब्रिड VCD तथा CD-ROM बनाने में काम आ सकता है। VCD-Internet 1997 में आया इससे वीडियो तथा इंटरनेट डाटा को लिंक किया जा सकता है। VCD आसानी से पाइरेट किए जा सकते हैं। जिससे फिल्म उद्योग को काफी नुकसान हो जाता है। इसे मूवी स्क्रीन से कैमकॉर्डर के द्वारा रिकॉर्ड किया जा सकता है।

6. *SVCD*

इसे सुपर VCD या "चाओजी VCD" भी कहते हैं। इसे चीन सरकार तथा चायनीज कनज्यूमर इलेक्ट्रॉनिक्स मैन्यूफैक्चरर्स ने Sony, Philips, Matsushita तथा JVC के साथ मिलकर बनाया था। इसमें MPEG-1 अथवा MPEG-2 फॉरमैट में रिकॉर्डिंग की जाती है।

7. *DVD*

DVD (Digital Versatile Disc) ऐसी ऑप्टिकल डिस्क टेक्नोलॉजी है जो CD ऑडियो तथा CD-ROM डिस्क की जगह ले सकती है। यह MPEG-2 फाइल्स की तरह कंप्रेस कर सकता है। MPEG-2 में MPEG-1 का 4 गुणा रिजोल्यूशन होता है। DVD में 2 साइड होती हैं। प्रत्येक में 4.7 GB आ सकता है। इसमें 133 मिनट की पिक्चर के लिए काफी जगह है। DVD में हर साइड में दो परतें होती हैं। अतः ये कुल 17GB तक का ऑडियो, वीडियो या कुछ और रख सकता है। इसकी क्षमता CD-ROM से 28 गुणा अधिक होती है। इसकी ऑडियो क्वालिटी ऑडियो CD के लगभग बराबर होती है।

DVD ऑडियो को CD प्लेयर को स्थानांतरित करने के लिए बनाया गया। DVD वीडियो को पूर्ण लंबाई की मूवी के लिए बनाया गया है। DVD-ROM को आम CD-ROM डिस्क तथा DVD-ROM डिस्क के लिए बनाया गया है। DVD-ROM DVD का राइटेबल रूप है।

CD-ROM का डाटा डिस्क की सतह के ऊपर की तरफ रिकॉर्ड किया जाता है। DVD की डाटा परत DVD के बीच में है। इस कारण यह डबल साइड हो सकती है। अतः DVD-ROM ड्राइव की लेजर एसेंबली CD-ROM की एसेंबली से अधिक जटिल होती है (चूँकि उसे दोनों CD तथा DVD से पढ़ना है)।

DVD-ROM ड्राइव CD-ROM ड्राइव के मुकाबले धीरे घूमती है परंतु इससे विशेष फर्क नहीं पड़ता है: DVD पर डाटा ज्यादा संकुचित रूप में रखा रहता है। अतः बराबर स्पीड होने पर भी DVD में डाटा CD-ROM ड्राइव के मुकाबले तेजी से पढ़ा जाएगा।

DVD-ROM से डाटा को पढ़ने और उस पर डाटा को लिखने के लिए CD ROM के सिद्धांत का ही उपयोग किया जाता है। DVD-ROM में लेसर बीम की दो परतें डाली जाती हैं। प्रत्येक परत में डाटा को रिकार्ड किया जाता है। इस प्रकार क्षमता दोगुनी हो जाती है। CD ROM की तुलना में DVD ROM पर डाली जाने वाली लेसर बीम तीव्र होती है और सतह पर उत्तरोत्तर ट्रैक्स के मध्य की दूरी अपेक्षाकृत अत्यधिक कम होती है। DVD ROM की कुल क्षमता 8.5 GB की होती है। दोनो ओर वाले DVD ROM में दोनों तरफ डाटा का संग्रहण किया जा सकता है। इस प्रकार के (Double Side) DVD ROM की संग्रहण क्षमता 17 GB की होती है।

DVD ऑडियो डिस्क DVD वीडियो प्लेयर में चलने के लिए डिजाइन की जा सकती है। ऐसी DVD ऑडियो भी बनाई जा सकती है जो DVD वीडियो प्लेयर में ना चले। ये इसलिए क्योंकि DVD ऑडियो के कुछ नए फॉरमैट DVD वीडियो में उपलब्ध नहीं हैं।

DVD के 5 रिकॉर्डेबल फॉरमैट हैं–

DVD-R सामान्य हेतु
DVD-R लेखन हेतु
DVD-RAM
DVD-RW
DVD + RW

CD ROM और DVD ROM की तुलना नीचे दी गई है :–

	CD ROM	DVD ROM
पिट लंबाई (pit length) [माइक्रोन]	0.834	0.4
ट्रैक पिच (track pitch) [माइक्रोन]	1.6	0.74
लेजर बीम तरंग लंबाई (मैनोमीटर)	635	780
क्षमता 1 परत/1 ओर	650 KB	4.7 GB
2 परत/1 ओर	नहीं	8.5 GB
1परत/दोनों ओर	नहीं	9.4 GB
2 परत/दोनों ओर	नहीं	17 GB
गति 1x	150KB/Sec.	1.38MB/Sec

ट्रैक (Tracks)

सूचनाएँ ट्रैक या चैनल (tracks or channels) पर संग्रहित होती हैं। टेप (tape) पर ट्रैक उसकी चौड़ाई का एक भाग होता है, जिसमें मैग्नेटिक कोडेड सूचनाएँ संग्रहित होती हैं। व्यापक रूप में एक ट्रैक की चौड़ाई 1/16 इंच से कम होती है। टेप पर पथ की संख्या 7 या 9 होती है।

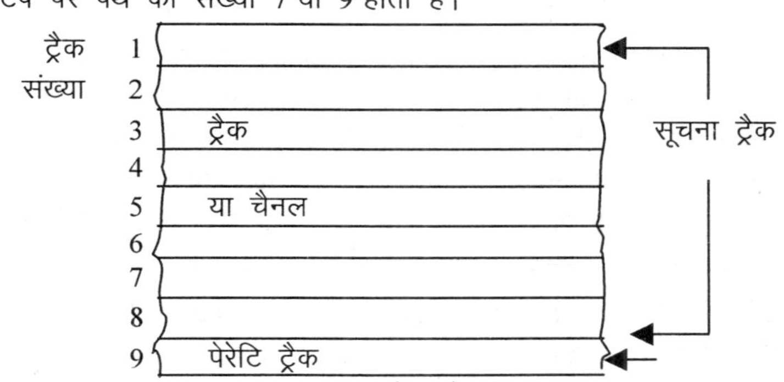

(9 ट्रैक टेप)

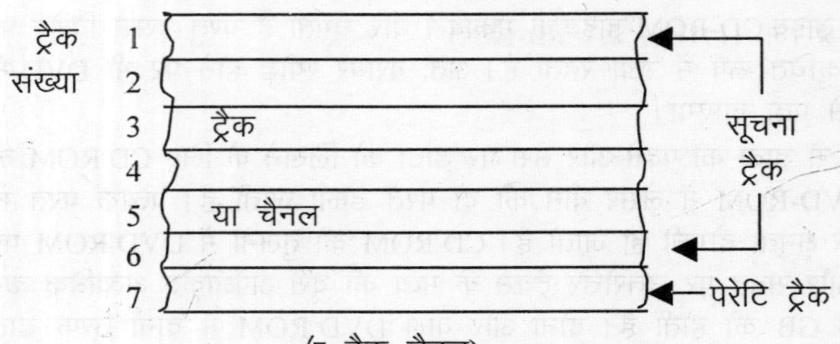

(7 ट्रैक चैनल)

चित्र 3.18

सेक्टर (Sectors)

एक डिस्कं से दूसरी डिस्क पर प्रति ट्रैक सेक्टर की संख्या परिवर्तित होती रहती है, लेकिन अक्सर प्रति पथ पर 8 या अधिक सेक्टर होते हैं। प्रत्येक सतह पर संगत ट्रैक डिस्क पैक (disk pack) के द्वारा एक बेलनीकृत आकृति का निर्माण करता है। फिक्स्ड हैड सिस्टम (fixed head system) का डिस्क पैक हटाने योग्य नहीं होता है।

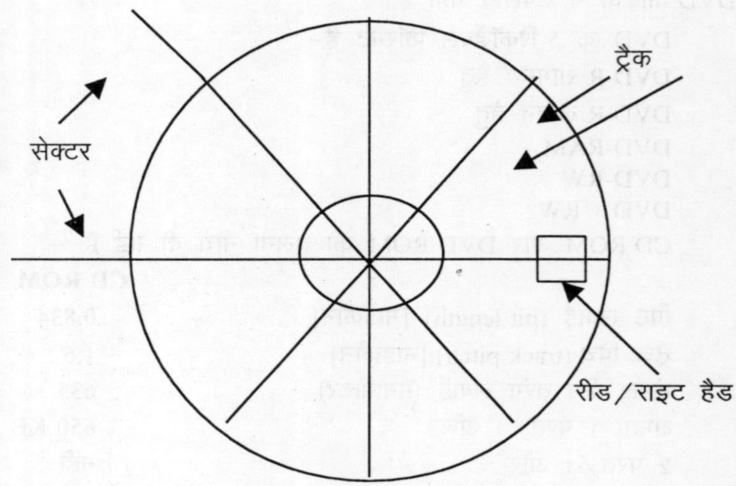

चित्र 3.19

फिक्स्ड हैड और मूविंग हैड सिस्टम में रीड/राइट हैड फ्लाइंग प्रकार के होते हैं, अर्थात् वे डिस्क की सतह के साथ सीधा संपर्क नहीं रखते हैं। जब एक डिस्क उच्च गति के साथ घूर्णित होती है, तब वायु की एक पतली परत डिस्क के साथ घूर्णित होती है। हैड ऐसे आकार का होता है कि वह वायु की इस घूर्णित परत पर सवार हो सके। इस प्रकार डिस्क सतह से लगभग एक इंच के $1/400^{th}$ भाग की पृथक्कता बनी रहती है।

डिस्क की क्षमता की गणना (Calculation of Capacity of Disk)

बड़े कंप्यूटर सिस्टम की भंडारण क्षमता सामान्यतः छोटे कंप्यूटर सिस्टम से अधिक होती है। भंडारण क्षमता को बाइट के पदों में परिभाषित किया जाता है।

कंप्यूटर में डाटा का भंडारण बाइनरी नंबर (Binary Number) के रूप में होता है। बाइनरी नंबर में 0 और 1 दो डिजिट होते हैं। बाइनरी डिजिट को बाइनरी बिट भी कहते हैं। 4 बिट का समूह एक निबल कहलाता है, जबकि 8 बिट का समूह एक बाइट कहलाता है। कंप्यूटर में सिंगल मेमोरी लोकेशन को एक निबल या एक बाइट की सहायता से प्रदर्शित किया जाता है। बाइट या निबल समूहित होकर एक बड़ी इकाई का निर्माण करते हैं। यह इकाई एक शब्द की ओर संकेत करती है। एक शब्द, एकल निबल, द्वि निबल, तीन निबल आदि को रख सकता है।

कंप्यूटर की भंडारण क्षमता को द्योतित करने के लिए व्यापक रूप में जिस प्रतीक (symbol) का प्रयोग किया जाता है, वह अक्षर K है। स्मृति आकार (Memory sizes) का परास (range) छोटे कंप्यूटर में कुछ K बाइट से लेकर बड़े कंप्यूटर में हजार K बाइट तक का होता है।

3.4. अन्य मेमोरीज (Other Memories)

3.4.1. *कैश मेमोरी (Cache Memory)*

कैश मेमोरी अधिक उच्च–गति की मेमोरी होती है। कभी–कभी इसका उपयोग प्रोग्राम का निर्माण कर प्रोसेसिंग की गति में वृद्धि करने के लिए किया जाता है। मुख्य मेमोरी अभिगम काल और प्रोसेसर लॉजिक के मध्य गति अवकल के राहत हेतु कैश मेमोरी का उपयोग कंप्यूटर सिस्टम में किया जाता है। CPU में शीघ्र ही निष्पादित हुए प्रोग्राम और वर्तमान गणनाओं हेतु आवश्यक आँकड़ों के संग्रहण हेतु कैश मेमोरी का उपयोग किया जाता है।

अन्य शब्दों में यदि प्रोग्राम के क्रियाशील भाग और आँकड़ों को तीव्र लघु मेमोरी में स्थापित किया जाए, तो औसत मेमोरी अभिगम काल को कम किया जा सकता है, इस प्रकार प्रोग्राम का कुल निष्पादन काल कम हो जाता है। ऐसी तीव्र लघु मेमोरी, कैश मेमोरी की ओर संकेत करती है। यह CPU और मुख्य मेमोरी के मध्य स्थापित की जाती है। कैश मेमोरी अभिगम काल, मुख्य मेमोरी अभिगम काल की तुलना में 5 से 10 गुना कम होता है। मेमोरी अनुवांशिकी में कैश मेमोरी तीव्र घटक है और CPU घटकों की गति को प्रभावित करती है।

इस मेमोरी का एक विशेष प्रयोजन है। RAM की भाँति यह डाटा स्टोर करता है। परंतु यह सारा डाटा नहीं रखता है : केवल हाल ही में पढ़ा गया डाटा कैश में रखा जाता है। इस तरह कैश RAM से थोड़ा भिन्न है। कैश मेमोरी CPU तथा RAM के बीच में एक उच्च गति की मेमोरी है।

साधारणतः प्रोसेसिंग होने पर कंप्यूटर डाटा को CPU, डिस्क तथा मेमोरी के बीच में चलाते रहता है। डाटा CPU में दो तरह से आ सकता है: हार्ड डिस्क, RAM

कंप्यूटर हाल ही में चलाए गए निर्देशों को कैश मेमोरी में रखता है। इस तरह, जब कभी हम कुछ ही समय पहले दिया गया निर्देश दोबारा देते हैं तो कंप्यूटर कैश से त्वरित कार्रवाई कर डाटा ले आएगा। डाटा कैश में न मिलने पर कंप्यूटर को दोबारा निर्देश चलाना पड़ेगा जिसमें समय लगेगा। इस तरह कैश के द्वारा कंप्यूटर हमारे समय की बचत करता है।

अतः कैश मेमोरी हमें बेहतर गति से कार्य करने में मदद करती है:

(अ) हाल ही का डाटा वह स्टोर कर लेती है।

(ब) यदि डाटा माँगा जाए तो तत्परता से उपलब्ध करा दिया जाता है।

कैश मेमोरी के प्रकार

(i) आंतरिक लेवल–1 कैश (Internal Level-1 cashe): जब कभी डाटा की आवश्यकता हो कंप्यूटर सर्वप्रथम L-1 कैश में देखता है। L-1 काफी छोटा होता है तथा यह CPU पर सीधे उपस्थित रहता है। अतः सबसे तेज गति से कार्य कर सकता है। इसे हम प्राइमरी कैश भी कहते हैं। RAM की गति L-1 तथा CPU के मुकाबले तीन से दस गुणा धीमे रहती है। L-1 सर्वप्रथम 80486 चिप में आया था।

(ii) आंतरिक लेवल–2 कैश (Internal Level –2 cash): L-1 में डाटा न मिलने पर कंप्यूटर L-2 कैश में डाटा खोजता है। इस कैश को हम सेकेंडरी कैश भी कहते हैं। L-2 साइज में बड़ा होता है तथा कुछ समय पहले तक मदर बोर्ड के चिप के ठीक बाहर रहता था। पेन्टियमप्रो में CPU में सर्वप्रथम L-2 कैश का समावेश हुआ। L-2 कैश CPU से आधी गति से चलता है। नवीनतम इंटेल तथा AMD के चिप्स में L-1 तथा L-2 कैश चिप के अंदर होती है, जिससे गति और बढ़ जाती है।

यदि कंप्यूटर को L-1 या L-2 में डाटा नहीं मिलता है तो डाटा मेन मेमोरी अर्थात् RAM से लाना पड़ेगा। यह कार्रवाई काफी धीमी होती है। एक बार डाटा RAM से लाने पर उसकी एक प्रति दोबारा कैश में डाल दी जाती है। इस तरह कैश को निरंतर अद्यतन रखा जाता है, जिससे उसमें हमेशा हाल ही का डाटा स्टोर रहे।

3.4.2. *विस्तारित स्मृति (Extended Memory)*

प्रोग्राम जो एक्सटेंडड मेमोरी मैनेजर (extended memory manager) कहलाते हैं, अक्सर एक्सटेंड मेमोरी का

प्रबंधन करते हैं। एक्सटेंड मेमोरी अतिरिक्त मेमोरी होती है, जो 1 MB के ऊपर का भाग होती है। एक्सटेंड मेमोरी को कनवेंश्नल मेमोरी में परिवर्तित किया जा सकता है।

3.4.3. *प्रसारित स्मृति (Expanded Memory)*

यह 16 KB का सुरक्षित भाग होता है। यह उच्च मेमोरी के समान होती है, जिस तक एक प्रोग्राम सही उपकरण के साथ पहुँच सकता है। सॉफ्टवेयर को एक्सपेंडेड मेमोरी मैनेजर (expanded memory manager) कहते हैं।

3.4.4. *वरचुअल मेमोरी (Virtual Memory)*

वरचुअल मेमोरी को द्वि–मेमोरी सिस्टम के वंशानुक्रम के रूप में वर्णित किया जा सकता है। उनमें से एक कम कीमत, वृहत् क्षमता, निम्न गति, ऑन लाइन डिस्क स्टोरेज और दूसरा उच्च कीमत, लघु क्षमता, उच्च गति, मुख्य मेमोरी वाला होता है। वरचुअल मेमोरी सिस्टम अपने उपयोगकर्ताओं को भौतिक मुख्य मेमोरी की आकार सीमाओं की चिंता किए बिना वृहत् पतायुक्त मेमोरी स्पेस का उपयोग करने की सुविधा प्रदान करता है। वरचुअल मेमोरी का प्रयोग करने के लिए मुख्य मेमोरी को नियत आकार के संतत क्षेत्रों में विभाजित करते हैं, जो पेज फ्रेम (page frame) कहलाते हैं। सभी यूजर्स प्रोग्राम (users programs) जो ऑन लाइन डिस्क स्टोरेज में रहते हैं, छोटे आकार के टुकड़ों में विभाजित होते हैं जिन्हें पेज या खंड कहते हैं।

"वरचुअल" के मायने हर वो चीज जिसका कोई भौतिक स्वरूप (Physical existence) नहीं है परंतु उसका एक तार्किक स्वरूप (Logical existence) है। उदाहरण के लिए, ROM तथा RAM भौतिक हैं – इनके चिप्स को हम देख तथा छू सकते हैं। जैसा कि स्वाभाविक है, वरचुअल मेमोरी के लिए कोई चिप नहीं है। बड़े प्रोग्राम तथा बड़े डाटा फाइल से कंप्यूटर की मेमोरी पर काफी बोझ पड़ सकता है। धीरे–धीरे मेमोरी बहुत ज्यादा भर जाएगी अर्थात् स्वतंत्र RAM बहुत कम रह जाएगी। ऐसे में दो बातें संभव हैं :–

(अ) सिस्टम बहुत धीमे चलेगा

(ब) सिस्टम "हैंग" हो जाएगा (रुक जाएगा)

इस समस्या को ध्यान में रखकर नए ऑपरेटिंग सिस्टम तथा प्रोग्राम एक दिलचस्प प्रक्रिया का पालन करते हैं–प्रोग्राम अथवा डाटा का कुछ भाग RAM के बाहर रखा जाता है। आवश्यकता होने पर उसे RAM में बुला लिया जाता है तथा जिस भाग की RAM में अब आवश्यकता नहीं, उसे RAM के बाहर स्थानांतरित किया जाता है। यही वरचुअल मेमोरी का स्वरूप हैः डाटा लगातार RAM के अन्दर-बाहर घूमता रहता है, जो इस पर निर्भर करता है कि उसकी आवश्यकता RAM में है या नहीं। यह अतिरिक्त डाटा हार्ड डिस्क में स्टोर किया जाता है। अतः वरचुअल मेमोरी में हार्ड डिस्क का महत्त्वपूर्ण रोल होता है।

वरचुअल मेमोरी फिजिकल मेमोरी को हार्ड डिस्क तक खींच कर ले जाती है। वरचुअल मेमोरी उस मेमोरी को कहते हैं जो डाटा तथा प्रोग्राम के रूप में रिकॉर्ड रहती है। डाटा की RAM और हार्ड डिस्क के बीच में अदला–बदली की जाती है जिसे हम वरचुअल मेमोरी का नाम देते हैं। वरचुल मेमोरी जितनी अधिक होगी सिस्टम उतना ही अधिक तेज चलेगा। ये इसलिए क्योंकि RAM थोड़ा खाली रहने पर और प्रोग्रामों के निर्देश भी चला सकता है।

3.4.5. *बबल मेमोरी (Bubble Memory)*

एक इलेक्ट्रॉनिक सेकंड्री स्टोरेज (electronic secondary storage) जो सॉलिड–स्टेट इलेक्ट्रॉनिक चिप (solid-state electronic chip) के साथ निर्मित होता है और कोई चलित भाग नहीं रखता है, बबल मेमोरी कहलाता है। निश्चित चुंबकीय पदार्थ की पतली पर्ण जो चुंबकीय क्षेत्र के साथ लेपित होती है, बबल मेमोरी का निर्माण करती है।

बबल की उपस्थिति या अनुपस्थिति में डाटा बबल स्टोरेज में प्रदर्शित होते हैं। बबल मेमोरी में डाटा के प्रदर्शन की यह विधि, छिद्रों की उपस्थिति या अनुपस्थिति में पंच्ड् पेपर टेप (punched paper tape) पर प्रदर्शन के समान होती है। बबल मेमोरी में बाइनरी कोड 1 या 0 को बबल की उपस्थिति या अनुपस्थिति द्वारा प्रदर्शित किया जाता है।

बबल चिप अह्रासी (non volatile) होते हैं। इसलिए विद्युत के न रहने पर भी संग्रहित डाटा का ह्रास नहीं होता है।

बहुत से माइक्रोप्रोसेसर अनुप्रयोगों में बबल मेमोरी का उपयोग मुख्य मेमोरी के रूप में किया जाता है। दूरभाष तंत्रों में बबल चिप (bubble chip) का प्रयोग अनुचित रूप से डायल किए गए संख्याओं को संधान (redirecting) करने में किया जाता है। इसका उपयोग पोर्टेबल टर्मिनल्स (portable terminals) में डाटा को तब तक भंडारित करने के लिए किया जाता है जब तक कि वे किसी बड़े सिस्टम को स्थानांतरित न हो जाए।

3.4.6. *मुख्य और सहायक मेमोरी (Main and Auxiliary Memory)*

मुख्य मेमोरी, मेमोरी की वह इकाई है, जो CPU के साथ प्रत्यक्ष संचार में होती है, जबकि डिवाइस जो बैकअप स्टोरेज (backup storage) की सुविधा प्रदान करते हैं, सहायक मेमोरी कहलाते हैं। मैग्नेटिक डिस्क और टेप प्रमुख सार्वलौकिक सहायक मेमोरी डिवाइस हैं, जिनका उपयोग कंप्यूटर सिस्टम में किया जाता है।

सिस्टम प्रोग्राम, वृहत् डाटा फाइल और अन्य सूचनाओं के भंडारण हेतु सहायक मेमोरी डिवाइस का प्रयोग किया जाता है। सिर्फ वे प्रोग्राम और डाटा जिनकी प्रोसेसर को शीघ्र ही आवश्यकता होती है, मुख्य मेमोरी में रहते हैं तथा अन्य सूचनाएँ सहायक मेमोरी में रहती हैं एवं आवश्यकतानुसार मुख्य मेमोरी को स्थानांतरित होती हैं।

एक I/O प्रोसेसर के द्वारा CPU और सहायक मेमोरी के साथ प्रत्यक्ष संचार करने हेतु मुख्य मेमोरी केंद्रीय स्थिति को अपने अधिकार में रखती है। वे प्रोग्राम जो मुख्य मेमोरी में नहीं रहते हैं, CPU को आवश्यकता पड़ने पर सहायक मेमोरी से ले जाए जाते हैं। वे प्रोग्राम जिनकी मुख्य मेमोरी में शीघ्र आवश्यकता नहीं होती है, सहायक मेमोरी में स्थानांतरित कर दिए जाते हैं।

3.4.7. *एसोसिएटिव या कनटेंट एड्रेसेबल मेमोरी (Associative or Content Addressable Memory)*

एसोसिएटिव मेमोरी या कंटेंट एड्रेसेबल मेमोरी एक मेमोरी यूनिट है, जो कंटेंट द्वारा अभिगमित होती है। डाटा कंटेंट के आधार पर इस प्रकार की मेमोरी समानांतर और युगपत् रूप में अभिगमित होती है जब एक शब्द को एसोसिएटिव मेमोरी में लिखा जाता है, तो कोई पता नहीं दिया जाता है।

यह मेमोरी, शब्द के भंडारण हेतु उपयोग में न लाई गई रिक्त स्थिति को प्राप्त करने में समर्थ होती है। जब एक शब्द को एक एसोसिएटिव मेमोरी से पढ़ा जाता है, तो शब्द के कंटेंट या भाग निर्दिष्ट होते हैं। सभी शब्द, जो निर्दिष्ट कंटेंट से मेल खाते हैं, मेमोरी द्वारा स्थान निर्धारित किए गए होते हैं और पढ़ने के लिए चिह्नित होते हैं।

डाटा एसोसिएटिव द्वारा समानांतर खोज हेतु ऐसोसिएटिव मेमोरी अद्वितीय रूप से उपयुक्त होती है। चूँकि एसोसिएटिव मेमोरी के अंदर प्रत्येक कोष्ठ भंडारण क्षमता के साथ–साथ किसी बाह्य स्वतंत्र–चर के साथ अपने कंटेंट के मेल हेतु तार्किक परिपथ भी रखता है, इसलिए यह रैंडम एक्सेस मेमोरी से अधिक खर्चीला होता है। इस कारण एसोसिएटिव मेमोरी को अनुप्रयोगों में प्रयुक्त किया जाता है, क्योंकि वहाँ खोज काल बहुत कम होता है।

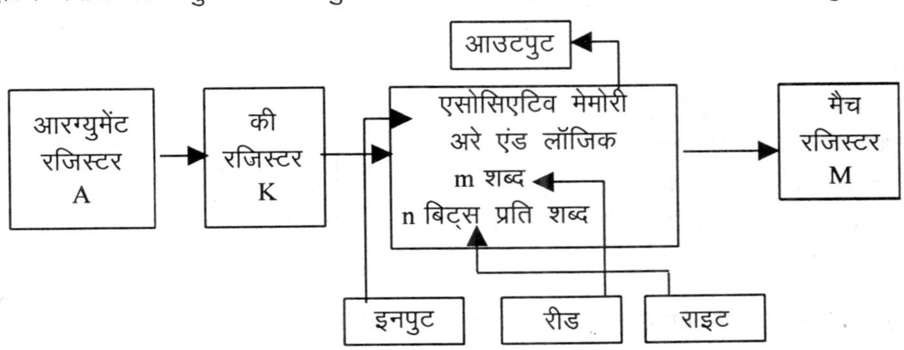

चित्र 3.20. *एसोसिएटिव मेमोरी का ब्लॉक डायग्राम*

3.4.8. *मल्टीपोर्ट मेमोरी (Multiport Memory)*

प्रत्येक मेमोरी मॉड्यूल और प्रत्येक CPU के मध्य मल्टीपोर्ट मेमोरी सिस्टम पृथक बस नियुक्त करता है। तीन CPUs और तीन मेमोरी मॉड्यूल के लिए यह नीचे दिए गए चित्र में दिखाया गया है। प्रत्येक माइक्रोप्रोसेसर बस प्रत्येक मेमोरी मॉड्यूल से जुड़ा होता है। पते, आँकड़े और नियंत्रण रेखाएँ जो मेमोरी के साथ संचार के लिए आवश्यक होते हैं, प्रोसेसर बस द्वारा रखे जाते हैं।

मल्टीपोर्ट मेमोरी का लाभ उच्च स्थानांतरण दर है।

हानियाँ

1. खर्चीला मेमोरी कंट्रोल लॉजिक वांछित होता है।
2. वृहत् संख्या में केबल और संबंधक वांछित होता है।

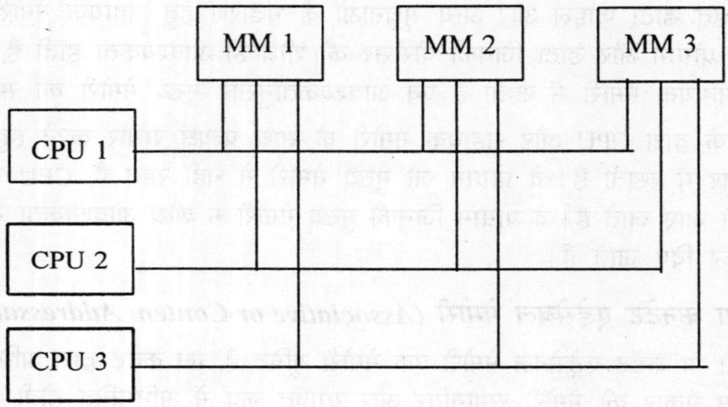

चित्र 3.21. *मल्टीपोर्ट मेमोरी आर्गनाइजेशन*

3.4.9. *कंट्रोल मेमोरी (Control Memory)*

कंट्रोल मेमोरी, कंट्रोल यूनिट का एक भाग है। इसका उपयोग लेखन हेतु किया जा सकता है, लेकिन अधिकांशतः उपयोग पढ़ने के लिए होता है।

कंट्रोल मेमोरी एक नियत माइक्रो प्रोग्राम को रखता है, जिसे अवसर प्राप्त उपयोगकर्ता द्वारा परिवर्तित नहीं किया जा सकता है।

कंट्रोल मेमोरी में प्रत्येक मशीन इंसट्रक्शन माइक्रो–इंसट्रक्शन की एक श्रेणी का सूत्रपात करते हैं। ये माइक्रो–इंसट्रक्शन मुख्य मेमोरी से इंसट्रक्शन का आनयन करने के लिए सूक्ष्म संक्रियाओं को जनित करते हैं।

ROM को कंट्रोल मेमोरी के रूप में लिया जा सकता है, जिसमें सभी नियंत्रण सूचना स्थायी रूप से संग्रहित रहती है।

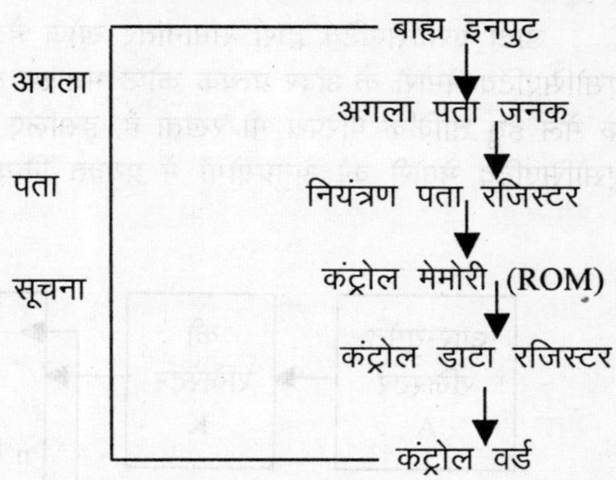

चित्र 3.22. *माइक्रो–प्रोग्राम कंट्रोल ऑर्गेनाइजेशन*

यदि एक लेखन योग्य कंट्रोल मेमोरी नियुक्त होता है, तो RAM, ROM को विस्थापित कर देता है। हार्डवेयर प्रक्रिया को पुनः संग्रहितः किए बिना 1's और 0's के नवीन प्रतिरूप को लिखकर माइक्रो–प्रोग्राम परिवर्तित किए जा सकते हैं।

चूँकि RAM की तुलना में ROM सस्ते और तीव्र गति वाले होते हैं, इसलिए अधिकांश माइक्रो–प्रोग्राम सिस्टम ROM का प्रयोग करते हैं।

3.4.10. फ्लैश मेमोरी *(Flash Memory)*

यह भी एक विशेष प्रकार की मेमोरी है तथा स्टोरेज के क्षेत्र में एक नया कदम है। यह मेमोरी चिप्स के रूप में रहती है तथा डाटा को स्थायी रूप से स्टोर करती है। बिजली जाने पर भी इसका डाटा सुरक्षित रहता है। इसमें कोई चलित पार्ट्स न होने से यह मैकेनिकल डिस्क और टेप से तेज है।

फ्लैश मेमोरी का एक रूप पी.सी. कार्ड के रूप में उपलब्ध है जो क्रेडिट कार्ड के साइज का होता है। इन्हें हम PCMCIA कार्ड भी कहते हैं। नोटबुक कंप्यूटर में यह कार्ड साइड से लगाने पर हार्ड डिस्क का कार्य भी कर सकता है। यह हार्ड डिस्क से कम बिजली लगाता है परंतु फिर भी उससे तेज है। साथ ही यह हटाने योग्य है। एक फ्लैश कार्ड भर जाने पर हम उसे निकाल कर दूसरा भी लगा सकते हैं। इस कारण से हम डिजिटल कैमरा, PDA आदि के साथ इन कार्डों का इस्तेमाल करते हैं।

चित्र 3.23. *फ्लैश मेमोरी कार्ड*

3.4.11. चार्ज-कपल्ड् डिवाइस *(Charge-Coupled Device CCD)*

चार्ज कपल्ड डिवाइस बबल मेमोरी (bubble memory) के समान होते हैं। यह पूर्णतः इलेक्ट्रॉनिक भी है, ये सेमीकंडक्टर चिप (semiconductor chip) पर निर्मित होते हैं।

इस डिवाइस में डाटा को भंडारित करने के लिए मेटल ऑक्साइड सेमीकंडक्टर क्रिस्टल के अंदर इलेक्ट्रॉन का उपयोग किया जाता है। बबल मेमोरी CCD से धीमी होती है। CCD ह्रासी (volatile) होते हैं।

3.5. डायरेक्ट एक्सेस स्टोरेज डिवाइस (Direct Access Storage Devices DASD)

डायरेक्ट एक्सेस स्टोरेज डिवाइस को रैंडम एक्सेस स्टोरेज डिवाइस (random access storage devices) भी कहते हैं, क्योंकि सूचनाएँ अक्षरतः रैनडम उपलब्ध होती हैं। डायरेक्ट ऐक्सेस स्टोरेज डिवाइस वह है, जिसमें डिवाइस में किसी भी स्थान को यादृच्छिक चुना जा सकता है, भंडारित सूचना तक प्रत्यक्ष अभिगम किया जा सकता है। मैग्नेटिक डिस्क और मैग्नेटिक ड्रम डायरेक्ट ऐक्सेस स्टोरेज डिवाइस प्रकार के हैं।

3.6. सीक्वंसियल एक्सेस स्टोरेज डिवाइस (Sequential Access Storage Devices SASD)

सीक्वंसियल एक्सेस स्टोरेज डिवाइस वह हैं, जिसमें किसी वांछित स्थान पर अन्य स्थान से पूर्व पहुँच अनुक्रमिक द्वारा हो सकती है। इसका उपयोग मासिक वेतन पर्चियों, मासिक विद्युत देयकों आदि को तैयार करने में किया जाता है। मैग्नेटिक टेप और पंच कार्ड सीक्वसिंयल एक्सेस स्टोरेज डिवाइस के प्रकार हैं।

3.7. रजिस्टर्स (Registers)

इनस्ट्रकशन (instructions) की व्याख्या और उनके निष्पादन (execution) का प्रोसेस करने हेतु कंप्यूटर बहुत से मेमोरी यूनिटों का उपयोग करता है, जिन्हें रजिस्टर कहते हैं।

रजिस्टर की लंबाई इसमें संग्रहित होने वाले बिट की संख्या के बराबर होती है। एक रजिस्टर जो 8 बिट का संग्रहण करता है, 8-बिट रजिस्टर कहलाता है।

कुछ रजिस्टर जो सभी कंप्यूटर में सार्व होते हैं, नीचे दिए गए हैं:

1. *मेमोरी एड्रेस रजिस्टर (Memory Address Register)*

वे रजिस्टर जो ऐक्टिव मेमोरी लोकेशन (active memory location) का पता रखते हैं, मेमोरी एड्रेस रजिस्टर कहलाते हैं।

2. *मेमोरी बफर रजिस्टर (Memory Buffer Register)*

इस प्रकार का रजिस्टर मेमोरी वर्ड (memory word) के अंतर्वस्तुओं (contents) को रखता है, जिन्हें मेमोरी से पढ़ा या मेमोरी में लिखा जाना है।

एक इंस्ट्रक्शन वर्ड (instruction word) जो इस रजिस्टर में स्थित होता है, इंस्ट्रक्शन रजिस्टर (instruction register) को स्थानांतरित होता है।

3. *प्रोग्राम कंट्रोल रजिस्टर (Program Control Register)*

इसका उपयोग निष्पादित होने वाले अगले इंस्ट्रकशन का पता रखने के लिए किया जाता है।

4. *एक्युमुलेटर रजिस्टर (Accumulator Register)*

वह रजिस्टर जहाँ मेमोरी से डाटा आनयित (fetched) कर संग्रहित किए जाते हैं, एक्युमुलेटर कहलाते हैं। प्रमुख इंस्ट्रक्शन के निष्पादन के समय इसका उपयोग किया जाता है। बहुत–से कंप्यूटर में एक से अधिक एक्युमुलेटर रजिस्टर होते हैं।

5. *इंस्ट्रक्ज़न रजिस्टर (Instruction Register)*

इसका उपयोग निष्पादित होने जा रहे वर्तमान इंस्ट्रकशन को रखने के लिए किया जाता है।

6. *इनपुट/आउटपुट रजिस्टर (Input/Output Register)*

इसका उपयोग इनपुट/आउटपुट डिवाइस के साथ संचारित होने के लिए किया जाता है। एक इनपुट डिवाइस के द्वारा सभी इनपुट सूचनाएँ और डाटा इस रजिस्टर को स्थानानतरित होते हैं, जबकि सभी आउटपुट सूचनाएँ इस रजिस्टर द्वारा एक आउटपुट डिवाइस को स्थानांतरित होती हैं।

3.8. मेमोरी हाइरारकि (Memory Hierarchy)

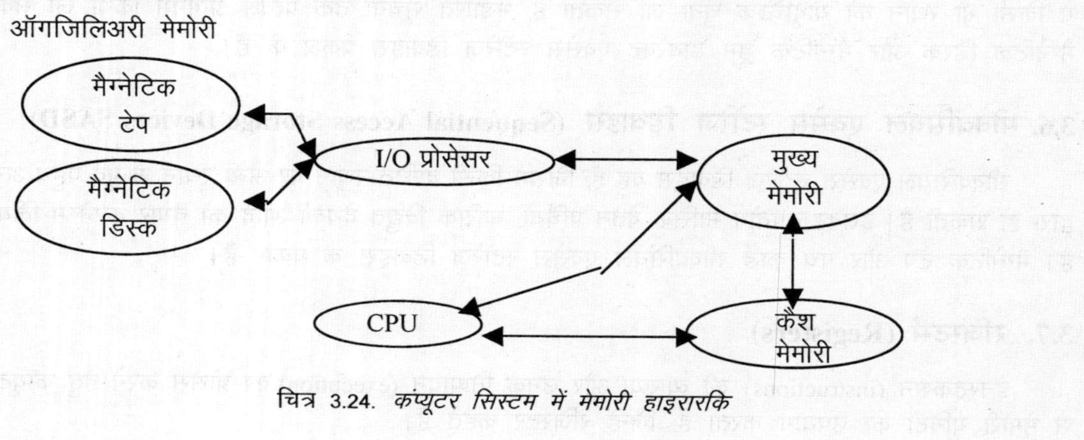

चित्र 3.24. *कंप्यूटर सिस्टम में मेमोरी हाइरारकि*

3.9. मेमोरी मैनेजमेंट : पेज, सेगमेंट और ओवरले (Memory Management: Page, Segment and Overlay)

मेमोरी मैनेजमेंट, मेमोरी में रहने वाले विभिन्न प्रोग्राम्स् के संगठन हेतु हार्डवेयर और सॉफ्टवेयर प्रक्रम के समूह की ओर संकेत करता है। यह ऑपरेटिंग सिस्टम का एक भाग होता है, जो सभी कंप्यूटर में उपलब्ध होता है।

मेमोरी मैनेजमेंट यूनिट में निम्न मूलभूत घटक होते हैं:

1. डायनमिक स्टोरेज रिलोकेशन हेतु सुविधा प्रदान करता है।
2. मेमोरी में संग्रहित समान प्रोग्राम्स् के उपयोग हेतु सुविधा प्रदान करता है।
3. अप्राधिकृत अभिगम के विरूद्ध सूचना को सुरक्षा प्रदान करना।

प्रोग्राम और डाटा तार्किक भागों में विभाजित होते हैं, जिन्हें सेगमेंट कहते हैं। इस प्रकार सेगमेंट तार्किक रूप से संबंधित इंस्ट्रक्शन या आँकड़ा तत्त्वों का एक समूह होता है। इसे प्रोग्रामर या ऑपरेटिंग सिस्टम द्वारा भी जनित किया जा सकता है। सेगमेंट, प्रोग्राम ओवरले भी कहलाते हैं।

प्रोग्राम सेगमन्ट को अन्य विधि द्वारा भी निर्मित किया जा सकता है, जिसे पेजिंग (paging) कहते हैं। यह ओवरलाइंग (overlaying) के समान होता है।

इस प्रकार एप्लिकेशन प्रोग्राम को पेजिंग की सहायता से सेगमेंट में विभाजित किया जा सकता हे। ये सेगमेंट, पेज कहलाते हैं।

पेजिंग और ओवरलाइंग के मध्य निम्न दो अंतर हैं:

1. सामान्यतः पेज समान लंबाई के होते हैं, जबकि ओवरलाइंग एक प्रोग्राम के तार्किक भाग होते हैं, इसलिए वे विभिन्न आकार के होते हैं।

2. पेजिंग की सहायता से ऑपरेटिंग सिस्टम, प्रोग्राम सेगमेंट को सृजित करते हैं; जबकि उपयोगकर्ता, पेजिंग की सहायता से प्रोग्राम सेगमेंट का सृजन करते हैं।

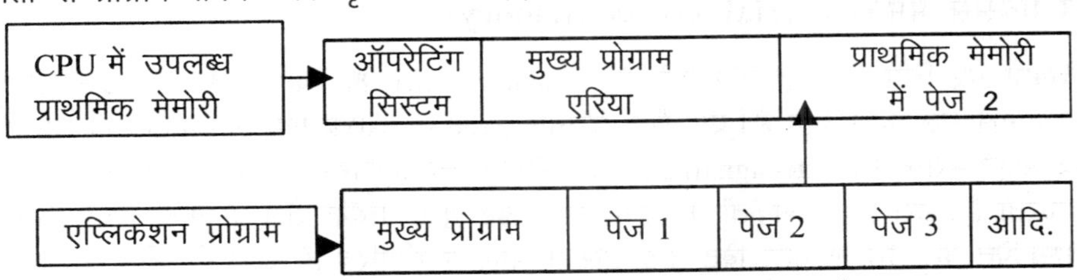

चित्र 3.25. *मेमोरी मैनेजमेंट में पेजिंग का उपयोग*

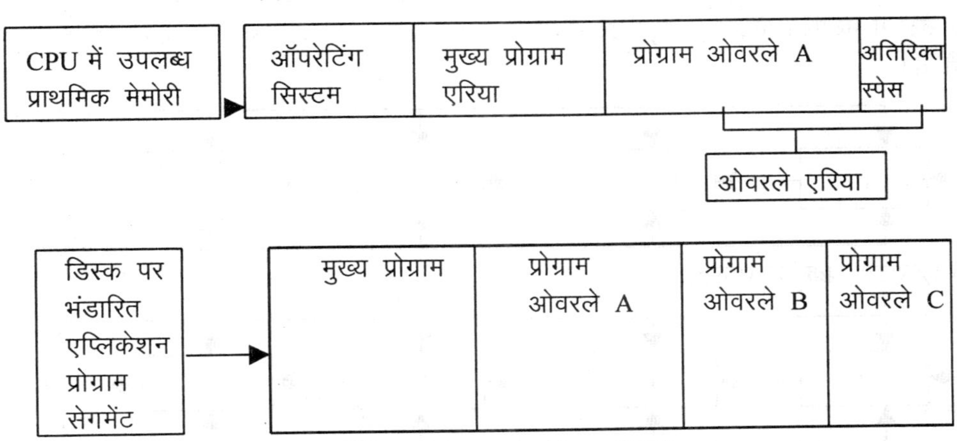

चित्र 3.26. *प्रोग्राम ओवरले का उपयोग*

3.10. सूचना का भंडारण और मेमोरी से/को लाना/ले जाना (Information Storage & Retrieval to/From Memory)

डिजिटल कंप्यूटर की मूलभूत आवश्यकता यह है कि वे ऑपरेटर द्वारा भेजे गए डाटा और इंस्ट्रक्शन का संग्रहण करें। कंप्यूटर, मेमोरी के तीन प्रमुख स्तरों को रखते हैं। प्रथम मेमोरी माइक्रोप्रोसेसर के अंदर होती है जिसे आंतरिक मेमोरी कहते हैं, जो शीघ्र उपयोग हेतु इंस्ट्रक्शन और डाटा को संग्रहित करती है। मेमोरी का द्वितीय भाग प्राथमिक मेमोरी को घेरे रहता है। इसका कार्य पढ़े जाने वाले डाटा और इंस्ट्रक्शन पर पकड़ बनाए रखना है, जिन पर शीघ्र ही प्रक्रिया होनी है और उन्हें शीघ्र अतिशीघ्र माइक्रोप्रोसेसर को भेजना है। तृतीय मेमोरी, स्टोरेज मेमोरी होती है, सूचना मैग्नेटिक डिस्क टेप पर अभिलेखित होती है।

सभी मैग्नेटिक डिवाइस पर सूचना का अभिलेखन और वहाँ से पढ़ने का सिद्धांत समान होता है। रीड/राइट हैड उच्च प्रवेशयुक्त नरम लौह का एक क्रोड होता है, जिसके चारों ओर एक कुंडली लगी होती है और 0.2 मि. मी. का एक वायु–अंतराल रखता है।

मैग्नेटिक सतह पर सूचना का अभिलेखन करने हेतु, धारा का स्पंदन (0 या 1 पर आधारित) कुंडली से गुजरना चाहिए। यह क्रोड में फ्लक्स की मैग्नेटिक रेखाओं का सृजन करता है। ये रेखाएँ क्रोड के अंदर तब तक शामिल रहती हैं जब तक कि वे वायु–अंतराल में न आ जाएँ, जो कि अक्सर एक बहुत उच्च चमक वाला होता है। इस कारण फ्लक्स रेखाएँ विचलित होती हैं और चलित सतह पर मैग्नेटिक कोडेड भाग से गुजरती हैं।

रीड ऑपरेशन के साथ कुंडली का उपयोग एक रेखा के रूप में किया जाता है। जैसे ही मैग्नेटिक सतह रीड/राइट हैड के नीचे आता है, स्थान जो मैग्नेटिक हो चुके होते हैं वायु–अंतराल के माध्यम से एक फ्लक्स जनित करते हैं। क्रोड फ्लक्स में यह परिवर्तन एक वोल्टेज सिग्नल देते हैं, जो परिवर्धित होते हैं और उनकी व्याख्या की जाती है।

3.11. सीरियल एक्सेस मेमोरी (Serial Access Memory)

नीचे दिखाये गए चित्र के अनुसार मेमोरी सेल (memory cell) का एक संगठन लें। इस संगठन में एक सेल का आउटपुट अगले सेल का इनपुट है। एक रीड–सिग्नल (read-signal) प्रत्येक सेल कंटेंट को आउटपुट लाइन पर रखता है। एक राइट–सिग्नल (write-signal) इस रीड–सिग्नल का अनुसरण करता है और इन बिट्स को अगले सेल में भंडारित करता है। इस प्रकार संकेतों का एक रीड–राइट युग्म प्रत्येक सेल के कंटेंट को उसके दाईं ओर स्थित सेल में विस्थापित कर देता है और बिट दाईं ओर के सेल में भंडारित हो जाते हैं। रीड–राइट सिग्नल का अनुक्रम रजिस्टर के कंटेंट को सीरियल रूप में विस्थापित करेगा। तीन रीड–राइट सिग्नल के उपरांत निर्गम 0 होगा। चूँकि सेल में भंडारित बिट आउटपुट पर सीरियल रूप में प्रकट होते हैं, अतः इस मेमोरी को सीरियल ऐक्सेस मेमोरी कहते हैं।

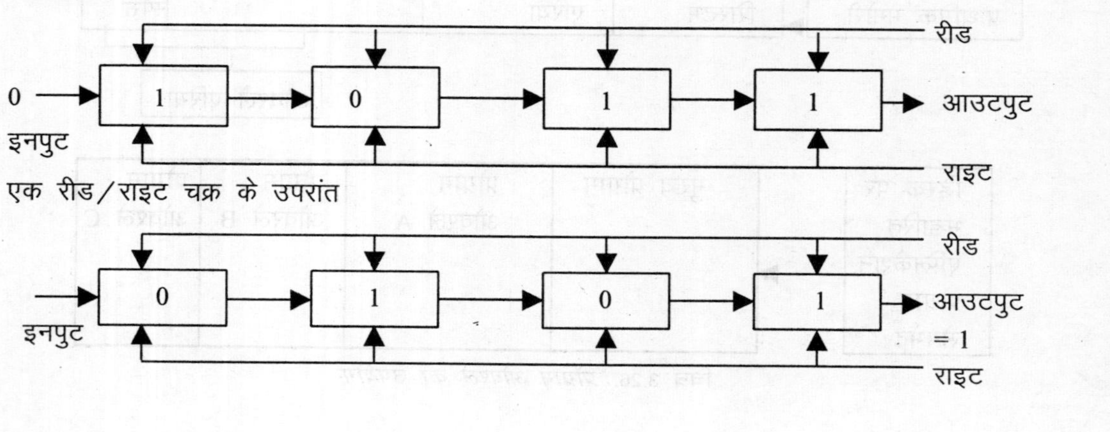

विभिन्न मेमोरीज का तुलनात्मक अध्ययन

मेमोरी का प्रकार	बाइट्स में औसत क्षमता	तकनीक	बाइट तक पहुँचने में लगने वाला औसत समय	कंप्यूटर सिस्टम में उद्देश्य	इकाई प्रति बाइट अपेक्षित कीमत
कैश	0.5M	उच्च गति वाला इंटीग्रेटेड सर्किट	2 n sec.	शीघ्र ही उपयोग में लाए जाने वाले निर्देश और डाटा	10
मुख्य मेमोरी	50M	इंटीग्रेटेड सर्किट	20 n sec.	प्रोग्राम और डाटा	1
डिस्क मेमोरी (हार्ड डिस्क)	50G	हार्ड डिस्क पर चुंबकित सतह	10 m sec.	बड़े डाटा फाइल और प्रोग्राम	1/100
डिस्क मेमोरी (फ्लॉपी)	10M	पतले लचीले डिस्क पर चुंबकित सतह	500 m sec.	डाटा प्रविष्ट, इनपुट यूनिट डाटा और प्रोग्राम फाइल्स	1/1000
मैग्नेटिक टेप	5G	1/4" टेप	25 sec.	ऐतिहासिक फाइल, बैकअप	1/1000
CD ROM	600M	लेजर डिस्क	500 m sec.	बड़े टेक्स्ट, चित्रों और ध्वनि को संग्रहित करना	1/10000
DVD ROM	8G	लेजर डिस्क	500 m sec.	वीडियो फाइल्स	1/100000

अभ्यास-प्रश्न (Exercise-Questions)

1. कंप्यूटर मेमोरी से क्या समझते हैं?
2. प्राइमरी मेमोरी क्या है?
3. निम्न स्टोरेज डिवाइस पर टिप्पणी लिखिए–
   (*i*) मैगनेटिक डिस्क
   (*ii*) मैगनेटिक टेप
   (*iii*) ऑप्टिकल डिस्क

4. निम्न मेमोरीज को समझाइए–
   (*i*) कैश मेमोरी
   (*ii*) विस्तारित स्मृति
   (*iii*) प्रसारित स्मृति
   (*iv*) वरचुअल मेमोरी
   (*v*) बबल मेमोरी
   (*vi*) मुख्य और सहायक मेमोरी
   (*vii*) ऐसोसिएटिव या कनटेंट ऐड्रेसबल मेमोरी
   (*viii*) मल्टीपोर्ट मेमोरी
   (*ix*) कंट्रोल मेमोरी
   (*x*) फ्लैश मेमोरी
   (*xi*) चार्ज-कपलड् डिवाइस।
5. डाइरेक्ट एक्सेस स्टोरेज डिवाइस क्या है?
6. सीक्वंसियल एक्सेस स्टोरेज डिवाइस को समझाइए।
7. रजिस्टर्स के विभिन्न प्रकारों को समझाइए।
8. मेमोरी हाइरारकि से क्या समझते हैं?
9. मेमोरी मैनेजमेंट, पेज, सेगमेंट और ओवरले से क्या समझते हैं?
10. सूचना का भंडारण और मेमोरी से/को लाना/ले जाना क्या है?
11. सीरियल एक्सेस मेमोरी को समझाइए।

4

कंप्यूटर के आधारभूत कार्य और आर्किटेक्ट
(Basic Functioning of Computer and Architect)

4.1. कंप्यूटर का ब्लॉक डायग्राम (Block Diagram of a Computer)

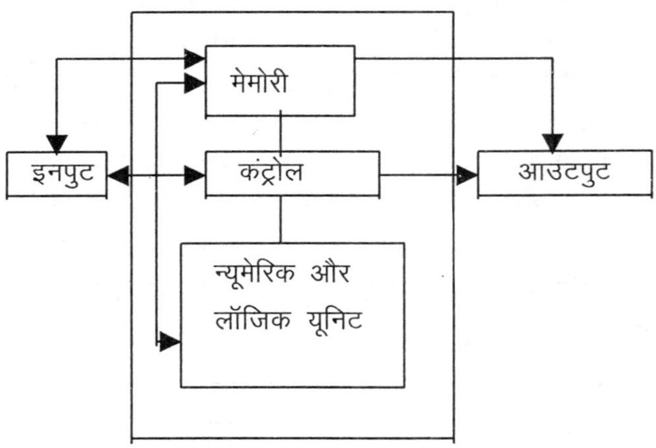

चित्र 4.1. *कंप्यूटर का ब्लॉक डायग्राम*

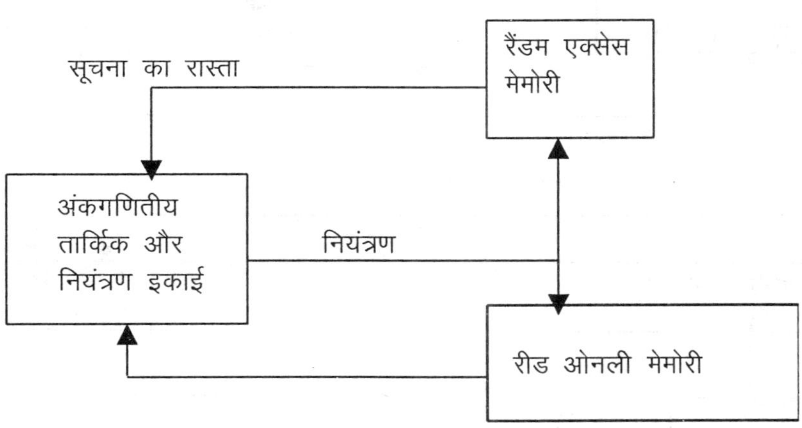

चित्र 4.2. *माइक्रो–कंप्यूटर का ब्लॉक डायग्राम*

कंप्यूटर का साधारण प्रतिरूप निम्न चार घटकों को रखता है:

1. इनपुट डिवाइस (Input Devices)
2. मेमोरी यूनिट (Memory Unit)
3. प्रोसेसिंग यूनिट (Processing Unit)
4. आउटपुट डिवाइस (Output Devices)

इनपुट डिवाइस का उपयोग उन आँकड़ों और प्रोग्राम्स को पढ़ने के लिए किया जाता है जिन पर कार्य किया जाना है। इनपुट उद्देश्य हेतु कंप्यूटर तंत्र बहुत–से साधनों का प्रयोग करते हैं। की–बोर्ड (Keyboard), डाटा एंट्री टर्मिनल (Data Entry Terminal), बार कोड रीडर (Bar Code Reader), टच स्क्रीन (Touch Screen), लाइट पेन (Light Pen), इनपुट टेबिल (Input Table), माउस, वाइस ड्राइवर (Voice Driver), मैग्नेटिक इंक कैरेक्टर रीडर (Magnetic Ink Character Reader), ऑप्टिकल कैरेक्टर रीडर (Optical Character Reader), पंच कार्ड रीडर (Punched Card Reader), फ्लॉपी डिस्क रीडर (Floppy Disk Reader) और मैग्नेटिक टेप रीडर (Magnetic Tape Reader) आदि इनपुट साधन हैं। ये आँकड़ों को उस रूप में परिवर्तित कर देते हैं जिसे कंप्यूटर समझ सकता है।

मेमोरी यूनिट एक भंडार है जिसका उपयोग डाटा और प्रोग्राम का संग्रहण करने के लिए किया जाता है। मेमोरी यूनिट के दो भाग हैं। पहला भाग बड़ी संख्या में लेबल्ड बॉक्स (एक बॉक्स प्रति आँकड़ा मद) को रखता है। दूसरा भाग एल्गोरिथ्म (Algorithm) को संग्रहित करता है।

प्रोसेसिंग यूनिट एल्गोरिथ्म में दिए गए निर्देशों की व्याख्या करता है और उन्हें शुद्धता पूर्वक बाहर ले जाता है। अंकगणितीय एवं तार्किक कार्यों को करने के लिए यह उप इकाई रखता है। इनपुट साधनों के समान ही आउटपुट साधन भी एक यंत्र हैं, जो मानव व कंप्यूटर तंत्र के मध्य के वार्तालाप को नियंत्रित करते हैं।

कंप्यूटर तंत्र, आउटपुट उद्देश्य हेतु बहुत–से साधनों का उपयोग करते हैं। प्रिंटर (Printer), पंच कार्ड (Punch Card), टेली–प्रिंटर (Teleprinter), विजुअल डिस्प्ले यूनिट (Visual Display Unit (VDU)) और ग्राफ प्लाटर (Graph Plotter) आदि आउटपुट साधन हैं।

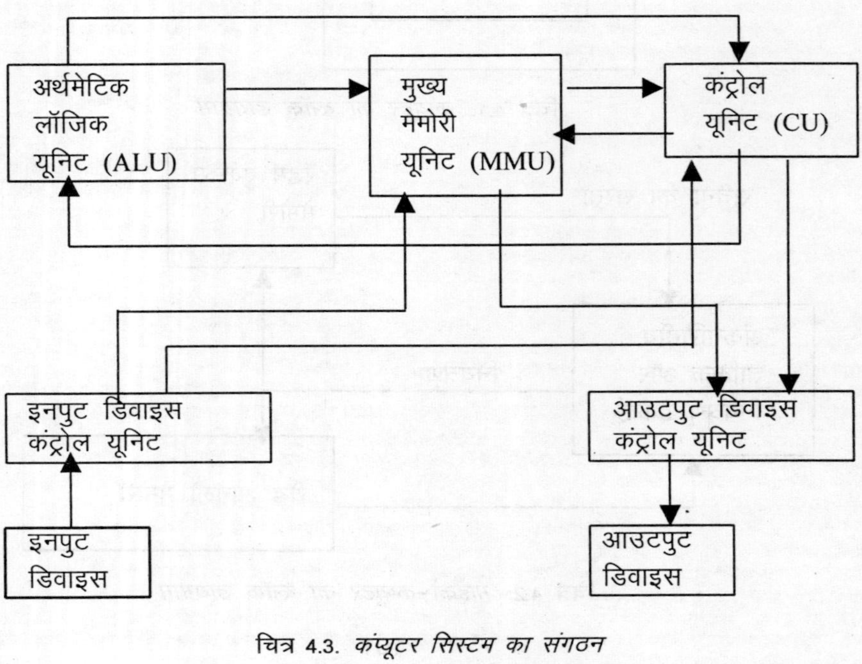

चित्र 4.3. *कंप्यूटर सिस्टम का संगठन*

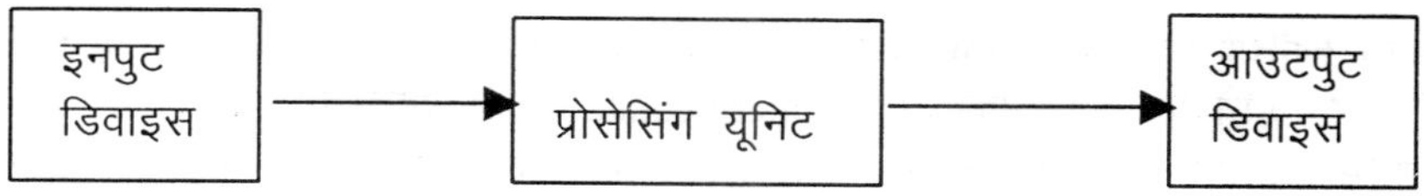

चित्र 4.4: कंप्यूटर सिस्टम

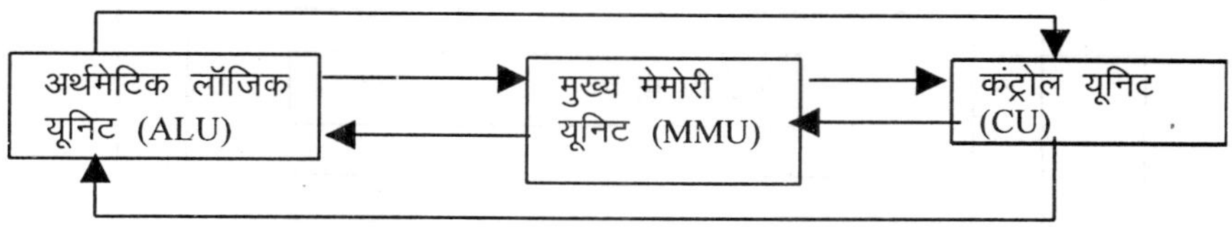

चित्र 4.5. *CU और MMU के मध्य सूचना क. प्रवाह*

4.2. CPU: CPU संरचना, मेमोरी क्षेत्र और माइक्रोप्रोसेसर
(CPU: CPU Structure, Memory Area and Microprocessor)

सी पी यू (CPU)

सेंट्रल प्रोसेसिंग यूनिट (Central Processing Unit (CPU)) किसी भी कंप्यूटर का मस्तिष्क होता है। यह वह क्षेत्र है जहाँ कंप्यूटर के कार्य संपन्न होते हैं। यह निम्न घटकों को रखता है:

1. माइक्रोप्रोसेसर (Microprocessor)
   (अ) अर्थमेटिक लॉजिक यूनिट (Arithmetic logic unit)
   (ब) विशिष्ट मेमोरी
   (स) नियंत्रण और अनुक्रमित इकाई
2. आंतरिक मेमोरी
   (अ) रैंडम एक्सेस मेमोरी (Random Access Memory (RAM))
   (ब) रीड ओनली मेमोरी (Read Only Memory (ROM))
3. कंयूनीकेशन लाइन (Comunication Lines (Bus System))
4. इनपुट और आउटपुट पोर्ट (Input and Output Ports)

मानव शरीर में मस्तिष्क सभी निर्णयों को लेता है और शरीर के अन्य भाग मस्तिष्क के आदेशों के आधार पर कार्य करते हैं। इसी प्रकार से कंप्यूटर तंत्र में सभी गणनाएँ एवं तुलनाएँ CPU के अंदर होती हैं और यह CPU कंप्यूटर तंत्र के अन्य इकाइयों की क्रियाशीलता तथा उन पर नियंत्रण के लिए जिम्मेदार होता है।

CPU संरचना (CPU Structure)

CPU कंप्यूटर का मस्तिष्क होता है जिसे कंप्यूटर भी कह सकते हैं। CPU को वास्तविक CPU, माइक्रोप्रोसेसर और मेमोरी क्षेत्र में विभाजित किया जा सकता है।

मेमोरी क्षेत्र (The Memory Area)

इसे प्राथमिक भंडारण क्षेत्र (Primary Storage Area) या मुख्य मेमोरी (Main Memory Area) के नाम से भी जाना जाता है। इस मुख्य मेमोरी क्षेत्र को निम्न चार उपखंडों में विभाजित किया जा सकता है–

(1) निवेश भंडारण क्षेत्र (Input Storage Area), वह स्थान जहाँ प्रोसेसिंग होने तक डाटा रहते हैं।

(2) कार्य भंडारण क्षेत्र (Working Storage Area) जिसे स्क्रैच पैड (scratch pad) के नाम से भी जाना जाता है, जहाँ कार्य प्रारंभ होने पर माध्यमिक डाटा (Intermediate Data) रहते हैं।

(3) निर्गम भंडारण क्षेत्र (Output Storage Area), जो कार्योपरांत अंतिम परिणाम को रखता है।

(4) प्रोग्राम भंडारण क्षेत्र (Program Storage Area), जो प्रोसेसिंग निर्देशों को रखता है।

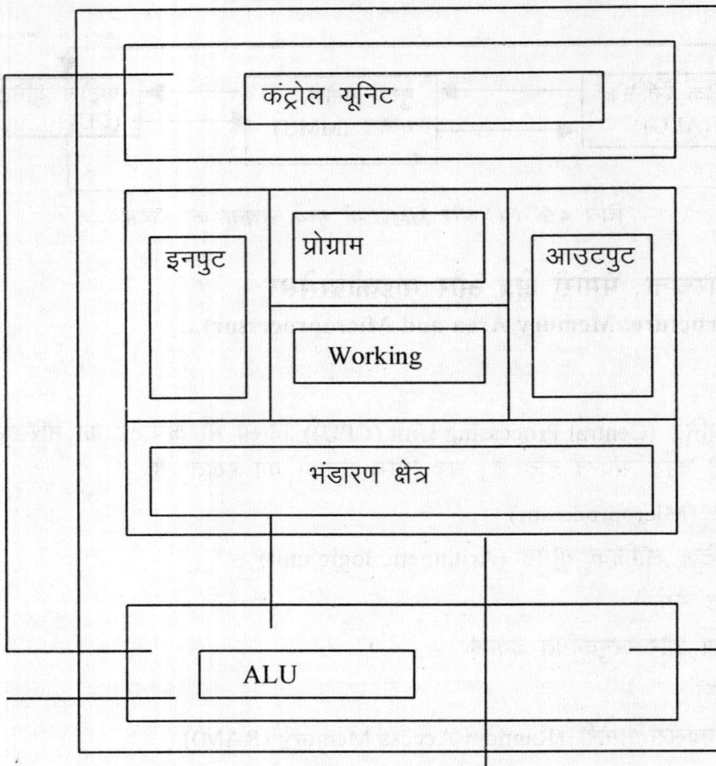

चित्र 4.6

ये क्षेत्र भौतिक रूप से बंधे हुए नहीं होते हैं बल्कि अनुप्रयोगों के आधार पर परिवर्तित होते रहते हैं। इस मेमोरी के अतिरिक्त दो विभिन्न प्रकार की मेमोरी भी हैं जिन्हें इंटरनल मेमोरी और मास मेमोरी के नाम से जाना जाता है। वंशानुक्रम के आधार पर इसे निम्न प्रकार वर्गीकृत किया जा सकता है:

1. इंटरनल मेमोरी (Internal Memory)

यह CPU के अंदर आंतरिक रूप से निर्मित रजिस्टर्स के रूप में होती है। ये सिस्टम में मौजूद डाटा मेमोरी के तीव्र स्तर की सुविधा देते हैं। आंतरिक रजिस्टर्स के कंटेंटस 100ns से कम में ALU द्वारा पहुँचाए जा सकते हैं। माइक्रोप्रोसेसर में 8 से 64 रजिस्टर्स हो सकते हैं।

2. मुख्य मेमोरी (Main Memory)

यह वह मेमोरी है जो सिस्टम में प्रयुक्त होती है। इसे डाटा की मात्रा के आधार पर मापा जाता है, जिसे यह दिए गए समय में संग्रहित करती है। यह 4K से 256K तक के परास में हो सकती है। स्वयं माइक्रोप्रोसेसर में मेमोरी की सीमित मात्रा रह सकती है। मुख्य मेमोरी तक पहुँचने में लगने वाला समय 200-1000ns का होता है।

3. मास मेमोरी (Mass Memory)

इस मेमोरी का उपयोग कम कीमत, उच्च भंडारण क्षमता की सुविधा हेतु किया जाता है। विशिष्ट भंडारण साधन मौजूद हैं, जो 1000K Bytes का भंडारण करते हैं लेकिन मुख्य मेमोरी की तुलना में पहुँच धीमी होती है।

माइक्रोप्रोसेसर (Microprocessor)

माइक्रोप्रोसेसर वह इकाई है, जहाँ वास्तविक गणना संपन्न होती है। ये माइक्रोप्रोसेसर वास्तव में वृहत् संख्या में द्वार या परिपथ रखते हैं, जिन्हें कि भरे गए आवेग के आधार पर खुला या बंद रखा जा सकता है। माइक्रोप्रोसेसर को पुनः ALU अर्थात् अर्थमेटिक लॉजिक यूनिट (Arithmetic and Logic Unit), इंटरनल रजिस्टर (Internal Registers) और कंट्रोल यूनिट (Control Unit (CU)) में वर्गीकृत किया जा सकता है। ALU वह क्षेत्र है, जहाँ सभी गणितीय गणनाएँ और तार्किक अर्थात् तुलनात्मक निर्णय किए जाते हैं। प्राथमिक भंडारण क्षेत्र में आँकड़े एक बार भर दिए जाते हैं, ये वहाँ रहते हैं तथा ALU को आवश्यकतानुसार स्थानांतरित होते हैं, जहाँ प्रोसेसिंग होती है। माध्यमिक परिणाम आगे की आवश्यकता तक के लिए कार्य भंडारण क्षेत्र में रहते हैं। कार्य समाप्त होने पर परिणाम निर्गम भंडारण भाग के लिए मुक्त हो जाते हैं। अंकगणितीय और तार्किक संक्रियाओं की संख्या और प्रकार अभियांत्रिक तकनीक से बाहर ले जाए जा सकते हैं। ALU चार आधारभूत संक्रियाओं के संपादन हेतु तर्क रखता है, ये संक्रियाएँ हैं–

1. द्विआधारी योग (Binary Addition)
2. बूलीय संक्रियाएँ (Boolean Operation)
3. पूरक (Complementing)
4. विस्थापन (Shifting).

माइक्रोप्रोसेसर आंतरिक स्मृति क्षेत्र रखते हैं जिसे इंटरनल रजिस्टर के नाम से जाना जाता है, जोकि एक समय में गणना करने के लिए आवश्यक डाटा और पतों का संग्रहण करते हैं। चार मुख्य रजिस्टर्स होते हैं, ये निम्न हैं:

1. एक्यूमूलेटर (Accumulator)
2. डाटा काउंटर (Data Counter)
3. प्रोग्राम काउंटर (Program Counter)
4. इंसट्रक्शन रजिस्टर (Instruction Register)

वे रजिस्टर्स, जहाँ पर डाटा मेमोरी से निकाल कर संग्रहित किए जाते हैं एक्यूमूलेटर कहलाते हैं। शब्द के पते एक रजिस्टर में संग्रहित होते हैं जिसे डाटा काउंटर के नाम से जाना जाता है। निर्देश स्थापन के पते जिस रजिस्टर में संग्रहित होते हैं उसे प्रोग्राम काउंटर के रूप में जाना जाता है। निर्देश इंसट्रक्शन रजिस्टर में संग्रहित होते हैं।

ऊपर वर्णित चार नियमित प्रकार के रजिस्टर्स के अतिरिक्त कुछ विशिष्ट रजिस्टर्स भी माइक्रोप्रोसेसर में उपस्थित होते हैं। ये निम्न हैं–

1. इंटरनल स्क्रैच पैड (Internal Scratch Pad)
2. स्टैक (Stack)
3. स्टेटस रजिस्टर (Status Register)

स्क्रैच पैड सामान्य उद्देश्यों वाले इंटरनल रजिस्टर्स के समूह होते हैं जिनका उपयोग अस्थायी सूचनाओं का संग्रहण करने के लिए किया जाता है। मुख्य मेमोरी की तुलना में स्क्रैच पैड तक पहुँचाना अधिक तीव्र गति से होता है। स्टैक एक "last in first out" संरचना है। इसका अर्थ एक कालक्रम संरचना है, जो प्रतीकों को उसी क्रम में एकत्र करता है जिस क्रम में वे संचित होते हैं। पुराना प्रतीक स्टैक की तली में होता है, जबकि नया ऊपर होता है। माइक्रोप्रोसेसर के अन्य क्षेत्रों की वर्तमान स्थित की सूचनाएँ स्टेटस रजिस्टर रखते हैं। ये माइक्रोप्रोसेसर को आवश्यकतानुसार डाटा को पढ़ने या लिखने हेतु सामर्थ्य देते हैं।

CPU का CU दिए गए निर्देशों को चुनता है, उनकी व्याख्या करता है और उन्हें कार्य करते हुए देखता है। यह किसी चलचित्र के निर्देशक के समान होता है, जो समस्त इकाइयों को एक साथ सुचारू रूप से एवं सहयोगात्मक भाव से कार्य करता हुआ देखता रहता है।

CU से प्राप्त होने वाले आदेशों के प्रति ALU उत्तरदायी होता है। यह निर्देशों को चुनने, उनकी व्याख्या करने और उन्हें प्रदर्शित होते देखते रहने का कार्य करता है, जिससे कि CU संपूर्ण तंत्र को कार्य करने का निर्देश देने और उनकी क्रमबद्धता बनाए रखने में सक्षम हो। यह CU ही है जो किसी वांछित संक्रिया को संपन्न करने के लिए ALU तार्किक तत्त्वों को क्रमबद्ध करता है। इंसट्रक्शन रजिस्टर के कंटेन्ट्स CU द्वारा डीकोड होते हैं और फिर यह ALU को उचित डाटा भेजने के लिए संकेतों के क्रम को जनित करता है। वहाँ एक बफर रजिस्टर होता है जो CPU में कुछ समय के लिए डाटा को रखता है।

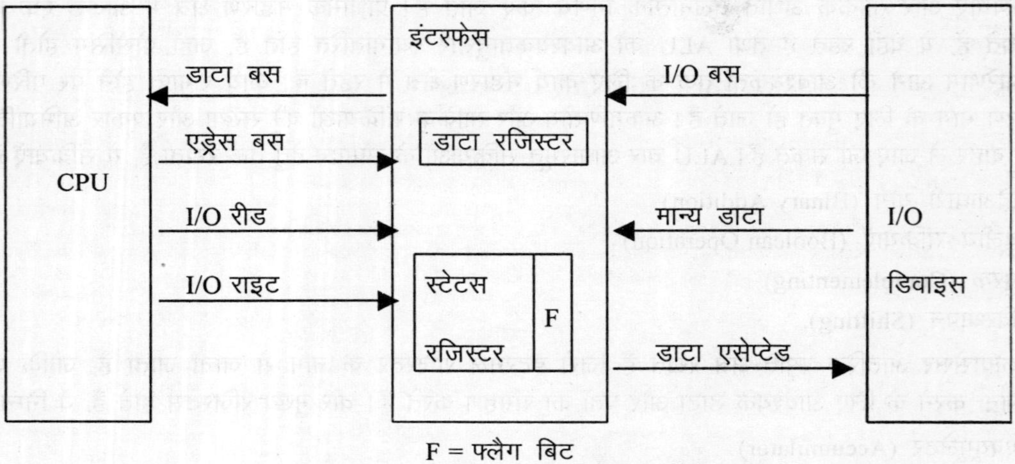

चित्र 4.7. *I/O डिवाइस से CPU की ओर डाटा का स्थानांतरण*

डाटा प्रोसेसिंग (Data Processing)

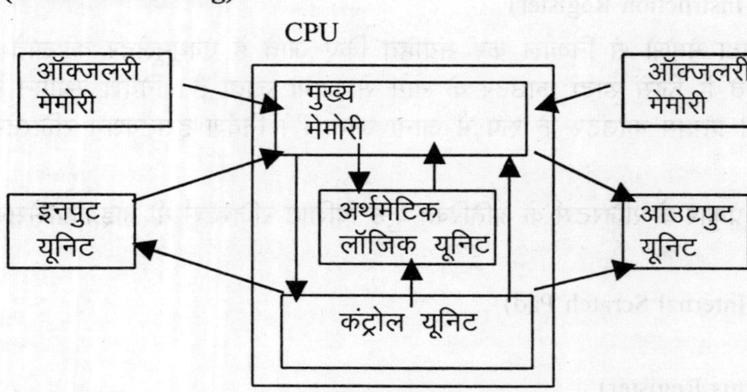

चित्र 4.8

यह प्रक्रिया प्रोसेसिंग यूनिट में संपन्न होती है। यह इकाई डाटा और निर्देशों को प्राप्त करती है, उन्हें अस्थायी रूप से संग्रहित करती है और फिर निर्देशों के आधार पर प्रक्रिया संपन्न होती है। प्रोसेसिंग यूनिट के निम्न तीन भाग हैं–

1. स्मृति इकाई (Memory Unit)
2. अंकगणितीय तार्किक इकाई (Arithmetic Logic Unit)
3. नियंत्रण इकाई (Control Unit)

स्मृति इकाई समस्त Data, निर्देशों और परिणामों को अस्थायी रूप से संग्रहित करती है। इस इकाई को विभिन्न नामों से पुकारा जाता है जैसे कि भंडारण, आंतरिक भंडारण, प्राथमिक भंडारण, मुख्य स्मृति या स्मृति आदि।

अंकगणितीय तार्किक इकाई सभी गणितीय एवं तार्किक संक्रियाओं को संपन्न करती है। आगे की गणना हेतु परिणाम स्मृति में संग्रहित रहते हैं।

नियंत्रण इकाई निकाय में अन्य इकाइयों की गतिविधियों पर नियंत्रण रखने का कार्य करती है। इसके मुख्य कार्य हैं:

1. विभिन्न इकाइयों के मध्य डाटा और सूचनाओं के स्थानांतरण पर नियंत्रण।
2. गणितीय इकाई के द्वारा अनुकूल कार्यों का प्रारंभ।

4.3. इंसट्रक्शनः इंसट्रक्शन कोड और इंसट्रक्शन साइकल (Instructions: Instruction Code and Instruction Cycle)

मशीन इंसट्रक्शन (machine Instruction) एक बाइनरी कोड होता है, जो कंप्यूटर के लिए सूक्ष्म–संक्रियाओं के अनुक्रम को निर्दिष्ट करता है। इंसट्रक्शन कोड डाटा के साथ मेमोरी में संग्रहित होते हैं। कंप्यूटर मेमोरी से प्रत्येक इंसट्रक्शन को पढ़ता है और उसे कंट्रोल रजिस्टर में रखता है। नियंत्रण, इंसट्रक्शन के बाइनरी कोड की व्याख्या करता है और सूक्ष्म–संक्रियाओं के अनुक्रम द्वारा इसका निष्पादन करता है। प्रत्येक कंप्यूटर अपना स्वयं का एक अद्वितीय इंसट्रक्शन के समुच्चय को रखता है।

एक इंसट्रक्शन कोड बिट्स का समूह होता है, जो कंप्यूटर को विशिष्ट संक्रिया के निष्पादन के लिए निर्देशित करता है। यह दो भागों में विभाजित होता है, प्रत्येक भाग अपनी स्वयं की विशिष्ट व्याख्या रखता है। इंसट्रक्शन कोड का प्रमुख मूलभूत भाग इसका संक्रिया भाग होता है। एक इंसट्रक्शन का संक्रिया कोड बिट्स का समूह होता है, जो संक्रियाओं को परिभाषित करता है, जैसे योग, व्यवकलन, गुणन, विस्थापन और पूरक।

नियंत्रण इकाई, मेमोरी से इंसट्रक्शन प्राप्त करता है और संक्रिया कोड बिट्स की व्याख्या करता है। यह तब आंतरिक कंप्यूटर रजिस्टर में सूक्ष्म–संक्रियाओं को प्रारंभ करने हेतु नियंत्रण संकेतों के अनुक्रम को जनित करता है।

इंसट्रक्शन कोड का संक्रिया भाग निष्पादित होने वाले संक्रिया को निर्दिष्ट करता है। इस प्रकार एक इंसट्रक्शन कोड, संक्रिया को निर्दिष्ट करता है, लेकिन साथ ही उन रजिस्टर या मेमोरी शब्दों को, जहाँ ऑपरेंड (operands) पाये जाते हैं, एवं इसके अतिरिक्त उस रजिस्टर या मेमोरी शब्द को, जहाँ परिणाम संग्रहित होते हैं, भी निर्दिष्ट करता है। मेमोरी शब्द अपने पता द्वारा इंसट्रक्शन कोड में निर्दिष्ट हो सकता है।

मेमोरी के एक भाग में इंसट्रक्शन और अन्य भाग में डाटा संग्रहित होते हैं। 128 शब्दों के साथ वाली मेमोरी इकाई के लिए, एक पता को निर्दिष्ट करने हेतु हमें 7 बिट्स की आवश्यकता होती है, क्योंकि $2^7 = 128$

यदि एक इंसट्रक्शन कोड में एक संक्रिया को मेमोरी से एक संकार्य की आवश्यकता नहीं होती है, तो इंसट्रक्शन में शेष बचे बिट्स का उपयोग अन्य उद्देश्यों हेतु किया जा सकता है।

कंप्यूटर में प्रत्येक इंसट्रक्शन के लिए प्रोग्राम एक चक्र द्वारा निष्पादित होते हैं। प्रत्येक इंसट्रक्शन साइकल उपचक्रों या चरणों के अनुक्रम में विभाजित होता है। कंप्यूटर में प्रत्येक इंसट्रक्शन साइकल निम्न चरणों को रखता है:

1. मेमोरी से एक इंसट्रक्शन का आनयन (fetch)।
2. इंसट्रक्शन को डीकोड करना।
3. यदि इंसट्रक्शन परोक्ष पता रखता हो, तो मेमोरी से प्रभावी पता को पढ़ना।
4. इंसट्रक्शन का निष्पादन।

चरण 4 के पूर्ण होने के उपरांत, अगले इंसट्रक्शन के आनयन, डीकोड और निष्पादन के लिए नियंत्रण चरण 1 पर वापस चला जाता है। यह प्रक्रम तब तक लगातार चलता रहता है, जब तक एक HALT अनुदेश न प्रकट हो जाए।

एड्रेसिंग मोड (Addressing Modes)

एड्रेसिंग मोड, ऑपरेंड के वास्तविक संदर्भित होने के पूर्व इंसट्रक्शन के पता क्षेत्र की व्याख्या या संशोधन के लिए नियमों की ओर संकेत करता है। निम्न में से एक या दोनों प्रावधानों के कारण कंप्यूटर एड्रेसिग मोड तकनीक का प्रयोग करते हैं:

(अ) कुछ सुविधाएँ प्रदान करते हुए उपयोगकर्ता को प्रोग्रामिंग विविधता देना जैसे कि प्वाइंटर से मेमोरी, लूप नियंत्रण के लिए काउंटर, आँकड़ों का सूचीकरण और प्रोग्राम पुनःअवस्थापन।

(ब) इंसट्रक्शन के एड्रेसिंग फील्ड में बिट्स की संख्या को कम करना।

एड्रेसिंग मोड के निम्न प्रकार हैं:

1. इमप्लाइड मोड (Implied Mode)
2. इमीडिएट मोड (Immediate Mode)
3. रजिस्टर मोड (Register Mode)
4. रजिस्टर इनडायरेक्ट मोड (Register Indirect Mode)
5. ऑटो इंक्रीमेंट या ऑटो डिक्रीमेंट मोड (Auto increment or Auto decrement Mode)
6. डायरेक्ट एड्रेस मोड (Direct Address Mode)
7. इनडायरेक्ट एड्रेस मोड (Indirect Address Mode)
8. रिलेटिव एड्रेस मोड (Relative Address Mode)
9. इंडेक्स्ड एड्रेसिंग मोड (Indexed Addressing Mode)
10. बेस रजिस्टर एड्रेसिंग मोड (Base Register Addressing Mode)

रजिस्टर (Registers)

इंसट्रक्शन की व्याख्या और उनके निष्पादन का प्रक्रम करने हेतु कंप्यूटर बहुत–सी मेमोरी इकाइयों का उपयोग करता है, जिन्हें रजिस्टर कहते हैं। रजिस्टर की लंबाई इसमें संग्रहित होने वाले बिट्स की संख्या के बराबर होती है। एक रजिस्टर जो 8 बिट का संग्रहण करता है, 8-बिट रजिस्टर कहलाता है। कुछ रजिस्टर जो सभी कंप्यूटर में सार्व होते हैं, नीचे दिए गए हैं:

1. *मेमोरी एड्रेस रजिस्टर (Memory Address Register)*

वे रजिस्टर, जो क्रियाशील मेमोरी स्थान का पता रखते हैं, मेमोरी एड्रेस रजिस्टर कहलाते हैं।

2. *मेमोरी बफर रजिस्टर (Memory Buffer Register)*

इस प्रकार का रजिस्टर स्मृति शब्द के कंटेंट को रखता है, जिन्हें मेमोरी से पढ़ा या मेमोरी में लिखा जाना है। एक इंसट्रक्शन शब्द, जो इस रजिस्टर में स्थित होता है, इंसट्रक्शन रजिस्टर को स्थानांतरित होता है।

3. *प्रोग्राम कंट्रोल रजिस्टर (Program Control Register)*

निष्पादित होने वाले अगले इंसट्रक्शन का पता रखने के लिए इसका उपयोग किया जाता है।

4. *एक्यूमूलेटर रजिस्टर (Accumulator Register)*

वह रजिस्टर, जहाँ मेमोरी से आँकड़े आनयित कर संग्रहित किए जाते हैं, एक्यूमूलेटर रजिस्टर कहलाते हैं। प्रमुख इंसट्रक्शन के निष्पादन के समय इसका उपयोग किया जाता है। बहुत–से कंप्यूटर में एक से अधिक एक्यूमूलेटर रजिस्टर होते हैं।

5. *इंसट्रक्शन रजिस्टर (Instruction Register)*

इसका उपयोग निष्पादित होने जा रहे वर्तमान इंसट्रक्शन को रखने के लिए किया जाता है।

6. *इनपुट/आउटपुट रजिस्टर (Input/Output Register)*

इसका उपयोग इनपुट/आउटपुट डिवाइस के साथ संचारित होने के लिए किया जाता है। एक इनपुट डिवाइस के द्वारा सभी इनपुट इनफॉरमेशन और डाटा इस रजिस्टर को स्थानांतरित होते हैं, जबकि सभी आउटपुट इनफॉरमेशन इस रजिस्टर द्वारा एक आउटपुट डिवाइस को स्थानांतरित होते हैं।

बस (Bus)

बहुल रजिस्टर विन्यास में विभिन्न रजिस्टर के मध्य सूचना के स्थानांतरण हेतु अधिक प्रभावी विधि कॉमन बस सिस्टम है। एक बस संरचना सार्व रेखाओं (common lines) का एक समुच्चय रखता है, एक रजिस्टर के प्रत्येक बिट के लिए एक, जिससे बाइनरी सूचना स्थानांतरित होती है। नियंत्रण संकेत यह निर्धारित करता है कि प्रत्येक विशेष रजिस्टर के स्थानांतरण के समय बस किस रजिस्टर को चुनता है।

डाटा लाइन, एड्रेस लाइन और कंट्रोल लाइन को I/O बस रखता है। मैग्नेटिक डिस्क, प्रिंटर और टर्मिनल व्यापक–उद्देश्य वाले कंप्यूटर के साथ लगे होते हैं। प्रत्येक इंटरफेस, एड्रेस को डीकोड करता है और नियंत्रण इसे I/O बस से प्राप्त करता है, सहायक उपकरणों के लिए उनकी व्याख्या करता है और सहायक उपकरणों के नियंत्रकों के लिए संकेतों को उपलब्ध कराता है।

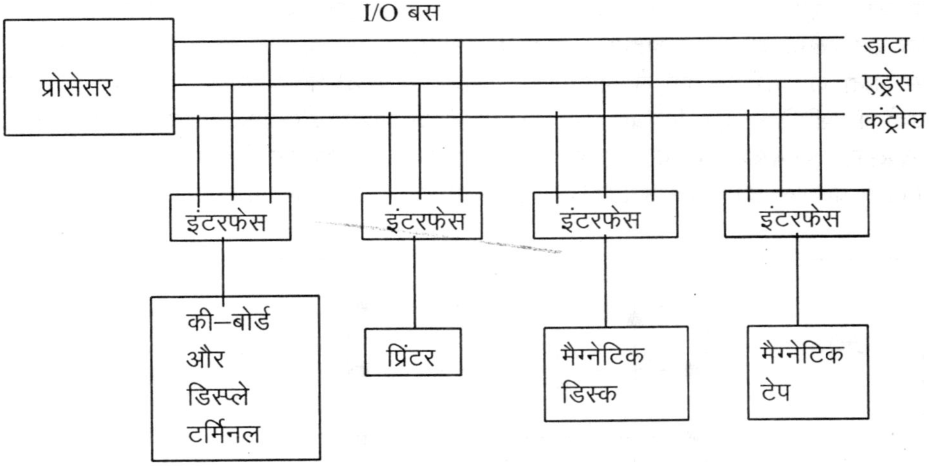

I/O बस का इनपुट/आउटपुट डिवाइस से संयोजन

चित्र 4.9

4.4. इकाइयों का आंतरिक संयोजन (Interconnection of Units)

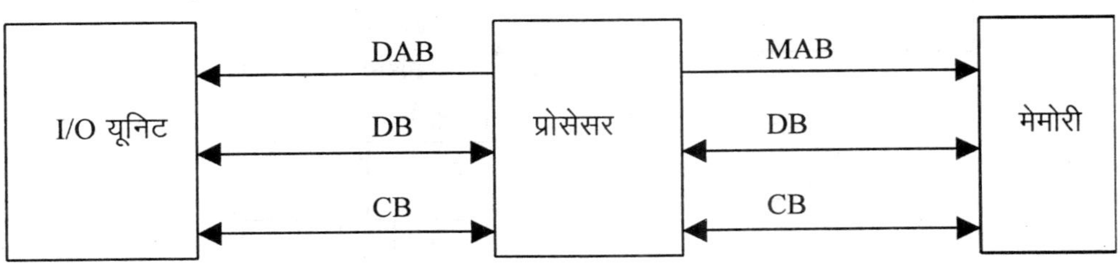

DAB – डिवाइस एड्रेस बस, DB – डाटा बस, CB – कंट्रोल बस, MAB – मेमोरी एड्रेस बस

दो सिस्टम बस के साथ कंप्यूटर का आंतरिक संबंध

चित्र 4.10

पिछले अनुच्छेद में हमने देखा कि कंप्यूटर की मुख्य मेमोरी पतायुक्त शब्दों के समूह को रखती है। पतों के उल्लेख द्वारा शब्दों को मेमोरी से प्राप्त किया जा सकता है। जैसा कि वे सभी डाटा जिन पर कंप्यूटर द्वारा प्रक्रम किया जाता है मेमोरी में भंडारित रहते हैं, आंतरिक रूप से जुड़े हुए पथों के अभिलक्षण मेमोरी संरचना द्वारा निर्धारित किए जाते हैं। उचित गति प्राप्त करने के लिए, शब्द के सभी बिट्स एक साथ संचरित होते हैं। तारों का समूह जो बिट्स के समूह को समानांतर क्रम में ले जाता है और नियंत्रण में रखता है बस कहलाता है। बस जो शब्द को मेमोरी तक ले जाती है डाटा बस के नाम से जानी जाती है। इसकी चौड़ाई शब्द लंबाई के बराबर होती है। शब्द को मेमोरी से प्राप्त करने के लिए यह आवश्यक है कि इसके पते को उल्लेखित किया जाए। मेमोरी एड्रेस बस द्वारा पते को ले जाया जाता है जिसकी चौड़ाई मेमोरी के MAR में बिट्स की संख्या के बराबर होती है।

इस प्रकार यदि कंप्यूटर मेमोरी 64K, 32-बिट शब्दों को रखती है, तो डाटा बस 32 बिट्स चौड़ा होगा और एड्रेस बस 16 बिट्स चौड़ा होगा। एड्रेस और डाटा को ले जाने के अतिरिक्त हमें कंप्यूटर की इकाइयों के मध्य नियंत्रण संकेतों की आवश्यकता होती है। एक क्षण के लिए, यदि प्रोसेसर मेमोरी को READ और WRITE कमांड, I/O इकाइयों को START कमांड भेजता है, तो ऐसे संकेतों को नियंत्रण बस द्वारा ले जाया जाता है। इस प्रकार, एक निकाय बस, एक डाटा बस, एक मेमोरी एड्रेस बस और एक नियंत्रण बस को रखता है। चित्र क्र. 4.10 प्रोसेसर–मेमोरी के मध्य आंतरिक संबंधों को दर्शाता है।

I/O इकाइयों को कंप्यूटर से जोड़ने के लिए एक विधि यह है कि उन्हें एक बस द्वारा प्रोसेसर से जोड़ दिया जाए। यह बस एक बस रखेगी जो I/O इकाइयों के पतों को निर्दिष्ट करती है, एक डाटा बस रखेगी जो पतायुक्त इनपुट इकाइयों से शब्दों को प्रोसेसर तक ले जाएगी या प्रोसेसर से शब्दों को पतायुक्त आउटपुट इकाई तक ले जाएगी। इन दो बसों के अतिरिक्त, एक नियंत्रण बस होती है जो प्रोसेसर से I/O इकाइयों तक कमांड को ले जाती है जैसे READ, WRITE, START, SEEK, STOP आदि। यह I/O इकाइयों की स्थिति सूचना को प्रोसेसर तक भी ले जाती है। I/O से प्रोसेसर तक की बस I/O डिवाइस एड्रेस लाइन, डाटा लाइन और कंट्रोल लाइन को रखती

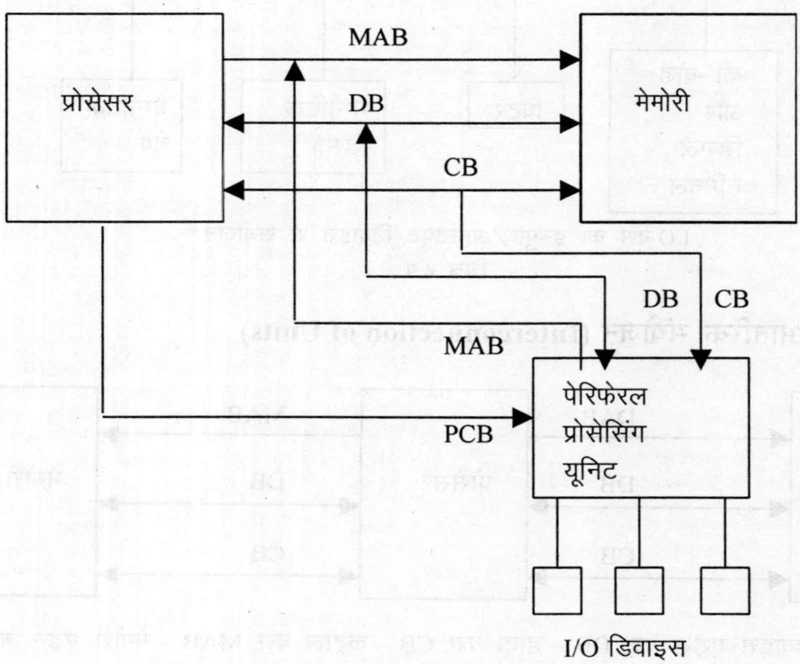

PCB – पेरिफेरल कंट्रोल बस

चित्र 4.11. *PPU – मेमोरी का संपर्क*

है। उपरोक्त चित्र में I/O से प्रोसेसर तक का बस का आंतरिक संपर्क दिखाया गया है। आंतरिक संपर्क की यह विधि प्रोसेसर से पूर्णतः निरीक्षण और I/O इकाइयों को तथा I/O इकाइयों से सूचना के स्थानांतरण में सहभागिता चाहेगी। सभी सूचनाएँ सर्वप्रथम इनपुट इकाइयों से प्रोसेसर रजिस्टर पर ली जाती हैं और फिर मेमोरी को दी जाती हैं। इस प्रकार डाटा स्थानांतरण प्रोग्राम कंट्रोल ट्रांसफर के नाम से जाना जाता है।

I/O इकाइयों, प्रोसेसर और मेमोरी का आंतरिक संपर्क दो स्वतंत्र निकाय बस का प्रयोग करता है जो दो बस आंतरिक संरचना के नाम से जाना जाता है।

जैसा कि पूर्व में बतलाया गया कि यह आंतरिक संपर्क संरचना I/O स्थानांतरण के समय संसाधनों का उपयोग करने के लिए प्रोसेसर चाहता है। चूँकि I/O इकाइयाँ प्रोसेसर से धीमी गति की होती हैं अतः यह वांछित नहीं है। इस प्रकार अन्य आंतरिक संपर्क विधि जो I/O स्थानांतरण में प्रोसेसर की सहभागिता को कम करती है अक्सर उपयोग में लाई जाती है। यह भी एक दो बस संरचना है। एक बस प्रोसेसर को मेमोरी से जोड़ती है। दूसरी बस I/O इकाइयों को प्रोसेसर से जोड़ने के स्थान पर उन्हें सीधे मेमोरी से जोड़ती है। इस संरचना में, I/O डिवाइस एक विशिष्ट इंटरफेस लॉजिक से जुड़ते हैं जिसे डायरेक्ट मेमोरी एक्सेस लॉजिक (Direct Memory Access logic DMA)या चैनल (Channel) या पेरिफेरल प्रोसेसर यूनिट (Peripheral Processcr Unit PPU)के नाम से जाना जाता है। प्रोसेसर READ या WRITE कमांड जनित करता है जो डिवाइस एड्रेस, मेमोरी में पता जहाँ डाटा इनपुट यूनिट द्वारा पढ़े जाने के उपरांत भंडारित होते हैं और स्थानांतरित होने के लिए बहुत संख्या में डाटा शब्दों को देता है। ये कमांड PPU द्वारा स्वीकार किए जाते हैं जो डाटा स्थानांतरण की जिम्मेदारी मानता है। इस आंतरिक संपर्क संरचना को चित्र क्र. 4.11 में दिखाया गया है।

इकाइयों को आंतरिक रूप से जोड़ने के लिए अन्य विधि एकल बस का उपयोग है जैसा कि अगले चित्र में दिखाया गया है। यह यूनीबस सिस्टम (Unibus System) कहलाता है। इस दशा में, यह बस तीन इकाइयों को जोड़ती है और इस प्रकार एक समय में संरचना का स्थानांतरण तीन इकाइयों में से सिर्फ दो के मध्य ही हो सकता है। ये इकाइयाँ समान मेमोरी एड्रेस स्पेस का उपयोग करती हैं। एक इनपुट डिवाइस के संगत पते के साथ READ निर्देश डिवाइस से सूचना को पढ़ता है। इस लाभ के अतिरिक्त, एक नया डिवाइस जोड़ना आसान होता है जबकि इस नवीन डिवाइस के लिए किसी नए निर्देश की आवश्यकता नहीं होती है।

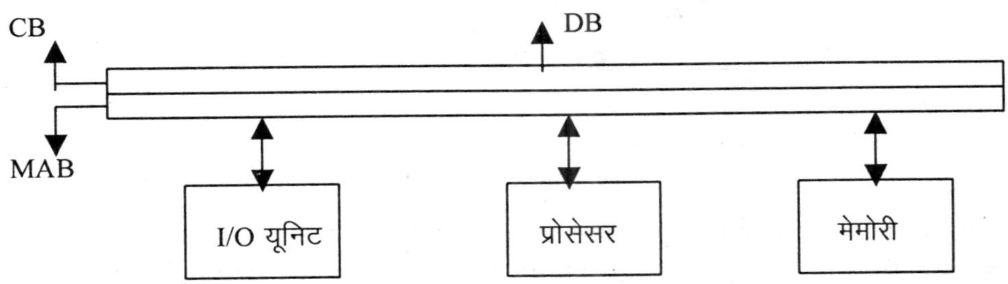

चित्र 4.12. *इकाइयों का यूनीबस संपर्क*

4.5. प्रोसेसर-मेमोरी संचार (Processor to Memory Communication)

जब मेमोरी से प्रोसेसर को सूचना का स्थानांतरण किया जाता है, तो घटनाओं के निम्न अनुक्रम का ध्यान रखा जाता है:

1. प्रोसेसर, मेमोरी एड्रेस बस द्वारा पता को मेमोरी एड्रेस रजिस्टर (memory address register MAR) में भेजता है।

2. प्रोसेसर, कंट्रोल बस द्वारा READ कमांड जारी करता है।

3. मेमोरी, अद्यतन हुए आँकड़ों को MDR में रखती है और उसे डाटा बस द्वारा प्रोसेसर को स्थानांतरित करती

है। मेमोरी के पठन काल के आधार पर इस संक्रिया के पूर्ण होने के लिए, प्रोसेसर क्लॉक इंटरवल (processor clock interval) की विशिष्ट संख्या का आवंटन होता है। इस अंतराल के अंतर्गत प्रोसेसर प्रतीक्षा करता है।

मेमोरी में लिखने हेतु चरण समान हैं।

1. प्रोसेसर, मेमोरी एड्रेस बस द्वारा पता को मेमोरी एड्रेस रजिस्टर (memory address register MAR) में भेजता है।

2. प्रोसेसर, मेमोरी में लिखे जाने वाले आँकड़ों को डाटा बस द्वारा MDR को स्थानांतरित करता है।

3. प्रोसेसर, नियंत्रण बस द्वारा मेमोरी को एक WRITE कमांड जारी करता है।

4. MDR में उपलब्ध आँकड़े MAR में निर्दिष्ट पता में मेमोरी में लिखे जाते हैं।

मुख्य समस्या प्रोसेसर और मेमोरी के मध्य 1 से 10 स्पीड मिसमैच (speed mismatch) की है। इस प्रकार, प्रोसेसर मेमोरी से डाटा या इंसट्रक्शन के लिए प्रतीक्षा करता है। इस स्पीड मिसमैच को मुख्य मेमोरी और प्रोसेसर के मध्य इंटरमीडिएट बफर (intermediate buffer) के रूप में एक लघु तीव्र मेमोरी का प्रयोग कर कम किया जाता है। इस मेमोरी को कैश मेमोरी (cache memory) के नाम से जाना जाता है। यह तंतुयुक्त होता है, जो उच्च गति के सेमीकंडक्टर डिवाइस (semiconductor devices) का प्रयोग करता है। कैश का प्रभावी चक्र काल, मुख्य मेमोरी चक्र काल का 10वाँ भाग होता है और इसकी लागत मुख्य मेमोरी के प्रति बाइट की लागत का दस गुना कम होता है।

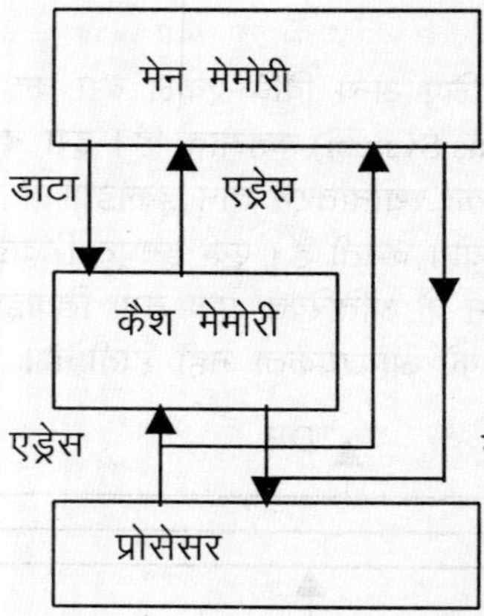

चित्र 4.13. *कैश मेमोरी का उपयोग*

अधिकांश प्रोग्राम निर्देशों को उसी क्रम में निष्पादित करते हैं जिस क्रम में वे लिखे जाते हैं। यह प्रोग्राम में निर्देशों के संदर्भ का स्थानीय स्थान कहलाता है। हम प्रोग्राम में अस्थायी स्थान भी प्राप्त करते हैं। दूसरे शब्दों में यदि एक निर्देश निष्पादित होता है, तो वहाँ शीघ्र ही समान निर्देश पुनः निष्पादित होता है। यह सत्य है क्योंकि अधिकांश प्रोग्राम अधिक संख्या में while और for लूप रखते हैं, और लूप में निर्देश बार–बार निष्पादित होते हैं।

संदर्भ की स्थानीयता प्रमुख विशेषता है जो मुख्य मेमोरी और प्रोसेसर के मध्य स्पीड मिसमैच के एलीवेटिंग में कैश के प्रयोग को प्रभावी बनाता है। बहुत–से कंप्यूटर दो कैश मेमोरी के साथ बनाए जाते हैं जिनमें से एक इंसट्रक्शन कैश और दूसरा डाटा कैश कहलाता है। वे सामान्यतः समान आकार के होते हैं और मुख्य मेमोरी से कम तुलनीय होते हैं, 64KB के, जहाँ मुख्य मेमोरी का आकार 64MB होता है। मुख्य मेमोरी से कैश मेमोरी में इंसट्रक्शन के अनुक्रम कॉपी होते हैं। इन इंसट्रक्शन की सहायता से जिन डाटा को प्रोसेस किया जाता है वे डाटा कैश में कॉपी होते हैं।

प्रोसेसर कैश से इंसट्रक्शन और डाटा का आनयन करते हैं। इस प्रकार आनयन समय घट जाता है। जब कैश में से सभी इंसट्रक्शन निकल जाते हैं, तब इंसट्रक्शन/डाटा के अगले अनुक्रम मुख्य मेमोरी से कैश में कॉपी

होते हैं। बिना किसी प्रोग्रामर की सहायता के हार्डवेयर द्वारा यह स्वमेव किया जाता है। यदि किसी समय कैश में वांछित इंसट्रक्शन नहीं होते हैं, तो प्रोग्राम इंसट्रक्शन का आनयन मुख्य मेमोरी से करते हैं। इसकी संभावना बहुत अधिक नहीं होती है। अधिकांशतः 90% अवसरों पर आवश्यक इंसट्रक्शन और डाटा कैश में उपलब्ध होते हैं।

वह उपकरण जो कैश मेमोरी को तैयार करने के लिए उपयोग में लाया जाता है कीमती होता है। इसलिए कैश मेमोरी के आकार को छोटा रखा जाता है। प्रोग्राम के सांख्यकीय अध्ययन के आधार पर आकार का चुनाव किया जाता है। आकार का चुनाव इस प्रकार किया जाता है कि कैश में वांछित इंसट्रक्शन और डाटा की प्रायिकता 90% से अधिक हो। उदाहरण के लिए, पेंटियम प्रोसेसर के साथ IBM PC, 64 KB का कैश मेमोरी रखता है जबकि इसकी मेन मेमोरी 32 MB की होती है।

मेमोरी की प्रभावी गति में वृद्धि करने की अन्य विधि को मेमोरी इंटरलिविंग द्वारा प्राप्त किया जाता है। विधि यह है कि मेमोरी को कई सबमॉड्यूल में विभाजित करते हैं। उदाहरण के लिए 8 M शब्द की एक स्मृति को चार मॉड्यूल में विभाजित किया जा सकता है, जिसमें प्रत्येक मॉड्यूल 2 M शब्द का होता है। इस प्रकार का संगठन 4 वे इंटरलीवड् (4 way interleaved) कहलाता है। प्रत्येक चारों मॉड्यूल अपना MAR और MDR रखते हैं। प्रोग्राम में उत्तरोत्तर इंसट्रक्शन उत्तरोत्तर मॉड्यूल में रखे जाते हैं। उदाहरण के लिए, इंसट्रक्शन 1, 2, 3, 4, 5, 6, 7, 8, 9, ... आदि; M_1 में 1, M_2 में 2, M_3 में 3, M_4 में 4, M_1 में 5, M_2 में 6, ... आदि के साथ रखे गए हैं।

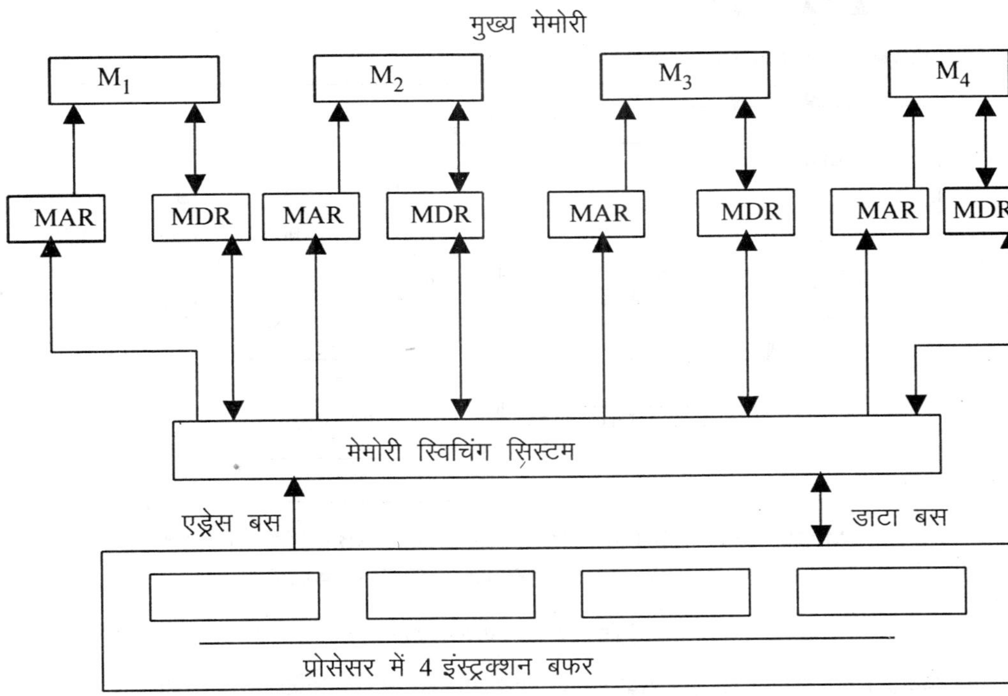

चित्र 4.14. *मेमोरी इंटरलिविंग*

जब एक इंसट्रक्शन FETCH प्रोसेसर द्वारा जारी किया जाता है, तो मेमोरी एक्सेस सर्किट (memory access circuit) चार लगातार पतों को सृजित करता है और उन्हें चार MARs में स्थानांतरित करता है। मेमोरी रीड कमांड (memory read command) सभी 4 मॉड्यूल को एक साथ पढ़ता है और चार इंसट्रक्शन प्राप्त करता है। ये प्रोसेसर को भेजे जाते हैं। इस प्रकार प्रत्येक आनयित इंसट्रक्शन 4 लगातार इंसट्रक्शन का आनयन करते हैं।

चूँकि इंसट्रक्शन सामान्यतः उसी अनुक्रम में निष्पादित होते हैं जिस क्रम में वे लिखे जाते हैं अतः वे उन चार उत्तरोत्तर इंसट्रक्शन को रखते हैं जो प्रोसेसर में उपलब्ध होते हैं और निष्पादन समय में वृद्धि करते हैं। चूँकि एक

प्रोग्राम में ब्रांच इंसट्रक्शन का प्रतिशत लघु होता है, अतः यह विधि मेमोरी–प्रोसेसर मिसमैच को कम करने में प्रभावी होती है।

4.6. I/O–प्रोसेसर संचार (I/O to Processor Communication)

अनुच्छेद 4.5 में हमने देखा कि I/O यूनिट को कंप्यूटर से जोड़ने के लिए एक विधि यह है कि एक एड्रेस बस, एक डाटा बस और एक कंट्रोल बस का प्रयोग कर उन्हें प्रोसेसर के साथ जोड़ दिया जाए। कंप्यूटर में प्रत्येक डिवाइस एक नियंत्रक रखता है जो डिवाइस की संक्रिया को नियंत्रित करता है। उदाहरण के लिए, फ्लॉपी डिस्क का नियंत्रक रीडिंग हैड की गतिशीलता, हैड की स्थिति आदि को नियंत्रित करता है एवं त्रुटियों की खोज भी करता है। नियंत्रक एक इंटरफेस लॉजिक यूनिट द्वारा बस से जुड़े होते हैं। इंटरफेस लॉजिक यूनिट प्रोसेसर द्वारा प्राप्त होने वाले कंट्रोल कमांड को डीकोड करता है और उन्हें नियंत्रक को भेजता है। यह डिवाइस से प्रोसेसर की ओर डाटा के प्रवाह को चयनित भी करता है। चित्र क्र. 4.15 एक इंटरफेस यूनिट को विस्तार से समझाता है।

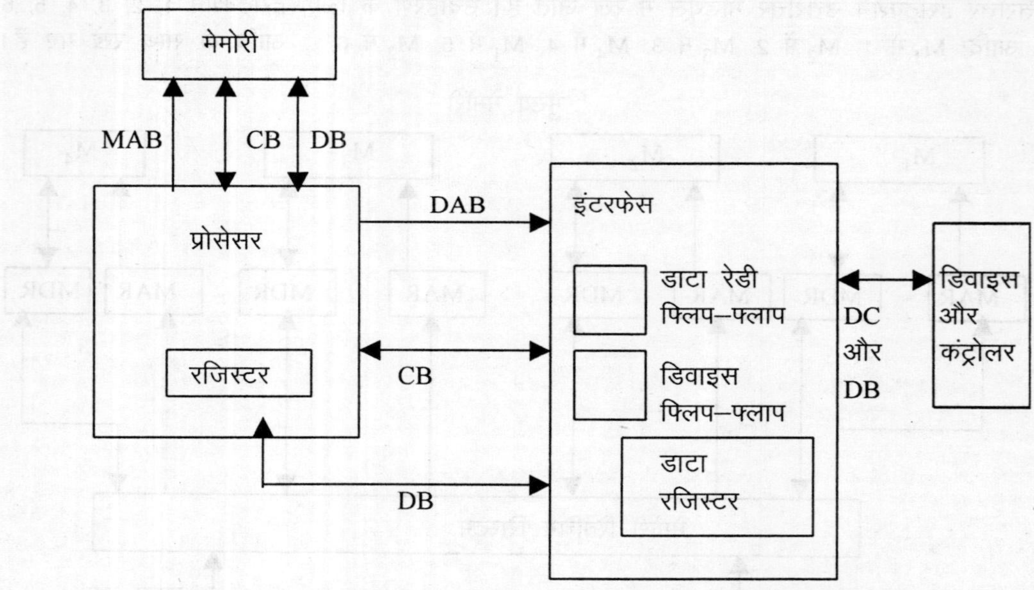

MAB – मेमोरी एड्रेस बस, DB – डाटा बस, DAB – डिवाइस एड्रेस बस, CB – कंट्रोल बस, DC – डिवाइस कंट्रोल

चित्र 4.15. *प्रोसेसर–I/O संचार*

I/O डिवाइस का प्रोसेसर से इस संयोजन के साथ, प्रोसेसर में एक रजिस्टर द्वारा डाटा एक डिवाइस से मेमोरी को संचरित होते हैं। डाटा के संचरित होने के लिए निम्न चरणों के अनुक्रम का अनुसरण किया जाता है।

1. प्रोसेसर उस डिवाइस के पते को भेजता है जिसमें डिवाइस एड्रेस बस द्वारा डाटा पढ़े जाते हैं और READ कमांड जारी करता है।

2. इंटरफेस लॉजिक डिवाइस संकेतों को प्राप्त करता है और उसे "device busy" फ्लिप–फ्लाप की ओर मोड़ता है। फ्लिप–फ्लाप के व्यवस्थित होते ही डिवाइस द्वारा कोई अन्य माँग नहीं होती है।

3. I/O डिवाइस डाटा को पढ़ता है और उसे इंटरफेस के डाटा रजिस्टर में स्थानांतरित करता है। यह डाटा रेडी फ्लिप–फ्लाप को भी व्यवस्थित करता है।

4. प्रोसेसर लगातार डाटा रेडी फ्लिप–फ्लाप से पूछताछ करता रहता है और उसके व्यवस्थित होने का इंतजार करता है।

5. जब डाटा रेडी फ्लिप–फ्लाप व्यवस्थित हो जाता है, तब प्रोसेसर इंटरफेस डाटा रजिस्टर से डाटा को पढ़ता है और उसे उपयुक्त प्रोसेसर रजिस्टर में स्थानांतरित करता है। यह इंटरफेस डिवाइस को डाटा प्राप्ति के संकेत भेजता है और बिजी फ्लिप–फ्लाप डिवाइस को पुनः ठीक करता है।

सूचना स्थानांतरण की इस विधि को प्रोग्राम कंट्रोल ट्रांसफर (program controlled transfer) कहते हैं। यह विधि प्रोसेसर को तब तक इंतजार करने के लिए बल देती है जब तक कि डिवाइस डाटा पढ़ने के लिए तैयार न हो जाए और इस प्रकार यह अधिक अयोग्य विधि है क्योंकि I/O यूनिट प्रोसेसर की तुलना में 1000 गुणित धीमी गति की होती है।

प्रोसेसर को डाटा स्थानांतरण की एक अन्य विधि भी है जो अधिक दक्ष है। इस विधि में प्रोग्रामर निर्दिष्ट डिवाइस से डाटा को पढ़ने के लिए वांछित समय का निर्धारण करता है। READ कमांड बहुत–से चरणों को जारी करता है जो वास्तव में गणना करने हेतु वांछित होते हैं। डाटा को ले जाने के लिए प्रोसेसर अन्य पर्याप्त इंसट्रक्शन भी रखता है, जबकि इंटरफेस डाटा बफर को भरता है। जब इंटरफेस बफर भर जाता है, और प्रोसेसर को डाटा भेजने के लिए तैयार हो जाता है, तब इंटरफेस प्रोसेसर को एक संकेत भेजता है तथा यह सूचित करता है कि डाटा तैयार है। यह संकेत इंटरप्ट सिग्नल (interrupt) कहलाता है। जब प्रोसेसर इस सिग्नल को प्राप्त करता है, तब वह यह समझ जाता है कि डाटा तैयार है। वह अपने वर्तमान कार्य को रोक देता है और इंटरफेस डाटा रजिस्टर से अपने रजिस्टर को डाटा का स्थानांतरण करता है। डाटा को पढ़ने की यह विधि प्रोग्राम कंट्रोल इंटरप्ट डाटा ट्रांसफर कहलाती है।

इस विधि की मुख्य हानि यह है कि प्रोसेसर द्वारा किए जा रहे वर्तमान कार्य को कुछ समय के लिए रोकना पड़ता है। यदि लिखने और पढ़ने के लिए सिस्टम में कई डिवाइस हैं, तो प्रत्येक डिवाइस दूसरे से स्वतंत्र इंटरप्ट प्रवर्तित कर सकता है।

हमने अनुच्छेद 4.4 में देखा कि कंप्यूटर का I/O डिवाइस मेमोरी तक एक प्रत्यक्ष डाटा पथ रख सकता है। यदि ऐसा संपर्क अस्तित्व में है, तो डाटा स्थानांतरण की अन्य विधि उपयुक्त होगी। यह विधि DMA इंटरफेस में तर्क का उपयोग करती है और डाटा के स्थानांतरण में प्रोसेसर की भागीदारी को विलोपित करती है।

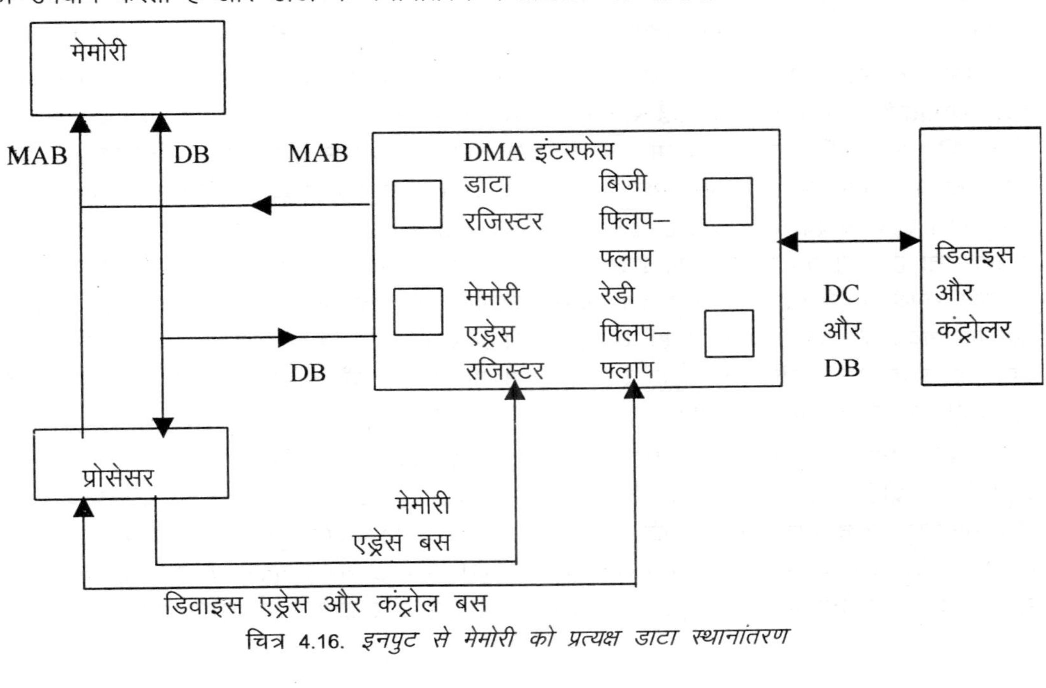

चित्र 4.16. *इनपुट से मेमोरी को प्रत्यक्ष डाटा स्थानांतरण*

इस आंतरिक संरचना के साथ कंप्यूटर सिस्टम का विन्यास ऊपर दिए गए चित्र में दिखाया गया है। डाटा बफर रजिस्टर, DMA बिजी फ्लिप–फ्लाप और डाटा रेडी फ्लिप–फ्लाप के अतिरिक्त DMA इंटरफेस एक मेमोरी एड्रेस रजिस्टर रखता है जो मेमोरी में उस स्थान को देता है जहाँ डाटा भंडारित होते हैं। यदि डिवाइस से मेमोरी को शब्द स्थानांतरित होते हैं, तो शब्दों की गणना DMA में निहित काउंटर में भंडारित होती है।

DMA द्वारा डाटा स्थानांतरण की उपयोग में लाई जाने वाली विधि निम्न हैः

1. जब एक READ इंसट्रक्शन प्रकट होता है, तब I/O डिवाइस एड्रेस बस द्वारा प्रोसेसर डिवाइस एड्रेस भेजता है। I/O कंट्रोलर इसे डीकोड करता है, और उपयुक्त डिवाइस का DMA इंटरफेस चुना जाता है। प्रोसेसर मुख्य मेमोरी में भी पता भेजता है, जहाँ डाटा भंडारित होते हैं और कमांड पढ़ते हैं।

2. प्रोग्राम में अगले इंसट्रक्शन के साथ प्रोसेसर लगातार रहता है। डाटा स्थानांतरण में यह आगे कोई प्रत्यक्ष भूमिका नहीं रखता है।

3. DMA अपने बिजी फ्लिप–फ्लाप को व्यवस्थित रखता है, डिवाइस से डाटा को पढ़ता है और उसे डाटा रजिस्टर में रखता है।

4. जब डाटा रजिस्टर में डाटा दाखिल हो जाते हैं तब डाटा रेडी फ्लिप–फ्लाप व्यवस्थित होता है और प्रोसेसर को एक इंटरप्ट सिग्नल भेजा जाता है।

5. प्रोसेसर वर्तमान इंसट्रक्शन को पूर्ण करता है जोकि इसके द्वारा निष्पादित किया जाता है। यह तब एक मेमोरी चक्र के लिए DMA इंटरफेस को मेमोरी एड्रेस और मेमोरी डाटा बस देता है। DMA, डाटा को अपने डाटा रजिस्टर में स्थानांतरित करता है, अपने एड्रेस रजिस्टर में उल्लेखित एड्रेस पर।

वह प्रक्रिया, जहाँ मेमोरी की ओर डाटा स्थानांतरण के लिए DMA द्वारा प्रोसेसर से एक मेमोरी चक्र लिया जाता है, चक्र चुराना कहलाती है। प्रेक्षण करते हैं कि डाटा स्थानांतरण की यह संपूर्ण प्रक्रिया प्रोग्रामर से छुपी रहती है और हार्डवेयर द्वारा की जाती है। दूसरे शब्दों में, प्रोग्रामर को डाटा स्थानांतरण की इस संपूर्ण प्रक्रिया को प्रोग्राम करने की कोई आवश्यकता नहीं होती है। कंप्यूटर साहित्य में, प्रोग्रामर ऐसी हार्डवेयर प्रक्रिया को जानता है जो प्रोग्रामर से गुप्त रहती है और पारदर्शी रूप में उसे दिखाई नहीं देती है।

सूचना स्थानांतरण की यह विधि प्रोग्राम नियंत्रित नहीं होती है। प्रोग्रामर को चाहिए कि डिवाइस से डाटा को पढ़ने और उसे मेमोरी में स्थानांतरित करने के लिए इंटरफेस को अनुमति हेतु पर्याप्त READ कमांड दे।

ऊपर दी गई प्रक्रिया के अंतर्गत, हम समझाएँगे कि DMA इंटरफेस कैसे I/O डिवाइस से मेमोरी को एक शब्द स्थानांतरित करता है। यदि कई संख्या में शब्दों का स्थानांतरण किया जाना है तो पढ़े जाने वाले शब्दों की संख्या और मेमोरी में पता जहाँ प्रथम शब्द भंडारित होना है, प्रोसेसर द्वारा DMA इंटरफेस को भेजा जाता है। एक शब्द को मेमोरी में स्थानांतरित करने के उपरांत DMA इंटरफेस शब्दों की गणना से एक कम कर देता है और मेमोरी एड्रेस में एक जोड़ देता है। फिर यह डिवाइस से अगले शब्द को पढ़ता है और उसे अपने डाटा रजिस्टर में रख देता है। तब यह प्रोसेसर को इंटरप्ट करता है जो एक मेमोरी चक्र और शब्द को मेमोरी में भंडारित करने के लिए समर्थ बनाने हेतु एक अन्य बस DMA इंटरफेस को देता है। यह प्रक्रम तब तक चलता रहता है जब तक कि शब्दों की गणना शून्य न हो जाए। यदि DMA इंटरफेस से जुड़ा हुआ डिवाइस तीव्र गति का है तब डाटा के प्रवाह को भंडारित करने के लिए बहुत–से मेमोरी चक्र की आवश्यकता होती है। डाटा स्थानांतरण का यह प्रकार प्रबल रूप कहलाता है।

इस अनुच्छेद में वर्णित प्रक्रिया डिवाइस से डाटा पढ़ने की है। यदि मेमोरी से आउटपुट यूनिट पर डाटा लिखे जाते हैं, तो प्रोसेसर I/O कंट्रोलर को डिवाइस एड्रेस भेजता है, जो डिवाइस का चुनाव करता है। प्रारंभिक पता और आउटपुट शब्द गणना DMA की ओर भेजे जाते हैं। DMA अब चुराए गए चक्र द्वारा मेमोरी से शब्द को पढ़ता है और उसे डिवाइस की ओर भेजता है। डिवाइस के डाटा लिख चुकने के उपरांत, DMA शब्द गणना में से एक कम कर देता है, मेमोरी एड्रेस में एक जोड़ देता है और प्रोसेसर से चुराए गए मेमोरी चक्र में मेमोरी से

अगले शब्द को पढ़ता है। यह तब तक चलता रहता है जब तक कि सभी शब्द न लिख जाए। इस दशा में यह भी प्रेक्षित करते हैं कि WRITE कमांड देने के उपरांत प्रोसेसर अपना कार्य करता रहता है और प्रोसेसर की अगली प्रत्यक्ष सहभागिता के बिना DMA डाटा को लिखता है।

हम देखते हैं कि प्रोग्राम कंट्रोल डाटा ट्रांसफर की तुलना में प्रोसेसर रजिस्टर द्वारा ट्रांसफर तीव्र और सुविधाजनक होता है। DMA ट्रांसफर में प्रोसेसर का मूल्यवान समय नष्ट नहीं होता है। DMA में अतिरिक्त हार्डवेयर की सुविधा प्रदान कर तथा अतिरिक्त बस को जोड़कर यह लाभ प्राप्त किया जा सकता है। नई बस डाटा और एड्रेस बस है जो DMA को मेमोरी के साथ जोड़ती है और एक एड्रेस बस जो प्रोसेसर को DMA से जोड़ता है।

4.7. इंटरप्ट संरचना (Interrupt Structures)

पिछले अनुच्छेद में हमने प्रोग्राम कंट्रोल इंटरप्ट ट्रांसफर द्वारा I/O डिवाइस से मेमोरी को डाटा स्थानांतरण के उपाय को परिचित कराया है। इस अनुच्छेद में हम इस उपाय को विस्तारित करेंगे।

एक इंटरप्ट सिग्नल वह संकेत है जिसे I/O इंटरफेस द्वारा प्रोसेसर को भेजा जाता है, जब I/O मेमोरी से या मेमोरी को डाटा प्राप्त करने या भेजने के लिए तैयार होता है। प्रोसेसर उस कार्य को पूर्ण करता है जिसे वह कर रहा होता है और इंटरप्ट सिग्नल प्राप्त करता है। यह तब उस सूचना को सुरक्षित रखता है जो प्रोग्राम के सारांश के लिए आवश्यक होता है।

इंटरप्ट सेवाओं की तुलना उस घरेलू महिला से की जा सकती है जब वह टेलीफोन की घंटी सुनती है जबकि ठीक उसी समय रसोई में दूध उबल रहा होता है। वह फ्लेम को बंद करती है दूध को ढकती है और फिर टेलीफोन के साथ व्यस्त हो जाती है। टेलीफोन की व्यस्तता के उपरांत वह रसोई में वापस आती है और दूध पुनः उबालने लगती है।

एक इंटरप्ट सेवा में निम्न चरण होते हैं:

1. प्रोसेसर द्वारा इंटरप्ट सिग्नल प्राप्त किया जाता है।
2. प्रोसेसर निष्पादित किए जा रहे वर्तमान इंसट्रक्शन को पूर्ण करता है
3. प्रोसेसर में मेमोरी के सुरक्षित क्षेत्र में प्रोग्राम काउंटर और अन्य रजिस्टर के विषय–वस्तु को प्रोसेसर भंडारित करता है। यह सूचना प्रोसेसर को समर्थ बनाने के लिए आवश्यक होती है, उस प्रोग्राम के सारांश के लिए जिसे वह निष्पादित कर रहा होता है।
4. प्रोसेसर इंटरप्टिंग I/O इंटरफेस को इंटरप्ट सिग्नल भेजता है और अन्य प्रोग्राम पर कूद जाता है जो पूर्व से ही इंटरप्ट सेवाओं के लिए मेमोरी में भंडारित होते हैं।
5. इंटरप्ट सर्विसिंग प्रोग्राम सूचना के वांछित स्थानांतरण को उल्लेखित I/O डिवाइस तक ले जाते हैं या वहाँ से लाते हैं। इंटरप्ट सर्विसिंग प्रोग्राम में अंतिम इंसट्रक्शन प्रोग्राम काउंटर को शामिल करते हुए जो मेमोरी में निलंबित प्रोग्राम द्वारा भंडारित किए गए थे, सभी प्रोसेसर रजिस्टर की विषय–वस्तु को पुनः भंडारित करता है।
6. निलंबित प्रोग्राम पुनः प्रारंभ हो जाते हैं।

विभिन्न I/O डिवाइस से प्राप्त होने वाले इंटरप्ट को संभालने के लिए प्रोसेसर को अभ्यास होना चाहिए। इन इंटरप्ट महत्त्व का क्रम और वरीयता विभिन्न होगा। डिवाइस को या डिवाइस से डाटा के स्थानांतरण के लिए इंटरप्ट के अतिरिक्त कंप्यूटर में अन्य इंटरप्ट भी जनित होते हैं। उदाहरण के लिए कोई विशेष परिस्थिति जैसे विद्युत का न रहना। जैसे ही सेंसर को यह पता लगता है कि विद्युत नहीं है, वह प्रोसेसर को एक इंटरप्ट सिग्नल भेजता है।

प्रोसेसर पॉवर के लिए सर्विस रुटीन को प्रवर्तित करता है, जो सभी महत्त्वपूर्ण रजिस्टर्स की विषय–वस्तु को मेमोरी में भंडारित करता है ताकि विद्युत के आते ही प्रोग्राम पुनः आरंभ हो सके। प्रोसेसर के बाहर की घटनाओं के कारण भी इंटरप्ट होता है जैसे I/O, पॉवर फेलियर, उच्च वोल्टेज आदि बाह्य इंटरप्ट कहलाते हैं।

इंटरप्ट का एक वर्ग और भी है जिसे इंटर्नल इंटरप्ट या ट्रैप के नाम से जाना जाता है और जो उपयोगकर्ता के प्रोग्राम में कोई त्रुटि होने पर प्रकट होता है। सार्व त्रुटि जिससे ट्रैप प्रकट होता है वे हैं: शून्य द्वारा विभाजन का प्रयास, एक्यूमूलेटर का ओवरफ्लो या अंडरफ्लो और अमान्य ऑपरेशन कोड। जब इन त्रुटियों को प्रोसेसर द्वारा पहचाना जाता है, तब उपयोगकर्ता के प्रोग्राम में रुकावट पैदा होती है। यदि त्रुटि साधारण है तो प्रोसेसर लगातार प्रोग्राम का निष्पादन करता रहता है। यदि त्रुटि साधारण नहीं है और प्रोग्राम का लगातार निष्पादन होना अर्थपूर्ण नहीं है, तब प्रोग्राम नष्ट हो जाता है।

अन्य प्रकार का इंटरप्ट तब प्रकट होता है जब कंप्यूटर का हार्डवेयर कोई त्रुटि उत्पन्न करता हो। जब त्रुटि की पहचान बराबर होती रहती है, तो प्रोसेसर स्थान और त्रुटि की प्रकृति से सूचित हो जाता है। प्रोसेसर तब नियमित त्रुटि सेवाओं से कूद कर आगे बढ़ता है और सुधार करता है तथा उपयोगकर्ता के प्रोग्राम को पुनः प्रारंभ करता है। यदि यह ठीक न होने वाली त्रुटि हो, तो एक उपयुक्त संदेश के उपरांत ऑपरेशन रुक जाता है।

कंप्यूटर में रियल–टाइम हार्डवेयर क्लॉक द्वारा भी अवरोध उत्पन्न होता है। इस प्रकार की क्लॉक का उपयोग उपयोगकर्ता हेतु प्रोसेसर समय को एलोकेट करने के लिए किया जाता है।

I/O डिवाइस से उत्पन्न बहुल अवरोधों को विभिन्न उपायों से दूर किया जाता है। सरल विधि में, जब इंटरप्ट प्रकट होता है, तब एक इंटरप्ट सर्विस प्रत्येक I/O इंटरफेस को उस डिवाइस से प्रारंभ करने के लिए कहता है जो उच्च प्राथमिकता रखता हो।

यह प्राप्त करने के उपरांत कि कौन–सा डिवाइस इंटरप्ट कर रहा है, यह I/O डिवाइस से कूद जाता है। यह विधि प्रोग्राम डिवाइस पोलिंग कहलाती है। जब एक डिवाइस हैंडलिंग प्रोग्राम रन कर रहा हो, इंटरप्ट लाइन अयोग्य होती है, अतः इस समय कोई अन्य विरोध नहीं होता है।

एक अन्य सुविधाजनकं विधि में, प्रोसेसर एक इंटरप्ट रजिस्टर रखता है, जो प्रत्येक स्रोत के संगत एक बिट रखता है जो प्रोसेसर को इंटरप्ट कर सकता है। इस रजिस्टर के बिट को प्रोग्रामर द्वारा सेट किया जा सकता है।

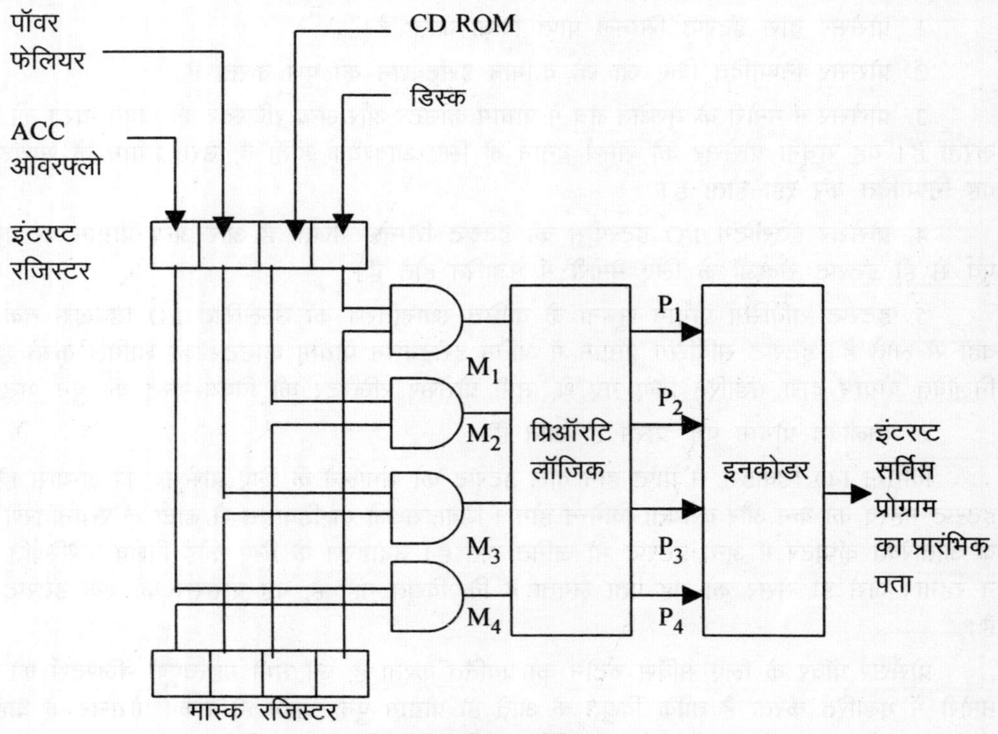

चित्र 4.17. *प्रिऑरटि इंटरप्ट लॉजिक*

जब एक इंटरप्ट प्राप्त होता है, तब इंटरप्टिंग स्रोत के संगत बिट 1 पर सेट होता है। यदि एक विशेष इंटरप्ट i को नकार दिया जाए, तो मास्क रजिस्टर में प्रोग्रामर द्वारा संगत बिट को 0 पर सेट किया जाता है। इंटरप्ट रजिस्टर और मास्क रजिस्टर के संगत बिट ANDed हैं, जो M_1, M_2, M_3, M_4 बिट देते हैं। यदि एक से अधिक इंटरप्ट सेट हों और उन्हें मास्क रजिस्टर द्वारा स्वीकार कर लिया गया हो, तो प्रिऑरटि लॉजिक सर्किट सिर्फ उच्च प्राथमिकता वाले इंटरप्ट लाइन को समर्थ बनाता है। ये लाइन P_1, P_2, P_3, P_4 इनकोडर में भरी जाती हैं, जो इंटरप्ट सर्विस प्रोग्राम के प्रारंभिक पतों को देता है।

4.8. प्रोसेसर विशेषताएँ (Processor Features)

विशेषताओं को दो मूलभूत उद्देश्यों के साथ दिया जाता है। प्रथम मशीन इंसट्रक्शन को चुनते हुए प्रोग्रामिंग को हल करना। द्वितीय प्रोसेसर से मेमोरी और I/O से मेमोरी के मध्य होने वाले विलंब को कम करना।

इसे हम एक उदाहरण से समझाएँगे। माना योग करने के लिए एक सदिश a_j के 9 घटकों की आवश्यकता है तथा उनके योग को मुद्रित करना चाहते हैं। ऐसा करने हेतु सरल एल्गोरिथ्म नीचे दिया गया है:

T <— 0
j = 1 से 9 के लिए करें
पढ़ना प्रारंभ करें a_j; T <— T + a, समाप्त;
लिखें T;
समाप्त।

इसे करने हेतु HYPCOM में उपलब्ध निर्देशों का प्रयोग करें, जिसे सारणी क्र. 4.1 में दिया गया है।

सारणी 4.1. *एक सदिश के घटकों को जोड़ने हेतु HYPCOM के लिए मशीन भाषा प्रोग्राम*

पता जहाँ इंसट्रक्शन भंडारित होते हैं।	*मशीन इंसट्रक्शन*		*इंसट्रक्शन की व्याख्या*
	ऑपरेशन कोड	*ऑपरेंड एड्रेस*	
000	A	090	मेमोरी (90) ← 0. T का 90 में भंडारण
001	A	091	मेमोरी (91) ← 9. 91 में अंतिम सूचक
002	A	092	मेमोरी (92) ← 1. 92 में ह्रास
003	A	109	मेमोरी में पढ़ें (109) a_1
004	1	090	ACC ← मेमोरी (90) = T
005	2	109	ACC ← T + मेमोरी (109) = T + a_1
006	6	090	मेमोरी (090) = T ← T + a_1
007	1	003	ACC ← A109
008	3	092	ACC ← ACC – 1 = A108 (संशोधित एड्रेस)
009	6	003	मेमोरी (003) ← A108 (003 में इंसट्रक्शन परिवर्तन)

00A	1	005	ACC ← 2109
00B	3	092	ACC ← ACC – 1 = 2108
00C	6	005	मेमोरी (005) ← 2108 (003 में इंसट्रक्शन परिवर्तन)
00D	1	091	ACC ← मेमोरी (91)
00E	3	092	ACC ← ACC – 1 = 9 – 1 = 8
00F	6	091	मेमोरी (091) ← ACC = 8 (सूचक ह्रास)
010	9	012	यदि ACC = 0 तो 012 पर जाएँ।
011	7	003	003 पर जाएँ (003 अब रखता है A 108)
012	B	090	मेमोरी का मुद्रण (90) = T
013	F	000	समाप्त

इसी प्रकार लूप घात 1 और 9 को भी इनपुट से पढ़ा जाता है। चूँकि इनपुट धीमा है, अतः यह वांछित है कि यह सीधे प्रोसेसर में निहित रजिस्टर में भंडारित हो। मेमोरी एड्रेस 003 से 011 में उपरोक्त सारणी इंसट्रक्शन के प्रोग्राम में for लूप का उपयोग होता है।

007, 008 और 009 में इंसट्रक्शन का प्रेक्षण करें। 003 के कंटेंट, जो स्वयं एक इंसट्रक्शन हैं, 007 में इंसट्रक्शन एक्यूमुलेटर में लिए जाते हैं । इंसट्रक्शन 008 इससे 1 घटता है और नया मान इंसट्रक्शन 009 द्वारा 003 में भंडारित होता है। इस प्रकार, अगली बार 003 में इंसट्रक्शन पुनः प्राप्त होते हैं, यह A 108 होगा, जिसकी व्याख्या 'एक संख्या पढ़ें और 108 में भंडारित करें' के रूप में की जाएगी। प्रेक्षित करते हैं कि 003 और 005 में इंसट्रक्शन के पते संशोधित हो चुके हैं। सदिशों के साथ ऑपरेशन में इस प्रकार का पता संशोधन आवश्यक है। पता का संशोधन करने में for लूप का प्रयोग किया जाता है। for लूप से बाहर आने के लिए इंसट्रक्शन 00D, 00E, 00F और 010 का प्रयोग करते हैं।

अब हम HYPCOM के संशोधन पर दृष्टि डालेंगे जो सरल प्रोग्रामिंग के दोहरे उद्देश्य को मिलता है और I/O तथा मेमोरी एवं प्रोसेसर तथा मेमोरी के मध्य डाटा के अनावश्यक स्थानांतरण को कम करता है। सर्वप्रथम हम प्रोसेसर में रजिस्टर प्रस्तुत करते हैं, जो प्रोसेसिंग के समय माध्यमिक परिणाम को भंडारित करने में उपयोगी होता है, उसे बिना मेमोरी में भंडारित किए। इनका उपयोग घात और घात के संशोधन को भी भंडारित करने में किया जा सकता है, जो for लूप को सेट करने के लिए वांछित होते हैं। मेमोरी एड्रेस के अतिरिक्त दो रजिस्टर्स के एड्रेस को शामिल करने के लिए इंसट्रक्शन संरचना परिवर्तित होती है–एक ऑपरेंड रजिस्टर के रूप में कार्य करता है और दूसरा इंडेक्स रजिस्टर के रूप में। इसके अतिरिक्त, इन रजिस्टरर्स का अच्छा उपयोग करने हेतु कुछ अन्य इंसट्रक्शन की आवश्यकता होती है।

नई इंसट्रक्शन संरचना है–

सारणी 4.2. *H एक हेक्साडेसिमल डिजिट है*

OP	R	X	A
← HH →	← H →	← H →	← HHH →

ऑपरेशन कोड दो हेक्साडेसिमल डिजिट को प्रसारित हो चुका है। अब हम 256 इंसट्रक्शन तक कोड कर सकते हैं। R–फील्ड उस रजिस्टर का पता है जहाँ ऑपरेंड भंडारित हो सकते हैं। X–फील्ड उस रजिस्टर का पता है, जिसका उपयोग इंडेक्स रजिस्टर के रूप में किया जाता है। A मेमोरी में पता है।

नया इंसट्रक्शन निम्न प्रकार प्रस्तुत है:

1. A–फील्ड में दी गई संख्या को उल्लेखित रजिस्टर में भंडारित करें।

उदाहरण:

सारणी 4.3

OP	R	X	A
21	2	0	009

नए OP–कोड 21 का अर्थ: उल्लेखित रजिस्टर नामत: Reg. 2 में, एड्रेस फील्ड में संख्या भंडारित करना। इस प्रकार यह इंसट्रक्शन Reg. 2 में 9 को भंडारित करता है। ऑपरेंड के रूप में उपयोग होने वाले इंसट्रक्शन के एड्रेस फील्ड का प्रेक्षण करें। इस प्रकार के इंसट्रक्शन को इमीडिएट इंसट्रक्शन के रूप में जाना जाता है। इनपुट यूनिट द्वारा एक संख्या के पढ़ने के स्थान पर इसे मेमोरी में भंडारित करें और तब इसे प्रोसेसर में एक रजिस्टर में ले आएँ, यह इंसट्रक्शन रजिस्टर में संख्या को प्रत्यक्षत: रखता है और इस प्रकार समय की बचत होती है।

2. इमीडिएट इंसट्रक्शन को सभी अंकगणितीय ऑपरेशन के लिए विस्तारित किया जा सकता है। उदाहरण के लिए, इंसट्रक्शन का उपयोग ऑपरेंड 4 को रजिस्टर 2 के कंटेंट के साथ जोड़ने के लिए किया जा सकता

सारणी 4.4

OP	R	X	A
22	2	0	004

है। इंसट्रक्शन 2330005 की व्याख्या 005 को रजिस्टर 3 के कंटेंट से घटाने के रूप में की जा सकती है। इसी के समान इंसट्रक्शन का उपयोग गुणा और विभाजन में भी किया जा सकता है।

3. रजिस्टर के कंटेंट को मेमोरी की ओर ले जाना भी उपयोगी होता है। उदाहरण के लिए, इंसट्रक्शन

सारणी 4.5

OP	R	X	A
06	2	0	345

की व्याख्या निम्न रूप में कर सकते हैं: ''रजिस्टर 2 के कंटेंट को मेमोरी के एड्रेस 345 में भंडारित करें'' प्रेक्षण करते हैं कि इस संशोधित नए इंसट्रक्शन में एक्यूमूलेटर के स्थान पर हम एक रजिस्टर का प्रयोग करते हैं।

इंसट्रक्शन

सारणी 4.6

OP	R	X	A
01	2	0	468

की व्याख्या निम्न रूप में की जा सकती है: "रजिस्टर 2 को क्लीअर करें और एड्रेस 468 के कंटेंट को मेमोरी में भारित करें"। रजिस्टर्स के मध्य डाटा का स्थानांतरण उपयोगी होता है। इस प्रकार इंसट्रक्शन की व्याख्या निम्न

सारणी 4.7

OP	R	X	A
26	2	4	000

रूप में की जा सकती है: "रजिस्टर 4 कंटेंट को रजिस्टर 2 की ओर ले जाएँ"।

4. एक इंसट्रक्शन जो इंडेक्स रजिस्टर का प्रयोग करता है, का उपयोग एड्रेस को संशोधित करने में किया जाता है। उदाहरण के लिए, इंसट्रक्शन की व्याख्या निम्न रूप में की जाती है:

सारणी 4.8

OP	R	X	A
01	2	3	468

इंसट्रक्शन में X–फील्ड में उल्लेखित रजिस्टर 3 के कंटेंट को एड्रेस से जोड़ें। योग एक प्रभावी एड्रेस होता है। इस प्रभावी एड्रेस के कंटेंट को मेमोरी में रजिस्टर 2 की ओर ले जाएँ। इस प्रकार यदि रजिस्टर 3 का कंटेंट 11 हो, तो प्रभावी एड्रेस 468 + 11 = 479 होता है। इस प्रकार इस इंसट्रक्शन के द्वारा एड्रेस 479 का कंटेंट रजिस्टर 2 की ओर जाएगा।

इंडेक्स का प्रयोग इंसट्रक्शन योग, घटाना, गुणा और विभाजन के साथ किया जा सकता है। इस प्रकार

सारणी 4.9

OP	R	X	A
02	3	4	643

इंसट्रक्शन का अर्थ: "रजिस्टर 3 के कंटेंट को मेमोरी एड्रेस (643 + रजिस्टर 4 का कंटेंट) के कंटेंट से जोड़ें। यदि रजिस्टर 4 इसमें 5 रखता है, तो मेमोरी एड्रेस 468 के कंटेंट को रजिस्टर 3 से जोड़ा जाएगा"।

5. इंडेक्स रजिस्टर का एक मुख्य उपयोग यह भी है कि for लूप को व्यवस्थित करने में सुविधा प्रदान करना। इस प्रकार यदि इंडेक्स शून्य के पूर्वनिर्धारित मान पर पहुँचता है, तो इंडेक्स रजिस्टर से वृद्धि और ह्रास उपयोगी होता है। उदाहरण के लिए, इंसट्रक्शन की व्याख्या निम्न प्रकार की जा सकती है: "यदि इंडेक्स रजिस्टर मान शून्य हो, तो इंडेक्स रजिस्टर 2 में 1 द्वारा ह्रास करें और 008 पर कूदें, अन्यथा अनुक्रम में अगले इंसट्रक्शन पर जाएँ" इंसट्रक्शन की व्याख्या निम्न प्रकार की जा सकती है: "यदि इंडेक्स रजिस्टर मान रजिस्टर 3 के कंटेंट के बराबर हो, तो इंडेक्स रजिस्टर 2 में 1 द्वारा वृद्धि करें और 120 पर कूदें"

सारणी 4.10

OP	R	X	A
19	0	2	003

सारणी 4.11

OP	R	X	A
20	3	2	120

इन कुछ नई विशेषताओं का प्रयोग कर हम पूर्व सारणी में उल्लेखित प्रोग्राम को पुनः लिखते हैं जिसे निम्न सारणी में दिया गया है। प्रेक्षण करते हैं कि यह प्रोग्राम समझने में आसान है।

सारणी 4.12

इंसट्रक्शन का एड्रेस	*मशीन इंसट्रक्शन*				*इंसट्रक्शन की व्याख्या*
	OP	***R***	***X***	*एड्रेस*	
000	21	2	0	009	C (Reg 2) ← 009. Reg 2 में इंडेक्स 1
001	21	3	0	000	C (Reg 3) ← 0. Reg 3 का उपयोग T के लिए
002	A	0	2	100	मेमोरी (100 + Reg (2)) ← इनपुट = a_1
003	2	3	2	100	C (Reg 3) मेमोरी (100 + Reg (2)) + C (Reg 3) = a_1 + T
004	19	0	2	006	C (Reg 2) ← C (Reg 2) – 1 यदि C (Reg (2)) = 0 तो 006 पर जाएँ
005	7	0	0	002	2 पर जाएँ। (लूप का पुनरावर्तन)
006	6	3	0	099	मेमोरी (99) ← C (Reg 3) = T
007	B	0	0	099	T का मुद्रण
008	F	0	0	000	समाप्त

प्रोसेसर में प्रस्तुत अन्य महत्त्वपूर्ण विशेषता एक इंसट्रक्शन में आधार रजिस्टर का प्रयोग करना है, और विशेषता परोक्ष एड्रेसिंग के नाम से जानी जाती है।

4.9. रिड्यूस्ड इंसट्रक्शन सेट कंप्यूटर (Reduced Instruction Set Computers RISC)

पिछले अनुच्छेद में हमने देखा कि कैसे नए इंसट्रक्शन को CPU के इंसट्रक्शन समूह के साथ जोड़ा जाता है। हमने देखा कि नए एड्रेसिंग मोड जैसे परोक्ष एड्रेसिंग और सापेक्ष एड्रेसिंग जो एक बुनियादी रजिस्टर का उपयोग करते हैं, कैसे डिजाइन किए जाते हैं। चूँकि मेमोरी की तुलना में CPU कम से कम 10 गुणा तीव्र गति का होता है, अतः यह आवश्यक है कि CPU में बहुत से ऑपरेंड हों।

CPU आर्किटेक्चर के इतिहास में पूर्व के यंत्र कॉम्प्लेक्स हार्डवेयर के रूप में लघु इंसट्रक्शन समूह रखते थे, जो कीमती थे और उन्हें निर्मित करने में कठिनाई भी होती थी। इंटीग्रेटेड सर्किट की खोज के साथ कॉम्प्लेक्स हार्डवेयर का निर्माण करना आसान हो गया, जो विश्वसनीय और कम कीमती था। अधिकांश को प्रोग्रामिंग की उच्च स्तरीय भाषा जैसे FORTRAN और COBOL का प्रयोग कर तैयार किया जाता है। डिजाइनर के लिए प्रारंभिक महत्त्वपूर्ण बात उच्च स्तरीय भाषा के प्रोग्राम को यांत्रिक भाषा में अनुवादित करने हेतु CPU में इंसट्रक्शन की सुविधा प्रदान करना है, और यह सुनिश्चित करना कि यंत्र भाषा प्रोग्राम प्रभावशाली ढंग से रन करे। इसे प्राप्त करने हेतु अधिक और अधिक इंसट्रक्शन प्रस्तुत करना होता है। उदाहरण के लिए, कुछ कंप्यूटर में 100 से 200 इंसट्रक्शन प्राप्त होते हैं। इसके अतिरिक्त, चूँकि मेमोरी कीमती होती थी, अतः डिजाइनर परिवर्तनशील लंबाई के इंसट्रक्शन जैसे अर्द्ध शब्द, एक तथा अर्द्ध शब्द आदि के प्रस्तुतीकरण द्वारा मेमोरी में अधिक इंसट्रक्शन भरने का प्रयास करता था। उदाहरण के लिए इमीडिएट इंसट्रक्शन में एक ऑपरेंड को कुछ बिट की आवश्यकता होती है और अर्द्ध शब्द इंसट्रक्शन को डिजाइन कर सकता है। इंसट्रक्शन की वृहत् संख्या, कॉम्प्लेक्स ऐड्रेसिंग मोड और परिवर्तनशील लंबाई के इंसट्रक्शन के साथ के कंप्यूटर कॉम्प्लेक्स इंसट्रक्शन सेट कंप्यूटर (Complex Instruction Set Computers CISC) कहलाते हैं।

80 के दशक में, CPU डिजाइनर ने देखा कि अधिक इंसट्रक्शन का प्रयोग विरोधात्मक था। पुनः, यह महसूस किया गया कि यदि इंसट्रक्शन की छोटी संख्या एकसमान लंबाई के साथ उपयोग की जाए, तो डिकोडिंग और निष्पादन सरल एवं तीव्र हो जाता है। यदि इंसट्रक्शन को इस प्रकार डिजाइन किया जाए कि वह मेमोरी के स्थान पर CPU में उपस्थित रजिस्टर में भंडारित ऑपरेंड को प्राप्त कर ले, तो यह गणना को तीव्र कर देगा। इन उपायों को रिड्यूस्ड इंसट्रक्शन सेट कंप्यूटर (Reduced Instruction Set Computers RISC) की डिजाइनिंग में उपयोग किया जाता है।

RISC मशीन की CPU संरचना और इंसट्रक्शन समूह की डिजाइनिंग के लिए व्यापक नियम निम्न हैं:

1. इंसट्रक्शन की संख्या कम करना और उन्हें समान लंबाई का बनाना। एड्रेसिंग मोड को घटाना। यह इंसट्रक्शन की डिकोडिंग को सरल करता है। डिकोडिंग सर्किट को CPU चिप के एक भाग के रूप में इंटीग्रेट किया जा सकता है। यह इंसट्रक्शन को तीव्रता से डीकोड होने के लिए समर्थ बनाएगा।

2. मेमोरी से ऑपरेंड को पुनः प्राप्त करने के लिए संदर्भों को घटाना। CPU में व्यापक उद्देशीय रजिस्टर्स में वृद्धि द्वारा इसे प्राप्त किया जाता है। ऑपरेंड और माध्यमिक परिणाम इन रजिस्टर्स में भंडारित होते हैं। RISC मशीन के CPU में 32 से 256 रजिस्टर्स की सुविधा होती है। इस प्रकार RISC आर्किटेक्चर कंप्यूटर लोड–स्टोर आर्किटेक्चर कंप्यूटर (Load-store architecture computers) कहलाते हैं।

3. जब एक इंसट्रक्शन को निष्पादित किया जाता है, तब निम्न चरणों का उपयोग किया जाता है:

(अ) मेमोरी से इंसट्रक्शन का आनयन।

(ब) इंसट्रक्शन को डीकोड करना, यह निर्धारण करने के लिए कि क्या करना है।

(स) रजिस्टर से ऑपरेंड का आनयन।

(द) इंसट्रक्शन का निष्पादन।

(इ) परिणाम को रजिस्टर में भंडारित करना।

यदि ऑपरेंड और परिणाम CPU में भंडारित होते हों और डिकोडिंग सर्किट सरल हो, तो प्रत्येक चरण समान समय लेता है। जब इंसट्रक्शन की एक श्रेणी मेमोरी से पुनः प्राप्त की जाती है, तो यह इंसट्रक्शन आनयन और निष्पादन की विभिन्न अवस्थाओं की ओवरलैपिंग की अनुमति देता है, जैसा कि निम्न चित्र में दिखाया गया है। यह पाइपलाइनिंग (pipelining) कहलाता है। इस प्रकार एक CPU क्लॉक साइकल में एक इंसट्रक्शन निष्पादित किया जा सकता है। अधिकांश इंसट्रक्शन का एकल चक्र निष्पादन RISC आर्किटेक्चर की एक विशेषता है।

इंसट्रक्शन आनयन (Instruction fetch)	इंसट्रक्शन डीकोड (Instruction decode)	ऑपरेंड आनयन (Operand fetch)	इंसट्रक्शन निष्पादन (Instruction execution)	भंडार परिणाम (store result)
IF	ID	OF	IE	SR

इंसट्रक्शन 1	IF	ID	OF	IE	SR				
2		IF	ID	OF	IE	SR			
3			IF	ID	OF	IE	SR		
4				IF	ID	OF	IE	SR	
5					IF	ID	OF	IE	SR

इंसट्रक्शन की ओवरलैपिंग

चित्र 4.18. *RISC मशीन में इंसट्रक्शन पाइपलाइनिंग*

अभ्यास-प्रश्न (Exercise-Questions)

1. कंप्यूटर का ब्लॉक डॉयग्राम बनाइए।
2. सीपीयू की संरचना, मेमोरी क्षेत्र और माइक्रोप्रोसेसर को समझाइए।
3. इंसट्रक्शन कोड़ और इंसट्रक्शन साइकल क्या हैं?
4. इकाइयों का आंतरिक संयोजन क्या है?
5. प्रोसेसर-मेमोरी संचार से क्या समझते हैं?
6. इनपुट/आउटपुट प्रोसेसर संचार को विस्तार से समझाइए।
7. इंटरप्ट संरचना क्या है?
8. प्रोसेसर के विभिन्न गुणों को लिखिए।
9. रिड्यूस्ड इंसट्रक्शन सेट कंप्यूटर को विस्तार से समझाइए।

5

संख्या पद्धति और इनफॉरमेशन कोड
(Number System and Information Code)

5.1. दशमलव संख्या पद्धति (Decimal Number System)

वह संख्या पद्धति जिनका उपयोग हम दैनिक जीवन में प्रतिदिन करते हैं, दशमलव संख्या पद्धति कहलाती है। इस पद्धति का आधार 10 होता है क्योंकि इस पद्धति में 10 प्रतीक या अंक होते हैं (0, 1, 2, 3, 4, 5, 6, 7, 8, 9)।

5.2. द्विआधारी संख्या पद्धति (Binary Number System)

आधार 10 के स्थान पर 2 को छोड़कर यह पद्धति दशमलव संख्या पद्धति के समान ही है। इस पद्धति में दो प्रतीक होते हैं 0 और 1। इस पद्धति में प्रत्येक स्थिति आधार 2 के घात से प्रदर्शित की जाती है। सबसे दाएँ हाथ की स्थिति 2^0 की होती है। दाएँ से दूसरा स्थान 2^1 का होता है और इसी क्रम में अन्य स्थान प्रदर्शित किए जाते हैं अर्थात 2^2, 2^3, ... । उदाहरण के लिए:

$$(10101)_2 = 1*2^4+0*2^3+1*2^2+0*2^1+1*2^0$$
$$= 16+0+4+0+1 = (21)_{10}$$

5.3. अष्टांक संख्या पद्धति (Octal Number System)

इस पद्धति में आधार अंक 8 होता है। अतः इस पद्धति में मात्र आठ प्रतीक होते हैं अर्थात 0, 1, 2, 3, 4, 5, 6 और 7। पुनः, इस पद्धति में प्रत्येक स्थिति आधार 8 के घात से प्रदर्शित की जाती है। उदाहरण के लिए:

$$(2057)_8 = 2*8^3+0*8^2+5*8^1+7*8^0$$
$$= 1024+0+40+7 = (1071)_{10}$$

5.4. षष्ठ-दशांक संख्या पद्धति (Hexadecimal Number System)

इस पद्धति में आधार अंक 16 होता है। आधार 16, 16 प्रतीकों या अंकों की ओर संकेत करता है। प्रथम दस अंक दशमलव संख्या पद्धति के 0, 1, 2, 3, 4, 5, 6, 7, 8, 9 अंको के समान होते हैं। शेष छः अंकों को A, B, C, D, E, F से प्रदर्शित किया जाता है, जिनका दाशमिक मूल्य क्रमशः 10, 11, 12, 13, 14, 15 होता है। पुनः, इस पद्धति में प्रत्येक स्थिति आधार 16 के घात से प्रदर्शित की जाती है। उदाहरण के लिए:

$$(1AF)_{16} = 1*16^2+A*16^1+F*16^0$$
$$= 1*256+10*16+15+1 = 256+160+15$$
$$= (431)_{10}$$

5.5. एक पद्धति से दूसरे पद्धति में रूपांतरण (Conversion From one System to another)

1. *द्विआधारी, अष्टांक व षष्ठ संख्याओं का दशमलव संख्या पद्धति मे रूपांतरण : (Conversion of Binary, Octal and Hexadecimal Numbers into Decimal Number System)*

(अ) द्विआधारी से दशमलव (Binary to decimal)

(ब) अष्टांक से दशमलव (Octal to decimal)

(स) षष्ठ से दशमलव (Hexadecimal to decimal)

उपरोक्त रूपांतरणों के लिए ऊपर वर्णित उदाहरणों को देखें।

2. *दशमलव संख्याओं का द्विआधारी, अष्टांक व षष्ठ संख्या पद्धति मे रूपांतरण: (Conversion of decimal number system into binary, octal and hexadecimal)*

(अ) दशमलव से द्विआधारी (Decimal to Binary)

		शेषफल
2	25	
2	12	1 ↑
2	6	0
2	3	0
2	1	1
	0	1

अत: $(25)_{10} = (11001)_2$

(ब) दशमलव से अष्टांक (Decimal to Octal)

		शेषफल
8	952	
8	119	0 ↑
8	14	7
8	1	6
	0	1

अत: $(952)_{10} = (1670)_8$

(स) दशमलव से षष्ठ (Decimal to Hexadecimal)

		शेषफल
16	428	
16	26	12 = C ↑
16	1	10 = A
	0	1

अत: $(428)_{10} = (1AC)_{16}$

3. (अ) द्विआधारी से अष्टांक (Binary to Octal)

(i) $(101110)_2 = (?)_8$

हल: 101110 = 101 110

अब $101 = 1*2^2+0*2^1+1*2^0$

$= 4+0+1 = 5$

और $110 = 1*2^2+1*2^1+0*2^0$

$= 4+2+0 = 6$

अतः $(101110)_2 = (56)_8$

(ii) $(1101010)_2 = (?)_8$

हलः $1101010 = 001\ 101\ 010$

अब $001 = 0*2^2+0*2^1+1*2^0$

$= 0+0+1 = 1$

और $101 = 1*2^2+0*2^1+1*2^0$

$= 4+0+1 = 5$

भी $010 = 0*2^2+1*2^1+0*2^0$

$= 0+2+0 = 2$

अतः $(1101010)_2 = (152)_8$

(ब) अष्टांक से द्विआधारी (Octal to Binary)

(i) $(562)_8 = (?)_2$

हलः

		R
2	5	
2	2	1
2	1	0
	0	1

		R
2	6	
2	3	0
2	1	1
	0	1

		R
2	2	
2	1	0
	0	1

अतः $(5)_8 = 101,\ (6)_8 = 110,\ (2)_8 = 010$

इसलिए $(562)_8 = (101110010)_2$

(ii) $(6751)_8 = (?)_2$

4. (अ) द्विआधारी से षष्ठ (Binary to Hexadecimal)

(i) $(11010011)_2 = (?)_{16}$

हलः

$11010011 = 1101\ 0011$

अब $1101 = 1*2^3+1*2^2+0*2^1+1*2^0$

$= 8+4+0+1 = (13)_{10} = (D)_{16}$

और $0011 = 0*2^3+0*2^2+1*2^1+1*2^0$

$= 0+0+2+1 = (3)_{16}$

अतः $(11010011)_2 = (D3)_{16}$

(ii) $(10110101100)_2 = (?)_{16}$

हलः

$10110101100 = 0101\ 1010\ 1100$

अब $0101 = 0*2^3+1*2^2+0*2^1+1*2^0$

$= 0+4+0+1 = (5)_2$

और $1010 = 1*2^3+0*2^2+1*2^1+0*2^0$

$= 8+0+2+0 = (10)_{16} = (A)_{16}$

भी $1100 = 1*2^3+1*2^2+0*2^1+0*2^0$

$= 8+4+0+0 = (12)_{16} = (C)_{16}$

अतः $(10110101100)_2 = (5AC)_{16}$

(ब) षष्ठ से द्विआधारी (Hexadecimal to Binary):

(i) *$(2AB)_{16} = (?)_2$*

हलः

2	2	R ↑
2	1	0
	0	1

2	A = 10	R ↑
2	5	0
2	2	1
2	1	0
	0	1

2	B = 11	R ↑
2	5	1
2	5	1
2	1	0
	0	1

अतः $(2)_{16} = 0010, (A)_{16} = 1010, (B)_{16} = 1011$

इसलिए $(2AB)_{16} = (001010101011)_2$

5. *भिन्नात्मक संख्याएँ (Fractional Numbers)*

(अ) द्विआधारी से दशमलव (Binary to Decimal)

(i) $(0.101)_2 = 0.1*2^{-1}+0*2^{-2}+1*2^{-3}$

$= 0.5+0+0.125$

$= (0.625)_{10}$

(ii) $(100.001)_2 = (4.125)_{10}$

(ब) दशमलव से द्विआधारी (Decimal to Binary)

(i)

		हासिल (Carry) ↓
0.625*2	= 1.250 = 0.250	1
0.250*2	= 0.50 = 0.5	0
0.5*2	= 1.0 = 0.0	1

अतः $(0.625)_{10} = (0.101)_2$

(ii)

		हासिल (Carry) ↓
0.85*2	= 1.7 = 0.7	1
0.7*2	= 1.4 = 0.4	1
0.4*2	= 0.8 = 0.8	0
0.8*2	= 1.6 = 0.6	1
0.6*2	= 1.2 = 0.2	1
0.2*2	= 0.4 = 0.4	0

अतः $(0.85)_{10} = (110110)_2$

(iii) *$(16.86)_{10} = (?)_2$*

(स) अष्टांक से दशमलव (Octal to Decimal)

(i) $(0.12)_8 = 0.1*8^{-1}+2*8^{-2}$

$= 0.125+2*0.0156 = 0.125+0.0312$

$= (0.1562)_{10}$

(ii) $(2057.12)_8 = (?)_{10}$

(द) दशमलव से अष्टांक (Decimal to Octal)

(i) हासिल (Carry)

0.23*8 = 1.84 = 0.84 — 1

0.84*8 = 6.72 = 0.72 — 6

0.72*8 = 5.76 = 0.76 — 5 ↓

अतः $(0.23)_{10} = (0.165)_8$

(ii) $(952.23)_{10} = (?)_8$

(य) अष्टांक से द्विआधारी (Octal to Binary)

(i) $(0.56)_8 = (?)_2$

हलः

2	5	R ↑
2	2	1
2	1	0
	0	1

2	6	R ↑
2	3	0
2	1	1
	0	1

अतः $(0.56)_8 = (0.101\ 110)_2$

(ii) $(23.56)_8 = (?)_2$

(र) द्विआधारी से अष्टांक (Binary to Octal):

(i) $(0.01101)_2 = (?)_8$

हलः

0.1101 = 0.011 010

अब 011 = $0*2^2+1*2^1+1*2^0 = 3$

और 010 = $0*2^2+1*2^1+0*2^0 = 2$

अतः $(0.01101)_2 = (0.32)_8$

(ii) $(1011.01101)_2 = (13.32)_8$

(क) षष्ठ से दशमलव (Hexadecimal to Decimal):

$(F8E6.39)_{16} = F*16^3+8*16^2+E*16^1+6*16^0.3*16^{-1}+9*16^{-2}$

$= 15*16^3+8*16^2+14*16+6.3*16^{-1}+9*16^{-2}$

$= 61440+2048+224+6+0.1875+0.0352 = (637718.2227)_{10}$

(ख) दशमलव से षष्ठ (Decimal to Hexadecimal)

(i) हासिल (Carry)

हलः

0.23*16 = 3.68 = 0.68 — 3 = 3

0.68*16 = 10.88 = 0.88 — 10 = A

0.88*16 = 14.08 = 0.08 — 14 = E

0.08*16 = 1.28 = 0.28 — 1 = 1 ↓

अतः $(0.23)_{10} = (3AE1)_{16}$

(ii) $(428.23)_{10} = (?)_{16}$

(ग) द्विआधारी से षष्ठ (Binary to Hexadecimal)

(i) $(0.01101)_2 = (?)_{16}$

हल:

0.01101 = 0.0110 1000

अब 0110 = $0*2^3+1*2^2+1*2^1+0*2^0 = 6$

और 1000 = $1*2^3+0*2^2+0*2^1+0*2^0 = 8$

अतः $(0.01101)_2 = (0.68)_{16}$

(ii) $(10110101100.01101)_2 = (?)_{16}$

(घ) षष्ठ से द्विआधारी (Hexadecimal to Binary)

(i) $(0.2A)_{16} = (?)_2$

हल:

2	2	R
2	1	0 ↑
	0	1

2	A = 10	R
2	5	0 ↑
2	2	1
2	1	0
	0	1

अतः $(2)_{16} = (0010)_2, (A)_{16} = (1010)_2$

इसलिए $(0.2A)_{16} = (0.0010\ 1010)_2$

(ii) $(2AB.2A)_{16} = (?)_2$

5.6. कंप्यूटर अंकगणित-विभिन्न संक्रियाएँ (Computer Arithmetic-Various Operation)

योग (Addition)

योग सारणी (Addition Table)

0 + 0 = 0
0 + 1 = 1
1 + 0 = 1
1 + 1 = 0 और 1 हासिल अगले स्तंभ के लिए

उदाहरण:

101	10011	100111	11.01
+10	+1001	+11011	+101.11
111	11100	1000010	1001.00

घटाना (Subtraction)

घटाना सारणी (Subtraction Table)

0 – 0 = 0
1 – 0 =1
1 – 1 = 0
0 – 1 = 1 अर्थात् 10 – 1 = 1, अगले स्तंभ से 1 उधार के साथ

उदाहरणः

```
  10101       1011100      110.01
- 01110     - 0111000     -100.1
-------     ---------     -------
  00111       0100100       1.11
```

गुणा (Multiplication)

उदाहरण :

(i)

```
      1100
     *1010
     -----
      0000
     1100
    0000
   1100
   -------
   1111000
```

(ii)

```
      1010
     *1001
     -----
      1010
     0000
    0000
   1010
   -------
   1011010
```

(iii)

```
      1111
      *111
      ----
      1111
     1111
    1111
   -------
   1101001
```

(iv)

```
    1.01
   *10.1
   -----
     101
    000
   101
  ------
  11.001
```

भाग (Division)

उदाहरण :

(i)

```
         101
     --------
  101 ) 11001
        101
        ---
          101
          101
          ---
          xxx
```

(ii)

```
          010
      --------
  110 ) 100001
         110
         ----
         1001
          110
          ---
           11
```

(iii)

```
           100101
       -----------
  1100 ) 11101.00
         1100
         -----
          10100
           1100
          -----
          10000
           1100
          -----
          10000
           1100
          -----
            100
```

5.7. द्विआधारी कोड (Binary Code)

एक निबल (Nibble) चार बिट का एक स्ट्रिंग (String) होता है। BCD (Binary Code Decimal) संख्याएँ प्रत्येक दाशमिक अंकों को एक निबल के रूप में प्रदर्शित करती हैं। उदाहरण के लिए:

$$(2945)_{10} = (0010\ 1001\ 0100\ 0101)_2$$

जब दाशमिक सूचनाएँ किसी डिजिटल सिस्टम के अंदर या बाहर स्थानांतरित की जाती हैं, तो BCD संख्याएँ उपयोगी होती हैं। BCD संख्याओं का उपयोग पॉकेट कैलकुलेटर, इलेक्ट्रॉनिक काउंटर, डिजिटल वोल्टामीटर, डिजिटल क्लॉक आदि में किया जाता है।

सारणी 5.1 *वर्णात्मक और आंकिक लिपि चिह्नों का BCD रूप उनके अष्टांक समतुल्य के साथ*

Character	BCD Code		Octal equivalent
	Zone	Digit	
A	11	0001	61
B	11	0010	62
C	11	0011	63
D	11	0100	64
E	11	0101	65
F	11	0110	66
G	11	0111	67
H	11	1000	70
I	11	1001	71
J	10	0001	41
K	10	0010	42
L	10	0011	43
M	10	0100	44
N	10	0101	45
O	10	0110	46
P	10	0111	47
Q	10	1000	50
R	10	1001	51
S	01	0010	22
T	01	0011	23
U	01	0100	24
V	01	0101	25
W	01	0110	26
X	01	0111	27
Y	01	1000	30
Z	01	1001	31

1	00	0001	01
2	00	0010	02
3	00	0011	03
4	00	0100	04
5	00	0101	05
6	00	0110	06
7	00	0111	07
8	00	1000	10
9	00	1001	11
0	00	1010	12

5.8 ASCII कोड (ASCII Code)

ASCII का पूर्ण रूप अमेरिकन स्टैंडर्ड कोड फार इनफॉरमेशन इंटरचेंज (American Standard Code For Information Interchange) होता है। ASCII कोड दो प्रकार के होते हैं – ASCII-7 और ASCII-8. ASCII-7 में किसी कैरेक्टर को प्रदर्शित करने के लिए 7-बिट का उपयोग किया जाता है। बाइट के बाएँ अर्द्धभाग की तीन बिट्स, जोन (Zone) कहलाती हैं और बाइट के दाएँ अर्द्धभाग की चार बिट्स डिजिट (Digit) कहलाती हैं। ASCII-8 में किसी कैरेक्टर को प्रदर्शित करने के लिए 8-बिट का उपयोग किया जाता है। बाइट के बाएँ अर्द्धभाग की चार बिट्स जोन कहलाती हैं और बाइट के दाएँ अर्द्धभाग की चार बिट्स डिजिट कहलाती हैं। उदाहरण के लिए:

ASCII-7 में BOY शब्द के लिए द्विआधारी कोड निम्न है:

B = 1000010
O = 1001111
Y = 1011001

अतः BOY = 1000010 1001111 1011001

सारणी 5.2. *आंकिक और वर्णात्मक लिपि चिह्नों का ASCII – 7 रूप उनके षष्ठ समतुलय के साथ*

Character	ASCII-7 Code		Hexadecimal
	Zone	Digit	Equivalent
0	011	0000	30
1	011	0001	31
2	011	0010	32
3	011	0011	33
4	011	0100	34
5	011	0101	35
6	011	0110	36
7	011	0111	37
8	011	1000	38
9	011	1001	39

A	100	0001	41
B	100	0010	42
C	100	0011	43
D	100	0100	44
E	100	0101	45
F	100	0110	46
G	100	0111	47
H	100	1000	48
I	100	1001	49
J	100	1010	4A
K	100	1011	4B
L	100	1100	4C
M	100	1101	4D
N	100	1110	4E
O	100	1111	4F
P	101	0000	50
Q	101	0001	51
R	101	0010	52
S	101	0011	53
T	101	0100	54
U	101	0101	55
V	101	0110	56
W	101	0111	57
X	101	1000	58
Y	101	1001	59
Z	101	1010	5A

सारणी 5.3. *आंकिक और वर्णात्मक लिपि चिह्नों का ASCII – 8 रूप उनके षष्ठ समतुलय के साथ*

Character	ASCII-8 Code		Hexadecimal Equivalent
	Zone	Digit	
0	0101	0000	50
1	0101	0001	51
2	0101	0010	52
3	0101	0011	53
4	0101	0100	54
5	0101	0101	55
6	0101	0110	56
7	0101	0111	57

8	0101	1000	58
9	0101	1001	59
A	1010	0001	A1
B	1010	0010	A2
C	1010	0011	A3
D	1010	0100	A4
E	1010	0101	A5
F	1010	0110	A6
G	1010	0111	A7
H	1010	1000	A8
I	1010	1001	A9
J	1010	1010	AA
K	1010	1011	AB
L	1010	1100	AC
M	1010	1101	AD
N	1010	1110	AE
O	1010	1111	AF
P	1011	0000	B0
Q	1011	0001	B1
R	1011	0010	B2
S	1011	0011	B3
T	1011	0100	B4
U	1011	0101	B5
V	1011	0110	B6
W	1011	0111	B7
X	1011	1000	B8
Y	1011	1001	B9
Z	1011	1010	BA

5.9. EBCDIC कोड (EBCDIC Code)

अन्य प्रचलित कोडिंग माध्यम एक्सटेंडेड बाइनरी कोडेड डेसिमल इंटरचेंज कोड (Extended Binary Coded Decimal Interchange Code EBCDIC) है। EBCDIC को इंटरनेशनल बिजनेस मशीन (International Business Machine IBM) ने विकसित किया था जिसे कुछ मध्यम और वृहत् आकार के कंप्यूटर में उपयोग किया जाता है।

किसी कैरेक्टर को प्रदर्शित करने के लिए 8-बिट का उपयोग किया जाता है। बाइट के बाएँ अर्द्धभाग की चार बिट्स (जोन कहलाती हैं) उन कैरेक्टर के प्रकार को रखते हैं, जिनकी कोडिंग (न्यूमेरिक, अल्फाबेटिक या विशिष्ट) किया जाना है।

बाइट के दाएँ अर्द्धभाग की चार बिट्स (डिजिट कहलाती हैं) यह निर्धारित करती हैं कि कौन–सा कैरेक्टर प्रदर्शित किया जाना है। जोन और डिजिट, IBM मेनफ्रेम कंप्यूटर के लिए निर्धारित मानक पद हैं। उदाहरण के लिए:

EBCDIC में BIT शब्द के लिए बाइनरी कोड निम्न है:

B= 11000010, I = 11001001,T = 11100011

सारणी 5.4. *आंकिक और वर्णात्मक लिपि चिह्नों का EBCDIC रूप उनके षष्ठ समतुल्य के साथ*

Character	EBCDIC code		Hexadecimal
	Zone	Digit	Equivalent
A	1100	0001	C1
B	1100	0010	C2
C	1100	0011	C3
D	1100	0100	C4
E	1100	0101	C5
F	1100	0110	C6
G	1100	0111	C7
H	1100	1000	C8
I	1100	1001	C9
J	1101	0001	D1
K	1101	0010	D2
L	1101	0011	D3
M	1101	0100	D4
N	1101	0101	D5
O	1101	0110	D6
P	1101	0111	D7
Q	1101	1000	D8
R	1101	1001	D9
S	1110	0010	E2
T	1110	0011	E3
U	1110	0100	E4
V	1110	0101	E5
W	1110	0110	E6
X	1110	0111	E7
Y	1110	1000	E8
Z	1110	1001	E9
0	1111	0000	F0
1	1111	0001	F1
2	1111	0010	F2
3	1111	0011	F3
4	1111	0100	F4
5	1111	0101	F5

6	1111	0110	F6
7	1111	0111	F7
8	1111	1000	F8
9	1111	1001	F9

5.10. संख्या का पूरक प्रदर्शन (Complement Representation of a Number)

9वाँ पूरक (9's Complement)

दशमलव संख्या पद्धति में सबसे बड़ा अंक 9 होता है। इसलिए दशमलव संख्या पद्धति में किसी भी अंक का 9वाँ पूरक उस अंक को 9 में से घटा कर प्राप्त किया जाता है। उदाहरण के लिए 25 का पूरक 74 है।

दशमलव संख्या	पूरक
0	9
1	8
2	7
3	6
4	5
5	4
6	3
7	2
8	1
9	0

10वाँ पूरक (10's Complement)

किसी संख्या के 9वें पूरक में 1 जोड़ने पर उस संख्या का 10वाँ पूरक प्राप्त होता है। इस प्रकार

एक संख्या का 10वाँ पूरक = संख्या का 9वाँ पूरक + 1

उदाहरण के लिए 25 का 10वाँ पूरक = 74 + 1 = 75

1ला पूरक (1's Complement)

द्विआधारी संख्या पद्धति में 1ला पूरक दशमलव संख्या पद्धति के 9वें पूरक के समान होता है। एक द्विआधारी संख्या का 1ला पूरक प्रत्येक 1 को 0 में और प्रत्येक 0 को 1 में परिवर्तित कर प्राप्त किया जाता है। इस प्रकार द्विआधारी संख्या पद्धति में 1 का पूरक 0 और 0 का पूरक 1 होता है। उदाहरण के लिए 1011 का पूरक 0100 है।

2सरा पूरक (2's complement)

द्विआधारी संख्या पद्धति में 2सरा पूरक दशमलव संख्या पद्धति के 10वें पूरक के समान होता है। किसी द्विआधारी संख्या के 1ले पूरक में 1 जोड़कर उसका 2सरा पूरक प्राप्त किया जाता है। इस प्रकार द्विआधारी संख्या पद्धति में 1011 का 2सरा पूरक = 0100 + 1 = 0101 है।

5.11. 10वें पूरक पद्धति में योग (Addition in 10's Complement System)

नियम:

10वें पूरक पद्धति में दो संख्याओं A और B का योग प्राप्त करने के लिए हम निम्न नियमों का अनुसरण करेंगे:

1. संख्या B का 10वाँ पूरक प्राप्त करें।
2. संख्या B के 10वें पूरक और संख्या A का योग प्राप्त करें।
3. यदि वहाँ कोई हासिल (Carry) अंक है, तो उसे त्याग दें और हमें वांछित परिणाम प्राप्त होता है।
4. यदि वहाँ कोई हासिल अंक न हो, तो परिणाम का 10वाँ पूरक प्राप्त करें और ऋणात्मक चिह्न प्रतिस्थापित करें, यह वांछित परिणाम होगा।

उदाहरण 1. *96 और (– 31) का योग प्राप्त करें।*

हल:

31 का 9वाँ पूरक = 68

31 का 10वाँ पूरक = 68 + 1 = 69

अब

$$\begin{array}{r} 96 \\ +\ 69 \\ \hline 165 \\ \hline \end{array}$$

हासिल 1 का त्याग करने पर सही परिणाम 65 है।

उदाहरण 2. *48 और (– 74) का योग प्राप्त करें।*

हल:

74 का 9वाँ पूरक = 25

74 का 10वाँ पूरक = 25 + 1 = 26

अब

$$\begin{array}{r} 48 \\ +\ 26 \\ \hline 74 \\ \hline \end{array}$$

यहाँ कोई हासिल अंक नहीं है, इसलिए

74 का 9वाँ पूरक = 25

74 का 10वाँ पूरक = 25 + 1 = 26

परिणाम = (–26)

5.12. 2सरे पूरक का उपयोग कर द्विआधारी घटाना (Binary Subtraction using 2's Complement)

नियम:

2सरे पूरक पद्धति में दो संख्याओं A और B का अंतर प्राप्त करने के लिए हम निम्न नियमों का अनुसरण करेंगे:

1. संख्या B का 2सरा पूरक प्राप्त करें।
2. संख्या B के 2सरे पूरक और संख्या A का योग प्राप्त करें।
3. यदि वहाँ कोई हासिल (Carry) अंक है, तो उसे त्याग दें और हमें वांछित परिणाम प्राप्त होता है।
4. यदि वहाँ कोई हासिल अंक न हो, तो परिणाम का 2सरा पूरक प्राप्त करें और ऋणात्मक चिह्न प्रतिस्थापित करें, यह वांछित परिणाम होगा।

उदाहरण 1. *0011 को 0101 से घटाएँ।*

हलः

0011 का 1ला पूरक = 1100

0011 का 2सरा पूरक = 1100 + 1 = 1101

```
अब    0101
    + 1101
    ------
     10010
```

हासिल 1 का त्याग करने पर सही परिणाम 0010 है।

उदाहरण 2. *100011 को 010010 से घटाएँ।*

हलः

100011 का 1ला पूरक = 011100

100011 का 2सरा पूरक = 011100 + 1 = 011101

```
अब    010010
    + 011101
    --------
      101111
```

यहाँ कोई हासिल अंक नहीं है, इसलिए

101111 का 1ला पूरक = 010000

101111 का 2सरा पूरक = 010000 + 1 = 010001

परिणाम = (–010001)

5.13. ग्रे कोड (Gray Code)

ग्रे कोड काउंटर का उपयोग समय की क्रमबद्धता प्रदर्शित करने के लिए विशेष रूप से किया जाता है। ग्रे कोड केवल क्रमशः एक बिट के परिवर्तन से बदलता जाता है। यह परिवर्तन या तो 0 से 1 में होता है या 1 का 0 में। ग्रे कोड का काउंटर फ्लिप–फ्लाप (Counter Flip-Flops) क्रमबद्ध रूप से आगे बढ़ता रहता है। कुछ 4-बिट ग्रे कोड का उदाहरण निम्न प्रकार है–

बाइनरी कोड	*दशमलव समतुल्य*
0000	0
0001	1
0011	2
0010	3
0110	4
0111	5
0101	6
0100	7
1100	8
1101	9
1111	10

1110	11
1010	12
1101	13
1001	14
1000	15

5.14. एक्सेस-3 कोड (Excess-3 Code)

ये कोड पहले के कंप्यूटर में प्रयुक्त होते थे। इसमें वेट देने की प्रणाली नहीं है। इस बाइनरी कोड के अंक BCD के समतुल्य अंकों में 3 का योग कर प्राप्त किए जाते हैं। यदि हम ग्रे कोड की प्रथम 10 प्रविष्टियों को देखें तो यह ज्ञात होता है कि 9 से 0 की ओर वापस आने पर 3 बिट का अंतर आ जाता है। अतः, ग्रे कोड में 10 तक के अंकों को द्विआधारी अंकों में परिवर्तित करने के लिए 3 दशमलव अंक से प्रारंभ किया जाता है और तब 10 अंक 12 अंक पर समाप्त होते हैं। 3 से आरंभ होने के कारण इस कोड को एक्सेस-3 कहा जाता है। किसी दशमलव संख्या को एक्सेस-3 कोड में परिवर्तित करने के लिए हम निम्न नियमों का अनुसरण करेंगे:

1. प्रत्येक दशमलव अंक में 3 का योग करें।
2. योग को BCD संख्या में परिवर्तित करें।

उदाहरण: 12 को एक्सेस-3 कोड में परिवर्तित करें।

हल:

प्रत्येक दशमलव अंक में 3 का योग करें।

$$\begin{array}{cc} 1 & 2 \\ +3 & +3 \\ \hline 4 & 5 \\ \hline \end{array}$$

योग का BCD रूप प्राप्त करें।

4 ⟶ 0100, 5 ⟶ 0101

इस प्रकार 12 का एक्सेस-3 कोड 0100 0101 है।

5.15. कैरेक्टर कोड (Character Code)

कैरेक्टर कोड 10 दशमलव अंकों, वर्णमाला के 26 अक्षरों और कई विशिष्ट चिह्नों जैसे $, +, = आदि का समुच्चय होता है। यह समुच्चय 32 और 64 के मध्य या 64 और 128 के मध्य सदस्यों को रखता है। प्रथम दशा में द्विआधारी कोड के छः बिट की आवश्यकता होगी और द्वितिय दशा में सात बिट की। मानक कैरेक्टर कोड ASCII है, जो 128 कैरेक्टर की कोडिंग करने के लिए सात बिट का प्रयोग करता है।

5.16. धनात्मक और ऋणात्मक संख्याएँ (Positive and Negative Numbers)

कंप्यूटर में अतिरिक्त बिट साइन बिट (Sign Bit) कहलाती हैं जो धनात्मक और ऋणात्मक संख्याओं को प्रदर्शित करती है। यदि साइन बिट 0 है, तो संख्या धनात्मक होगी जबकि संख्या ऋणात्मक होगी जब साइन बिट 1 हो। अतिरिक्त साइन बिट को बायीं ओर जोड़ा जाता है। उदाहरण के लिए:

000 010 = +2
100 010 = –2

टीप

1. धनात्मक संख्याएँ हमेशा एक साइन बिट 0 रखती हैं और ऋणात्मक संख्याएँ हमेशा एक साइन बिट 1 रखती हैं।
2. धनात्मक संख्याएँ चिह्नात्मक परिमाण के रूप में संग्रहित होती हैं।
3. ऋणात्मक संख्याएँ 2सरे पूरक के रूप में संग्रहित होती हैं।
4. 2सरे पूरक का लेना चिह्न परिर्वतन के समतुल्य होता है।

परिमाण	धनात्मक	ऋणात्मक
1	0001	1111
2	0010	1110
3	0011	1101
4	0100	1100
5	0101	1011
6	0110	1010
7	0111	1001
8	———	1000

अंतिम प्रविष्टि के अतिरिक्त धनात्मक और ऋणात्मक संख्याएँ एक–दूसरे की 2सरी पूरक हैं।

5.17. पूर्णांक और वास्तविक संख्याएँ (Integer and Real Numbers)

प्रत्येक कंप्यूटर सिस्टम सभी प्रकार की दशमलव संख्याओं को दो रूपों में रखते हैं:

1. *पूर्णांक (Integer)*

चिह्नित या अचिह्नित पूर्ण संख्याएँ जो बिना किसी दशमलव बिंदु और बिना किसी विराम चिह्न के साथ हों पूर्णांक पदों के रूप में होती हैं। उदाहरण के लिए:

–36, 7582

लेकिन –36.0, 75.82 अमान्य पूर्णांक हैं।

2. *वास्तविक (Real)*

वे संख्याएँ जो बिना किसी विराम चिह्न के साथ लेकिन दशमलव बिंदु सहित अंकों का अनुक्रम होती हैं वास्तविक संख्याओं के रूप में ली जा सकती हैं। उदाहरण के लिए:

–36.0, 75.82 मान्य वास्तविक संख्याएँ हैं लेकिन 2, 567.5B अमान्य हैं।

द्विआधारी या दशमलव बिंदु, संख्या के सबसे दायीं या बायीं ओर माना जाता है। सभी संख्याएँ धनात्मक या ऋणात्मक पूर्णांक होती हैं यदि द्विआधारी या दशमलव बिंदु सबसे दायीं ओर हो, साथ ही यदि दशमलव बिंदु सबसे बायीं ओर हो तो सभी संख्याएँ धनात्मक या ऋणात्मक भिन्न होती हैं। उदाहरण के लिए:

पूर्णांक 528.

भिन्न .723

5.18. ओवरफ्लो और अंडरफ्लो (Overflow and Underflow)

ओवरफलो तब घटित होता है, जब n अंकों की दो संख्याओं का योग किया जाए और वे n + 1 अंकों का

स्थान घेरें। चूँकि रजिस्टर (Register) की चौड़ाई परिमित होती है, अतः डिजिटल कंप्यूटर में ओवरफ्लो एक समस्या है। n + 1 बिट का परिणाम उस रजिस्टर में नहीं आ सकता है, जिसकी मानक लंबाई n बिट की हो।

दो बाइनरी संख्याओं के योग के उपरांत ओवरफ्लो का पता लगता है। यह चिह्नित और अचिह्नित संख्याओं के ऊपर निर्भर करता है। यदि दो अचिह्नित संख्याएँ योग की गई हों, तो अंतिम हासिल से ओवरफ्लो का पता लगता है। पुनः, यदि दो चिह्नित संख्याओं का योग किया गया हो, तो साइन बिट को संख्या के एक भाग के रूप में लिया जाएगा। इस दशा में ओवरफ्लो को अंतिम हासिल द्वारा इंगित नहीं किया जाता है।

जब हम एक धनात्मक संख्या का योग ऋणात्मक संख्या से करें, तो परिणाम दोनों मूल संख्याओं में, बड़ी संख्या से छोटा होता है। अतः एक धनात्मक संख्या और एक ऋणात्मक संख्या का योग करने पर ओवरफ्लो नहीं हो सकता है। यदि योग की जाने वाली दोनों संख्याएँ या तो धनात्मक हों या ऋणात्मक हों, तो ओवरफ्लो हो सकता है।

उदाहरण 1. *माना हम दो संख्याओं +100 और +50 का योग करना चाहते हैं। परिणाम +150 होगा। अतः वहाँ एक ओवरफ्लो उपस्थित होगा। यह ओवरफ्लो परिणाम के साइन बिट पर परिवर्तन हेतु दबाव डालता है।*

हलः

100	0110 0100
+ 50	+ 0011 0010
150	1001 0110

यहाँ साइन बिट ऋणात्मक है; दो धनात्मक संख्याओं के योग का विरोध करता है। 8-बिट रजिस्टर में + 127 से लेकर – 128 तक के द्विआधारी अंक समाहित हो सकते हैं, उक्त दोनों अंकों का योग + 150 है जो + 127 से अधिक है, अतः यहाँ ओवरफ्लो की स्थिति निर्मित होती है।

उदाहरण 2. *माना हम (–85) और (–97) का योग प्राप्त करना चाहते हैं। परिणाम (–182) होगा।*

हलः

–85	1010 1011
+(–97)	+ 1001 1111
182	1 0100 1010

यहाँ बायीं ओर की साइन बिट (8वीं बिट) धनात्मक है, लेकिन हम यह जानते हैं कि सही परिणाम को ऋणात्मक साइन बिट रखना चाहिए क्योंकि हमने दो ऋणात्मक संख्याओं का योग किया है। परिणाम 9 बिट का है जो 8 बिट में समाहित नहीं हो सकता है। अतः यह ओवरफ्लो की स्थिति है।

अंडरफ्लो एक अस्थिर–बिंदु (Floating-Point) संख्या है जो पूर्णांश (Mantissa) के अधिकतम सार्थक स्थिति पर एक 0 रखता है।

पूर्णांश को बायीं ओर स्थानांतरित करने के बाद और चर घातांक घटाने पर जब तक कि एक अशून्य अंक प्रथम स्थिति में प्रकट न हो जाए, हम एक संख्या को सामान्य कर सकते हैं, जो एक अंडरफ्लो रखता हो।

5.19. एक संख्या का स्थिर-बिंदु निरूपण (Fixed-Point Representation of a Number)

स्थिर बिंदु निरूपण में सभी संख्याएँ पूर्णांक या भिन्नात्मक रूप में प्रदर्शित की जाती हैं। स्थिर–बिंदु संख्याएँ चिह्नित पूर्णांक या BCD संख्याएँ होती हैं, क्योंकि द्विआधारी बिंदु या दशमलव बिंदु की स्थिति के सापेक्ष वे कोई भी सूचना नहीं रखती हैं। इस निरूपण में किसी वास्तविक संख्या को एक दशमलव संख्या के रूप में लिखा जाता है। उदाहरण के लिए: 25.53, – 12.345

वास्तविक संख्याओं का इस प्रकार का निरूपण तभी लाभप्रद होता है, जबकि संख्या के सार्थक अंक बहुत बड़े न हों।

5.20. संख्याओं का अस्थिर–बिंदु निरूपण (Floating-Point Representation of Numbers)

विज्ञान में अक्सर बहुत बड़ी या बहुत छोटी संख्या के साथ गणना करने की आवश्यकता होती है। इसलिए वैज्ञानिक एक ऐसी सुविधाजनक पद्धति को अपनाते हैं, जिसमें एक पूर्णांश और एक चर घातांक, एक संख्या को प्रदर्शित करे। उदाहरण के लिए 4,900,000 को $0.49*10^7$ के रूप में लिखा जा सकता है जहाँ 0.49 एक पूर्णांश है और 7 चर घातांक का मान है या $0.00023 = 0.03*10^{-3}$। अंकन पद्धति, $y = ar^p$ पर आधारित है, जहाँ y वह संख्या है जिसे प्रदर्शित किया जाना है, a एक पूर्णांश है, r संख्या पद्धति (दशमलव के लिए r = 10 और द्विआधारी के लिए r = 2) का आधार है, p घात है।

कंप्यूटर में अस्थिर–बिंदु संख्या ऊपर वर्णित चर घातांकी अंकन पद्धति का उपयोग करता है, और गणना के समय कंप्यूटर चर घातांक के साथ–साथ पूर्णांश के पथ को रखता है। अस्थिर–बिंदु पद्धति में कंप्यूटर संख्या शब्द को तीन भागों में बाँटा जा सकता है: प्रथम साइन बिट जो यह इंगित करता है कि संख्या ऋणात्मक है या धनात्मक, द्वितिय भाग प्रदर्शित किए जाने वाली संख्या के लिए चर घातांक को रखता है और तृतीय भाग पूर्णांश है। उदाहरण के लिए हम एक अस्थिर–बिंदु शब्द के साथ एक 12-बिट शब्द लंबाई के कंप्यूटर को लेते हैं।

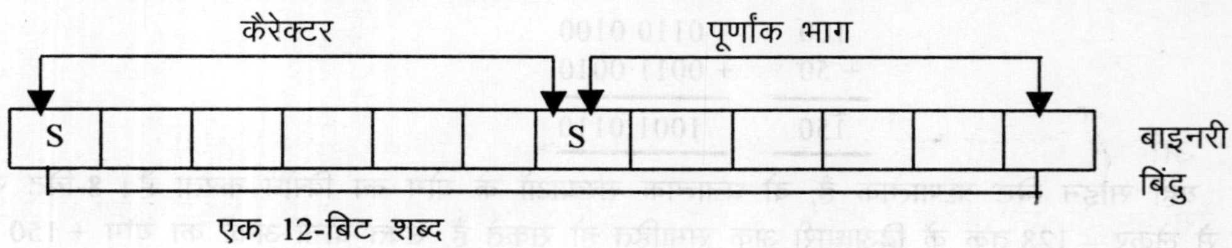

चित्र 5.1

सामान्यतः शब्द के चर घातांक रूप को अभिलाक्षणिक (Characteristics) और पूर्णांश भाग को पूर्णांक कहते हैं। UNIVAC श्रेणी के कंप्यूटर एकल अर्थात् अस्थिर–बिंदु संख्या को निम्न रूप में प्रदर्शित करते हैं।

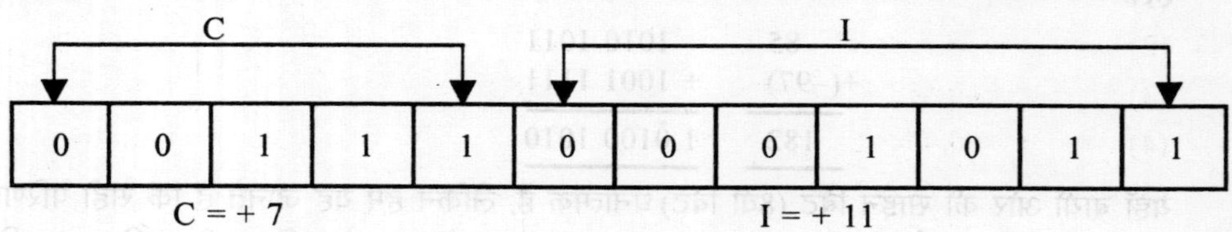

चित्र 5.2

मान है $2^7*11 = 1408$

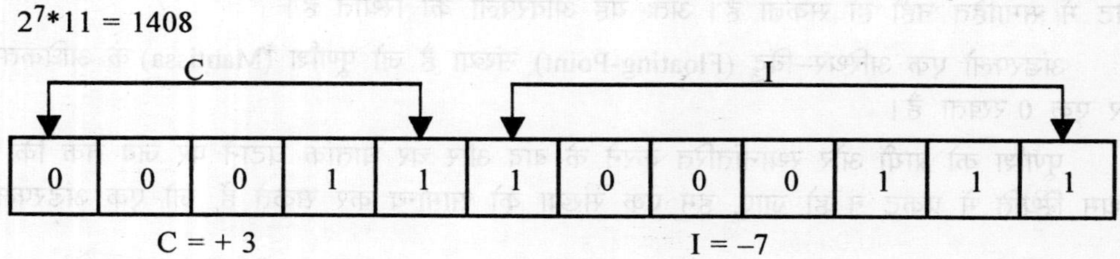

चित्र 5.3

मान है $2^3*(-7) = -56$

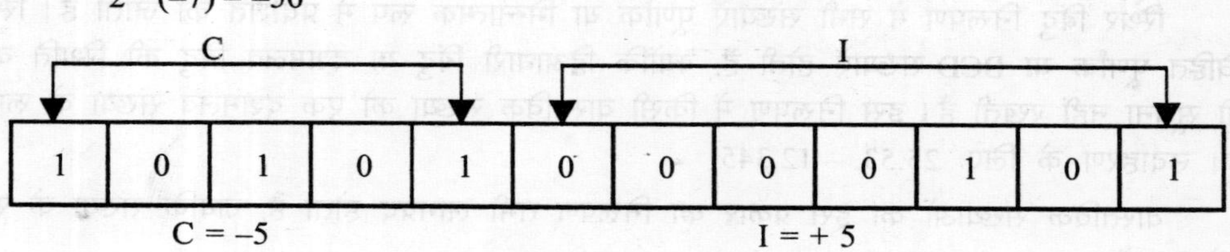

चित्र 5.4

मान है $2^{-5} * 5 = 5/32$

यहाँ 0 धनात्मक चिह्न और 1 ऋणात्मक चिह्न को इंगित करता है।

IBM चर घातांकी भाग को अभिलाक्षणिक और पूर्णांश भाग को भिन्न (Fraction) पुकारते हैं। IBM श्रेणी में अस्थिर–बिंदु शब्द लंबाई में 32 या 64 बिट के हो सकते हैं। आधार रूप निम्न है:

S	कैरेक्टर	भिन्न
0	1 से 7	8 से 31

(छोटे या एकल शब्द अस्थिर संख्या)

चित्र 5.5

S	कैरेक्टर	भिन्न
0	1 से 17	8 से 63

(बड़े या द्वि शब्द अस्थिर संख्या)

चित्र 5.6

5.21. अस्थिर बिंदुओं का अंकगणित (Arithmetic of Floating Points)

इस भाग में हम यह चर्चा करेंगे कि कंप्यूटर कैसे अस्थिर–बिंदु संख्या पर अंकगणितीय संक्रिया करता है।

1. योग *(Addition)*

उदाहरण: *निम्न संख्याओं का योग करें–*

(1) $x = 0.4546E5$ $\quad y = 0.5433E5$

(2) $x = 0.4546E5$ $\quad y = 0.5433E7$

(3) $x = 0.6434E3$ $\quad y = 0.4845E3$

(4) $x = 0.4546E3$ $\quad y = 0.5433E7$

(5) $x = 0.6434E99$ $\quad y = 0.4845E99$

हल:

(1) इस दशा में दोनों संख्याओं का चर घातांक समान है अतः उनका योग प्रत्यक्षतः हो जाएगा।

$$x + y = 0.4546E5 + 0.5433E5$$
$$= (0.4546 + 0.5433)\ E5$$
$$= 0.9979E5$$

(2) $$x + y = 0.4546E5 + 0.5433E7$$
$$= 0.0045E7 + 0.5433E7$$
$$= 0.5478E7$$

(3) $$x + y = 0.6434E3 + 0.4845E3$$
$$= 1.1279E3$$
$$= 0.1127E4$$

(4) $$x + y = 0.4546E3 + 0.5433E7$$
$$= 0.0000E7 + 0.5433E7$$
$$= 0.5433E7$$

(5) x+ y = 0.6434E99 + 0.4845E99
= 1.1279E99
= 0.1127E100

2. घटाना *(Subtraction)*

उदाहरण: *x को y से घटाएँ जैसा कि नीचे दिया गया है–*

(1) *x = 0.9432E-4* *y = 5452E-3*

(2) *x = 0.5424E3* *y = 0.5452E3*

हल:

(1) y – x = 0.5452E-3 – 0.9432E-4
= 0.5452E-3 – 0.0943E-3
= 0.4509E-3

(2) y – x = (0.5452 – 0.5424)E3
= 0.0028E3

3. गुणा *(Multiplication)*

उदाहरण: *निम्न का गुणनफल प्राप्त करें–*

(1) *x = 0.5543E12* *y = 0.4111E-15*

(2) *x = 0.1111E10* *y = 0.1234E15*

(3) *x = 0.1111E51* *y = 0.4444E50*

(4) *x = 0.1234E-49* *y = 0.1111E-54*

हल:

(1) xy = 0.5543E12 * 0.4111E-15
= (0.5543 * 0.4111)E(12-15)
= 0.22787273E-3
= 0.2278 दशमलव के चार बिंदुओं तक निकटन

(2) xy = 0.1111E10 * 0.1234E15
= (0.1111 * 0.1234)E(10 + 15)
= 0.013709743E25
= 0.0137E25
= 0.1370E24

(3) xy = 0.1111E51 * 0.4444E50
= 0.04937284E101
= 0.4937E100

चूँकि चर घातांक दो अंकों का ओवरफ्लो करता है।

(4) xy = 0.1234E-49 * 0.1111E-54
= 0.1370E-104

अंडरफ्लो

4. *भाग (Division)*

(1) 0.1000E5 / 0.9999E3
= (0.1000/0.9999)E(5-3)
= 0.1000E2

(2) 0.9998E1/0.1000E-99
= (0.9998/0.1000)E(1-(-99))
= 9.9980E100
= 0.9998E101 ओवरफ्लो के कारण त्रुटि।

(3) 0.9999E-5/0.1000E-98
= (0.9999/ 0.1000)E(-5-98)
= 0.9998E-104
अंडरफ्लो के कारण त्रुटि।

5.22. पैरिटि बिट (Parity Bit)

पैरिटि बिट सबसे बायीं ओर की बिट होती है। अन्य 7 बिट की प्रविष्टि हो जाने के उपरांत इस बिट के मान को इनपुट किया जाता है। पैरिटि बिट का उपयोग त्रुटियों को पकड़ने के लिए किया जाता है। पैरिटि बिट को या तो 1 या 0 पर रखा जाता है, इस कारण से बाइट में बिट की संख्या हमेशा या तो सम होती है या विषम।

यदि विषम पैरिटि बिट चुना गया हो, तो सबसे बायीं ओर की बिट 0 को ग्रहण करती है। इसलिए बाइट में बिट की कुल संख्या हमेशा विषम होती है। सम पैरिटि में सबसे बायीं ओर की बिट 1 को ग्रहण करती है। इसलिए बाइट में बिट की कुल संख्या हमेशा सम होती है।

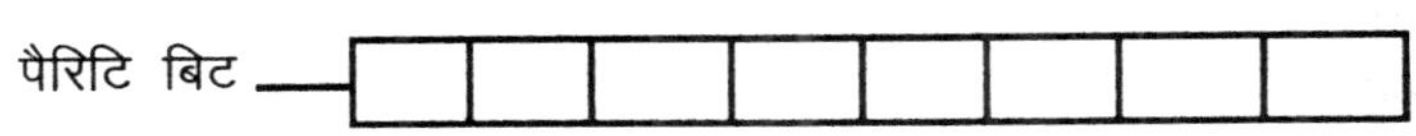

चित्र 5.7

त्रुटियों को पकड़ने की सबसे सरल विधि यह है कि एक अतिरिक्त बिट का योग किया जाए जिसे पैरिटि बिट के रूप में जाना जाता है। विषम पैरिटि के लिए ट्रांसमीटर पर इस बिट को 1 या 0 पर इस प्रकार स्थापित किया जाता है कि संपूर्ण शब्द में 1 बिट का योग विषम हो।

Parity	Data	Total 1's
1	1111110	7
0	1110011	5
1	0101000	3
0	1000000	1

सम पैरिटि के लिए ट्रांसमीटर पर इस बिट को 1 या 0 पर इस प्रकार स्थापित किया जाता है कि संपूर्ण शब्द में 1 बिट का योग सम हो।

Parity	Data	Total 1's
1	1111010	6
0	1111000	4
1	1000000	2

पैरिटि जनरेटर या चैकर OR फलन से निर्मित तार्किक पथ होते हैं। वस्तुतः पैरिटि जनरेटर और पैरिटि चैकर में एक जैसे पथ होते हैं। अतः यदि कोई विषम बिट संदेश के साथ आती है, तो वह पकड़ में आ जाती है।

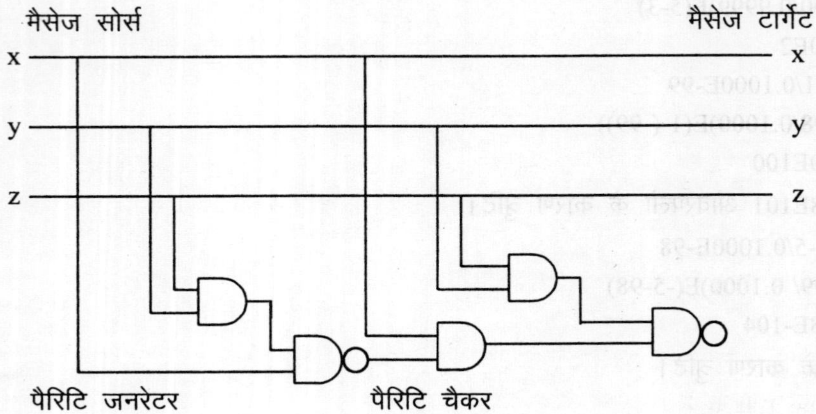

चित्र 5.8

निदर्शी उदाहरण

उदाहरण 1. *निम्न द्विआधारी संख्याओं का योग करें–*

(1) *1001 का 0100 से*

(2) *0111 का 0111 से*

हलः

(1)
```
  1001
+ 0100
------
  1101
```

(2)
```
  0111
+ 0111
------
  1110
```

उदाहरण 2. *निम्न द्विआधारी संख्याओं का अंतर प्राप्त करें–*

(1) *0101 का 1110 से*

(2) *0101 का 1010 से*

हलः

(1)
```
  1110
- 0101
------
  1001
```

(2)
```
  1010
- 0101
------
  0101
```

उदाहरण 3. *निम्न संख्याओं का योग 10वीं पूरक विधि द्वारा प्राप्त करें–*

(1) *86 और (–21)*

(2) *64 और (–36)*

हल: (1) 21 का 9वाँ पूरक = 78

21 का 10वाँ पूरक = 78 + 1 = 79

अब
$$\begin{array}{r} 86 \\ +\ 79 \\ \hline 165 \\ \hline \end{array}$$

हासिल 1 त्याग करने पर सही परिणाम 65 है।

(2) 36 का 9वाँ पूरक = 63

36 का 10वाँ पूरक = 63 + 1 = 64

अब
$$\begin{array}{r} 64 \\ +\ 64 \\ \hline 128 \\ \hline \end{array}$$

हासिल 1 त्याग करने पर सही परिणाम 28 है।

उदाहरण 4. *निम्न द्विआधारी संख्याओं का अंतर 2सरे पूरक विधि द्वारा प्राप्त करें–*

(1) *0010 को 0110 से*

(2) *0011 को 0101 से*

हल:

(1) 0010 का 1ला पूरक = 1101

0010 का 2सरा पूरक = 1101 + 1 = 1110

अब
$$\begin{array}{r} 0110 \\ +\ 1110 \\ \hline 10100 \\ \hline \end{array}$$

हासिल अंक 1 का त्याग करने पर सही परिणाम 0100 है।

(2) 0011 का 1ला पूरक = 1100

0011 का 2सरा पूरक = 1100 + 1 = 1101

अब
$$\begin{array}{r} 0101 \\ +\ 1101 \\ \hline 10010 \\ \hline \end{array}$$

हासिल अंक 1 का त्याग करने पर सही परिणाम 0010 है।

उदाहरण 5. *निम्न संख्याओं का योग प्राप्त करें–*

(1) *0.3781E05 और 0.2642E05*

(2) *0.6321E08 और 0.5736E07*

हलः

(1) 0.3781E05 + 0.2642E05
= (0.3781 + 0.2642) E05
= 0.6423E05

(2) 0.6321E08 + 0.5736E07
= 0.6321E08 + 0.0573E08
= 0.6894E08

उदाहरण 6. *निम्न संख्याओं का अंतर प्राप्त करें–*

(1) *0.2734E05 को 0.6384E05 से घटाएँ।*

(2) *0.7216E05 को 0.2536E06 से घटाएँ।*

हलः

(1) 0.6384E05 – 0.2734E05
= (0.6384 – 0.2734) E05
= 0.3650E05

(2) 0.2536E06 – 0.7216E05
= (0.2536 – 0.0721) E06
= 0.1815E06

उदाहरण 7. *निम्न संख्याओं का गुणनफल प्राप्त करें–*

0.2642E09 को 0.4125E-04 द्वारा

हलः

0.2642E09 * 0.4125E-04
= (0.2642 * 0.4125) E[09 + (–04)]
= 0.1089E05

आंकिक प्रश्न
(Numerical Questions)

1. निम्न का दशमलव, अष्टांक और षष्ठ समतुल्य प्राप्त करें–
1101011,11010,10110011,11011101,10110001100,1010101100,
10101.11, 11.001,110001.1011,100011.0011

2. निम्न दशमलव संख्याओं को द्विआधारी, अष्टांक और षष्ठ संख्याओं में परिवर्तित करें–
435,1694,32,135,41.68,123.98,345.98,564.789

3. निम्न संख्याओं को द्विआधारी संख्या में परिवर्तित करें–
$(2AC)_{16}$, $(FAB)_{16}$, $(2614)_8$, $(562)_8$

4. निम्न का दशमलव समतुल्य प्राप्त करें–
$(111.01)_2$, $(1001.011)_2$, $(247.65)_8$, $(A2B.D4)_{16}$, $(A6.D2)_{16}$,
$(C4.CA1)_{16}$, $(B4)_{16}$, $(AC34)_{16}$

5. द्विआधारी संख्याओं का योग करें–

(अ) 1011 और 101

(ब) 1010110 और 1011010

(स) 10111 और 1011

6. घटाएँ–

(अ) 0110111 को 1101110 से

(ब) 01010 को 10000 से

(स) 011011 को 110111 से

7. गुणा करें–

(अ) 1100 और 1010 का

(ब) 01101 और 1001 का

(स) 101111 और 111 का

8. विभाजित करें–

(अ) 11001 को 101 द्वारा,

(ब) 0110111 को 0111 द्वारा

9. निम्न के लिए 4-बिट BCD कोड लिखें–

$(25)_{10}$, $(64)_{10}$, (128) 10, $(1024)_{10}$

10. द्विआधारी अंकनपद्धति का प्रयोग करते हुए निम्न शब्दों का BCD रूप दिखाएँ–
BIT, BYTE, CODE और BASE

11. अष्टांक अंकनपद्धति का प्रयोग करते हुए निम्न शब्दों का BCD रूप दिखाएँ–
COMPUTER, INPUT, VIDEO और DIGIT

12. द्विआधारी अंकनपद्धति का प्रयोग करते हुए निम्न शब्दों का EBCDIC रूप लिखें–
SUN, MOON और AT

13. षष्ठ अंकनपद्धति का प्रयोग करते हुए निम्न शब्दों का EBCDIC रूप लिखें–
PROGRAM, OUTPUT, BYTE और ZONE

14. द्विआधारी अंकनपद्धति का प्रयोग करते हुए निम्न शब्दों का ASCII-7 एवं ASCII-8 रूप लिखें–
DRY, WET DAMP, BOY, GIRL, SKY और STAR.

15. षष्ठ अंकनपद्धति का प्रयोग करते हुए निम्न शब्दों का ASCII-7 एवं ASCII-8 रूप लिखें–
PRINT, TYPE और RUB.

अभ्यास-प्रश्न (Exercise-Questions)

1. दशमलव संख्या पद्धति क्या है?
2. द्विआधारी संख्या पद्धति से क्या समझते हैं?
3. अष्टांक संख्या पद्धति क्या है?
4. षष्ठ-दशांक संख्या पद्धति से क्या समझते हैं?
5. कंप्यूटर अंकगणित-विभिन्न संक्रियाओं को स्पष्ट करें।

6. द्विआधारी कोड को समझाइए।
7. ASCII कोड क्या है?
8. EBCDIC कोड को समझाइए।
9. संख्या का पूरक प्रदर्शन क्या है?
10. 10वें पूरक पद्धति में योग कैसे करते हैं?
11. दूसरे पूरक का उपयोग कर द्विआधारी संख्याओं को कैसे घटाते हैं?
12. ग्रे कोड क्या है?
13. एक्सेस-3 कोड को विस्तार से समझाइए।
14. कैरेक्टर कोड से क्या समझते हैं?
15. धनात्मक और ऋणात्मक संख्याएँ क्या हैं?
16. पूर्णांक और वास्तविक संख्याओं से क्या समझते हैं?
17. ओवरफ्लो और अंडरफ्लो को विस्तार से समझाइए।
18. एक संख्या का स्थिर-बिंदु निरूपण कैसे करते हैं?
19. संख्याओं का अस्थिर-बिंदु निरूपण क्या है?
20. अस्थिर बिंदु अंकगणित से क्या समझते हैं?
21. पैरिटि बिट क्या है?

6

बूलीय बीजगणित और लॉजिक सर्किट
(Boolean Algebra and Logic Circuit)

6.1. सत्यता सारणी (Truth Tables)

गणित में वाक्य, एक व्यंजक या कथन होता है, जो ग्राह्य होना चाहिए और उसकी सत्यता या असत्यता निश्चित होनी चाहिए, लेकिन दोनों नहीं। इस प्रकार गणित में एक वाक्य या तो सत्य होता है या असत्य, लेकिन दोनों नहीं।

कुछ मुख्य शब्द और वाक्य–खंड हैं, जिनका उपयोग दिए गए वाक्यों से नए वाक्य बनाने के लिए किया जाता है, उदाहरण के लिए 'और (and)', 'या (or)', 'नहीं (not)', 'यदि .... तो .... (if....then....)' और 'यदि और केवल यदि (if and only if)'।

एक वाक्य जो कुछ तार्किक संयोजकों (logical connectives) को रखता है, संयुक्त वाक्य (compound sentence) कहलाता है और एक वाक्य जो किसी तार्किक संयोजक को नहीं रखता है, परमाण्विक वाक्य (atomic sentence) कहलाता है।

संयुक्त वाक्य के घटकों की सत्यता या असत्यता पर आधारित सारणी, जो संयुक्त वाक्य की सत्यता या असत्यता की परख करती है, सत्यता सारणी कहलाती है।

तार्किक संयोजकों की सहायता द्वारा दिए गए वाक्यों से संयुक्त वाक्यों को बनाना तर्क की प्रारंभिक संक्रियाएँ कहलाती हैं, जो संख्या में पाँच हैं, उन्हें नीचे उल्लेखित किया गया है:

1. *संयोजन (Conjunction)*

संयोजक 'और (and)' की सहायता से दो वाक्यों P, Q को संयोजित कर प्राप्त किया गया वाक्य, दो वाक्यों का संयोजन कहलाता है, जिसे $P \wedge Q$ से द्योतित किया जाता है।

संयोजन की सत्यता सारणी निम्न है:

सारणी 6.1

P	Q	$P \wedge Q$
T	T	T
T	F	F
F	T	F
F	F	F

2. *वियोजन (Disjunction)*

संयोजक 'या (or)' की सहायता से दो वाक्यों P, Q को संयोजित कर प्राप्त किया गया वाक्य, दो वाक्यों का वियोजन कहलाता है, जिसे $P \vee Q$ से द्योतित किया जाता है।

वियोजन की सत्यता सारणी निम्न है:

सारणी 6.2

P	Q	$P \vee Q$
T	T	T
T	F	T
F	T	T
F	F	F

3. *निषेध (Negation)*

एक वाक्य जो किसी अन्य वाक्य P के विपरीत सत्यता–मान को रखता है, P का निषेध कहलाता है और $\sim P$ से द्योतित किया जाता है।

निषेध की सत्यता सारणी निम्न है:

सारणी 6.3

P	$\sim P$
T	F
F	T

4. *सोपाधिक (Implication)*

एक प्रतिबंधी वाक्य (conditional sentence) जो संयोजक 'यदि .... तो .... (if....then....)' का प्रयोग कर प्राप्त किया जाता है, सोपाधिक कहलाता है, और $P \Rightarrow Q$ से लिखा जाता है।

सोपाधिक की सत्यता सारणी निम्न है:

सारणी 6.4

P	Q	$P \Rightarrow Q$
T	T	T
T	F	F
F	T	T
F	F	T

5. *द्वि–सोपाधिक (Double implication)*

एक द्वि–प्रतिबंधी वाक्य (biconditional sentence) जो संयोजक 'यदि और केवल यदि (if and only if)' का प्रयोग कर प्राप्त किया जाता है, द्वि–सोपाधिक कहलाता है और $P \Leftrightarrow Q$ से लिखा जाता है।

द्वि–सोपाधिक की सत्यता सारणी निम्न है:

सारणी 6.5

P	Q	$P \Leftrightarrow Q$
T	T	T
T	F	F
F	T	F
F	F	T

6.2. बूलीय बीजगणित (Boolean Algebra)

एक बीजगणित जिसे द्विआधारी चरों (binary variables) और तार्किक संक्रियाओं के साथ वर्णित किया जाता है, बूलीय बीजगणित कहलाता है। अक्षर जैसे कि A, B, x और y चरों को निर्मित करते हैं। **AND, OR** और NOT (complement) तीन तार्किक संक्रियाएँ हैं।

AND, OR और **NOT** के लिए सत्यता सारणी:

1. तार्किक OR (+) के लिए सत्यता सारणी:

सारणी 6.6

P	Q	P + Q
0	0	0
0	1	1
1	0	1
1	1	1

2. तार्किक AND (.) के लिए सत्यता सारणी:

सारणी 6.7

P	Q	P. Q
0	0	0
0	1	0
1	0	0
1	1	1

3. तार्किक NOT (~) के लिए सत्यता सारणी:

सारणी 6.8

P	~P
0	1
1	0

बूलीय बीजगणित के अभिगृहीत (Postulates of Boolean Algebra)

1. संवरक नियम (Closure law):

   $x + y$ और $x.y$ परिभाषित होने चाहिए।

2. क्रम–विनिमेय नियम (Commutative law):

   $x + y = y + x, x.y = y.x$

3. तत्समक की उपस्थिति (Existence of identity):

   $x + 0 = x, x.1 = x$

जहाँ 0 योगात्मक तत्समक (Additive identity) और 1 गुणात्मक तत्समक (multiplicative identity) है।

4. वितरण नियम (Distributive law):

   $x + y.z = (x + y).(x + z)$

   और $x.(y + z) = x.y + x.z$

5. संपूरक नियम (Complement law):

   $x + x' = 1$ और $x.x' = 0$

द्वैतता का सिद्धांत (Principle of Duality)

बूलीय बीजगणित में, यदि किसी कथन P में संक्रिया '+' के स्थान पर संक्रिया '.' और संक्रिया '.' के स्थान पर संक्रिया '+' रखने पर, तत्समक अवयव 0 के स्थान पर 1 और 1 के स्थान पर 0 करने से कथन Q प्राप्त हो, तो Q को P का द्वैत कहते हैं।

ऐसे सभी कथन या बीजीय सर्वसमिका (algebraic identities) जो बूलीय बीजगणित के अभिगृहीतों से प्राप्त होते हैं, मान्य होंगे, यदि संक्रियाओं '+' और '.' तथा तत्समक अवयवों 0 और 1 को सर्वत्र विनिमय कर दिया जाए।

बूलीय बीजगणित पर प्रमेय (Theorems on Boolean Algebra)

प्रमेय 1. वर्गसम नियम (Idempotent law)

$x + x = x, x.x = x$

उपपत्तिः

$$\begin{aligned} x &= x + 0 \\ &= x + x.x' \\ &= (x + x).(x + x') \\ &= (x + x).(1) = x + x \end{aligned}$$

और

$$\begin{aligned} x &= x.(1) \\ &= x.(x + x') \\ &= x.x + x.x' \\ &= x.x + 0 = x.x \end{aligned}$$

प्रमेय 2. $x + 1 = 1, x.0 = 0$

उपपत्तिः

$$\begin{aligned} 1 &= x + x' \\ &= x + x'.(1) \end{aligned}$$

$$= (x + x').(x + 1)$$
$$= 1.(x + 1)$$
$$= x + 1$$

और

$x.0 = 0$ द्वैतता के सिद्धत से।

प्रमेय 3. अवशोषण नियम (Absorption law)

$$x + x.y = x, \quad x.(x + y) = x$$

उपपत्तिः

हम इसे सत्यता सारणी द्वारा सिद्ध करेंगे।

सारणी 6.9

x	y	x.y	x + x.y
0	0	0	0
0	1	0	0
1	0	0	1
1	1	1	1

और

सारणी 6.10

x	y	x + y	x.(x + y)
0	0	0	0
0	1	1	0
1	0	1	1
1	1	1	1

प्रमेय 4. अंतर्वलन नियम (Involution law)

$$(x')' = x$$

उपपत्तिः

सारणी 6.11

x	x′	(x′)′
0	1	0
1	0	1

6.3. डी-मार्गन नियम (De Morgan's Law)

1. दो चरों के लिए $(x + y)' = x'.y'$
   $(x.y)' = x' + y'$
2. तीन चरों के लिए $(x + y + z)' = x'.y'.z'$
   $(x.y.z)' = x' + y' + z'$

उपपत्ति:

1.

सारणी 6.12

x	y	x + y	(x + y)′	x′	y′	x′.y′
0	0	0	1	1	1	1
0	1	1	0	1	0	0
1	0	1	0	0	1	0
1	1	1	0	0	0	0

और

सारणी 6.13

x	y	x.y	(x.y)′	x′	y′	x′ + y′
0	0	0	1	1	1	1
0	1	0	1	1	0	1
1	0	0	1	0	1	1
1	1	1	0	0	0	0

2.

सारणी 6.14

x	y	z	x + y + z	(x + y + z)′	x′	y′	z′	x′.y′.z′
0	0	0	0	1	1	1	1	1
0	0	1	1	0	1	1	0	0
0	1	0	1	0	1	0	1	0
0	1	1	1	0	1	0	0	0
1	0	0	1	0	0	1	1	0
1	0	1	1	0	0	1	0	0
1	1	0	1	0	0	0	1	0
1	1	1	1	0	0	0	0	0

और

सारणी 6.15

x	y	z	x.y.z	(x.y.z)′	x′	y′	z′	x′ + y′ + z′
0	0	0	0	1	1	1	1	1
0	0	1	0	1	1	1	0	1
0	1	0	0	1	1	0	1	1
0	1	1	0	1	1	0	0	1
1	0	0	0	1	0	1	1	1
1	0	1	0	1	0	1	0	1
1	1	0	0	1	0	0	1	1
1	1	1	1	0	0	0	0	0

6.4. बूलीय फलन (Boolean Function)

एक व्यंजक जो बाइनरी चरों, दो बाइनरी ऑपरेटर्स (binary operators) OR और AND, एकल ऑपरेटर NOT, कोष्ठक (parentheses) और बराबर चिह्न के साथ निर्मित किया जाता है, बूलीय फलन कहलाता है। उदाहरण के लिए:

$$W = x + y'.z$$

जहाँ W फलन है x, y और z का।

6.5. न्यून-पद और अधिक-पद (Minterms and Maxterms)

एक बाइनरी चर x (सामान्य रूप) या x′ (संपूरक रूप) के रूप में प्रकट हो सकता है। माना दो बाइनरी चर x और y एक संक्रिया AND के साथ संयोजित होते हैं।

इसलिए वहाँ निम्न चार संभावनाएँ बनती हैं:

$$x.y,\ x'.y,\ x.y',\ x'.y'$$

ये चार पद न्यून–पद (Minterms) या गुणनफल कहलाते हैं। इस प्रकार n चर 2^n न्यून–पदों का निर्माण करते हैं।

पुनः माना दो बाइनरी चर x और y एक संक्रिया OR के साथ संयोजित होते हैं, तब वहाँ हमें निम्न चार संभावनाएँ प्राप्त होती हैं:

$$x + y,\ x + y',\ x' + y,\ x' + y'$$

ये चार पद अधिक–पद (Maxterms) या योग कहलाते हैं। इस प्रकार n चर 2^n अधिक–पदों का निर्माण करते हैं।

सारणी 6.16

चर		न्यून–पद		अधिक–पद	
x	y	पद	पदनाम	पद	पदनाम
0	0	x′.y′	m_0	x + y	M_0
0	1	x′.y	m_1	x + y′	M_1
1	0	x.y′	m_2	x′ + y	M_2
1	1	x.y	m_3	x′ + y′	M_3

(दो चरों का न्यून–पद और अधिक–पद)

सारणी 6.17

चर			न्यून–पद		अधिक–पद	
x	y	z	पद	पदनाम	पद	पदनाम
0	0	0	x′.y′.z′	m_0	x + y + z	M_0
0	0	1	x′.y′.z	m_1	x + y + z′	M_1
0	1	0	x′.y.z′	m_2	x + y′ + z	M_2
0	1	1	x′.y.z	m_3	x + y′ + z′	M_3
1	0	0	x.y′.z′	m_4	x′ + y + z	M_4
1	0	1	x.y′.z	m_5	x′ + y + z′	M_5
1	1	0	x.y.z′	m_6	x′ + y′ + z	M_6
1	1	1	x.y.z	m_7	x′ + y′ + z′	M_7

(तीन चरों का न्यून–पद और अधिक–पद)

6.6. SOP और POS रूप (SOP & POS Forms)

अनेक न्यून–पद तार्किक संक्रिया OR की सहायता से गुणनफलों–के–योग (sum-of-products SOP) का निर्माण करते हैं। उदाहरण के लिए:

x′.y + x.y′

SOP का संरचना नियम:

1. दिए गए बूलीय फलन हेतु सत्यता सारणी का निर्माण करें।
2. चरों के प्रत्येक संयोजन हेतु न्यून–पद प्राप्त करें, जो फलन में एक 1 जनित करता हो।
3. वांछित व्यंजक को सभी अधिक–पद के योग के रूप में लिखें।

उदाहरणः निम्न फलन का SOP प्राप्त करें।

f(x, y, z) = x.y′ + x.z + x.y

हलः

$$
\begin{aligned}
f(x, y, z) &= x.y' + x.z + x.y \\
&= x.y'.1 + (x.1).z + x.y.1 \\
&= x.y'.(z + z') + [x.(y + y').z] + x.y.(z + z') \\
&= x.y'.z + x.y'.z' + [x.y + x.y'].z + x.y.z + x.y.z' \\
&= x.y'.z + x.y'.z' + x.y.z + x.y'.z + x.y.z + x.y.z' \\
&= x.y'.z + x.y'.z' + x.y.z + x.y.z'
\end{aligned}
$$

पुनः, अनेक अधिक–पद तार्किक संक्रिया AND की सहायता से योगों–के–गुणनफल (**product-of-sums POS**) का निर्माण करते हैं। उदाहरण के लिएः

$$(x' + y).(x + y')$$

POS का संरचना नियमः

1. दिए गए बूलीय फलन हेतु सत्यता सारणी का निर्माण करें।
2. चरों के प्रत्येक संयोजन हेतु अधिक–पद प्राप्त करें, जो फलन में एक 0 जनित करता हो।
3. वांछित व्यंजक को सभी अधिक–पद के गुणनफल के रूप में लिखें।

उदाहरणः निम्न फलन का POS प्राप्त करें।

$$f(x, y, z) = x.y.z + (x + y).(x + z)$$

हलः

$$
\begin{aligned}
f(x, y, z) &= x.y.z + (x + y).(x + z) \\
&= (x.y.z + x + y).(x.y.z + x + z) \\
&= x.x \\
&= x \\
&= x + 0 + 0 \\
&= x + y.y' + z.z' \\
&= (x + y).(x + y') + z.z' \\
&= [(x + y).(x + y') + z].[(x + y).(x + y') + z'] \\
&= (x + y + z).(x + y' + z).(x + y + z').(x + y' + z')
\end{aligned}
$$

6.7. बूलीय फलनों को अल्पतम करने की तकनीक (Minimization Technique of Boolean Functions)

6.7.1. *कारनॉफ-मैप (Karnaugh-Map)*

सत्यता सारणी का आलेखात्मक प्रदर्शन (graphical representation), जो संलग्न प्रकोष्ठ (adjacent cells) के वर्गों या आयताकार सारणी को रखता है, कारनॉफ–मैप या K-मैप कहलाता है। कारनॉफ–मैप के विभिन्न प्रकार हैं जैसे 2–चर, 3–चर, 4–चर, 5–चर आदि। यहाँ हम कारनॉफ–मैप के कुछ प्रकारों की चर्चा करेंगे।

2-चर मैप (2-Variable Map)

2–चर मैप में चार वर्गों की आवश्यकता होती है, अर्थात् 2×2 आव्यूह (matrix) का निर्माण होता है। यदि हम दो चरों x और y के आव्यूह की प्रत्येक पंक्तियों, स्तंभों और वर्गों को निम्न प्रकार नियत करें

सारणी 6.18

पद	मान		संख्यात्मक मान
प्रथम पंक्ति	x′	0	
द्वितीय पंक्ति	x	1	
प्रथम स्तंभ	y′	0	
द्वितीय स्तंभ	y	1	
प्रथम पंक्ति-प्रथम स्तंभ	x′y′	00	0
प्रथम पंक्ति-द्वितीय स्तंभ	x′y	01	1
द्वितीय पंक्ति-प्रथम स्तंभ	xy′	10	2
द्वितीय पंक्ति-द्वितीय स्तंभ	xy	11	3

तो हमें दो चरों में निम्न प्रकार का K-मैप प्राप्त होता है:

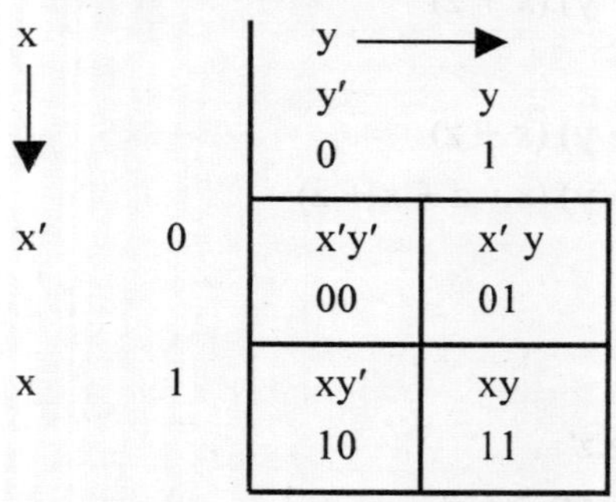

चित्र 6.1

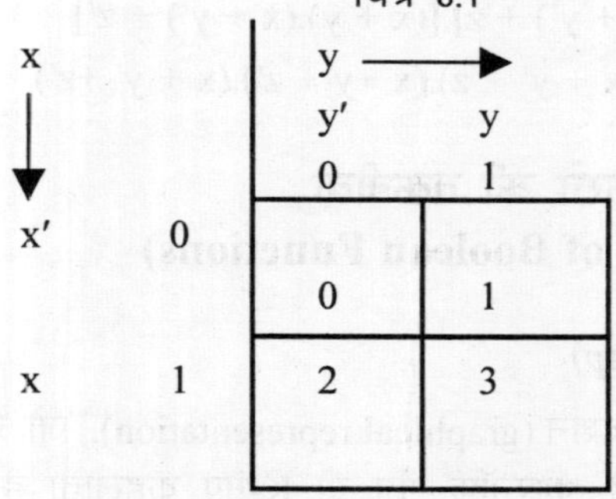

चित्र 6.2

टीपः न्यून–पद को प्रदर्शित करने वाले वर्ग में 1 दाखिल करें तथा 0 अन्य वर्गों में। जैसे एक बूलीय व्यंजक को SOP के रूप में लिखा जा सकता है, उसी प्रकार किसी बूलीय व्यंजक को POS के रूप में भी लिख सकते हैं। दो चरों x और y के न्यून तथा अधिक पद निम्न प्रकार हैं:

सारणी 6.19

न्यून–पद	अधिक–पद
$x'y'$	$x + y$
$x'y$	$x + y'$
xy'	$x' + y$
xy	$x' + y'$

उदाहरणः *K-मैप तकनीक द्वारा निम्न बूलीय फलनों को अल्पतम कीजिए।*

1. $x'y' + x'y$
2. $x'y' + x'y + xy$
3. $xy' + x'y + xy$

हलः

1.

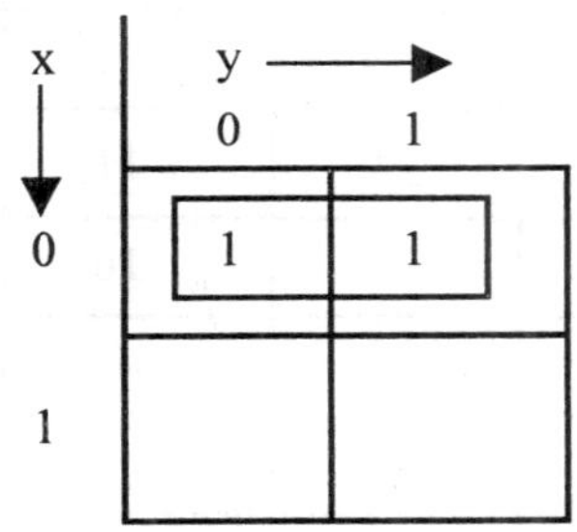

चित्र 6.3

इस प्रकार $x'y' + x'y = x'$

2.

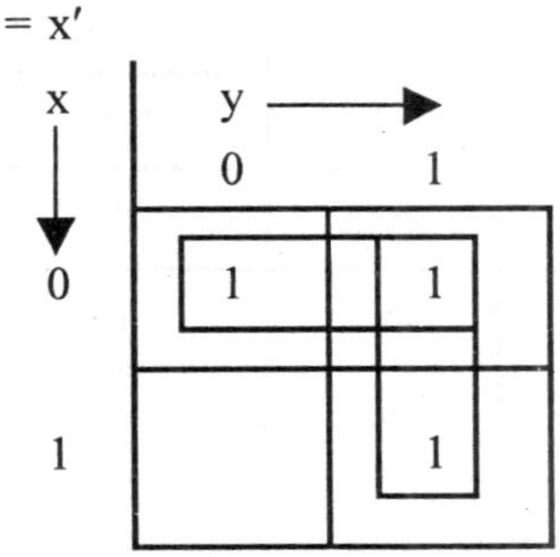

चित्र 6.4

इस प्रकार $x'y' + x'y + xy = x' + y$

3.

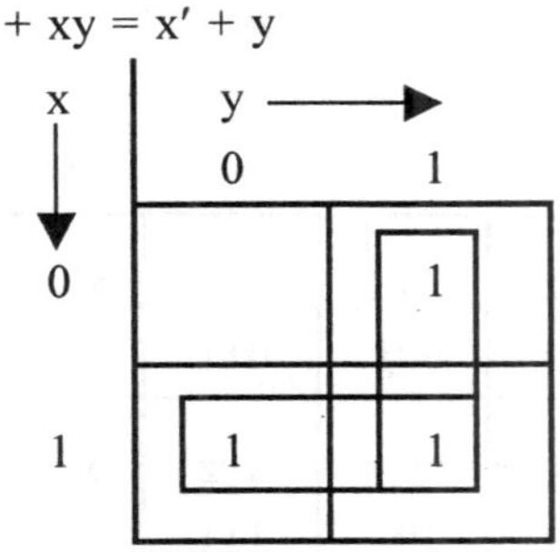

चित्र 6.5

इस प्रकार $xy' + x'y + xy = x + y$

3-चर मैप (3-Variable Map)

3–चर मैप में आठ वर्गों की आवश्यकता होती है, अर्थात् 2 × 4 आव्यूह का निर्माण होता है। इस प्रकार के प्रतिचित्र में दो चरों को एक अक्ष पर और तीसरे चर को अन्य अक्ष पर लिया जाता है। यदि हम तीन चरों x, y और z के लिए ऐसे आव्यूह की प्रत्येक पंक्तियों, स्तंभों और वर्गों को निम्न प्रकार नियत करें

सारणी 6.20

मद	मान		संख्यात्मक मान
प्रथम पंक्ति	x′	0	
द्वितीय पंक्ति	x	1	
प्रथम स्तंभ	y′ z′	00	
द्वितीय स्तंभ	y′ z	01	
तृतीय स्तंभ	yz	11	
चतुर्थ स्तंभ	yz′	10	
प्रथम पंक्ति-प्रथम स्तंभ	x′y′z′	000	0
प्रथम पंक्ति-द्वितीय स्तंभ	x′y′z	001	1
प्रथम पंक्ति-तृतीय स्तंभ	x′yz	011	3
प्रथम पंक्ति-चतुर्थ स्तंभ	x′yz′	010	2
द्वितीय पंक्ति-प्रथम स्तंभ	xy′z′	100	4
द्वितीय पंक्ति-द्वितीय स्तंभ	xy′z	101	5
द्वितीय पंक्ति-तृतीय स्तंभ	xyz	111	7
द्वितीय पंक्ति-चतुर्थ स्तंभ	xyz′	110	6

तो हमें तीन चरों में निम्न प्रकार का K-मैप प्राप्त होता है:

x ↓   yz →

		y′z′ 00	y′z 01	yz 11	yz′ 10
x′	0	x′y′z′ 000	x′y′z 001	x′yz 011	x′yz′ 010
x	1	xy′z′ 100	xy′z 101	xyz 111	xyz′ 110

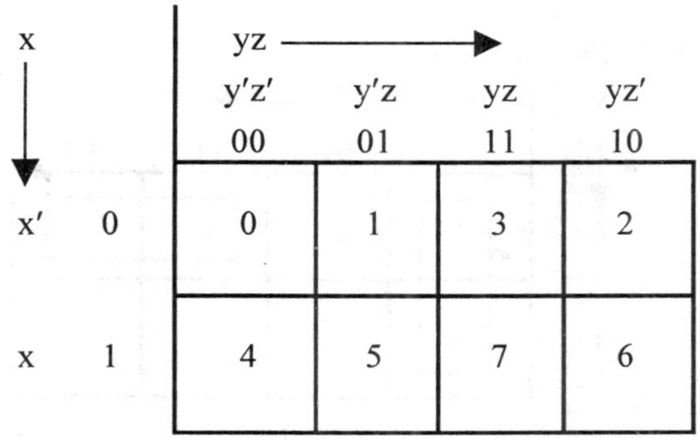

चित्र 6.6

टीपः न्यून–पद को प्रदर्शित करने वाले वर्ग में 1 दाखिल करें तथा 0 अन्य वर्गों में। जैसे एक बूलीय व्यंजक को SOP के रूप में लिखा जा सकता है, उसी प्रकार किसी बूलीय व्यंजक को POS के रूप में भी लिख सकते हैं। तीन चरों x, y और z के न्यून तथा अधिक–पद निम्न प्रकार हैं:

सारणी 6.21

न्यून–पद	अधिक–पद
x′y′z′	x + y + z
x′y′z	x + y + z′
x′yz	x + y′ + z′
x′yz′	x + y′ + z
xy′z′	x′ + y + z
xy′z	x′ + y + z′
xyz	x′ + y′ + z′
xyz′	x′ + y′ + z

उदाहरणः *K-मैप तकनीक द्वारा निम्न बूलीय फलनों को अल्पतम कीजिए।*

1. *x′yz′ + xyz + xyz′*
2. *x′y′z′ + x′yz + xyz′ + xy′z′*

हलः

1.

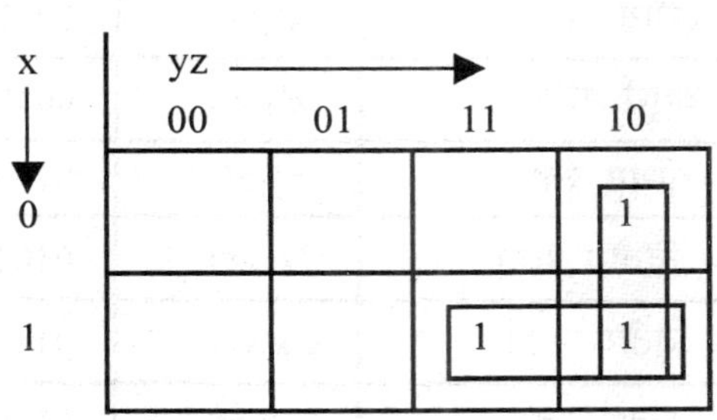

चित्र 6.7

इस प्रकार $x'yz' + xyz + xyz' = yz' + xy$

2.

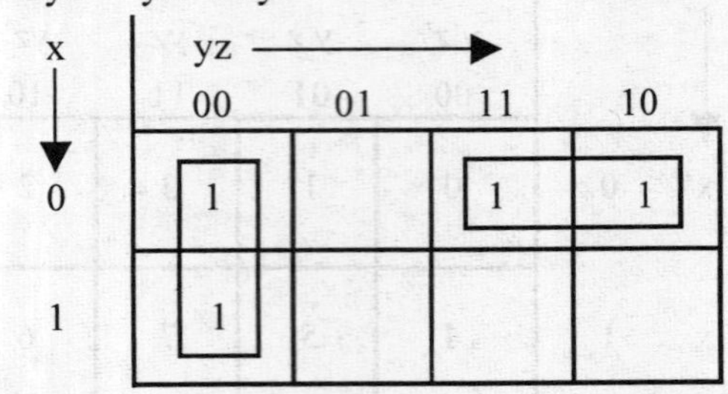

चित्र 6.8

इस प्रकार $x'y'z' + x'yz + xyz' + xy'z' = y'z' + x'y$

4–चर मैप (4-Variable Map)

4–चर मैप में सोलह वर्गों की आवश्यकता होती है, अर्थात् 4×4 आव्यूह का निर्माण होता है। इस प्रकार के प्रतिचित्र में दो चरों को एक अक्ष पर और शेष दो चरों को अन्य अक्ष पर लिया जाता है। यदि हम चार चरों x, y, z और t के लिए ऐसे आव्यूह की प्रत्येक पंक्तियों, स्तंभों और वर्गों को निम्न प्रकार नियत करें

सारणी 6.22

मद	मान	संख्यात्मक मान	
प्रथम पंक्ति	x′y′	00	
द्वितीय पंक्ति	x′y	01	
तृतीय पंक्ति	xy	11	
चतुर्थ पंक्ति	xy′	10	
प्रथम स्तंभ	z′t′	00	
द्वितीय स्तंभ	z′t	01	
तृतीय स्तंभ	zt	11	
चतुर्थ स्तंभ	zt′	10	
प्रथम पंक्ति - प्रथम स्तंभ	x′y′z′t′	0000	0
प्रथम पंक्ति - द्वितीय स्तंभ	x′y′z′t	0001	1
प्रथम पंक्ति - तृतीय स्तंभ	x′y′z t	0011	3
प्रथम पंक्ति - चतुर्थ स्तंभ	x′y′z t′	0010	2
द्वितीय पंक्ति - प्रथम स्तंभ	x′yz′t′	0100	4
द्वितीय पंक्ति - द्वितीय स्तंभ	x′yz′t	0101	5
द्वितीय पंक्ति - तृतीय स्तंभ	x′yzt	0111	7
द्वितीय पंक्ति - चतुर्थ स्तंभ	x′yzt′	0110	6

तृतीय पंक्ति - प्रथम स्तंभ	xyz′t′	1100	12
तृतीय पंक्ति - द्वितीय स्तंभ	xyz′t	1101	13
तृतीय पंक्ति - तृतीय स्तंभ	xyzt	1111	15
तृतीय पंक्ति - चतुर्थ स्तंभ	xyzt′	1110	14
चतुर्थ पंक्ति - प्रथम स्तंभ	xy′z′t′	1000	8
चतुर्थ पंक्ति - द्वितीय स्तंभ	xy′z′t	1001	9
चतुर्थ पंक्ति - तृतीय स्तंभ	xy′zt	1011	11
चतुर्थ पंक्ति - चतुर्थ स्तंभ	xy′zt′	1010	10

तो हमें चार चरों में निम्न प्रकार का K-मैप प्राप्त होता है:

xy ↓ / zt →	z′t′ 00	z′t 01	zt 11	zt′ 10
x′y′ 00	x′y′z′t′ 0000	x′y′z′t 0001	x′y′zt 0011	x′y′zt′ 0010
x′y 01	x′yz′t′ 0100	x′yz′t 0101	x′yzt 0111	x′yzt′ 0110
xy 11	xyz′t′ 1100	xyz′t 1101	xyzt 1111	xyzt′ 1110
xy′ 10	xy′z′t′ 1000	xy′z′t 1001	xy′zt 1011	xy′zt′ 1010

xy ↓ / zt →	00 z′t′	01 z′t	11 zt	10 zt′
x′y′ 00	0	1	3	2
x′y 01	4	5	7	6
xy 11	12	13	15	14
xy′ 10	8	9	11	10

चित्र 6.9

टीपः न्यून–पद को प्रदर्शित करने वाले वर्ग में 1 दाखिल करें तथा 0 अन्य वर्गों में। जैसे एक बूलीय व्यंजक को SOP के रूप में लिखा जा सकता है, उसी प्रकार किसी बूलीय व्यंजक को POS के रूप में भी लिख सकते हैं। चार चरों x, y, z और t के न्यून तथा अधिक पद निम्न प्रकार हैं:

सारणी 6.23

न्यून–पद	अधिक–पद
$x'y'z't'$	$x + y + z + t$
$x'y'z't$	$x + y + z + t'$
$x'y'zt$	$x + y + z' + t'$
$x'y'zt'$	$x + y + z' + t$
$x'yz't'$	$x + y' + z + t$
$x'yz't$	$x + y' + z + t'$
$x'yzt$	$x + y' + z' + t'$
$x'yzt'$	$x + y' + z' + t$
$xyz't'$	$x' + y' + z + t$
$xyz't$	$x' + y' + z + t'$
$xyzt$	$x' + y' + z' + t'$
$xyzt'$	$x' + y' + z' + t$
$xy'z't'$	$x' + y + z + t$
$xy'z't$	$x' + y + z + t'$
$xy'zt$	$x' + y + z' + t'$
$xy'zt'$	$x' + y + z' + t$

उदाहरणः *K-मैप तकनीक द्वारा निम्न बूलीय फलनों को अल्पतम कीजिएः*

1. $F(x, y, z, t) = x'y'z't' + x'y'z\,t + x'yz't' + xyz't' + xyzt' + xy'z't' + xy'z\,t + xy'zt'$

   या $F = \Sigma(0, 3, 4, 8, 10, 11, 12, 14)$

2. $F(x, y, z, t) = x'y'z't' + x'y'zt + x'y'zt' + x'yz't' + x'yzt' + xyz't' + xyzt' + xy'z't' + xy'z\,t + xy'zt'$

   या $F = \Sigma(0, 2, 3, 4, 8, 10, 11, 12, 14)$

हलः

1.

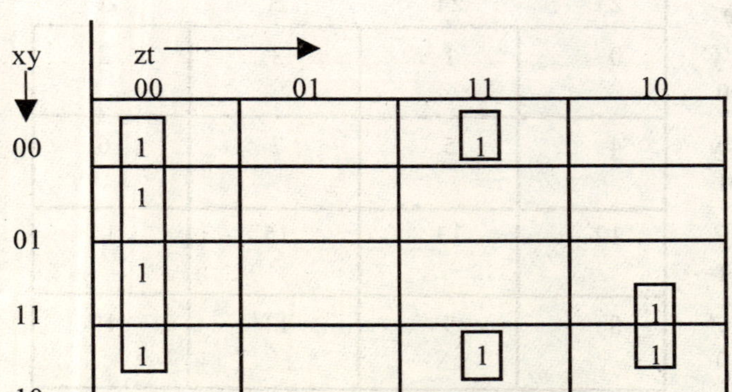

चित्र 6.10

अतः $F\ (SOP) = z't' + y'z\,t + xzt'$

और

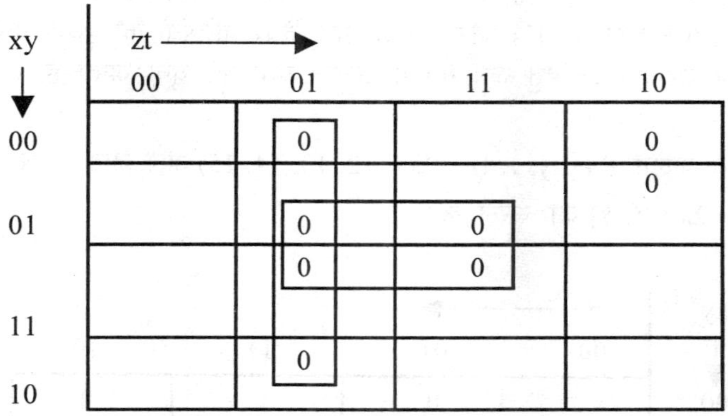

चित्र 6.11

अतः $F\ (POS) = (z + t').(y' + t').(x + z' + t)$

2.

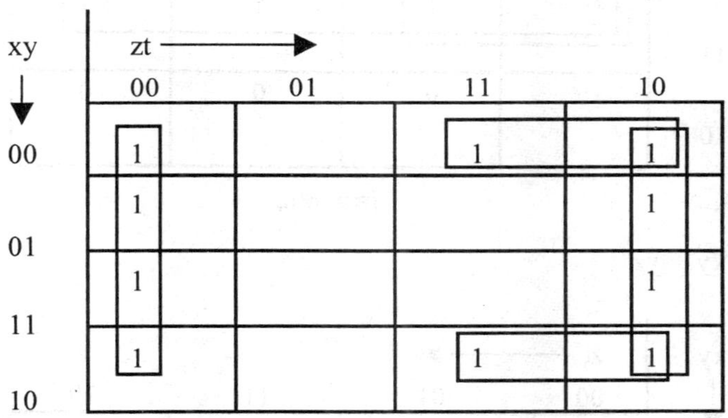

चित्र 6.12

अतः $F\ (SOP) = t' + zy'$

और

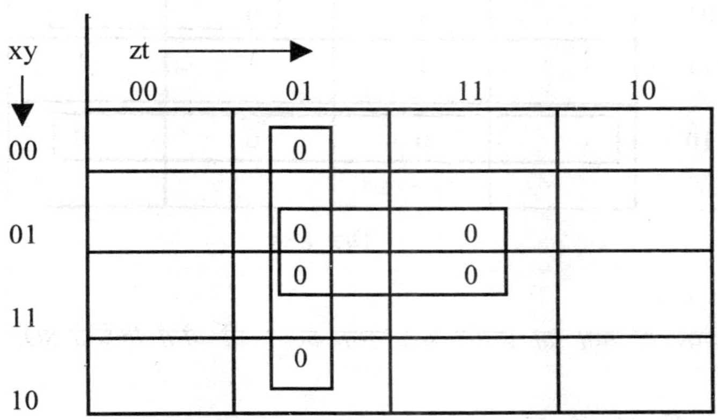

चित्र 6.13

अतः $F\ (POS) = (z + t').(y' + t')$

6.7.2. डोंट केयर प्रतिबंध *(Don't Care Conditions)*

फलन को आगे सरल करने हेतु डोंट केयर प्रतिबंध का प्रयोग किया जा सकता है। इस विधि में उस वर्ग में एक 0 रखें जहाँ फलन 0 चाहता है। 1's और 0's से डोंट केयर प्रतिबंधों को पृथक् करने हेतु एक x का प्रयोग किया जाएगा। फलन को सरल करने हेतु जब मैप में संलग्न वर्गों को चुना जाता है, तब x को या तो 0 या 1 चुन सकते हैं।

उदाहरण 1. बूलीय फलन $F(x, y, z, t) = \Sigma(4, 12, 13, 14, 15)$ और डोंट केयर प्रतिबंध:

$d(x, y, z, t) = \Sigma(0, 5, 8)$ को सरल करें।

हल:

xy \ zt	00	01	11	10
00	x	0	0	0
01	1	x	0	0
11	1	1	1	1
10	x	0	0	0

चित्र 6.14

अतः $F(SOP) = xy + yz'$

और

xy \ zt	00	01	11	10
00	x	0	0	0
01	1	x	0	0
11	1	1	1	1
10	x	0	0	0

चित्र 6.15

$F(POS) = y(x + z')$

उदाहरण: *डोंट केयर प्रतिबंधों का प्रयोग कर निम्न फलन को दोनों विधियों SOP और POS द्वारा अल्पतम करें।*

$F(x, y, z, t) = \Sigma(2, 5, 10, 13)$

और डोंट केयर प्रतिबंध है $d(x, y, z, t) = \Sigma(1, 6, 7, 8, 9, 14)$

हल:

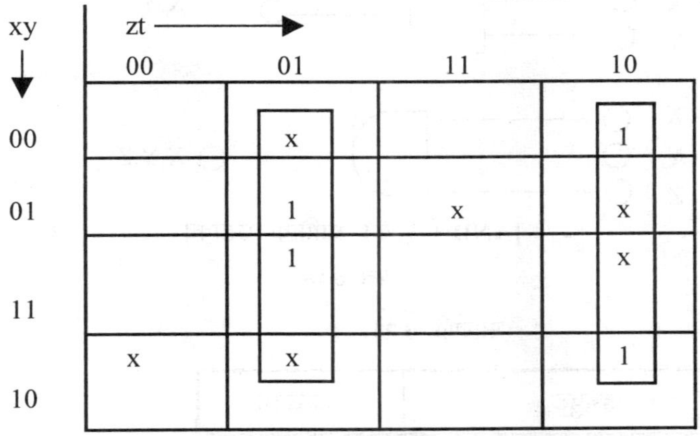

चित्र 6.16

अतः F (SOP) = z't + z t'

और

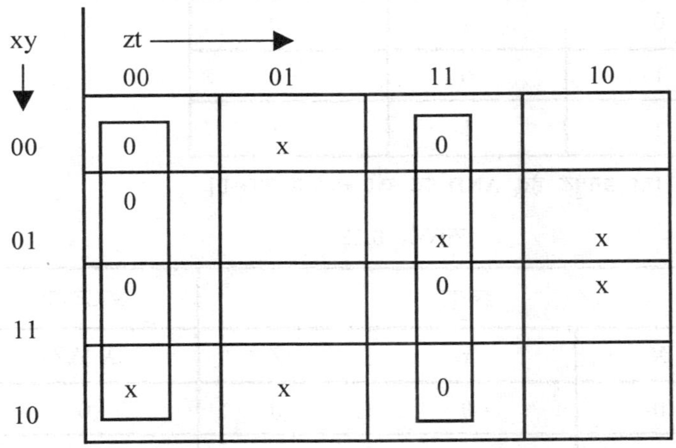

चित्र 6.17

अतः F (POS) = (z + t). (z' + t')

6.8. लॉजिक गेट्स और उनकी सत्यता सारणी (Logic Gates and their Truth Tables)

एक इलेक्ट्रॉनिक सर्किट (electronic circuit) जो एक या अधिक इनपुट संकेतों पर प्रचालित होकर मानक आउटपुट संकेतों को जनित करता है, लॉजिक गेट कहलाता है। लॉजिक गेट विभिन्न प्रकार के होते हैं।

6.8.1. *AND* गेट *(AND Gate)*

यदि सभी इनपुट सिग्नल संकेत 1 हों, तो यह इलेक्ट्रॉनिक सर्किट, आउटपुट सिग्नल 1 जनित करता है, अन्यथा यह 0 सिग्नल देता है।

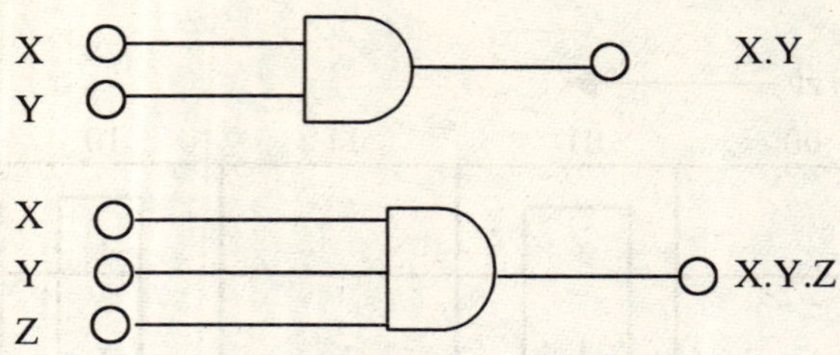

[AND गेट का ग्राफिक प्रतीक]

चित्र 6.18

सारणी 6.24

इनपुट		आउटपुट
X	Y	X.Y
0	0	0
0	1	0
1	0	0
1	1	1

[दो इनपुट हेतु **AND** गेट की सत्यता सारणी]

सारणी 6.25

इनपुट			आउटपुट
X	Y	Z	X.Y.Z
0	0	0	0
0	0	1	0
0	1	0	0
0	1	1	0
1	0	0	0
1	0	1	0
1	1	0	0
1	1	1	1

[तीन इनपुट हेतु **AND** गेट की सत्यता सारणी]

6.8.2. *OR* गेट *(OR Gate)*

यदि इनपुट सिग्नल्स में से कोई एक 1 हो, तो यह इलेक्ट्रॉनिक सर्किट आउटपुट सिग्नल 1 जनित करता है, अन्यथा यह 0 सिग्नल देता है।

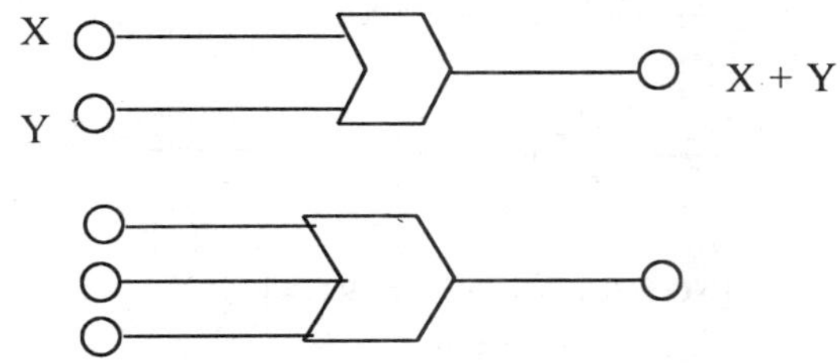

[**OR** गेट का ग्राफिक प्रतीक]

चित्र 6.19

सारणी 6.26

इनपुट		आउटपुट
X	Y	X + Y
0	0	0
0	1	1
1	0	1
1	1	1

[दो इनपुट हेतु **OR** गेट की सत्यता सारणी]

सारणी 6.27

इनपुट			आउटपुट
X	Y	Z	X+Y+Z
0	0	0	0
0	0	1	1
0	1	0	1
0	1	1	1
1	0	0	1
1	0	1	1
1	1	0	1
1	1	1	1

[तीन इनपुट हेतु **OR** गेट की सत्यता सारणी]

6.8.3. *NOT गेट (NOT Gate)*

एक इलेक्ट्रॉनिक सर्किट जो इनपुट सिग्नल के विपरीत आउटपुट जनित करता है, NOT गेट कहलाता है।

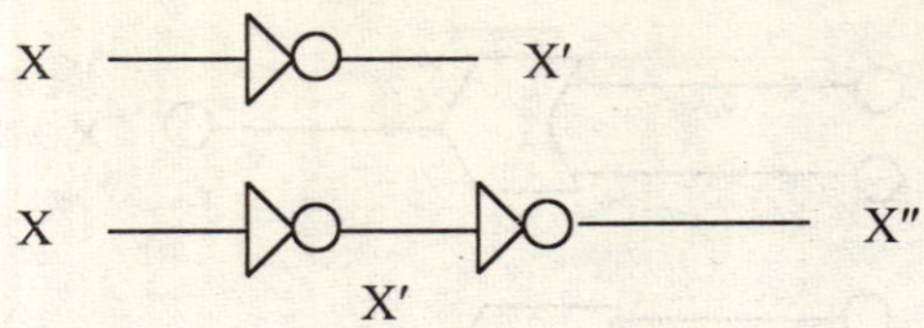

[**NOT** गेट का ग्राफिक प्रतीक]

चित्र 6.20

सारणी 6.28

इनपुट	आउटपुट
X	X'
0	1
1	0

[**NOT** गेट की सत्यता सारणी]

6.8.4. *NAND गेट (NAND Gate)*

यह गेट AND गेट का पूरक है। यदि सभी इनपुट सिग्नलस् 1 हों, तो यह इलेक्ट्रॉनिक सर्किट आउटपुट सिग्नल 0 जनित करता है, अन्यथा यह 1 सिग्नल देता है।

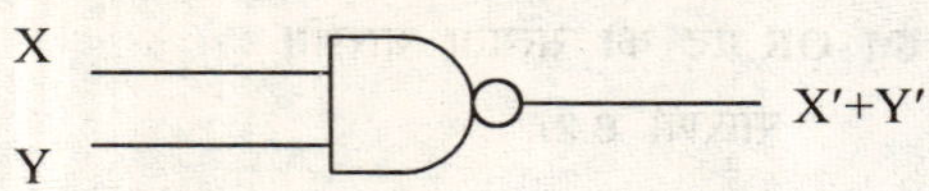

[**NAND** गेट का ग्राफिक प्रतीक]

चित्र 6.21

सारणी 6.29

इनपुट		आउटपुट
X	Y	X'+Y'
0	0	1
0	1	1
1	0	1
1	1	0

[**NAND** गेट की सत्यता सारणी]

6.8.5. *NOR गेट (NOR Gate)*

यह गेट OR गेट का पूरक है। यदि सभी इनपुट सिग्नलस् 0 हों, तो यह इलेक्ट्रॉनिक सर्किट आउटपुट सिग्नल 1 जनित करता है, अन्यथा यह 0 सिग्नल देता है।

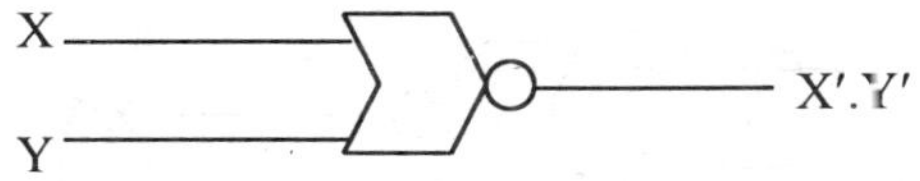

[**NOR** गेट का ग्राफिक प्रतीक]

चित्र 6.22

सारणी 6.30

इनपुट		आउटपुट
X	Y	X′.Y′
0	0	1
0	1	0
1	0	0
1	1	0

[**NOR** गेट की सत्यता सारणी]

6.8.6. *XOR गेट (XOR Gate)*

यदि कोई भी इनपुट सिग्नल 1 हो, तो यह इलेक्ट्रॉनिक सर्किट आउटपुट सिग्नल 1 जनित करता है, लेकिन उस संयोजन को छोड़कर जब दोनों इनपुट 1 हों।

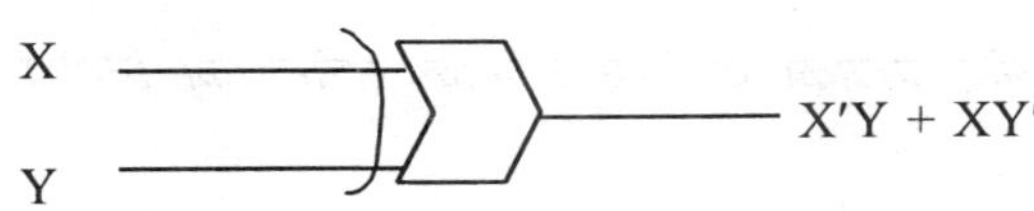

[**XOR** गेट का ग्राफिक प्रतीक]

चित्र 6.23

सारणी 6.31

इनपुट		आउटपुट
X	Y	X′Y+XY′
0	0	0
0	1	1
1	0	1
1	1	0

[**XOR** गेट की सत्यता सारणी]

6.8.7. *XNOR गेट (XNOR Gate)*

यह गेट XOR गेट का पूरक है। यदि दोनों इनपुट 1 हों या दोनों इनपुट 0 हों, तो यह इलेक्ट्रॉनिक सर्किट आउटपुट सिग्नल 1 जनित करता है, अन्यथा यह 0 सिग्नल देता है।

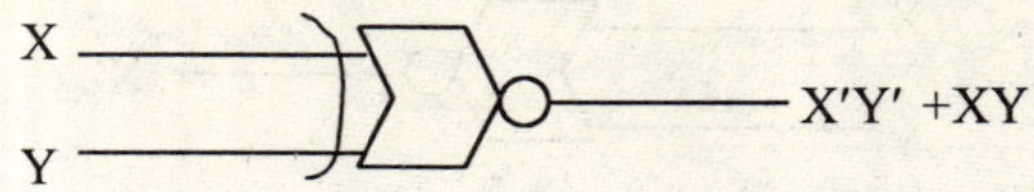

चित्र 6.24. *XNOR गेट का ग्राफिक प्रतीक*

सारणी 6.32

इनपुट		आउटपुट
X	Y	X'Y' +XY
0	0	1
0	1	0
1	0	0
1	1	1

[**XNOR** गेट की सत्यता सारणी]

6.9. सरल अंकगणित और लॉजिक सर्किट (Simple Arithmetic and Logic Circuits)

लॉजिक गेट परस्पर संयोजित होकर लॉजिक नेटवर्क का निर्माण करते हैं, जिन्हें लॉजिक सर्किट कहते हैं। इन लॉजिक सर्किट्स के लिए बूलीय व्यंजकों को गेट पर इनपुट से आउटपुट तक व्यवस्थित रूप में व्युत्पन्न किया जा सकता है।

उदाहरण 1. *निम्न बूलीय व्यंजकों के लिए लॉजिक सर्किट का निर्माण कीजिए:*

(1) $x.y + z$

(2) $(x.y)' + z.r + (s.t)'$

(3) $(x' + y).(x + z).(y + z)$

हल:

(1)

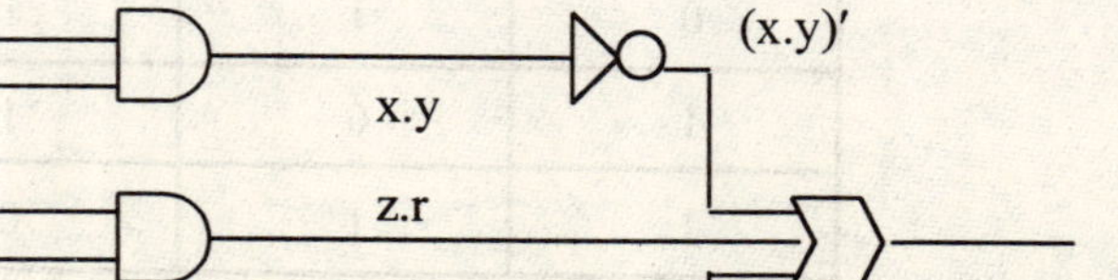

चित्र 6.25

(2)

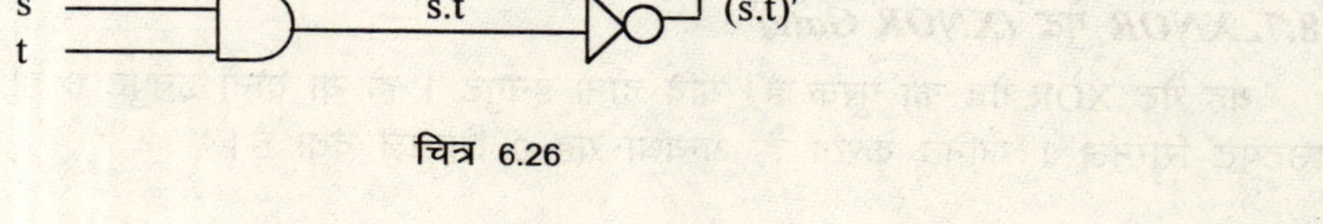

चित्र 6.26

(3)

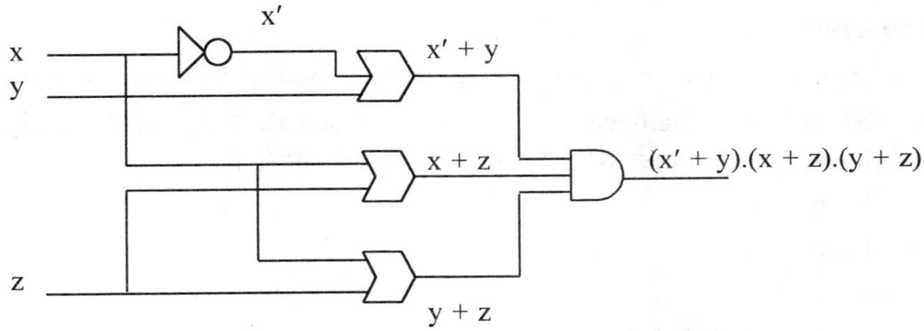

चित्र 6.27

उदाहरण 2. *निम्न सर्किट्स के लिए बूलीय व्यंजक प्राप्त करें:*

(1)

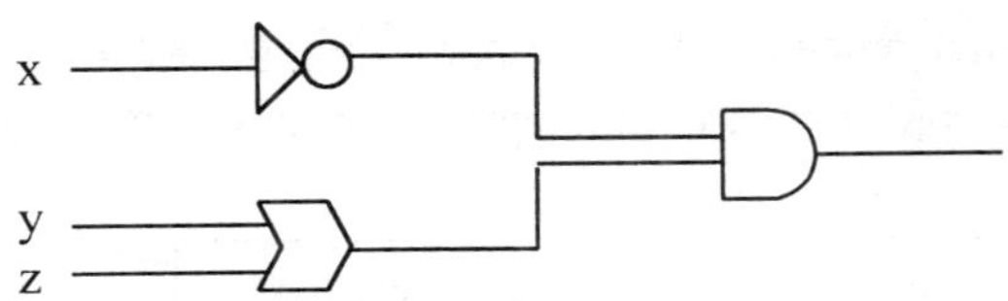

चित्र 6.28

(2)

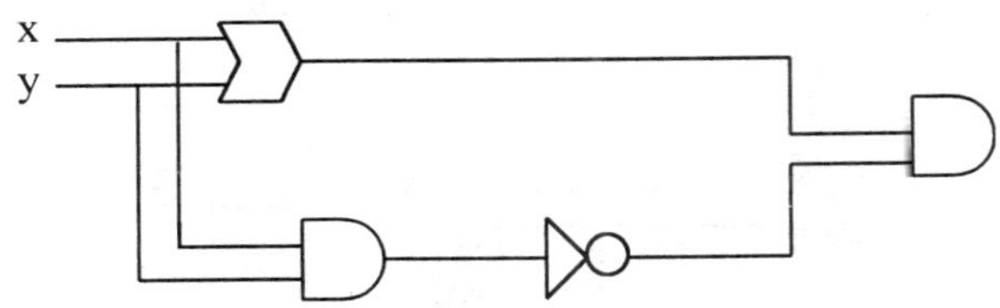

चित्र 6.29

हल:

(1) x′.(y + z)

(2) (x + y).(x.y)′

6.10. कॉम्बिनेशनल लॉजिक डिजाइन (Combinational Logic Design)

कॉम्बिनेशनलसर्किट की डिजाइन हेतु हम निम्न चरणों का अनुसरण करेंगे:

1. दी गई समस्या का पूर्ण और स्पष्ट कथन।
2. समस्या का विश्लेषण।
3. उपलब्ध इनपुट और वांछित आउटपुट चरों का निर्धारण।
4. प्रत्येक इनपुट और आउटपुट चरों के लिए प्रतीकों को नियत करना।
5. सत्यता सारणी का निर्माण।
6. इनपुट और आउटपुट के मध्य वांछित संबंधों को परिभाषित करें।
7. प्रत्येक आउटपुट हेतु सरलीकृत बूलीय व्यंजक प्राप्त करें।
8. लॉजिक सर्किट डायग्राम खींचें।

6.10.1. ऐडर *(Adders)*

इस प्रकार के सर्किट का उपयोग दो बाइनरी संख्याओं का योग करने के लिए किया जाता है। ऐडर विभिन्न प्रकार के होते हैं, जैसे हाफ–ऐडर (half-adder), फुल–ऐडर (full-adder), पैरालल–ऐडर (parallel-adder) और सीरियल–ऐडर (serial-adder)। ये योग के निम्न नियमों का अनुसरण करते हैं:

$0 + 0 = 0$

$1 + 0 = 1$

$0 + 1 = 1$

$1 + 1 = 0$, हासिल 1 के साथ

6.10.2. हाफ-ऐडर *(Half-Adder)*

हाफ–ऐडर एक कॉम्बिनेशनल सर्किट है, जो दो चरों (variables) के योग को निष्पादित करता है। इस सर्किट को दो बाइनरी इनपुट और दो बाइनरी आउटपुट की आवश्यकता होती है। सत्यता सारणी में दो आउटपुट स्तंभों की आवश्यकता होती है, जिसमें से एक स्तंभ योग और दूसरा स्तंभ एक हासिल अंक को रखता है।

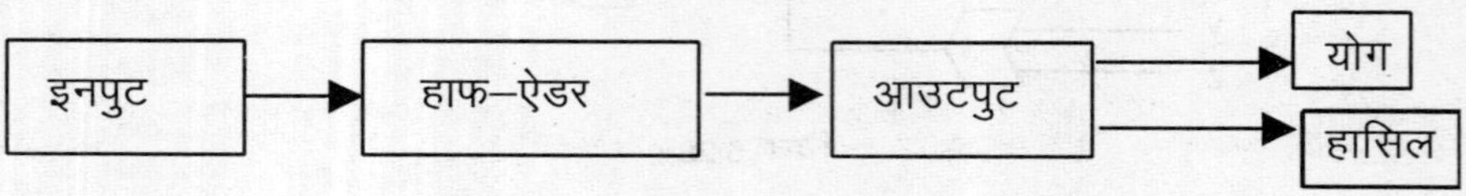

[हाफ–ऐडर का ब्लॉक डायग्राम]

चित्र 6.30

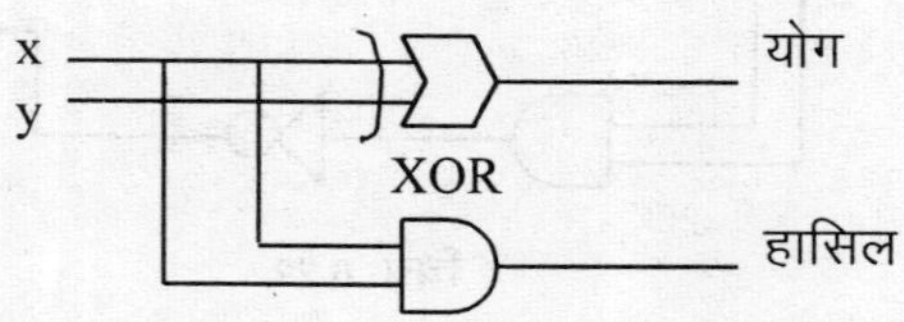

[हाफ–ऐडर लॉजिक डायग्राम]

चित्र 6.31

सारणी 6.33

इनपुट		आउटपुट	
X	Y	योग	हासिल
0	0	0	0
0	1	1	0
1	0	1	0
1	1	0	1

[हाफ–ऐडर के लिए सत्यता सारणी]

6.10.3. फुल-ऐडर *(Full-Adder)*

फुल–ऐडर एक कॉम्बिनेशनल सर्किट है, जो तीन चरों के योग को निष्पादित करता है। यहाँ दो इनपुट चर

होते हैं और तीसरा चर निम्नतम सार्थक स्थिति (lower significant position) से प्राप्त हासिल अंक होता है। इस सर्किट को तीन बाइनरी इनपुट्स और दो बाइनरी आउटपुट्स की आवश्यकता होती है। सत्यता सारणी में दो आउटपुट स्तंभों की आवश्यकता होती है, जिसमें से एक स्तंभ योग और दूसरा स्तंभ एक हासिल अंक को रखता है। यदि इन दोनों आउटपुट्स को क्रमशः प्रतीक S (योग) और C (हासिल) द्वारा नियत किया जाए, तो जब सभी इनपुट चर 0 हों तब दोनों C और S के लिए आउटपुट शून्य होगा। साथ ही जब सिर्फ एक इनपुट 1 हो या जब सभी तीनों इनपुट 1 के बराबर हों, तब S आउटपुट 1 के बराबर होता है। यदि दो या तीन इनपुट 1 के बराबर हों, तो C आउटपुट 1 होता है।

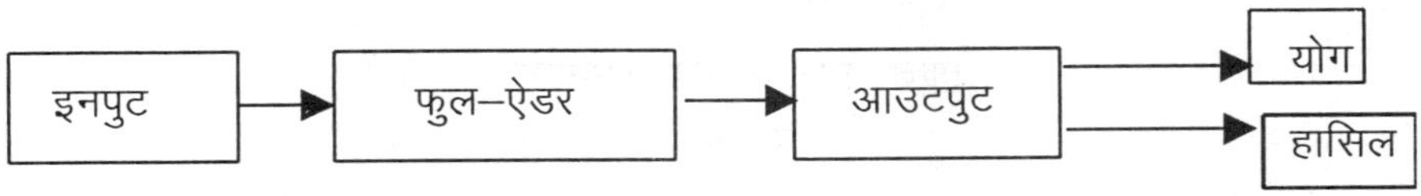

[फुल–ऐडर का ब्लॉक डायग्राम]

चित्र 6.32

सारणी 6.34

इनपुट			आउटपुट	
x	y	z (C_{in})	C	S
0	0	0	0	0
0	0	1	0	1
0	1	0	0	1
0	1	1	1	0
1	0	0	0	1
1	0	1	1	0
1	1	0	1	0
1	1	1	1	1

[फुल–ऐडर के लिए सत्यता सारणी]

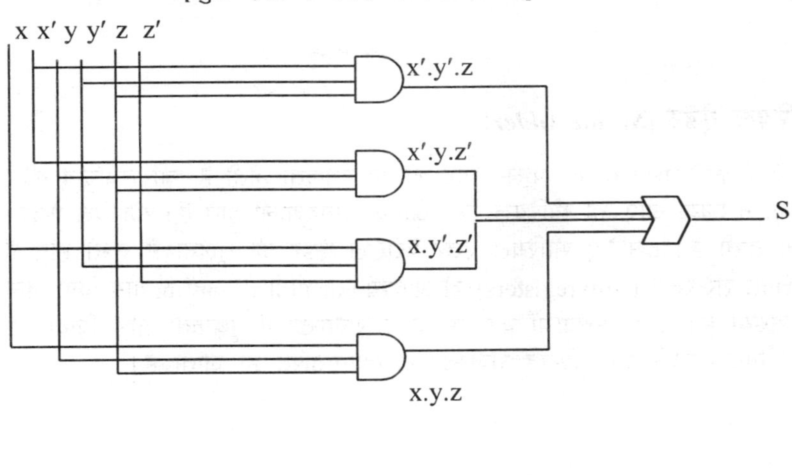

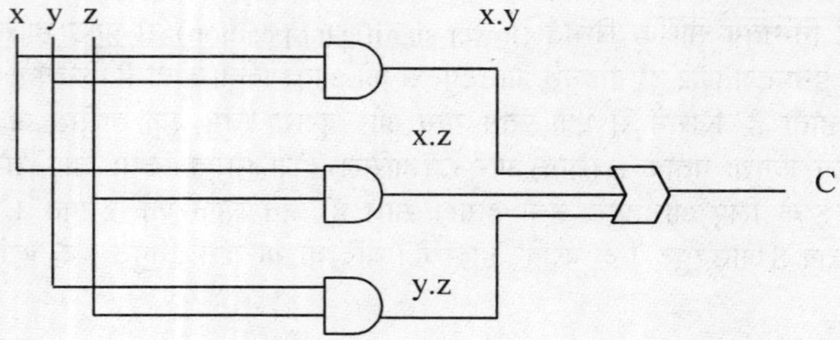

[फुल–ऐडर लॉजिक डायग्राम]

चित्र 6.33

6.10.4. *पैरालल-ऐडर (Parallel Adder)*

दो बाइनरी संख्याओं का योग करने के लिए हम पैरालल–ऐडर का उपयोग करते हैं। पैरालल–ऐडर कॉम्बिनेशन में प्रथम स्तंभ सिर्फ हाफ–ऐडर वांछनीय होता है तथा अन्य स्तंभों को फुल–ऐडर की आवश्यकता होती है, क्योंकि वहाँ पिछले स्तंभ से एक हासिल अंक हो सकता है। माना हम चार बिट वाली संख्याओं x_1, x_2, x_3, x_4 और y_1, y_2, y_3, y_4 का योग करना चाहते हैं, तो हमें एक हाफ–ऐडर और तीन फुल–ऐडर की आवश्यकता होगी। उनका पैरालल–ऐडर कॉम्बिनेशन निम्न है।

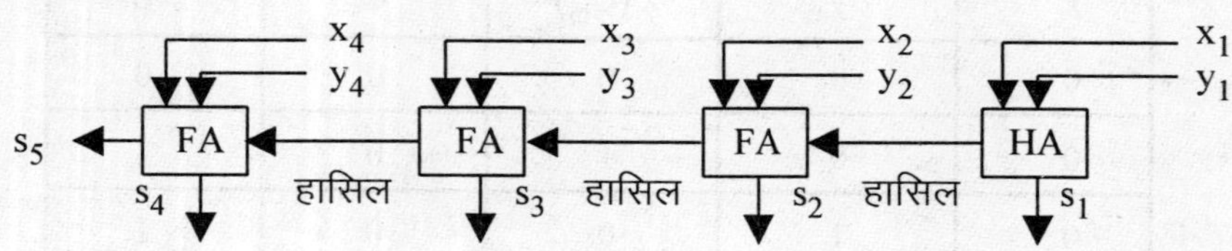

चित्र 6.34

उदाहरणः दो चार–बिट बाइनरी अंकों 0101 और 1101 का योग करने हेतु एक पैरालल–ऐडर कॉम्बिनेशन की संरचना करें।

हलः

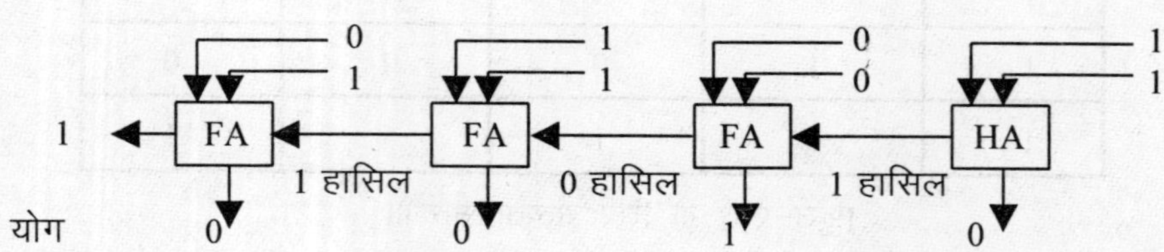

चित्र 6.35

6.10.5. *सीरियल ऐडर (Serial Adder)*

पैरालल–ऐडर कॉम्बिनेशन में कई फुल–ऐडर की आवश्यकता होती है, जो संयोजन की कीमत में वृद्धि कर देते हैं। यदि गति को न लिया जाए, तो सीरियल ऐडर अधिक प्रभावशाली होते हैं। सीरियल ऐडर में सिर्फ एक फुल–ऐडर की आवश्यकता होती है। इसलिए सीरियल ऐडर पैरालल ऐडर की तुलना में सस्ते होते हैं। सीरियल ऐडर में n बिट वाले दो शिफ्ट रजिस्टर्स (shift registers) की आवश्यकता होती है, जहाँ n, योग किए जाने वाले बाइनरी संख्याओं में बिट्स की संख्या है। दोनों संख्याओं को दो शिफ्ट रजिस्टर में पृथकतः लोड किया जाता है। प्रत्येक संक्रिया का योग n + 1 बिट्स वाले अन्य शिफ्ट रजिस्टर में स्थानांतरित हो जाता है।

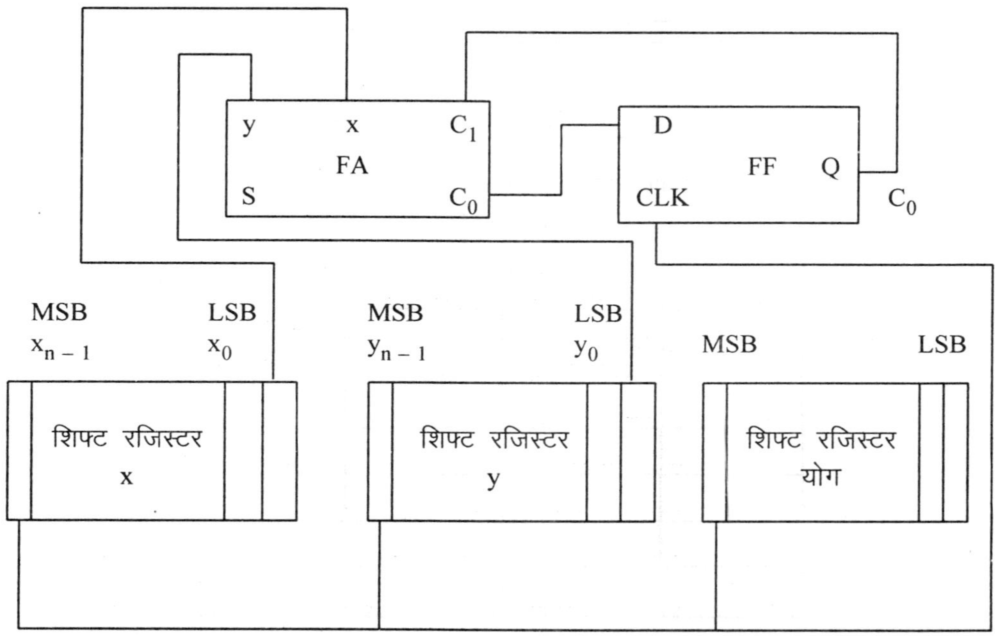

[सीरियल ऐडर]

चित्र 6.36

6.10.6. सबट्रैक्टर (Subtractor)

यह संक्रिया में ऐडर के समान होता है और इसका उपयोग घटाने के लिए किया जाता है। सबट्रैक्टर विभिन्न प्रकार के होते हैं, जैसे हाफ–सबट्रैक्टर (half-subtractor), फुल–सबट्रैक्टर और पैरालल सबट्रैक्टर। यह घटाने के निम्न नियमों का अनुसरण करता है:

$0 - 0 = 0$

$1 - 0 = 1$

$1 - 1 = 0$

$0 - 1 = 1$ ऋण 1 के साथ।

6.10.7. हाफ-सबट्रैक्टर (Half-Subtractor)

हाफ–सबट्रैक्टर एक कॉम्बिनेशनल सर्किट है, जो दो बिट्स के घटाने को निष्पादित करता है। इस सर्किट को दो बाइनरी इनपुट और दो बाइनरी आउटपुट की आवश्यकता होती है। सत्यता सारणी में दो आउटपुट स्तंभ वांछित होते हैं, जिसमें से एक स्तंभ अंतर और दूसरा स्तंभ ऋण अंक (borrow digit) को रखता है।

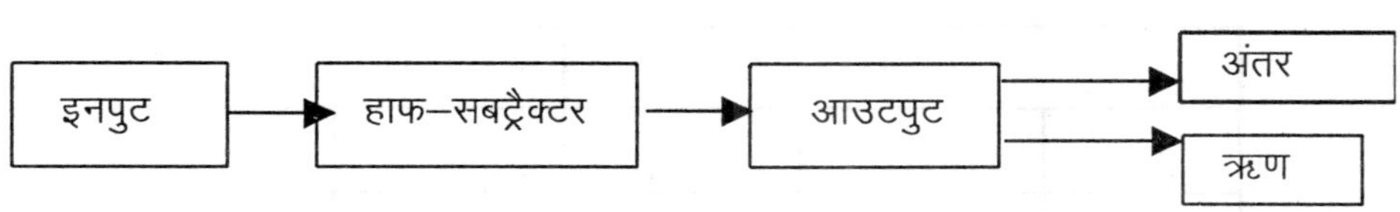

[हाफ–सबट्रैक्टर का ब्लॉक डायग्राम]

चित्र 6.37

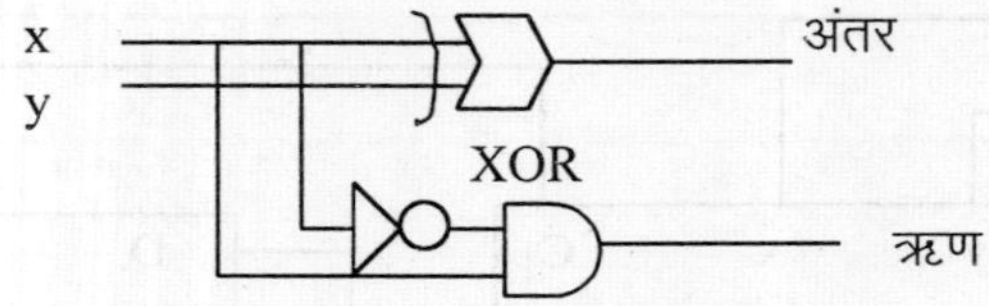

[हाफ–सबट्रैक्टर का लॉजिक डायग्राम]

चित्र 6.38

सारणी 6.35

इनपुट		आउटपुट	
x	y	अंतर	ऋण
0	0	0	0
0	1	1	1
1	0	1	0
1	1	0	0

[हाफ–सबट्रैक्टर की सत्यता सारणी]

6.10.8. फुल–सबट्रैक्टर *(Full-Subtractor)*

फुल–सबट्रैक्टर एक कॉम्बिनेशनल सर्किट है, जो तीन चरों के घटाने को निष्पादित करता है। यहाँ दो इनपुट चर होते हैं और तीसरा चर पूर्व बिट स्थिति से प्राप्त ऋण अंक होता है। इस सर्किट को तीन बाइनरी इनपुट्स और दो बाइनरी आउटपुट्स की आवश्यकता होती है।

सत्यता सारणी में दो आउटपुट स्तंभों की आवश्यकता होती है, जिसमें से एक स्तंभ अंतर और दूसरा स्तंभ एक ऋण अंक को रखता है। यदि इन दोनों आउटपुट्स को क्रमशः प्रतीक D (difference) और B (borrow) द्वारा नियत किया जाए, तो जब सभी इनपुट चर 0 हों, तब दोनों D और B के लिए आउटपुट शून्य होगा। साथ ही जब सिर्फ एक इनपुट 1 हो या जब सभी तीनों इनपुट्स 1 के बराबर हों, तब D आउटपुट 1 के बराबर होता है। यदि एक या दो या तीन इनपुट 1 के बराबर हों, तो B आउटपुट 1 होता है।

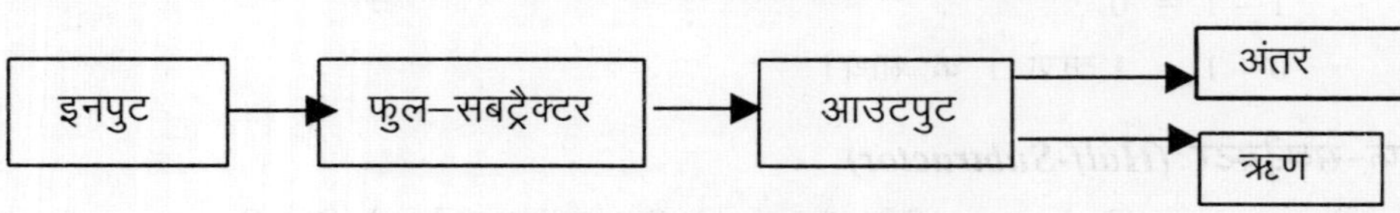

[फुल–सबट्रैक्टर का ब्लॉक डायग्राम]

चित्र 6.39

सारणी 6.36

इनपुट			आउटपुट	
x	y	$z (B_{in})$	D	B
0	0	0	0	0
0	0	1	1	1

इनपुट			आउटपुट	
0	1	0	1	1
0	1	1	0	1
1	0	0	1	0
1	0	1	0	0
1	1	0	0	0
1	1	1	1	1

[फुल–सबट्रैक्टर की सत्यता सारणी]

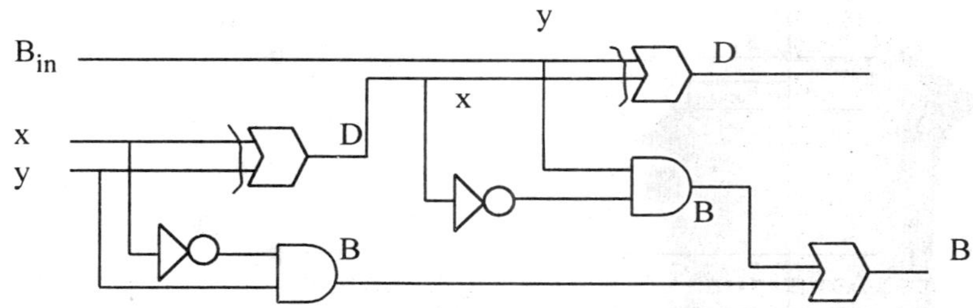

[फुल–सबट्रैक्टर का लॉजिक डायग्राम]

चित्र 6.40

6.10.9. *पैरालल सबट्रैक्टर (Parallel Subtractor)*

दो बाइनरी संख्याओं को घटाने के लिए हम पैरालल सबट्रैक्टर का उपयोग करते हैं। पैरालल सबट्रैक्टर कॉम्बिनेशन में प्रथम स्तंभ सिर्फ हाफ–सबट्रैक्टर वांछनीय होता है, तथा अन्य स्तंभों को फुल–सबट्रैक्टर की आवश्यकता होती है, क्योंकि वहाँ पूर्व स्तंभ से एक ऋण अंक हो सकता है। माना हम चार बिट वाली संख्याओं x_1, x_2, x_3, x_4 और y_1, y_2, y_3, y_4 को घटाना चाहते हैं, तो हमें एक हाफ–सबट्रैक्टर और तीन फुल–सबट्रैक्टर की आवश्यकता होगी। उनका पैरालल सबट्रैक्टर कॉम्बिनेशन निम्न है:

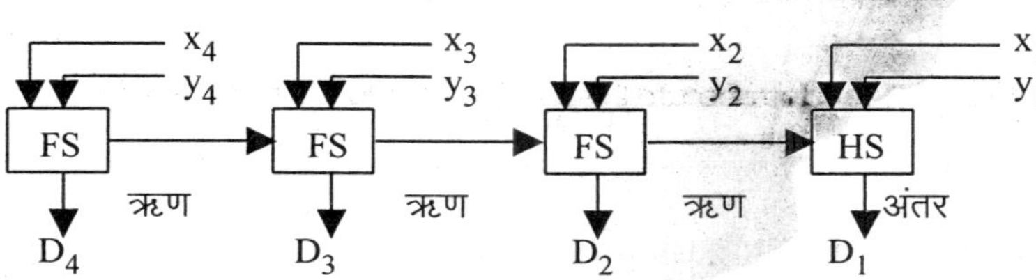

चित्र 6.41

उदाहरण: *दो चार–बिट वाले अंकों 0101 और 1010 को घटाने (1010 में 0101 को घटाएँ) हेतु एक पैरालल सबट्रैक्टर कॉम्बिनेशन की संरचना करें।*

हल:

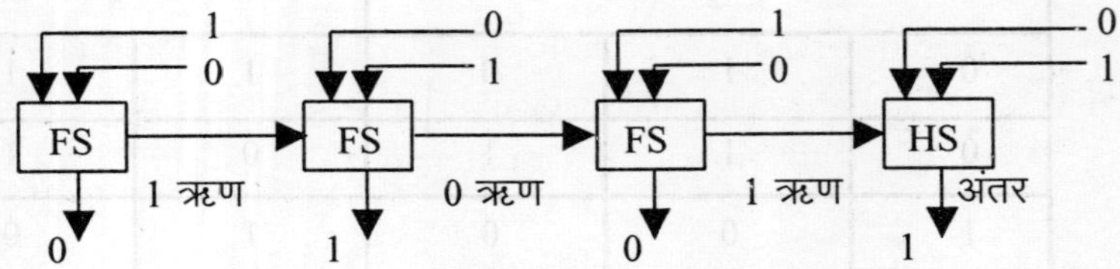

चित्र 6.42

6.10.10. *ऐडर–सबट्रैक्टर (Adder-Subtractor)*

प्रत्येक फुल–ऐडर के साथ एक अपवर्जी–OR गेट (exclusive-OR gate) का समावेश कर हम एक ही सर्किट में योग और घटाना की संक्रिया कर सकते हैं। ऐडर–सबट्रैक्टर का लॉजिक डायग्राम निम्न है:

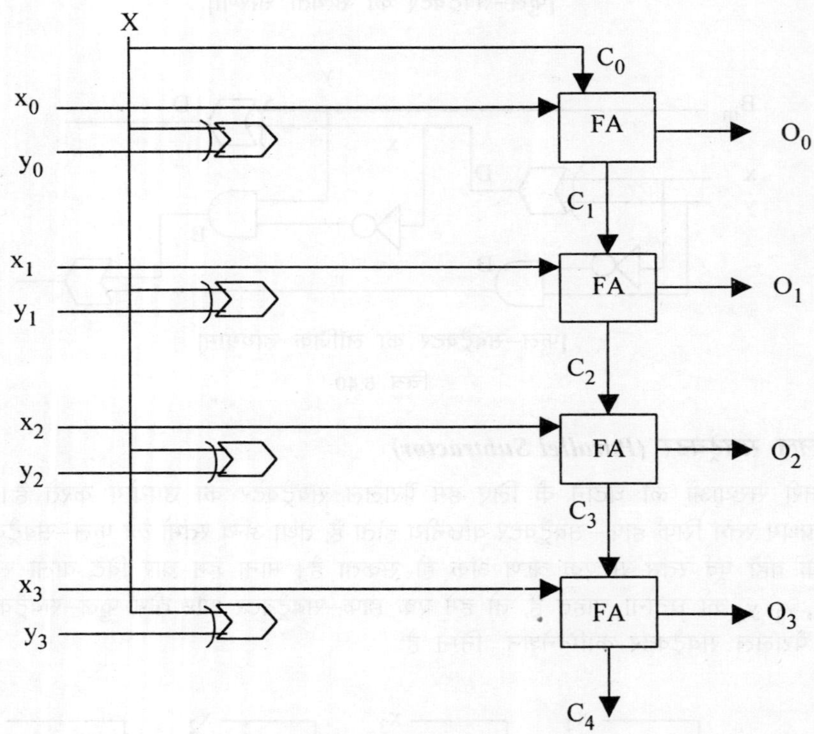

[4–बिट ऐडर–सबट्रैक्टर]

चित्र 6.43

यहाँ इनपुट X संक्रिया को नियंत्रित करता है। X = 0 पर सर्किट एक ऐडर हो जाता है तथा X = 1 पर एक सबट्रैक्टर का व्यवहार करता है। प्रत्येक अपवर्जी–OR गेट इनपुट X और y के इनपुट्स में से एक इनपुट को ग्रहण करता है। यदि X = 0, तो हमें $y \oplus 0 = y$ प्राप्त होता है। फुल–ऐडर y के मान को प्राप्त करता है, हासिल इनपुट 0 है; और सर्किट $x + y$ का निष्पादन करता है। यदि X = 1 तो हमें $y \oplus 1 = y'$ और $C_0 = 1$ प्राप्त होता है; सभी y इनपुट पूरक होते हैं। सर्किट $x + y$ के 2सरे पूरक की संक्रिया को निष्पादित करता है। अचिह्नित संख्याओं **(unsigned numbers)** के लिए, यदि $x \geq y$ तो यह $x - y$ देता है या यदि $x < y$ तो $(y - x)$ का 2सरा पूरक प्राप्त होता है। चिह्नित संख्याओं के लिए, परिणाम $x - y$ प्राप्त होता है, शर्त यह है कि वहाँ कोई ओवरफ्लो न हो।

6.10.11. *बाइनरी इनक्रीमेंटर (Binary Incrementer)*

ऐसे बहुत से अवसर होते हैं जब हमें इनक्रीमेंट माइक्रो ऑपरेशन (increment micro operation) की आवश्यकता होती है। हाफ–ऐडर को कैस्केड (cascade) रूप में संयोजित कर इस संक्रिया को किया जा सकता है। 4–बिट बाइनरी इनक्रीमेंटर (4-bit binary incrementer) का ब्लॉक डायग्राम नीचे दिया गया है:

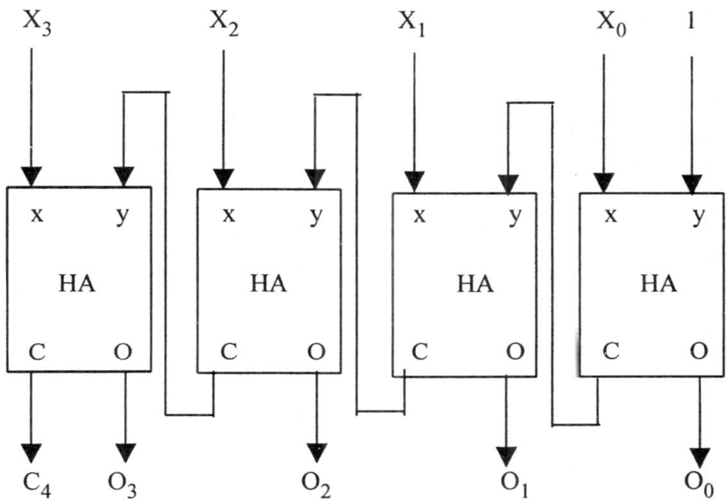

[4–बिट बाइनरी इनक्रीमेंटर]

चित्र 6.44

यहाँ अल्पतम सार्थक (least significant) HA के इनपुट लॉजिक-1 से संबद्ध हैं और अन्य इनपुट वृद्धि की जाने वाली संख्या के अल्पतम सार्थक बिट से संबद्ध हैं। अगले उच्च क्रम हाफ–ऐडर के इनपुट्स में से एक इनपुट पूर्व के हाफ–ऐडर के हासिल आउटपुट से संबद्ध होता है। सर्किट चार बिट्स X_0 से X_3 तक को प्राप्त करता है, इसमें 1 का योग करता है और वृद्धात्मक आउटपुट O_0 से O_3 तक जनित करता है। सिर्फ वृद्धिपूरक बाइनरी 1111के उपरांत हासिल आउटपुट का मान 1 होगा।

6.10.12. *मैगनिट्यूड कॉमपैरेटर (Magnitude Comparator)*

इसका उपयोग मल्टी–बिट (multi-bit) संख्याओं की तुलना करने के लिए किया जाता है। माना वहाँ n-बिट वाली दो संख्याएँ X और Y हैं। आउटपुट $X > Y$ या $X < Y$ या $X = Y$ के रूप में प्राप्त होगा। आउटपुट्स में से एक आउटपुट दो संख्याओं के संबंधित परिमाण (relative magnitude) पर उच्च आधारित होगा। मैगनिट्यूड कॉमपैरेटर का ब्लॉक डायग्राम नीचे दिया गया है:

इनपुट

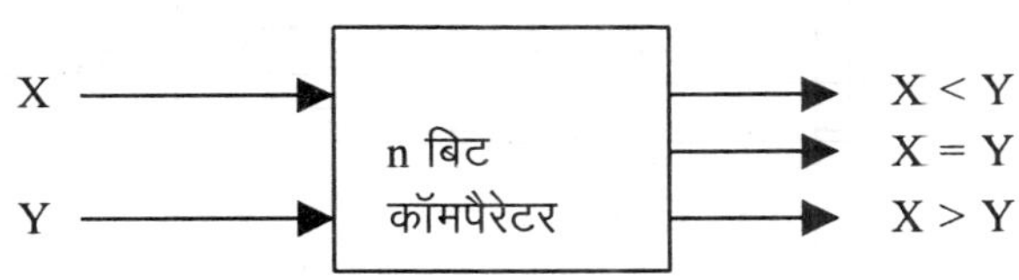

[n-बिट कॉमपैरेटर का ब्लॉक डायग्राम]

चित्र 6.45

सत्यता सारणी:

सारणी 6.37

इनपुट				आउटपुट		
X_1	X_0	Y_1	Y_0	X>Y	X = Y	X<Y
0	0	0	0	0	1	0
0	0	0	1	0	0	1
0	0	1	0	0	0	1
0	0	1	1	0	0	1
0	1	0	0	1	0	0
0	1	0	1	0	1	0
0	1	1	0	0	0	1
0	1	1	1	0	0	1
1	0	0	0	1	0	0
1	0	0	1	1	0	0
1	0	1	0	0	1	0
1	0	1	1	0	0	1
1	1	0	0	1	0	0
1	1	0	1	1	0	0
1	1	1	0	1	0	0
1	1	1	1	0	1	0

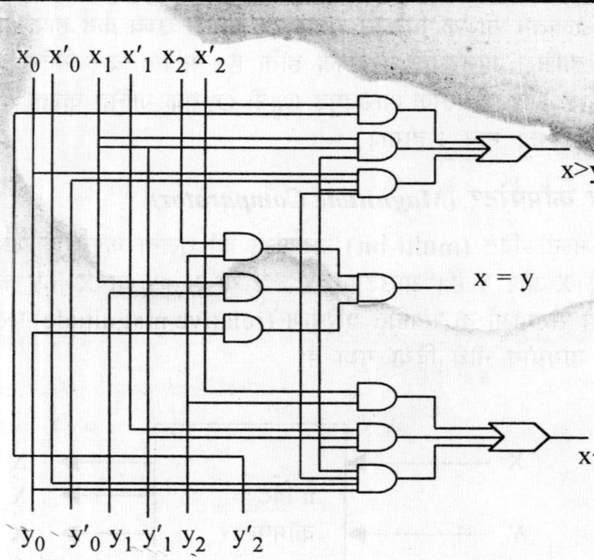

[3-बिट कॉमपैरेटर का लॉजिक डायग्राम]
चित्र 6.46

अभ्यास-प्रश्न (Exercise-Questions)

1. सत्यता सारणी क्या है?
2. बूलीय बीजगणित की परिभाषा लिखिए।
3. डी-मार्गन नियम क्या है?
4. बूलीय फलन को परिभाषित करें।
5. न्यून-पद और अधिक-पद को स्पष्ट करें।
6. SOP और POS रूप को समझाइए।
7. बूलीय फलनों को अल्पतम करने की निम्न तकनीक को विस्तार से समझाइए।
   (*i*) कारनॉफ-मैप
   (*ii*) डोंट केयर प्रतिबंध।
8. निम्न लॉजिक गेट्स को समझाइए और उनकी सत्यता सारणी लिखें–
   (*i*) AND गेट
   (*ii*) OR गेट
   (*iii*) NOT गेट
   (*iv*) NAND गेट
   (*v*) NOR गेट
   (*vi*) XOR गेट
   (*vii*) XNOR गेट।
9. सरल अंकगणित और लॉजिक सर्किट को समझाइए।
10. निम्न कॉम्बिनेशनल लॉजिक डिजाइन को समझाइए।
   (*i*) ऐडर
   (*ii*) हाफ-ऐडर
   (*iii*) फुल-ऐडर
   (*iv*) पैरलेल-ऐडर
   (*v*) सीरियल ऐडर
   (*vi*) सबट्रैक्टर
   (*vii*) हाफ-सबट्रैक्टर
   (*viii*) फुल-सबट्रैक्टर
   (*ix*) पैरलेल सबट्रैक्टर
   (*x*) ऐडर-सबट्रैक्टर
   (*xi*) बाइनरि इनक्रीमेंटर
   (*xii*) मैगनिट्यूड कॉमपैरेटर।

7

ऑपरेटिंग सिस्टम (Operating System)

7.1. इतिहास (History)

ऑपरेटिंग सिस्टम एक मिश्रित प्रोग्राम है जिसे माइक्रोकंप्यूटर द्वारा उपयोग में लाया जाता है। ये या तो वहनीय होते हैं या कंप्यूटर में पहले से ही लगे होते हैं। वहनीय ऑपरेटिंग सिस्टम को इस प्रकार डिजाइन किया जाता है कि उनमें थोड़ा सा परिवर्तन कर उन्हें किसी भी कंप्यूटर में चलाया जा सके। अवहनीय ऑपरेटिंग सिस्टम किसी एक कंप्यूटर के लिए ही डिजाइन किए जाते हैं।

जब प्रथम माइक्रोकंप्यूटर को विकसित किया गया, तब वे कोई भी ऑपरेटिंग सिस्टम नहीं रखते थे। यह प्रोग्रामर और उपयोगकर्ता दोनों के लिए कठिनाई पूर्ण था। 1973 में ग्रे किलडाल ने एक ऑपरेटिंग सिस्टम लिखा जिसे CP/M (Control Program for Microcomputer) कहा गया। इसकी संरचना इसकी मुख्य विशेषता थी। यह तब तक बहुतायत में उपयोग किया जाता रहा, जब तक कि IBM PC ने माइक्रोकंप्यूटर के बाजार में अपना वर्चस्व स्थापित नहीं कर लिया।

बिल गेट्स और उसके दल ने एक नया ऑपरेटिंग सिस्टम विकसित किया, जो MS-DOS (Microsoft Disk Operating System) कहलाया। सामान्यतः इसे DOS कहते हैं। DOS 5.0 संस्करण के साथ मीनू का प्रयोग प्रारंभ हुआ। वर्तमान में 6.22 संस्करण उपलब्ध है।

DOS ऑपरेटिंग सिस्टम दोषयुक्त नहीं होते हैं, वे एक समय में सिर्फ एक ऐप्लिकेशन प्रोग्राम को रन कर सकते हैं। साथ ही ये मेनफ्रेम कंप्यूटर से सूचना के आदान–प्रदान में कठिनाई उत्पन्न करते हैं। इस समस्या को

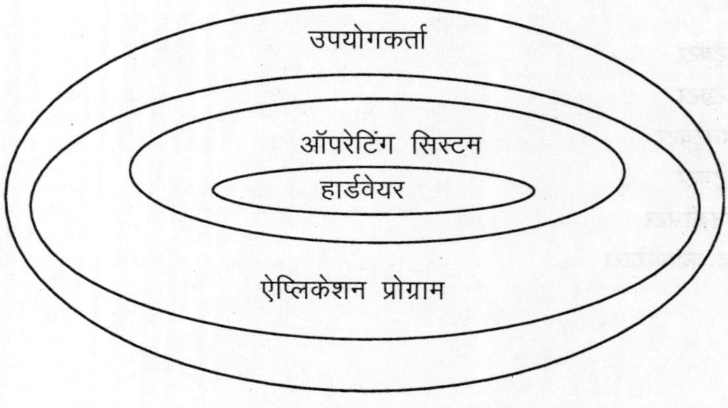

चित्र 7.1. *कंप्यूटर की हार्डवेयर और सॉफ्टवेयर परतें*

दूर करने के लिए IBM और माइक्रोसॉफ्ट ने OS/2 नाम का ऑपरेटिंग सिस्टम विकसित किया। OS/2 को कंप्यूटर पर रन करने के लिए इंटेल 80286, 80386 या 80486 माइक्रो प्रोसेसर की आवश्यकता होती थी। इस ऑपरेटिंग सिस्टम की मुख्य विशेषता माइक्रो सॉफ्ट विंडो प्रोग्राम पर आधारित प्रेजेंटेशन मैनेजर था।

आवश्यकताः

ऑपरेटिंग सिस्टम एक प्रोग्राम है, जो उपयोगकर्ता और सिस्टम हार्डवेयर के मध्य कार्य करता है। यह ऐसा वातावरण प्रदान करता है जिसमें उपयोगकर्ता अपना प्रोग्राम निष्पादित कर सके।

यह सिस्टम हार्डवेयर को दक्षतापूर्ण ढंग से उपयोग करने की सुविधा उपयोगकर्ता को प्रदान करता है। यह निर्धारित करता है कि कंप्यूटर मेमोरी में कहाँ प्रोग्राम और डाटा संग्रहित होंगें। बिना हमारे शामिल हुए यह हमारे कंप्यूटर को नियंत्रित करता है।

7.2. प्रकार (Types)

ऑपरेटिंग सिस्टम दो प्रकार के होते हैं :–

सिंगल यूजर : ऐसा ऑपरेटिंग सिस्टम जिसे सिर्फ एक उपयोगकर्ता के प्रयोग हेतु तैयार किया जाता है। सिंगल यूजर ऑपरेटिंग (Single user operating system) सिस्टम कहलाता है। जैसे– MS-DOS, DR-DOS आदि।

मल्टी यूजर : एक ऑपरेटिंग सिस्टम जिसे कई उपयोगकर्ताओं के लिए निर्मित किया जाता है। मल्टी यूजर ऑपरेटिंग सिस्टम (Multi user operating system) कहलाता है। मल्टी यूजर ऑपरेटिंग सिस्टम भी विभिन्न रूपों में उपलब्ध है जैसे UNIX, ONIX, CCP/M (Concurrent Control Program for Microcomputer), NOS (Network Operating System), RT-OS (Real Time Operating System)

7.3. बैच प्रोसेसिंग (Batch Processing)

प्रोग्राम्स को कंप्यूटर पर रन करने के लिए सबसे प्राचीन विधि बैच प्रोसेसिंग सिस्टम है, जिसका उपयोग कई डाटा प्रोसेसिंग सेंटर द्वारा किया जाता है। बैच प्रोसेसिंग सिस्टम में प्रत्येक उपयोगकर्ता अपना प्रोग्राम ऑफ–लाइन में तैयार करता है और फिर उसे कंप्यूटर सेंटर को दे देता है। कंप्यूटर ऑपरेटर इन सभी प्रोग्राम्स को एकत्र करता है और उन्हें एक के ऊपर एक रखता है। जब एक बैच के सभी प्रोग्राम्स एकत्र हो जाते हैं, तब ऑपरेटर प्रोग्राम्स के इस बैच को कंप्यूटर में भरता है, जहाँ ये एक के बाद एक क्रम से निष्पादित होते हैं।

बैच प्रोसेसिंग सिस्टम को सीरियल (Serial) सिक्वेन्सियल (Sequential), ऑनलाइन (On-Line) या स्टैक्ड प्रोसेसिंग (Stacked Processing) सिस्टम भी कहते हैं। जब किसी कंप्यूटर को इस कार्य हेतु प्रयुक्त किया जाता है, तब डाटा कंप्यूटर में इनपुट होते हैं और सामान्यतः आपरेटर के हस्तक्षेप के बिना ही प्रोसेस्ड हो जाते हैं।

बैच प्रोसेसिंग सिस्टम का प्रयोग विभिन्न कार्यों को करने के लिए किया जाता है, जैसे पे रोल (Pay-Roll), कस्टमर स्टेटमेंट को तैयार करना आदि जहाँ प्रतिदिन रिकार्ड को अघतन करने की आवश्यकता नहीं होती है।

बैच प्रोसेसिंग तकनीक का उपयोग मुख्य रूप से तब किया जाता है जब प्रयोग कर्ताओं की संख्या काफी अधिक हो और उन्हें अपने प्रोग्राम का परिणाम तुरंत न चाहिए हो। पूर्व के कंप्यूटरों में सिर्फ यही एक तकनीक उपलब्ध थी जिसका एक कारण पुराने केंद्रीय प्रोससरों (CPU) का अपेक्षाकृत धीमा होना था। इस विधि में प्रयोगकर्ताओं द्वारा दिए गए आँकड़ें एवं प्रोग्राम कंप्यूटर द्वारा एक के बाद एक उपयोग में लाए जाते हैं। एक पूरे प्रोग्राम के समाप्त हो जाने के बाद दूसरा प्रोग्राम या कार्य कंप्यूटर द्वारा प्रारंभ किया जाता है। कुछ प्रोग्रामों के क्रियान्वित हो जाने के बाद उनके परिणाम प्रयोगकर्ताओं को लौटा दिए जाते हैं। इस विधि के उपयोग से कार्ड एवं पेपर टेप के प्रयोग में लगने वाला अधिक समय बचाया जा सकता है क्योंकि प्रोग्राम व आँकड़ों को डिस्क व टेप पर (Off Line) एकत्रित किया जा सकता है। हर प्रोग्राम व डाटा के इनपुट में लगने वाले समय के दौरान प्रोसेसर खाली नहीं रहता और उसकी क्षमता का पूरा उपयोग किया जा सकता है।

बैच प्रोसेसिंग सिस्टम की कमियाँ

1. कुछ दशाओं में यह अधिक समय लेता है।

2. बैच प्रोसेसिंग सिस्टम में प्रत्येक प्रोग्राम को कतार में इंतजार करना पड़ता है।

3. बैच प्रोसेसिंग सिस्टम में उच्च प्राथमिकता वाले प्रोग्राम को पहले निष्पादित कराना कठिन होता है। उदाहरण के लिए यदि दो उच्च प्राथमिकता वाले प्रोग्राम्स दो विभिन्न बैच में हों, तो दूसरे प्रोग्राम को तब तक इंतजार करना होगा जब तक कि प्रथम बैच के सभी प्रोग्राम निष्पादित न हो जाए।

7.4. मल्टी टॉस्किंग (Multi Tasking)

मल्टी टॉस्किंग का अर्थ एक से अधिक प्रोग्राम्स को एक ही समय पर रन कराना। UNIX एक मल्टीटॉस्किंग ऑपरेटिंग सिस्टम है। यह हमें अपने एडीटर पर प्रोग्राम टाइप करने की अनुमति देता है, जबकि यह ठीक उसी समय किसी अन्य कमांड को भी निष्पादित कर रहा होता है। जैसे छाँटना या एक बड़ी फाइल की कॉपी करना।

MS DOS भी मल्टीटॉस्किंग सुविधा प्रदान करता है। MS-DOS द्वारा प्रदान की जाने वाली मल्टीटॉस्किंग सुविधा का सीरियल मल्टी टॉस्किंग कहते हैं। इस प्रकार के मल्टी टॉस्किंग में रन कर रहे एक प्रोग्राम को अस्थाई रूप से रोक कर किसी अन्य प्रोग्राम के निष्पादन हेतु अनुमति प्रदान की जाती है। एक समय में सिर्फ एक ही प्रोग्राम रन कर सकता है।

UNIX का मल्टीटॉस्किंग DOS से पृथक होता है। यह रन कर रहे प्रोग्राम्स के लिए समय का विभाजन नहीं करता है। यदि DOS में 7 प्रोग्राम्स रन कर रहे हों और उनमें से किसी एक प्रोग्राम में कोई कठिनाई उत्पन्न होने पर संपूर्ण मशीन हैंग हो जाती है। लेकिन किसी अच्छे मल्टीटॉस्किंग वातावरण जैसे UNIX में यह अवरोध नहीं होता है।

7.5. मल्टी प्रोग्रामिंग (Multi Programming)

मल्टी प्रोग्रामिंग शब्द मेमोरी के विभिन्न भागों में दो या अधिक प्रोग्राम्स के अस्तित्व की ओर संकेत करता है। मल्टी प्रोग्रामिंग सिस्टम में कई प्रोग्राम CPU में उपलब्ध होते हैं और एक प्रोग्राम का एक भाग निष्पादित हो रहा होता है। तत्पश्चात् दूसरे प्रोग्राम का अन्य भाग निष्पादित होने लगता है और इसी प्रकार। अन्य शब्दों में, एक ही कंप्यूटर द्वारा दो या अधिक प्रोग्राम्स के निष्पादित होने की यह एक आंतरिक व्यवस्था है। मल्टी प्रोग्रामिंग सिस्टम में जब एक प्रोग्राम I/O स्थानांतरण हेतु प्रतीक्षा कर रहा होता है, तब दूसरा प्रोग्राम CPU का उपयोग करने हेतु तैयार हो रहा होता है। इस प्रकार विभिन्न उपयोगकर्ताओं द्वारा CPU के समय का उपयोग किया जाना संभव होता है। कुछ मल्टी प्रोग्रामिंग सिस्टम सिर्फ कुछ निर्धारित प्रोग्राम्स ही प्रोसेस्ड कर सकते हैं, ऐसे प्रोग्रामिंग सिस्टम को MFT (Multiprogramming with fixed tasks) कहते हैं, जबकि ऐसे प्रोग्रामिंग सिस्टम जिसमें कई प्रोग्राम्स प्रोसेस्ड हो सकते हैं, MVT (Multiprogramming with variable task) कहते हैं।

मल्टी प्रोग्रामिंग सिस्टम के अंतर्गत सभी प्रोग्राम्स मुख्य मेमोरी में निम्न तीन स्थितियों में रहते हैं:

1. रनिंग कंडीशन (Running Condition) अर्थात् CPU का उपयोग किया जा रहा है।

2. ब्लॉक्ड कंडीशन (Blocked Condition) अर्थात I/O संक्रिया हो रही हो।

3. रेडी कंडीशन (Ready Condition) अर्थात CPU के खाली होने की प्रतीक्षा की जा रही है।

निम्न चित्र में 1, 2 और 3 प्रोग्राम क्रमशः ब्लॉक्ड, रनिंग और रेडी अवस्था में है। चूँकि प्रोग्राम 3 रेडी अवस्था में है, शीघ्र ही प्रोग्राम 2 का निष्पादन समाप्त हो जाता है या प्रोग्राम 2 I/O संक्रिया की माँग करता है, CPU प्रोग्राम 3 के निष्पादन का कार्य प्रारंभ कर देता है। इस प्रकार मल्टी प्रोग्रामिंग सिस्टम में CPU हमेशा व्यस्त रहता है।

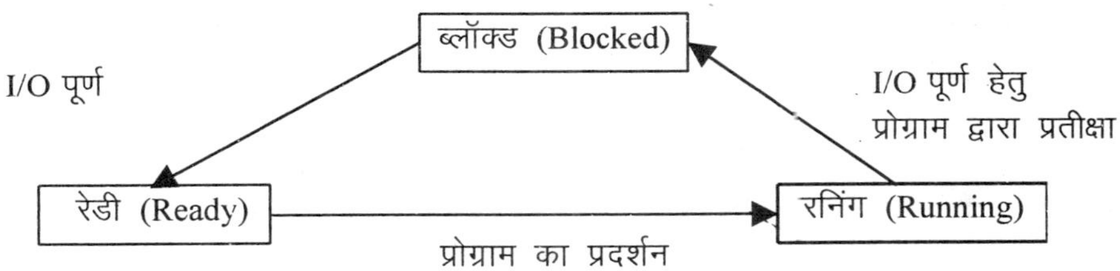

चित्र 7.2. *मल्टी प्रोग्रामिंग की स्थित में मुख्य मेमोरी में रहने वाले प्रोग्राम की तीन दशाएँ*

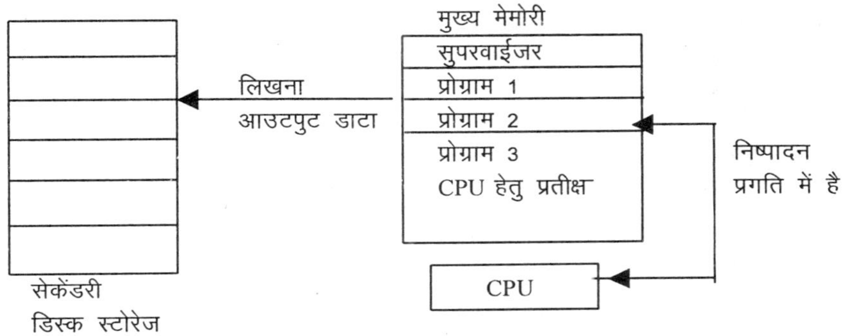

चित्र 7.3. *मल्टीप्रोग्रामिंग की संक्रिया*

मल्टी प्रोग्रामिंग सिस्टम के लाभः

1. आउटपुट में वृद्धि।
2. अपेक्षाकृत कम समय का लगना।

मल्टी प्रोग्रामिंग सिस्टम में कंप्यूटर को कार्य करने के लिए निम्न हार्डवेयर व सॉफ्टवेयर विशेषताओं की आवश्यकता होती है :–

1. वृहत् मेमोरी।
2. मेमोरी की सुरक्षा।
3. प्रोग्राम अवस्था की सुरक्षा।
4. कार्यों का उचित मिश्रण।

7.6. मल्टी प्रोसेसिंग (Multi Processing)

मल्टी प्रोसेसिंग सिस्टम में कंप्यूटर्स दो या अधिक CPU से आंतरिक रूप से संबंधित होते हैं तथा वे एक साथ कई प्रोग्राम्स को निष्पादित करने की क्षमता भी रखते हैं।

इस सिस्टम में, विभिन्न स्वतंत्र प्रोग्राम्स से प्राप्त निर्देशों को एक ही समय में विभिन्न CPU द्वारा निष्पादित करने का काम किया जाता है।

एक प्रकार के मल्टी प्रोसेसिंग सिस्टम का आधारभूत संगठन निम्न हैः

कुछ मल्टी प्रोसेसिंग सिस्टम में प्रत्येक CPU सिर्फ विशिष्ट प्रकार के कार्यों को ही करता है। उदाहरण के लिए दो CPU वाले मल्टी प्रोसेसिंग सिस्टम में एक को सिर्फ ऑन–लाइन कार्यों के लिए तथा दूसरे को बैच प्रोसेसिंग कार्यों के लिए प्रयुक्त किया जा सकता है।

मल्टी प्रोसेसिंग और मल्टी प्रोग्रामिंग में अंतरः

मल्टी प्रोसेसिंग सिस्टम में कंप्यूटर द्वारा दो या दो से अधिक प्रोग्राम्स का निष्पादन एक साथ किया जाता

है। इस सिस्टम में एक से अधिक CPU का प्रयोग होता है। जबकि मल्टी प्रोग्रामिंग में एकल CPU वाले कंप्यूटर सिस्टम द्वारा दो या अधिक प्रोग्राम्स का निष्पादन किया जाता है।

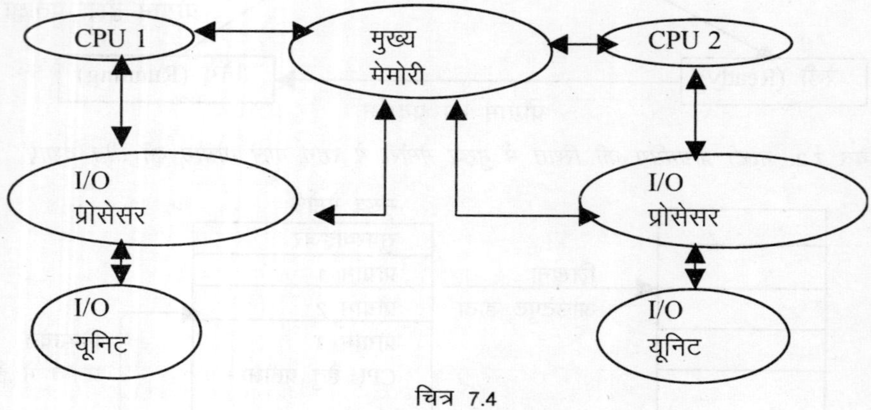

चित्र 7.4

मल्टी प्रोसेसिंग के लाभ

1. यह कंप्यूटर सिस्टम की दक्षता में वृद्धि करता है।

2. यह कंप्यूटर सिस्टम के अन्य डिवाइसेस के उपयोग की भी सुविधा प्रदान करता है।

3. यह Built-in Backup विधि की भी सुविधा प्रदान करता है, अर्थात यदि एक CPU में कोई त्रुटि उत्पन्न हो जाती है, तो इसमें उत्पन्न त्रुटि के दूर होने तक इसके समस्त कार्यों को दूसरे CPU द्वारा दत्तक कर लिया जाता है।

मल्टी प्रोसेसिंग की सीमाएँ

1. मल्टी प्रोसेसिंग सिस्टम में अत्यधिक सुविधापूर्ण ऑपरेटिंग सिस्टम की आवश्यकता होती है, जो बहुल CPU के इनपुट/आउटपुट कार्यों में सहयोग कर सके।

2. इस सिस्टम में एक वृहत् मेमोरी की आवश्यकता होती है।

3. ये सिस्टम अधिक खर्चीले होते हैं।

7.7. टाइम शेयरिंग (Time Sharing)

जैसे–जैसे अधिक तीव्र गति से कार्य करने वाले प्रोसेसरों का विकास होता गया, बैच प्रोसेसिंग की तकनीक, प्रोसेसिंग क्षमता के उपयोग की दृष्टि से अक्षम सिद्ध होती गयी। इनपुट, आउटपुट उपकरण काफी धीमी गति से कार्य करते हैं और मेमोरी से किसी भी सूचना को पढ़ने में लगाया जाने वाला समय प्रोसेसर को खाली रहने पर बाध्य कर देता है। दूसरी और चूँकि सभी प्रोग्राम एक ही आकार के नहीं होते अतः मुख्य मेमोरी का काफी भाग कई बार प्रयोग में नहीं आता है और मेमोरी की क्षमता का भी पूर्णरूपेण प्रयोग नहीं हो पाता। अतः अनेकों प्रोग्राम साथ–साथ दिए जाते हैं।

केंद्रीय प्रोसेसर एक कार्य कुछ समय तक करने के बाद, उसे सभी स्थिति में छोड़कर अन्य कार्य करने लगता है और कुछ समय बाद फिर पहले कार्य को प्रारंभ करता है, ठीक वहाँ से जहाँ उसे पहले छोड़ा था। इस तरह, प्रोसेसर के समय का पूरा उपयोग किया जा सकता है। गतिविधियों का निर्धारण ऑपरेटिंग सिस्टम द्वारा किया जाता है।

यदि एक सिस्टम से 16 टर्मिनल जुड़े हुए हों तो और सभी पर कार्य चल रहा हो तो कंप्यूटर कुछ समय एक प्रयोगकर्ता का कार्य करता है और फिर क्रमानुसार अन्य प्रयोग कर्ताओं का, और इस चक्र के पूरा होने के

बाद ही वह फिर पहले व्यक्ति का या पहले टर्मिनल का कार्य करता है। किंतु कंप्यूटर इतनी तीव्र गति से कार्य करता है कि हर व्यक्ति को यह प्रतीत होता है कि कंप्यूटर सिर्फ उसी के लिए कार्य कर रहा है। इस विधि में प्रोग्राम लिखे जाने के बाद, वांछित आँकड़ों को कंप्यूटर को बताकर समस्या का परिणाम निकालने के लिए कहा जाता है। हालाँकि अन्य अनेक व्यक्तियों का कार्य भी कंप्यूटर साथ ही साथ कर रहा है। लेकिन परिणाम आपके टर्मिनल की स्क्रीन पर लगभग तुरंत ही आ जाता है। यह विधि जिसमें आप का इंतजार नहीं करना पड़ता, ऑन लाइन प्रोसेसिंग तकनीक कहलाती है। इस विधि को, जिसमें कंप्यूटर कई प्रयोगकर्ताओं का कार्य साथ–साथ करता है अपना समय छोटे–छोटे हिस्मों में अनेक लोगों में बाँटता है। टाइम शेयरिंग तकनीक नाम से ही जाना जाता है।

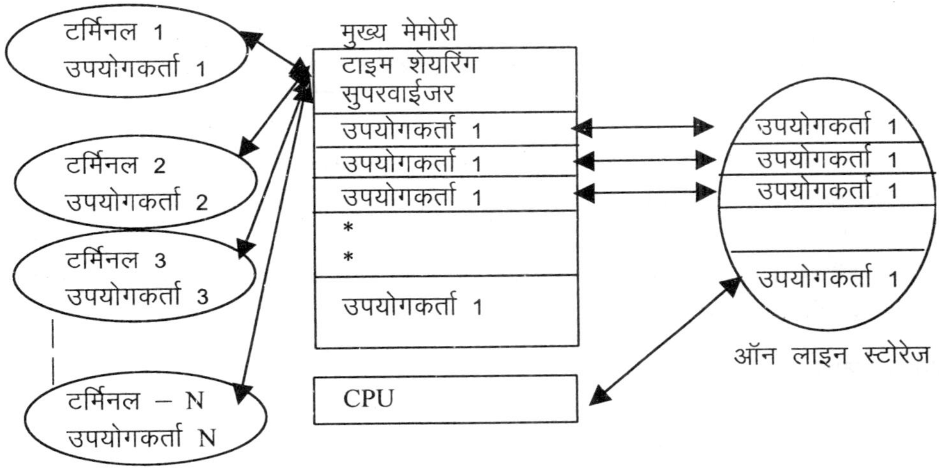

चित्र 7.5. *टाइम शेयरिंग सिस्टम की अवधारणा*

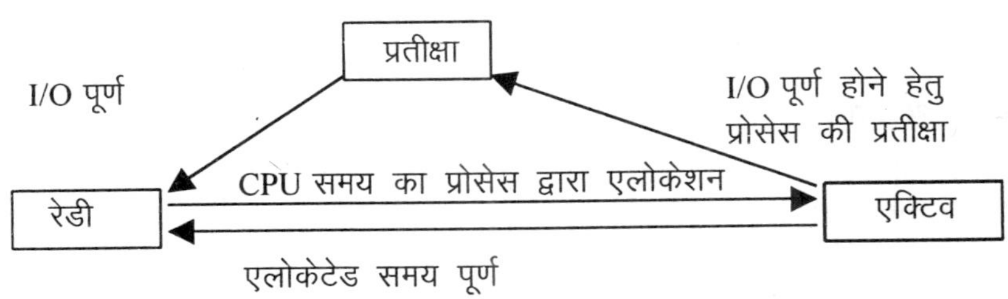

चित्र 7.6. *टाइम–शेयरिंग सिस्टम की तीन स्थितियों के मध्य जाने की प्रोसेस*

टाइम शेयरिंग का अर्थ एक कंप्यूटर का एक ही समय में विभिन्न इनपुट/आउटपुट टर्मिनल से कई उपयोगकर्ताओं द्वारा प्रयोग किए जाने की सुविधा प्रदान करता है। यह मल्टी टॉस्किंग तकनीक का संशोधित रूप है।

टाइम शेयरिंग सिस्टम का आधारभूत सिद्धांत यह है कि वृहत् संख्या में उपयोगकर्ताओं को CPU के समय का उपयोग करने की सुविधा प्रदान करना। इस प्रकार से टाइम शेयरिंग सिस्टम में कई टर्मिनल (लगभग 100 या अधिक) एक ही समय में एक ही कंप्यूटर से जुड़े होते हैं।

उपरोक्त चित्र में प्रोग्राम्स प्राथमिकता के आधार पर निष्पादित होते हैं। इस सिस्टम में CPU का समय सभी उपयोगकर्ताओं के मध्य विभाजित किया जाता है। टाइम–शेयरिंग सिस्टम के पीछे मुख्य उद्देश्य यह है कि सभी उपयोगकर्ता CPU के समय का अधिकाधिक प्रयोग कर सकें। वह सबसे कम समय जिस दौरान उपयोगकर्ता CPU के संपर्क में रहता है, टाइम स्लाइस (time slice)] टाइम स्लॉट (time slot) या क्वाटंम (quantum) कहलाता है और यह 10 से 20 मिलीसेकेंडस का होता है।

टाइम शेयरिंग सिस्टम में 100 से अधिक उपयोगकर्ता एक साथ एक ही CPU का उपयोग कर सकते हैं। टाइम शेयरिंग सिस्टम में सभी उपयोगकर्ता निम्न तीन अवस्थाओं में रहते हैं:

1. क्रियाशील (Active)
2. तैयार (Ready)
3. प्रतीक्षा (Wait)

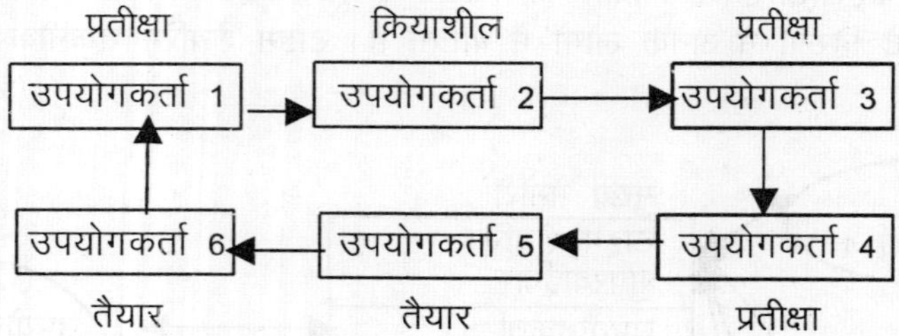

चित्र 7.7. *टाईम–शेयरिंग सिस्टम में उपयोगकर्ता की स्थिति*

टाइम शेयरिंग सिस्टम में उपयोगकर्ता अक्सर केंद्रीय सिस्टम से वार्तालाप करता रहता है। अतः यह संवाद मुक्त सिस्टम भी कहलाता है। इस सिस्टम में प्रोग्राम का मुख्य मेमोरी से डिस्क स्टोरेज की ओर जाना और पुनः वापसी की संक्रिया स्वैपिंग (Swapping) कहलाती है। इस स्वैपिंग प्रक्रिया को रोल इन रोल आउट (Roll-in-roll-out) सिस्टम से भी जानते हैं।

टाइम शेयरिंग के लाभ

1. CPU के आदर्श समय को कम करना।
2. छोटे उपयोगकर्ताओं को गणना सुविधा प्रदान करना।
3. शीघ्र प्रतिउत्तर की सुविधा।
4. कागज पर आउटपुट को कम करना।
5. सॉफ्टवेयर की प्रतिलिपि को नकारना।

टाइम शेयरिंग से हानि

1. सुरक्षा का प्रश्न।
2. विश्वनीयता की समस्या।
3. डाटा कम्यूनिकेशन की समस्या।
4. एक प्रमुख के सम्मिलित होने का प्रश्न।

7.8. ऑन लाइन प्रोसेसिंग (On- Line-Processing)

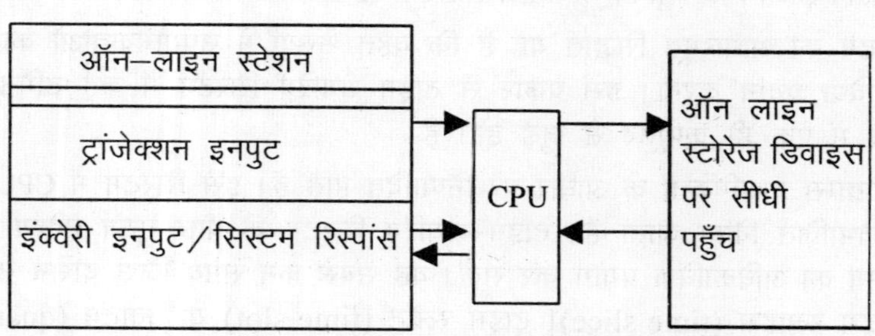

चित्र 7.8. *ऑन लाइन प्रोसेसिंग सिस्टम*

ऑन लाइन प्रोसेसिंग का अर्थ रिकार्ड तक सीधी पहुँच यादृच्छिक पहुँच की प्रक्रिया। ऑन–लाइन प्रोसेसिंग में वे टर्मिनल जो अगले कमरे या ब्लॉक या 1000 मील की दूरी पर स्थित है के मध्य डाटा स्थानांतरण की सुविधा प्रदान की जाती है। ऑन लाइन प्रोसेसिंग और रिकार्ड तक सीधी पहुँच के लिए अद्वितीय हार्डवेयर और सॉफ्टवेयर की आवश्यकता होती है। टाइम शेयरिंग सिस्टम, ऑन–लाइन प्रोसेसिंग का एक उदाहरण है।

ऑन लाइन प्रोसेसिंग के लाभः

1. यादृच्छिक और द्रुत गति से इनपुट।
2. रिकार्ड तक शीघ्र और सीधी पहुँच।

7.9. रियल टाइम प्रोसेसिंग (Real Time Processing)

रियल टाइम तकनीक का प्रयोग तब किया जाता है जब कंप्यूटर के द्वारा किसी कार्य विशेष का नियंत्रण किया जा रहा हो। इस प्रकार के प्रयोग में प्रोग्राम का परिणाम लगभग फौरन प्राप्त हो जाता है और इस परिणाम को अगली गणना में तुरंत प्रयोग में लाया जाता है। कोई कार्य जो निरंतर चल रहा हो जैसे किसी कारखाने में मशीन के किसी हिस्से का बनाया जाना, या किसी प्रक्रिया का नियंत्रण किया जाना या हवाई जहाज की गति व दिशा पर नजर रखना और उस पर नियंत्रण किया जाना हो, तब रियल टाइम तकनीक की आवश्यकता पड़ती है। आवश्यकता पड़ने पर नियंत्रित की जाने वाली प्रक्रिया को सुधारा या बदला जा सकता है। जब कंप्यूटर का उपयोग रियल टाइम विधि में किया जा रहा हो, तब कंप्यूटर की गणना की गति अत्यधिक महत्त्वपूर्ण हो जाती है। जैसे अगर किसी गणना में कंप्यूटर को 1 सेकेंड लगता है व कारखाने की नियंत्रित की जाने वाली उसी प्रक्रिया मे 1/2 सेकेंड लगता है तो कंप्यूटर द्वारा इस प्रक्रिया का नियंत्रण संभव नहीं होगा।

रियल टाइम तकनीक में कंप्यूटर का कार्य लगातार आँकड़ें ग्रहण करना, उनकी वांछित गणना करना और उन्हें मेमोरी में रखने की व्यवस्था करना तथा गणना के परिणाम के आधार पर निर्देश देना भी है। कृत्रिम उपग्रह का नियंत्रण रियल टाइम तकनीक के प्रयोग का एक उदाहरण है।

सभी कंप्यूटर इन तीनों विधियों में कार्य नहीं करते। कुछ कंप्यूटर सिर्फ बैच प्रोसेसिंग, कुछ सिर्फ टाइम शेयरिंग एवं कुछ रियल टाइम तकनीक से ही कार्य करते हैं। पर कुछ कंप्यूटर तीनों विधि द्वारा कार्य करने में समर्थ होते हैं।

हमारे दैनिक जीवन में कई ऐसी घटनाएँ घटित होती हैं, जो कंप्यूटर से शीघ्र प्रति उत्तर चाहती हैं। कुछ घटनाएँ निम्न हैं :–

1. स्टॉक मार्केट कोटेशन
2. उत्पाद का वर्तमान स्तर
3. संभावित अपराधी के डाटा फाइल को खोजना।

उपरोक्त सभी क्रियाएँ शीघ्र कार्यवाही चाहती हैं। उपरोक्त सभी दशाओं में रियल टाइम प्रोसेसिंग की आवश्यकता होती है। रियल–टाइम का अर्थ कंप्यूटर से शीघ्र प्रतिउत्तर चाहना। ऐसा सिस्टम जिसमें नये डाटा के इनपुट करते ही फाइल में स्थित डाटा शीघ्र ही अद्यतन हो जाए तथा निर्णय लेने में सुविधा प्रदान करता हो, रियल टाइम सिस्टम कहलाता है।

इसे समय सीमा की प्रतिबंधता के साथ ऑन लाइन प्रोसेसिंग सिस्टम के रूप में भी वर्णित किया जा सकता है। स्मरण रहे, रियल टाइम सिस्टम द्वारा ऑन लाइन प्रोसेसिंग का उपयोग किया जाता है, लेकिन ऑन–लाइन सिस्टम को इसके रियल टाइम मोड में संचालित नहीं किया जा सकता है। रियल टाइम प्रोसेसिंग सिस्टम सभी इनपुट टर्मिनल से शीघ्र इनपुट चाहता है।

नई दिल्ली रेल्वे स्टेशन पर रेल्वे रिजर्वेशन के लिए रियल टाइम प्रोसेसिंग का उपयोग निम्न तथ्यों से समझा जा सकता है:

1. नई दिल्ली स्टेशन से लगभग 100 ट्रेन प्रतिदिन गुजरती है।
2. प्रत्येक ट्रेन में लगभग 1000 बर्थ होती है।
3. जैसे ही कोई बर्थ आरक्षित या निरस्त होती है, वैसे ही उससे संबंधित ट्रेन का आरक्षण रिकार्ड अद्यतन हो जाना चाहिए।
4. प्रति उत्तर का समय बहुत कम होता है क्योंकि अगला यात्री आरक्षण या निरस्त हेतु कतार में प्रतीक्षा कर रहा होता है।

रियल टाइम प्रोसेसिंग के अन्य उदाहरण निम्न है:

1. वायुयान यातायात नियंत्रण तंत्र।
2. होटल और कार किराए पर उपलब्ध कराने वाली ऐजेंसी द्वारा स्थापित आरक्षण व्यवस्था।
3. बैंक में ग्राहकों के खातों को अघतन करने हेतु उपयोग में लाया जाने वाला सिस्टम।
4. स्टॉक मार्केट में प्रति मिनट की सूचना को अद्यतन करने हेतु उपयोग में लाया जाने वाला सिस्टम।

7.10. ऑपरेटिंग सिस्टम के प्रमुख कार्य (Major Functions of Operating System)

आवश्यक कार्यों के अतिरिक्त, जिनका उल्लेख इस अध्याय में पहले किया गया है। ऑपरेटिंग सिस्टम अनेकों अन्य सुविधाएँ भी प्रदान करता है। अलग–अलग कंपनियों द्वारा विकसित किए गए ऑपरेटिंग सिस्टम भिन्न–भिन्न सुविधाएँ प्रदान करने की क्षमता रखते हैं। खासतौर पर यदि कंप्यूटर तीनो तकनीकों में कार्य करने में सक्षम हैं (बैच प्रोसेसिंग, टाइम शेयरिंग व रियल टाइम में) तो एक समस्या यह भी उठ खड़ी होती है कि यदि दो तकनीकों में किए जाने वाले कार्य साथ–साथ प्रोसेसिंग के लिए आ जाएँ तो कौन सा कार्य पहले किया जाए। जैसा कि तकनीकों के विवरण से स्पष्ट है, सबसे पहले रियल टाइम विधि का कार्य किए जाने की आवश्यकता पड़ेगी। उसके बाद टाइम शेयरिंग का और सबसे अंत में, कंप्यूटर के खाली होने पर बैच प्रोसेसिंग का इस क्रम निर्धारण को प्रायॉरिटी (Priority) कहते हैं।

एक कंप्यूटर बहुत मारे आदेशों का क्रियान्वयन करने में समर्थ है पर यह हो सकता है कि सभी प्रयोगकर्ता समस्त आदेशों के प्रयोग में सक्षम न हो। अतः हर प्रयोगकर्ता को एक क्षमता स्तर प्रदान किया जा सकता है। प्रत्येक प्रयोगकर्ता को एक कोड नाम दिया जा सकता है जिसे कंप्यूटर को बताए जने पर ही कार्य हो सकेगा।

यह नाम इनपुट जाने पर स्क्रीन पर नहीं आता है और इस विधि से निश्चित हो जाता है कि सिर्फ अधिकृत प्रयोगकर्ता ही कंप्यूटर का उपयोग कर सकें। साथ ही उपयोग किया गया कंप्यूटर समय तथा उस समय का पूर्व निर्धारित मूल्य प्रयोगकर्ता के खाते में दर्ज कर दिया जाए ऐसा प्रावधान भी ऑपरेटिंग सिस्टम में किया जा सकता है।

आप अपने प्रोग्राम को लॉक भी कर सकते हैं, ताकि कोई अन्य व्यक्ति उसमें मनचाहा परिवर्तन न कर सके या गलती से आप के प्रोग्राम को मिटा न दे। यह व्यवस्था भी उपलब्ध है कि आपके द्वारा इनपुट की गई सूचनाएँ आपके अतिरिक्त कोई और न पढ़ सके। ऑपरेटिंग सिस्टम, जो पूरी कार्यविधि का नियंत्रण करता है, ऐसा प्रावधान भी कर सकता है कि यदि आप का प्रोग्राम छोटा और कम कंप्यूटर समय लेने वाला है, तो अधिक कंप्यूटर समय लेने वाले प्रोग्रामों से पहले उसकी प्रोसेसिंग हो जाए।

आज अनेकों प्रकार के ऑपरेटिंग सिस्टम प्रयोग में आ रहे हैं जिनमें माइक्रोकंप्यूटर के प्रयोग के लिए UNIX और CP/M प्रमुख है। डिजिटल इक्विपमेंट कारपोरेशन द्वारा विकसित ऑपरेटिंग सिस्टम को विशेषज्ञों द्वारा काफी अच्छा माना गया है। इसमें कंप्यूटर अनुदेशों के प्रोग्राम के क्षमता स्तर काफी व्यवस्थित हैं, साथ ही इसकी मुख्य बात यह है कि जब संबंधित प्रोग्राम, केंद्रीय प्रोसेसर को छोड़कर इनपुट आउटपुट उपकरणों का प्रयोग करता है तो उसकी प्रियारिटी (Priority) अपने आप कंप्यूटर द्वारा बढ़ा दी जाती है।

ऑपरेटिंग सिस्टम में कई अन्य उपयोगी विभाग भी होते हैं जिनके सुपुर्द कई काम केंद्रीय प्रोसेसर द्वारा कर

दिए जाते हैं। उदाहरण के लिए प्रिंटिग का कोई कार्य किया जाना है तो केंद्रीय प्रोसेसर आवश्यक आदेश देकर यह कार्य ऑपरेटिंग सिस्टम पर छोड़ देता है और वह स्वयं अगला कार्य करने लगता है। ऑपरेटिंग सिस्टम का जो भाग धीमी गति से कार्य करने वाले उपकरणों का नियंत्रण करता है उसे 'स्पूलर' (Spooler) कहते हैं।

ऑपरेटिंग सिस्टम का प्राथमिक कार्य कंप्यूटर की गतिविधियों का निरीक्षण करना तथा उपयोगकर्ताओं को फाइल्स का प्रबंधन करने हेतु अनुमति देना। ऑपरेटिंग सिस्टम का इनपुट/आउटपुट मैनेजर कंप्यूटर को उसके सहायक घटकों के साथ वार्तालाप करने में सहायता प्रदान करता है।

एक ऑपरेटिंग सिस्टम द्वारा निम्न प्रबंधन किए जाते हैं:

1. *CPU मैनेजमेंट (CPU Management)*

मल्टीयूजर (Multi User) वातावरण में कई उपयोगकर्ता विभिन्न प्रोग्राम्स को रन करते हैं और इस प्रकार कई प्रोग्राम्स कंप्यूटर में रन करने के लिए प्रकट करते हैं। अतः ऐसा वातावरण उपलब्ध कराने के लिए जिसमें उपयोगकर्ता अपने प्रोग्राम का निष्पादन कर सके, ऑपरेटिंग सिस्टम द्वारा निम्न प्रबंध किया जाता है:

1. प्रोसेसिंग की सुविधा।
2. प्रोसेसिंग को समाप्त करना।
3. प्रोसेस का गुण प्राप्त करना।
4. प्रोसेस के गुणों को सेट करना।
5. किसी कार्य को लोड करना।
6. किसी प्रोग्राम को निष्पादित करना।
7. किसी कार्य को समाप्त करना।
8. किसी घटना के लिए इंतजार।

2. *डिवाइस का प्रबंधन (Device Management)*

डिवाइस का प्रबंधन करने के लिए ऑपरेटिंग सिस्टम द्वारा निम्न कार्य किए जाते हैं:

1. डिवाइस से प्रार्थना करना।
2. डिवाइस की प्रार्थना की पावती देना।
3. डिवाइस को मुक्त करना।
4. डिवाइस पर लिखना और उससे पढ़ना।
5. डिवाइस के गुणों को प्राप्त करना।
6. डिवाइस के गुणों को सेट करना।

3. *फाइल का प्रबंधन (File Management)*

ऑपरेटिंग सिस्टम द्वारा फाइल का प्रबंधन निम्न प्रकार से किया जाता है:

1. फाइल का निर्माण करना।
2. फाइल को समाप्त करना।
3. फाइल को खोलना
4. फाइल को बंद करना।
5. फाइल को पढ़ना।
6. फाइल पर लिखना।
7. फाइल के गुणों को प्राप्त करना।
8. फाइल के गुणों को सेट करना।

4. *डाटा प्रबंधन (Data Management)*

ऑपरेटिंग सिस्टम का प्रमुख कार्य डाटा का प्रबंधन करना भी है। डाटा के बेहतर प्रबंधन हेतु यह निम्न कार्य करता है:

1. डाटा को स्वीकार करना।
2. प्रोग्राम को डाटा भेजना।
3. प्रोग्राम से डाटा का स्थानांतरण।

5. *प्रोसेस प्रबंधन (Process Management)*

ऑपरेटिंग सिस्टम द्वारा निम्न दो प्रकार की प्रोसेसिंग सुविधा प्रदान की जाती है:

1. सिंगल यूजर ऑपरेटिंग सिस्टम:

सिंगल यूजर ऑपरेटिंग सिस्टम में एक समय में सिर्फ एक प्रोग्राम ही निष्पादित हो सकता है। यह सिर्फ एक उपयोगकर्ता हेतु बना होता है। सिंगल यूजर ऑपरेटिंग सिस्टम विभिन्न रूपों में उपलब्ध हैं, जैसे MS-DOS (Microsoft Disk Operating System), DR-DOS आदि।

2. मल्टी यूजर ऑपरेटिंग सिस्टम:

मल्टी यूजर ऑपरेटिंग सिस्टम में एक ही समय पर कई प्रोग्राम्स निष्पादित हो सकते हैं। यह कई उपयोगकर्ताओं के लिए बना होता है। मल्टीयूजर ऑपरेटिंग सिस्टम भी कई रूपों में उपलब्ध हैं, जैसे UNIX, ONIX, CCP/M (Concurrent Control Program for MicroComputer), NOS (Network Operating System), RT-OS (Real Time Operating System), Linux आदि।

6. *मेमोरी प्रबंधन (Memory Management)*

मेमोरी में रहने वाले विभिन्न प्रोग्राम्स के संगठन हेतु हार्डवेयर और सॉफ्टवेयर के एकत्रीकरण की विधियाँ की ओर संकेत करता है।

मेमोरी प्रबंधन इकाई निम्न घटकों को रखता है:

1. डायनमिक स्टोरेज रिलोकेशन हेतु सुविधा प्रदान करता है।
2. मेमोरी में संग्रहित प्रोग्राम के उपयोग हेतु सुविधा प्रदान करना।
3. किसी अवांछित पहुँच के विरूद्ध सुरक्षा प्रदान करना।

प्रोग्राम और डाटा को तार्किक भागों में विभाजित किया जाता है जिसे सेगमेंट (Segment) कहते हैं। इस प्रकार सेगमेंट तार्किक रूप से संबंधित निर्देशों और डाटा का समूह होता है। इसे प्रोग्रामर या ऑपरेटिंग सिस्टम द्वारा भी जनित किया जा सकता है। सेगमेंट का प्रोग्राम ओव्हरले (Program Overlay) भी कहते हैं।

प्रोग्राम सेगमेंट को अन्य विधि द्वारा भी निर्मित किया जा सकता है। जिसे पेजिंग (Paging) कहते हैं। यह ओव्हरलेईंग के समान ही होता है। इस प्रकार ऐप्लिकेशन प्रोग्राम्स को पेजिंग की सहायता से सेगमेंट में विभाजित किया जाता है। ये सेगमेंट पेज (Pages) कहलाते हैं। पेजिंग और ओव्हरलेईंग के मध्य निम्न दो अंतर है:

1. सामान्यतः पेज समान लंबाई के होते हैं, जबकि ओव्हरले प्रोग्राम्स के तार्किक विभाजन होते हैं और इस प्रकार वे विभिन्न आकारों के हो सकते हैं।

2. पेजिंग की सहायता से ऑपरेटिंग सिस्टम प्रोग्राम सेगमेंट का सृजन करता है, जबकि ओव्हरलेईंग की सहायता से प्रोग्राम सेगमेंट का सृजन उपयोगकर्ता द्वारा किया जाता है।

7. *सुरक्षा (Security)*

ऑपरेटिंग सिस्टम द्वारा अपने उपयोगकर्ताओं को सुरक्षा की सुविधा प्रदान की जाती है। यह उपयोगकर्ताओं की सूची का प्रबंधन करता है और उन्हें पासवर्ड सुरक्षा प्रदान करता है।

8. *शिड्यूलिंग (Scheduling)*

ऑपरेटिंग सिस्टम निम्न दो प्रकार के शिड्यूल (Schedule) प्रदान करता है:

1. उच्च स्तरीय: यह ऐसे कार्यों की ओर संकेत करता है, जो संसाधनों हेतु कतार में प्रविष्ट होने के लिए तैयार होंगें। उपयोगकर्ता जो कतार में तीव्र प्रविष्ट हेतु प्रीमियम अदा करता है, को प्राथमिकता दी जा सकती है।

2. निम्न स्तरीय: यह डिस्पैचर (dispatcher) भी कहलाता है। यह उस विधि का निर्धारण करता है, जो CPU के समय को चिह्नित कर सके।

9. *अन्य प्रबंधन*

ऑपरेटिंग सिस्टम निम्न प्रकार के कार्यों का भी प्रबंधन करता है:

1. टेकस्ट एडीटर
2. दिनाँक प्राप्त करना और व्यवस्थित करना।
3. विभिन्न प्रकार की सुरक्षा प्रदान करना।
4. समय प्राप्त करना और व्यवस्थित करना।
5. एक माध्यम से दूसरे माध्यम पर फाइल कॉपी करना।
6. विभिन्न माध्यमों को उपयोगी बनाना।

पी.सी. के लिए कुछ प्रचलित ऑपरेटिंग सिस्टम (Some Popular O/S for PC's)

पी.सी. के लिए कुछ प्रचलित ऑपरेटिंग सिस्टम निम्न है :–

1. एम.एस.डॉस (MS-DOS)
2. विंडोज (Windows)
3. विंडो एन–टी (Window NT)
4. यूनिक्स (UNIX)
5. लायनेक्स (LYNIX)

उपरोक्त ऑपरेटिंग सिस्टम्स का आगे के अध्याओं में क्रमशः वर्णन किया जाएगा।

अभ्यास–प्रश्न (Exercise-Questions)

1. ऑपरेटिंग सिस्टम क्या है?
2. ऑपरेटिंग सिस्टम के विभिन्न प्रकार क्या हैं?
3. बैच प्रोसेसिंग से क्या समझते हैं?
4. मल्टी टॉस्किंग ऑपरेटिंग सिस्टम क्या है?
5. मल्टी प्रोग्रामिंग को समझाइए।
6. मल्टी प्रोसेसिंग से क्या समझते हैं?
7. टाइम शेयरिंग क्या है?
8. ऑन लाइन प्रोसेसिंग को स्पष्ट करें।
9. रियल टाइम प्रोसेसिंग क्या है?
10. ऑपरेटिंग सिस्टम के प्रमुख कार्य क्या हैं?

8

एमएस-डॉस (MS-Dos)

8.1. परिचय (Introduction)

MS-DOS का विस्तारित रूप माइक्रोसॉफ्ट डिस्क ऑपरेटिंग सिस्टम (Microsoft Disk Operating System) है। यह सर्वाधिक लोकप्रिय ऑपरेटिंग सिस्टम है जिसे माइक्रो कंप्यूटर में प्रयुक्त किया जाता है।

IBM ने सर्वप्रथम PC-DOS नाम का एक ऑपरेटिंग सिस्टम पर्सनल कंप्यूटर के लिये तैयार किया था। इसके विकास में बिल गेट्स नामक एक प्रोग्रामर ने सहयोग किया था। बाद में बिल गेट्स ने अपनी कंपनी माइक्रोसॉफ्ट कार्पोरेशन का गठन किया।

अगस्त 1981 में माइक्रोसाफ्ट कार्पोरेशन द्वारा MS-DOS नाम का ऑपरेटिंग सिस्टम का 1.0 संस्करण विकसित किया जो IBM के पर्सनल कंप्यूटर के लिये तैयार किया गया था। सन् 1983 में जब हार्ड डिस्क युक्त माइक्रो कंप्यूटर विकसित किये गये, तब MS-DOS 2.0 संस्करण बाजार में आया। इस ऑपरेटिंग सिस्टम के द्वारा एक ही डिस्क पर अनेक फाइलों को संग्रहित करने की सुविधा हो गई, साथ ही फाइल और डायरेक्टरी के सिद्धांत का चलन हुआ।

सन् 1984 में इंटेल (Intel) 80286 प्रोसेसर युक्त माइक्रोकंप्यूटर विकसित हुए, तब MS-DOS 3.0 और MS-DOS 4.0 संस्करणों का विकास किया गया। माइक्रोसॉफ्ट के ऑपरेटिंग सिस्टम को DOS (Disk Operating System) कहा जाता है क्योंकि यह अधिकतर डिस्क से संबंधित इनपुट/आउटपुट कार्य करता है। इसका नवीनतम संस्करण 6.22 है।

8.2. डॉस के कार्य (Functions of DOS)

डॉस हार्डवेयर और सॉफ्टवेयर में संबंध स्थापित करता है तथा उनके मध्य एक मध्यस्थता का कार्य करता है। की–बोर्ड व माउस द्वारा दिए गए निर्देशों को डॉस ऐसी भाषा में अनुवादित करता है जिसे कंप्यूटर समझ सकता है।

CPU संदेशों को प्रोसेस करके परिणाम निकालता है और उनको संदेशों के रूप में वापस भेजता है जो मॉनीटर पर प्रदर्शित होते हैं या प्रिंटर द्वारा उस भाषा में प्रिंट होते हैं जिसे हम समझ सकते हैं।

यह सिस्टम यूनिट में कंप्यूटर का मस्तिष्क होता है अर्थात् इसमें CPU, हार्डडिस्क आदि होते हैं। लेकिन ये सभी डॉस द्वारा संचालित होते हैं। डॉस का संचालन उन कमाड्स द्वारा होता है जिसे हम की–बोर्ड पर टाइप करते हैं।

डॉस के द्वारा हम निम्न कार्य कर सकते हैं–

1. डिस्क में संग्रहित फाइलों की लिस्ट प्राप्त करना।
2. नई फ्लॉपी डिस्क की फार्मेटिंग (Formatting) करना।

3. डिस्क पर संग्रहित फाइलों को चिह्नित करना।
4. नई फाइलों का निर्माण, पुरानी फाइलों की समाप्ति, फाइलों को नये नाम देना।
5. डिस्क की संग्रहण क्षमता को दोगुना करना।
6. हार्डडिस्क से फ्लॉपी डिस्क पर फाइलों का बैक–अप।
7. वायरस (Virus) की खोज और उनको नष्ट करना।
8. किस प्रोग्राम को कितनी मेमोरी चाहिए यह निर्धारित कर उसे देना।
9. पेरीफरल डिवाइसेस (Peripheral Devices) जैसे प्रिंटर के संचालन का नियंत्रण।
10. की–बोर्ड से सूचना प्राप्त करना, उनका मॉनीटर पर प्रदर्शन करना।
11. CPU, और मेमोरी जैसे हार्डवेयर के संचालन का नियंत्रण।

8.3. डॉस प्रॉम्प्ट (DOS Prompt)

डिस्क में RAM में डॉस लोड होने के उपरांत स्क्रीन पर एक प्रॉम्प्ट प्रदर्शित होता है जो यह प्रदर्शित करता है कि सिस्टम अब निर्देश लेने के लिए तैयार है। यह प्रॉम्प्ट डॉस की कार्यशक्ति का प्रयोग करने का रास्ता है। इस प्रॉम्प्ट पर हम अपने कमांड टाइप कर सकते हैं। डॉस प्रॉम्प्ट निम्न प्रकार दिखाई देता है:

C : \ > _

8.4. फाइल (File)

कंप्यूटर में डाटा और सूचना को संग्रहित करने वाली इकाई को फाइल कहते हैं। चूँकि इसमें डाटा इलेक्ट्रॉनिक विधि से संग्रहित किए जाते हैं, इसलिए इसे इलेक्ट्रॉनिक फाइल भी कहते हैं। डाटा और सूचनाओं को द्वितीयक संग्रहण माध्यम (Secondry Storage Device) पर संग्रहित करने के लिये हम इलेक्ट्रॉनिक फाइल तैयार करते हैं। फाइल में सूचना और डाटा का सबसे छोटा भाग डाटा आइटम (Data Item) होता है। डाटा आइटम सामान्यतः वर्णमाला के अक्षर, अंक और चिह्न होते हैं। उदाहरणार्थ –नाम, प्राप्तांक, दिनाँक आदि डाटा आइटम हैं। एक फाइल में हम अनेक प्रकार की सूचनाएँ संग्रहित कर सकते हैं, जैसे– किसी संस्थान के कर्मचारियों के नाम, जन्म–तिथि, वेतन, योग्यता आदि। कंप्यूटर की इलेक्ट्रॉनिक डाटा प्रक्रिया के अंतर्गत फाइल में विभिन्न सूचनाओं को आँकड़ों के रूप में डिस्क या अन्य किसी संग्रह माध्यम पर संग्रहित करके रखा जाता है। कंप्यूटर की इलेक्ट्रानिक फाइल मुख्य रूप से दो प्रकार की होती है:

(अ) डाटा फाइल

(ब) प्रोग्राम फाइल

डाटा फाइल में सूचनाओं को आँकड़ों के रूप में संग्रह करके रखा जाता है। जैसे– विद्यार्थियों के आँकड़ों की फाइल में हम विद्यार्थियों के नाम, रोल नं., परीक्षा में प्राप्तांक आदि संग्रह करके रख सकते हैं। प्रोग्राम फाइल में हम किसी कंप्यूटर भाषा में लिखे निर्देशों को संग्रहित करते हैं। प्रोग्राम फाइल इसमें संग्रहित निर्देशों को क्रियान्वित करने के लिये प्रयोग की जाती है।

फाइल के तत्व

किसी डाटा फाइल का प्रत्येक रिकॉर्ड अनेक फील्डों से मिलकर बना होता है। प्रत्येक फील्ड में कैरेक्टर होते हैं। इस प्रकार एक कंप्यूटर फाइल में तीन तत्व कैरेक्टर, रिकॉर्ड और फील्ड होते हैं।

(अ) *कैरेक्टर*–ये वर्णमाला के अक्षर, अंक (0 से 9 तक) या विशेष चिह्न होते हैं। यह कंप्यूटर फाइल का सबसे छोटा तत्व होता है। कंप्यूटर फाइल में कुल 256 प्रकार के करेक्टर हो सकते हैं जो निम्नलिखित हैं :–

वर्णमाला के अक्षर – A to Z and a to z

अंक – 0, 1, 2, 3, 4, 5, 6, 7, 8, 9

चिह्न – (,), /, \, *, >, <, #, {, }, [,], ~, " "

(ब) *फील्ड*–जब कंप्यूटर फाइल को एक सारणी के रूप में तैयार किया जाता है तब इसका प्रत्येक स्तंभ एक फील्ड कहलाता है जिसमें अनेक करेक्टर्स से मिलकर डाटा संग्रहित रहते हैं। जैसे – विद्यार्थियों के नाम का स्तंभ एक फील्ड है। इसी प्रकार अन्य फील्ड हैं – रोल नं., परीक्षा में प्राप्तांक आदि।

(स) *रिकार्ड*–फाइल में संग्रहित सूचना की प्रत्येक पंक्ति, रिकार्ड कहलाती है। एक रिकॉर्ड में सभी फील्डों के डाटा होते हैं।

फाइल का नाम और फाइल नामकरण के नियम

कंप्यूटर में तैयार होने वाली प्रत्येक फाइल को डिस्क पर संग्रहित करने के पूर्व उसका नाम निर्धारित किया जाता है, जिसे फाइल नाम कहते हैं। फाइल नाम की सहायता से हम डिस्क पर संग्रहित फाइल को पुनः प्राप्त कर सकते हैं, उसे डिस्क से मिटा या हटा सकते हैं एवं उसमें संग्रहित सूचना को संशोधित भी कर सकते हैं। उपयोगकर्ता कंप्यूटर डिस्क या किसी अन्य संग्रह माध्यम पर सूचना को ढूँढ़ने के लिए फाइल नाम की सहायता लेता है। डिस्क पर संग्रहित सभी फाइलों की सूची एक पृथक स्थान पर संग्रहित होती है, जिसे डायरेक्टरी कहते हैं। इसमें प्रत्येक फाइल के नाम के साथ उसकी डिस्क पर स्थिति का भी पता चलता है। कंप्यूटर फाइल नाम की सहायता से उसकी डिस्क पर स्थिति, जैसे– ट्रैक संख्या और सेक्टर संख्या प्राप्त करता है और फाइल को हमारी आवश्यकतानुसार उपलब्ध कराता है।

फाइल नाम के दो भाग हो सकते हैं:

(अ) *प्राइमरी फाइल नेम (Primary File name):* यह अधिकतम 8 कैरेक्टर में दिया जा सकता है। जैसेः INCOME, PAY आदि।

(ब) *एक्स्टेंशन या विस्तारक (Extension):* यह अधिकतम 3 कैरेक्टर का होता है। यह फाइल नाम की प्रकृति, प्रकार या विशेषता को व्यक्त करता है। प्राथमिक फाइल नाम और विस्तारक के मध्य डॉट (**.**) का प्रयोग किया जाता है। जैसेः INCOME. DOC, यहाँ INCOME प्राथमिक फाइल नाम और DOC विस्तारक है।

टीप

1. फाइल के नाम में अक्षरों के मध्य रिक्त स्थान नहीं होना चाहिए।
2. दो या दो से अधिक फाइलों के नाम एक समान नहीं हो सकते।
3. ऐसे फाइल के नाम नहीं दिए जा सकते, जिनके शब्द MS-DOS में विशेष अर्थ रखते हैं, जैसे कि MS-DOS के निर्देशों को फाइल के नाम के रूप में प्रयोग नहीं किया जा सकता है। उदाहरण के लिए निम्न फाइल नाम गलत हैः COPY, DEL, RD आदि, क्योंकि इन्हें MS-DOS के निर्देश से लिया गया है।
4. फाइल के नाम में विशेष चिह्नों का प्रयोग नहीं किया जा सकता, जैसेः [ ], /, <, > आदि।
5. फाइल के नाम में निम्नलिखित कैरेक्टर्स का प्रयोग किया जा सकता हैः A से Z तक वर्णमाला के अक्षर, a से z तक छोटी वर्णमाला के अक्षर, 0, 1, 2, 3, 4, 5, 6, 7, 8, 9, A, @, %, ^, &, (,), [ ], ~, { }, /

बूटिंग (Booting)

कंप्यूटर को ऑन करने पर सर्वप्रथम इसके ROM में उपस्थित BIOS (Basic Input Output System) के द्वारा सभी डिवाइसेस की जाँच होती है। इस क्रिया को POST (Power On Self Test) कहते हैं। इसके उपरांत डिस्क पर उपस्थित ऑपरेटिंग सिस्टम डॉस RAM में संग्रहित हो जाता है, साथ ही MS-DOS की मुख्य फाइलों का निष्पादन होता है। ये फाइलें हैंः COMMAND.COM, IO.SYS, MS-DOS. SYS, AUTOEXEC.BAT,

CONFIG.SYS, HIMEM.SYS आदि। अंत में कंप्यूटर की स्क्रीन पर डॉस प्रॉम्प्ट दिखाई देता है। इस प्रकार डॉस का कंप्यूटर के मेमोरी में स्वतः संग्रहित होना बूटिंग कहलाता है। जिस डिस्क में बूटिंग हेतु COMMAND.COM, IO.SYS और MSDOS.SYS विशेष प्रोग्राम फाइलें संग्रहित होती हैं, उसे बूटेबल डिस्क (Bootable Disk) कहते हैं।

MS-DOS की मुख्य फाइलें

MS-DOS ऑपरेटिंग सिस्टम की मुख्य फाइलें कुछ विशेष कार्यों, जैसे—बूटिंग की प्रक्रिया, इनपुट/आउटपुट के लिये डिवाइसेस निर्धारित कर उन्हें समायोजित करना, ऑपरेटिंग सिस्टम के आंतरिक निर्देशों (Internal Commands) को मेमोरी में संग्रहित करना आदि के लिए निर्मित होती है। इन फाइलों के विस्तारक भी विशेष होते हैं, जैसे – .sys, .com, .exe, .bat आदि। ये प्रायः प्रोग्राम फाइलें होती हैं जिन्हें डॉस को तैयार करते समय ही बनाया जाता है।

(अ) *IO.SYS और MSDOS.SYS फाइलें*—ये दोनों फाइलें छिपी हुई होती हैं। इनके नाम हम फाइलों की सूची में नहीं देख सकते। ये प्रत्येक डिस्क पर उपस्थित होती हैं। ये दोनों फाइलें बूटिंग के समय स्वतः ही कंप्यूटर की RAM में संग्रहित हो जाती हैं।

ये दोनों फाइलें डॉस कर्नेल (Dos Kernel) का प्रतिनिधित्व करती हैं। डॉस कर्नेल कंप्यूटर इनपुट/आउटपुट डिवाइसेस और ऑपरेटिंग सिस्टम के मध्य सेतु का कार्य करता है। IO.SYS फाइल इनपुट/आउटपुट डिवाइसेस से संबंधित क्रियाओं के मानक को संग्रहित करने का कार्य करती है, जबकि MSDOS.SYS डॉस कर्नेल के लिये ऑपरेटिंग सिस्टम से संपर्क स्थापित करने के निर्देश को संग्रहित करता है।

(ब) *COMMAND.COM फाइल*—MS-DOS में एक कमांड इंटरप्रीटर (Command Interpreter) होता है जो तीनों फाइलों – IO.SYS, MSDOS.SYS और COMMAND.COM का समूह होता है। IO.SYS और MSDOS.SYS फाइलें छिपी होती हैं जबकि तीसरी फाइल COMMAND.COM एक प्रोग्राम फाइल होती हैं। कंप्यूटर की बूटिंग के समय ये तीनों फाइलें मेमोरी में स्वतः संग्रहित हो जाती हैं। COMMAND.COM फाइल उपयोगकर्ता को कंप्यूटर से संपर्क स्थापित करने की सुविधा प्रदान करती है। यह ऑपरेटिंग सिस्टम की सहायता से उपयोगकर्ता का कंप्यूटर सिस्टम से संपर्क स्थापित कराती है। इसमें ऑपरेटिंग सिस्टम के विभिन्न आंतरिक निर्देश (Internal Commands) संग्रहित रहते हैं, जिन्हें उपयोगकर्ता डॉस प्रॉम्प्ट पर टाइप करके निष्पादित (Execute) करता है। COMMAND.COM को कमांड इंटरप्रीटर या कंसोल कमांड प्रोसेसर (Console Command Processor) या सेल (Shell) भी कहते हैं।

(स) *AUTOEXEC.BAT फाइल*—बूटिंग के उपरांत ऑपरेटिंग सिस्टम डिस्क पर AUTOEXEC.BAT फाइल को ढूँढ़ता है और इसे निष्पादित कर देता है। यह क्रिया कंप्यूटर को ऑन करने पर प्रत्येक बार होती है। AUTOEXEC.BAT एक बैच फाइल (Batch file) है, जिसमें डॉस निर्देश (Dos Commands) होते हैं। यह एक प्रोग्राम फाइल के समान इसमें लिखे निर्देशों को स्वतः क्रियान्वित निष्पादित करती है। अतः इसका नाम AUTOEXEC अर्थात् स्वतः निष्पादन योग्य रखा गया है। इसमें MS-DOS के लिये प्रारंभिक निर्देश होते हैं जिनसे हम डिस्क पर उपस्थित अन्य प्रोग्रामों के पथ (Path) का निर्धारण करते हैं। बाद में डॉस को इन निर्धारित प्रोग्राम्स को निष्पादित करने में सहायता मिलती है। AUTOEXEC.BAT फाइल में हम डिस्क पर उपस्थित अन्य ऐप्लिकेशन प्रोग्राम्स की स्थिति बताने वाले डॉस निर्देश संग्रहित करते हैं।

टीपः COMMAND.COM, IO.SYS और MSDOS.SYS फाइलें MS-DOS की सिस्टम फाइल्स कहलाती हैं।

(द) *CONFIG.SYS फाइल*—कंप्यूटर को ऑन करने के उपरांत यह बूट होना है तथा हम AUTOEXEC.BAT फाइल से MS-DOS ऑपरेटिंग सिस्टम में अन्य सॉफ्टवेयर्स की स्थिति का निर्धारण करते हैं। इसके उपरांत MS-DOS द्वारा कंप्यूटर में उपस्थित हार्डवेयर की स्थिति और प्रकार का निर्धारण किया जाता है। इस हेतु CONFIG.SYS फाइल का उपयोग किया जाता है।

CONFIG.SYS फाइल एक टेकस्ट फाइल होती है जिसमें ऐसे प्रोग्राम होते हैं जो कंप्यूटर के हार्डवेयर भागों (मेमोरी, की–बोर्ड, माउस, प्रिंटर आदि) का निर्धारण करते हैं जिससे MS-DOS और ऐप्लिकेशन प्रोग्राम इनका उपयोग कर सकें। जब MS-DOS अपना कार्य प्रारंभ करता है तो यह CONFIG.SYS फाइल में लिखे निर्देशों को निष्पादित करता है। यह AUTOEXEC.BAT फाइल के निष्पादन के तत्काल उपरांत ही CONFIG.SYS को निष्पादित कर देता है।

CONFIG.SYS फाइल में निर्धारित हार्डवेयर के अनुरूप ही MS-DOS मेमोरी में स्थान को रिक्त रखता है। CONFIG.SYS फाइल डिस्क पर मूल डायरेक्टरी (Root Directory) में संग्रहित रहती है। इसमें हम संशोधन कर सकते हैं और नये निर्देश भी जोड़ सकते हैं। CONFIG.SYS फाइल में लिखे जाने वाले निर्देश निम्न हैं:

(1) BUFFER—यह MS-DOS को बताता है कि डिस्क से सूचनाओं के आदान–प्रदान के लिये मेमोरी का कितना भाग रिक्त रखना चाहिए।

(2) COUNTRY—यह विभिन्न देशों की भाषाओं के निर्धारण के लिये कंप्यूटर सिस्टम को निश्चित करता है।

(3) DEVICE—यह किसी डिवाइस को चलाने से संबंधित प्रोग्राम – डिवाइस ड्राइवर (Device Driver) को मेमोरी में संग्रहित करता है। जैसे – माउस ड्राइवर (Mouse Driver), प्रिंटर ड्राइवर (Printer Driver) आदि।

(4) FILES—यह निर्धारित करता है कि एक बार में कितनी फाइल्स मेमोरी में खोली जा सकती हैं।

उदाहरण : FILES = 30

यह एक बार में 30 फाइलें मेमोरी में खोलने की सुविधा देता है।

(5) SHELL—यदि हम COMMAND.COM के अतिरिक्त कोई अन्य कमांड इंटरप्रीटर का प्रयोग करना चाहते हैं तो यह उसे निर्धारित करने के काम आता है।

MS-DOS में निष्पादन योग्य फाइल्स

वे प्रोग्राम्स जिनके फाइल नाम के अंत में .EXE, .COM या .BAT विस्तारक लगा रहता है, MS-DOS में निष्पादित होने वाली फाइलें होती हैं। इनका प्राथमिक फाइल नाम डॉस प्रॉम्प्ट पर टाइप करने से ही ये निष्पादित हो जाती हैं। उदाहरण के लिये WIN.EXE एक निष्पादन योग्य फाइल है जो विंडोज (Windows) प्रोग्राम का आरंभ कर देती है। इसे निष्पादित करने के लिए डॉस प्रॉम्प्ट पर हम निम्न निर्देश टाइप करते हैं:

C:\ >WIN

निम्न सारणी में प्रमुख प्रोग्राम्स और उनकी निष्पादन योग्य फाइल के नाम दिए गए हैं–

प्रोग्राम	*फाइल का नाम जिससे प्रोग्राम प्रारंभ होगा*
Wordstar	WS
Word Perfect	WP
Word for Windows	WIN WINWORD
Excel	WIN EXCEL
Dbase	DBASE
Harvard Graphics	HG
Lotus 1-2-3	123
PC Tolls	PCT
Ventura Publisher	VP
Word	WORD
Windows	WIN

फाइल तैयार करना

MS-DOS में फाइल तैयार करने के लिए हम डॉस प्रॉम्प्ट पर 'COPY CON' आंतरिक निर्देश (Internal Commands) को टाइप करते हैं। COPY CON निर्देश का विन्यास (Syntax) निम्न है–

C:\ >COPY CON <फाइल का नाम>. <विस्तारक> ↵

{फाइल के अवयव}

Ctrl + Z

उदाहरणः माना हमें INCOME.TXT नाम की एक फाइल तैयार करनी है और उसमें 'This is a Income Tax file' को कॉनटेंट्स (Contents) के रूप में संग्रहित करना है, तो हम निम्न प्रकार करेंगे–

C:\>COPY CON INCOME.TXT ↵

This is a Income Tax file.

^Z ↵

निम्न चित्र देखें–

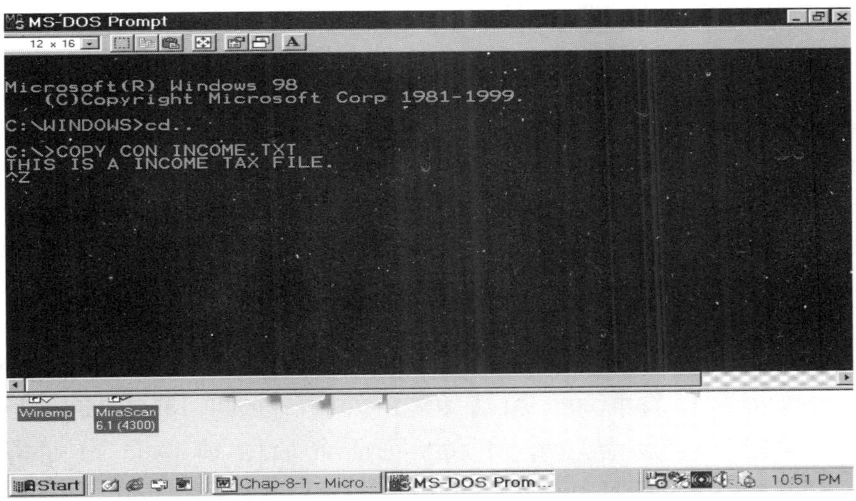

चित्र 8.1

टीप–फाइल का अंत निर्धारित करने के लिये की–बोर्ड से कंट्रोल कुँजी ('Ctrl' Key) के साथ Z कुँजी को दबाना होता है।

8.5. डायरेक्टरी और डायरेक्टरी संरचना (Directory and Directory Structure)

एक से अधिक फाइल्स की सूची को डायरेक्टरी कहते हैं। डायरेक्टरी का प्रयोग फाइल्स को सुरक्षित रखने के लिए किया जाता है। एक डायरेक्टरी में संग्रहित फाइलों के बारे में निम्नलिखित सूचनाएँ होती हैंः

(अ) फाइल का नाम

(ब) विस्तारक

(स) फाइल में उपस्थित कैरेक्टर्स की संख्या या फाइल का आकार बाइट में।

(द) फाइल को तैयार करने का दिनाँक।

(य) फाइल को तैयार करने का समय।

MS-DOS में डायरेक्टरी हमारे द्वारा तैयार की गई फाइल्स की सूची को प्रदर्शित करती है। डायरेक्टरी के उपयोग से हम एक प्रकार की फाइल्स को डिस्क पर एक अलग स्थान पर संग्रहित करके रख सकते हैं। हम स्वयं की अपनी डायरेक्टरी भी बना सकते हैं। हम एक डायरेक्टरी के अंदर अनेक डायरेक्टरी तैयार कर सकते हैं जिन्हें सब–डायरेक्टरी कहते हैं।

1. *वर्तमान डायरेक्टरी*–यह वह डायरेक्टरी होती है जिसमें हम वर्तमान में कार्य कर रहे होते हैं। वर्तमान डायरेक्टरी का नाम डॉस प्रॉम्प्ट पर प्रदर्शित होता रहता है।

2. *मूल डायरेक्टरी*–प्रत्येक डिस्क में एक मूल डायरेक्टरी भी होती है, जिसमें डिस्क की अन्य सभी डायरेक्टरी संग्रहित रहती हैं। यह डायरेक्टरी डिस्क को फार्मेट करते समय डॉस द्वारा स्वतः ही तैयार की जाती है। MS-DOS में इस डायरेक्टरी का चिह्न \ प्रदर्शित होता है। जिसे डॉस प्रॉम्प्ट कहते हैं एवं यह निम्न प्रकार प्रदर्शित होता है:

C:\> _

डिस्क पर उपयोगकर्ता द्वारा तैयार की जाने वाली सभी डायरेक्टरी मूल डायरेक्टरी की सब–डायरेक्टरी होती है। मूल डायरेक्टरी डिस्क पर वह प्रारंभिक बिंदु है जहाँ से अन्य सभी सब–डायरेक्टरी की शाखाएँ निकलती हैं। मूल डायरेक्टरी नाम रहित होती है। जब मूल डायरेक्टरी ही वर्तमान डायरेक्टरी होती है तो डॉस प्रॉम्प्ट निम्न प्रकार प्रदर्शित होता है:

C:\> _

उपरोक्त डॉस प्रॉम्प्ट यह दर्शाता है कि C ड्राइव की डिस्क पर मूल डायरेक्टरी में हम कार्य कर रहे हैं। चूँकि मूल डायरेक्टरी अन्य सभी डायरेक्ट्रीज का आधार है, इसलिये उपयोगकर्ता इसे मिटा नहीं सकता।

3. *ड्राइव*–कंप्यूटर में प्रयुक्त डिस्क को व्यक्त करने के लिए यह एक संकेत होता है। ड्राइव को डॉस में वर्णमाला के अक्षर और कोलन चिह्न (:) के द्वारा व्यक्त किया जाता है। जैसे– C:, B:, A: आदि। माइक्रो कंप्यूटर में प्रायः फ्लॉपी डिस्क, हार्डडिस्क, कांपैक्ट डिस्क आदि प्रयुक्त की जाती हैं। इनके ड्राइव चिह्न हम क्रमशः A:, B:, C: D: आदि से व्यक्त करते हैं।

हार्ड डिस्क को प्रायः C: से व्यक्त किया जाता है। यदि कंप्यूटर में एक से अधिक हार्ड डिस्क हैं तो इन्हें क्रमशः C:, D:, E: आदि से व्यक्त किया जाता है। A और B सामान्यतः फ्लॉपी डिस्क ड्राइव को दर्शाता है।

4. *फाइल की स्थिति बताने के लिये पाथ का प्रयोग*–किसी भी फाइल की स्थिति को सुनिश्चित करने के लिये हम पाथ का प्रयोग करते हैं। फाइल डायरेक्टरी या सब डायरेक्टरी में उपस्थित होती है। चिह्न \ (बैकस्लेश), जिसे पाथ चिह्न कहते हैं, यह प्रदर्शित करता है कि वांछित फाइल या सब डायरेक्टरी कहाँ स्थित है।

टीपः चिह्न \ का प्रयोग मूल डायरेक्टरी के रूप में भी होता है लेकिन यह ड्राइव चिह्न के साथ (C:\) ही मूल डायरेक्टरी को व्यक्त करता है, अन्य स्थान पर यह पाथ को व्यक्त करता है।

निर्देश के भाग

MS-DOS के निर्देश के तीन भाग होते हैं:

(अ) *कमांड नेम (Command Name)*–कमांड नेम वह शब्द होता है जिसे हम निर्देश में सबसे पहले देते हैं जिसकी सहायता से डॉस को यह पता चलता है कि हमें क्या क्रिया करनी है। जैसे – DIR, COPY, DEL आदि।

(ब) *पैरामीटर (Parameter)*—MS-DOS को कभी–कभी निर्देश में अतिरिक्त सूचना की आवश्यकता होती है। इसके लिये कमांड नेम के बाद पैरामीटर व्यक्त किये जाते हैं। पैरामीटर डॉस को आब्जेक्ट बताता है जिस पर दिया गया निर्देश क्रियान्वित करना है। उदाहरण के लिए, हम फाइल का नाम पैरामीटर के रूप में देते हैं।

(स) *स्विच (Switch)*–स्विच का प्रयोग / (स्लैश) के बाद एक अक्षर के द्वारा निर्देश के अंत में किया जाता

है। स्विच की सहायता से निर्देश के कार्य को नई दिशा दी जाती है। उदाहरणार्थ DIR निर्देश वर्तमान डायरेक्टरी की फाइलों की सूची दर्शाता है जबकि निम्न 'DIR' निर्देश फाइल की सूची स्क्रीन पर चौड़ाई में दिखाता है:

C:\>DIR/W

8.6. वाइल्ड कार्ड (Wild Cards)

जब हमें फाइल्स के एक समूह पर एक साथ कार्य करना होता है, तब हम वाइल्ड कार्ड प्रयोग करते हैं। वाइल्ड कार्ड दो प्रकार के होते हैं – Star (*) और प्रश्न वाचक चिह्न (?).

स्टार वाइल्ड कार्ड (*) का प्रयोग अक्षरों के समूह को चुनने के लिए किया जाता है। इस वाइल्ड कार्ड का सबसे अधिक उपयोग स्टार डॉट स्टार *.* है। अर्थात् फाइल का नाम तथा विस्तारक कुछ भी हो सकता है और यह कितना ही लंबा हो सकता है अर्थात् इस संयोजन के साथ जब कमांड दिया जाता है तो सभी फाइलों का चयन हो जाता है। उदाहरण के लिए, जब हम डायरेक्टरी की सभी फाइलों की कॉपी करना चाहते हैं तब हम COPY *.* का कमांड देते हैं।

किसी फाइल के लिए *.EXE का अर्थ है कि फाइल का पहला नाम कुछ भी हो सकता है लेकिन विस्तारक नाम EXE है। इस समूह में निम्नलिखित फाइलें आ सकती हैं:

प्रश्न चिह्न वाला वाइल्ड कार्ड किसी भी एक करेक्टर को चुनने के लिए प्रयोग होता है। उदाहरण के लिए, यदि हम किसी फाइल के लिए ?INCOME.DBF लिखते हैं, तो उस वर्ग में वे सभी फाइल्स आ जाएँगी जिसमें INCOME से पहले कोई भी एक अक्षर हो सकता है तथा जिसका विस्तारक नाम DBF है।

विभिन्न संयोजनों द्वारा एक समूह की फाइल्स को नियंत्रित करने के लिए हम वाइल्ड कार्ड का प्रयोग कर सकते हैं। उदाहरण के लिए, माना कि हम एक पुस्तक लिख रहे हैं जिसमें दस अध्याय हैं। इस पुस्तक के प्रत्येक अध्याय के लिए फाइल का नाम CHAP रखा है, CHAP के बाद उसका नंबर तथा DOC इसका विस्तारक नाम है। जब हमें CHAPI.DOC से CHAP10.DOC तक की सभी फाइल्स को कॉपी करना होगा, तो हम फाइल के नाम के स्थान पर CHAP?.DOC लिखेंगे।

इस फाइल के लिए हम प्रश्न चिह्न (?) वाइल्ड कार्ड प्रयोग कर रहे हैं। इनका पहला चार अक्षर अक्षरों का समूह CHAP है। इसके बाद में संख्या या अक्षर का एक कैरेक्टर आता है जो सभी में भिन्न हैं तथा विस्तारक नाम DOC है अतः हम CHAP के बाद ? का प्रयोग करते हैं। ? वाइल्ड कार्ड किसी एक अक्षर को निरूपित करता है।

यदि हमारी पुस्तक में 16 अध्याय हैं और फाइलों के नाम CHAP1.DOC से लेकर CHAP16.DOC तक हैं तो आप इसके लिए स्टार (*) वाइल्ड कार्ड प्रयोग कर सकते हैं। इस पुस्तक की सभी फाइल्स को कॉपी करने के लिए निम्नलिखित फाइल नाम स्पेसिफिकेशन देना होता है:

CHAP*.DOC

यह स्पेसिफिकेशन DOS को उन सभी फाइल्स जिनका प्रथम फाइल नान CHAP है, फिर चाहे CHAP के बाद कितने भी कैरेक्टर हों और जिसका विस्तारक नाम DOC है, पर कार्य करने को कहेगा।

8.7. डॉस समादेश (DOS Commands)

जब किसी ऑपरेटिंग सिस्टम द्वारा कंप्यूटर सिस्टम को संचालित किया जाता है, तो यह उपयोगकर्ता और हार्डवेयर के मध्य संपर्क स्थापित करने के लिए कमांड इंटरप्रेटर के माध्यम से उपयोगकर्ता के लिए समादेश की सुविधा प्रदान करता है। MS-DOS भी यह सुविधा दो प्रकार के समादेशों (Commonds) के द्वारा हमें देता है। ये हैं–आंतरिक समादेश (Internal Commondrs) और बाह्य समादेश (External Commands)।

(अ) *आंतरिक समादेश*–ये समादेश DOS के साथ सदैव उपलब्ध रहते हैं क्योंकि ये समादेश बूटिंग के समय ही मेमोरी में स्वतः संग्रहीत हो जाते हैं। ये सभी समादेश COMMOND.COM प्रोग्राम फाइल में संकलित होते हैं।

इसीलिए ये समादेश सदैव उपलब्ध रहते हैं जब तक कि हम कंप्यूटर को बंद नहीं कर देते हैं। अतः आंतरिक समादेश हम कभी भी निष्पादित कर सकते हैं। कुछ आंतरिक समादेश निम्न हैं–

DIR, DEL, REN, COPY, TYPE आदि।

(ब) *बाह्य समादेश*–बाह्य समादेश ऐसे छोटे प्रोग्राम्स होते हैं जो फ्लॉपी डिस्क या हार्डडिस्क पर संग्रहित होते हैं और आवश्यकता पड़ने पर इन्हें निष्पादित किया जाता है। बाह्य समादेश के उदाहरण हैं – FORMAT, CHKDSK, PRINT, DISKCOPY आदि।

8.8. आंतरिक समादेश (Internal Commands)

1. *VER*

वाक्य रचना **(Syntax):**

C:\>VER ↵

उपयोगः

इस समादेश का उपयोग डॉस का संस्करण ज्ञात करने के लिये किया जाता है। निम्न चित्र देखें:

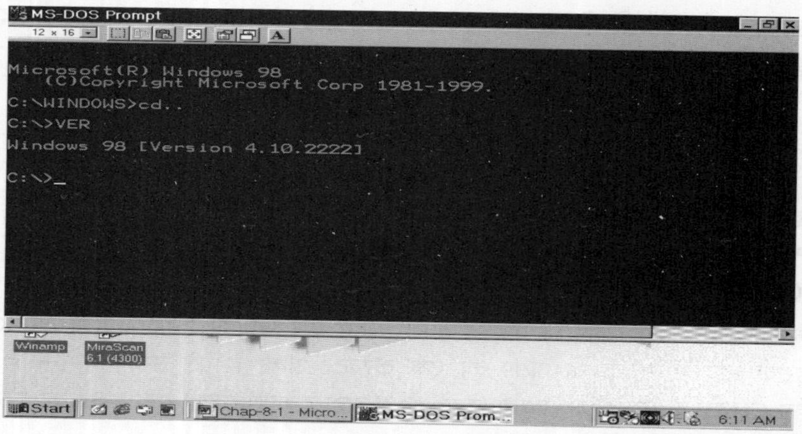

चित्र 8.2

2. *CLS*

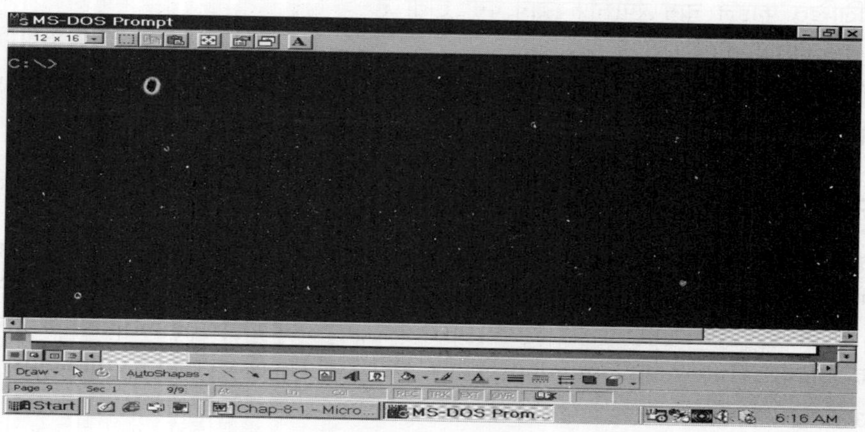

चित्र 8.3

वाक्य रचनाः

C:\>CLS ↵

उपयोगः

इस समादेश का उपयोग मॉनीटर स्क्रीन को क्लीयर (Clear) करने के लिये किया जाता है। चित्र 8.3 देखें।

3. *TIME*

वाक्य रचना **(Syntax):**

C:\>TIME ↵

उपयोगः

इस समादेश का उपयोग वर्तमान समय को देखने या समय में वांछित परिवर्तन करने के लिये किया जाता है। निम्न चित्र देखें:

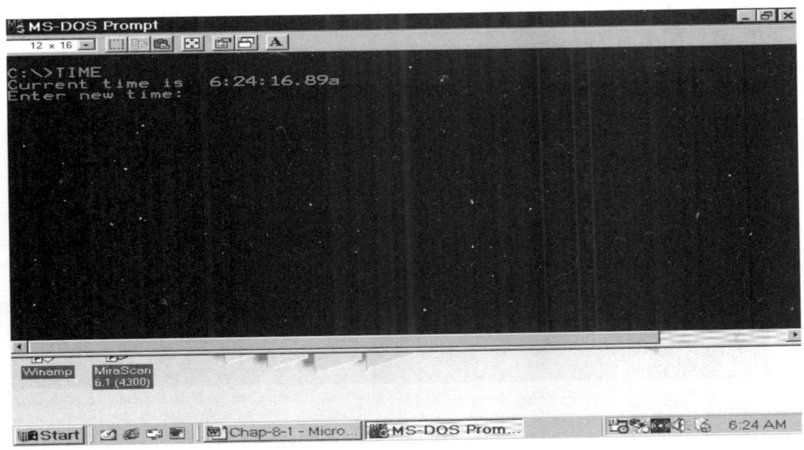

चित्र 8.4

4. *DATE*

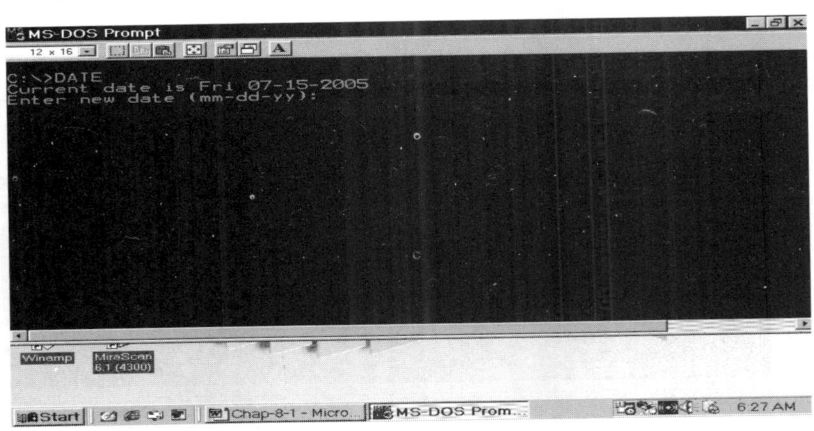

चित्र 8.5

वाक्य रचनाः

C:\>DATE ↵

उपयोगः

इस समादेश का उपयोग वर्तमान दिनाँक को देखने या दिनाँक में वांछित परिवर्तन करने के लिये किया जाता है। चित्र 8.5 देखें।

टीपः यहाँ MM – माह, DD – दिनाँक तथा YY – वर्ष को सूचित करता है।

5. *VOL*

वाक्य रचना **(Syntax):**

C:\>VOL ↵

उपयोगः

इस समादेश का उपयोग डिस्क का नाम एवं वॉल्यूम सीरियल नंबर (Volume Serial Number) को देखने के लिये किया जाता है। निम्न चित्र देखें:

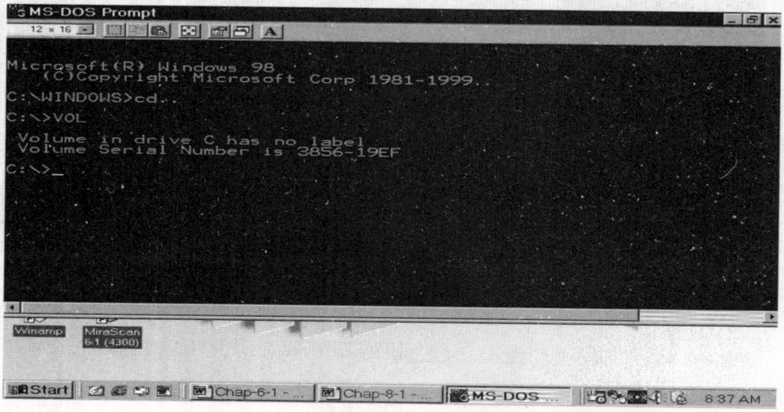

चित्र 8.6

टीपः इस समादेश की सहायता से हम किसी भी ड्राइव का वॉल्यूम सीरियल नंबर देख सकते हैं। निम्न चित्र देखें:

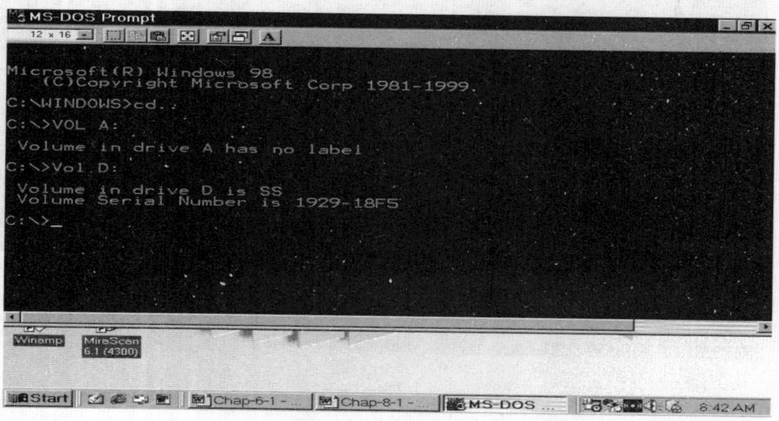

चित्र 8.7

टीपः ड्राइव को परिवर्तित करना।

ड्राइव परिवर्तन हेतु वाक्य रचना निम्न हैः

C:\>A: ↵

या C:\>D: ↵

या A:\>C: ↵

निम्न चित्र देखेंः

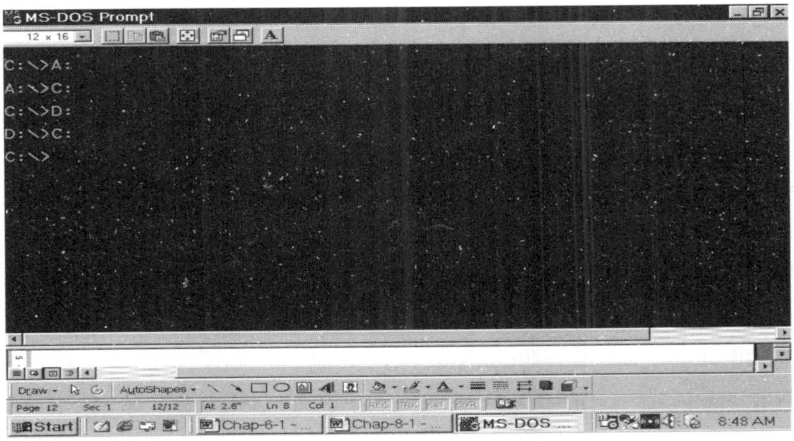

चित्र 8.8

6. *DIR*

वाक्य रचना **(Syntax):**

C:\>DIR ↵

उपयोगः

इस समादेश का उपयोग डायरेक्टरी देखने के लिये किया जाता है। उपरोक्त समादेश की सहायता से C ड्राइव की डायरेक्टरी को देखा जा सकता है। निम्न चित्र देखेंः

चित्र 8.9

उपरोक्त चित्र का विवरण निम्नानुसार है:

प्रथम पंक्ति–डायरेक्टरी का लेबल प्रदर्शित करता है। लेबल पर नाम होता है जो किसी डायरेक्टरी की पहचान के लिए निर्धारित किया जाता है।

द्वितीय पंक्ति–डिस्क का सीरियल क्रमांक प्रदर्शित करता है। यह सीरियल क्रमांक भी फार्मेटिंग के समय ही निर्धारित होता है, लेकिन यह स्वतः होता है। इसे हम परिवर्तित या निर्धारित नहीं कर सकते।

तृतीय पंक्ति–डायरेक्टरी के नाम को प्रदर्शित करता है।

इसके उपरांत पाँच स्तंभों में फाइल्स की सूची और उनका विवरण प्रदर्शित होता है। ये पाँच स्तंभ निम्न प्रकार हैं:

प्रथम स्तंभ–फाइल या सब–डायरेक्टरी के नाम को प्रदर्शित करता है।

द्वितीय स्तंभ–फाइल के विस्तारक नाम को प्रदर्शित करता है। यदि इस स्थान पर <DIR> लिखा है, तो इसका अर्थ है कि यह डायरेक्टरी है, फाइल नहीं।

तृतीय स्तंभ–फाइल द्वारा डिस्क पर घेरे गए स्थान को प्रदर्शित करता है अर्थात् फाइल का आकार क्या है। यह बाइट में प्रदर्शित किया जाता है।

चतुर्थ स्तंभ–यह प्रदर्शित करता है कि फाइल को अंतिम बार कब संशोधित किया गया था, या उसे कब बनाया गया था।

पंचम स्तंभ–यह फाइल निर्माण अथवा संशोधन के समय को प्रदर्शित करता है।

इसके उपरांत सबसे अंत में समस्त फाइल्स और डायरेक्टरीज की संख्या, डिस्क का कुल कितना भाग प्रयोग किया जा चुका है तथा कितना शेष बचा है का प्रदर्शन होता है।

DIR समादेश के अन्य अनुप्रयोग निम्न हैं:

1. किसी अन्य ड्राइव की डायरेक्टरी देखना।

इस हेतु समादेश की वाक्य रचना निम्न है:

C:\>DIR <Drive Name>: ↵

उदाहरण के लिए, C:\>DIR D: ↵ समादेश D ड्राइव की डायरेक्टरी को प्रदर्शित करता है। निम्न चित्र देखें:

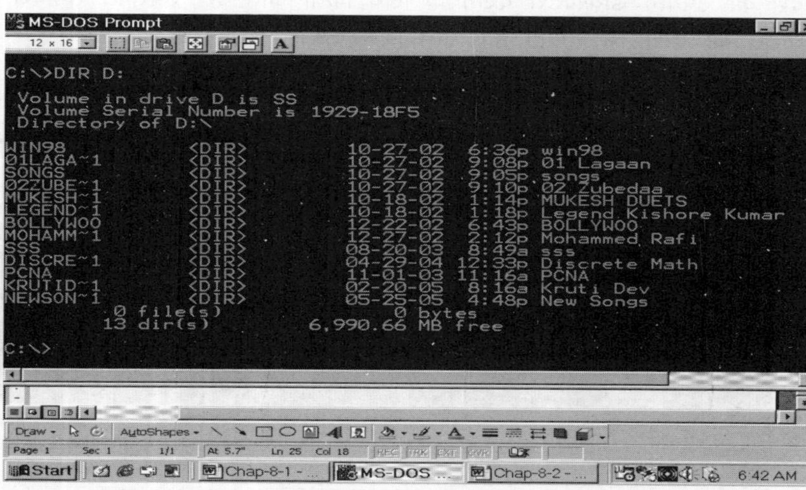

चित्र 8.10

2. वाइल्ड कार्ड (*) के प्रयोग द्वारा डायरेक्टरी देखना।

DIR समादेश के साथ जब वाइल्ड कार्ड का प्रयोग किया जाता है, तो फाइल या फोल्डर के नाम के साथ इसे वहाँ लगाते हैं, जहाँ * के स्थान पर कोई भी कैरेक्टर आए और उनकी संख्या चाहे कुछ भी हो। निम्न उदाहरण देखें:

(अ) ऐसी फाइल्स को चुनने के लिए जिनका आरंभिक नाम IN है और उसके उपरांत चाहे कोई भी कैरेक्टर हो, साथ ही उनका विस्तारक नाम .TXT है, तो निम्न समादेश दिया जाता है:

C:\>DIR IN*.TXT ↵

निम्न चित्र देखें:

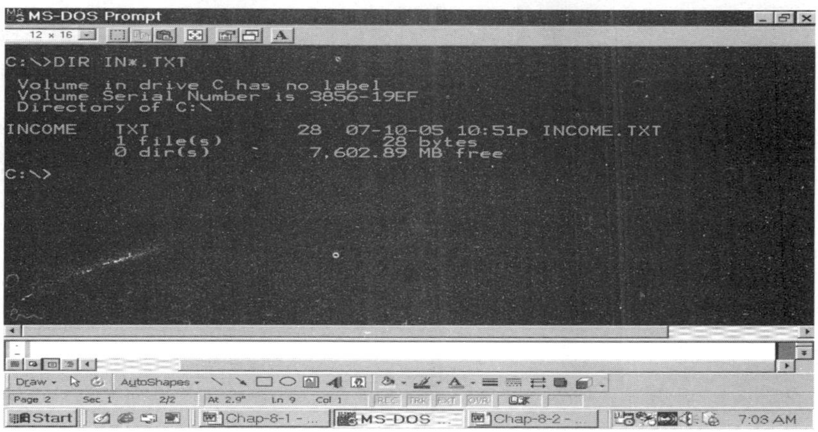

चित्र 8.11

(ब) ऐसी फाइल्स को चुनने के लिए जिनका आरंभिक नाम कुछ भी हो लेकिन उनका विस्तारक नाम .TXT है, तो निम्न समादेश दिया जाता है:

C:\>DIR *.TXT ↵

निम्न चित्र देखें:

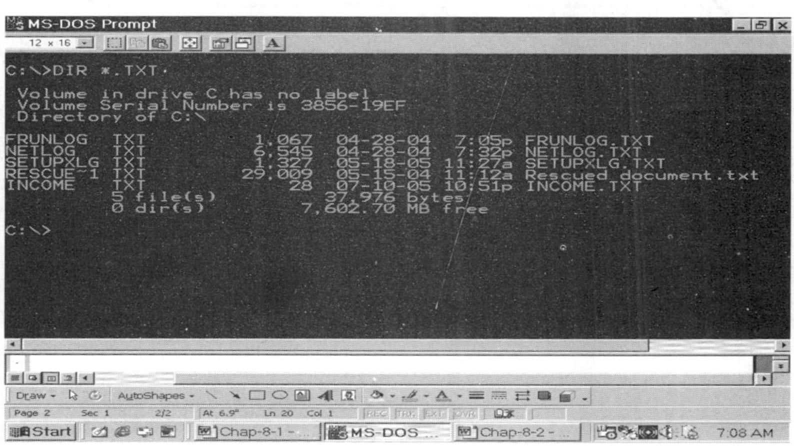

चित्र 8.12

(स) ऐसी फाइल्स को चुनने के लिए जिनका आरंभिक नाम CONFIG हो लेकिन उनका विस्तारक नाम कुछ भी हो, निम्न समादेश दिया जाता है:

C:\>DIR CONFIG.* ↵

निम्न चित्र देखें:

चित्र 8.13

3. स्विचों के प्रयोग द्वारा डायरेक्टरी देखना।

(अ) डायरेक्टरी को पृष्ठ दर पृष्ठ देखने के लिए /P स्विच का प्रयोग किया जाता है। इस कार्य हेतु निम्न समादेश का प्रयोग करते हैं:

C:\>DIR/P ↵

निम्न चित्र देखें:

चित्र 8.14

(ब) डायरेक्टरी को चौड़ाई में देखने के लिए /W स्विच का प्रयोग किया जाता है। इस कार्य हेतु निम्न समादेश का प्रयोग करते हैं:

C:\>DIR/W ↵

निम्न चित्र देखें:

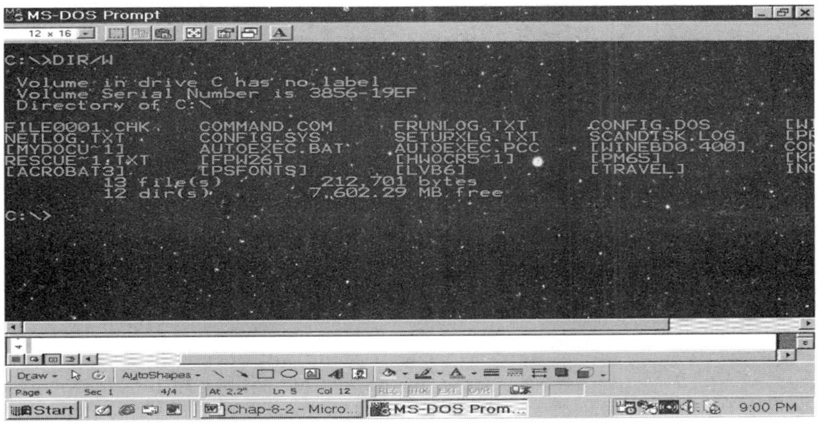

चित्र 8.15

(स) डिस्क की क्रियाशील डायरेक्टरी एवं उसकी सब–डायरेक्टरी को देखने के लिए /S स्विच का प्रयोग किया जाता है। इस कार्य हेतु निम्न समादेश का प्रयोग करते हैं:

C:\>DIR/S ↵

(द) डायरेक्टरी में स्थित फाइल्स का केवल नाम देखने हेतु, अन्य विवरण नहीं, /B स्विच का प्रयोग किया जाता है। इस कार्य हेतु निम्न समादेश का प्रयोग करते हैं:

C:\>DIR/B ↵

निम्न चित्र देखें:

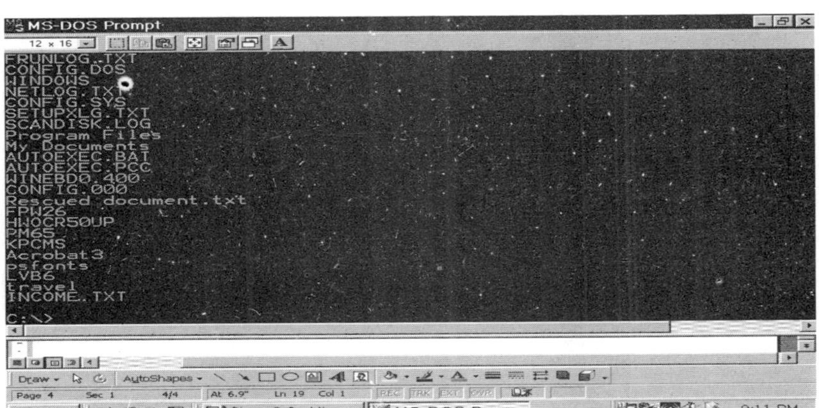

चित्र 8.16

(य) फाइल्स और डायरेक्टरीज को अंग्रेजी वर्णमाला के छोटे अक्षरों में देखने के लिये /L स्विच का प्रयोग किया जाता है। इस कार्य हेतु निम्न समादेश का प्रयोग करते हैं:

C:\>DIR/L ↵

निम्न चित्र देखें:

चित्र 8.17

(र) डबल स्पेस कमांड द्वारा बनाई गई फाइल की सामान्य फाइल से तुलना करने हेतु /C स्विच का प्रयोग किया जाता है। इस कार्य हेतु निम्न समादेश का प्रयोग करते हैं:

C:\>DIR/C ↵

(ल) डायरेक्टरी को पृष्ठ दर पृष्ठ वर्णमाला क्रम में देखने के लिए /P/O स्विच का प्रयोग किया जाता है। इस कार्य हेतु निम्न समादेश का प्रयोग करते हैं:

C:\>DIR/P/O ↵

निम्न चित्र देखें:

चित्र 8.18

(व) फाइल्स के ऐट्रीब्यूट देखने के लिए /A स्विच का प्रयोग किया जाता है। इस स्विच के साथ R (Read Only), H (Hidden) और S (System) फाइल्स को देखा जा सकता है। इस कार्य हेतु निम्न समादेश का प्रयोग करते हैं:

C:\>DIR/AR ↵

C:\>DIR/AH ↵

C:\>DIR/AS ↵

7. *MD*

वाक्य रचना **(Syntax):**

C:\>MD <Directory Name> ↵

उपयोग:

इस समादेश का उपयोग नई डायरेक्टरी का निर्माण करने के लिए किया जाता है।

उपरोक्त समादेश की सहायता से C: ड्राइव पर एक नई डायरेक्टरी का निर्माण किया जाता है। डायरेक्टरी का नाम 8 अक्षरों से अधिक का नहीं होना चाहिए। डायरेक्टरी नाम में फाइल नाम के समान कोई विस्तारक नहीं दिया जाता है।

उदाहरण के लिए, यदि हम MPHGA नाम की डायरेक्टरी का निर्माण करना चाहते हैं, तो हमें निम्न समादेश देना होगा:

C:\>MD MPHGA ↵

ऐसा करते ही वर्तमान डायरेक्टरी के अंदर MPHGA नाम की डायरेक्टरी का निर्माण हो जाएगा, जिसे DIR समादेश द्वारा देखा जा सकता है। निम्न चित्र देखें:

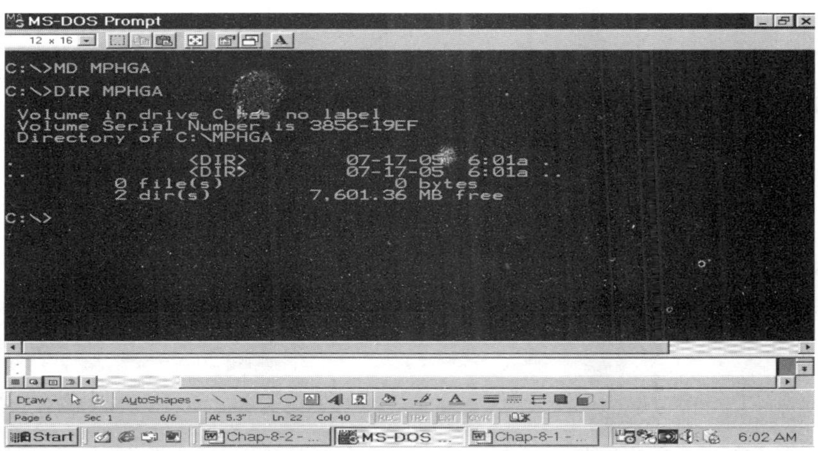

चित्र 8.19

किसी अन्य ड्राइव में डायरेक्टरी बनाने के लिए समादेश संरचना निम्न प्रकार होगी:

C:\>MD [Drive:][Path]<Directory Name> ↵

उदाहरण के लिए, यदि हम MPHGA नाम की डायरेक्टरी का निर्माण D: ड्राइव में करना चाहते हैं, तो हमें निम्न समादेश देना होगा:

C:\>MD D:\MPHGA ↵

8. *CD*

वाक्य रचना **(Syntax):**

C:\>CD <Directory Name> ↵

उपयोगः

इस समादेश का उपयोग एक डायरेक्टरी से दूसरी डायरेक्टरी में जाने के लिए किया जाता है।

उदाहरण के लिए, माना हम C: ड्राइव की रूट डायरेक्टरी में कार्य कर रहे हैं और अब इसके अंदर निर्मित MPHGA नाम की डायरेक्टरी में जाना चाहते हैं, तो हमें निम्न समादेश देना होगाः

C:\>CD MPHGA ↵

निम्न चित्र देखें:

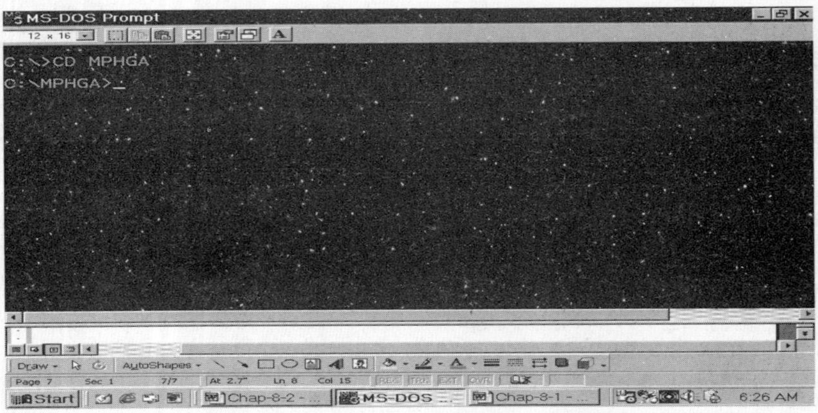

चित्र 8.20

CD समादेश के अन्य अनुप्रयोग निम्न हैं–

(अ) यदि हम वर्तमान डायरेक्टरी के अंदर वाली डायरेक्टरी के स्थान पर किसी अन्य डायरेक्टरी के अंदर वाली डायरेक्टरी में जाना चाहते हैं, तो हमें समादेश के साथ–साथ पाथ भी देना होगा। उदाहरण के लिए, C: ड्राइव में Windows डायरेक्टरी के अंदर Temp डायरेक्टरी में जाने के लिए निम्न समादेश देना होगाः

C:\>CD WINDOWS\TEMP ↵

निम्न चित्र देखें:

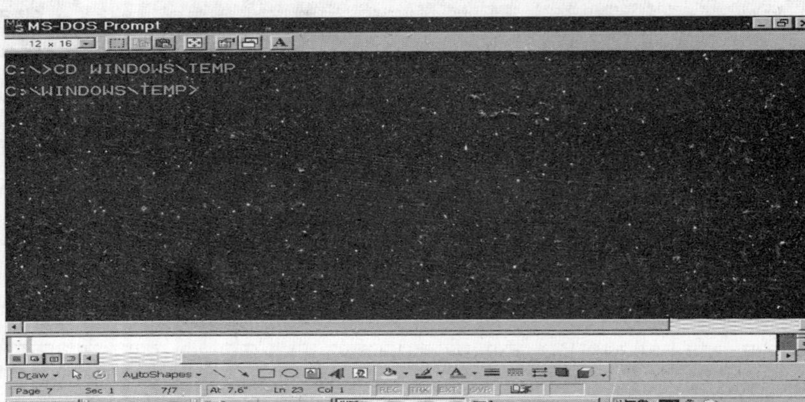

चित्र 8.21

(ब) डायरेक्टरी से एक–एक पद बाहर आने के लिए CD.. समादेश का प्रयोग किया जाता है। उदाहरण के लिए, माना हम C:\WINDOWS\TEMP> डायरेक्टरी में हैं और C: की रूट डायरेक्टरी में वापस आना चाहते हैं, तो हमें निम्न समादेश देना होगा:

C:\WINDOWS\TEMP>CD.. ↵

C:\WINDOWS>CD.. ↵

निम्न चित्र देखें:

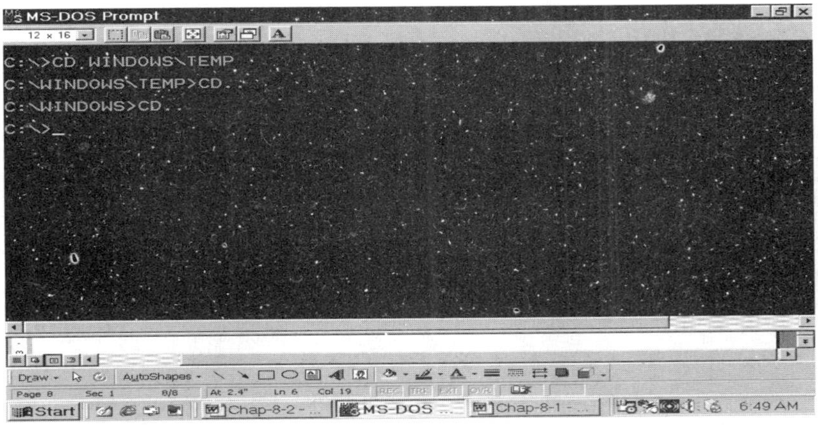

चित्र 8.22

(स) यदि हम किसी डायरेक्टरी या उसके अंदर की सब–डायरेक्टरी में हैं और सीधे रूट डायरेक्टरी में वापस आना चाहते हैं, तो हमें CD\ समादेश देना होगा। उदाहरण के लिए, माना हम C:\WINDOWS\TEMP> डायरेक्टरी में हैं और C: की रूट डायरेक्टरी में सीधे वापस आना चाहते हैं, तो हमें निम्न समादेश देना होगा:

C:\WINDOWS\TEMP>CD\ ↵

निम्न चित्र देखें:

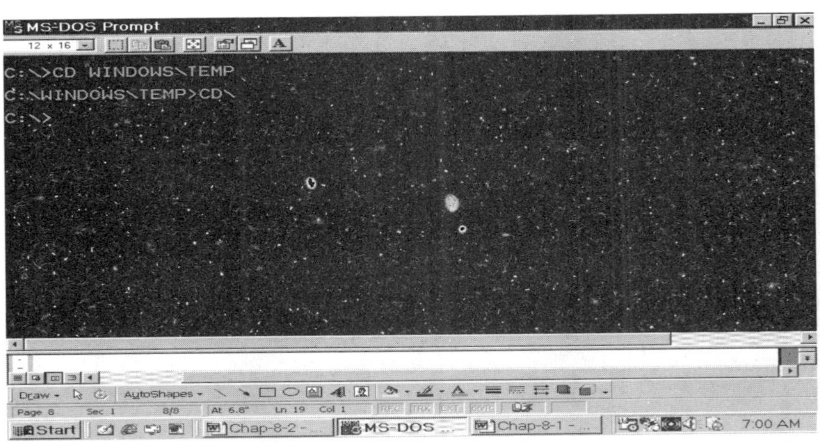

चित्र 8.23

9. *RD*

वाक्य रचना **(Syntax):**

C:\>RD <Directory Name> ↵

उपयोगः

इस समादेश का उपयोग किसी डायरेक्टरी को डॉस से समाप्त करने के लिए किया जाता है।

उदाहरण के लिए, माना हम MPHGA नाम की डायरेक्टरी C: ड्राइव से समाप्त करना या हटाना चाहते हैं, तो हमें निम्न समादेश देना होगाः

C:\>RD MPHGA ↵

निम्न चित्र देखें:

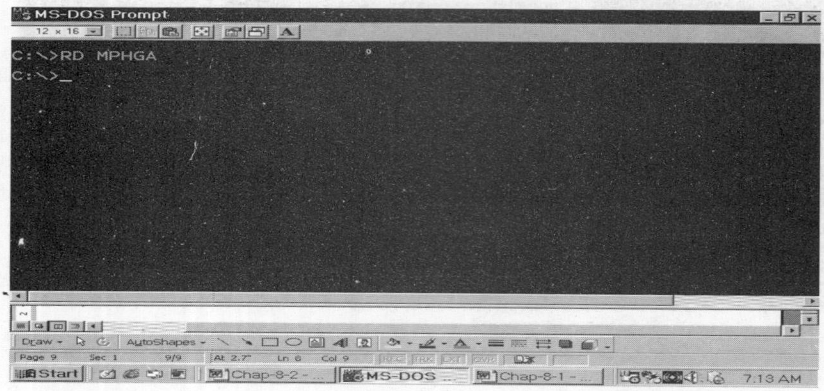

चित्र 8.24

टीपः

1. जिस डायरेक्टरी या सब–डायरेक्टरी को समाप्त करना चाहते हैं उसके अंदर कोई भी फाइल, फोल्डर आदि नहीं रहना चाहिए अर्थात् वह पूर्णतया रिक्त होनी चाहिए।

2. जिस डायरेक्टरी को मिटाना है उसमें रहते हुए RD समादेश का प्रयोग नहीं करना चाहिए, बल्कि उससे बाहर आकर इस समादेश का प्रयोग करना चाहिए।

10. *TYPE*

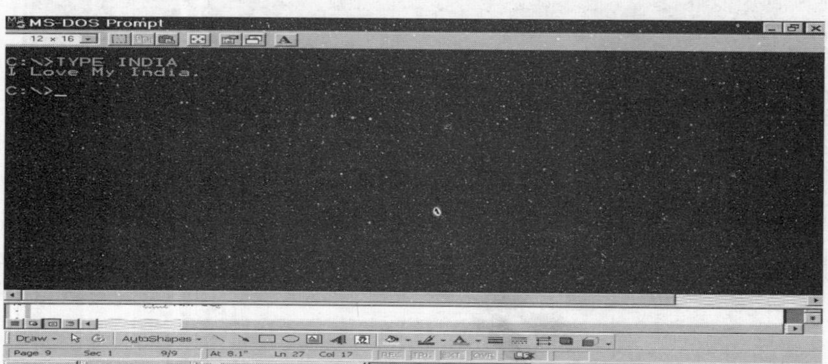

चित्र 8.25

वाक्य रचना **(Syntax):**

C:\>TYPE <File Name> ↵

उपयोगः

इस समादेश का उपयोग किसी भी फाइल के कॉनटेंट्स (Contents) को देखने के लिए किया जाता है।

उदाहरण के लिए, माना हम INDIA नाम की फाइल के कॉनटेंट्स को देखना चाहते हैं, तो हमें निम्न समादेश देना होगाः

C:\>TYPE INDIA ↵

चित्र 8.25 देखें।

टीपः

1. हम जिस फाइल के कॉनटेंट्स देखना चाहते हैं उस फाइल का अस्तित्व पूर्व में ही सुनिश्चित होना चाहिए।

2. किसी अन्य ड्राइव के फाइल का कॉनटेंट्स देखने के लिए उस ड्राइव का नाम और पाथ भी देना होता है। उदाहरण के लिए यदि हम D: ड्राइव पर बनी फाइल PUBLIST के कॉनटेंट्स को देखना चाहते हैं, तो हमें निम्न समादेश देना होगाः

C:\>TYPE D:\PUBLIST ↵

निम्न चित्र देखेंः

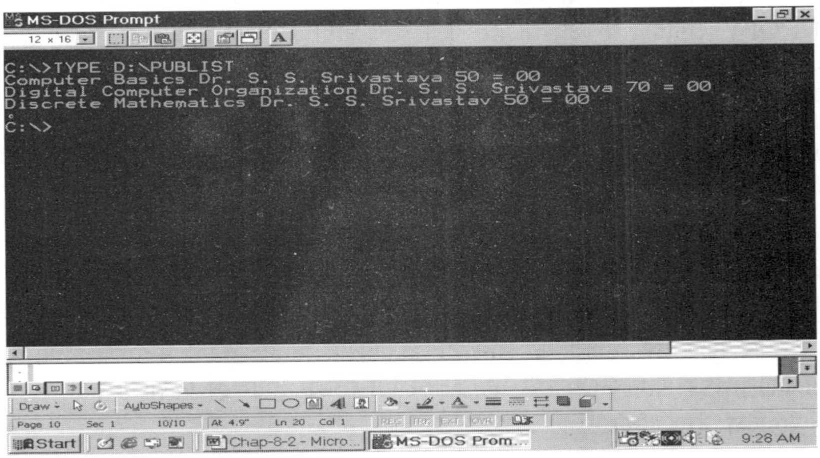

चित्र 8.26

3. यदि कोई फाइल बहुत बड़ी है और उसके समस्त कॉनटेंट्स एक स्क्रीन पर एक साथ दिखाई नहीं पड़ रहें हैं, बल्कि ऊपर की ओर खिसकते हुए चले जाते हैं, तो उसे पृष्ठ–दर–पृष्ठ देखने के लिए MORE समादेश का प्रयोग किया जाता है। उदाहरण के लिए,

C:\>TYPE INDIA\MORE ↵

11. *PRINT*

वाक्य रचना **(Syntax):**

C:\>PRINT <File Name> ↵

उपयोगः इस समादेश का उपयोग किसी फाइल के कॉनटेंट्स को प्रिंट करने के लिए किया जाता है।

उदाहरण के लिए, यदि हम फाइल INDIA के कॉनटेंट्स को प्रिंट करना चाहते हैं, तो हमें निम्न समादेश देना होगाः

C:\>PRINT INDIA ↵

किसी अन्य ड्राइव के फाइल के कॉनटेंट्स को प्रिंट करने के लिए उस ड्राइव का नाम और पाथ भी देना होता है। उदाहरण के लिए, यदि हम D: ड्राइव पर बनी फाइल PUBLIST के कॉनटेंट्स को प्रिंट करना चाहते हैं, तो हमें निम्न समादेश देना होगाः

C:\>PRINT D:\PUBLIST ↵

12. *COPY*

वाक्य रचना **(Syntax):**

C:\>COPY <Source File Name> <Target Drive> ↵

उपयोगः

इस समादेश का उपयोग किसी फाइल की प्रतिलिपि बनाने के लिए किया जाता है।

उदाहरणः

1. यदि हम C: ड्राइव पर बनी INDIA नाम की फाइल को A: फ्लॉपी डिस्क ड्राइव में किसी फ्लॉपी पर कॉपी करना चाहते हैं, तो हमें निम्न समादेश देना होगाः

C:\>COPY INDIA A: ↵

2. यदि हम A: ड्राइव पर स्थित FLAG नाम की फाइल को C: वर्तमान कार्यरत ड्राइव में कॉपी करना चाहते हैं, तो हमें COPY समादेश के उपरांत वह पाथ देना होगा जहाँ से फाइल को कॉपी करना है। इस कार्य हेतु निम्न समादेश देना होगाः

C:\>COPY A:\FLAG ↵

3. COPY समादेश के साथ हम वाइल्ड कार्ड का भी प्रयोग कर सकते हैं। यदि हम A: ड्राइव पर स्थित सभी फाइल्स को C: वर्तमान कार्यरत ड्राइव में कॉपी करना चाहते हैं, तो हमें निम्न समादेश देना होगाः

C:\>COPY A:*.* ↵

4. वर्तमान कार्यरत ड्राइव में रहते हुए हम किसी दूसरे ड्राइव की फाइल को किसी तीसरी ड्राइव में भी कॉपी कर सकते हैं। इसके लिए COPY समादेश के उपरांत उस ड्राइव का नाम दिया जाता है जहाँ से फाइल को कॉपी करना है और फिर उस ड्राइव का नाम देते हैं जिसमें फाइल कॉपी कर ले जाना चाहते हैं। यदि हम D: ड्राइव पर बनी PUBLIST नाम की फाइल को A: फ्लॉपी डिस्क ड्राइव में किसी फ्लॉपी पर कॉपी करना चाहते हैं, तो हमें निम्न समादेश देना होगाः

C:\>COPY D:\PUBLIST A: ↵

5. हम किसी ड्राइव की एक डायरेक्टरी में स्थित फाइल को किसी अन्य ड्राइव की किसी भी डायरेक्टरी में कॉपी कर सकते हैं। उदाहरण के लिए, यदि हम D: ड्राइव में LIBRARY नाम की डायरेक्टरी से PUBLIST नाम की फाइल को C: ड्राइव में CUSTOMER नाम की डायरेक्टरी में कॉपी करना चाहते हैं, तो हमें निम्न समादेश देना होगाः

C:\>COPY D:\LIBRARY\PUBLIST C:\CUSTOMER ↵

6. यदि हम किसी ड्राइव की फाइल की प्रतिलिपि बनाकर उसे उसी ड्राइव में रखना चाहते हैं, तो हमें निम्न समादेश का उपयोग करना होगाः

C:\>COPY <Source File Name> <Target File Name> ↵

उदाहरण के लिए,

C:\>COPY INDIA COUNTRY ↵

निम्न चित्र देखें:

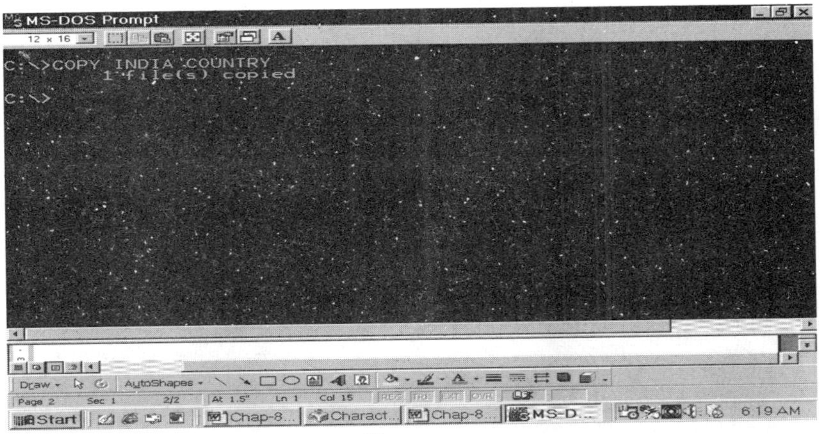

चित्र 8.27

13. *REN*

वाक्य रचना **(Syntax):**

C:\>REN <Source File Name> <New File Name> ↵

उपयोग:

इस समादेश का उपयोग किसी फाइल का नाम परिवर्तित करने के लिए किया जाता है।

उदाहरण के लिए, यदि हम COUNTRY नाम की फाइल का नाम परिवर्तित कर NATION करना चाहते हैं, तो हमें निम्न समादेश देना होगा:

C:\>REN COUNTRY NATION ↵

निम्न चित्र देखें:

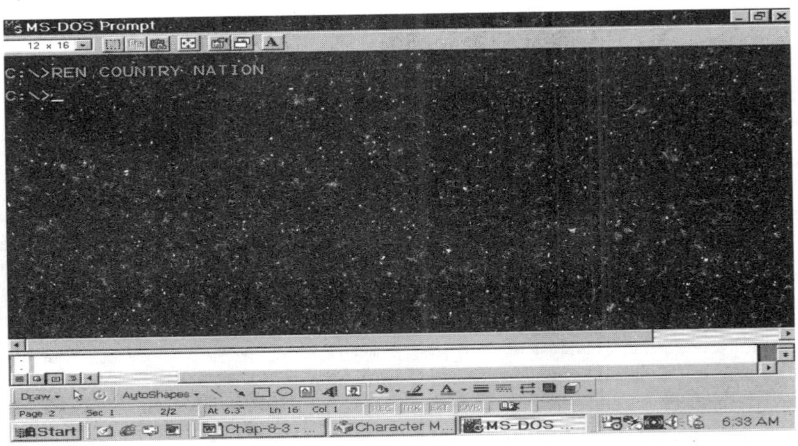

चित्र 8.28

अन्य उदाहरण:

1. यदि हम एक साथ फाइल्स के किसी समूह का नाम परिवर्तित करना चाहते हैं और परिवर्तित होने वाले अक्षरों में कोई भिन्नता नहीं है, तो यह कार्य वाइल्ड कार्ड के द्वारा किया जाता है।

उदाहरण के लिए, माना हम C: ड्राइव की मूल ड्राइव में उपस्थित . ABC विस्तारक वाली समस्त फाइल्स का नाम वही रखते हुए केवल विस्तारक परिवर्तित कर . BAK करना चाहते हैं, तो निम्न समादेश देना होगा:

C:\>REN *.ABC *.BAK ↵

निम्न चित्र देखें:

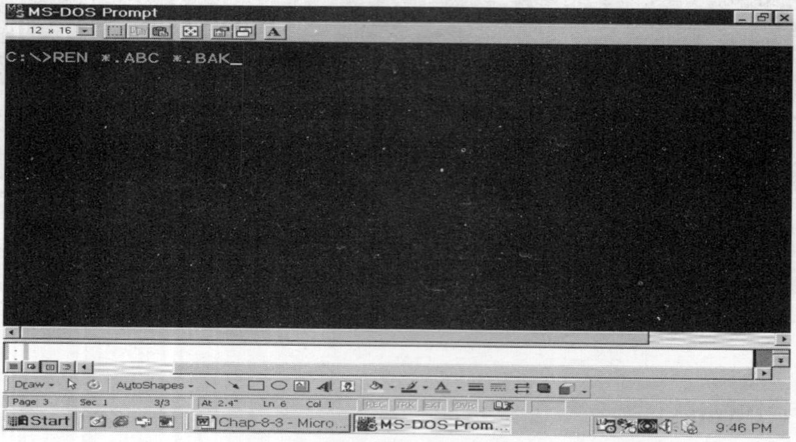

चित्र 8.29

2. यदि हम किसी अन्य ड्राइव की एक डायरेक्टरी में स्थित फाइल्स के नाम परिवर्तित करना चाहते हैं, तो समादेश के पश्चात् उस फाइल का पाथ देना होगा जिसका नाम परिवर्तित करना चाहते हैं।

उदाहरण के लिए, यदि हम D: ड्राइव में PUBLIST नाम की फाइल का नाम परिवर्तित कर LIST-1 रखना चाहते हैं, तो हमें निम्न समादेश देना होगा:

C:\>REN D:\PUBLIST LIST-1 ↵

14. *DEL*

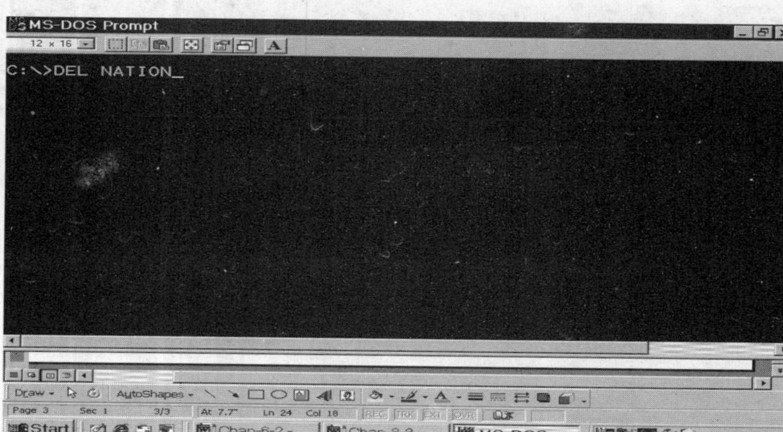

चित्र 8.30

वाक्य रचना **(Syntax)**

C:\>DEL <File Name> ↵

उपयोगः

इस समादेश का उपयोग डिस्क से किसी फाइल को मिटाने के लिए किया जाता है।

उदाहरण के लिए, यदि हम NATION नाम की फाइल को मिटाना चाहते हैं, तो हमें निम्न समादेश देना होगाः

C:\>DEL NATION ↵

चित्र 8.30 देखें। अन्य अनुप्रयोग निम्न हैंः

1. यदि हम एक साथ फाइल्स के किसी समूह को मिटाना चाहते हैं तो यह कार्य वाइल्ड कार्ड के द्वारा किया जाता है।

उदाहरण के लिए, माना हम C: ड्राइव की मूल ड्राइव में उपस्थित . ABC विस्तारक वाली समस्त फाइल्स को मिटाना चाहते हैं, तो हमें निम्न समादेश देना होगाः

C:\>DEL *.ABC ↵

2. यदि हम DEL समादेश के साथ /P स्विच को सम्मिलित कर दें, तो यह समादेश फाइल को मिटाने के पूर्व उसकी पुष्टि माँगता है। यदि हम Y 'की' को दबाकर उसको मिटाने की अनुमति देते हैं, तो वह फाइल मिटा दी जाती है परंतु यदि हम N 'की' को दबाकर उसे मिटाने से रोकना चाहते हैं, तो वह फाइल नहीं मिटाई जाती है। निम्न उदाहरण चित्र देखेंः

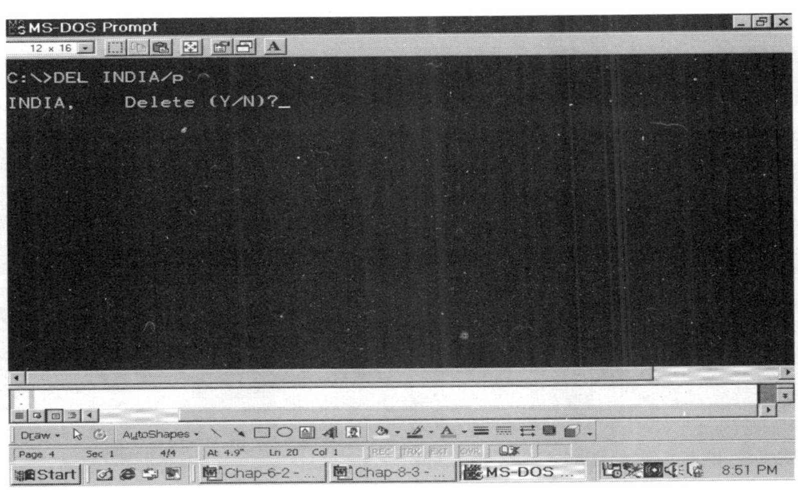

चित्र 8.31

3. यदि हम किसी अन्य ड्राइव की एक डायरेक्टरी में स्थित फाइल को मिटाना चाहते हैं, तो समादेश के पश्चात् उस फाइल का पाथ देना होगा जिसे मिटाना चाहते हैं।

उदाहरण के लिए, यदि हम D: ड्राइव की LIBRARY नाम की डायरेक्टरी से PUBLIST नाम की फाइल को मिटाना चाहते हैं, तो हमें निम्न समादेश देना होगाः

C:\>DEL D:\LIBRARY\PUBLIST ↵

15. *PROMPT*

वाक्य रचना **(Syntax):**

C:\>PROMPT $ <Text> ↵

उपयोगः

इस समादेश का उपयोग प्रॉम्प्ट का स्वरूप परिवर्तित करने के लिए किया जाता है।

उदाहरण के लिए यदि हम प्रॉम्प्ट को परिवर्तित कर वहाँ WELCOME जैसे किसी शब्द को दिखाना चाहते हैं, तो हमें निम्न समादेश देना होगाः

C:\>PROMPT $ WELCOME ↵

8.9. बाह्य समादेश (External Commands)

1. *TREE*

वाक्य रचना **(Syntax):**

C:\>TREE ↵

उपयोगः

इस समादेश का उपयोग डायरेक्टरी और सब–डायरेक्टरी को एक वृक्ष की शाखाओं के समान देखने के लिए किया जाता है।

निम्न चित्र देखेंः

चित्र 8.32

TREE समादेश के अन्य अनुप्रयोग निम्न हैंः

1. यदि हम D: ड्राइव की डायरेक्टरी और सब–डायरेक्टरी को एक वृक्ष की शाखाओं के समान देखना चाहते हैं, तो हमें निम्न समादेश देना होगा।

C:\>TREE D:\ ↵

2. यदि हम C: ड्राइव की डायरेक्टरीज में स्थित फाइल्स को भी देखना चाहते हैं, तो हमें निम्न समादेश देना होगा।

C:\>TREE/F ↵

3. यदि डायरेक्टरी वृक्ष अत्यधिक बड़ा हो जो स्क्रीन पर एक साथ नहीं दिखाई दे रहा है, तो उसे पृष्ठ–दर–पृष्ठ देखने के लिए हमें निम्न समादेश देना होगा।

C:\>TREE !MORE ↵

2. *DELTREE*

वाक्य रचना **(Syntax):**

C:\>DELTREE [Switch] [Drive:] [Path] ↵

उपयोगः इस समादेश का उपयोग किसी डायरेक्टरी को उसके अंदर की सब–डायरेक्टरीज और फाइल्स के साथ मिटाने के लिए किया जाता है।

उदाहरण के लिए, यदि हम INCOME नाम की डायरेक्टरी की सब–डायरेक्टरीज और फाइल्स को एक साथ मिटाना चाहते हैं, तो हमें निम्न समादेश देना होगा।

C:\>DELTREE INCOME ↵

यदि हम DELTREE समादेश के साथ /P स्विच को सम्मिलित कर दें, तो यह समादेश डायरेक्टरी को मिटाने के पूर्व उसकी पुष्टि माँगता है। यदि हम Y 'की' को दबाकर उसको मिटाने की अनुमति देते हैं, तो वह डायरेक्टरी मिटा दी जाती है परंतु यदि हम N 'की' को दबाकर उसे मिटाने से रोकना चाहते हैं, तो वह डायरेक्टरी नहीं मिटाई जाती है। निम्न उदाहरण चित्र देखें:

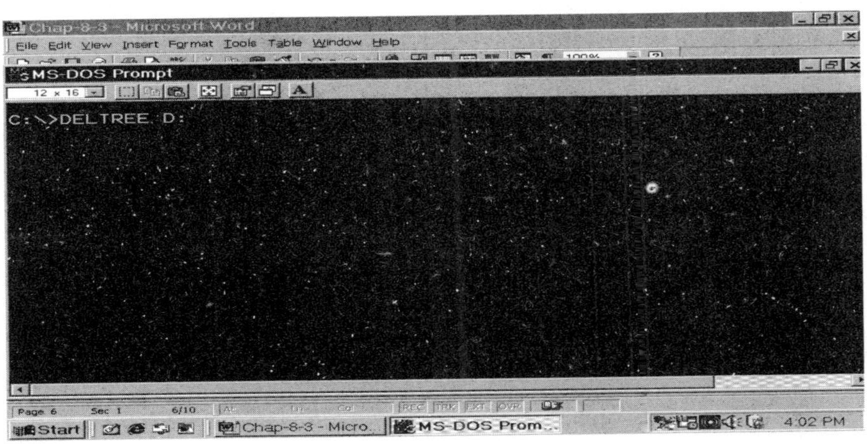

चित्र 8.33

3. *LABEL*

वाक्य रचना (Syntax):

C:\>LABEL ↵

उपयोगः इस समादेश का उपयोग डिस्क का लेबल परिवर्तित करने के लिए किया जाता है।

टीपः समान्यतः डिस्क को जब फार्मेट करते हैं, तो उसका लेबल दिया जाता है, लेकिन यदि बाद में हम लेबल परिवर्तित करना चाहें, तो यह कार्य LABEL समादेश द्वारा किया जाता है। डिस्क को दिया जाने वाला लेबल 11 अक्षरों से अधिक का नहीं होना चाहिए।

उदाहरण के लिए, माना हम अपनी वर्तमान कार्यरत C: ड्राइव का लेबल परिवर्तित करना चाहते हैं, तो हमें निम्न समादेश देना होगाः

C:\>LABEL ↵

अब स्क्रीन पर निम्न संदेश प्रदर्शित होगाः

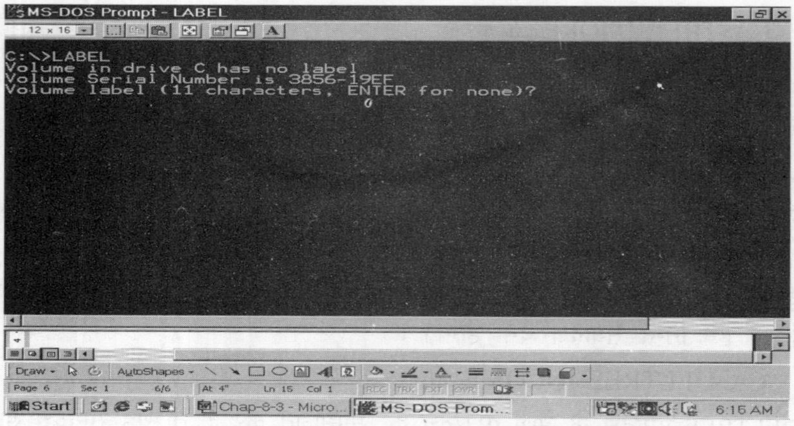

चित्र 8.34

यदि हम केवल लेबल देखना चाहते हैं, तो इसे देखने के उपरांत 'Enter' 'की' दबा दें, लेकिन यदि लेबल परिवर्तित करना चाहते हैं, तो जहाँ कर्सर चमक रहा है वहाँ 11 अक्षरों तक का कोई लेबल (नाम) टाइप कर 'Enter' 'की' दबाएँ। निम्न चित्र देखें:

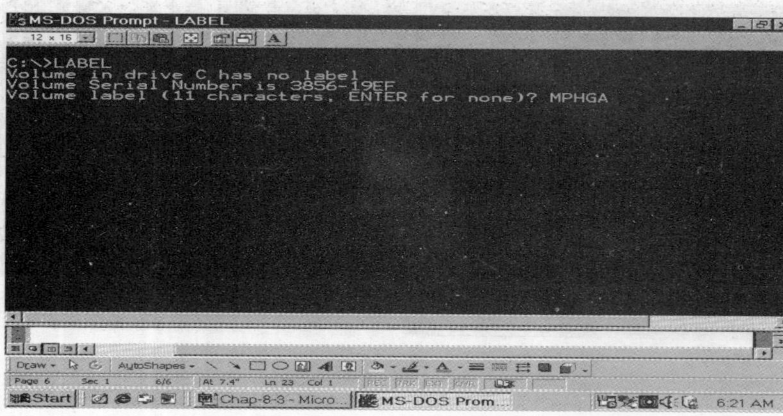

चित्र 8.35

यदि हम वर्तमान कार्यरत ड्राइव में नहीं बल्कि किसी अन्य ड्राइव में लेबल परिवर्तित करना चाहते हैं, तो हमें समादेश के उपरांत उस ड्राइव का नाम भी देना होगा। उदाहरण के लिए, माना हम A: ड्राइव का लेबल परिवर्तित करना चाहते हैं, तो हमें निम्न समादेश देना होगाः

C:\>LABEL A: ↵

निम्न चित्र देखें:

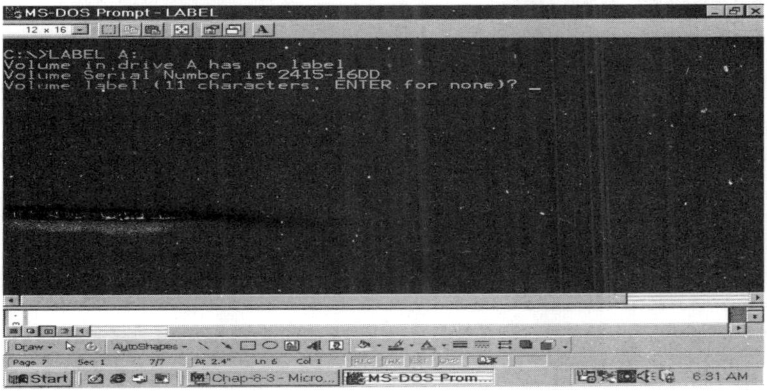

चित्र 8.36

4. *FORMAT*

वाक्य रचना (Syntax):

C:\>FORMAT [Drive:] ↵

उपयोगः इस समादेश का उपयोग हार्ड डिस्क या फ्लॉपी डिस्क को फार्मेट करने के लिए किया जाता है।

उदाहरण के लिए, माना हम फ्लॉपी डिस्क में लगी फ्लॉपी को फॉर्मेट करना चाहते हैं, तो हमें निम्न समादेश देना होगाः

C:\>FORMAT A: ↵

निम्न चित्र देखें:

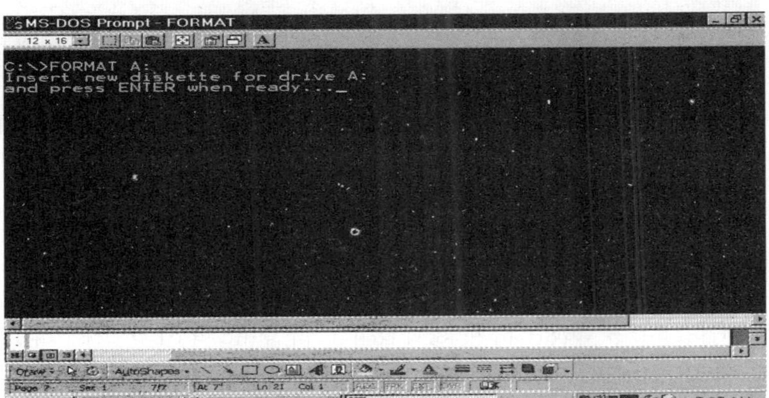

चित्र 8.37

इस समादेश का प्रयोग करते ही डॉस यह संदेश देता है कि फार्मेट की जाने वाली फ्लॉपी को डिस्क ड्राइव में लगाकर 'Enter' 'की' दबाएँ। 'Enter' 'की' दबाते ही फार्मेटिंग की प्रक्रिया प्रारंभ हो जाती है। निम्न चित्र देखें:

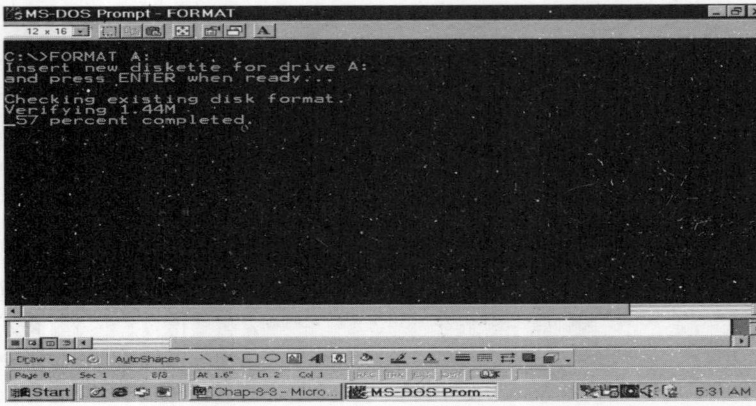

चित्र 8.38

डिस्क के फार्मेट होने के उपरांत डॉस उस फ्लॉपी डिस्क का 'Volume Label' इनपुट करने के लिए कहता है। स्क्रीन पर प्रदर्शित प्रश्न चिह्न ? के आगे 11 अक्षरों का लेबल दिया जा सकता है और यदि हम लेबल नहीं देना चाहते हैं, तो 'Enter' 'की' का प्रयोग कर आगे बढ़ जाते हैं।

अब फार्मेटिंग का कार्य समाप्त होते ही डिस्क से संबंधित संक्षिप्त सूचनाएँ स्क्रीन पर प्रदर्शित होती हैं। निम्न चित्र देखें:

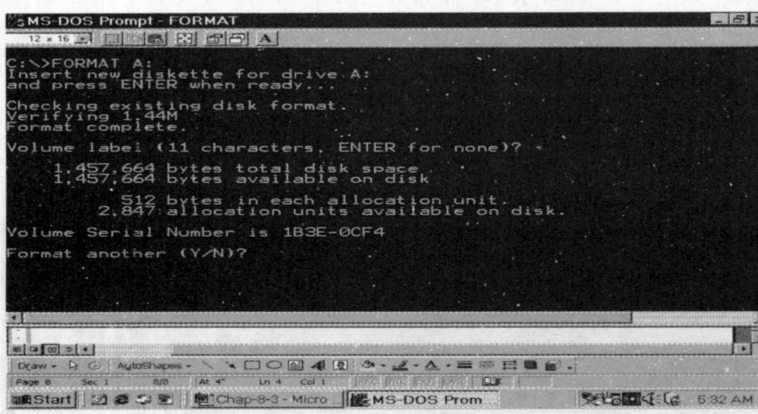

चित्र 8.39

इन सूचनाओं को दिखाने के उपरांत किसी अन्य फ्लॉपी को फार्मेट करने के लिए डॉस द्वारा स्क्रीन पर एक संदेश प्रदर्शित किया जाता है। यदि हम किसी और फ्लॉपी को फार्मेट करना चाहते हैं, तो हमें 'Y' टाइप करना होगा, अन्यथा 'N' विकल्प का प्रयोग कर प्रोग्राम से बाहर आ सकते हैं।

टीपः

फार्मेट कमांड के साथ निम्न स्विचिज का प्रयोग किया जा सकता है:

/Q इस स्विच का प्रयोग डिस्क की 'File Location Table' को समाप्त करने के लिए किया जाता है। इसका प्रयोग पुरानी डिस्क के साथ ही करना चाहिए। इस कार्य हेतु दिया जाने वाला समादेश निम्न है: C:\>FORMAT A:/Q ↵

/C इस स्विच का प्रयोग डिस्क को जाँचने के लिए किया जाता है।

/S इस स्विच का प्रयोग डिस्क को बूटेबिल बनाने के लिए किया जाता है।

/4 इस स्विच का प्रयोग 1.2MB डिस्क ड्राइव में स्थित 369KB डिस्क को फॉर्मेट करने के लिए किया जाता है। इस कार्य हेतु दिया जाने वाला समादेश निम्न है:

C:\>FORMAT A:/4 ↵

/U इस स्विच द्वारा फॉर्मेट की गई डिस्क को अनफॉर्मेट नहीं किया जा सकता है।

/V इस स्विच का प्रयोग डिस्क का लेबल ज्ञात करने के लिए किया जाता है।

5. *SYS*

वाक्य रचना (Syntax):

C:\>SYS [Drive:] ↵

उपयोग: इस समादेश का उपयोग डिस्क को बूटेबिल बनाने के लिए किया जाता है।

उदाहरण के लिए यदि हम A: ड्राइव में लगी डिस्क को बूटेबिल बनाना चाहते हैं, तो हमें निम्न सभादेश देना होगा:

C:\>SYS A: ↵

निम्न चित्र देखें:

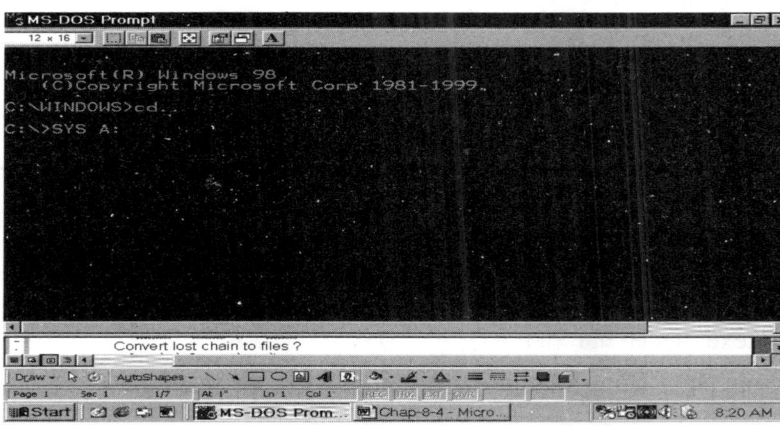

चित्र 8.40

6. *CHKDSK*

वाक्य रचना **(Syntax):**

C:\>CHKDSK [Drive:] [Switch] ↵

उपयोग: इस समादेश का प्रयोग डिस्क में खाली स्थान और मेमोरी के विषय में सूचना प्राप्त करने के लिए किया जाता है। इसे डाटा की संरचना में हुई खराबी को ठीक करने के लिए भी उपयोग में लाया जाता है।

उदाहरण के लिए, यदि हम A: ड्राइव में स्थित फ्लॉपी डिस्क की मेमोरी संबंधी सूचनाओं को स्क्रीन पर प्रदर्शित करना चाहते हैं, तो हमें निम्न समादेश देना होगा:

C:\>CHKDSK A: ↵

निम्न चित्र देखें:

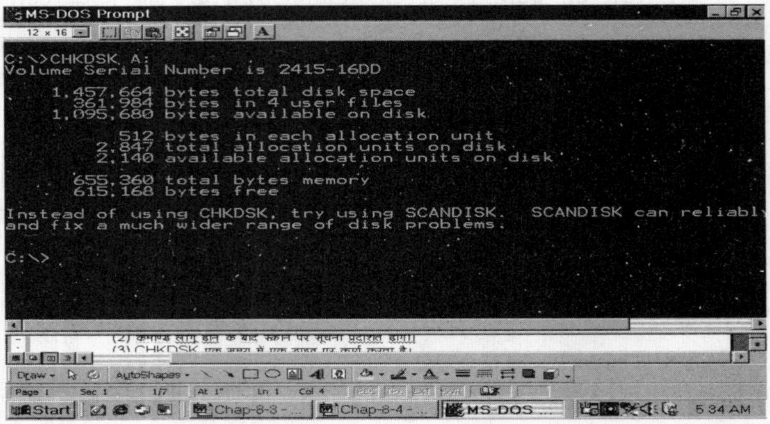

चित्र 8.41

समादेश की सहायता से डिस्क के विषय में निम्न सूचनाएँ स्क्रीन पर प्रदर्शित होती हैं:

टीप: यदि हमने ड्राइव का नाम नहीं बताया है, तो CHKDSK वर्तमान कार्यशील ड्राइव पर लागू होगा। यदि CHKDSK कोई गलती दर्शाता है जो Missing files या Unlocked clusters or lost chains के विषय में हैं, तो निम्न कमांड द्वारा गलती को ठीक करें:

C:\>CHKDSK/F↵

इस कमांड से हमें निम्न सूचना मिलेगी:

Convert lost chain to files ?

जारी रखने के लिए Y को दबाएँ। हमारी फाइलों की गलतियों का समाधान हो जाएगा। यह गलती सामान्यत: तब होती है। जब कंप्यूटर किसी प्रोग्राम को देते समय काम करना बंद कर देता है और हमें इसे पुन: आरंभ (Boot) करना पड़ता है।

गलतियाँ:

(1) Chkdsk.exe फाइल वहाँ नहीं है।

(2) हार्ड डिस्क की स्पेलिंग (Spelling) गलत हो, तो इसे पुन: टाइप करें।

(3) कमांड की स्पेलिंग गलत हो तो इसे पुन: टाइप करें।

7. *SCANDISK*

वाक्य रचना (Syntax):

C:\>SCANDISK [Drive:] ↵

उपयोग: इस समादेश का प्रयोग डिस्क में क्या खराबी है यह ज्ञात करने के लिए तथा उत्पन्न ख़राबी को ठीक करने के लिए किया जाता है।

यदि हम वर्तमान कार्यरत डिस्क को स्केन करना चाहते हैं, तो कमांड प्रॉम्प्ट पर हमें निम्न समादेश टाइप करना होगा: C:\>SCANDISK ↵

उदाहरण के लिए, यदि हम A: ड्राइव को स्केन करना चाहते हैं, तो हमें निम्न समादेश देना होगा:

C:\>SCANDISK A: ↵

इस प्रकार कमांड अपना कार्य आरंभ कर देता है। SCANDISK द्वारा निम्न पाँच प्रकार का परीक्षण किया जाता है:

1. Media Descriptor
2. File Allocation Tables
3. Directory Structure
4. File System
5. Surface Scan

निम्न चित्र देखें:

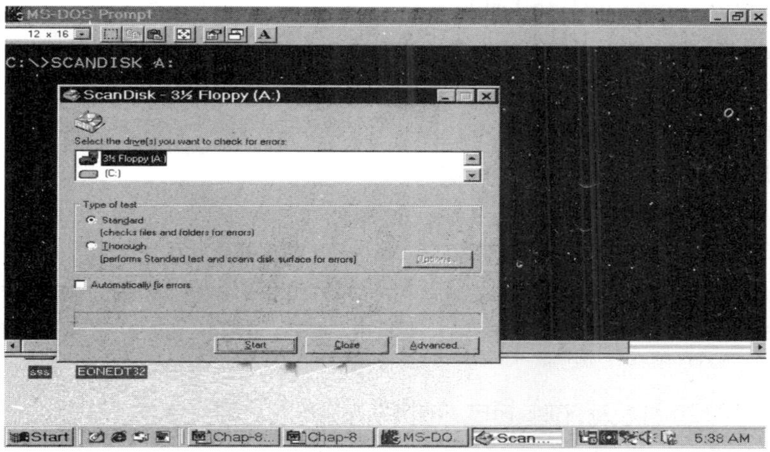

चित्र 8.42

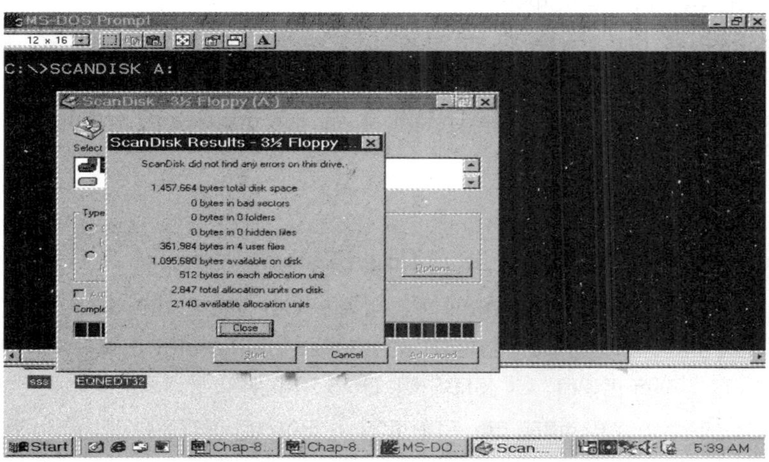

चित्र 8.43

8. *DISKCOPY*

वाक्य रचना (Syntax):

C:\>DISKCOPY [Source Drive:] [Target Drive:] ↵

उपयोगः इस समादेश का प्रयोग डिस्क की सभी फाइल्स को अन्य डिस्क में कॉपी करने के लिए किया जाता है।

टीपः DISKCOPY कमांड के द्वारा केवल एक प्रकार की फ्लॉपी से उसी प्रकार की फ्लॉपी की प्रतिलिपि बनाई जा सकती है। फ्लॉपी से हार्ड डिस्क की प्रतिलिपि बनाना अथवा हार्डडिस्क से फ्लॉपी की प्रतिलिपि बनाना वर्जित है। यह भी आवश्यक है कि फ्लॉपी एक ही आकार (3 ½ या 5 ¼) और एक ही क्षमता वाली उपयोग में लायी जाए। उदाहरण के लिए निम्न कमांड देने परः

A:\>DISKCOPY A: A: ↵

(यहाँ A ड्राइव स्रोत भी है और इसी पर कॉपी भी होनी है।)

कंप्यूटर निम्न संदेश देता हैः

Enter source disk in Drive A
And Press any Key

उस डिस्क को प्रविष्ट करें जिससे कॉपी करनी है और किसी भी 'की' को दबाएँ।

कुछ समय बाद कंप्यूटर निम्न संदेश देगाः

Enter target disk in Drive A
And press any key

जिस फ्लॉपी पर कॉपी करनी है, उसे ड्राइव में प्रविष्ट कराएँ और कोई भी 'की' दबाएँ।

कंप्यूटर पुनः हमसे A ड्राइव में मूल डिस्क और फिर कॉपी वाली डिस्क के लिए पूछता है और यह तब तक जारी रहेगा जब तक कि कॉपी करने का काम पूरा नहीं हो जाता। प्रत्येक बार सही फ्लॉपी प्रविष्ट कराने का ध्यान रखना होता है।

प्रायः DISKCOPY कमांड के साथ निम्न गलतियाँ हो सकती है।

1. ड्राइव में फ्लॉपी न डालने पर सिस्टम काम नहीं करेगा।

फ्लॉपी प्रविष्ट करके, दरवाजा बंद करें और R को दबाएँ।

2. दोषयुक्त फ्लॉपियों का प्रयोग करना।

कमांड को रद्द करने के लिए Ctrl + C को दबाएँ और पुनः आरंभ करने के लिए नई फ्लॉपी डालकर पुनः कमांड दें।

3. यदि DISKCOPY.EXE फाइल नहीं मिलती है तो इस प्रोग्राम वाली फ्लॉपी का प्रयोग करें।

9. *XCOPX*

वाक्य रचना (Syntax)

C:\>XCOPY [Source File:] [Target Drive:] [Switch] ↵

उपयोगः इस समादेश का उपयोग डायरेक्टरी में उपस्थित सभी फाइल और उसकी सब डायरेक्टरी को एक साथ कॉपी करने के लिए किया जाता है। इस समादेश का प्रयोग तब किया जाता है जब हमारे पास XCOPY.EXE नाम की फाइल हो। यह फाइल मुख्यतः C: ड्राइव की DOS डायरेक्टरी में रहती है।

टीपः COPY कमांड द्वारा हम केवल एक डायरेक्टरी में उपस्थित फाइल्स को कॉपी कर सकते हैं, लेकिन यदि किसी डायरेक्टरी में उपस्थित फाइल एवं उसके साथ–साथ उसकी सभी डायरेक्टरी एवं फाइल्स को भी कॉपी करना हो, तो XCOPY कमांड का प्रयोग किया जाता है।

उदाहरण के लिए माना हम C: ड्राइव में उपस्थित KARAN डायरेक्टरी की सभी फाइल्स के साथ–साथ उसकी सब–डायरेक्टरी एवं उसकी सभी फाइल्स को D: ड्राइव में कॉपी करना चाहते हैं, तो हमें निम्न समादेश देना होगाः

C:\>XCOPY\KARAN*.*D:/S ↵

फलतः KARAN डायरेक्टरी एवं उसमें उपस्थित सभी फाइल्स एवं सब–डायरेक्टरी एवं उनकी सभी फाइल्स D: ड्राइव में कॉपी हो जायेंगी।

X COPY कमांड के साथ निम्न स्विचों का भी प्रयोग किया जाता है:

- /S – डायरेक्टरी की सभी फाइल्स के साथ–साथ डायरेक्टरीज को कॉपी करने के लिए इस स्विच का उपयोग करते हैं। यह ध्यान रखें कि XCOPY कमांड द्वारा वही सब–डायरेक्टरीज कॉपी होंगी जो रिक्त नहीं हैं।
- /E – डायरेक्टरी, सब–डायरेक्टरी एवं उसमें उपस्थित सभी फाइल्स के साथ–साथ रिक्त सब–डायरेक्टरीज को भी कॉपी करने के लिए इस स्विच का उपयोग करते हैं।
- /V – कॉपी करने के साथ–साथ फाइल्स की जाँच करने के लिए इस स्विच का प्रयोग किया जाता है।
- /W – यह स्विच कॉपी करने के पूर्व एक मैसेज स्क्रीन पर प्रदर्शित करता है और WAIT कमांड की भाँति कार्य करता है।

10. *DISKCOMP*

वाक्य रचना (Syntax):

C:\>DISKCOMP [First Drive:] [Second Drive:] ↵

उपयोग: इस समादेश का उपयोग दो डिस्कों की तुलना करने के लिए किया जाता है। उदाहरण के लिए:

C:\>DISKCOMP A: A:

कंप्यूटर हमसे A ड्राइव के लिए फ्लॉपी प्रविष्ट करने के लिए कहता है। पहली फ्लॉपी प्रविष्ट कर ↵ 'की' को दबाएँ। कंप्यूटर के द्वारा पुनः A ड्राइव के लिए फ्लॉपी की माँग की जाती है। प्रथम फ्लॉपी को बाहर निकाल कर दूसरी फ्लॉपी को प्रविष्ट करें और ↵ दबाए। तुलना कमांड को रद्द करने के लिए Ctrl + C दबाएँ।

टीप:

1. कमांड की स्पैलिंग गलत होने पर सही कमांड पुनः टाइप करें।
2. ड्राइव के नाम और उनके मध्य रिक्त स्थान न छोड़ें।

11. *ATTRIBUTE*

वाक्य रचना (Syntax):

C:\>ATTRIBUTE [File Name] ↵

उपयोग: इस समादेश का उपयोग किसी भी फाइल का एट्रीब्यूट्स ज्ञात करने के लिए किया जाता है।

DOS में प्रत्येक फाइल के निम्न चार एट्रीब्यूट होते हैं:

1. R: Read only attribute
2. A: Archive File Attribute
3. S: System File Attribute
4. H: Hidden File Attribute

उपयोगकर्ता जब किसी भी सॉफ्टवेयर द्वारा यदि कोई फाइल बनाता है, तो सामान्यतः उसका एट्रीब्यूट A रहता है। शेष तीन एट्रीब्यूट्स (R, S, H) ऑफ रहते हैं।

यदि हम किसी फाइल का रीड ओनली एट्रीब्यूट ऑन कर देते हैं, तो उस फाइल को समाप्त अथवा उसमें परिवर्तन नहीं कर सकते हैं। इसी प्रकार यदि हम किसी भी फाइल के हीडेन एट्रीब्यूट को ऑन कर देते हैं, तो उस फाइल को सामान्य DIR कमांड द्वारा नहीं देखा जा सकता है। इस प्रकार एट्रीब्यूट परिवर्तित कर फाइल को गुप्त एवं छेड़छाड़ से बचाकर रखा जा सकता है।

फाइल्स का एट्रीब्यूट देखना

किसी फाइल का एट्रीब्यूट निर्धारित करने के लिए कमांड प्राम्प्ट पर एट्रीब्यूट टाइप करके एक स्पेस छोड़कर फाइल का नाम टाइप करते हैं और फिर इंटर की दबाते हैं।

यदि हम किसी ड्राइव या डायरेक्टरी की सभी फाइल्स के एट्रीब्यूट की जानकारी चाहते हैं, तो उस ड्राइव या डायरेक्टरी में जाकर कमांड प्राम्प्ट पर एट्रीब्यूट टाइप करके इंटर 'की' दबाते हैं। अब फाइल की सूची के साथ–साथ उस फाइल के एट्रीब्यूट्स भी प्रदर्शित होते हैं। उदाहरण के लिए:

C:\>ATTRIBUTE D:\>KARAN ↵

यदि हम किसी निश्चित फाइल के एट्रीब्यूट को स्क्रीन पर देखना चाहते हैं, तो एट्रीब्यूट के उपरांत स्पेस छोड़कर उस फाइल का नाम टाइप करते हैं, जिसका एट्रीब्यूट देखना है।

C:\>ATTRIBUTE KARAN.ZIP ↵

फाइल का एट्रीब्यूट परिवर्तित करना

किसी फाइल का एट्रीब्यूट परिवर्तित करने के लिए सर्वप्रथम कमांड प्राम्प्ट पर ATTRIB टाइप कर एक स्पेस छोड़कर वह एट्रीब्यूट टाइप किया जाता है जो फाइल को प्रदान करना है। इसके उपरांत एक स्पेस छोड़कर उस फाइल का नाम टाइप किया जाता है और इंटर 'की' दबाते हैं। उदाहरण के लिए:

C:\>ATTRIB +R KARAN.ZIP ↵

इस कमांड के संचालित होने पर KARAN.ZIP फाइल का R (Read only) एट्रीब्यूट ऑन हो जाएगा। अब कोई भी व्यक्ति उस फाइल में परिवर्तन या समाप्त नहीं कर सकता है, जब तक पुनः इस फाइल का एट्रीब्यूट ऑफ न किया जाए।

इस तरह हम फाइल के विभिन्न एट्रीब्यूट्स + के द्वारा ऑन कर सकते हैं। उदाहरण के लिए यदि हम KARAN.ZIP फाइल का S (System File) एट्रीब्यूट ऑन करना चाहते हैं, तो हमें निम्न कमांड देना होगा:

C:\>ATTRIB +S KARAN.ZIP ↵

यदि हम KARAN.ZIP फाइल का संपादन एवं उसमें परिर्वतन करना चाहते हैं, तो सर्वप्रथम हमें इस फाइल का R (Read only) एट्रीब्यूट ऑफ करना होगा। इसके लिए कमांड में + चिह्न के स्थान पर – चिह्न का प्रयोग किया जाता है।

C:\>ATTRIB – R KARAN.ZIP ↵

अब हम इस फाइल को समाप्त अथवा इसमें परिर्वतन कर सकते हैं।

टीप: यदि किसी फाइल के H (Hidden File) एट्रीब्यूट के साथ–साथ अन्य एट्रीब्यूट भी ऑन हैं, तो किसी भी प्रकार का एट्रीब्यूट परिवर्तित करने के लिए सर्वप्रथम H (Hidden File) एट्रीब्यूट को ऑफ करना होगा।

एट्रीब्यूट निम्न प्रकार परिवर्तित किए जा सकते हैं:

+ R	फाइल का Read Only File एट्रीब्यूट ऑन करना।
– R	फाइल का Read Only File एट्रीब्यूट ऑफ करना।
+ A	फाइल का Archive File एट्रीब्यूट ऑन करना।
– A	फाइल का Archive File एट्रीब्यूट ऑफ करना।
+ S	फाइल का System File एट्रीब्यूट ऑन करना।
– S	फाइल का System File एट्रीब्यूट ऑफ करना।
+ H	फाइल का Hidden File एट्रीब्यूट ऑन करना।
– H	फाइल का Hidden File एट्रीब्यूट ऑफ करना।

12. *BACKUP*

वाक्य रचना (Syntax):

C:\>BACKUP [Source File] [Target Drive] ↵

उपयोगः इस समादेश का उपयोग डाटा फाइल्स की प्रतिलिपि तैयार करने और आवश्यकता पड़ने पर उसे पुनः हार्डडिस्क पर रीस्टोर करने के लिए किया जाता है।

इस कमांड का प्रयोग तभी किया जा सकता है जब MSBACKUP.EXE नाम की फाइल DOS की डायरेक्टरी में हो। MSBACKUP एक प्रोग्राम है जिसमें चार प्रकार के कार्य किए जा सकते हैं: Backup, Restore, Compare, Configure।

DOS 6.22 के पूर्व बैकअप प्राप्त करने के लिए BACKUP.EXE फाइल का प्रयोग किया जाता था। यहाँ हम DOS 6.22 से पूर्व के संस्करण में प्रयुक्त होने वाले बैकअप और रीस्टोर कमांड के बारे में जानकारी प्राप्त करेंगे।

उदाहरण के लिए हम C: ड्राइव की RAJESH डायरेक्टरी की सभी फाइल का बैकअप तैयार करना चाहते हैं, तो हमें कमांड प्राम्प्ट पर निम्न कमांड देना होगाः

C:\>BACKUP C:\RAJESH A: ↵

फलतः C: ड्राइव की RAJESH डायरेक्टरी की सभी फाइल्स का बैकअप A: फ्लॉपी ड्राइव में स्थित फ्लॉपी में तैयार हो जाएगा। यदि RAJESH डायरेक्टरी की सभी फाइल्स एक फ्लॉपी में नहीं आती हैं, तो DOS हमसे बारी–बारी से और DOS लगाने के लिए कहेगा। यह क्रम तब तक चलता रहेगा, जब तक डायरेक्टरी की सभी फाइल्स का बैकअप तैयार नहीं हो जाता है।

डायरेक्टरी की फाइल का सब-डायरेक्टरी सहित बैकअप बनाना

यदि डायरेक्टरी की सभी फाइल्स के साथ उसकी सब डायरेक्टरी को फाइल्स का भी बैकअप तैयार करना हो, तो BACKUP कमांड के साथ /S स्विच का प्रयोग किया जाता है। उदाहरण के लिएः यदि हम C: ड्राइव की RAJESH डायरेक्टरी एवं उसकी सब डायरेक्टरी में स्थित सभी फाइल्स का बैकअप A: ड्राइव में लगी फ्लॉपी में लेना चाहते हैं, तो हमें निम्न कमांड देना होगाः

C:\>BACKUP C:\RAJESH A: /S ↵

BACKUP में अन्य फाइल्स को जोड़ना

यदि हम BACKUP कमांड द्वारा तैयार की गई डिस्क में कुछ और फाइल्स को जोड़ना चाहते हैं, तो इसके लिए BACKUP कमांड के साथ /A और /M स्विच का प्रयोग करना होगा। इन स्विचिज का उपयोग निम्न हैः

/A – इस स्विच का प्रयोग करने पर फाइल्स बैकअप डिस्क के अंत में स्वतः ही जुड़ जाती है। यदि इस स्विच के बिना BACKUP कमांड का प्रयोग किया जाता है, तो बैकअप डिस्क में पूर्वस्थित सभी सूचनाएँ समाप्त हो जाती हैं।

/M – यदि हम ऐसी फाइल को बैकअप डिस्क में जोड़ना चाहते हैं जो बैकअप डिस्क बनाते समय नहीं थीं बाद में बनी है या फिर बैकअप में जो है, परंतु बाद में उनका संशोधन किया गया है, तो /A: स्विच के साथ /M स्विच का प्रयोग करते हैं।

माना हम C: ड्राइव की RAJESH डायरेक्टरी की फाइल्स का बैकअप बना चुके हैं, लेकिन उसके बाद इस डायरेक्टरी की तीन फाइल्स को एडीट किया गया है। अब बैकअप डिस्क नें पूर्वस्थित फाइल्स के स्थान पर इन संशोधित फाइल्स को बैकअप डिस्क में जोड़ने के लिए BACKUP कमांड का प्रयोग निम्न प्रकार किया जाएगाः

C:\BACKUP\RAJESH A:/A/M ↵

13. *RESTORE*

वाक्य रचना (Syntax):

C:\>RESTORE [Source Drive:] [Target Drive:] [Path] ↵

उपयोगः इस समादेश का उपयोग सुरक्षित किए गए डाटा हार्डडिस्क पर कॉपी करने के लिए किया जाता है।

टीपः इस कमांड का उपयोग तभी संभव है जब हमारे पास RESTORE.EXE फाइल हो। यह फाइल मुख्यतः C: ड्राइव की DOS डायरेक्टरी में पायी जाती है।

उदाहरण के लिए माना हम A: ड्राइव में फ्लॉपी से डाटा को C: ड्राइव की RAJESH डायरेक्टरी में रीस्टोर करना चाहते हैं, तो हमें निम्न कमांड देनी होगीः

C:\.RESTORE A: C: RAJESH ↵

टीपः यदि एक से अधिक फ्लॉपी का बैकअप लिया गया था, तो RESTORE कमांड द्वारा एक के बाद एक फ्लॉपी माँगी जाएगी। यह क्रम तब तक चलता रहेगा जब तक कि बैकअप बनायी गाई फ्लॉपियों की संख्या समाप्त न हो जाएँ।

फ्लॉपी की सब डायरेक्टरी प्राप्त करना

यदि बैकअप डिस्क में सब–डायरेक्टरी एवं उनकी फाइल को भी किसी डायरेक्टरी के साथ कॉपी किया गया है तो उनको प्राप्त करने के लिए RESTORE कमांड के साथ /S स्विच का प्रयोग किया जाता है। यदि हम A: ड्रॉइव में स्थित फ्लॉपी को सब–डायरेक्टरी एवं फाइल्स को C: ड्रॉइव में रीस्टोर करना चाहते हैं, तो हमें निम्न कमांड देना होगाः

C:\RESTORE A: C: /S ↵

यदि हम उन फाइल्स को देखना चाहते हैं जो बैकअप के उपरांत परिवर्तित की गई हैं, तो RESTORE कमांड के साथ /P विकल्प का प्रयोग करेंगें।

C:\ RESTORE A: C:*.*/P ↵

14. *GRAPHICS*

वाक्य रचना (Syntax):

C:\>GRAPHICS/R ↵

उपयोगः स्क्रीन पर प्रदर्शित ग्राफों या चार्टों को प्रिंट करने के लिए इस कमांड का उपयोग किया जाता है।

टीपः स्क्रीन पर प्रदर्शित ग्राफों या चार्टों को प्रिंट करने के लिए मेमोरी में ग्राफिक प्रोग्राम डालना होता है। जब यह प्रोग्राम मेमोरी में होता है तो Prtsc 'की' का प्रयोग करके प्रिंट द्वारा इसे प्रिंट करना संभव हो जाता है। यह प्रोग्राम तब तक मेमोरी में रहता है जब तक कि कंप्यूटर को ऑफ न किया जाए या पुनः बूट न किया जाए। यदि GRAPHICS.EXE फाइल नहीं मिलती है, तो GRAPHICS.EXE प्रोग्राम वाली फ्लॉपी को प्रविष्ट करके इसे पुनः टाइप करें। यदि फ्लॉपी को ड्राइव में प्रविष्ट न कराया हो, तो फ्लॉपी को प्रविष्ट कर R 'की' को दबाएँ।

15. *UNDELETE*

वाक्य रचना (Syntax):

C:\>UNDELETE ↵

उपयोगः गलती से डिलीट की गई फाइल को पुनः प्राप्त करने के लिए इस कमांड का प्रयोग किया जाता है।

उदाहरण के लिए माना गलती से निम्न कमांड द्वारा TAX नाम की फाइल को समाप्त कर दिया गया है:

C:\DEL BUDGET ↵

अब हम इस फाइल को पुनः प्राप्त करना चाहते हैं तो हमें निम्न बातों को ध्यान में रखते हुए कमांड देना होगा:

1. फाइल को पुनः प्राप्त करना तभी संभव है जब हमारा DOS का संस्करण 5 या इससे बाद का हो।
2. निम्न कमांड दें:

C:\UNDELETE ↵

3. यह सुनिश्चित करने के लिए कि आप हटाई गई फाइल को पुनः प्राप्त करना चाहते हैं, Y को दबाएँ।
4. अब हमें फाइल के नाम का प्रथम अक्षर प्रविष्ट करने के लिए कहा जाएगा।

Enter the first character of the file name.

इसके लिए निम्न कमांड टाइप करें।

T ↵

इसके परिणामस्वरूप फाइल पुनः अस्तित्व में आ जाएगी। हम निम्न कमांड द्वारा यह सुनिश्चित कर सकते हैं:

C:\>DIR BUDGET ↵

और कंप्यूटर फाइल की सूची बना देगा।

टीप

1. फाइल को आप DOS 5 या इससे ऊपर के संस्करण द्वारा ही दोबारा वापस लाया जा सकता है।

2. यदि फाइलों को समाप्त करने के बाद हमने उनकी कॉपी कर ली है या कुछ को डिस्क में भेज दिया है तब डॉस को इन्हें वापस लाने में कठिनाई हो सकती है या इस कार्य को करने में असमर्थ हो सकता है।

16. *UNFORMAT*

वाक्य रचना (Syntax):

C:\>UNFORMAT [Drive:] ↵

उपयोग: गलती से फॉर्मेट किए गए डिस्क को पुनः प्राप्त करने के लिए इस कमांड का प्रयोग किया जाता है।

उदाहरण के लिए, माना निम्न कमांड द्वारा एक फ्लॉपी गलती से फॉर्मेट हो जाती है:

C:\>FORMAT A: ↵

अब हम इसे पूर्व अवस्था में लाना चाहते हैं। यह केवल डॉस संस्करण 5.0 या इससे ऊपर वाले संस्करणों में उपलब्ध कमांड द्वारा किया जा सकता है। इसके लिए UNFORMAT कमांड देना होता है।

C:\>UNFORMAT A: ↵

17. *FDISK*

वाक्य रचना (Syntax):

C:\>FDISK ↵

उपयोग: हार्ड डिस्क को उपयोगी बनाने के लिए इस कमांड का प्रयोग किया जाता है।

टीप: इस कमांड का प्रयोग केवल अनुभवी व्यक्तियों के द्वारा ही किया जाना चाहिए क्योंकि यह डाटा को क्षति पहुँचा सकता है। हार्ड डिस्क को उपयोगी बनाने के लिए हमें FDISK.EXE प्रोग्राम का प्रयोग करना होगा। यह फ्लॉपी को उपयोग हेतु फॉरमेट करने के समान ही है।

इसके लिए निम्न चरणों में काम करना होता है–

1. कंप्यूटर और मॉनीटर को ऑन करने के उपरांत A: ड्राइव में डॉस की फ्लॉपी डालें और समय तथा दिनाँक टाइप कर प्रॉम्प्ट A:\> को प्राप्त करें।

2. अब A:\>FDISK टाइप करें।

3. हमारे पास निम्न विकल्प हैं:

   1. Create DOS partition or logical DOS drive.
   2. Set active partition.
   3. Delete partition or logical DOS drive.
   4. Display partition information Enter choice (1)

4. 1 को टाइप कर ↵ दबाने पर हमें निम्न प्राप्त होंगे:

   1. Create primary DOS partition.
   2. Create extended DOS partition.
   3. Create logical DOS drive(s) in the extended DOS partition Enter Choice (1)

5. 1 को टाइप कर ↵ दबाएँ।

6. Y को दबाएँ।

7. जब FDISK.EXE प्रोग्राम अपना कार्य संपन्न कर लेता है, तब स्क्रीन पर हमें निम्न संदेश दिखाई देगा:

Press any key..

यहाँ कोई भी 'की' दबाएँ।

8. अब हम पुनः A:\> प्रॉम्प्ट पर वापस आ जाते हैं। अब हम हार्ड डिस्क को फॉर्मेट करने के लिए निम्न कमांड देते हैं:

A:\>Format C:/S ↵

हमने /S को हार्ड डिस्क में डॉस प्रोग्राम लाने के लिए प्रयोग किया है।

9. इसके उपरांत स्क्रीन निम्न संदेश आएगा:

Enter Current Volume Label for drive C:

Press any key to begin formatting drive C:

इसी स्थिति में जारी रखने के लिए ↵ 'की' को दबाएँ।

10. जब कंप्यूटर यह काम करेगा तब यह स्क्रीन पर काम के होने की स्थिति दर्शाता रहेगा और अंत में यह कहेगा –

System Transferred

और यह सूचना देगा कि –

Volume label (11 characters, ENTER for none) ?

यदि हमें हार्डडिस्क को नाम नहीं देना है, तो ↵ 'की' को दबाएँ। यदि नाम देना है तो वांछित नामकरण करें।

11. अब प्रोग्राम के लिए हमारी हार्ड डिस्क तैयार हो गई है।

18. *SORT*

वाक्य रचना (Syntax):

C:\>DIR | SORT ↵

उपयोगः फाइल सूची को वर्णमाला क्रम में देखने के लिए इस कमांड का प्रयोग किया जाता है।

C:\>DIR | SORT ↵

या C:\> DIR A: SORT ↵

इनसे C ड्राइव या A ड्राइव की डायरेक्टरी का पता लगाया जा सकता है। निम्न कमांड द्वारा सूची को उल्टे क्रम में बनाया जा सकता है:

C:>DIR B:|SORT /R ↵

1. राइट प्रोटेक्टेड (Write-Protected) फ्लॉपियों पर हम सार्ट (छँटाई) नहीं कर सकते हैं।

2. SORT एक बाह्य कमांड है।

3. यदि स्क्रीन पर समायोजित करने के लिए हमारे पास कई फाइलें हैं, तो प्रत्येक स्क्रीन के उपरांत हमें थोड़ा ठहरना होगा। इसके लिए निम्न कमांड का प्रयोग करें:

C\>DIR|SORT|MORE ↵

19. *PRN*

वाक्य रचना (Syntax):

C:\>PRN ↵

उपयोगः किसी भी ड्राइव की डायरेक्टरी–सूची प्रिंट करने के लिए इस कमांड का प्रयोग किया जाता है। डायरेक्टरी–सूची को हम निम्न प्रकार प्रिंट कर सकते हैं :

1. प्रिंटर ऑन करें।

2. यदि सूची फ्लॉपी के लिए है तो इसे A ड्राइव में प्रविष्ट कराएँ।

3. अब निम्न कमांड दें:

C:\>DIR A:>PRN ↵

इससे A ड्राइव की डायरेक्टरी–सूची प्रिंट होगी। यदि C ड्राइव की डायरेक्टरी–सूची प्रिंट करना है तो निम्न कमांड दें।

C:\DIR>PRN ↵

फाइल की सूची को वर्णमाला क्रम में प्रिंट करने के लिए निम्न कमांड दें:

C:\> DIR | SORT>PRN ↵

C:\> DIR B:|SORT>PRN ↵

अपने परिणामों को प्रिंट करने के लिए निम्न चरणों का अनुसरण करें:

1. प्रिंटर को ऑन करें।

2. ^P को दबाए।

अब डॉस प्रॉम्प्ट को दिए गए सभी कमांडों के परिणाम प्रिंटर द्वारा प्रिंट हो जाएँगे। उदाहरण के लिए कमांड

C:\>DIR ↵

सभी फाइलों की सूची प्रिंट कर देगा। प्रिंटिंग की प्रक्रिया को रोकने के लिए ^P 'की' को पुनः दबाएँ।

20. /S

वाक्य रचना (Syntax):

C:\>DIR [File name]/S ↵

उपयोगः फाइल को खोजने के लिए इस कमांड का प्रयोग किया जाता है।

टीपः फाइल को ढूँढ़ने के लिए DIR टाइप कर एक खाली जगह छोड़े, फिर उस फाइल का नाम टाइप करें जिसे हम खोजना चाहते हैं, इसके उपरांत (/) टाइप करें और अंत में S में टाइप करें। उदाहरण के लिए, माना हम ACCS.EXE नामक फाइल को C ड्राइव में ढूंढ़ना चाहते हैं तो हमें निम्न कमांड देना होगाः

C:\>DIR ACCS.EXE/S ↵

यदि यह फाइल एक या एक से अधिक डायरेक्टरियों में मिलती है तो सभी स्थितियाँ स्क्रीन पर प्रदर्शित हो जाएँगी। यदि फाइल नहीं मिलती है तो इससे संबंधित सूचना स्क्रीन पर प्रदर्शित हो जाएगी।

8.10. बैच फाइल (Batch Files)

डॉस में विभिन्न कमांड्स को शृंखलाबद्ध रूप में प्रयोग करने के लिए बैच फाइल का निर्माण किया जाता है। इसमें संबंधित डॉस कमांड को एक निश्चित क्रम में लिखा जाता है। जब बैच फाइल संचालित होती है, तो बैच फाइल में निर्धारित कमांड एक के बाद एक कार्य करने लगते हैं।

बैच फाइल का विस्तारक .BAT होता है, जिससे डिस्क आपरेटिंग सिस्टम यह समझ लेता है कि प्रयुक्त फाइल में डॉस कुछ कमांड हैं। बैच फाइल में वे सभी कमांड प्रयोग किए जाते हैं जो कमांड प्राम्प्ट पर हैं, बल्कि उनमें कुछ जैसे–ECHO, CHOICE कमांड्स बैच फाइल में ही प्रयोग होते हैं।

बैच फाइल का निर्माण दो विधियों से किया जाता है–प्रथम COPY CON कमांड के द्वारा एवं द्वितीय EDIT प्रोग्राम द्वारा।

COPY CON कमांड से बैच फाइल का निर्माण

बैच फाइल को एक टेकस्ट फाइल बनाने के लिए COPY CON कमांड का प्रयोग किया जाता है। इसके लिए डॉस प्राम्प्ट पर COPY CON टाइप कर एक स्पेस देने के उपरांत बैच फाइल का नाम उसके विस्तारक के साथ टाइप कर इंटर 'की' दबाते हैं। ध्यान रखें कि यदि हम इस कमांड से बैच फाइल का निर्माण करने जा रहे हैं, तो फाइल का विस्तारक .BAT होना चाहिए। इस विस्तारक के बिना डॉस बैच फाइल में SAVE कमांड को संचालित नहीं करता।

वाक्य रचना (Syntax)

C:\>COPY CON [File Name].BAT ↵

अब उन डॉस कमांड्स को बैच फाइल में टाइप करते हैं जिन्हें बैच फाइल के द्वारा संचालित करना है। ध्यान रखें कि एक पंक्ति में केवल एक ही डॉस कमांड का प्रयोग किया जा सकता है। बैच फाइल के लिए आवश्यक सभी कमांड्स लिखने के उपरांत फाइल को डिस्क में सुरक्षित करने के लिए F6 फंक्शन 'की' या ^Z 'की' दबाते हैं। उदाहरण के लिएः

```
C:\>COPY CON INDIA.BAT
CLS ↵
DATE ↵
TIME ↵
^ Z
1 file(s) copied
```

उपरोक्त बैच फाइल का संचालन डॉस प्रॉम्प्ट पर INDIA टाइप कर इंटर 'की' दबाकर किया जा सकता है।

EDIT कमांड से बैच फाइल का निर्माण

यह एक कमांड ही नहीं बल्कि ऐसा सॉफ्टवेयर है जिसकी सहायता से हम बैच फाइल का निर्माण आसानी से कर सकते हैं साथ ही उस फाइल का प्रिंट भी प्राप्त कर सकते हैं।

वाक्य रचना **(Syntax):**

C:\>EDIT [File Name] ↵

इस कमांड के द्वारा EDIT विंडो खुल जाएगा, जहाँ हम वांछित बैच फाइल का निर्माण कर सकते हैं। निम्न चित्र देखें:

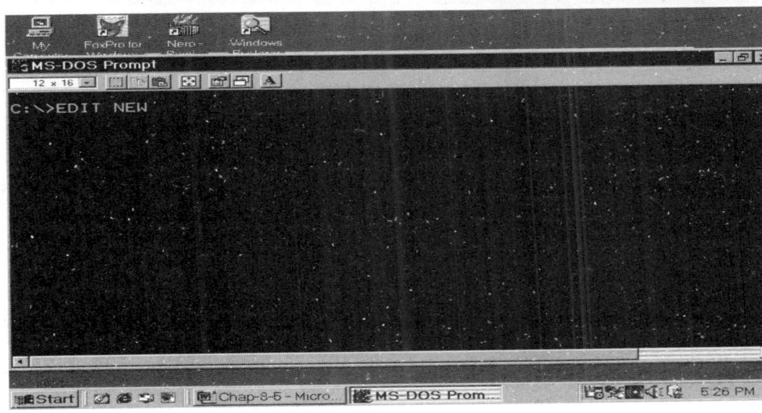

चित्र 8.44

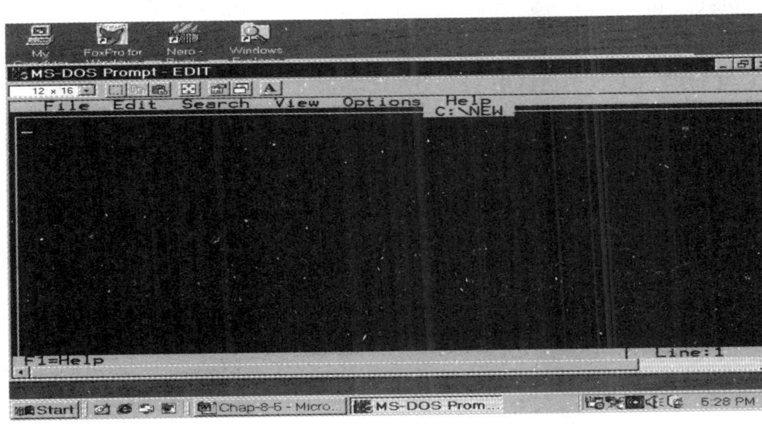

चित्र 8.45

इस विंडों में एक मेन्यू बार होता है। इन मेन्यूज को Alt 'की' के साथ मेन्यू के नाम के प्रथम अक्षर वाली 'की' दबाकर खोला जाता है। इन मेन्यूज में दिए गए विभिन्न विकल्पों की सहायता से हम बैच फाइल का निर्माण सरलता से कर सकते हैं। इसके कुछ मेन्यू निम्न हैं:

1. File मेन्यू

इस मेन्यू के द्वारा फाइल संबंधी समस्त कार्यों को किया जाता है, निम्न चित्र देखें:

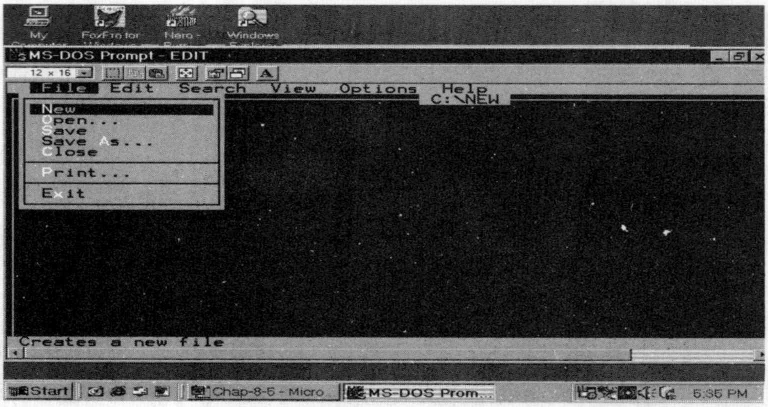

चित्र 8.46

2. Edit मेन्यू

इस मेन्यू का उपयोग संपादन संबंधी कार्यों को करने के लिए किया जाता है। इसमें Cut, Copy, Paste आदि विकल्प उपस्थित होते हैं।

3. Search मेन्यू

इस मेन्यू को एडिट की जा रही फाइल में किसी विशेष अक्षर शृंखला को खोजने एवं अक्षर अथवा अक्षर शृंखला को किसी अन्य अक्षर अथवा अखर शृंखला से बदलने के लिए प्रयोग किया जाता है।

AUTOEXEC.BAT फाइल

यह एक अति महत्त्वपूर्ण बैच फाइल है जिसका कंप्यूटर की मूल डायरेक्टरी में होना अनिवार्य है। बूटिंग के समय कंप्यूटर इस फाइल को स्वमेव पढ़ लेता है तथा इसमें दिए गए कमांड्स क्रमबद्ध रूप से कार्यान्वित होते हैं। उदाहरण के लिए:

```
C:\COPY CON AUTOEXEC.BAT ↵
@ECHO OFF ↵
CLS ↵
PROMPT KARAN ↵
PATH=C:\;C:\WS;C:\WINDOWS ↵
CLS ↵
^Z
1 FILE(S) COPIED
C:\>_
```

CONFIG.SYS फाइल

यह भी एक महत्त्वपूर्ण फाइल है जो कंप्यूटर हार्डवेयर और सॉफ्टवेयर का स्पेसीफिकेशन कर सूचनाओं का विश्लेषण करती है और मेमोरी को सुचारू रूप से नियंत्रित करती है। उदाहरण के लिए:

```
C:\COPY CON DISPLAY.BAT ↵
ECHO #### BATCH FILE DISPLAY.BAT ↵
ECHO #### USE FOR DISPLAY MESSAGE #### ↵
ECHO #### THIS COMMAND: ECHO #### ↵
^Z
1 FILE(S) COPIED
C:\>_
```

8.11. समस्याएँ और समाधान (Problems and Solutions)

कभी–कभी हमारे द्वारा दिए गए कमांड के परिणाम के स्थान पर कंप्यूटर कुछ और ही संदेश प्रदर्शित करने लगता है। ऐसी दशा में असुविधा का सामना करना पड़ता है। यहाँ हम कुछ ऐसी ही समस्याओं एवं उनके समाधान के विषय में चर्चा करेंगे।

समस्या-1

Bad Command or File Name

अर्थ

यह संदेश उसी दशा में प्रदर्शित होता है जब हमारे द्वारा दिए गए कमांड अथवा फाइल का नाम गलत होता है।

समाधान

सर्वप्रथम कमांड की स्पेलिंग का परीक्षण करें। यदि वह गलत है, तो उसे सही करें और यदि वह सही है तो अपनी डायरेक्टरी का परीक्षण करें कि उस कमांड से संबंधित फाइल डायरेक्टरी में है या नहीं।

समस्या-2

Not Ready Reading Drive A:

Abort , Retry, Fail?

अर्थ

जब हम किसी फ्लॉपी को लगाते हैं और यह संदेश प्रदर्शित होता है, तो इसका यह अर्थ है कि या तो हमने ड्राइव में फ्लॉपी नहीं लगाई है अथवा ड्राइव का शटर बंद नहीं किया है।

समाधान

ड्राइव में फ्लॉपी को लगाएँ। यदि फ्लॉपी लगी है तो शटर बंद करके R दबाएँ। इससे कमांड पुनः क्रियान्वित हो जाता है। A (Abort) को दबाने से कमांड समस्या पर कोई ध्यान न देकर पुनः प्रयास करता है जबकि F दबाने पर कमांड निरस्त हो जाता है और निम्न संदेश प्रदर्शित होता है:

Current Drive is no Longer Valid>

यहाँ पर C: टाइप करके इंटर दबाने से C: ड्राइव पर वापस आ जाते हैं।

समस्या-3

General Failure Reading Drive A:

Abort, Retry, Fail?

अर्थ

इस संदेश का अर्थ है कि कंप्यूटर ड्राइव में लगायी गई फ्लॉपी को पढ़ने में असमर्थ है अर्थात् फ्लॉपी खराब है या हमने ड्राइव में गलत फ्लॉपी लगा दी है।

समाधान

एक बार R दबाकर कमांड को पुनः चालू करें। यदि सही संदेश आता है, तो फ्लॉपी का परीक्षण करें व सही फ्लॉपी लगाकर R दबाएँ। A व F के प्रयोग का परिणाम पूर्व समस्या के अनुरूप है।

समस्या-4

Write Protect Error Writing Drive A:
Abort, Retry, Fail

अर्थ

इस संदेश का अर्थ है कि जो फ्लॉपी ड्राइव में लगी है वह राइट प्रोटेक्ट है जिसमें हम कुछ लिखने का प्रयास कर रहे हैं।

समाधान

फ्लॉपी को ड्राइव से निकालकर राइट प्रोटेक्ट स्टीकर हटा दें व पुनः ड्राइव में लगाकर R दबा दें, कमांड पुनः क्रियान्वित हो जाएगा। A व F का परिणाम पूर्वानुसार होगा।

समस्या-5

Duplicate File Name or File Not found

अर्थ

इस संदेश का अर्थ है कि हमने किसी फाइल का नाम बदलते समय वह नाम टाइप कर दिया है जो डायरेक्टरी में पहले से ही मौजूद है अथवा जिस नाम की फाइल का नाम हम बदलना चाहते हैं वह डायरेक्टरी में है ही नहीं।

समाधान

सबसे पहले यह परीक्षण करें कि जिस फाइल का नाम हम परिवर्तित कर रहे हैं। वह फाइल है या नहीं फिर यह जाँच करें कि जो नाम हम रख रहे हैं वह डायरेक्टरी में पहले से ही तो नहीं है। जाँच कर सही नाम टाइप करके कमांड दें।

समस्या-6

File not found

अर्थ

इस संदेश का अर्थ है कि जिस फाइल का काम किया जाना है वह डायरेक्टरी में मौजूद ही नहीं है।

समाधान

सर्वप्रथम फाइल के नाम की स्पेलिंग का परीक्षण करें। यदि वह गलत है, तो उसे सही करें। यदि स्पेलिंग सही है तो डायरेक्टरी में फाइल की उपस्थिति का परीक्षण करें।

समस्या-7

Insufficient Disk Space

अर्थ

इस समस्या का अर्थ है कि वर्तमान डिस्क पर नई फाइल्स के लिये आवश्यक जगह नहीं है।

समाधान

इस समस्या के दो समाधान हैं या तो हम अपनी डिस्क पर से अनावश्यक फाइल्स को समाप्त कर दें अथवा अपने सिस्टम में अतिरिक्त मेमोरी लगवा लें।

समस्या-8

File Cannot be Copied to itself

अर्थ

इस संदेश के प्रदर्शित होने का कारण है कि COPY कमांड का प्रयोग करते समय फाइल का नाम नहीं दिया गया है अथवा उसे कहाँ कॉपी करना है यह निर्देश नहीं दिया गया है।

समाधान

कमांड को पुनः टाइप करें और फाइल का सही नाम व उसे कहाँ कॉपी करना है। स्पष्ट टाइप करें।

समस्या-9

Non System Disk or Disk Error

अर्थ

जब हम कंप्यूटर को आरंभ करते हैं, तो वह कुछ फाइल्स को तलाशता है, जिनके द्वारा वह बूट होता है। ये फाइल्स हैं – MSDOS.SYS, COMMAND.COM और IO.SYS। यदि कंप्यूटर को कोई भी फाइल नहीं मिलती है तो यह संदेश प्रदर्शित होता है।

समाधान

A: ड्राइव में Bootable फ्लॉपी लगाकर कंप्यूटर को बूट करें अथवा अपनी हार्ड डिस्क को A:\>SYS C: कमांड से बूटेबल बना लें।

समस्या-10

Path Not Found

अर्थ

कई ऐसे कमांड हैं जिनमें हम पथ का प्रयोग करते हैं, अर्थात् एक कमांड से अनेक कार्य करते हैं। ऐसी स्थिति में जब यह संदेश प्रदर्शित होता है तो इसका अर्थ है कि पथ गलत दिया हुआ है।

समाधान

अपने पथ का परीक्षण करें। उसमें सुधार करके पुनः कमांड का प्रयोग करें।

समस्या-11

Invalid Parameter of Invalid Switch

अर्थ

जब प्रॉम्प्ट पर कोई गलत निर्देश अथवा कमांड टाइप कर देते हैं तो यह संदेश प्रदर्शित होता है।

समाधान

इस समस्या से बचने के लिए कमांड या निर्देश को सही टाइप करें।

समस्या-12

Too Many Parameters

अर्थ

इस संदेश का अर्थ है कि दिए गए कमांड में कोई गलत हिस्सा जोड़ा गया है अथवा अनावश्यक स्पेस छोड़ दिया गया है।

समाधान

टाइप किए गए कमांड का परीक्षण करें। उसे सही करें।

समस्या-13

Invalid Drive Specification

अर्थ

इस संदेश के प्रदर्शित होने का अर्थ कि ड्राइव का नाम गलत टाइप कर दिया गया है अर्थात् उसमें कुछ कमी है या वह ड्राइव मौजूद ही नहीं है।

समाधान

ड्राइव के नाम का परीक्षण करें कि वह सही है अथवा गलत उसके नाम के उपरांत (:) कॉलन टाइप किया है या नहीं

इन समस्याओं के अतिरिक्त कंप्यूटर पर कार्य करते समय अनेक समस्याओं का सामना करना पड़ता है। जो निम्न प्रकार है:

1. कंप्यूटर पर पासवर्ड डालकर भूल जाना।

समाधानः मदरबोर्ड में लगी बैटरी को निकालकर पुनः लगाने से BIOS की समस्त सूचनाएँ समाप्त हो जाती हैं व पासवर्ड समाप्त हो जाएगा।

2. फाइल्स को खोलने पर आउटपुट बाइनरी कोड में आना अथवा प्राप्त ही ना होना।

समाधानः यह समस्या वाइरस के कारण होती है। वायरस रोधी प्रयोग कर वायरस हटा दें।

3. कंप्यूटर हैंग हो जाना।

समाधानः Alt + Ctrl + Del कुंजियों को एक साथ दबाएँ, कंप्यूटर पुनः बूट हो जाएगा व C: प्रॉम्प्ट आ जाएगा।

अभ्यास-प्रश्न (Exercise-Questions)

1. एमएस डॉस से क्या समझते हैं?
2. डॉस के क्या कार्य हैं?
3. डॉस प्रॉम्प्ट क्या है?
4. फाइल से क्या समझते हैं?
5. डायरेक्टरी और डायरेक्टरी संरचना को स्पष्ट करें।
6. वाइल्ड कार्ड क्या है?
7. डॉस समादेश क्या है?
8. आंतरिक डॉस समादेश को विस्तार से लिखिए।
9. बाह्य डॉस समादेश को लिखें।
10. बैच फाइल से क्या समझते हैं?

9

विंडोज
(Windows)

9.1. विंडोज की अवधारणा (Windows Concept)

विंडो, PC's के लिए एक ऑपरेटिंग सिस्टम (Operating system) है। इसका सर्वाधिक प्रचलित संस्करण विंडो 95 है, जिसे अगस्त 1985 में अमेरिका की माइक्रोसॉफ्ट कंपनी द्वारा तैयार कर प्रचलित किया गया। यह सिंगल यूजर मल्टीटास्किंग ऑपरेटिंग सिस्टम (Single user multitasking operating system) है। यह व्यापारिक एवं व्यक्तिगत दोनों प्रकार के कार्यों को कुशलता से कर सकता है। विंडो की श्रृंखला में विंडो 98 सबसे प्रचलित ऑपरेटिंग सिस्टम है।

विंडो वास्तव में GUI (Graphical User Interface) पर किए गए शोध कार्य का परिणाम है। यह शोध कार्य जीरॉक्स कारपोरेशन (Xerox Corporation) द्वारा 1980 के बाद के दशक में किया गया था। इस कंपनी द्वारा विकसित किए गए प्रथम कंप्यूटर का नाम जीरॉक्स स्टार (Xerox Star) था। लेकिन GUI को सफलता तब मिली जब एप्पल कंप्यूटर (Apple Computers) द्वारा मैकिनटोश कंप्यूटर (Macintosh Computer) का निर्माण किया गया।

विभिन्न वर्षों में विंडो में हुए विकास का क्रम निम्न है–

क्रमांक	*संस्करण का नाम*	*जारी होने का वर्ष*	*मुख्य विशेषताएँ*
1.	Windows 1.0	1985	GIU आधारित विंडो
2.	Windows 1.2	1987	ओवरलैपिंग विंडो
3.	Windows 2.10	1987	वरचुअल मशीन
4.	Windows 3.0	1990	प्रोग्राम मैनेजर/फाइल मैनेजर
5.	Windows 3.1	1992	मल्टीमीडिया और नेटवर्क योग्यता
6.	Windows 3.11	1993	32 बिट नेटवर्किंग
7.	Windows 95	1995	32 बिट ऑपरेटिंग सिस्टम, मल्टीटास्किंग, नेटवर्क योग्यता
8.	Windows 98	1998	इंटरनेट सुविधा
9.	Windows Millennium	2000	मल्टीमीडिया और नेटवर्क योग्यता
10.	Windows XP	2001	मल्टीटास्किंग और इंटरनेट सुविधा

विशेषताएँ (Features)

विंडो की निम्न विशेषताएँ हैं:

1. सुधरा हुआ इंटरफेस
2. लंबे फाइल नाम
3. विंडो एक्सप्लोरर
4. खेल तथा मल्टीमीडिया सुविधा
5. पूर्व प्रोग्राम के साथ अनुरूपता
6. सरल डाक सुविधा
7. 32-बिट मल्टीटास्किंग
8. प्लग और प्ले हार्डवेयर अनुरूपता
9. एकीकृत नेटवर्क सुविधा

संरचना (Structure)

1. *डेस्कटॉप (Desktop)*

जब हम CPU के पॉवर को ऑन करते हैं, तो उससे जुड़े हुए मॉनीटर के स्क्रीन पर कंप्यूटर के बूट होने की प्रक्रिया दिखाई देती है, इसके उपरांत विंडो की लोडिंग (loading) का कार्य प्रारंभ होता है। तत्पश्चात् जो प्रारंभिक स्क्रीन हमें दिखाई पड़ती है, उसे डेस्कटॉप कहते हैं। चित्र 9.1 देखें। जो ऑब्जेक्ट्स (objects) बार–बार प्रयोग में आते हैं उन्हें डेस्कटॉप पर रखा जाता है। डेस्कटॉप में कई ऑब्जेक्ट्स होते हैं। उनमें प्रमुख ऑब्जेक्ट्स निम्न हैं– My Computer, Recycle Bin, Network Neighbourhood, My Briefcase, Task Bar, Start Menu, Files and Folders और Shortcuts आदि।

डेस्कटॉप में ये ऑब्जेक्ट्स एक छोटे चित्र की सहायता से दिखाए जाते हैं, चित्र के नीचे उस ऑब्जेक्ट का नाम लिखा होता है। इसे ऑब्जेक्ट का आइकॉन (Icon) कहते हैं। आवश्यकतानुसार अन्य वांछित ऑब्जेक्ट को भी आइकॉन के रूप में डेस्कटॉप पर रख सकते हैं।

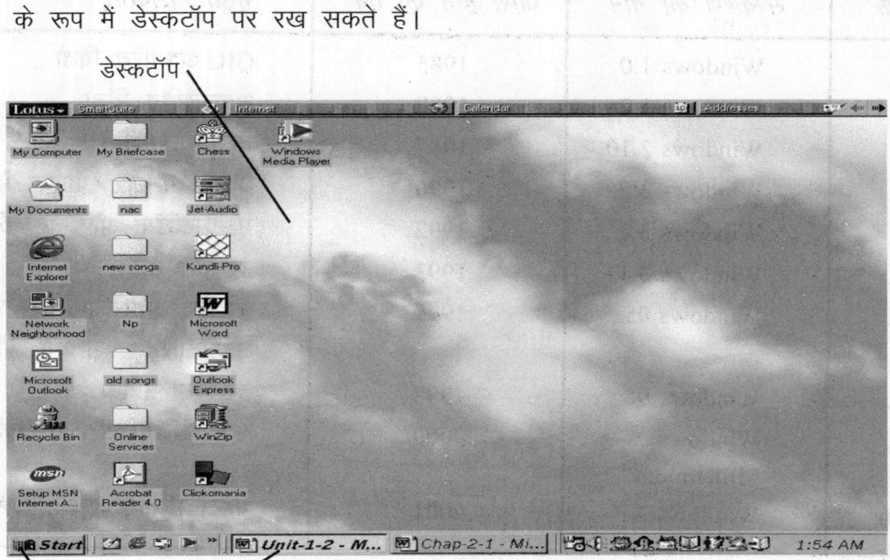

चित्र 9.1. *विंडो का डेस्कटॉप*

2. टास्कबार (Taskbar)

डेस्कटॉप में सबसे नीचे एक पट्टी होती है जिसे टॉस्क बार कहते हैं। इस टास्क बार में 'Start' तथा कई अन्य बटन होते हैं जैसे Show Desk top, Launch Internet Explorer Browser, Launch Outlook Express, Anti Virus, Task Scheduler, Sound Effect, Volume, Clock आदि। किसी भी प्रोग्राम को प्रारंभ करने या किसी विंडो को खोलने पर टास्कबार में उस विंडों को व्यक्त करने वाला एक बटन दिखाई पड़ता है। टास्क बार हमें सभी खुले प्रोग्रामों पर तत्काल पहुँचने की सुविधा प्रदान करता है।

3. स्टार्ट मेन्यू (Start Menu)

डेस्कटॉप के निचले बाएँ कोने में स्थित 'Start' बटन पर माउस द्वारा क्लिक (click) कर 'Start' मेन्यू (menu) का प्रारंभ किया जा सकता है। इस मेन्यू में Programs, Documents, Setting, Search, Help and Support, Run, Log Off, Turn Off Computer आदि विकल्प होते हैं। चित्र 9.2 देखें।

Programs	इसमें उन प्रोग्रामों की सूची होती है जिन्हें अधिकतर प्रयोग किया जाता है।
Documents	इसमें उन डाकुमेंटों की सूची होती है जिन्हें हाल ही में उपयोग में लाया गया था या खोला गया था।
Setting	इसमें सिस्टम के उन तत्वों की सूची होती है, जिनके लिए सेटिंग परिवर्तित की जा सकती है।
Search	इसकी सहायता से हम किसी फोल्डर, फाइल, साझा कंप्यूटर या डाक संदेश को खोज सकते हैं।
Help and Support	इसकी सहायता से Help प्रोग्राम का आरंभ कर विंडोज में कोई कार्य करने में सहायता ले सकते हैं।
Run	इसकी सहायता से कोई Executable प्रोग्राम Run कराया जा सकता है।
Log Off	कंप्यूटर बंद करने के लिए।
Turn Off Computer	कंप्यूटर से बाहर आने के लिए।

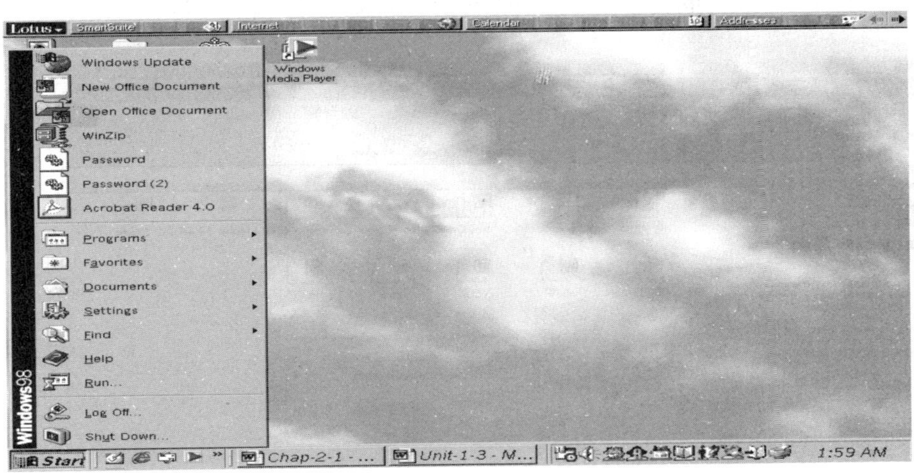

चित्र 9.2. *स्टार्ट मेन्यू का प्रारंभ*

4. My Computer

My Computer में हमारे द्वारा कंप्यूटर में स्टोर किए गए प्रत्येक ऑब्जेक्ट्स तथा सूचना की जानकारी होती है। चित्र 9.3 देखें। My Computer में निम्न ऑब्जेक्ट्स होते हैं:

1. प्रत्येक ड्राइव (Drive) का एक प्रतीक
2. कंट्रोल पैनल (Control Panel) का फोल्डर (Folder)
3. प्रिंटर का फोल्डर

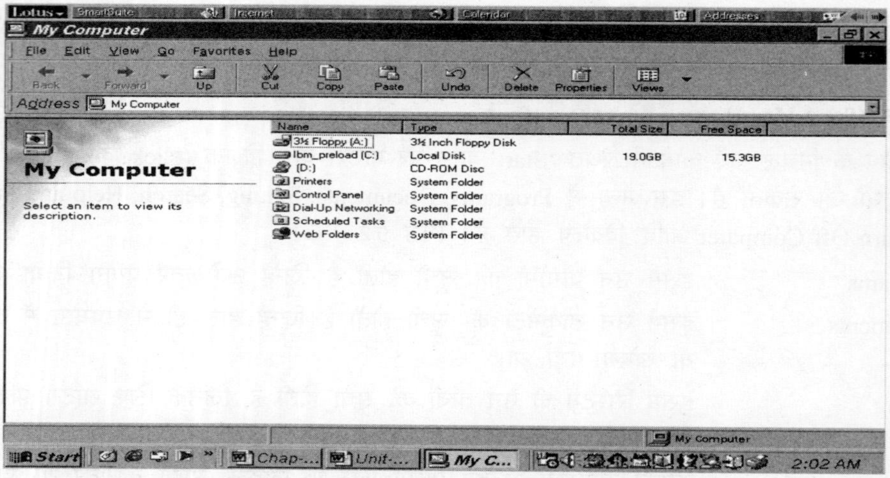

चित्र 9.3. ***My Computer***

रिसाइकिल बिन (Recycle Bin)

Recycle Bin रद्दी रखने की एक टोकरी के समान होता है। हमारे द्वारा हटाए गए फाइल या फोल्डर इसी टोकरी में संग्रहित होते हैं। जिन्हें हम वापस इसी टोकरी से प्राप्त कर सकते हैं। Recycle Bin से किसी फाइल या फोल्डर को वापस प्राप्त करना तभी संभव नहीं हो सकता है, जब तक कि यह टोकरी पूरी तरह खाली न हो गई हो। इसका आकार हार्ड डिस्क की क्षमता के बराबर हो सकता है। चित्र 9.4 देखें।

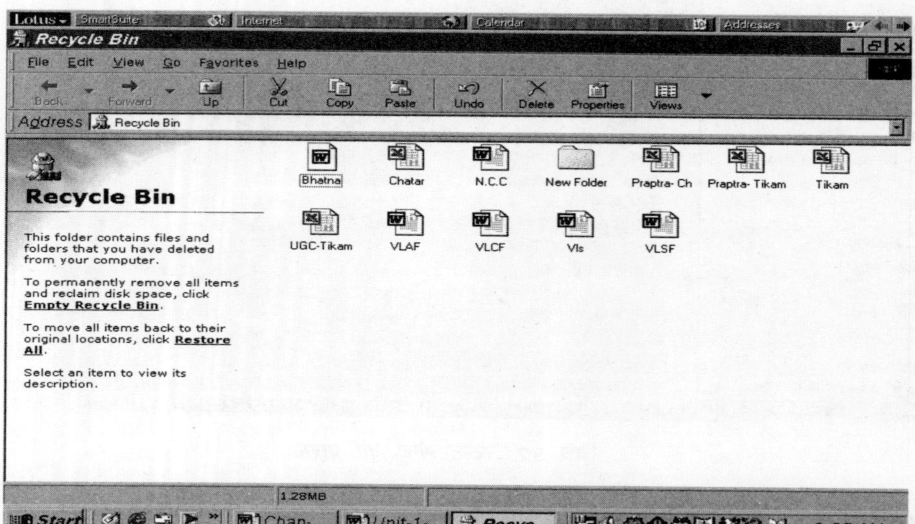

चित्र 9.4. *रिसाइकिल बिन*

9.2. विंडोज सहायक (Accessories)

Accessories विकल्प पर पहुँचने के लिए निम्न चरणों का अनुसरण करें–

1. 'Start' मेन्यू में 'Program' विकल्प पर माउस प्वाइंटर (Mouse Pointer) रखें।

ऊपर की ओर एक सूची खुलती हुई दिखाई देगी।

2. इस सूची में 'Accessories' विकल्प पर माउस प्वाइंटर रखें।

दायीं ओर एक और सूची खुल जाएगी। निम्न चित्र देखें:

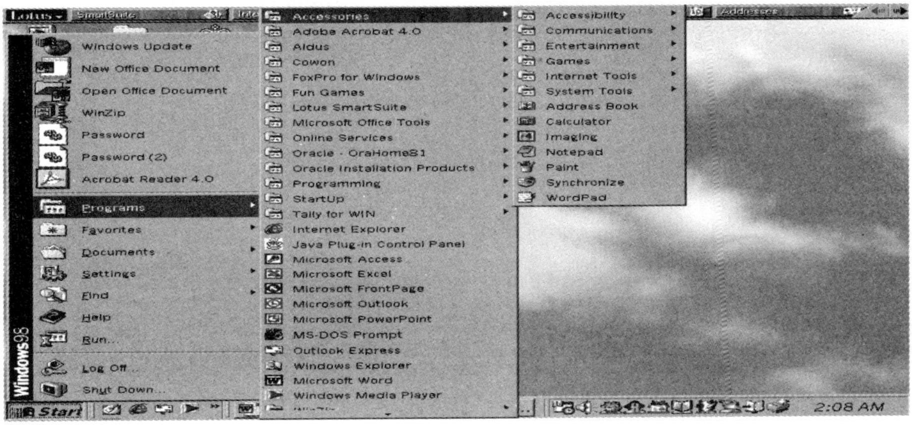

चित्र 9.5

Accessories की इस खिड़की में कई विकल्प होते हैं। जैसे Communication, Entertainment, Internet Tools, System Tools, Character Map, Calculator, Imaging, Notepad, Paint, Synchronize, Word Pad आदि। इन विकल्पों पर माउस से क्लिक करते ही उनकी विंडो खुलकर हमारे समक्ष आ जाती है और वहाँ हम वांछित कार्य कर सकते हैं। निम्न चित्र देखें:

1. *कैलकुलेटर (Calculator)*

कैलकुलेटर में हम विभिन्न प्रकार की गणनाएँ संपन्न कर सकते हैं।

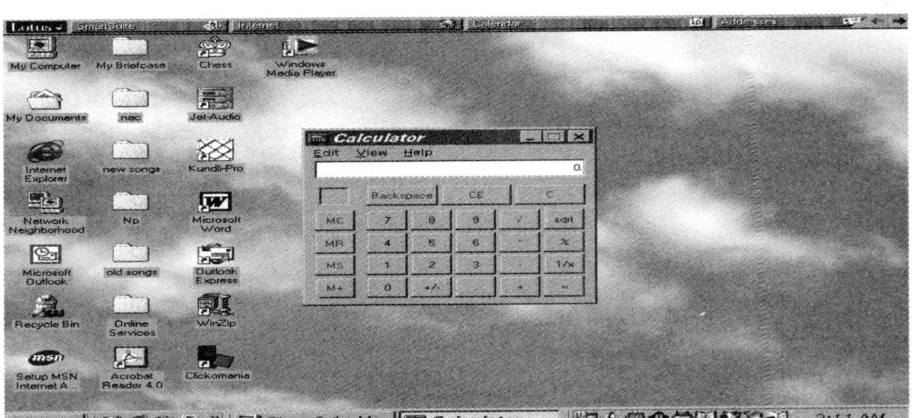

चित्र 9.6. *कैलकुलेटर की विंडो*

2. नोटपैड *(Notepad)*

नोटपैड का उपयोग ऐसी फाइल का निर्माण और संपादन करने के लिए किया जाता है जिन्हें फार्मेट करने की आवश्यकता नहीं होती है और जिनकी लंबाई 64K से कम हों। नोटपैड टेकस्ट को ASCII फार्मेट में सुरक्षित करते हैं। 64K से अधिक लंबाई वाली फाइल के लिए वर्ड पैड का प्रयोग किया जाता है। नोटपैड के लिए चित्र 9.7 देखें।

चित्र 9.7. *नोटपैड की विंडो*

3. पेंट *(Paint)*

पेंट की सहायता से हम विभिन्न प्रकार के रेखा चित्र या रंगीन चित्र बना सकते हैं। पेंट की विंडो में बायीं ओर एक टूल बॉक्स दिया होता है, जिसकी सहायता से विभिन्न प्रकार की आकृतियाँ और रेखाचित्र बना सकते हैं। प्रत्येक टूल पर माउस कर्सर रखते ही उस टूल का नाम दिखायी पड़ने लगता है। पेंट की विंडो में नीचे की ओर विभिन्न रंगों की एक पट्टी बनी होती है जिसमें विभिन्न रंग उपलब्ध होते हैं। विंडो का शेष भाग खाली रहता है तथा उसके सफेद भाग में हम चित्र बना सकते हैं। चित्र 9.8 देखें।

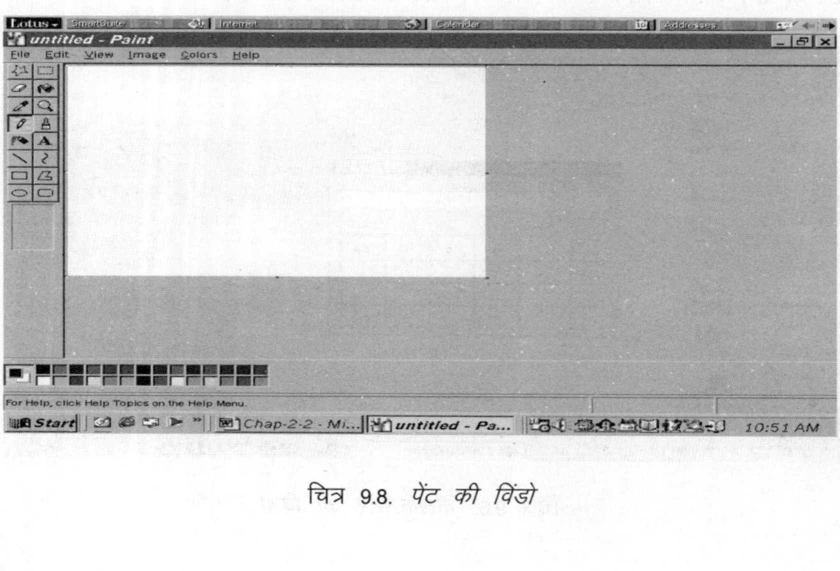

चित्र 9.8. *पेंट की विंडो*

4. वर्ड पैड (Word Pad)

यहाँ हम किसी भी डाकुमेंट को टाइप करने और उसे वांछित रूप में संपादित करने का कार्य कर सकते हैं। एक ही डाकुमेंट में टेकस्ट, ग्राफिक तथा ध्वनि आदि शामिल कर सकते हैं।

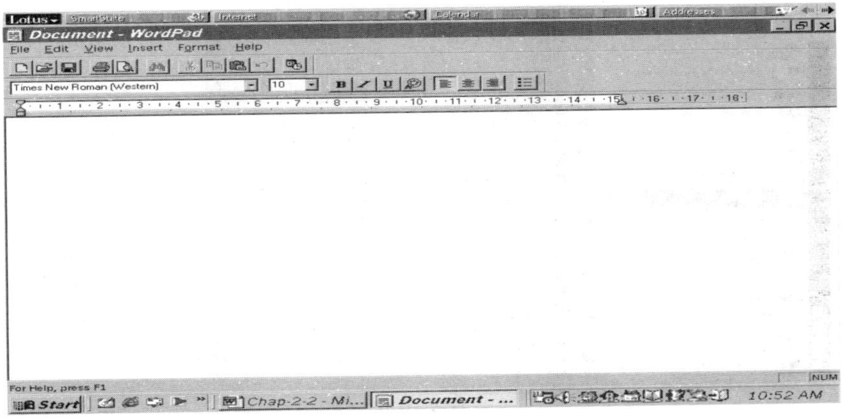

चित्र 9.9. *वर्ड पैड की विंडो*

इस खिड़की के विभिन्न विभाग निम्न हैं:

1. टाइटिल बार–यह वर्ड पैड की विंडो में सबसे ऊपर होता है। यदि कोई डाकुमेंट खुला हुआ हो, तो उसका नाम इस बार के बाएँ कोने में दिखाया जाता है।

2. मेन्यू बार–यह टाइटिल बार के ठीक नीचे होता है। इस मेन्यू बार में कई ड्रॉप डाउन मेन्यू होते हैं, जैसे File, Edit, View, Insert, Format और Help। किसी भी मेन्यू को खोलने के लिए उस पर माउस के बाएँ बटन द्वारा एक बार क्लिक करते हैं और वांछित कार्य कर सकते हैं।

3. स्टैंडर्ड टूल बार–यह मेन्यू बार के ठीक नीचे होता है। इसमें एक पंक्ति में कई बटन होते हैं जिनका प्रयोग विभिन्न कार्यों को करने में किया जाता है। माउस प्वाइंटर को किसी भी बटन पर रखते ही उस बटन का नाम दिखाई देने लगता है।

4. फार्मेट बार–यह स्टैंडर्ड टूल बार के नीचे होता है। इसकी सहायता से डाकुमेंट को सुंदर बनाया जा सकता है। इस बार में Font, Font Size, Italic, Bold, Underline आदि बटन होते हैं।

5. रूलर–यह टूल बार के ठीक नीचे होता है। इसका प्रयोग विभिन्न हाशियों को व्यवस्थित करने में किया जाता है। इसकी सहायता से हम एक या अधिक परिच्छेदों का स्वरूप परिवर्तित कर सकते हैं।

6. पाठ्य क्षेत्र–यह बड़े आयताकार बॉक्स के रूप में रूलर के नीचे होता है। इसे पाठ्य क्षेत्र कहते हैं। टाइप की गई सामग्री इसी क्षेत्र में दिखाई देती है।

7. स्टेटस बार–यह स्क्रीन में सबसे नीचे स्थित होता है। इस बार में वर्ड पैड द्वारा दिए जाने वाले संदेश दिखाई देते हैं।

5. कैरेक्टर मैप (Character Map)

कैरेक्टर मैप की सहायता से हम विभिन्न प्रकार के कैरेक्टर टाइप कर सकते हैं। कैरेक्टर मैप को खोलने के लिए निम्न कार्य करें:

1. 'Start' मेन्यू में 'Program' विकल्प पर माउस प्वाइंटर रखें।

   दायीं ओर एक सूची खुल जाएगी।

2. इस खिड़की में 'Accessories' पर माउस प्वाइंटर रखें।
   दायीं ओर एक अन्य सूची खुल जाएगी।
3. इस खिड़की में 'System Tools' पर माउस प्वाइंटर रखें।
   दायीं ओर पुनः एक सूची खुल जाएगी। निम्न चित्र देखें:

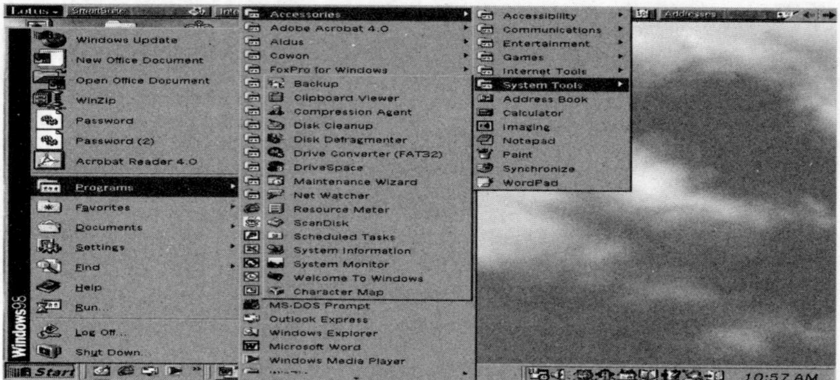

चित्र 9.10

4. इस खिड़की में 'Character Map' विकल्प पर माउस से क्लिक करें।
   'Character Map' डायलॉग बॉक्स खुल जाएगा। निम्न चित्र देखें:

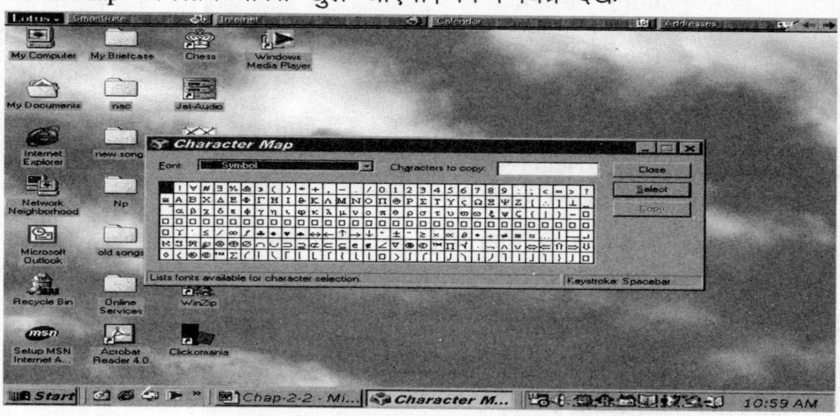

चित्र 9.11. *कैरेक्टर मैप की विंडो*

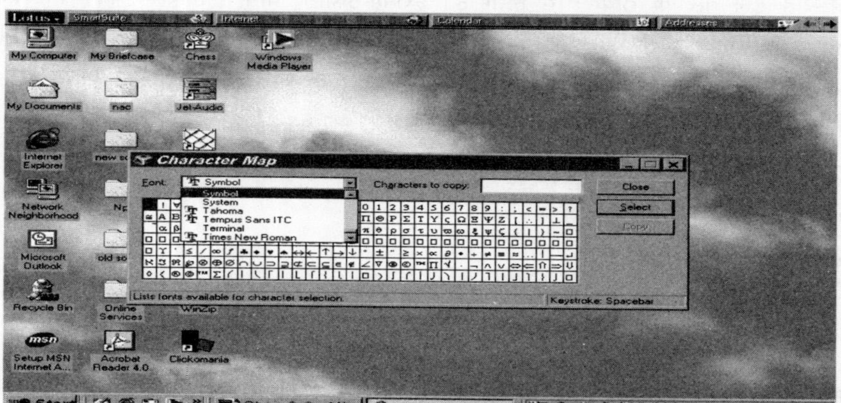

चित्र 9.12. *विभिन्न प्रकार के कैरेक्टर चुनने के लिए विंडो*

9.3. विंडोज एक्सप्लोरर (Windows Explorer)

विंडोज ऑपरेटिंग सिस्टम में फाइल और फोल्डरों का प्रबंध करने वाला प्रोग्राम विंडोज एक्सप्लोरर कहलाता है। यह हमारे कंप्यूटर में उपलब्ध समस्त सामग्री को वंशक्रम के रूप में दिखाता है। विंडोज एक्सप्लोरर का प्रयोग निम्न कार्यों में किया जाता है:

1. अपनी डिस्क या डिस्कों के फोल्डरों के ढाँचे को देखना तथा बदलना।
2. अपनी फाइलों और फोल्डरों की सामग्री को देखना तथा बदलना।
3. प्रोग्राम प्रारंभ करना तथा डाकुमेंट खोलना।
4. फोल्डरों तथा फाइलों को खिसकाना, कॉपी करना, बनाना, नाम बदलना और हटाना।
5. फाइलों के गुणों को देखना तथा बदलना।

1. ***फोल्डर का निर्माण (Creating Folders)***

विंडोज एक्सप्लोरर की सहायता से नया फोल्डर बनाने के लिए निम्न चरणों का अनुसरण करें:

1. 'Start' बटन पर माउस के दाएँ बटन से क्लिक करें।
   स्क्रीन पर एक मेन्यू खुल जाएगा। निम्न चित्र देखें:

चित्र 9.13

2. इस मेन्यू में 'Explorer' विकल्प पर माउस से क्लिक करें।
   'Explorer' विंडो खुल जाएगा। निम्न चित्र देखें:

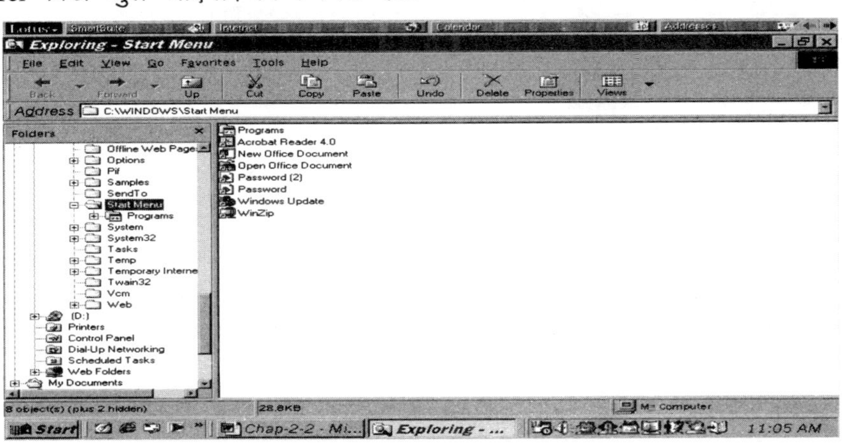

चित्र 9.14. *एक्सप्लोरर की विंडो*

3. इस विंडो में किसी भी स्थान पर माउस के दाएँ बटन से क्लिक करें।

   स्क्रीन पर एक मेन्यू खुल जाएगा। निम्न चित्र देखें:

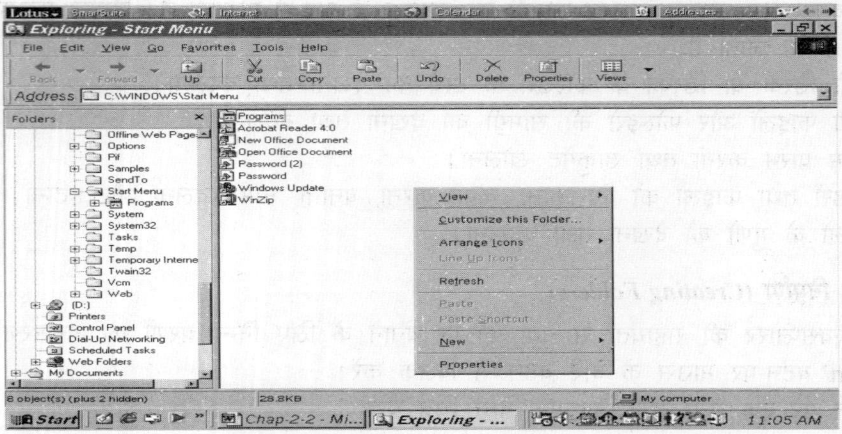

चित्र 9.15

4. इस मेन्यू में 'New' विकल्प पर माउस प्वाइंटर रखें।

   ऐसा करते ही दायीं ओर एक खिड़की खुल जाएगी। चित्र 9.16 देखें।

5. इस खिड़की में 'Folder' विकल्प पर क्लिक करें।

ऐसा करते ही डेस्कटॉप पर एक फोल्डर बन जाएगा, जिसके नीचे 'New Folder' लिखा रहेगा। 'New Folder' के स्थान पर कोई वांछित नाम टाइप कर हम इसे वांछित फोल्डर बना सकते हैं। चित्र 9.17 देखें।

2. *अन्य एक्सप्लोरर सुविधाएँ (Other Explorer Facilities)*

एक फोल्डर के अंदर नया फोल्डर बनाने के लिए पहले पुराने फोल्डर पर दो बार क्लिक कर उसे खोलें और फिर पूर्व में दी गई विधि के अनुसार नया फोल्डर बनाएँ।

किसी डाकुमेंट या फोल्डर को दूसरे फोल्डर में ले जाने के लिए निम्न चरणों का अनुसरण करें:

1. जिस डाकुमेंट या फोल्डर को दूसरे फोल्डर में ले जाना चाहते हैं उसे चुनें।

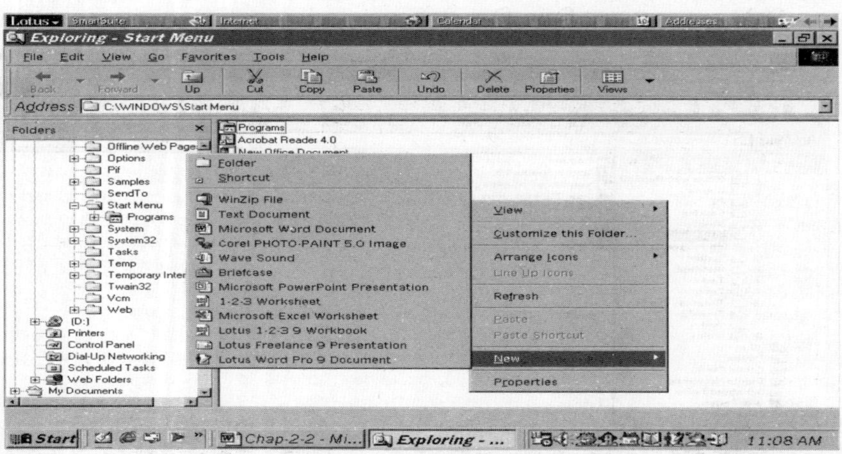

चित्र 9.16

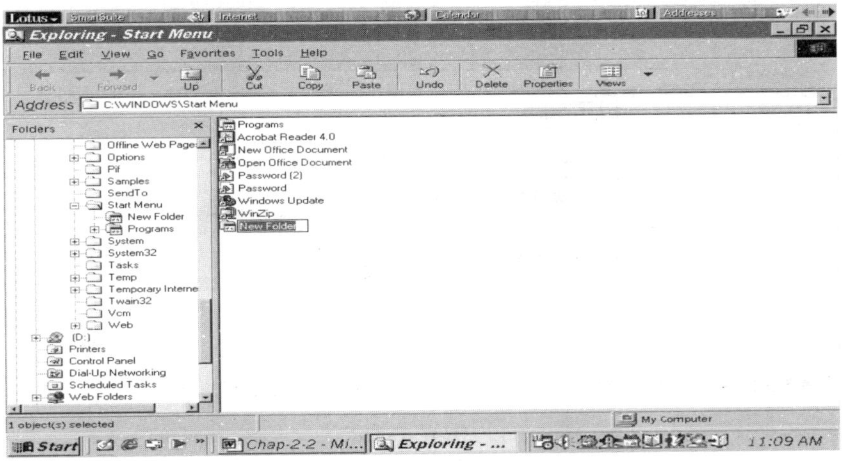

चित्र 9.17

2. मेन्यू बार में 'Edit' मेन्यू पर क्लिक करें।

   एक ड्रॉप डाउन मेन्यू (Drop Down Menu) खुल जाएगा।

3. इस ड्रॉप डाउन मेन्यू में 'cut' बटन पर क्लिक करें।

   ऐसा करते ही वह फोल्डर क्लिप बोर्ड में आ जाएगा।

4. उस फोल्डर को खोलें जहाँ वांछित डाकुमेंट या फोल्डर ले जाना चाहते हैं।

5. इस फोल्डर की खिड़की के 'Edit' मेन्यू में 'Paste' बटन पर क्लिक करें।

   ऐसा करते ही वांछित डाकुमेंट या फोल्डर इच्छित स्थान पर आ जाएगा।

   किसी डाकुमेंट या फोल्डर को दूसरे फोल्डर में कॉपी करने के लिए निम्न चरणों का अनुसरण करें–

1. जिस डाकुमेंट या फोल्डर को दूसरे फोल्डर में कॉपी करना चाहते हैं उसे चुनें।

2. मेन्यू बार में 'Edit' मेन्यू पर क्लिक करें।

   एक ड्रॉप डाउन मेन्यू खुल जाएगा।

3. इस ड्रॉप डाउन मेन्यू में 'copy' बटन पर क्लिक करें।

   ऐसा करते ही वह फोल्डर क्लिपबोर्ड में आ जाएगा।

4. उस फोल्डर को खोलें जहाँ वांछित डाकुमेंट या फोल्डर को कॉपी करना चाहते हैं।

5. इस फोल्डर की खिड़की के 'Edit' मेन्यू में 'Paste' बटन पर क्लिक करें।

   ऐसा करते ही वांछित डाकुमेंट या फोल्डर इच्छित स्थान पर आ जाएगा।

   किसी डाकुमेंट या फोल्डर को फ्लॉपी डिस्क पर नकल करने के लिए निम्न चरणों का अनुसरण करें–

1. वांछित डाकुमेंट या फोल्डर का चुनाव करें।

2. उस डाकुमेंट या फोल्डर के आइकॉन पर माउस के दाएँ बटन से क्लिक करें।

   ऐसा करते ही एक मेन्यू प्राप्त होगा।

3. इस मेन्यू में 'Send To' बटन पर माउस प्वाइंटर रखें।

   ऐसा करते ही दायीं ओर एक सूची खुल जाएगी। निम्न चित्र देखें:

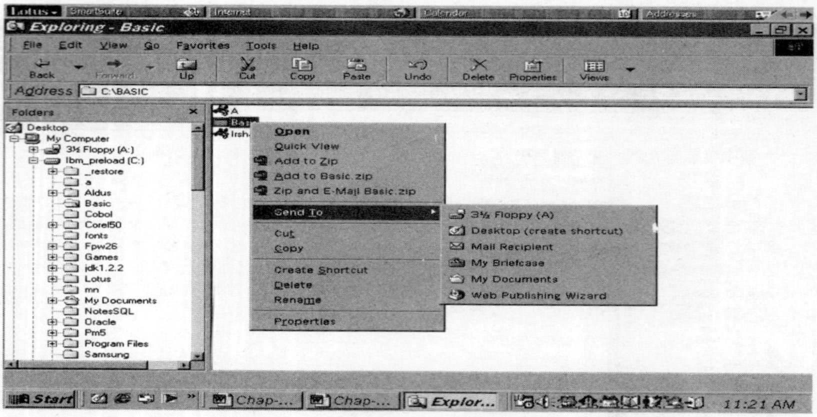

चित्र 9.18

4. इस सूची में '3½ Floppy (A)' विकल्प पर क्लिक करें।

ऐसा करते ही फ्लॉपी डिस्क पर वांछित डाकुमेंट या फोल्डर की कॉपी होना आरंभ हो जाएगा। निम्न चित्र देखें:

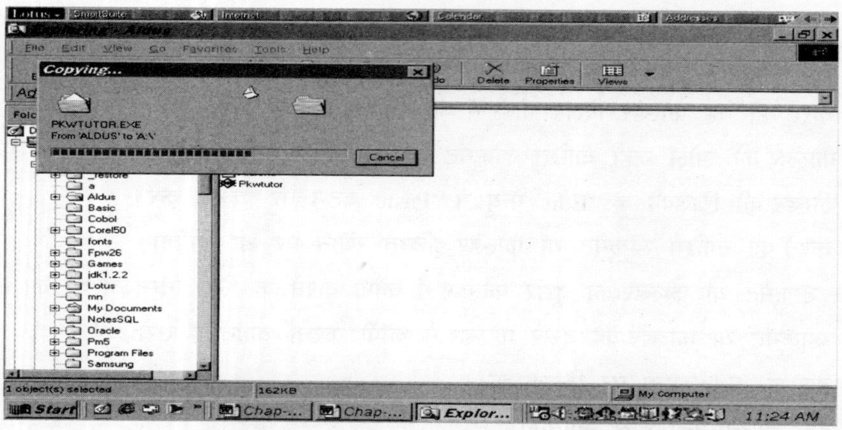

चित्र 9.19

किसी डाकुमेंट या फोल्डर का नाम परिवर्तित करने के लिए निम्न चरणों का अनुसरण करें–

1. वांछित डाकुमेंट या फोल्डर का चुनाव करें।
2. उस डाकुमेंट या फोल्डर के आइकॉन पर माउस के दाएँ बटन से क्लिक करें।
   ऐसा करते ही एक मेन्यू प्राप्त होगा।
3. इस मेन्यू में 'Rename' बटन पर क्लिक करें।
   ऐसा करते ही डाकुमेंट या फोल्डर के नाम का रंग परिवर्तित हो जाएगा।
4. अब पूर्व नाम के स्थान पर वांछित नाम टाइप कर 'Enter' की दबा दें।
   ऐसा करते ही डाकुमेंट या फोल्डर का नाम परिवर्तित हो जाएगा।
   किसी डाकुमेंट या फोल्डर को हटाने के लिए निम्न चरणों का अनुसरण करें–
1. वांछित डाकुमेंट या फोल्डर का चुनाव करें।

2. उस डाकुमेंट या फोल्डर के आइकॉन पर माउस के दाएँ बटन से क्लिक करें।
   ऐसा करते ही एक मेन्यू प्राप्त होगा।
3. इस मेन्यू में 'Delete' बटन पर क्लिक करें।
   ऐसा करते ही 'Confirm File Delete' डायलॉग बॉक्स खुल जाएगा।
4. इस डायलॉग बॉक्स में बटन पर क्लिक करें।
   ऐसा करते ही वह डाकुमेंट या फोल्डर हट जाएगा।

9.4. एंटरटेनमेंट (Entertainment)

विंडोज के इस विकल्प में मनोरंजन हेतु कई सुविधाएँ उपलब्ध होती हैं जैसे 'CD Player', 'DVD Player', 'Media Player', 'Sound Recorder' और 'Volume Control' आदि।

'Entertainment' विकल्प 'Accessories' में उपस्थित होता है और इसी विकल्प में 'CD Player', 'DVD Player', 'Media Player', 'Sound Recorder', 'Volume Control' आदि विकल्प उपस्थित होते हैं। किसी भी विकल्प पर माउस से क्लिक करने पर उस विकल्प की विंडो खुल जाती है और हम वहाँ वांछित कार्य कर सकते हैं। निम्न चित्र देखें:

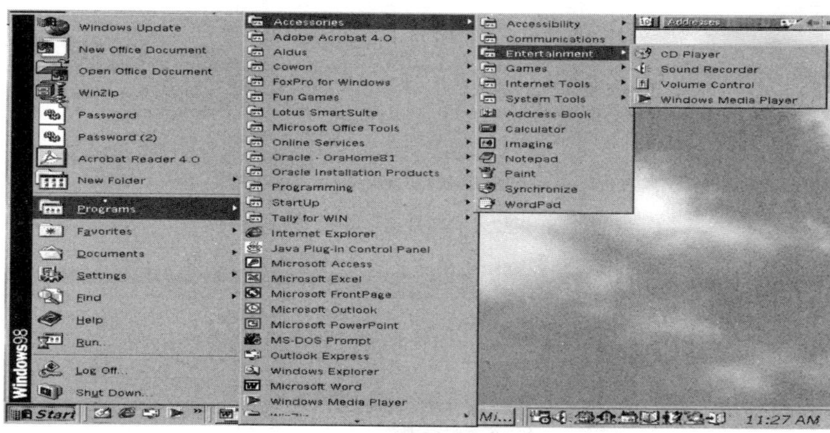

चित्र 9.20

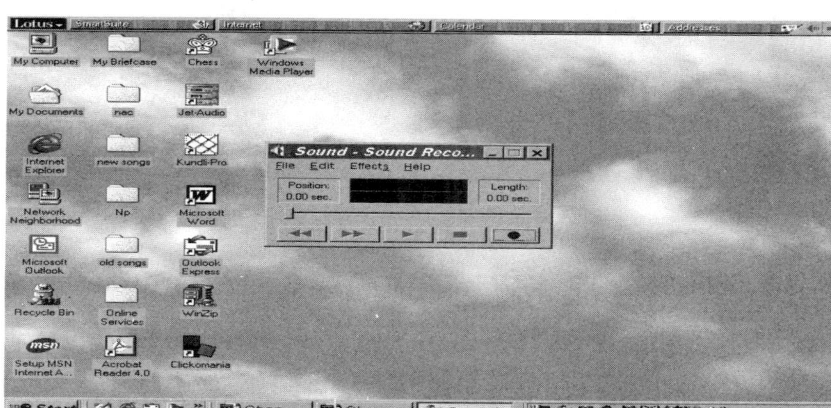

चित्र 9.21. *साउंड रिकार्डर विंडो*

1. *साउंड रिकार्डर (Sound Recorder)*

इसमें ध्वनि रिकार्ड करने का कार्य किया जाता है। चित्र 9.21 देखें।

2. *वॉल्यूम कंट्रोलर (Volume Controller)*

इसकी सहायता से वॉल्यूम को नियंत्रित करने का कार्य किया जाता है। चित्र 9.22 देखें।

3. *सीडी, डीवीडी और मीडिया प्लेयर (CD, DVD and Media Player)*

इस विकल्प की सहायता से मूवी और एजुकेशनल आदि सीडी देखने का कार्य तथा संगीत सुनने का भी कार्य किया जा सकता है। चित्र 9.23 देखें।

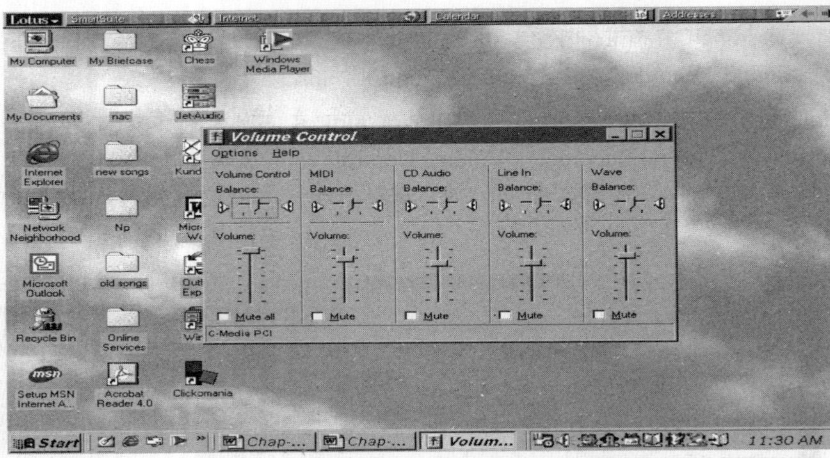

चित्र 9.22. *वॉल्यूम कंट्रोलर की विंडो*

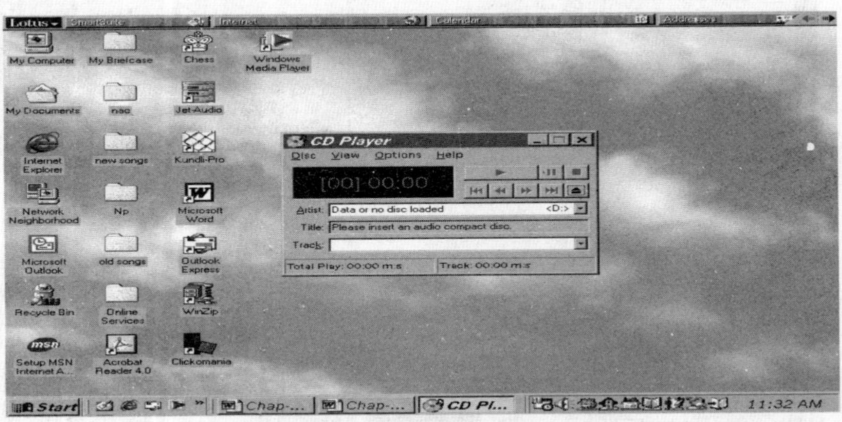

चित्र 9.23. *सीडी प्लेयर विंडो*

9.5. हार्डवेयर और सॉफ्टवेयर का प्रबंधन करना (Managing Hardware & Software)

हार्डवेयर और सॉफ्टवेयर इंस्टाल करना (Installation of Hardware and Software)

1. *प्लग और प्ले डिवाइस (Plug and Play device)*

प्लग और प्ले डिवाइस को इंस्टाल करने के लिए निम्न कार्य करें:

1. कंप्यूटर बंद करें।

2. निर्माता के निर्देशानुसार डिवाइस को कंप्यूटर से जोड़ें।

3. कंप्यूटर ऑन करें और विंडो का प्रारंभ करें। विंडो स्वमेव नए प्लग और प्ले डिवाइस को इंस्टाल करने का कार्य करने लगता है।

2. प्रोग्राम इंस्टाल करना *(Install a program)*

1. 'Start' मेन्यू में 'Setting' विकल्प पर माउस प्वाइंटर रखें।
   दायीं ओर एक खिड़की खुल जाएगी।
2. इस खिड़की में 'Control Panel' पर क्लिक करें।
   'Control Panel' का विंडो खुल जाएगा।
3. इस विंडो में 'Add/Remove' पर दो बार क्लिक करें।
   'Add/Remove' डायलॉग बॉक्स खुल जाएगा।
4. स्क्रीन पर आने वाले निर्देशों का पालन करें और प्रोग्राम इंस्टाल करें।

स्कैनर का प्रयोग (Using Scanner)

स्कैनर का प्रयोग करने के लिए निम्न कार्य करें–

1. 'Start' मेन्यू में 'Setting' विकल्प पर माउस प्वाइंटर रखें।
   दायीं ओर एक खिड़की खुल जाएगी।
2. इस खिड़की में 'Control Panel' पर क्लिक करें।
   'Control Panel' का विंडो खुल जाएगा।
3. इस विंडो में 'Scanners and Cameras' पर दो बार क्लिक करें।
   'Scanners and Cameras' डायलॉग बॉक्स खुल जाएगा।
4. स्क्रीन पर आने वाले निर्देशों का पालन करें।

9.6. कम्यूनिकेशन (Communication)

डॉयलअप नेटवर्किंग (Dialup Networking)

इंटरनेट से जुड़ने के लिए डॉयलअप नेटवर्किंग का प्रयोग किया जाता है। यदि आप मॉडेम और ISP के साथ इंटरनेट कनेक्शन का इंसटालेशन (Installation) पूरा कर चुके हैं, तो इंटरनेट पर पहुँचने के लिए निम्न चरणों का अनुसरण करें:

1. डेस्कटॉप में 'My Computer' आइकॉन पर माउस के बाएँ बटन द्वारा दो बार शीघ्रता से क्लिक करें।
   'My Computer' डायलॉग बॉक्स खुल जाएगा।

2. इस डायलॉग बॉक्स में 'Dial-Up Networking' आइकॉन पर माउस के बाएँ बटन द्वारा दो बार शीघ्रता से क्लिक करें। 'Dial-Up Networking' डायलॉग बॉक्स खुल जाएगा।

3. अब ISP के लिए पहले से बनाये गये आइकॉन पर माउस के बाएँ बटन द्वारा दो बार शीघ्रता से क्लिक करें। 'Connect To' डायलॉग बॉक्स खुल जाएगा।

4. 'Connect To' डायलॉग बॉक्स में उस यूजर नेम (User Name) और पासवर्ड (Password) को टाइप करें जो ISP द्वारा आपको प्रदान किया गया है। समस्त वांछित प्रविष्टियों के उपरांत 'Connect' बटन पर क्लिक करें।

कुछ क्षणों तक मॉडेम से 'चीं–चीं' आवाज आती है। यह इस बात का संकेत है कि हमारा मॉडेम ISP के मॉडेम के साथ कनेक्शन की क्रिया में संलग्न है। इस प्रक्रिया को हैंडशेकिंग (Handshaking) कहते हैं।

कुछ क्षण पश्चात् हैंडशेकिंग की ध्वनि समाप्त हो जाती है और डेस्कटॉप के दाहिने कोने में दो कंप्यूटर एक के ऊपर एक चढ़े हुए दिखाई देते हैं। यह इस बात का द्योतक है कि हमारा कंप्यूटर ISP से जुड़ गया है। अब टॉस्क बार (Task Bar) में e के चिह्न पर क्लिक करते ही इंटरनेट एक्सप्लोरर खुल जाता है।

हाईपर टर्मिनल (Hyper Terminal)

'Hyper Terminal' विकल्प पर पहुँचने के लिए निम्न चरणों का अनुसरण करें:

1. 'Start' मेन्यू में 'Program' विकल्प पर माउस प्वाइंटर (Mouse Pointer) रखें। दायीं ओर एक सूची खुल जाएगी।
2. इस खिड़की में 'Accessories' विकल्प पर माउस प्वाइंटर रखें। दायीं ओर एक सूची खुल जाएगी। निम्न चित्र देखें:

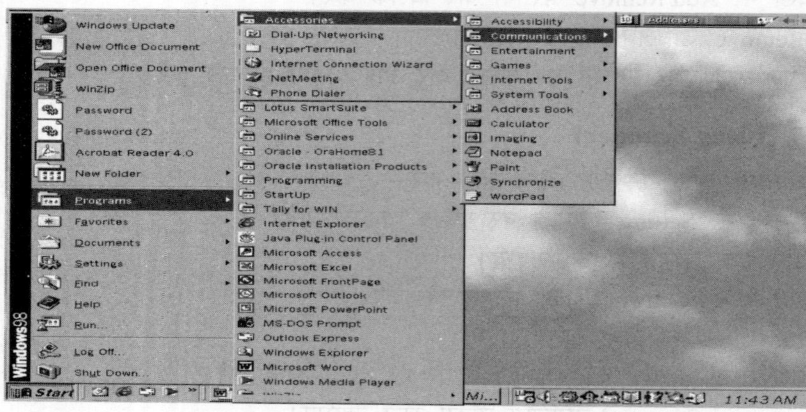

चित्र 9.24

3. इस खिड़की में 'Communication' विकल्प पर माउस प्वाइंटर रखें। दायीं ओर एक सूची खुल जाएगी। उपरोक्त चित्र देखें।
4. इस खिड़की में 'Hyper Terminal' विकल्प पर क्लिक करें। 'Hyper Terminal' का विंडो खुल जाएगा। निम्न चित्र देखें:

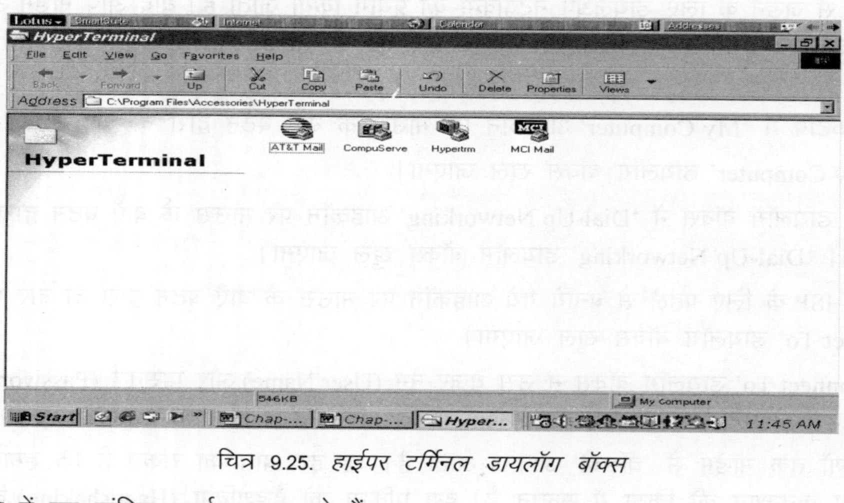

चित्र 9.25. *हाईपर टर्मिनल डायलॉग बॉक्स*

इस विंडो में हम वांछित कार्य कर सकते हैं।

9.7. प्रोग्राम्स के मध्य सूचना शेयर करना (Sharing Information Between Programs)

किन्हीं दो प्रोग्राम्स के मध्य सूचना शेयर करने के लिए 'Cut' और 'Paste' या 'Copy' एवं 'Paste' सुविधा की सहायता ली जाती है। इस सुविधा का उपयोग करने के लिए निम्न कार्य करें–

1. वांछित प्रोग्राम का आरंभ करें।
2. वांछित डाकुमेंट या फोल्डर को चुनें।
3. 'Edit' मेन्यू में 'Cut' या 'Copy' विकल्प का चुनाव करें।
4. उस प्रोग्राम को आरंभ करें जिसके साथ सूचना शेयर करना चाहते हैं।
5. उस डाकुमेंट या फोल्डर को चुनें खोलें जहाँ सूचना एकत्र करना चाहते हैं।
6. 'Edit' मेन्यू में 'Paste' पर क्लिक करें।

9.8. OLE की समझ (Understanding OLE)

विंडोज एक्सपी की कई विशेषताओं में से एक विशेषता यह है कि हम किसी डाकुमेंट में अलग–अलग प्रकार की सूचनाएँ भर सकते हैं। उदाहरण के लिए एक ही दस्तावेज में साधारण टेक्स्ट, स्प्रैड शीट, ग्राफ, ध्वनि तथा वीडियो के टुकड़े भी रखे जा सकते हैं। अनेक प्रकार की सूचनाएँ एक स्थान पर एकत्र करने की इस तकनीक को आब्जेक्ट लिंकिंग तथा एम्बैडिंग (Object Linking and Embedding या OLE) कहते हैं।

सूचना को प्रस्तुत करने के लिए यह एक प्रभावशाली विधि है। उदाहरण के लिए हम किसी स्प्रैड शीट में बनाए गए ग्राफ को किसी वर्ड प्रोसेसर द्वारा तैयार किए गए डाकुमेंट में डाल सकते हैं।

9.9. कट और पेस्ट का प्रयोग कर एम्बैडिंग और लिंकिंग करना (Embed/Link Using Cut and Paste)

लिंकिंग तथा एम्बैडिंग के लिए कट और पेस्ट विधि का प्रयोग करने हेतु निम्न कार्य करें–

1. उस प्रोग्राम को आरंभ करें जिससे लिंक करना चाहते हैं।
2. वांछित डाकुमेंट को चुनें।
3. 'Edit' मेन्यू में 'Cut' विकल्प का चुनाव करें।
4. उस प्रोग्राम को आरंभ करें जहाँ एम्बैड करना चाहते हैं।
5. उस डाकुमेंट खोलें जहाँ सूचना एकत्र करना चाहते हैं।
6. 'Edit' मेन्यू में 'Paste' पर क्लिक करें।

9.10. ऑब्जेक्ट दाखिला द्वारा एम्बैडिंग और लिंकिंग करना (Embed/Link Using Insert object)

लिंकिंग तथा एम्बैडिंग के लिए Insert object विधि का प्रयोग करने हेतु निम्न कार्य करें–

1. उस प्रोग्राम को आरंभ करें जहाँ आब्जेक्ट दाखिल करना चाहते हैं।
2. वांछित डाकुमेंट को चुनें।
3. 'Insert' मेन्यू में 'Object' विकल्प का चुनाव करें।
4. 'Insert Object' डायलॉग बॉक्स खुल जाएगा।
5. इस डायलॉग बॉक्स में 'Create from File' पर क्लिक करें।

6. 'Object Type' के लिस्ट बॉक्स में उस फाइल का प्रकार चुनें जिसे डाकुमेंट में डालना चाहते हैं।
7. 'OK' बटन पर क्लिक करें।

9.11. एम्बैडेड/लिंक ऑब्जेक्ट का प्रबंधन (Manage Embedded/Link object)

यदि हम एम्बैडेड सूचना को अद्यतन करना चाहते हैं जब यह मूल डाकुमेंट में परिवर्तित हो, तो हम एम्बैडेड के स्थान पर लिंक करने में समर्थ होते हैं।

जब सूचना लिंक होती है, तो नया डाकुमेंट स्वमेव अद्यतन हो जाता है। यदि हम लिंक सूचना को संपादित करना चाहते हैं, तो इस पर दो बार क्लिक करें। मूल प्रोग्राम के टूलबार और मेन्यू प्रकट हो जाएँगे। हम वांछित रूप में संपादन का कार्य कर सकते हैं।

जब सूचना एम्बैड होती है, तो नया डाकुमेंट स्वमेव अद्यतन हो जाता है। यदि हम एम्बैड सूचना को संपादित करना चाहते हैं, तो इस पर दो बार क्लिक करें। मूल प्रोग्राम के टूलबार और मेन्यू प्रकट हो जाएँगे। हम वांछित रूप में संपादन का कार्य कर सकते हैं।

अभ्यास-प्रश्न (Exercise-Questions)

1. विंडोज की अवधारणा को स्पष्ट करें।
2. विंडोज सहायक क्या हैं?
3. विंडोज एक्सप्लोरर से क्या समझते हैं?
4. हार्डवेयर और सॉफ्टवेयर का प्रबंधन कैसे करते हैं?
5. कम्यूनिकेशन क्या है?
6. प्रोग्राम्स के मध्य सूचना को कैसे शेयर करते हैं?
7. OLE को समझाइए।
8. कट और पेस्ट का प्रयोग कर एंबैडिंग और लिंकिंग कैसे करते हैं?
9. ऑब्जेक्ट दाखिल द्वारा एंबैडिंग और लिंकिंग कैसे करते हैं?
10. एंबैडेड/लिंक ऑब्जेक्ट का प्रबंधन कैसे करते हैं?

10

यूनिक्स
(Unix)

10.1. UNIX का परिचय (Introduction to UNIX)

UNIX ऑपरेटिंग सिस्टम 1960 के दशक में अस्तित्व में आया। इसे सर्वप्रथम PDP-7 और PDP-9 कंप्यूटर पर संचालित किया गया। UNIX की डिजाइन CTSS (Compatible Time Sharing System) द्वारा फाइलिंग सिस्टम, मेमोरी प्रबंधन तथा शिड्यूलिंग के संदर्भ में की गई थी। साथ ही MULTICS (Multiplexed Information of Computing System) द्वारा लक्ष्य विकास, डिवाइस की स्वतंत्रता, संकेत प्रोसेस आदि का विकास किया गया। UNIX की संरचना निम्न है।

1. कर्नल (The kernel), 2. सेल (The shell), 3. कमांड और उपयोगिता, 4. अनुप्रयोग।

कर्नल UNIX का हृदय होता है। सभी कमांड्स कर्नल की सेवा के लिए पुकारे जाते हैं। जब सिस्टम बूट करता है, तब कर्नल को मेमोरी में पढ़ा जाता है। यह मेमोरी में रहता है जब सिस्टम रन कर रहा होता है। कर्नल के कार्य निम्न हैं:

1. फाइल का प्रबंधन
2. इनपुट/आउटपुट सेवाएँ
3. मेमोरी का प्रबंधन
4. प्रोसेस शिड्यूलिंग प्रबंधन
5. दिनांक और समय से संबंधित सेवाएँ
6. रूकावट तथा त्रुटि नियंत्रण

कर्नल के साथ प्रोग्राम के खंड कर्नल का कार्य करते हैं। कर्नल एक प्रोग्राम है जो कंप्यूटर के हार्डवेयर संसाधनों पर नियंत्रण करता है और उन्हें उपयोगकर्ताओं के मध्य लाता है। UNIX का सेल कमांड की व्याख्या करता है। यह एक प्रोग्राम होता है उस पंक्ति को पढ़ता है जिसे हम टाइप करते हैं और उसमें दिए गए कमांड के आधार पर विभिन्न संक्रियाओं को संपादित करता है। सेल UNIX का वह भाग होता है जो कर्नल और उपयोगर्ता के मध्य रहता है।

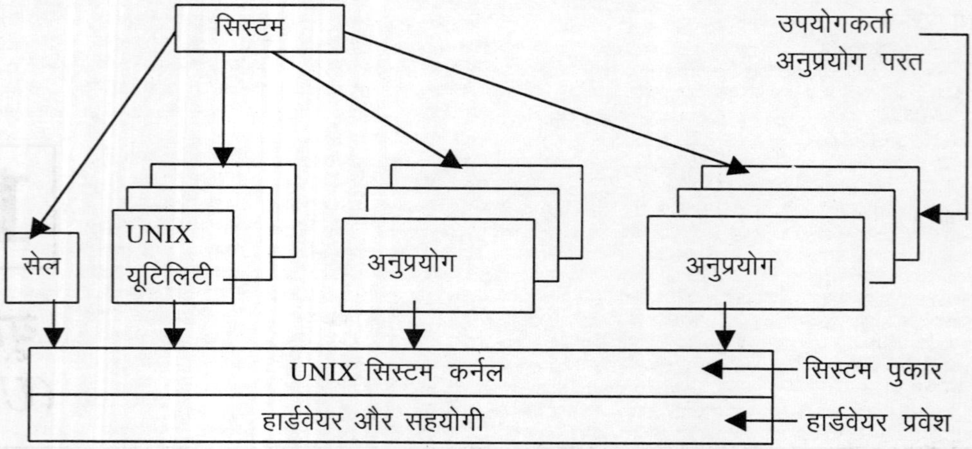

चित्र 10.1. *UNIX की संरचना*

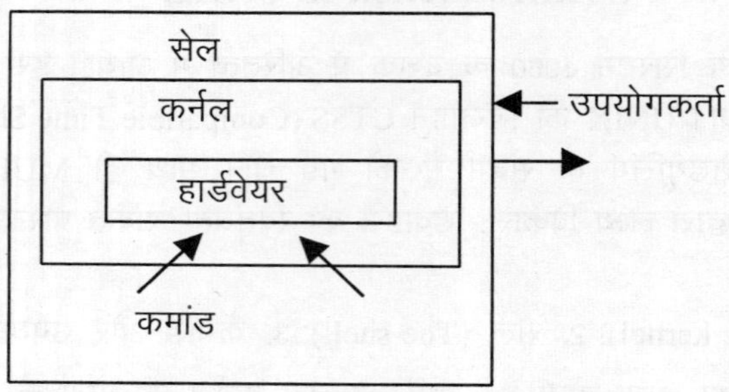

चित्र 10.2. *क्रियाशील सेल का कर्नल के साथ संबंध*

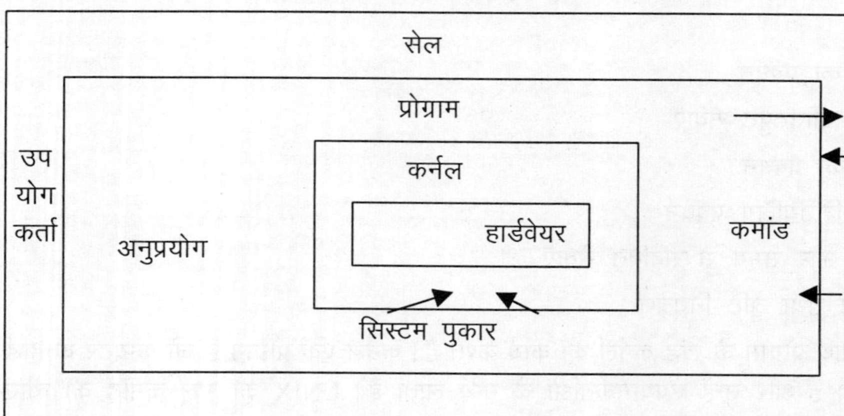

चित्र 10.3. *कमांड और कर्नल के मध्य संबंध*

10.2. फाइल उन्मुख कमांड (File Oriented Commands)

1. ***cat***

उद्देश्य: इसका उपयोग विभिन्न फाइलों के कानटेंट्स को एक फाइल में संयोजित करने के लिए किया जाता है।

वाक्य रचना:

```
$ cat file1 file2 > new file
```

उदाहरण के लिए, यदि

$ cat X	और	$ cat Y
Welcome to UNIX		This is your second session

तब

```
$ cat X Y
Welcome to UNIX.
This is your second session.
```

2. *cp*

उद्देश्य: किसी फाइल की द्वितीय प्रति बनाने हेतु इसका उपयोग किया जाता है।

वाक्य रचना:

```
$ cp [source file] [target file]
```

उदाहरण के लिए,

```
$ cp /usr/aa16/chapter1 /usr/aa16/newbook/chap1
```

3. *grep*

उद्देश्य: इसका उपयोग एक फाइल या एक से अधिक पंक्तियों को खोजने हेतु किया जाता है। पंक्तियाँ उल्लेखित प्रतिबंधों से सुमेलित होनी चाहिए।

वाक्य रचना:

```
$ grep [searching contents] [file name]
```

उदाहरण के लिए,

```
$ grep 'ages' parul
parul 7
```

4. *pwd*

उद्देश्य: इसका उपयोग कार्यरत डायरेक्टरी को प्रिंट करने के लिए किया जाता है।

वाक्य रचना:

```
$ pwd [directory name]
```

5. *chmod*

उद्देश्य: इसका उपयोग फाइल पहुँच अनुमति में परिवर्तन हेतु किया जाता है।

वाक्य रचना:

```
$ chmod mode file(s)
```

प्रतीक अनुमति

प्रतीक	*अर्थ*
r	पढ़ना
w	लिखना
x	निष्पादन

प्रतीक	*अर्थ*
u	फाइल का मालिक
g	समान समूह का सदस्य
o	अन्य उपयोगर्ता
a	सभी उपयोगर्ता
+	अनुमति को जोड़ें
–	अनुमति को हटाएँ
=	इसके बराबर अनुमति को व्यवस्थित करें

उदाहरण के लिए,

```
$ chmod g + w my file
```

या

```
$ chmod g – w my file
```

पूर्णांक अनुमति

मान	अर्थ	मान	अर्थ
4	पढ़ना	6	पढ़ना + लिखना
2	लिखना	7	पढ़ना + लिखना + निष्पादन
1	निष्पादन	1	सिर्फ पढ़ना

उदाहरण के लिए,

```
$ chmod 6 my file
```

6. *mv*

उद्देश्य: इसका उपयोग फाइल और डायरेक्टरी का नाम परिवर्तित करने के लिए किया जाता है।

वाक्य रचना:

```
$ mv [source file] [target file]
$ mv [source directory] [target directory]
```

7. *rm*

उद्देश्य: इसका उपयोग फाइल और डायरेक्टरी को हटाने के लिए किया जाता है।

वाक्य रचना:

```
$ rm [file name or directory name]
```

8. *pg*

उद्देश्य: इसका उपयोग फाइल के कॉनटेंट्स को देखने के लिए किया जाता है। एक या अधिक फाइल को देखने के लिए भी इसका उपयोग करते हैं।

वाक्य रचना:

```
$ pg [file name]
```

उदाहरण के लिए,

```
$pg + 10 – 15 – p "page no. %d" – s my file
```

9. *passwd*

उद्देश्य: इसका उपयोग पासवर्ड परिवर्तित करने के लिए किया जाता है।

वाक्य रचना:

$ password

स्क्रीन पर निम्न संदेश दिखाई देगा।

Setting password for user:

Old password:

10. *bc*

उद्देश्य: इसका उपयोग गणितीय समस्याओं को हल करने के लिए किया जाता है।

वाक्य रचना:

$ bc [mathematical expression]

उदाहरण के लिए,

$ bc

sqrt (196)

14

quit

10.3. डायरेक्टरी उन्मुख कमांड (Directory Oriented Commands)

1. *ls*

उद्देश्य: इसका उपयोग किसी भी डायरेक्टरी के फाइलों को सूचीबद्ध करने के लिए किया जाता है।

वाक्य रचना:

$ ls [-ral] [directory name]

2. *mkdir*

उद्देश्य: इसका उपयोग नई डायरेक्टरी का सृजन करने के लिए किया जाता है।

वाक्य रचना:

$ mkdir [directory name]

उदाहरण के लिए,

$ mkdir ved

3. *rmdir*

उद्देश्य: इसका उपयोग डायरेक्टरी को हटाने के लिए किया जाता है।

वाक्य रचना:

$ rmdir [directory name]

उदाहरण के लिए,

$ rmdir ved

4. *cd*

उद्देश्य: इसका उपयोग किसी अन्य डायरेक्टरी में जाने के लिए किया जाता है।

वाक्य रचना:

$ cd [directory name]

उदाहरण के लिए,

```
$ mkdir ajay
$ cd ajay
```

10.4. उपयोगकर्ता संचार कमांड (Directory Oriented Commands)

1. *write*

उद्देश्य: इसका उपयोग किसी अन्य उपयोगकर्ता जो वर्तमान में सिस्टम पर बैठा हुआ है को संदेश देने के लिए किया जाता है।

वाक्य रचना:

```
$ write [user name]
[message]
ctrl + d
```

उदाहरण के लिए,

```
$ write sanjay
There will be no power after 8 am to 9 am careful.
pankaj
ctrl + d
```

2. *mail*

उद्देश्य: इसका उपयोग किसी अन्य उपयोगकर्ता जो किसी अन्य टर्मिनल पर बैठा हुआ है को संदेश देने के लिए किया जाता है।

वाक्य रचना:

```
$ mail <user- id –name>
[message]
ctrl + d
```

उदाहरण के लिए,

```
$ mail user1
subject: debate
There will debate on first Monday of August at 2.30 pm in computer science dept.
ctrl + d
```

3. *mesg*

उद्देश्य: इसका उपयोग स्क्रीन पर संदेशों के प्रदर्शन को नियंत्रित करने के लिए किया जाता है।

वाक्य रचना:

```
$ message
```

10.5. व्यापक यूटिलिटी कमांड (General Utilities Commands)

1. *kill*

उद्देश्य: इसका उपयोग बैकग्राउंड प्रोसेस को समाप्त करने के लिए किया जाता है।

वाक्य रचना:

```
$ kill [required contents]
```

उदाहरण के लिए,

```
$ kill 1519
1519 terminated
```

2. *date*

उद्देश्य: इसका उपयोग वर्तमान दिन और दिनाँक को प्रदर्शित करने के लिए किया जाता है।

वाक्य रचना:

```
$ date
```

3. *wc*

उद्देश्य: इसका उपयोग किसी फाइल में स्थित पंक्तियों, शब्दों और कैरेक्टर्स की संख्या की गणना करने के लिए किया जाता है।

वाक्य रचना:

```
$ wc [option] [file name]
```

विकल्प निम्न हैं

विकल्प	गणना
l	फाइल में पंक्ति.
w	फाइल में शब्द
c	फाइल में कैरेक्टर

उदाहरण के लिए,

```
$ wc – lc ram.
ram 20 170
```

4. *sleep*

उद्देश्य: इसका उपयोग सेल के निष्पादन को कुछ समय के लिए रोकने हेतु किया जाता है।

वाक्य रचना:

```
$ sleep [action time]
```

उदाहरण के लिए,

```
# using sleep
For war in frog spider
do
$ war sleep 5
```

5. *who*

उद्देश्य: इसका उपयोग उस उपयोगकर्ता का नाम प्रदर्शित करने के लिए किया जाता है जो वर्तमान में लॉग ऑन हुआ हो।

वाक्य रचना:

```
$ who
```

उदाहरण के लिए,

$ who

Sanjay ffyo1 sep12 14: 07

6. *ps*

उद्देश्य: इसका उपयोग उपयोगकर्ता की व्यक्तिगत पहचान को प्रदर्शित करने के लिए किया जाता है जो वर्तमान में लॉग ऑन हुआ हो।

वाक्य रचना:

$ ps

उदाहरण के लिए,

$ ps

PID	TTY	TIME	COMMAND
271	01	0 : 03	sh
468	01	0 : 00	ps

7. *cut*

उद्देश्य: यह टेबिल से स्तंभ को हटाता नहीं है। यह स्तंभ की प्रतिलिपि मानक आउटपुट फाइल पर बनाता है।

वाक्य रचना:

$ cut [option] [required section or line] [file name]

उदाहरण के लिए,

(अ) $ cut – f 2,7 empinfo

Will cut the second and seventh field from empinfo file.

(ब) $ cut – f 2 – 7 empinfo

Will cut the fields 2 through 7 from empinfo file.

8. *echo*

उद्देश्य: इसका उपयोग आउटपुट को प्रदर्शित करने के लिए किया जाता है।

कार्यविधिः

```
#SS2
#Usage: SS2
#An interactive shell script
echo What is your name\?
read name
echo $name.
```

10.6. यूनिक्स की विशेषताएँ (Features of UNIX)

1. मल्टी–यूजर टाइम–शेयरिंग ऑपरेटिंग सिस्टम
2. मल्टी–टास्किंग ऑपरेटिंग सिस्टम
3. वहनीयता

4. सिस्टम सुरक्षा
5. फाइल संरचना और सुरक्षा
6. इनपुट/आउटपुट पुनर्निर्देशन

यूनिक्स सिस्टम की डिजाइनिंग इस प्रकार की जाती है कि इसे किसी भी मशीन पर आसानी से रखा जा सके। यह अत्यंत कम स्थान घेरता है और हार्डवेयर से स्वतंत्र होता है।

यूनिक्स एक मल्टी–यूजर टाइम–शेयरिंग ऑपरेटिंग सिस्टम है जो एक से अधिक उपयोगकर्ता को एक साथ विभिन्न टर्मिनल्स पर कार्य करने की सुविधा प्रदान करता है।

यह उपयोगी प्रोग्राम्स के एक बड़े संग्रह की सुविधा प्रदान करता है जिन्हें विभिन्न व्यक्तियों द्वारा लिखा गया होता है।

यूनिक्स उपयोगकर्ता द्वारा टाइप किए गए विभिन्न कमांड्स की व्याख्या करता है और उन्हें कार्यान्वित भी करता है। इसके अतिरिक्त यह किसी प्रोग्रामिंग भाषा के समान भी कार्य करता है। उपयोगकर्ता बड़ी संख्या में निष्पादित होने वाले कमांड्स को एक कमांड फाइल में रखकर फाइल का नाम प्रॉम्प्ट पर टाइप कर फाइल में रखे गए कमांड्स को निष्पादित कर सकते हैं।

अभ्यास-प्रश्न (Exercise-Questions)

1. UNIX की अवधारणा को विस्तारित करें।
2. फाइल उन्मुख कमांड कौन-कौन से हैं? विस्तार से लिखें।
3. डायरेक्टरी उन्मुख कमांड्स को विस्तार से लिखिए।
4. उपयोगकर्ता संचार कमांड क्या हैं? विस्तारित करें।
5. व्यापक यूटिलिटी कमांड को विस्तारित करें।
6. यूनिक्स की विभिन्न विशेषताओं को लिखें।

11

लाइनक्स (Linux)

11.1. परिचय (Introduction)

लाइनक्स एक मल्टी आपरेटिंग सिस्टम है। इसे 1968 में जेनरल इलेक्ट्रिक, AT&T बेल प्रयोगशाला और कुछ शोधकर्ताओं ने संयुक्त प्रयास से विकसित किया। इसका नाम MULTICS (Multiplexed Information Computing System) रखा गया। बाद में सन् 1969 में केन थॉमसन और डेनिस रिचि ने AT&T प्रयोगशाला के शोधकर्ताओं के साथ मिलकर यूनिक्स (UNIX) ऑपरेटिंग सिस्टम का विकास किया। यूनिक्स में कई वर्षों तक विभिन्न लोगों के योगदान से विकास होता रहा। इसके उपरांत यह व्यक्तिगत उत्पाद से परिवर्तित होकर सार्वजनिक उत्पाद बन गया। इसी क्रम में माइक्रोसॉफ्ट ने यूनिक्स का एक पीसी संस्करण निकाला जिसका नाम जेनिक्स (XENIX) रखा गया।

लाइनक्स के इतिहास का आरंभ वास्तव में यूनिक्स के विकास के साथ ही हुआ। प्रारंभ में इसका विकास इंटेल आधारित पर्सनल कंप्यूटर्स के लिए किया गया था। इसका आरंभ लाइनस टौरवैल्ड नामक विद्यार्थी ने हेलसिंकी विश्वविद्यालय में अपने निजी प्रोजेक्ट के रूप में किया था। इसका प्रथम संस्करण 0.11 1991 में रिलिज किया गया। इस संस्करण को वृहद पैमाने पर इंटरनेट से लोगो में बाँटा गया। यूनिक्स सिस्टम की सभी विशेषताओं को इसमें समाहित किया गया। लाइनक्स में इंटरनेट से संबंधित प्रायः सभी सुविधाएँ उपलब्ध हैं।

11.2. लाइनक्स के लाभ (Advantages of Linux)

1. इसका प्रमुख भाग 'कर्नेल' होता है जो ऐप्लिकेशन क्रैशों से पूरी तरह सुरक्षित है। ऐप्लिकेशन क्रैश हो जाने के बाद भी कर्नेल कार्य करता रहता है।

2. लाइनक्स फाइल व डायरेक्टरी की सुरक्षा प्रदान करता है।

3. विंडोज के समान इसमें सेंट्रल सॉफ्टवेयर नहीं होता है।

4. यह विंडोज के समान ग्राफिकल यूजर इंटरफेस (Graphical User Interface) पर आधारित होता है। लाइनक्स में GUI के विभिन्न नाम हैं–जैसे जीनोम (GNOME-GNU Network Object Environment), के डी ई (KDE-K Desktop Environment) विंडोज मेकर, सोमील या ब्लैक बॉक्स। इनमें से प्रत्येक को विंडोज मैनेजर कहते हैं।

11.3. लाइनक्स की सीमाएँ (Limitations of Linux)

1. इसे ऑपरेट करना अत्यंत कठिन है। इसमें सॉफ्टवेयर इंस्टाल करना या उसे हटाना भी अत्यंत कठिन है।

2. इसमें नए बाह्य सॉफ्टवेयरों को जोड़ना अत्यंत कठिन कार्य है।

3. लाइनक्स में नया हार्डवेयर जोड़ना भी कठिन है। इसमें नया हार्डवेयर जोड़ने के लिए उसके ड्राइवर की व्यवस्था भी हार्डवेयर निर्माता को करनी पड़ती है।

4. लाइनक्स के लिए उपलब्ध विभिन्न सॉफ्टवेयरों की जानकारी भी सामान्य उपभोक्ताओं को न होने के कारण इसका प्रयोग सीमित है।

5. नए उपयोगकर्ताओं के लिए कमांड लाइन का प्रयोग सीखना अत्यंत कठिन है क्योंकि पॉइंटिंग या क्लिकिंग के स्थान पर उपयोगकर्ता को कमांड का ध्यान रखना पड़ता है। यहाँ तक कि यदि गलती से बड़े अक्षरों का प्रयोग कर लिया गया तो त्रुटि आ जाती है।

11.4. लाइनक्स ऑपरेटिंग सिस्टम की विशेषताएँ (Features of Linux Operating System)

1. शेयर्ड लाइब्रेरीजः ये कुछ फंक्शनों के समुच्चय होते हैं जो कि फाइलों के समुच्चयों की तरह होते हैं।

2. पोजिक्स कंप्लायन्सः लाइनक्स एक पोजिक्स कॉम्पलेंट होता है और यूनिक्स सिस्टम के समस्त समुच्चयों को सपोर्ट करता है।

3. साम्बाः यह शब्द सर्वर मैसेज ब्लॉक (Srver Message Block) से लिया गया है। यह TCP/IP के समान एक प्रोटोकॉल है। TCP/IP का प्रयोग यूनिक्स एवं लाइनेक्स सिस्टम के साथ–साथ माइक्रोसॉफ्ट विंडोज नेटवर्किंग के द्वारा भी किया जाता है। अतः हम लाइनक्स एवं विंडोज नेटवर्किंग के मध्य संबंध स्थापित कर सकते हैं।

4. मल्टीप्रोग्रामिंगः अनेक प्रोग्राम्स को विभिन्न उपयोगकर्ताओं द्वारा साथ–साथ संपादित किया जा सकता है।

5. टाइम शेयरिंगः सभी प्रोग्राम्स को पंक्तिबद्ध कर उन्हें CPU टाइम दिया जाता है, अर्थात् एक निश्चित समय सीमा में ऑपरेटिंग सिस्टम को अपना कार्य करना होता है।

6. मल्टीटार्स्किगः किसी भी प्रोग्राम को छोटे–छोटे खंडों में विभाजित कर कई कार्यों को एक साथ संपादित किया जाता है।

7. वर्चुअल मेमोरीः यदि हम किसी बड़े प्रोग्राम या अनुप्रयोग को संपादित करते हैं तो हमें कुछ भौतिक मेमोरी की आवश्यकता होती है जो हार्ड डिस्क में जमा कर दी जाती है और आवश्यकता पड़ने पर इसे उपयोग में लाया जा सकता है।

8. सीरोन शिड्यूलरः लाइनक्स में CRON नाम का एक शिड्यूलर प्रोग्राम होता है जो कमांड, स्क्रिप्ट या प्रोग्रामों को एक निश्चित समय पर चलाने के काम में आता है।

9. वेब सर्वरः वेब सर्वर एक ऐसा सॉफ्टवेयर है जो कि वेब पेजों को बनाने के काम में आता है। लाइनक्स में एपेच नाम का प्रचलित वेब सर्वर होता है।

10. नेटवर्क इंफार्मेशन सर्विसः इसके द्वारा हम पासवर्ड को शेयर किया जा सकता है तथा फाइलों को समूहों में बाँटकर नेटवर्क पर उपयोग में ला सकते हैं।

11. डॉस इम्यूलेटरः लाइनक्स में एक Doseum नाम का प्रोग्राम होता है जो डॉस इम्यूलेटर बनाता है जिसमें हम कई डॉस कमांड्स को क्रियान्वित कर सकते हैं।

12. अन्य गुणः लाइनक्स के अन्य गुण, जैसे – टेक्स्ट एडिटर, ब्राउजर, वैज्ञानिक अनुप्रयोग आदि हैं।

11.5. लाइनक्स की संरचना (Structure of Linux)

लाइनक्स में दो भाग होते हैं, कर्नेल और सेल।

कर्नेल (Kernel)–यह लाइनक्स ऑपरेटिंग सिस्टम की कोर प्रोग्राम होता है। यह एक ऐसा ऑपरेटिंग सिस्टम

है जो कंप्यूटर हार्डवेयर के संसाधनों को नियंत्रित करता है तथा उनके उचित उपयोग की सुविधा उपयोगकर्ता को प्रदान करता करता है। इसमें प्रोग्राम लिखना आसान होता है।

सेल (Shell)—यह एक साधारण यूजर इंटरफेस है जो उपयोगकर्ता को कई सुविधाएँ प्रदान करता है। यह हार्डवेयर को उपयोगकर्ता के अनावश्यक हस्तक्षेप से बचाता है।

11.6. लाइनक्स फाइल सिस्टम (Linux File System)

एक डिस्क में अनेक फाइलें होती हैं। कई फाइलों का समूह एक फाइल सिस्टम बनाता है। लाइनक्स फाइल सिस्टम का एक वंशानुक्रमित ढाँचा है, जिसमें फाइलों को डायरेक्टरीज में रखा जाता है। आवश्यकता पड़ने पर हम डायरेक्टरी खोलकर फाइल पढ़ सकते हैं। डिस्क पर ये समस्त फाइलें एक रूट डायरेक्टरी में उपस्थित होती हैं। रूट डायरेक्टरी को Bin, boot, home, usr, etc तथा dev आदि सब–डायरेक्टरीज में विभाजित किया जा सकता है।

इन डायरेक्टरीज में विभिन्न डाटा से संबंधित अनेक फाइलें होती हैं। इन फाइल्स को हम उसके नाम, पथ नाम तथा डायरेक्टरी नाम से खोलकर उपयोग में ला सकते हैं। कुछ डायरेक्टरीज का विवरण निम्न प्रकार है:

1. /usr: इसमें ऑपरेटिंग सिस्टम की फाइलें संग्रहित होती हैं। ये बूटिंग प्रोसेस में सम्मिलित नहीं होती हैं। अधिकतम यूटिलिटीज /bin डायरेक्टरी तथा /use डायरेक्टरी में उपलब्ध होती है।

2. /ver: इसमें वह सूचना उपस्थित होती है जो लाइनक्स की अलग–अलग यूटिलिटीज में उपलब्ध होती है।

3. /bin: लाइनक्स की कई यूटिलिटीज को हम इसमें संग्रहित कर सकते हैं। यूटिलिटीज वे कमांड हैं जो लाइनक्स सिस्टम में उपस्थित होते हैं और बाइनरि फार्मेट में रहते हैं।

4. /dev: इस डायरेक्टरी में अधिकांशतः उपकरण संबंधी फाइलें उपलब्ध रहती हैं।

5. /home: इसमें उपयोगकर्ता की होम डायरेक्टरी उपस्थित होती है।

6. /etc: इस डायरेक्टरी में सिस्टम से संबंधित वे फाइलें होती हैं जिनकी उपयोगकर्ता और सिस्टम दोनों को आवश्यकता होती है।

7. /lib: इस डायरेक्टरी में कंपाइलर के लिए इंस्टॉल किए गए डाटा की लाइब्रेरी रखी जाती है।

फाइलों के प्रकारः लाइनक्स में समस्त सूचनाओं को फाइल के रूप में उपयोग में लाया जाता है। उपयोगकर्ता की प्रोग्राम फाइल्स और डाटा फाइल्स के अतिरिक्त कुछ विशिष्ट फाइल्स भी हैं जो विभिन्न डायरेक्टरीज, कॉनटेंट और अन्य इनपुट/आउटपुट डिवाइस से संबंधित होती हैं। फाइल्स को निम्न तीन भागों में वर्गीकृत किया जा सकता है–

1. साधारण फाइलः इनमें उपयोगकर्ता द्वारा बनायी गयी फाइल्स समाहित होती है। जैसे–डाटा फाइल, प्रोग्राम फाइल, आब्जेक्ट फाइल, एक्जीक्यूटेबल फाइल।
2. डायरेक्टरी फाइलः जब भी एक डायरेक्टरी बनती है तो लाइनक्स एक डायरेक्टरी फाइल बनाता है।
3. विशिष्ट फाइलः अधिकांश सिस्टम फाइल्स विशिष्ट फाइल होती हैं। विशिष्ट फाइल्स निम्न चार प्रकार की होती हैं:

अ. कैरेक्टर उपकरण फाइल
ब. ब्लॉक उपकरण फाइल
स. हार्ड डिस्क फाइल
द. सिम्बोलिक डिस्क फाइल

11.7. लाइनक्स कार्यप्रणाली (Linux Working)

लाइनक्स के तीन मुख्य भाग हैं–कर्नेल, वातावरण और फाइल संरचना।

1. कर्नेल लाइनक्स का मुख्य प्रोग्राम है जो अन्य प्रोग्राम को चलाने में सहायता करता है और कंप्यूटर के अतिरिक्त हार्डवेयर डिवाइसेज जैसे डिस्क एवं प्रिंटर को व्यवस्थित करता है।

2. वातावरण, उपयोगकर्ता को स्क्रीन या इंटरफेस प्रदान करता है। यह उपयोगकर्ता से निर्देश प्राप्त करता है और इन निर्देशों को क्रियान्वयन हेतु कर्नेल को सौंप देता है। यह उपयोगकर्ता और कर्नेल के मध्य एक इंटरफेस प्रदान करता है जिसे इंटरप्रेटर की भाँति समझा जा सकता है।

3. फाइल संरचना, फाइलों को संग्रहीत करने का कार्य करती है। यह फाइलों को संग्रहण माध्यम में संग्रहीत करती है। फाइल को डायरेक्टरी में रखा जाता है। डायरेक्टरी के अंदर सब–डायरेक्टरी हो सकती है जो फाइलों को अपने अंदर रखती है।

लाइनक्स में कई प्रकार के वातावरण उपलब्ध हैं – जैसे डेस्कटॉप, विंडो मैनेजर और कमांड लाइन शेल्स। लाइनक्स सिस्टम के प्रयोक्ता का अपना इंटरफेस होता है।

ग्राफिकल यूजर इंटरफेस

यह कमांड लाइन इंटरफेस के विकल्प के रूप में होता है। यह लाइनक्स में डेस्कटॉप और विंडो मैनेजर के रूप में उपस्थित होता है। विंडो मैनेजर एक इंटीग्रेटेड डेस्कटॉप का छोटा रूप है जो केवल विंडो कार्यों को संचालित करता है। डेस्कटॉप में ग्राफिकल यूजर इंटरफेस की सभी विशेषताएँ होती हैं जैसा हम विंडोज 98 और 2000 आदि में देखते हैं। इसमें विभिन्न प्रकार के विंडो, आइकॉन और मेन्यू मिलते हैं जो माउस से संचालित होते हैं। लाइनक्स में दो मुख्य डेस्कटॉप हैं – जीनोम (GNOME – GNU Network Object Model Enivironment) और केडीई (KDE – K Desktop Environment)।

जीनोम डेस्कटॉपः इसमें सबसे नीचे एक पैनल होता है एवं ऊपर बायीं ओर कुछ आइकॉन होते हैं। नीचे पैनल पर अनुप्रयोगों को प्रारंभ करने के लिए आइकॉन होते हैं।

अनुप्रयोगों को आरंभ करने वाले आइकॉन में मोजिल्ला लोगो एवं सहायता करने वाले आइकॉन में प्रश्न चिह्न का लोगो होता है। होम डायरेक्टरी के लिए फोल्डर को डेस्कटॉप पर क्लिक करने या मुख्य मेन्यू से फाइल मैनेजर का चुनाव करने पर फाइल मैनेजर की विंडो खुलती है जो होम डायरेक्टरी को दर्शाती है।

लाइनक्स के आरंभ होने के उपरांत लॉग–इन करते समय स्क्रीन पर लॉग–इन विंडो के नीचे टॉस्क बार के स्थान पर तीन मेन्यू मिलते हैं – Language, Session और System। Language मेन्यू पर क्लिक कर वांछित भाषा का चुनाव किया जाता है। Session मेन्यू से डेस्कटॉप की सूची प्राप्त होती है जिसमें से जीनोम डेस्कटॉप का चुनाव किया जा सकता है, तदउपरांत लॉग–इन नाम व पासवर्ड इनपुट करना होता है। System का चुनाव कर कंप्यूटर को बंद या पुनः आरंभ किया जा सकता है।

निम्न तीन आइकॉन हमें विंडो स्क्रीन पर दिखाई देते हैं–

Mansoor's Home: यह प्रयोक्ता का नाम है तथा Home उसकी मुख्य डायरेक्टरी है। यहाँ प्रत्येक प्रयोक्ता की एक डायरेक्टरी होती है जिसमें उसकी समस्त फाइल्स सुरक्षित होती हैं। लाइनक्स द्वारा प्रदान किए जाने वाले सुरक्षा व्यवस्था के कारण एक उपयोगकर्ता किसी दूसरे उपयोगकर्ता की फाइल को नहीं देख सकता है।

Start Home: इसमें लाइनक्स के सभी अनुप्रयोग उपस्थित होते हैं, जिनका चुनाव कर हम वांछित कार्य कर सकते हैं। हम यहाँ से Applications, Preferences, Server Settings, System Settings जैसे प्रोग्राम्स को क्रियान्वित कर सकते हैं।

Trash: यह रिसायकिल बिन के समान है। किसी भी फाइल को मिटाने पर वह Trash में आ जाती है। Trash से फाइल्स को स्थाई रूप से हटाने के लिए निम्न चरणों का अनुसरण करें–

1. Trash को खोलें।
2. 'File' मेन्यू में 'Empty Trash' विकल्प पर क्लिक करें।

जीनोम डेस्कटॉप में सबसे नीचे एक बार होता है जिसे पैनल कहते हैं। इस पैनल से सभी वांछित क्रियाओं का संचालन किया जाता है। इस पैनल में टोप के आकार का एक मेन्यू होता है जो स्टार्ट मेन्यू कहलाता है।

जीनोम डेस्कटॉप परिवर्तित करना

जीनोम डेस्कटॉप परिवर्तित करने के लिए निम्न चरणों का अनुसरण करें:

1. मुख्य मेन्यू पर क्लिक करें।
2. 'Preference' पर माउस प्वाइंटर ले जाकर 'Background' का चुनाव करें।

   'Background Preference' डायलॉग बॉक्स खुल जाएगा।
3. ऊपर के रंग का चुनाव करने के लिए 'Top Color' को तथा नीचे के लिए 'Bottom Color' को क्लिक कर वांछित रंग का चुनाव करें।
4. इस डायलॉग बॉक्स के 'Picture Options' में निम्न पाँच विकल्प उपस्थित होते हैं: Wallpaper, Centered, Scaled, Stretched, No Picture, जिसमें से Wallpaper द्वारा वालपेपर को व्यवस्थित किया जाता है तथा चित्र को केंद्र में स्थित करने के लिए Centered विकल्प का चुनाव करते हैं।
5. 'Background Style' विकल्प से वांछित बैकग्राउंड स्टाइल का चुनाव करें।
6. डेस्कटॉप परिवर्तित करने के उपरांत 'Close' बटन पर क्लिक करें।

स्क्रीन सेवर व्यवस्थित करना

स्क्रीन सेवर व्यवस्थित करने के लिए निम्न चरणों का अनुसरण करें–

1. मुख्य मेन्यू पर क्लिक करें।
2. 'Preference' पर माउस प्वाइंटर ले जाकर 'Screensaver' का चुनाव करें।

   'Screensaver Preference' डायलॉग बॉक्स खुल जाएगा।
3. 'Screensaver Preference' डायलॉग बॉक्स के 'Mode' विकल्प में निम्न चार विकल्प उपस्थित होते हैं: Disable Screen Saver, Blank Screen Only, Only one Screen Saver, Random Screen Saver, जिनके कार्य निम्न हैं:

Disable Screen Saver	कंप्यूटर पर स्क्रीन सेवर का प्रदर्शन नहीं होगा।
Blank Screen Only	खाली समय में स्क्रीन रिक्त दिखाई देगा।
Only one Screen Saver	केवल एक स्क्रीन सेवर चलाने में सहायता करता है।
Random Screen Saver	कई स्क्रीन सेवर को बारी–बारी से चलाने में मदद करता है।

4. प्रिव्यू देखने के लिए 'Preview' बटन पर क्लिक करें।
5. उपरोक्त को व्यवस्थित करने के लिए 'Setting' बटन पर क्लिक करें।
6. अंत में 'Close' बटन पर क्लिक करें।

के डेस्कटॉप: यह कुछ स्तर तक जीनोम डेस्कटॉप के समान ही होता है। इसमें भी नीचे एक पैनल होता है एवं ऊपर बायीं ओर कई आइकॉन होते हैं। इस डेस्कटॉप के किसी भी अनुप्रयोग को पैनल दायीं ओर स्थित K लोगो पर क्लिक कर आरंभ किया जा सकता है।

11.8. टेक्स्ट एडिटर (Text Editor)

विंडोज के नोटपैड के समान लाइनक्स में भी एक टेक्स्ट एडिटर उपलब्ध होता है। इसमें फाइलों को संपादित करने का कार्य किया जा सकता है। इसकी एक विशेषता यह है कि एक ही विंडों में कई फाइल्स को बनाया जा सकता है।

इसे आरंभ करने के लिए निम्न चरणों का अनुसरण करें–

1. मुख्य मेन्यू को क्लिक करें।
2. 'Accessories' विकल्प में 'Text Editor' विकल्प पर क्लिक करें।
3. 'Text Editor' का विंडो खुल जाएगा। इसके विभिन्न मेन्यू निम्न हैं:

File	–	इसमें किसी फाइल को सृजित करने, खोलने, सुरक्षित करने एवं बंद करने से संबंधित निर्देश होते हैं।
Edit	–	इसमें टेक्स्ट संपादन हेतु Cut, Paste, Copy, Undo एवं Redo आदि निर्देश उपलब्ध होते हैं।
View	–	इसमें टूलबार एवं स्टेटस बार से संबंधित निर्देश होते हैं।
Search	–	इसकी सहायता से टेक्स्ट को सर्च करने आदि कार्यों को किया जाता है।
Documents	–	इस मेन्यू में gedit के वर्तमान विंडो में उपलब्ध फाइल्स के मध्य स्थानांतरण हेतु निर्देश उपलब्ध होते हैं।
Help	–	इसका उपयोग Gedit से संबंधित सहायता के लिए किया जाता है।

टेक्स्ट एडिटर में नई फाइल के सृजन हेतु निम्न चरणों का अनुसरण करें।

1. 'File' मेन्यू में 'New' विकल्प का चुनाव करें।

2. इसके उपरांत 'Untitled 1' के बगल में 'Untitled 2' नाम से एक टैब बनता है, जो दूसरे फाइल का विंडो होता है। आप 'Untitled 1' और 'Untitled 2' में क्लिक कर उसे बारी–बारी से सुरक्षित कर सकते हैं।

11.9. VI एडिटर (VI Editor)

VI एडिटर को खोलने के लिए निम्न चरणों का अनुसरण करें–

1. टर्मिनल को खोलें।
2. $ या # प्रॉम्प्ट पर VI लिखें तथा 'Enter' 'की' दबाएँ।

VI एडिटर में किसी फाइल को खोलने के लिए निम्न टाइप करें–

VI <filename>.<extension>

उदाहरण के लिए, VI karan.c (यहं C भाषा की एक प्रोग्राम फाइल है)

टीप: VI एडिटर में हम C की भी फाइल खोल सकते हैं तथा उसे संपादित करने के अतिरिक्त कंपाइल भी कर सकते हैं।

विभिन्न 'की' निम्न हैं–

की (Keys)	कर्सर मूवमेंट
h	एक अक्षर बायीं ओर
i	एक अक्षर दायीं ओर
K	एक लाइन ऊपर की ओर
J	एक लाइन नीचे की ओर
Enter	नई पंक्ति के आरंभ में
(	नए वाक्य के आरंभ में
)	दूसरे वाक्य के अंत में

की (Keys)	कर्सर मूवमेंट
Ctrl + F	आगे के टेक्स्ट को स्क्रीन की ओर बढता है।
Ctrl + B	पीछे के टेक्स्ट को स्क्रीन की ओर बढता है।
x	एक अक्षर को मिटाता है।
dw	एक शब्द को मिटाता है।
dd	एक लाइन को मिटाता है।
/pattern	टेक्स्ट में पैटर्न को आगे की ओर खोजता है।
?pattern	टेक्स्ट में पैटर्न को पीछे की ओर खोजता है।
n	पूर्व में किए गए खोज को दोहराता है (आगे या पीछे की ओर)।
: help command	दिये गये कमांड के संबंध में सहायता प्रदान करता है।
F1	सहायता स्क्रीन प्रदर्शित होता है।

11.10. लाइनक्स में लॉग-इन करना (Login into Linux)

लाइनक्स एक मल्टीयूजर ऑपरेटिंग सिस्टम है। यदि हम लाइनक्स सिस्टम का प्रयोग कर रहे हैं, तो कंप्यूटर प्रारंभ करते ही हमें ग्राफिकल या नॉन ग्राफिकल लॉग–इन–स्क्रीन दिखाई देगा।

नॉन ग्राफिकल स्क्रीन निम्न प्रकार होगा–

```
Red Hat Linux Release 7.3
Kernel 2.4.18-0.1 on an i686

localhost login:
```

ग्राफिकल लॉग–इन स्क्रीन निम्न प्रकार का होगा–

```
Session        Language        System        Fri March 10, 04:40

              Welcome to ns1.digidread.com

Login
        [                                        ]

                  Please enter your login
```

लॉग–इन नाम देने के उपरांत उपरोक्त की भाँति पासवर्ड स्क्रीन भी आता है।

इस विंडो में निम्न मेन्यूज होते हैं: Session, Language तथा System। डेस्कटॉप के चुनाव से संबंधित विकल्प Session मेन्यू में उपस्थित होते हैं। Language मेन्यू में भाषा के चुनाव से संबंधित विकल्प उपलब्ध होते हैं। सिस्टम को पुनः आरंभ करने या बंद करने से संबंधित विकल्प System मेन्यू में उपलब्ध होते हैं।

यदि वांछित हो, तो उपरोक्त मेन्यूज का उपयोग करें, अन्यथा उपयोगकर्ता नाम और पासवर्ड टाइप कर लाइनक्स में प्रवेश करें।

होम डायरेक्टरी

इस डायरेक्टरी में प्रत्येक उपयोगकर्ता अपना कार्य कर सकता है और कार्य से संबंधित फाइल्स को संग्रहीत

कर सकता है। हम अपनी फाइल्स पर दूसरों के लिए विशेष प्रतिबंध भी लगा सकते हैं। चूँकि लाइनक्स की मुख्य डायरेक्टरी एक ही होती है, जिसे /root के नाम से जानते हैं। माना हमारा उपयोगकर्ता नाम (User name) Raj है तो हमारी डायरेक्टरी /home/Raj होगी।

सेल और ग्राफिकल इंटरफेस

लाइनक्स में दो प्रकार के इंटरफेस होते हैं: नॉन–ग्राफिकल यूजर इंटरफेस या कमांड लाइन इंटरफेस और ग्राफिकल यूजर इंटरफेस। नॉन–ग्राफिकल यूजर इंटरफेस डॉस प्रॉम्प्ट के समान होता है। इस इंटरफेस को लाइनक्स में सेल कहते हैं। लाइनक्स में कई प्रकार के सेल उपयोग किए जाते जाते हैं, जिनमें BAS (Bourne Again Shell) प्रमुख है।

ग्राफिकल यूजर इंटरफेस में भी कई डेस्कटॉप उपलब्ध हैं उनमें GNOME और KDE प्रमुख हैं।

सेल इंटरफेस में स्क्रीन पर '$' या '#' चिह्न उपस्थित होता है। यदि हमारे स्क्रीन पर ये चिह्न दिखाई पड़ रहे हैं, तो इसका अर्थ यह है कि हम सेल पर कार्य कर रहे हैं। ध्यान रखें कि रूट उपयोगकर्ता का प्रॉम्प्ट '#' चिह्न होता है।

सेल इंटरफेस को स्क्रीन पर लाने हेतु निम्न चरणों का अनुसरण करें:

1. मुख्य मेन्यू को क्लिक करें।
2. 'System Tools' को क्लिक कर 'Terminal' का चुनाव करें।

इसके उपरांत हमें स्क्रीन पर टर्मिनल दिखाई देगा। हम यहाँ कमांड टाइप कर सकते हैं। कुछ कमांड निम्न हैं–

1. *id*

उद्देश्य–उपयोगकर्ता के रूप में अपना विवरण प्राप्त करना।

टीप: इसका विस्तारित रूप Indentification Device है।

वाक्य रचना:

```
$ id
wid = 302 (karan) gid = 205 (rd) groups = 103 (rd), 5 (sunny), 9 (Ip)
```

यहाँ उपयोगकर्ता का नाम karan है। एवं उसकी आई. डी. संख्या 302 है तथा जो अपने rd नामक प्राथमिक समूह में है जिसका समूह आई डी 205 है, एवं दूसरे समूह का नाम sunny एवं Ip है, जिसका न्यूमेरिक आई. डी. क्रमशः 5 और 9 है।

2. *who*

उद्देश्य–वर्तमान लॉगइन सत्र से संबंधित सूचना प्राप्त करना।

वाक्य रचना:

```
$ who – imh
```

टीप: यहाँ – i लॉगइन का समय प्रदर्शित करता है, – m वर्तमान उपयोगकर्ता के बारे में सूचना देता है तथा – h हैडर को प्रिंट करता है। इस कमांड का आउटपुट निम्न प्रकार होगा:

	USER	LINE	LOGIN-TIME	IDLE	FROM
host3.ksp.com!	karan	tty2	march 13 5:00		

3. *pwd*

उद्देश्य–वर्तमान डायरेक्टरी का पता ज्ञात करना।

वाक्य रचना:

$ pwd

उदाहरण के लिए, /user/bin

4. *home*

उद्देश्य–होम डायरेक्टरी को प्रदर्शित करना।

वाक्य रचना:

$ home

उदाहरण के लिए, /home/karan

सेल से बाहर आना

सेल से बाहर आने के लिए Ctrl + D दबाएँ या Exit टाइप करें। यदि हम लॉग–इन सेल (जिस को पहली बार लॉगइन किया था) से बाहर आना चाहते हैं तो logout टाइप करना होगा।

11.11. बेसिक कमांड्स (Basic Commands)

1. *cat*

उद्देश्य–फाइल का सृजन करना।

वाक्य रचना:

$ cat><file name> ↵

.... ↵

^D

उदाहरण के लिए,

$ cat>India ↵

I Love my India. ↵

^D

टीप: cat कमांड के उपरांत '>' चिह्न का प्रयोग किया जाता है, इसके पश्चात् वांछित फाइल का नाम टाइप करते हैं तथा प्रत्येक लाइन के बाद इंटर 'की' दबाते हैं। जो विषय–वस्तु हम लिखते हैं वह दिए गए फाइल के नाम से सुरक्षित हो जाती है।

फाइल देखना

फाइल देखने के लिए भी cat कमांड का ही प्रयोग किया जाता है। केवल दोनों के प्रारूप में थोड़ा अंतर है। बने हुए फाइल को देखने के लिए प्रारूप निम्न है:

$ cat <file name> ↵

उदाहरण

$ cat India ↵

टीप: फाइल बनाने और फाइल की विषय–वस्तु को देखने के कमांड समान हैं। अंतर मात्र यह है कि फाइल बनाने में cat के उपरांत **'>'** चिह्न का प्रयोग करते हैं, जबकि इसे देखने के लिए **'>'** चिह्न का प्रयोग नहीं किया जाता है।

उदाहरणानुसार कमांड देने के उपरांत इंटर 'की' दबाने पर दूसरे लाइन पर वांछित फाइल की विषय वस्तु प्रदर्शित होगी, जैसे–

I Love my India.

2. ***cp***

उद्देश्य–फाइल की प्रतिलिपि बनाना।

वाक्य रचना:

$ cp <Source filename> <Target filename> ↵

उदाहरण के लिए,

$ cp India Bharat ↵

उपरोक्त कमांड India नाम की फाइल की विषय वस्तु को Bharat नाम की फाइल में कॉपी कर देता है।

3. ***mkdir***

उद्देश्य–डायरेक्टरी या सब–डायरेक्टरी बनाना।

वाक्य रचना:

$ mkdir <directory name> ↵

उदाहरण के लिए,

$ mkdir country ↵

टीपः उपरोक्त कमांड टाइप करने पर country नाम की डायरेक्टरी (आपकी डायरेक्टरी यदि मुख्य उपयोगकर्ता हैं तो /root में या अन्य प्रयोक्ता है तो /home में) बन जायगी। इसे देखने के लिए कमांड लाइन पर dir टाइप कर इंटर 'की' दबाएँ।

सब–डायरेक्टरी का सृजन करने हेतु पहले किसी डायरेक्टरी के अंदर cd कमांड से जाएँ और फिर उपरोक्त कमांड से उसके अंदर सब–डायरेक्टरी बनाएँ। इसके चरण निम्न हैं–

$ cd <directory> ↵
$ mkdir <sub-directory> ↵

उदाहरण के लिए:

$ cd country ↵
$ mkdir nation ↵

उपरोक्त कमांड के उपरांत country नाम की डायरेक्टरी में nation नाम की सब–डायरेक्टरी बन जाएगी।

4. ***rmdir***

उद्देश्य–डायरेक्टरी हटाना या मिटाना।

वाक्य रचना:

$ rmdir <directory name> ↵

उदाहरण के लिए,

$ rmdir country ↵

5. ***date***

उद्देश्य–तिथि एवं समय देखना।

वाक्य रचना:

$ date ↵

यह कमांड क्रियान्वित होने पर निम्न प्रकार परिणाम देगा:

Tue March 14 07:25:14 Ist 2006

6. *clear*

उद्देश्य–स्क्रीन साफ करना।

वाक्य रचना:

$ clear ↵

7. *bc*

उद्देश्य–गणना करना।

वाक्य रचना:

```
$ bc ↵
...................... ↵
...................... ↵
^D
```

उदाहरण के लिए,

```
$ bc ↵
35 + 25 ↵
60 ↵
8*8 ↵
64 ↵
^D
$
```

टीप: इंटर 'की' दबाने के उपरांत यह संस्करण कुछ संदेश प्रिंट करता है इसके पश्चात् रिक्त स्क्रीन प्रदर्शित होता है जहाँ हम कोई गणना कर सकते हैं।

8. *cal*

उद्देश्य–वर्तमान माह का कैलेंडर तथा किसी विशेष दिन की तिथि आदि जानना।

वाक्य रचना:

$ cal [parameter] ↵

टीप: विभिन्न विकल्प निम्न है–

1. cal-1: यह वर्तमान माह का कैलेंडर प्रदर्शित करता है।
2. cal-3: यह वर्तमान माह, पूर्व माह तथा अगले माह का कैलेण्डर एक साथ दर्शाता है।
3. cal-y: यह संपूर्ण वर्ष का कैलेंडर दर्शाता है।
4. cal [month] [year]: यह दिए गए माह की संख्या तथा वर्ष के नाम के अनुरूप कैलेंडर प्रदर्शित करता है।

उदाहरण के लिए,

$ 6 2005 ↵

उपरोक्त कमांड 2005 वर्ष के छठे माह का कैलेंडर प्रदर्शित करता है।

9. *chmod*

उद्देश्य–फाइल की पहुँच अनुमति को परिवर्तित करना।

वाक्य रचना:

$ chmod [parameter] ↵

टीप: विभिन्न विकल्प निम्न हैः

1. chmod - c: यह verbose के समान परिवर्तित होता है लेकिन रिपोर्ट परिवर्तन क्रियान्वित हो जाने के उपरांत बताता है।

2. chmod - f: यह अधिकतर त्रुटि संदेशों को दबा देता है।

3. chmod - help: यह कमांड से संबंधित सहायता को प्रदर्शित करता है।

4. chmod - version: यह संस्करण प्रदर्शित करता है।

10. *chgrp*

उद्देश्य–समूह का स्वामित्व परिवर्तित करना।

वाक्य रचना:

$ chgrp [option] .... [group file] .... ↵

टीप: विभिन्न विकल्प निम्न हैः

– c: यह verbose के समान परिवर्तित होता है लेकिन रिपोर्ट परिवर्तन क्रियान्वित हो जाने के उपरांत बताता है।

– v: प्रत्येक फाइल जिस पर प्रक्रिया की जा चुकी है उसका निदानसूचक आउटपुट करता है।

– help: यह कमांड से संबंधित सहायता को प्रदर्शित करता हैं।

– version: यह संस्करण प्रदर्शित करता है।

11. *cmp*

उद्देश्य–दो फाइलों के मध्य तुलना करना।

वाक्य रचना:

$ cmp [file1] [file2] ↵

उदाहरण के लिए,

$ cmp country nation ↵

इसका आउटपुट निम्न होगाः

country nation differ: byte 2, line 2

12. *copy*

उद्देश्य–PostgreSQL टेबल तथा स्टैंडर्ड फाइल सिस्टम फाइल्स के मध्य डाटा को मूव करना।

वाक्य रचना:

$ copy ↵

टीप: विभिन्न विकल्प निम्न हैः

Copy To कमांड टेबल के पूरे डाटा को फाइल में मूव कर देता है तथा Copy From फाइल के डाटा को टेबल में हस्तांतरित कर देता है।

13. *find*

उद्देश्य–एक डायरेक्टरी श्रेणी में फाइलों को खोजना।

वाक्य रचना:

$ find [option] [time] ↵

टीपः विभिन्न विकल्प निम्न हैः

find – amin n: ऐसी फाइलों को खोजता है जिन्हें ठीक n मिनट पूर्व एक्सेस किया गया हो।

find – amin – n: ऐसी फाइलों को खोजता है जिन्हें n मिनट के अंदर एक्सेस किया गया हो।

find – amin + n: ऐसी फाइलों को खोजता है जिन्हें n मिनट पूर्व एक्सेस किया गया हो।

14. *ls*

उद्देश्य–डायरेक्टरी तथा फाइल से संबंधित सूचना प्रदर्शित करना।

वाक्य रचना:

$ ls [option] ↵

टीपः विभिन्न विकल्प निम्न हैः

ls – author: यह फाइल के लेखक की सूचना स्क्रीन पर प्रदर्शित करता है।

ls – a: यह 0 से प्रारंभ होने वाले प्रविष्टियों को नहीं छिपाता है।

15. *mail*

उद्देश्य–मेल भेजना तथा प्राप्त करना।

वाक्य रचना:

$ mail [sender's name] ↵

subject: यहाँ विषय टाइप करें।

.... (यहाँ पत्र टाइप करें)

^ D

CC: यहाँ वह पता लिखें जिसे इस पत्र की दूसरी कॉपी भेजना चाहते हैं।

इसके उपरांत निम्न सूचना प्रदर्शित होगी:

$/home/Mansoor/dead letter ...... Sayed message in/home/Mansoor/dead letter

उदाहरण के लिए, माना हम Karan को एक मेल भेजना चाहते हैं तथा इसकी दूसरी कॉपी Akash को भेजना चाहते हैं, इसका विषय National Unity है, तो इसका प्रारूप निम्न प्रकार होगा:

$ mail karan ↵

subject: National Unity (इस लाइन पर subject स्वतः आएगा)

India is my country. I love my India. We are Indian.

^ D

CC: akash

इसके उपरांत एक संदेश आएगा। संदेश आने पर एक बार इंटर 'की' दबाएँ। $ प्रॉम्प्ट पुनः आ जाएगा।

16. *tty*

उद्देश्य–टर्मिनल के फाइल का नाम प्रदर्शित करना जो मानक इनपुट से जुड़ा होता है।

वाक्य रचना:

```
$ tty ↵
/dev/pts/O
```

17. ***wc***

उद्देश्य–फाइल में प्रयुक्त बाइट, शब्द तथा लाइनों की सीमा को प्रदर्शित करना।

वाक्य रचना:

```
$ wc [file name] ↵
```

उदाहरण के लिए,

$ wc karan

$\frac{3}{1}$	$\frac{10}{1}$	$\frac{62}{1}$
लाइन	शब्द	बाइट

18. ***who***

उद्देश्य–यह प्रदर्शित करना कि इस कंप्यूटर से कौन लॉग–ऑन है।

वाक्य रचना:

```
$ who ↵
```

19. ***who is***

उद्देश्य–क्वेरी को फार्मेट करना तथा RFC954 सर्वर को भेजना एवं स्टैंडर्ड आउटपुट में परिणाम मुद्रित करना।

वाक्य रचना:

```
$ who is ↵
```

11.12. त्रुटि सूचना (Error Message)

लाइनक्स द्वारा अपने उपयोगकर्ता को विभिन्न त्रुटियों के बारे में स्क्रीन पर सूचना प्रदर्शित कर सावधान किया जाता है। यह उसी समय होता है जब सिस्टम हमारे निर्देशों को समझने में असमर्थ होता है। कुछ त्रुटियों का विवरण निम्न है:

(1) Incorrect username or password. Letters must be typed in the correct case. Please make sure the Caps Lock Key is not enabled.

उपरोक्त संदेश तब प्रदर्शित होता है जब लॉग–इन करते समय उपयोगकर्ता गलत नाम या पासवर्ड टाइप करता है। यदि बड़े अक्षर के स्थान पर छोटे अक्षर तथा छोटे के स्थान पर बड़े अक्षर भी दिए गए हैं, तब भी यही संदेश प्रदर्शित होगा।

(2) wd: not found

किसी गलत कमांड को टाइप करने पर उपरोक्त संदेश प्रदर्शित होना है।

(3) No such file or directory

उपरोक्त संदेश तब प्रदर्शित होता है जब फाइल या डायरेक्टरी का नाम गलत हो।

(4) invalid option

यदि कमांड के उपरांत का विकल्प सहीं नहीं है, तो उपरोक्त संदेश प्रदर्शित होता है।

(5) Can't cd to mydata1

जब cd कमांड का प्रयोग ऐसी डायरेक्टरी नाम के साथ किया जाता है जो अस्तित्व में नहीं है, तब उपरोक्त संदेश प्रदर्शित होता है।

अभ्यास-प्रश्न (Exercise-Questions)

1. लाइनक्स का परिचय दीजिए।
2. लाइनक्स के विभिन्न लाभ क्या हैं?
3. लाइनक्स की सीमाएँ क्या हैं?
4. लाइनक्स ऑपरेटिंग सिस्टम की विशेषताओं को लिखें।
5. लाइनक्स की संरचना को स्पष्ट करें।
6. लाइनक्स फाइल सिस्टम से क्या समझते हैं?
7. लाइनक्स कार्यप्रणाली को विस्तार से समझाइए।
8. टेक्स्ट एडीटर क्या है?
9. VI एडिटर से क्या समझते हैं?
10. लाइनक्स में कैसे लॉग-इन करते हैं?

12

विंडोज एन टी (Windows NT)

12.1. परिचय (Introduction)

विंडोज एन टी का शाब्दिक अर्थ विंडोज न्यू टेक्नालॉजी अर्थात् एक नई तकनीक वाला विंडो। यह 32–बिट वाला एक मल्टी टास्किंग, मल्टी टर्मिनल ऑपरेटिंग सिस्टम है। विंडोज एन टी आपरेटिंग सिस्टम का निर्माण कार्य देव कटलर द्वारा 1988 में आरंभ किया गया था। इसके निर्माण हेतु निम्न उद्देश्य थे:

(अ) एक या अनेक प्रणालियों पर कार्य

(ब) डिस्ट्रीब्यूटेड कंप्यूटरिंग

(स) विभिन्न प्रोसेसर व प्रोसेसर आर्किटेक्चर के मध्य पोर्टिबिलिटी

विंडोज एन टी के अनेक वर्जन हैं जिनमें दो मुख्य प्राथमिक वर्जन निम्न हैं:

1. विंडोज एन टी सर्वर
2. विंडो एन टी वर्क स्टेशन

12.2. विशेषताएँ (Features)

1. डॉस, विंडोज, बिट–32, जी यू आई, कैरेक्टर आधारित अनुप्रयोगों, POSIX-Compliant और कैरेक्टर आधारित OS/2.X के अनुप्रयोगों आदि को सपोर्ट करने के साथ–साथ संकलित नेटवर्किंग सुरक्षा और एडमिनिस्ट्रेशन टूल्स को भी प्रयोग करने की सहायता प्रदान करना।

2. विभिन्न कंप्यूटर सिस्टम्स के लिए मल्टी टास्किंग क्षमता उपलब्ध कराना।

3. नेटवर्क के अनेक कार्यों के साथ–साथ नेटवर्क के कार्य में फाइल शेयरिंग और प्रिटिंग आदि के लिए महत्त्वपूर्ण योगदान प्रदान करना।

4. उपयोगकर्ता को ग्राफिकल यूजर इंटर फेस उपलब्ध कराना।

5. यह क्लाइंट/सर्वर आर्कीटेक्चर तकनीक पर आधारित है।

6. इसे एक आपरेटिंग सिस्टम के आधार पर तैयार किया गया है। यह मात्र डॉस से बेहतर जी यू आई पर आधारित नहीं है।

7. विंडोज एन टी का सामान्य प्रस्तुतीकरण, दृश्य व व्यवहार लगभग विंडोज 95 के समान है। अतः उपयोगकर्ता को विंडोज एन टी का प्रयोग सीखने के लिए पुनः प्रशिक्षण की आवश्यकता नहीं होती है।

8. इसे एकल सी पी यू से लेकर बहु–प्रोसेसरो पर आधारित विभिन्न प्रकार के कंप्यूटर्स पर भी चलाया जा सकता है।

9. यह उच्च विश्वसनीयता प्रदान करता है। इसमें शक्तिशाली माइक्रोकर्नल डिजाइन का प्रयोग किया गया है, जो संपूर्ण सिस्टम को गड़बड़ करने वाली एक–एक गलती को रोकता है।

10. इसमें नेटवर्किंग के लिए पूर्वनिर्मित हल हैं।

11. यह उद्योग के मानक नेटवर्क प्रोटोकॉल्स NETBEUI, IPX/SPX, TCP/IP को और दूसरे साधनों के लिए पूर्वनिर्मित ड्राइवर्स उपलब्ध कराता है। यह वर्तमान के प्रसिद्ध नेटवर्कस से मेल खाता है, जैसे Novell Net Ware, Banyan, VNES, Microsoft, और LAN मैनेजर।

12. यह सुरक्षा के लिए यू एस गवर्नमेंट को सी–2 स्तर की सुरक्षा प्रदान करने का गुण रखता है।

13. विंडोज एन टी एक्सप्लोररः ऐसा टूल जिसे ड्राइव के कंटेन्स को डिस्प्ले करने के लिए और मशीन के संसाधनो को दर्शाने के लिए ही नहीं वरन् नेटवर्क के अवयवों को दर्शाने के लिए भी किया जाता है।

14. सरल इंस्टालेशन प्रक्रियाः विंडोज एन टी को नेटवर्क पर एक मशीन से दूसरी मशीन पर इंस्टाल किया जा सकता है जोकि विशेष रूप से कार्पोरेट नेटवर्क में लाभदायक है।

15. उन्नत टास्क मैनेजरः टास्क मैनेजर हमारे ऐप्लिकेशनों को बहुत आसानी से प्रबंधित करता है और हमारे एन टी सिस्टम के व्यवहार के लिए महत्त्वपूर्ण तरीके प्रदान करता है। हम ऐप्लिकेशन टैब का प्रयोग कार्यों के बीच आने जाने के लिए कर सकते हैं, यदि उनको लॉक किया गया है। हम टास्क मैनेजर की प्रोसेसर टैब का प्रयोग कर अपने कंप्यूटर सिस्टम पर चल प्रक्रियाओं की सूची देख सकते हैं। अंत में हम परफारमेंस टैब का प्रयोग करके अपने सिस्टम की सांख्यिकी और उसका मापन दर्शा सकते हैं।

16. एक्सेसिबिलिटी विकल्पः ये विकल्प उनके लिए भी उपयोगी हैं जो अपने सिस्टम का प्रयोग अपने लिए आसान बनाना चाहते हैं। हम कंट्रोल पैनल में Special Key Assignment, Alternative Input Device, Scable User Interface, Elements या Sound System के व्यवहार को इंगित करने के लिए Accessibility Properties के आइकॉन पर डबल क्लिक कर सकते हैं।

17. हाइपर टर्मिनलः यह एक 32 बिट वाला कम्यूनिकेशन सॉफ्टवेयर पैकेज है, जो प्रयोगकर्ता को दूसरी मशीन से जुड़ने और उनसे ऑनलाइन सेवा लेने की स्वीकृति प्रदान करता है। हाइपर टर्मिनल ई–मेल और अन्य विजार्ड के साथ आता है।

18. वर्डपैडः यह छोटे डाकुमेंट के लिये हल्का तेज एडीटर प्रदान करता है। वर्ड पैड मे नोटपैड की अनेक कमियों को दूर कर दिया गया है। अब यह आधारभूत वर्ड प्रोसेसिंग क्षमताएँ अनेक प्रयोगकर्ताओं को प्रदान करता है।

19. पेंटः यह ग्राफिक ऐप्लिकेशन का 32 बिट वाला एडिटर है जो PCX और BMP की फाइलों का प्रयोग कर सकता है।

20. संशोधित इंटरनेट एक्सप्लोररः माइक्रोसॉफ्ट के इंटरनेट एक्सप्लोरर का नवीनतम संस्करण विंडोज एन टी 4 से जोड़ा गया है और इसे वर्ड वाइड वेब पर पकड़ बनाने के लिए तैयार किया गया है। हम इसका प्रयोग करके अपने मॉडम को स्वयं कान्फिगुर करके वर्ड वाइड वेब पर आसानी से अपनी पहुँच बना सकते हैं। इंटरनेट एक्सप्लोरर मॉडम के सेटअप विजार्ड और डायल अप नेटवर्किंग आदि के लिए श्रेष्ठतम कार्यशीलता प्रदान करता है।

21. PPTP, WINS और DNS के लिए क्लाइंट सर्पोटः माइक्रोसॉफ्ट ने नेटवर्क के क्लाइंट को एन टी 4 के साथ Point to Point Tunneling Protocol (PPTP) प्रदान किया है और इसने Windows Internet Name Service (WINS) और Domain Name System (DNS) विस्तृत किया है। PPTP और अधिक सुरक्षित संचार मशीनों के बीच प्रदान करते हैं। WINS व DNS नेटवर्क की प्रसिद्ध सेवाएँ हैं जो मशीनों के नाम के लिए रास्ता और आसान बना देती हैं।

22. श्रेष्ठतम नेटवर्क कंट्रोल पैनलः पेज टैब का प्रयोग करके एन टी 4 और अधिक सूचना या जानकारी का संकलन कर लेता है जिसकी नेटवर्क एडमिनिस्ट्रेटर को एक स्थिति में आवश्यकता होती है। नेटवर्क प्रोटोकॉल का निर्धारण करके इस सेवा को और अधिक आसान बनाया गया है।

23. संशोधित डॉयल अप नेटवर्किंगः विंडोज एन टी का डॉयलअप नेटवर्किंग विजार्ड ISDN चैनल के लिए सहायता प्रदान करता है। यह विजार्ड नेटवर्क कनेक्शन का शीघ्र व आसानी से निर्धारण करने में सहायता प्रदान करता है।

24. श्रेष्ठतम यूजर प्रोफाइलः सिस्टम प्रोफाइल व नीतियाँ एन टी 4 के साथ आसानी से सेटअप हो जाती हैं और हम कुछ ही समय में यूजर प्रोफाइलो को यूजर मैनेजर के साथ कानफीगुर कर सकते हैं। एक यूजर प्रोफाइल उन सभी सेटिंस को रखता है जिनकी यूजर को लॉग ऑन करते समय आवश्यकता होती है। विभिन्न यूजर एक मशीन पर विभिन्न प्रोफाइल रखते हैं। विंडोज एन टी 4 सर्वर यूजर प्रोफाइल को सर्वर मशीन पर रखे जाने के लिए स्वीकृति प्रदान करता है। जिससे कि यूजर उसी डेस्कटॉप का लुक एंड लेआउट प्राप्त कर सके जिस नेटर्वक स्टेशन पर वे लॉग ऑन करते हैं।

25. उन्नत प्रिंटर मैनेजमेंटः प्रिंटर को दूसरे सर्वर या वर्क स्टेशनों से रिमोट रूप से प्रबंधित किया जाता है।

इसमें प्रिंटर सिस्टम के लिए लाभदायक जुड़ाव के साथ–साथ सर्वर पर नेटवर्क द्वारा शेयर किए जाने वाले प्रिंटर व उसके ड्राइवरों को संग्रहित रखने की क्षमता होती है। प्रिंटर इंस्टालेशन विजार्ड ने नए प्रिंटरों को सिस्टम या नेटर्वक इंस्टाल करने की प्रक्रिया को बहुत आसान बना दिया है।

26. मल्टीमीडिया और टेलीफोनी APIs:

विंडोज एन टी 4 में अनेक Application Programming Interface (APIs) को शामिल किया गया है। ये APIs गेम्स व ऐप्लिकेशनों के व्यवहार को सुधारता है जो साउंड या वीडियो का विंडो एन टी 4 चलने पर चलते हैं। टेलीफोनी APIs टेलीफोन ऐप्लिकेशनों को विंडोज एन टी 4 में संकलित करती है। यह अनेक नए कंप्यूटर टेलीफोनी इंटीग्रेशन ऐप्लिकेशनों को भी समाहित करता है जो वाइस मेल और एन टी प्लेटफॉर्म पर मैसेंजिंग सुविधा प्रदान करतें हैं।

12.3. संस्करण (Versions)

विंडोज एन टी के निम्न दो प्रमुख प्राथमिक संस्करण हैं–

1. *विंडोज एनटी सर्वर*

इसमें केंद्रीय प्रबंधन तथा सुरक्षा में उच्च कोटि की त्रुटि को सहन करने की क्षमता होती है। यह विंडोज एन टी या अन्य विंडोज के वर्क स्टेशनो से अतिरिक्त जुड़ाव की सुविधा प्रदान करता है।

2. *विंडोज एन टी वर्क स्टेशन*

यह विंडोज एन टी का डेस्कटॉप संस्करण कहलाता है तथा वर्क स्टेशन के स्तर पर मेमोरी प्रबंधन का कार्य भी करता है। इसके द्वारा उपयोगकर्ता बिना किसी अतिरिक्त हार्डवेयर तथा एन टी सर्वर की जटिलता के विंडोज एन टी आपरेटिंग सिस्टम की सभी विशेषताओं का लाभ उठा सकता है।

एन टी सर्वर व एन टी वर्क स्टेशन का अनुप्रयोग

1. यह 486 या इससे अधिक पीसी के कुछ हार्डवेयर अपग्रेड के साथ चल सकता है, यद्यपि इसके लिए पेंटियम का प्रयोग स्वीकृत है।

2. यह डॉस के उच्च संस्करण और विंडोज के उन अनुप्रयोगों में भी चल सकता है जो मशीन के हार्डवेयर से सीधे अपनी पहुँच नहीं बना पाते हैं।

3. इसका प्रयोग सरकारी संस्थाओं, अनेक कार्पोरेशन तथा उनके विशेष अनुप्रयोगों के लिए किया जा सकता है क्योंकि यह संपूर्ण सुरक्षा प्रदान करता है।

क्लाइंट सर्वर तथा विंडोज एन टी सर्वर

सर्वर नेटवर्क में प्रयोग किए जाने वाला एक ऐसा उपाय होता है जो अपने से जुड़े कई क्लाइंट वर्क स्टेशंस, जैसे डॉस, विंडोज, OS/2 आधारित पर्सनल कंप्यूटर का मैकिनटोश पर आधारित तकनीकी टर्मिनल्स को विभिन्न सेवाएँ प्रदान करता है। क्लाइंट सर्वर वातावरण में वर्कस्टेशन्स पर सामान्यतः अनुप्रयोग प्रोग्राम ही चलाए जाते हैं। सर्वर्स का वर्गीकरण निम्न है, फाइल सर्वर, प्रिंट सर्वर, डाटाबेस सर्वर, फैक्स सर्वर, कम्यूनिकेशन सर्वर आदि।

1. *फाइल सर्वर*

जिस पर अनेक वर्क स्टेशनों की फाइलें सामूहिक रूप में संग्रहित रहती हैं, फाइल सर्वर कहलाता है। यह विभिन्न फाइलों पर नियंत्रण के साथ पहुँच भी प्रदान करता है, जिससे फाइलें और डाटा गोपनीय तथा सुरक्षित बने रहते हैं।

2. *प्रिंट सर्वर*

वर्क स्टेशनों में एक कंप्यूटर प्रिंट सर्वर की भाँति कार्य करता है। नेटवर्क में एक ही कंप्यूटर को प्रिंट सर्वर तथा फाइल सर्वर दोनों ही रूप में प्रयुक्त करने की सुविधा उपलब्ध होती है, या सबसिस्टम रूप में एक कंप्यूटर को प्रिंट सर्वर बना सकते हैं।

3. *डाटाबेस सर्वर*

इस सर्वर के डाटाबेस मैनेजमेंट को हम निम्न तीन भागों में बाँट सकते हैं:

1. डेवलपमेंट टूल्स अर्थात् डाटाबेस निर्माण के साधन
2. यूजर इंटरफेस
3. डाटाबेस इंजन

डाटाबेस इंजन डाटाबेस को चुनने, उनको आरोही या अवरोही क्रम में व्यवस्थित करने, वर्तमान के साथ तालमेल बनाने आदि कार्यों को करता है। सामान्य तौर पर यूजर इंटरफेस तथा डाटाबेस इंजन एक ही कंप्यूटर पर उपलब्ध होते हैं और डाटा बेस सर्वर इन दोनों कार्यों को बाँट देता है।

4. *फैक्स सर्वर*

एक ही नेटवर्क कनेक्शन होते हुए भी कई क्लाइंट को इस सर्वर के द्वारा फैक्स भेजा जा सकता है। यह सर्वर एक वर्क स्टेशन भी हो सकता है जिस पर फैक्स बोर्ड तथा फैक्स से संबंधित अन्य सॉफ्टवेयर संग्रहित रहते हैं।

5. *कम्यूनिकेशन सर्वर*

स्थापित नेटवर्क तथा नेटवर्क के बाहर के कंप्यूटर्स इससे सेवाएँ प्राप्त कर सकते हैं। इसके द्वारा नेटवर्क के बाहर के सिस्टम से अपने नेटवर्क साधनों को उपयोग में लाया जा सकता है। उदाहरण के लिए गेटवे के द्वारा विभिन्न नेटवर्क के क्लाइंट एक टाइम शेयर्ड कंप्यूटर पर कार्य कर सकते हैं।

6. *विंडो एन टी सर्वर*

विंडोज एन टी ऑपरेटिंग सिस्टम का निर्माण डोमेन पर आधारित परिवर्तनीय नेटवर्क के लिए किया गया है। जहाँ 10 से अधिक क्लाइंट्स को सेवाएँ प्रदान करने के लिए अनेक सर्वर्स की आवश्यकता होती है, वहाँ विंडोज एन टी सर्वर का प्रयोग उपयोगी होता है। इसके प्रमुख गुण निम्न हैं–

1. विभिन्न नेटवर्क प्रोटोकॉल चलाने में सक्षम।

2. फाइलों को उच्च स्तर सुविधा प्रदान करना एवं उन्हें प्रिंट करना।
3. DOS, Windows, OS/2 Unix, Machintosh आदि विभिन्न आपरेटिंग सिस्टम्स पर चलने योग्य।
4. हार्डवेयर को स्वयं खोजने की क्षमता।
5. विभिन्न क्लाइंट ऐप्लिकेशंस का कार्य करने में सक्षम।
6. विभिन्न हार्डवेयर जैसे –इंटेल, अल्फा आदि पर चलने में समर्थ।

12.4. विंडोज एन टी को आरंभ करना एवं बंद करना (Starting and Shut down the Windows NT)

विंडोज एन टी आरंभ करने हेतु निम्न चरणों का अनुसरण करें–

1. कंप्यूटर को बूट करें।

बूट होने के पश्चात् विंडोज एन टी का लोगो स्क्रीन के केंद्र में दिखाई देगा। इसके उपरांत स्क्रीन पर एक डायलॉग बॉक्स दिखाई देगा, जिसमें यह संदेश प्रदर्शित होता है कि लॉगइन होने के लिए CTRL + ALT + DEL 'की' दबाएँ।

2. CTRL + ALT + DEL 'की' एक साथ दबाएँ।

लॉगइन डायलॉग बॉक्स सामने आ जाएगा।

3. इस डायलॉग बॉक्स के 'User Name' फील्ड में उपयोगकर्ता का नाम टाइप करें। इसके उपरांत 'Password' फील्ड में पासवर्ड टाइप करें।

'User Name' और 'Password' सही होने पर विंडोज एन टी द्वारा आगे कार्य करने की अनुमति दी जाती है।

विंडोज एन टी से लॉगऑफ या लॉगआउट होना:

विंडोज एन टी से लॉगऑफ करने के लिए निम्न चरणों का अनुसरण करें–

1. विंडोज एन टी के सभी अनुप्रयोगों को बंद करें।
2. CTRL + ALT + DEL 'की' एक साथ दबाएँ।

विंडोज एन टी की सुरक्षा का डायलॉग बॉक्स खुल जाएगा।

3. लॉगऑफ बटन को दबाने पर विंडोज हमें सूचना देगा कि इसके उपरांत हमारा विंडोज एन टी सत्र समाप्त हो जाएगा।

4. 'OK' बटन पर क्लिक करने पर विंडोज एन टी अपने सभी अनुप्रयोगों को बंद कर देगा। इसके उपरांत हम पुनः उसी स्थान पर पहुँच जायेंगे जहाँ बूटिंग क्रिया के उपरांत लॉगइन करने के पूर्व थे।

विंडोज एन टी को शट डाउन करना

1. डेस्क टॉप पर 'Start' मेन्यू पर क्लिक करें।
2. 'Shut Down' विकल्प पर क्लिक करें।

'Shut Down' डायलॉग बॉक्स खुल जाएगा।

3. इस डायलॉग बॉक्स में 'Shut Down the Computer?' पर क्लिक करें, इसके उपरांत 'Yes' विकल्प पर क्लिक करें।

ऐसा करते ही कुछ समय उपरांत स्क्रीन पर निम्न संदेश आएगा:

It is now safe to turn off your computer

मशीनों को सुरक्षित प्रारंभ रखना

विंडोज एन टी में सुरक्षा के लिए हम अपने वर्क स्टेशन को लॉक कर सकते हैं। ऐसा करने के लिए निम्न चरणों का अनुसरण करें–

1. CTRL + ALT + DEL 'की' एक साथ दबाएँ।

विंडोज एन टी की सुरक्षा का डायलॉग बॉक्स खुल जाएगा।

2. 'Lock Workstation' बटन दबाएँ।

ऐसा करते ही वर्कस्टेशन लॉक हो जाएगा।

12.5. विंडोज एन टी में कार्य करना (Working in Windows NT)

1. *नया फोल्डर जोड़ना*

नए फोल्डर को जोड़ने के लिए निम्न चरणों का अनुसरण करें–

1. स्क्रीन के रिक्त भाग में कहीं भी माउस कर्सर को ले जाकर माउस का दायाँ बटन क्लिक करें।
   एक पॉप–अप मेन्यू खुल जाएगा।
2. इस पॉप–अप मेन्यू से 'New' विकल्प का चुनाव करें।
   एक और मेन्यू खुलेगा।
3. इस मेन्यू में 'Folder' विकल्प पर क्लिक करें।
   नया फोल्डर बन जाएगा।

फोल्डर के चारित्रिक गुणों का निर्धारण करने के लिए निम्न चरणों का अनुसरण करें--

1. कर्सर को फोल्डर पर ले जाकर माउस का दायाँ बटन क्लिक करें।
   एक डायलॉग बॉक्स खुल जाएगा।
2. इस डायलॉग बॉक्स में 'Properties' विकल्प का चुनाव करें।
   प्रॉपर्टीज शीट खुल जाएगी।
3. प्रापर्टीज शीट में नए बनाए गए फोल्डर के गुणों का निर्धारण करें। 'General Page' के सबसे नीचे की ओर हम इस नए फोल्डर की स्वीकृतियों जैसे 'Read Only' आदि का निर्धारण कर सकते हैं।

'Sharing Page' का प्रयोग कर हम यह निर्धारण कर सकते हैं कि फोल्डर को शेयर किया जाए या नहीं। यदि हम चाहते हैं कि फोल्डर को शेयर न किया जाए तो पहले से चयनित 'Not Share' को छोड़ दें। 'Security Page' का उपयोग कर हम फोल्डर के विभिन्न अधिकारों के विभिन्न पहलुओं का निर्धारण कर सकते हैं। इस पेज में तीन खंड है Permission, Auditing और Ownership। Permission बॉक्स डायरेक्टरी एक्सेस का निर्धारण करने के लिए सुविधा प्रदान करता है। 'Security Page' में Ownership बटन का प्रयोग कर हम फोल्डर की ओनरशिप का निर्धारण कर सकते हैं। 'Security Page' के द्वितीय बटन Auditing पर क्लिक कर हम उस रास्ते का निर्धारण कर सकते हैं जो इसे किसी न किसी वजह से खोलता है।

2. *फोल्डर्स को कॉपी करना, स्थान परिवर्तित करना और उनको मिटाना*

फोल्डर्स को कॉपी करने के लिए निम्न चरणों का अनुसरण करें–

1. फोल्डर जिसे कॉपी किया जाना है पर माउस का दायाँ बटन क्लिक करें।
   एक पॉप–अप मेन्यू खुल जाएगा।
2. इस पॉप–अप मेन्यू में 'Copy' विकल्प का चुनाव करें।

3. माउस को डेस्कटॉप पर और कहीं और ले जाकर दायाँ बटन क्लिक करें।
4. खुले हुए पॉप–अप मेन्यू से 'Paste' विकल्प का चुनाव करें।

ऐसा करते ही डेस्कटॉप पर फोल्डर की प्रतिलिपि दिखाई देने लगेंगी। हम चाहें तो इसका नाम भी बदल सकते हैं।

फोल्डर्स का स्थान परिवर्तित करने के लिए निम्न चरणों का अनुसरण करें–

1. फोल्डर जिसे कॉपी किया जाना है पर माउस का दायाँ बटन क्लिक करें।
   एक पॉप–अप मेन्यू खुल जाएगा।
2. इस पॉप–अप मेन्यू में 'Cut' विकल्प का चुनाव करें।
3. माउस को डेस्कटॉप पर और कहीं और ले जाकर दायाँ बटन क्लिक करें।
4. खुले हुए पॉप–अप मेन्यू से 'Paste' विकल्प का चुनाव करें।

फोल्डर को मिटाने के लिए आप निम्न निम्न चरणों का अनुसरण करें–

1. जिस फोल्डर को मिटाना चाहते हैं उसका माउस से चुनाव करें।
2. चुने गए फोल्डर पर माउस का दायाँ बटन क्लिक करें।
   एक पॉप–अप मेन्यू खुल जाएगा।
3. इस पॉप–अप मेन्यू में 'Delete' विकल्प का चुनाव करें।
4. डिलिट करने की प्रक्रिया प्रारंभ होने के उपरांत प्रदर्शित डायलॉग बॉक्स में 'Yes' विकल्प का चुनाव करें।

3. *आइकॉन्स व विंडोज को एलाइन करना*

आइकॉनस को एलाइन करने के लिए 'Windows Align Icons' का चुनाव कर स्क्रीन पर प्रदर्शित होने वाले निर्देशों का पालन करें।

4. *प्रोग्राम्स को आइकॉन का प्रयोग करके चलाना*

स्टार्ट मेन्यू से प्रोग्राम को चलाने की विधि सबसे सरल है। एन टी ऐप्लिकेशनों के लिए उपयुक्त विंडो प्रदान करता है और ऐप्लिकेशनों को विंडो में लांच करता है। यदि प्रोग्राम डॉस वैराइटी का है तो डॉस की विंडो खुल जाती है और डॉस की ऐप्लिकेशन इसमें चली जाती है।

5. *'Run' कमांड का प्रयोग कर प्रोग्राम को चलाना*

'Run' कमांड का प्रयोग कर प्रोग्राम को चलाने के लिए निम्न निम्न चरणों का अनुसरण करें–

1. स्टार्ट मेन्यू में 'Run' विकल्प पर क्लिक करें।
   'Run' डायलॉग बॉक्स खुल जाएगा।
2. 'Open' फील्ड में प्रोग्राम का नाम देकर 'OK' पर क्लिक करें।
   वांछित प्रोग्राम आरंभ हो जाएगा।

यदि हम केवल प्रोग्राम का नाम जानते हैं और यह नहीं जानते कि वह कहाँ स्थित है तो हम 'Open' फील्ड में केवल प्रोग्राम का नाम देकर 'Browse' बटन पर क्लिक करेंगे। ऐसा करने से हम अपना इच्छित प्रोग्राम पा सकते हैं और उसे चुन कर चला सकते हैं।

6. *'My Computer' से प्रोग्राम्स को चलाना*

'My Computer' से प्रोग्राम्स को चलाने के लिए 'My Computer' के डायलॉग बॉक्स में वांछित एक्जीक्यूटेबिल फाइल पर माउस से डबल क्लिक करें।

7. *बैच फाइल से प्रोग्राम को चलाना*

विभिन्न प्रकार के प्रोग्राम्स को मिलाकर एक बैच फाइल बनाएँ और उसे रन करें। हम बैच फाइल को डेस्कटॉप पर आइकन बनाकर रख सकते हैं या इसे कमांड प्रॉम्प्ट से रन करा सकते हैं। जब बैच फाइल को रन कराया जाता है तो प्रत्येक प्रोग्राम ऊपर से नीचे के क्रम में रन होते हैं।

8. *विंडोज एन टी कंट्रोल पैनल*

इसमें विभिन्न प्रोग्राम्स होते हैं। कंट्रोल पैनल के अवयव को दर्शाने के लिए 'Start' और फिर 'Setting' पर क्लिक करें या 'Control Panel' के आइकन पर डबल क्लिक करें। हम कंट्रोल पैनल के अवयवों का उपयोग कर अपने एनटी सिस्टम की सेटिंग बदल सकते हैं। कंट्रोल पैनल के अवयव का प्रयोग कर 'की' बोर्ड, स्क्रीन, माउस, प्रिंटर, फॉन्ट, सर्वर आदि की सेटिंग अपनी इच्छानुसार बदल सकते हैं।

9. *विडियो डिस्प्ले निर्धारण करना*

विंडोज एन टी में विडियो डिस्प्ले का निर्धारण करने के लिए कंट्रोल पैनल से 'Display' आइकॉन पर क्लिक करें। इस विंडो के 'Background' टैब मेन्यू का प्रयोग कर स्क्रीन का बैक ग्राउंड कलर, पिक्चर बदल सकते हैं। 'Screen Saver' टैब मेन्यू का उपयोग कर कोई स्क्रीन सेवर चुन सकते हैं। 'Appearance' टैब मेन्यू का प्रयोग कर डिस्प्ले को परिवर्तित किया जाता है।

10. *की बोर्ड बटनों का निर्धारण*

कंट्रोल पैनल में 'Key Board' आइकॉन पर क्लिक कर खुलने वाले 'Key Board Properties' डायलॉग बॉक्स में विभिन्न विकल्पों का चुनाव कर 'Key Board' को वांछित अनुसार कार्यकारी बनाया जा सकता है।

11. *माउस के कार्यों का निर्धारण*

कंट्रोल पैनल में दिए गए 'Mouse' के आइकॉन पर क्लिक कर हम माउस और उसके बटनों के कार्यों का निर्धारण कर सकते हैं। Tracking Speed, Double Click Speed, Left/Right Button Reverse आदि।

12. *प्रिंटर व उसके कार्यों का निर्धारण*

प्रिंटर व उसके कार्यों का निर्धारण करने के लिए कंट्रोल पैनल में 'Printer' आइकॉन पर डबल क्लिक करें। ऐसा करते ही 'Print Wizard' प्रारंभ हो जाएगा। 'Print Wizard' प्रिंटर का नाम बदलने, प्रिंटर की गति का निर्धारण करने, नया प्रिंटर इंस्टाल करने, प्रिंटर के विभिन्न विकल्पों को सेट करने, नेटवर्क प्रिंटर जोड़ने आदि के काम में आता है।

13. *रीजनल सेटिंग्स का निर्धारण*

रीजनल सेटिंग्स का निर्धारण करने के लिए कंट्रोल पैनल में 'Regional Settings' के आइकॉन पर डबल क्लिक करें। ऐसा करते ही 'Regional Settings Properties' बॉक्स प्रदर्शित होगा। इस प्रॉपर्टीज बॉक्स में अनेक टैब होते हैं, जैसे Regional Settings, Number, Currency, Time, Date आदि। इन टैब्स की सहायता से आवश्यकतानुसार सेटिंग्स की जा सकती है।

14. *डेट/टाइम सेट करना*

डेट/टाइम सेट करने के लिए 'Date/Time' आइकॉन पर डबल क्लिक करें। ऐसा करते ही 'Date/Time Properties' डायलॉग बॉक्स खुल जाएगा। इस डायलॉग बॉक्स में कैलेंडर अलार्म, ऑमेटेड बैक अप, फाइलों को बनाने, उनको संशोधित और अन्य टाइम रिलेटेड आपरेशन को संपन्न किया जाता है।

15. *नेटवर्क की सेटिंग्स निश्चित करना*

कंट्रोल पैनल में 'Network' आइकॉन पर डबल क्लिक कर दूसरे कंप्यूटर से जुड़ना, प्रिंटर और अन्य डिवाइसों

को शेयर करना, तथा नेटवर्क से संबधित कान्फ़िग्युरेशॅन को निश्चित करने का कार्य किया जाता है। 'Network' डायलॉग बॉक्स का प्रयोग निम्न कार्यों हेतु किया जाता है:

1. वर्क स्टेशन के कंप्यूटर का नाम बदलना। वर्क स्टेशन के कंप्यूटर का नाम परिवर्तित करने के लिए 'Network' डायलॉग बॉक्स के 'Change' विकल्प पर क्लिक करें। ऐसा करने पर 'Identification Change' डायलॉग बॉक्स खुल जाएगा। इस डायलॉग बॉक्स में 'Computer Name' की फील्ड में कोई नया नाम लिखकर 'OK' पर क्लिक करें।
2. दूसरे वर्क ग्रूप से जोड़ना।
3. नेटवर्क एडाप्टर जोड़ना।
4. नेटवर्क हार्डवेयर व सॉफ्टवेयर को कान्फ़िगुर करना।
5. नेटर्वक सॉफ्टवेयर जोड़ना।
6. कार्ड या सॉफ्टवेयर को एन टी से हटाना।

16. *साउंड का निर्धारण*

साउंड का निर्धारण करने के लिए कंट्रोल पैनल में 'Sound' आइकॉन पर डबल क्लिक करें। 'Sound Properties' डायलॉग बॉक्स खुल जाएगा। इस डायलॉग बॉक्स में विभिन्न अवसरों पर सिस्टम द्वारा पैदा की जाने वाली आवाज को तय कर सकते हैं।

17. *सर्वर*

कंट्रोल पैनल में दिए गए 'Server' आइकॉन का प्रयोग कर हम विभिन्न सूचनाएँ प्राप्त कर सकते हैं। जैसे कितने यूजर नेटवर्क के वर्कस्टेशन से जुड़े हुए हैं। खुली हुई फाइलों के नाम जान सकते हैं। 'Server' डायलॉग बाक्स में सर्वर के उपयोग के अनेक 'Key Factor' दिए होते हैं जिनका विवरण नीचे दिया गया है–

आइटम	*विवरण*
1. सैसन	जुड़े हुए उपयोगकर्ताओं की संख्या बताना
2. ओपेन फाइल	उपयोगकर्ताओं के द्वारा खोली गई फाइलों की संख्या
3. फाइल लॉक	उपयोगकर्ताओं के द्वारा लॉक की गई फाइलों की संख्या
4. ओपेन नेम पाइप्स	खुले हुए नामित पाइप्स की संख्या
5. डेसक्रिप्सन .	कंप्यूटर के बारे में विवरण।

अभ्यास-प्रश्न (Exercise-Questions)

1. विंडोज एन टी क्या है? इसकी प्रमुख विशेषताओं को लिखिए।
2. विंडोज एन टी के विभिन्न संस्करण कौन-कौन से हैं?
3. विंडोज एन टी को आरंभ एवं बंद कैसे करते हैं?
4. विंडोज एन टी में कार्य कैसे करते हैं? विस्तार से लिखें।

13

प्रोग्रामिंग भाषाएँ, एल्गोरिथ्म और फ्लोचार्ट

(Programming Languages, Algorithm and Flowchart)

13.1. सॉफ्टवेयर (Software)

सॉफ्टवेयर (Software) पद कंप्यूटर प्रोग्राम, विधियाँ और उससे संबंधित कागजातों की ओर संकेत करता है, जो प्रोग्राम की व्याख्या करता है और यह बतलाता है कि उन्हें कैसे उपयोग किया जाना है। यह सरल संक्रियाओं का एक अनुक्रम होता है, जिसकी पुनरावृत्ति हार्डवेयर (Hardware) द्वारा निर्धारित गति से बिना थके की जाती है और वह इसे एक उपयोगी उपकरण बनाता है।

सॉफ्टवेयर मुख्यतः दो प्रकार के होते हैं।

13.1.1. *सिस्टम सॉफ्टवेयर (System Software)*

सिस्टम सॉफ्टवेयर उन सभी प्रोग्राम्स, भाषाओं और कागजातों की ओर संकेत करते हैं, जिन्हें निर्माता द्वारा कंप्यूटर के साथ दिया जाता है। ये प्रोग्राम उपयोगकर्ता को कंप्यूटर के साथ वार्तालाप करने, अपना प्रोग्राम लिखने और उसे विकसित करने की अनुमति देते हैं। इसे सिस्टम पैकेज (System Package) के रूप में भी जाना जाता है। सिस्टम पैकेज अन्य सॉफ्टवेयर को सभी साधनों (प्रिंटर, रीडर, हार्डडिस्क और टेप आदि) के साथ चलाने में मदद करते हैं। ये कंप्यूटर सिस्टम तंत्र के सभी कार्यों को अधिक प्रभावशाली एवं गुणशाली बनाते हैं।

सिस्टम सॉफ्टवेयर को पुनः निम्न प्रकार वर्गीकृत किया जाता है:

(अ) ऑपरेटिंग सिस्टम सॉफ्टवेयर

(ब) लैंग्वेज सॉफ्टवेयर

ऑपरेटिंग सिस्टम सॉफ्टवेयर (Operating System Software)

यह कुछ प्रमाणिक कार्यों को करने के लिए निर्देशों को रखता है जैसे कि:

(अ) अंकगणितीय: योग, घटाना, गुणा, विभाजन।

(ब) टेकस्ट प्रोसेसिंग: प्रतिलिपि, तुलना, निष्कर्ष, दाखिल, पाठ्यांश मदों को संयुक्त करना।

(स) मेमोरी, रजिस्टर और टर्मिनल्स आदि के मध्य डाटा का स्थानांतरण करना।

(द) अनुक्रमित: निर्देशों का क्रमानुसार पालन करना, वांछित निर्देशों के समूह को चुनना, निर्देशों की पुनरावृत्ति करना।

(य) नियंत्रण: प्रारंभ, अंत, परीक्षण, विभिन्न साधनों से डाटा को पढ़ना और उन्हें लिखना आदि।

लैंग्वेज सॉफ्टवेयर (Language Software)

कंप्यूटर सिर्फ उन्हीं निर्देशों को समझ और उनका पालन कर सकता है जो मशीन भाषा में कूट किए गए हैं। बाइनरि रूप में निर्देशों को लिखना कठिन कार्य है। अतः निर्देशों को पहले अंग्रेजी में लिखा जाता है जिसे कंप्यूटर स्वयं लैंग्वेज सॉफ्टवेयर की सहायता से मशीन भाषा में परिवर्तित कर देता है। लैंग्वेज सॉफ्टवेयर में असेंबलर, कंपाइलर और इंटरप्रीटर शामिल होते हैं।

1. असेंबलर **(Assembler):** ये प्रतीक भाषा में लिखे गए निर्देशों को बाइनरि रूप में अनुवादित करते हैं जिसे कंप्यूटर हार्डवेयर समझ सकते हैं।

2 कंपाइलर **(Compiler):** ये उच्च स्तरीय प्रोग्रामिंग भाषा में लिखे गए निर्देशों को अनुवादित करते हैं, जैसे कि COBAL, FORTRAN, BASIC आदि। ये अनुवादित निर्देश भविष्य में प्रदर्शन हेतु कंप्यूटर की मेमोरी में संग्रहित रहते हैं।

3 इंटरप्रीटर **(Interpreter):** ये कंपाइलर के समान ही उच्च स्तरीय प्रोग्रामिंग भाषा में लिखे गए निर्देशों को बाइनरि रूप में अनुवादित कर देते हैं, लेकिन कंपाइलर के विपरीत ये निर्देशों को शीघ्र ही प्रोसेसर (Processor) पर प्रदर्शित कर देते हैं।

दूसरे प्रकार के प्रोग्राम्स को भी वर्गीकृत करना उपयोगी है, जो लैंग्वेज सॉफ्टवेयर की उप शाखाएँ हैं। ये हैः

1. एडीटर **(Editiors):** इनका उपयोग अन्य प्रोग्राम्स को रचना करने एवं उसे संशोधित करने में किया जाता है। ये मुख्यतः पाठ्यांश संशोधक प्रोग्राम हैं, जो पाठ्यांश निर्देशों को जोड़ने, मिटाने, दाखिल और संशोधन आदि करने की अनुमति प्रोग्रामर को देते हैं, जो उपयोग की जाने वाली भाषा के आधार पर क्रमबद्ध रूप से संकलित होते हैं।

2. लाइब्रेरियन **(Librarians):** ये ऐसे प्रोग्राम हैं, जो अन्य विभिन्न प्रोग्राम्स को कंप्यूटर सिस्टम की द्वितीयक मेमोरी (Secondary Memory) में संग्रहित रखते हैं।

3. लोडर **(Lodar):** ये ऐसे प्रोग्राम हैं, जो प्रदर्शित होने वाले प्रोग्राम्स को प्रदर्शन के लिए कंप्यूटर की मुख्य मेमोरी में तैयार करते हैं। यह संकलन की अंतिम स्थित होती है।

13.1.2. *ऐप्लिकेशन सॉफ्टवेयर (Application Software)*

सॉफ्टवेयर का दूसरा प्रकार ऐप्लिकेशन सॉफ्टवेयर के नाम से जाना जाता है। ऐप्लिकेशन सॉफ्टवेयर ऐसे प्रोग्राम्स को रखते हैं, जो उपयोगकर्ता के लिए विशेष प्रकार के कार्यों को करते हैं, जैसे वर्ड प्रोसेसिंग (Word Processing), लेखा कर्म, सांख्यकीय विश्लेषण, आलेखन, संचार, वित्तीय प्रतिरूपण और डाटाबेस मैनेजमेंट आदि।

13.2. मशीन लैंग्वेज (Machine Language)

सूचनाओं को कंप्यूटर में प्रदर्शित करने की मूल विधि विद्युत संकेत है, जिसे बाइनरि प्रदर्शन के नाम से भी जाना जाता है। वे प्रोग्राम जो बाइनरि संख्याओं की सहायता से लिखे जाते हैं उन्हें मशीन लैंग्वेज के नाम से भी जाना जाता है। पूर्व के माइक्रोकंप्यूटर्स में मशीन लैंग्वेज प्रोग्राम हाथ से कंप्यूटर की मेमोरी में भरे जाते थे। प्रत्येक प्रोग्राम के निर्देशों को मेमोरी में भरने के लिए उपयोगकर्ता को विभिन्न स्विचों का प्रयोग करना पड़ता था। विभिन्न प्रोग्राम्स को संग्रहित करने के लिए भिन्न–2 कोड्स का स्मरण रखना एक कठिन कार्य था। एक कंप्यूटर से दूसरे कंप्यूटर की मशीन लैंग्वेज अलग होती है।

13.3. असेंबली लैंग्वेज (Assembly Language)

असेंबली लैंग्वेज और असेंबलर (Assembler) का विकास कंप्यूटर प्रोग्रामिंग के कार्य को सरल बनाने की ओर पहला कदम था। असेंबली लैंग्वेज में प्रत्येक निर्देश स्मरक (mnemonic) रूप में वर्णित किए जाते हैं और प्रत्येक मेमोरी एड्रेस (memory address) बाइनरि संख्या के स्थान पर एक नाम से प्रदर्शित किए जाते हैं।

असेंबलर स्वयं एक मशीन लैंग्वेज प्रोग्राम है, जो असेंबली लैंग्वेज प्रोग्राम्स को स्रोत रूप में लेता है और उन्हें मशीन लैंग्वेज प्रोग्राम्स में अनुवादित कर देता है, जिसे ऑब्जेक्ट प्रोग्राम कहते हैं।

असेंबली लैंग्वेज प्रोग्राम अपेक्षाकृत मशीन लैंग्वेज प्रोग्राम्स की तुलना में लिखने में सरल होते हैं। असेंबली लैंग्वेज के निर्देशों और स्वयं कंप्यूटर के निर्देशों के मध्य निकट संबंध होने के कारण वे प्रोग्रामर को कंप्यूटर पर कार्य करने हेतु उच्च स्तरीय नियंत्रण प्रदान करते हैं।

13.4. उच्च स्तरीय भाषा (High Level Language)

उच्च स्तरीय भाषा में उपयोगकर्ता यह निर्धारित करता है कि उसे क्या करना है और भाषा की आंतरिक क्रियाएँ निर्धारित मेमोरी स्थान को सावधानी पूर्वक ग्रहण करती हैं। कठिन अनुक्रम को प्रोग्रामर कुछ चुने गए प्रतीकों के माध्यम से निर्धारित कर सकता है और कोड के उस रूप को प्राप्त कर सकता है, जो मशीन कोड में अनुवादित होने में सक्षम हो।

उच्च स्तरीय भाषा मुख्यतः प्रतीक भाषा है, जिसमें मशीन कोड के स्थान पर अंग्रेजी के शब्द या गणितीय प्रतीक उपयोग किए जाते हैं। प्रत्येक निर्देश जिसे प्रोग्रामर उच्च स्तरीय भाषा में लिखता है, वह मशीन लैंग्वेज के निर्देशों में अनुवादित हो जाता है। इसे समस्या उन्मुख भाषा (Problem Orientated Language) के रूप में भी जाना जाता हैं। समस्या उन्मुख भाषा को इस प्रकार से निर्मित किया जाता है, कि इसके निर्देश समस्या की भाषा की तरह लिखे जा सके। इस प्रकार से उच्च स्तरीय भाषा सामान्यतः लिखने और सीखने में आसान होती है।

13.5. निम्न स्तरीय भाषा (Low Level Language)

उच्च स्तरीय भाषा की तुलना में निम्न स्तरीय भाषा हार्डवेयर से संबंधित निर्देशों को नहीं रखती है। निम्न स्तर भाषा में उपयोगकर्ता यह निर्धारित करता है, कि CPU द्वारा कंप्यूटर की मेमोरी में किस रजिस्टर का उपयोग किया जाना चाहिए। इसे यंत्र उन्मुख भाषा (Machine Orientated Language) के रूप में भी जाना जाता है। ये भाषाएँ अच्छी यंत्र योग्यताओं को प्राप्त करने के लिए निर्मित की जाती हैं।

13.6. कंपाइलर (Compiler)

कंपाइलर को अनुवादक के रूप में भी जाना जाता है। यह एक प्रोग्रामिंग भाषा में लिखे गए प्रोग्राम को इनपुट के रूप में लेता है और दूसरी भाषा में आउटपुट प्रोग्राम के रूप में जनित करता है। यदि स्रोत भाषा (source language) उच्च स्तरीय भाषा हो जैसे कि FORTRAN, BASIC, C या C++ और लक्ष्य भाषा (Object Language) निम्न स्तरीय भाषा हो तो ये अनुवादक, कंपाइलर कहलाते हैं।

उच्च स्तरीय प्रोग्रामिंग भाषा के प्रोग्राम का प्रदर्शन एक द्वि–पदीय विधि है:

1. सोर्स प्रोग्राम पहले संकलित होते हैं, अर्थात् ऑब्जेक्ट प्रोग्राम में अनुवादित होते हैं।
2. परिणामी ऑब्जेक्ट प्रोग्राम कंप्यूटर की मेमोरी में जाते हैं और प्रदर्शित होते हैं।

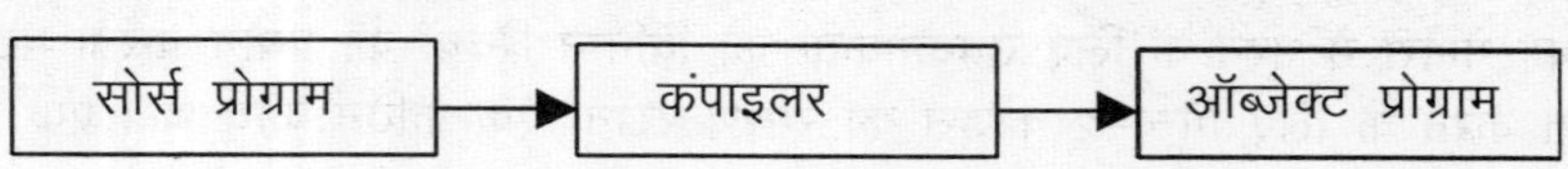

चित्र 13.1

कंपाइलर की संरचना (Structure of a Compiler):

कंपाइलर सोर्स प्रोग्राम को इनपुट के रूप में लेता है और आउटपुट के रूप में तुल्य मशीन निर्देशों को जनित करता है। यह विधि अत्यंत कठिन है, संकलन विधि इसे उप विधियों की श्रेणी में पूरा करती है, जिसे चरण (Phase) कहते हैं। ये चरण निम्न हैं:

(अ) लेक्जिकल एनालाइजर (Lexical Analyzer) या स्केनर (Scanner)

(ब) सिंटेक्स एनालाइजर (Syntax Analyzer) या पारसर (Parser)

(स) इंटरमीडिएट कोड जनरेटर (Intermediate Code Generator)

(द) कोड ऑप्टीमाइजेशन (Code Optimization)

(य) कोड जनरेटर (Code Generator)

(र) सारणी प्रबंधन (Table Management)

(ल) इरर हैंडलर (The Error Handler)

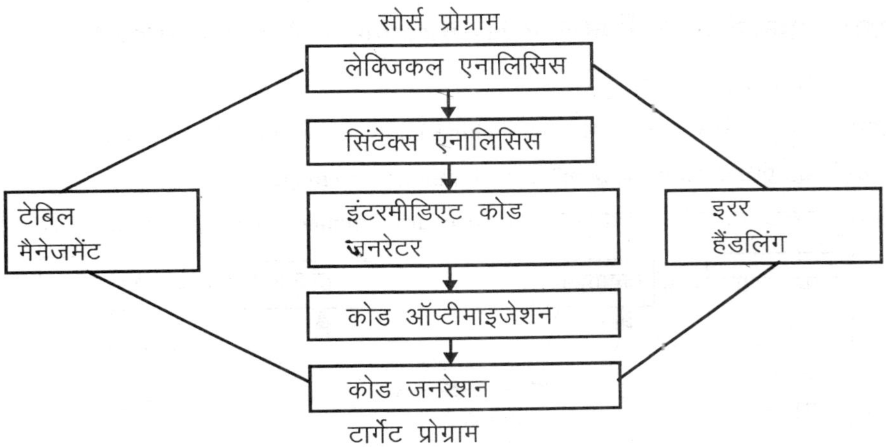

चित्र 13.2

13.7. इंटरप्रीटर (Interpreter)

यह एक अन्य प्रकार का अनुवादक है, जिसका उपयोग उच्च स्तरीय भाषा को मशीन कोड में अनुवादित करने के लिए किया जाता है। इनका उपयोग अंतर्राष्ट्रीय सभाओं में एक भाषा को दूसरी भाषा में अनुवादित करने के लिए किया जाता है, जिसे वक्ता बोलता है। यह प्रोग्रामर द्वारा टाइप किए गए स्रोत वाक्य का परीक्षण कर उसे विश्लेषित करता है और प्राप्त गलती को शीघ्र ही बतलाता है। विभिन्न प्रकार की उच्च स्तरीय भाषा के लिए विभिन्न प्रकार के इंटरप्रीटर मौजूद हैं।

जबकि कंपाइलर की तुलना में इंटरप्रीटर मित्रवत होते हैं फिर भी ये कुछ कमियाँ रखते हैं। कोड जो इंटरप्रीटर द्वारा प्रदर्शित किए जाते हैं, उन सोर्स कोड्स की तुलना में अपेक्षाकृत धीमी गति से प्रदर्शित होते हैं, जिन्हें इंटरप्रीटर स्वयं संकलित और प्रदर्शित करता है। दूसरी कमी यह है कि अनुप्रयोग के समय इंटरप्रीटर को अवश्य उपस्थित होना चाहिए।

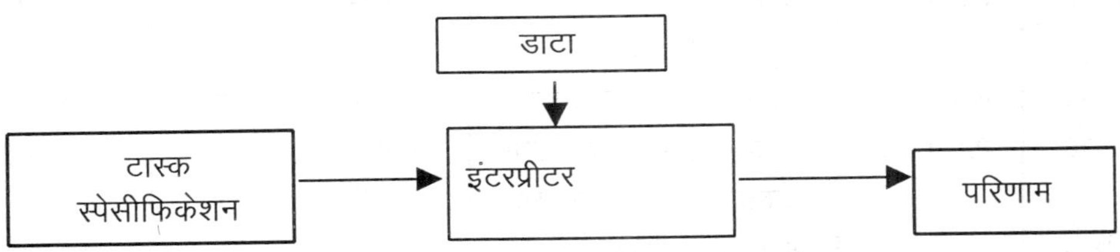

चित्र 13.3

13.8. प्रोग्रामिंग भाषा का आकलन (Overview of Programming Language)

हम जानते हैं कि कंप्यूटर को किसी भी कार्य को संपन्न करने के लिए निर्देशों की आवश्यकता होती है। कंप्यूटर को निर्देश प्रोग्रामिंग भाषा की सहायता से एक प्रोग्राम तैयार कर दिए जाते हैं। इस प्रकार से वह भाषा जो कंप्यूटर निर्देशों के व्यवहार हेतु उपयोग में लाई जाती है, प्रोग्रामिंग भाषा कहलाती है। कंप्यूटर स्वयं अपनी भाषा रखते हैं और कंप्यूटर के साथ कोई भी वार्तालाप उसकी भाषा में होनी चाहिए या उसकी भाषा में अनुवादित होना चाहिए। कोई प्रोग्रामिंग भाषा अनिवार्य रूप से कोड्स का समुच्चय होती है, जिसका उपयोग प्रोग्राम लिखने के लिए किया जाता है, जिसे निर्देशों के ऐसे समुच्चय के रूप में परिभाषित किया जा सकता है, जिन्हें कंप्यूटर को विशेष कार्य संपन्न हेतु दिया जाता है।

13.9. प्रोग्रामिंग भाषाओं का वर्गीकरण (Classification of Programming Languages)

तीन प्रकार की भाषाएँ होती हैं:

1. मशीन भाषा या निम्न स्तरीय भाषा (Machine Language or Low Level Language)
2. असेंबली या प्रतीक भाषा (Assembly or Symbolic Language)
3. प्रक्रिया उन्मुख या उच्च स्तरीय भाषा (Procedure Oriented Language or High Level Language)

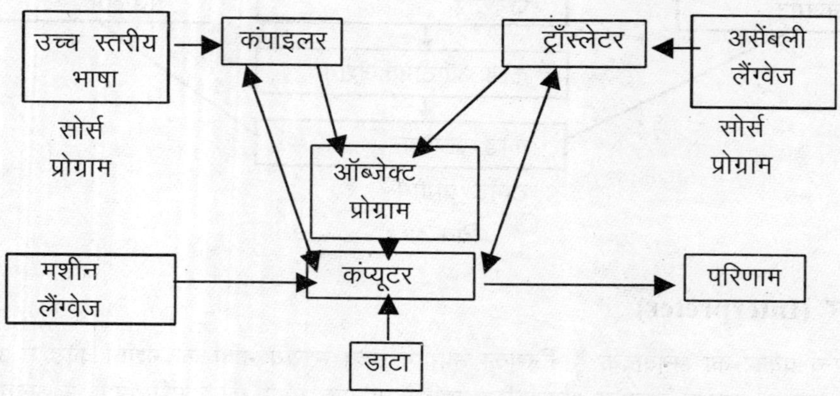

13.10. प्रोग्रामिंग भाषाओं का विकास (Developments of Programming Languages)

विभिन्न वर्षों में प्रोग्रामिंग भाषाओं में हुआ विकास निम्न प्रकार है

वर्ष	*भाषा*	*विकसित किया गया*	*अनुप्रयोग*	*नवीनतम संस्करण*
1957	FORTRA	आई बी एम	विज्ञान अभियांत्रिकी	FORTRAN 77
1958	ALGOL	इंटरनेशनल	– तदैव –	ALGOL 68
1961	COBOL	डिफेंस डिपार्टमेंट (यू एस ए)	व्यापार	COBOL 85
1964	BASIC	डार्टमाउथ महाविद्यालय	अभियांत्रिक विज्ञान	Standard BASIC
1970	PASCAL	फेडरल इंसटीट्यूट ऑफ टेक्नोलॉजी स्वीटजरलैंड	व्यापक	Standard PASCAL
1973	C	बेल प्रयोगशाला	व्यापक	ANSI C

13.10.1. *FORTRAN*

FORTRAN सबसे पुरानी प्रसिद्ध उच्चस्तरीय भाषा है। FORTRAN का अर्थ FORmula TRANslation है। IBM ने इसे 1957 में विकसित किया था। FORTRAN का पुराना संस्करण FORTRAN II और FORTRAN IV था। 1966 में ANSI (American National Standards Institute) द्वारा इन संस्करणों को मानक किया गया। 1977 में इसे एक बार पुनः संशोधित किया गया और इसे FORTRAN 77 के नाम से जाना गया। वैज्ञानिक और अभियांत्रिकी समस्याओं को हल करने के लिए इसे विकसित किया गया था। वर्तमान में यह वैज्ञानिकों और अभियंताओं के मध्य सबसे प्रसिद्ध भाषा के रूप में है। इसे मिश्रित अंकीय गणनाओं को करने के लिए निर्मित किया गया था, जहाँ गति प्राथमिक कारक के रूप में होती है। बहुत से तरीकों में FORTRAN भाषा BASIC की पूर्वज हैं। बहुत से BASIC कथन FORTRAN के वंशज हैं।

13.10.2. *ALGOL*

FORTRAN के समान इसकी रूपरेखा भी वैज्ञानिक अनुप्रयोगों को करने के लिए तैयार की गई थी। इसे 1958 में प्रस्तुत किया गया। 1960 में इसमें संशोधन किया गया। इस संशोधित संस्करण को ALGOL 60 के नाम से जाना जाता था। ALGOL 68 इसका सबसे अभिन्न और सबसे शक्तिशाली संस्करण है।

13.10.3. *COBOL*

COBOL का अर्थ Common Business Oriented Language है। इसकी रूपरेखा व्यापारिक आँकड़ों को प्रोसेस करने के लिए तैयार की गई थी। 1968 में सबसे पहले ANSI COBOL प्रकाशित किया गया। इसका संशोधित संस्करण 1974 में आया। एक COBOL प्रोग्राम किसी भी कंप्यूटर सिस्टम पर ANSI COBOL कंपाइलर के साथ चल सकता है। एक COBOL प्रोग्राम कथनों, अनुच्छेदों, भागों और विभागों से निर्मित किया जाता है। प्रत्येक COBOL प्रोग्राम में चार विभाग होते हैं: पहचान विभाग, वातावरण विभाग, आँकड़ा विभाग और प्रक्रिया विभाग।

13.10.4. *BASIC*

BASIC का अर्थ Beginners All-purpose Symbolic Instruction Code है। जॉन कीने और थॉमस कुर्ट्ज ने इसे 1964 में यूनाइटेड स्टेट के डार्टमाउथ महाविद्यालय में विकसित किया था। FORTRAN या COBOL की तुलना में BASIC एक इंटरप्रीटर आधारित भाषा है। माइक्रोकंप्यूटर सिस्टम में इंटरप्रीटर को सामान्यतः BASIC निर्देशों को मशीन भाषा में अनुवादित करने के लिए उपयोग में लाया जाता है। इस विशेषता के कारण BASIC एक प्रसिद्ध कंप्यूटर भाषा है।

13.10.5. *LOGO*

यह प्रारंभिक क्रमादेशन सीखने के लिए है। LOGO में प्रोग्रामिंग करना अंग्रेजी भाषा में लिखने के समान है। LOGO को 32-बिट माइक्रोकंप्यूटर के साथ दिया जाता है।

13.10.6. *PASCAL*

फेडरल इंस्टीट्यूट ऑफ टेक्नोलॉजी के प्राध्यापक निकलस विर्थ ने इसे 1970 में विकसित किया था। उनका उद्देश्य संरचनात्मक प्रोग्रामिंग के साथ एक भाषा का विकास करना था। इसका लाभ यह है कि यह 8 बिट के साथ–साथ 16 बिट पर भी उपस्थित होता है। इसका नवीन संस्करण TURBO PASCAL है। वर्तमान में यह माइक्रोकंप्यूटर पर सबसे प्रसिद्ध भाषा है। PASCAL सिर्फ एडीटर संस्करण में ही उपलब्ध होता है।

13.11. प्रोग्राम लॉजिक डेवलपमेंट (Program Logic Development)

कंप्यूटर प्रोग्राम को प्रभावशाली बनाने के लिए सबसे पहले हम प्रोग्राम की तार्किक योजना बनाते हैं। यदि एक ही समय में तर्क योजना बनाना और प्रोग्राम को लिखने का कार्य किया जाए, तो यह वांछित निर्देशों के साथ

शामिल होने के समान होगा जिससे प्रोग्राम का तर्क चलेगा। अतः, यह सीखने के पूर्व कि प्रोग्राम को कैसे लिखा जाए, हमें यह सीखना होगा कि कंप्यूटर प्रोग्राम के तर्क की योजना कैसे बनायी जाए।

कंप्यूटर द्वारा अनुसरण किए जाने वाले निर्देशों को एक प्रोग्रामर तब तक नहीं लिख सकता है, जब तक कि उसे यह न ज्ञात हो कि समस्या को हाथ से कैसे हल किया जाता है। इसीप्रकार, जब एक कंप्यूटर प्रोग्राम लिखा जा रहा हो, यदि प्रोग्रामर कुछ निर्देशों को कंप्यूटर के लिए छोड़ देता है या निर्देशों को गलत अनुक्रम में लिखता है, तब कंप्यूटर एक गलत परिणाम की गणना करेगा।

इस प्रकार, एक प्रभावशाली कंप्यूटर प्रोग्राम बनाने के लिए यह आवश्यक है कि प्रत्येक और सभी निर्देशों को उचित अनुक्रम में लिखा जाए। अतः, यह सुनिश्चित करने हेतु कि समस्या के लिए चुने गए निर्देश उचित हैं और सही अनुक्रम में हैं, प्रोग्राम को लिखने के पूर्व उनकी कार्यप्रणाली निर्मित करना आवश्यक है।

प्रोग्राम तर्क का विकास करने हेतु निम्न कुछ चरण वांछनीय हैं–

1. प्रत्येक और सभी निर्देश त्रुटिहीन तथा स्पष्ट होने चाहिए।
2. प्रत्येक निर्देश इस प्रकार होने चाहिए कि उन्हें सीमित समय में निष्पादित किया जा सके।
3. एक या अधिक निर्देशों की पुनरावृत्ति अनंत बार नहीं होनी चाहिए।
4. निर्देशों के संपादन के उपरांत, वांछित परिणाम अवश्य प्राप्त होना चाहिए।

13.12. समस्या विश्लेषण (Problem Analysis)

समस्या विश्लेषण के लिए निम्न चरण हैं:

1. समस्या ठीक तरह परिभाषित हो।
2. हल का अस्तित्व है या नहीं, निर्धारित करें।
3. समस्या के इनपुट्स और चरों की पहचान करें।
4. हल से वांछित आउटपुट की पहचान।
5. कंप्यूटर की आवश्यकता है या नहीं, निर्धारित करें।
6. हल को विकसित करने के लिए सभी वांछित सूचनाओं को प्राप्त करें।

एक बार त्रुटिहीन परिभाषा प्राप्त होने पर, यदि वहाँ पहले से ही कोई हल अस्तित्व में हो, तो हमें उसे प्राप्त करने का प्रयास करना चाहिए। यदि एक हल है, तो यह हमें एक उचित हल प्राप्त करने की समस्या से सुरक्षित रख सकता है। समस्या के इनपुट्स और शामिल चरों की पहचान एक महत्त्वपूर्ण कदम है। इनपुट्स उन आँकड़ों को रखते हैं, जिन पर प्रक्रिया होनी है।

समस्या के आउटपुट्स की पहचान का कार्य समस्या की परिभाषा से निकटतः संबंधित होता है। इस चरण में स्वीकृत योग्य निर्णय वांछनीय होता है, क्योंकि आवश्यकता से अधिक आउटपुट्स का उत्पादन संसाधनों का दुरूपयोग करना है, जबकि आवश्यकता से कम भी उपयोगहीन है। समस्या से संबंधित सभी इनपुट्स, चरों और आउटपुट्स की पहचान के उपरांत हमारा अंतिम कदम समस्या से संबंधित सभी सूचनाओं को एकत्रित करना होता है। एक बार यह हो जाने पर क्रमादेशक समस्या को हल करने का कार्य कर सकता है।

13.13. अच्छी प्रोग्रामिंग के सिद्धांत (Principles of Good Programming)

13.13.1. *फ्लोचार्ट (Flowchart)*

फ्लोचार्ट प्रोग्रामर को कंप्यूटर के साथ समस्या हल करने के लिए दृश्य प्रारूप, द्विविमीय प्रारूप, उपाय कि कैसे चरणों या घटनाओं को क्रम में संगठित किया जाए तक पहुँचाने की एक सरल विधि है। दूसरे शब्दों में फ्लोचार्ट

संक्रिया अनुक्रम, डाटा का प्रवाह, कंट्रोल फ्लो और इंफॉरमेशन प्रोसेसिंग में प्रोसेसिंग लॉजिक का एक प्रतीक रेखा चित्र है।

13.13.1.1. *फ्लोचार्ट सिंबल (Flowchart Symbols)*

फ्लोचार्ट विभिन्न आकारों और प्रकारों के प्रतीकों से बना होता है। एक फ्लोचार्ट में ये प्रतीक विशिष्ट अर्थ और कार्य रखते हैं। American National Institute (ANSI) प्रतीकों को निम्न तीन समूहों में वर्गीकृत करते हैं:

बेसिक सिंबल (Basic Symbols)

1. *इनपुट/आउटपुट सिंबल (Input/Output Symbol)*

इनपुट या आउटपुट संक्रिया को प्रदर्शित करने के लिए एक समानांतर चतुर्भुज का उपयोग किया जाता है।

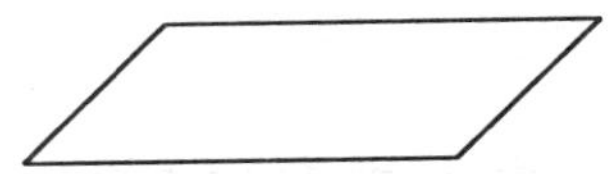

2. *प्रोसेस सिंबल (Process Symbol)*

एक आयत उपस्थित डाटा के मान या एक संक्रिया या निष्पादित होने वाली प्रक्रिया की ओर इंगित करता है। प्रोसेस सिंबल का उपयोग गणितीय गणनाओं को दिखाने, आँकड़ों को एक स्थान से दूसरे स्थान पर स्थानांतरित करने, आँकड़ों को सारणीबद्ध देखने और तार्किक संक्रियाओं को करने में किया जाता है।

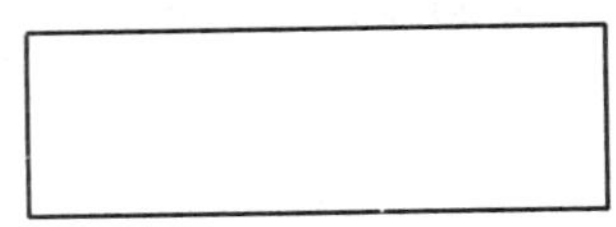

3. *फ्लोलाइन (Flowline)*

प्रोग्राम में दो बॉक्स के मध्य एक सरल रेखा तर्क प्रवाह के पथ को प्रदर्शित करती है। यह उस क्रम को प्रदर्शित करती है, जिसमें संक्रियाएँ निष्पादित होती हैं और इस प्रकार उन बिंदुओं को इंगित करती है जिन पर विभिन्न आँकड़े गणन किए जाते हैं।

4. *एननोटेशन सिंबल (Annotation or Comment Symbol)*

फ्लोचार्ट से एक खंडित रेखा द्वारा जुड़े हुए एक खुले–अंत वाले बॉक्स का उपयोग फ्लोचार्ट से संबंधित विस्तृत व्याख्या करने, टिप्पणी या स्पष्टीकरण टीप देने के लिए किया जाता है।

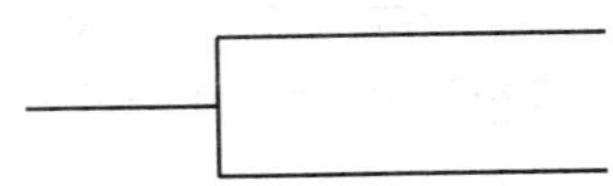

विशिष्ट इनपुट/आउटपुट सिंबल (Specialized Input /Output Symbols)

1. *पंच कार्ड सिंबल (Punched Card Symbol)*

यह प्रतीक पंच कार्ड जैसा होता है, जो छिद्रित कागजों पर आँकड़ों के इनपुट या आउटपुट की ओर संकेत करता है। यह डाटा कार्ड के सभी प्रकारों को प्रदर्शित करता है, जैसे चिह्न–युक्त कार्ड, आंशिक कार्ड और स्टब कार्ड आदि।

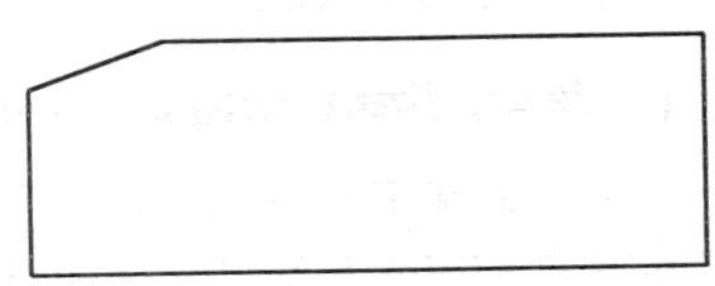

2. *ऑन-लाइन स्टोरेज सिंबल (On-Line Storage Symbol)*

यह सिंबल सीधे जुड़े हुए संग्रहण माध्यम (CPU से सीधे जुड़े हुए उपकरणों में सूचना का संग्रहण) की ओर संकेत करने के लिए उपयोग में लाया जाता है। यह इनपुट/आउटपुट को मैगनेटिक टेप, ड्रम, डिस्क या डाटा सेल के साथ प्रदर्शित करता है।

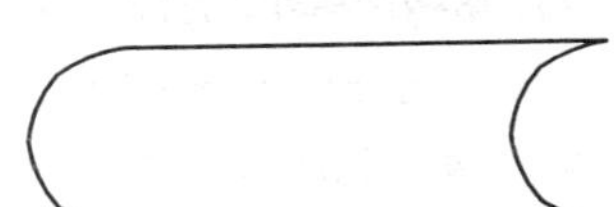

3. मैगनेटिक टेप सिंबल (Magnetic Tape Symbol)

मैगनेटिक टेप का चरखी जैसे आकार का प्रतीक विशिष्टतः सीधे जुड़े हुए संग्रहण प्रतीक के लिए होता है। यह मैगनेटिक टेप के उपयोग द्वारा आँकड़ों के इनपुट या आउटपुट को दिखाता है।

4. पंच टेप सिंबल (Punched Tape Symbol)

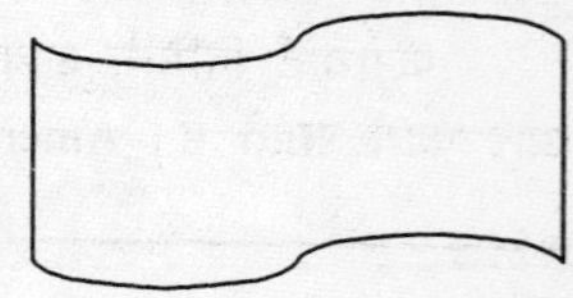

एक प्रतीक जो छिद्रित कागज फीते के एक टुकड़े के सदृश्य होता है, छिद्रित कागज के उपयोग द्वारा आँकड़ों के इनपुट या आउटपुट को प्रदर्शित करता है।

5. मैगनेटिक ड्रम सिंबल (Magnetic Drum Symbol)

एक पीपा या बेलन प्रतीक मैगनेटिक ड्रम संग्रहण उपकरण के उपयोग द्वारा इनपुट या आउटपुट की ओर इंगित करता है।

6. मैगनेटिक डिस्क सिंबल (Magnetic Disk Symbol)

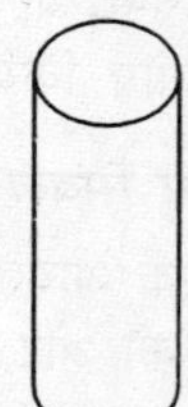

यह प्रतीक मैगनेटिक डिस्क की एक चिमनी के सदृश्य होता है, जो मैगनेटिक डिस्क द्वारा आँकड़ों के इनपुट या आउटपुट को दिखाता है।

7. कोर सिंबल (Core Symbol)

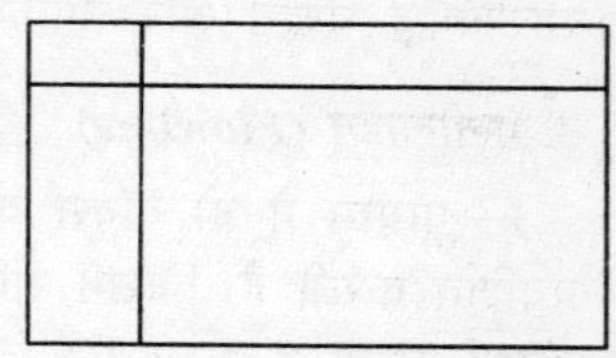

एक वर्गाकार बॉक्स जो एक क्षैतिज तथा एक ऊर्ध्वाधर रेखा को रखता है, चुंबकीय क्रोड के उपयोग द्वारा इनपुट या आउटपुट संक्रिया को दिखता है।

8. डाकुमेंट सिंबल (Document Symbol)

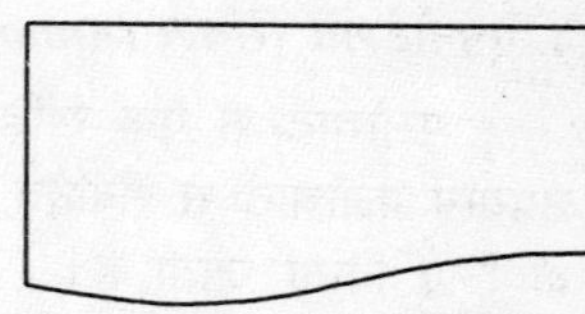

टाइपराइटर से फटे हुए एक कागज के टुकड़े के सदृश्य प्रतीक का उपयोग डाकुमेंट के रूप में आँकड़ों का आउटपुट प्राप्त करने के लिए किया जाता है।

9. मैनुअल इनपुट सिंबल (Manual Input Symbol)

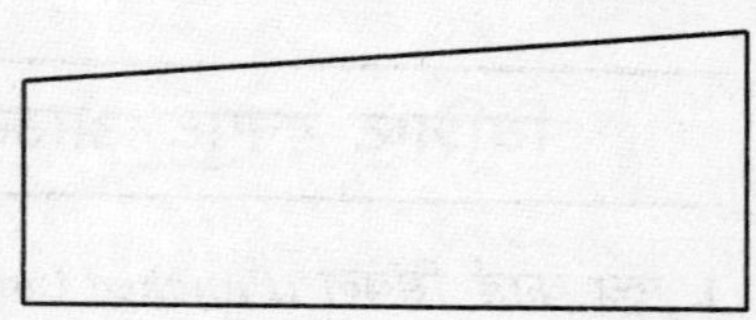

एक सनचतुर्भुज यह संकेत करता है कि इनपुट संक्रिया हस्त रूप में निष्पादित होगी, जबकि प्रोग्राम प्रदर्शित हो रहा हो। इसका उपयोग ऐसी संक्रियाओं को प्रदर्शित करने के लिए किया जाता है जैसे कि प्रदर्शन के दौरान की–बोर्ड डाटा और स्विचों की सज्जा।

10. डिस्प्ले सिंबल (Display Symbol)

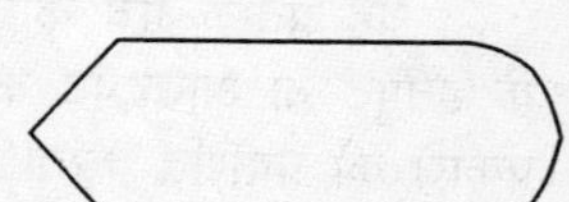

यह प्रतीक यह इंगित करता है कि डाटा प्रदर्शन उपकरण जैसे कि प्लॉटर, वीडियो, कंसोल प्रिंटर पर आउटपुटेड है। यह कैथोड किरण नलिका या अन्य दृश्य प्रदर्शन माध्यमों को शामिल कर सकता है।

11. कम्यूनिकेशन लिंक सिंबल (Communication Link Symbol)

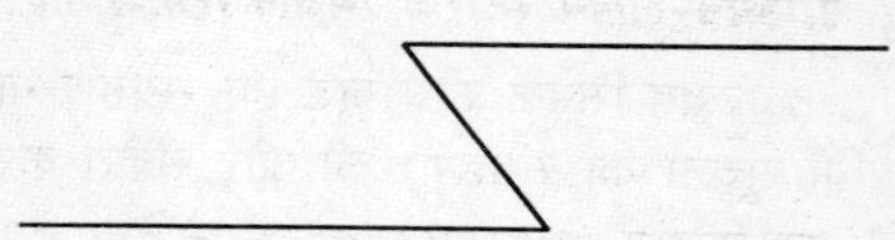

प्रकाश के पुंज के सदृश्य प्रतीक का उपयोग तब किया जाता है, जब आँकड़े संचार माध्यम द्वारा संप्रेषित किए जाते हों। माइक्रोवेव सर्किट, टेलीफोन, टेलीग्राफ और लीज्ड लाइन हो सकता है।

12. *ऑफ-लाइन स्टोरेज सिंबल (Off-line Storage Symbol)*

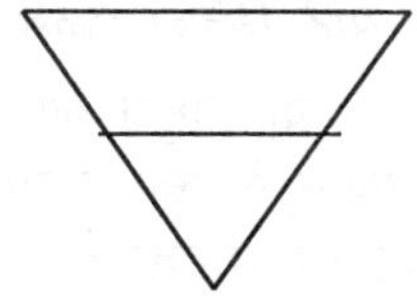

क्षैतिज रेखा द्वारा द्विविभाजित एक औंधा त्रिभुज वह प्रतीक है, जो यह संकेत करता है कि आँकड़े पंक्तियेत्तर में संग्रहित हो चुके हैं। संग्रहण किसी भी माध्यम में हो सकता है, जैसे कि मोटा कागज या दस्तावेज।

विशिष्ट प्रोसेस सिंबल (Specialized Process Symbols)

1. *डिसीजन सिंबल (Decision Symbol)*

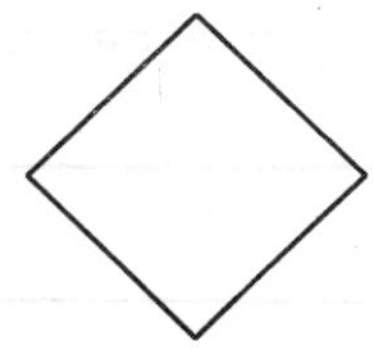

डायमंड प्रतीक यह दिखाता है कि प्रतिबंधित शाखा पहुँच चुकी है। यह इंगित करता है कि यह प्रवाह में निर्णय बिंदु है और विनिर्दिष्ट दशाओं पर निर्भर विभिन्न रास्तों में से किसी एक का चुनाव करना है। यह दो, तीन या अधिक शाखाओं को रख सकता है।

2. *प्रीडिफाइन प्रोसेस सिंबल (Predefined Process Symbol)*

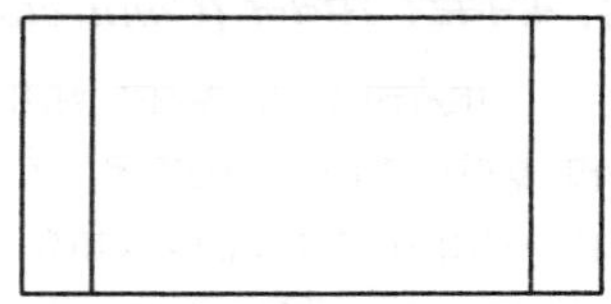

एक प्रोसेस जिसे कहीं परिभाषित किया गया हो, एक आयत जिसके अंदर दो ऊर्ध्वाधर रेखाएँ होती हैं, द्वारा दिखाया जाता है। इसका उपयोग पूर्व में ही प्रोग्राम्ड हो चुके ऑपरेशन या प्रोसेस को दिखाने के लिए किया जाता है।

3. *प्रिपरेशन सिंबल (Preparation Symbol)*

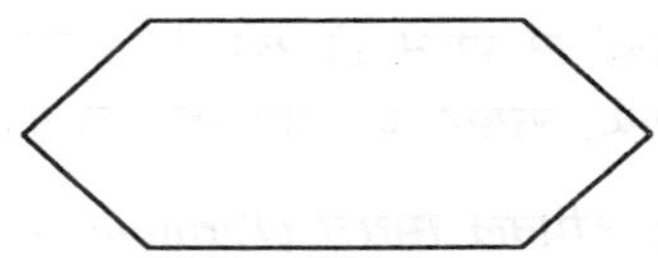

एक षट्भुज एक संक्रिया को दिखाता है, जो प्रोग्राम को परिवर्तित करता है या प्रोग्राम के अंदर निष्पादित होने वाले निर्देशों के अनुक्रम को दिखाता है। यह एक या अधिक स्विचों का कंट्रोल बोर्ड रख सकता है।

4. *मिनिमल ऑपरेशन सिंबल (Minimal Operation Symbol)*

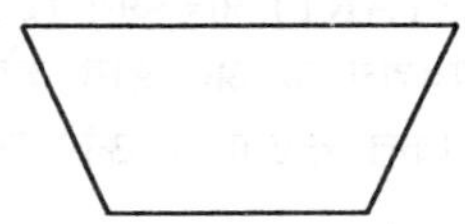

एक गुलदस्ते के सदृश्य प्रतीक यह विनिर्दिष्ट करता है कि एक हस्त संक्रिया बिना किसी यांत्रिक उपकरणों के निष्पादित होगी। यह हाथ द्वारा विलय होने वाले दो फाइल्स को एक फाइल से हस्तरूप में चुने हुए विशिष्ट अभिलेखों को, या एक पेंसिल द्वारा तैयार किए गए स्रोत कागजातों को शामिल कर सकता है।

5. *ऑक्जिलरी ऑपरेशन सिंबल (Auxiliary Operation Symbol)*

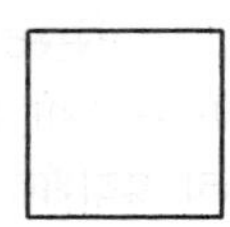

एक आयत उस ऑपरेशन की ओर संकेत करता है, जो पंक्तियेत्तर से बाहर ले जायी जाएँगी और जो CPU के अधीन सीधे नियंत्रण में नहीं होंगी। ये कार्य जैसे कि लाइन प्रिंटर द्वारा छिद्रित कागज से आँकड़ों की सूची बनाना और मोटे कागज से टेप पर आँकड़ों का स्थानांतरण करना सहायक ऑपरेशन हैं।

6. *मर्ज सिंबल (Merge Symbol)*

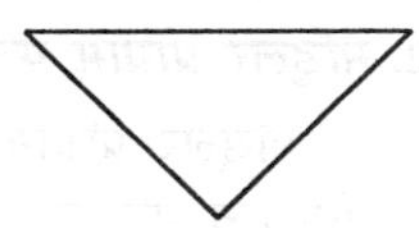

एक व्युत्क्रम त्रिभुज यह उल्लेखित करता है कि दो या अधिक फाइल्स एक फाइल में विलय होंगी।

7. *एक्सट्रेक्ट सिंबल (Extract Symbol)*

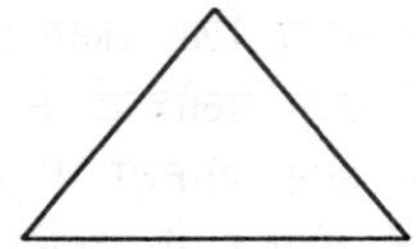

एक ऊपरिमुख त्रिभुज यह संकेत करता है कि एक फाइल से आँकड़ों के एक या अधिक टुकड़े निकाल लिए गए हैं। आँकड़ों के निकलने के पूर्व मूल फाइल संपूर्ण होती है। आँकड़ों के निकलने के उपरांत चुने हुए मद मूल फाइल से खींचे जा चुके होते हैं।

8. सार्ट सिंबल (Sort Symbol)

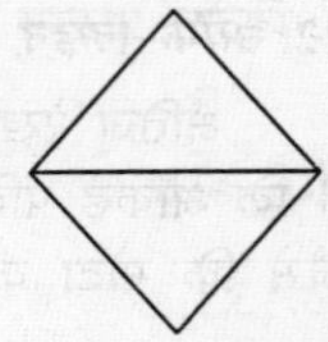

दो त्रिभुज जो एक समचतुर्भुज बनाते हैं, यह इंगित करते हैं कि आँकड़ों को नये क्रम या अनुक्रम में रखा जाएगा। यह मदों की सूची को वर्णमाला के अक्षरों, या संख्यात्मक या मूल्य के अनुसार छाँटता है।

9. कोलेट सिंबल (Collate Symbol)

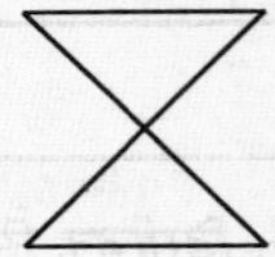

कोलेट सिंबल का उपयोग यह इंगित करने के लिए किया जाता है कि निकालने के साथ विलय की प्रक्रिया संपन्न हो चुकी है। दो या अधिक फाइल्स के आँकड़ा मदों को दो या अधिक फाइल्स में पुनःव्यवस्थित किया जाता है।

अतिरिक्त सिंबल (Additional Symbols)

1. कनेक्टर सिंबल (Connector Symbol)

फ्लोचार्ट के अलग भागों को उनके मध्य बिना कोई रेखा खींचे उन्हें संयुक्त करने के लिए दो छोटे वृत्तों का प्रयोग किया जाता है। वे दिखाते हैं कि चार्ट में एक प्रवाह रेखा अन्य बिंदु पर स्थानांतरित है। इन प्रतीकों का उपयोग तब किया जाता है, जब दो प्रतीकों के मध्य प्रवाह रेखा खींचना कठिन हो। एक कनेक्टर यह इंगित करता है कि प्रवाह कहाँ रूक रहा है और दूसरा यह बतलाता है कि प्रवाह कहाँ से प्रारंभ हो रहा है। कनेक्टर्स को संयुक्त करने के लिए दोनों कनेक्टर्स में समान अक्षर, शब्द, संख्या या नाम का प्रयोग किया जाता है।

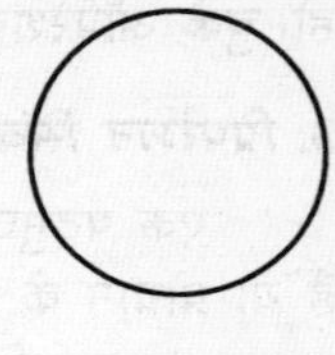

2. टर्मिनल सिंबल (Terminal Symbol)

एक फ्लोचार्ट में टर्मिनल सिंबल प्रारंभ, अंत या रूकावट बिंदु को दिखाता है। फ्लोचार्ट में यह हमेशा आरंभ (START) और अंत (END) को इंगित करता है। टर्मिनल सिंबल में STOP एक शाखा की समाप्ति और प्रोग्राम के प्रदर्शन के अंत होने की ओर इंगित करता है। EXIT सबरूटीन के समाप्त होने की ओर संकेत करता है और नियंत्रण को मुख्य प्रोग्राम की ओर वापस होना चाहिए।

13.13.1.2. फ्लोचार्ट के प्रकार (Types of Flowchart)

1. सिस्टम फ्लोचार्ट (System Flowchart)

सिस्टम का विश्लेषण करने में सिस्टम फ्लोचार्ट एक महत्त्वपूर्ण भूमिका निभाता है। यह चित्रात्मक रूप में सिस्टम के सदस्यों और उसकी विशेषताओं को बतलाता है तथा सिस्टम की संरचना एवं फ्लोचार्ट सिंबल के पदों में संबंधों को प्रदर्शित करता है। यह फ्लोचार्ट ऑपरेशंस के संपादन के अनुक्रम, आँकड़ों के प्रवाह, प्रक्रिया में उपयोग आने वाली फाइल्स और प्रोसेस नियंत्रण के प्रवाह को वर्णित करता है। सिस्टम एनालिसिस्ट विश्लेषण हेतु सिस्टम फ्लोचार्ट का प्रयोग करते हैं।

2. मॉडुलर प्रोग्राम फ्लोचार्ट (Modular Program Flowchart)

मॉडुलर प्रोग्राम फ्लोचार्ट की रूप रेखा प्राथमिक रूप से किसी विशिष्ट प्रोग्राम के विकास और उसे लिखने के निर्देशन हेतु तैयार की जाती है। मॉडुलर प्रोग्राम्स में निर्देशों के वह क्रम जो प्रत्येक प्रोसेस या ऑपरेशन को संपादित करते हैं, को स्वतंत्र इकाई के रूप में लिखा जाता है। ये फ्लोचार्ट अन्य प्रोग्राम्स में प्रोसेस को निष्पादित करने के लिए सक्षम होते हैं। फ्लोचार्ट का यह प्रकार कभी–कभी रेखा चित्र की ओर भी संकेत करता है। यह फ्लोचार्ट सिस्टम फ्लोचार्ट से भिन्न होता है, सिस्टम फ्लोचार्ट हार्डवेयर, फाइल्स की पहचान आदि की ओर संकेत करता है और आँकड़ों के सामान्य प्रवाह को दिखता है; जबकि मॉडुलर प्रोग्राम फ्लोचार्ट इनपुट, आउटपुट और सूचना के प्रोसेस से संबंधित तार्किक पदों को परिभाषित करता है।

3. *डिटेल प्रोग्राम फ्लोचार्ट या ऐप्लिकेशन फ्लोचार्ट (Detail Program Flowcharts or Application Flowchart)*

डिटेल फ्लोचार्ट वे हैं, जिन्हें प्रोग्रामर अत्यधिक तुलनात्मक और मौलिक रूप में उपयोग करता है। प्रत्येक सिंबल लागू होने वाले पदों को प्रदर्शित करता है, जो कंप्यूटर भाषा में निर्देशों को कूट करने में सक्षम होते हैं।

13.13.1.3. फ्लोचार्ट के नियम (Flowcharting Rules)

1. सर्वप्रथम मुख्य तर्कों का लेखा तैयार करें फिर उन्हें विस्तार से सम्मिलित करें।
2. दिए गए फ्लोचार्ट के विस्तार का एकसमान स्तर बनाएँ रखें।
3. फ्लोचार्ट, प्रोग्राम का क्रमशः चित्रात्मक प्रदर्शन है, अतः प्रत्येक विस्तार को लेखांकित न करें।
4. फ्लोचार्ट सिंबल में शब्द आसानी से समझ में आने वाले होने चाहिए।
5. फ्लोचार्ट में उपयोग किए जा रहे नामों और चरों में एकरूपता रहे।
6. फ्लोचार्ट की संरचना करते समय बाएँ से दाएँ या ऊपर से नीचे की ओर जाएँ।
7. जितना संभव हो सके फ्लोचार्ट को सरल रखें।
8. यदि नए फ्लोचार्ट पृष्ठ की आवश्यकता है, तो फ्लोचार्ट को निवेश या निर्गम बिंदु पर तोड़ें। विभिन्न पृष्ठों के फ्लोचार्ट के संयोजन हेतु उचित कनेक्टर लगाए जाने चाहिए।

उदाहरण 1. *दस संख्याओं का औसत प्राप्त करने के लिए एक फ्लोचार्ट खींचिए।*

हलः

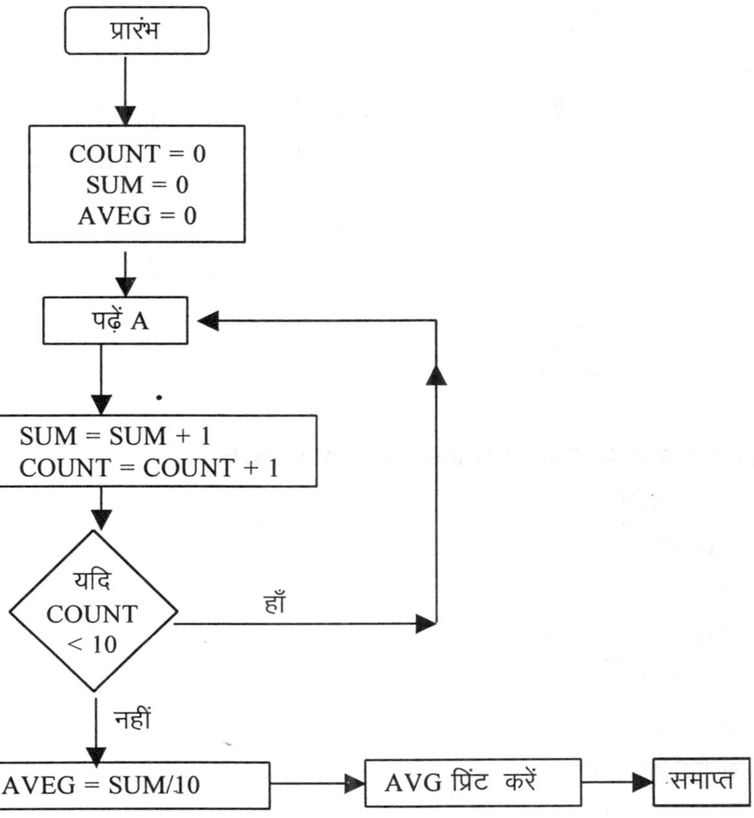

उदाहरण 2. *एक संगोष्ठी में कितने पुरुष और कितनी महिलाएँ उपस्थित हैं, यह जानने के लिए एक फ्लोचार्ट खींचिए।*

हल:

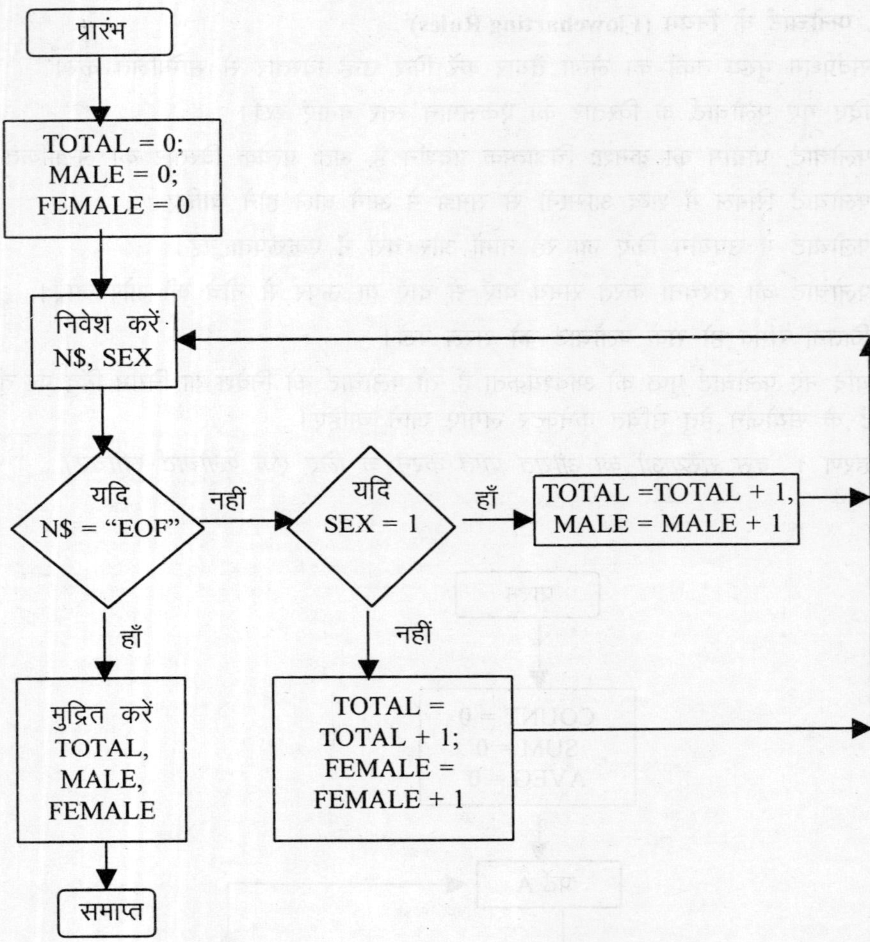

13.13.1.4. फ्लोचार्ट के लाभ (Advantages of Flowcharts)

1. बेहतर संप्रेषण।
2. प्रभावशाली विश्लेषण।
3. प्रभावशाली संयोजन।
4. उचित प्रोग्राम दस्तावेज।
5. प्रभावशाली संकेत।
6. सुव्यवस्थित दोषमार्जन
7. सुव्यवस्थित परीक्षण।

उदाहरण 3. *संख्याओं के समूह में से सबसे बड़ी संख्या प्राप्त करने के लिए एक फ्लोचार्ट खींचिए।*

हलः

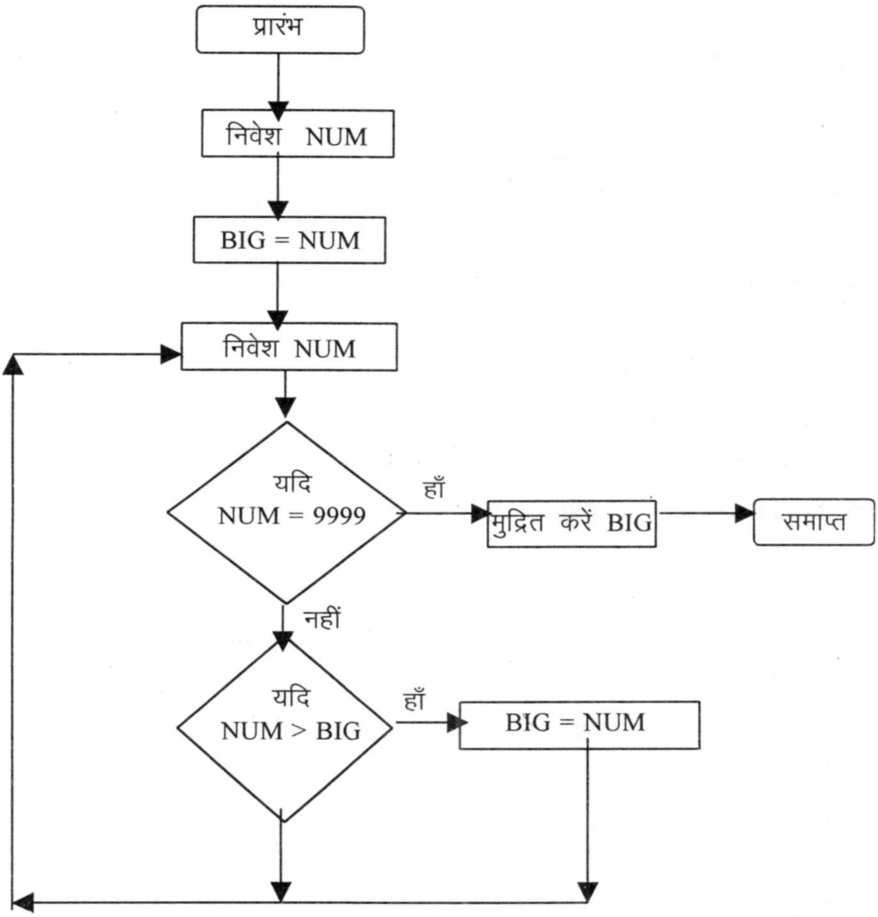

13.13.2. एल्गोरिथ्म *(Algorithm)*

एल्गोरिथ्म को सामान्यतः निर्देशों के अनुक्रम के रूप में परिभाषित किया जाता है। इन पदों को इस प्रकार से निर्मित किया जाता है कि, निर्देशों के एक विशेष अनुक्रम में प्रदर्शित होने पर वांछित परिणाम प्राप्त हो सके। दूसरे शब्दों में निर्देशों का वह समुच्चय जिसकी सहायता से समस्या का हल प्राप्त होता है, को समस्या के एल्गोरिथ्म के रूप में परिभाषित करते हैं।

एल्गोरिथ्म के गुण (Properties of Algorithm)

(अ) इसे सरल होना चाहिए।

(ब) इसे स्पष्ट और अविवादित होना चाहिए।

(स) इसे समस्या का अद्वितीय हल देने वाला होना चाहिए।

(द) किसी हल तक पहुँचने के लिए इसमें निश्चित संख्या में पद होने चाहिए।

(य) इसमें उन अवांछित स्थितियों का सामना करने के लिए क्षमता होनी चाहिए जो समस्या का हल प्राप्त करते समय जनित होती हैं।

किसी भी प्रकार की समस्या के लिए एल्गोरिथ्म को निर्मित किया जा सकता है, जैसे– गणितीय, वैज्ञानिक या व्यापारिक। सामान्यतः गणितीय व वैज्ञानिक समस्याओं के एल्गोरिथ्म गणितीय सूत्र पर आधारित होते हैं।

एल्गोरिथ्म का प्रदर्शन (Representation of Algorithms)

एल्गोरिथ्म को प्रदर्शित करने के लिए तीन विकल्प हैं–

1. प्राकृत भाषा (Natural Language)
2. कंप्यूटर प्रोग्रामिंग भाषा (Computer Programming Language)
3. फ्लोचार्ट भाषा (Flow Chart Language)

प्राकृत भाषा जैसे अंग्रेजी में निम्न चार कठिनाइयाँ उत्पन्न होती हैं:

(अ) यह अस्पष्ट होता है।

(ब) कथन अत्यधिक लंबे होते हैं।

(स) मुख्य तर्क प्रवाह का पालन करना कठिन होता है।

(द) वर्तमान कंप्यूटर प्राकृत भाषा के एल्गोरिथ्म पर कार्य नहीं कर सकते।

कंप्यूटर प्रोग्रामिंग भाषा की विशेषताएँ निम्न हैं–

(अ) ये अस्पष्ट नहीं होती हैं।

(ब) इनका प्रदर्शन कठिन नहीं होता है।

(स) इस भाषा में लिखे गए एल्गोरिथ्म पर कंप्यूटर कार्य कर सकता है।

कंप्यूटर प्रोग्रामिंग भाषा में एल्गोरिथ्म को प्रदर्शित न करने के दो कारण हैं–

(अ) एल्गोरिथ्म के मुख्य तर्क प्रवाह का अनुसरण करना कठिन होता है।

(ब) एल्गोरिथ्म तर्क का आदान–प्रदान उन व्यक्तियों तक ही सीमित होता है, जो उस विशेष प्रोग्रामिंग भाषा को समझ सकते हों।

एल्गोरिथ्म को प्रदर्शित करने के लिए फ्लोचार्ट भाषा का बहुतायत प्रयोग किया जाता है।

फ्लोचार्ट भाषा के प्रयोग के लाभ

(अ) एल्गोरिथ्म की तार्किक संरचना का निर्माण।

(ब) एल्गोरिथ्म की आदर्श संरचना आसानी से पूरी हो जाती है।

(स) फ्लोचार्ट का प्रदर्शन अन्य किसी विशेष प्रोग्रामिंग भाषा से स्वतंत्र होता है।

(द) प्रोग्रामिंग भाषा को सहारा देने के लिए फ्लोचार्ट दस्तावेजों की सुविधा प्रदान करता है।

उदाहरण 1. *अपने विद्यालय के पुस्तकालय से कंप्यूटर पर एक पुस्तक प्राप्त करने के लिए एल्गोरिथ्म का निर्माण कीजिए (यह मानते हुए कि आपकी कक्षा भूमि तल पर है और पुस्तकालय चतुर्थ तल पर)*

हलः

1. कक्षा से प्रारंभ करें।
2. सीढ़ियाँ चढ़ें व पुस्तकालय में पहुँचे।
3. कंप्यूटर पर पुस्तक खोजें।
4. पुस्तक प्राप्त करें।
5. अपनी कक्षा में वापस आएँ।

उदाहरण 2. *एक कक्षा में 50 विद्यार्थी हैं, जो अपनी वार्षिक परीक्षा में सम्मिलित हुए हैं। उनकी अंक सूची आपको दी गई है। ऐसे छात्र जो प्रथम श्रेणी में उत्तीर्ण हैं, उनकी संख्या की गणना एवं मुद्रण करने के लिए एक एल्गोरिथ्म लिखिए।*

हलः

1. TOTAL FIRST DIVISION और TOTAL MARK SHEETS CHECKED को 0 पर रखें।
2. अगले छात्र की अंक सूची लें।
3. अंक सूची के डिवीजन कॉलम को देखें, क्या वहाँ I हैः यदि नहीं तो पद 5 पर जाएँ।
4. TOTAL FIRST DIVISION में 1 का योग करें।
5. TOTAL MARK SHEET CHECKED में 1 का योग करें।
6. क्या TOTAL MARK SHEET CHECKED = 50; यदि नहीं तो नद 2 पर जाएँ।
7. TOTAL FIRST DIVISION प्रिंट करें।
8. समाप्त।

उदाहरण 3. *मिश्रित ब्याज की गणना करने के लिए एक एल्गोरिथ्म का निर्माण करें, जबकि मूलधन, दर और समय दिया गया हो।*

हलः

P = मूलधन, T = समय वर्षों में और R= दर प्रतिशत, तब निश्रित ब्याज

$I =$ राशि $- P$

$= P(1+ R/100)^{T} - P \qquad ...(1)$

एल्गोरिथम

1. P, R और T के मानों को निर्दिष्ट करें।
2. मिश्रित ब्याज की गणना करने के लिए संबंध (1) का प्रयोग करें।
3. मिश्रित ब्याज के गणन मूल्य को लिखें।

उदाहरण 4. *इनपुट की गई n संख्याओं का औसत प्राप्त करने के लिए एक एल्गोरिथ्म का निर्माण कीजिए।*

हलः

1. इनपुट n
2. k = 0
3. s = 0
4. यदि k = n, तो पद 9 पर जाएँ।
5. इनपुट x
6. s = s + x
7. k = k + 1
8. पद 4 पर जाएँ।
9. Avg = s/n
10. Avg प्रिंट करें।
11. समाप्त।

13.14. 'C' भाषा का परिचय (Introduction to 'C' Language)

बेल प्रयोगशाला ने UNIX ऑपरेटिंग सिस्टम के साथ प्रभावशाली उपयोग हेतु 'C' का विकास किया। 'C' एक भाषा है, जिसका उपयोग अन्य बहुत सी भाषाओं को लिखने में किया जाता है और साथ ही यह डाटा पर आधारित मैनेजमेंट सिस्टम को रखता है।

'C' एक व्यापक उद्देश्यों वाली संरचनात्मक प्रोग्रामिंग भाषा है। डेनिस एम. रिचि ने इसे बेल टेलीफोन प्रयोगशाला में 1970 में DEC PDP-II सिस्टम पर UNIX ऑपरेटिंग सिस्टम के साथ विकसित किया था।

सामान्यतः सभी प्रोग्रामिंग भाषाओं को दो भागों में वर्गीकृत किया जाता है:

1. *समस्या उन्मुख भाषा या उच्च स्तरीय*

इन भाषाओं की रूपरेखा अच्छी प्रोग्रामिंग क्षमता देने के लिए तैयार की जाती है अर्थात् प्रोग्राम के तीव्र विकास हेतु।

2. *मशीन उन्मुख भाषा*

इन भाषाओं की रूपरेखा अच्छी यांत्रिक दक्षता देने के लिए तैयार की जाती है अर्थात् प्रोग्राम का तीव्र प्रदर्शन।

'C' की स्थिति इन दोनों वर्गों के मध्य होती है। इस कारण से इसे मध्य स्तरीय भाषा भी कहते हैं, क्योंकि इसकी रूपरेखा इस प्रकार तैयार की जाती है कि यह सापेक्षतः अच्छी प्रोग्रामिंग दक्षता के साथ–साथ अच्छी यांत्रिक दक्षता भी रखें।

'C' उच्च वहनीय है। 'C' भाषा संरचनात्मक के लिए सबसे उपयुक्त है। 'C' की अन्य विशेषता यह है कि इसमें स्वयं विस्तारित होने की योग्यता भी है।

निदर्शी उदाहरण (Illustrative Examples)

उदाहरण 1. *चतुर्भुज का क्षेत्रफल ज्ञात करने के लिए एक फ्लोचार्ट बनाइए।*

हल:

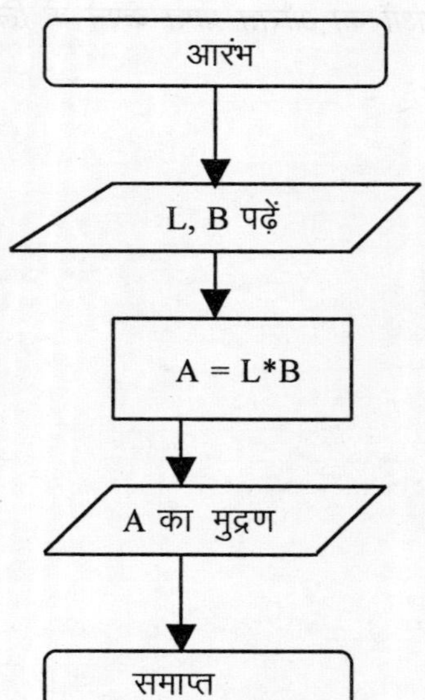

उदाहरण 2. *चार संख्याएँ जो चर राशि A, B, C और D में संग्रहित हैं, का माध्य प्राप्त करने के लिए एक एल्गोरिथ्म का निर्माण कीजिए और फ्लोचार्ट बनाइए।*

हलः एल्गोरिथ्म

1. प्रारंभ।
2. चर A, B, C, D में मानों को पढ़ें।
3. (A + B + C + D)/4 से माध्य की गणना करें और परिणाम को चर P में संग्रहित करें।.
4. P में संग्रहित संख्या को लिखें।
5. समाप्त।

फ्लोचार्ट

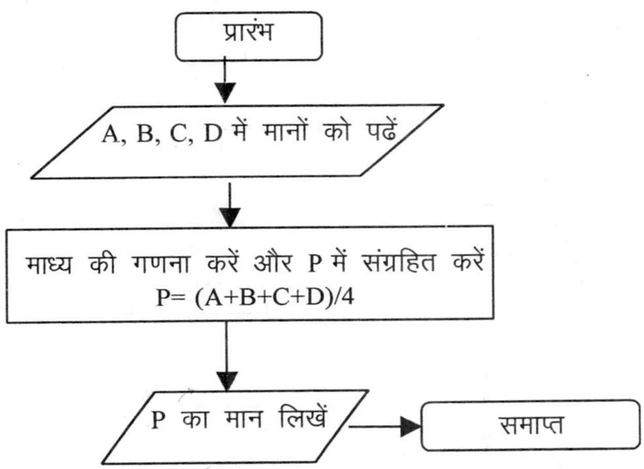

उदाहरण 3. *किसी संख्या की तालिका प्राप्त करने के लिए एक फ्लोचार्ट बनाइए।*

हलः

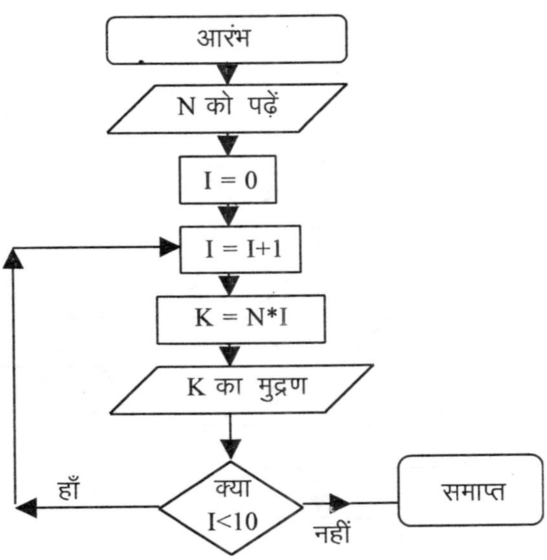

उदाहरण 4. *एक संख्या पढ़ें। संख्या धनात्मक, शून्य या ऋणात्मक है यह परीक्षण करने के लिए एक फ्लोचार्ट बनाइए।*

हलः

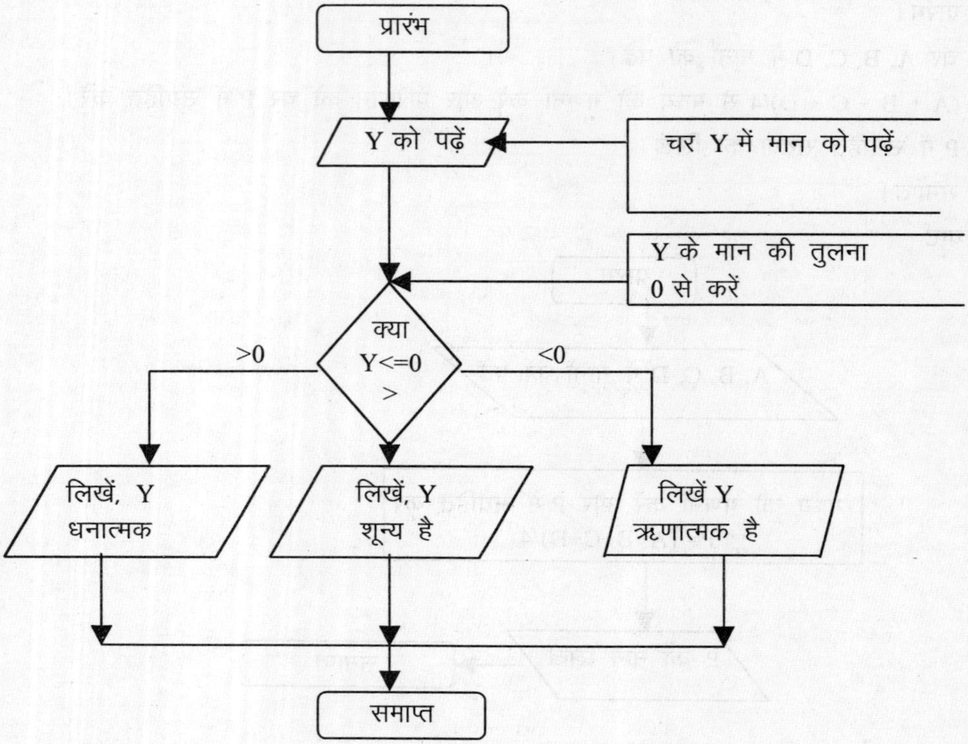

उदाहरण 5. *दो संख्याओं में से बड़ी संख्या प्राप्त करने के लिए एक फ्लोचार्ट बनाइए।*

हलः

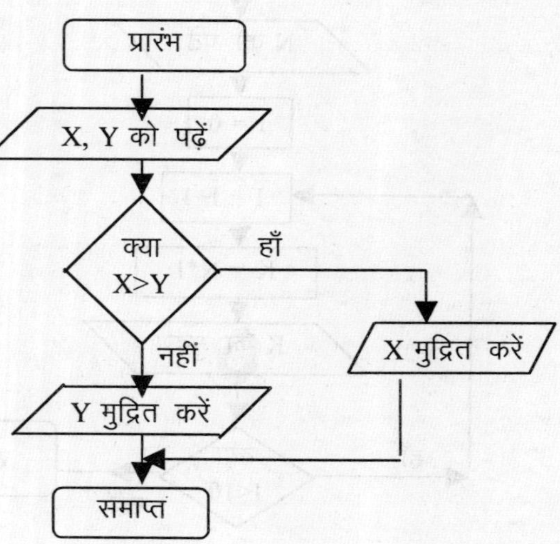

उदाहरण 6. *1 से 100 के मध्य सम संख्याओं को प्राप्त करने के लिए एक फ्लोचार्ट बनाइए।*

हलः

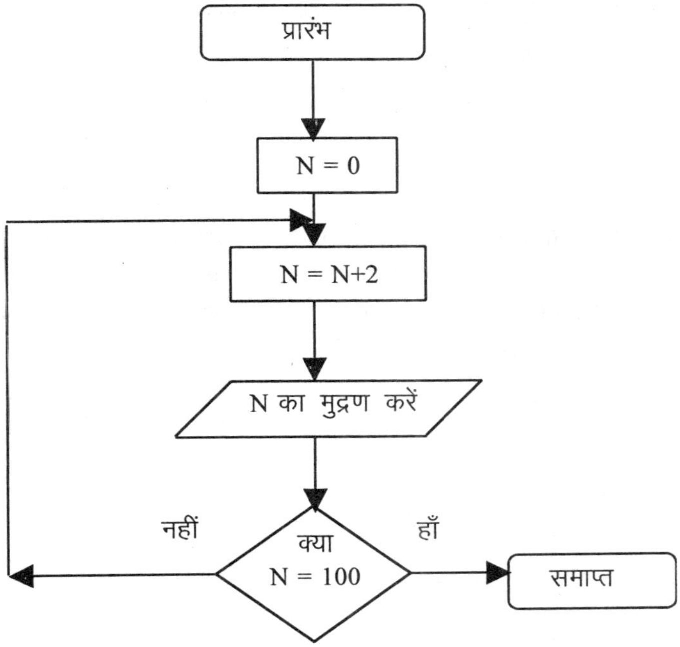

उदाहरण 7. *माना संख्याओं का एक समुच्चय है। इस समुच्चय में कितनी संख्याएँ हैं यह ज्ञात नहीं है। उनकी गणना करने के लिए एक एल्गोरिथ्म व एक फ्लोचार्ट का निर्माण कीजिए। उनके मूल्य को लिखें।*

हलः फ्लोचार्टः

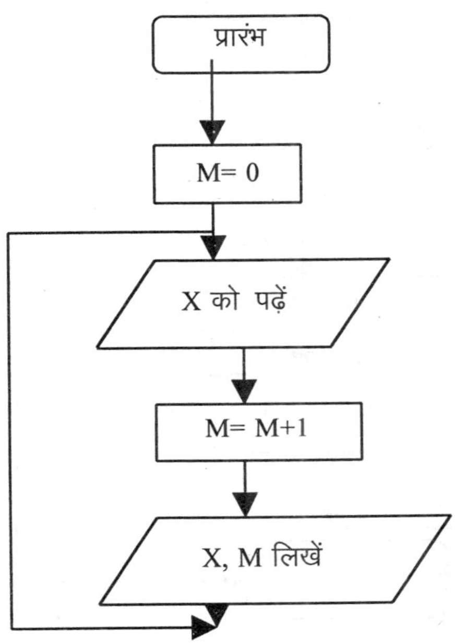

एल्गोरिथ्म

1. प्रारंभ।
2. एक चर M को परिभाषित करें; जो गणन चर के रूप में कार्य करेगा। इसे 0 पर रखें।
3. दिए गए समुच्चय की एक संख्या चर X में पढें।
4. M का मान 1 से बढाएँ।
5. X और M का मान लिखें।
6. पद 3 पर जाएँ।

उपरोक्त फ्लोचार्ट में यह देखा जा सकता है कि वहाँ समाप्त का प्रतीक नहीं है। चूँकि नियंत्रण हर बार पद 3 पर वापस हो जाता है, अतः समाप्त करने के लिए अत्यधिक आँकड़ों की आवश्यकता होगी। आँकड़ों के समाप्त होने की सूचना एक जाँच आँकड़े (Trail Data) का प्रयोग करके दी जाती है। जाँच आँकड़ा, सूची का अंतिम आँकड़ा होता है। माना यह 99 है। इसे एक चर X MAX में संग्रहित करें।

फ्लोचार्ट:

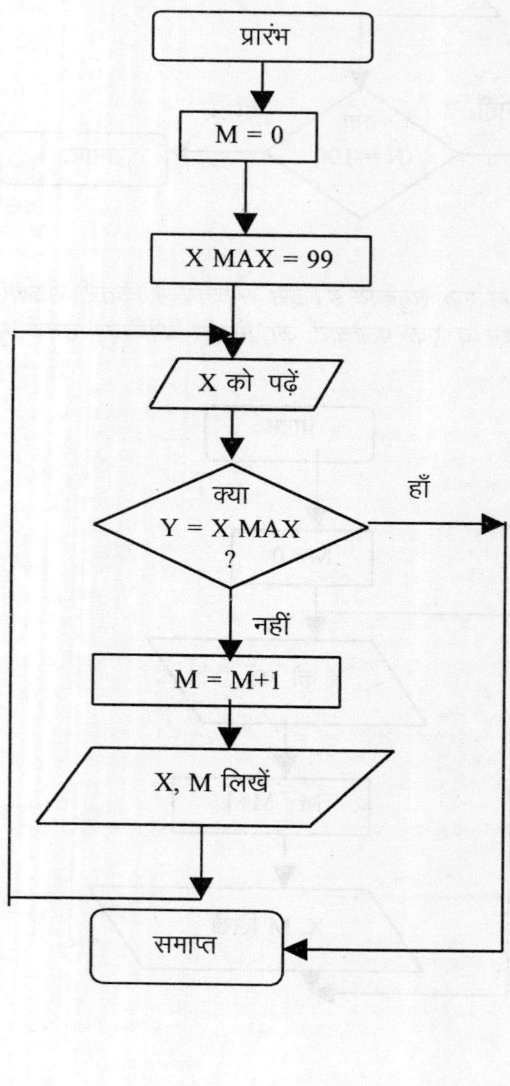

अतः उपर्युक्त एल्गोरिथ्म निम्न प्रकार संशोधित हो जाएगा।

1. प्रारंभ।
2. एक चर M को परिभाषित करें; जो गणन चर के रूप में कार्य करेगा। इसे 0 पर रखें।
3. चर X MAX को 99 पर रखें।
4. दिए गए समुच्चय की एक संख्या चर X में पढ़ें।
5. X को X MAX के साथ तुलना करें। यदि X = X MAX है, तो पद 9 पर जाएँ अन्यथा पद 6 पर।
6. M का मान 1 से बढ़ाएँ।
7. X और M का मान लिखें।
8. पद 4 पर जाएँ।
9. समाप्त।

उदाहरण 8. *किसी संख्या का क्रमगुणित (factorial) प्राप्त करने के लिए एक फ्लोचार्ट खींचिए।*

हल:

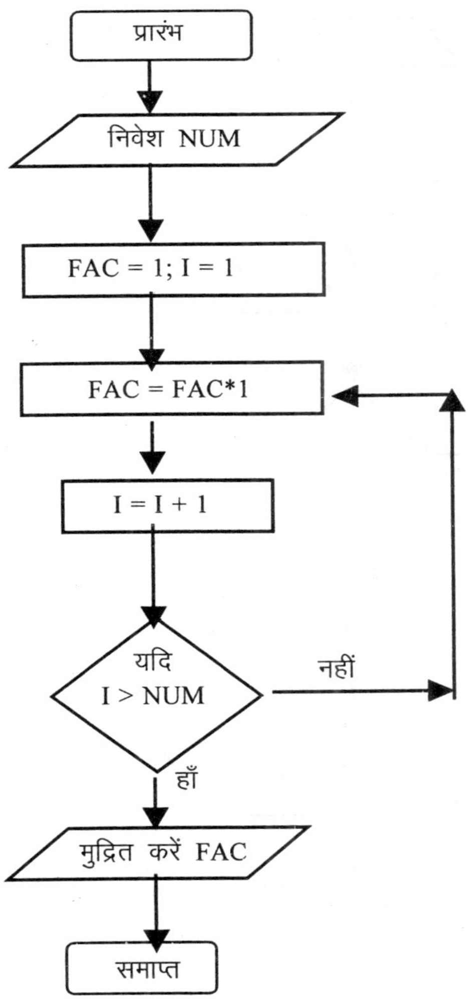

उदाहरण 9. *दी गई संख्याओं का माध्य प्राप्त करने के लिए फ्लोचार्ट बनाइए।*

हलः

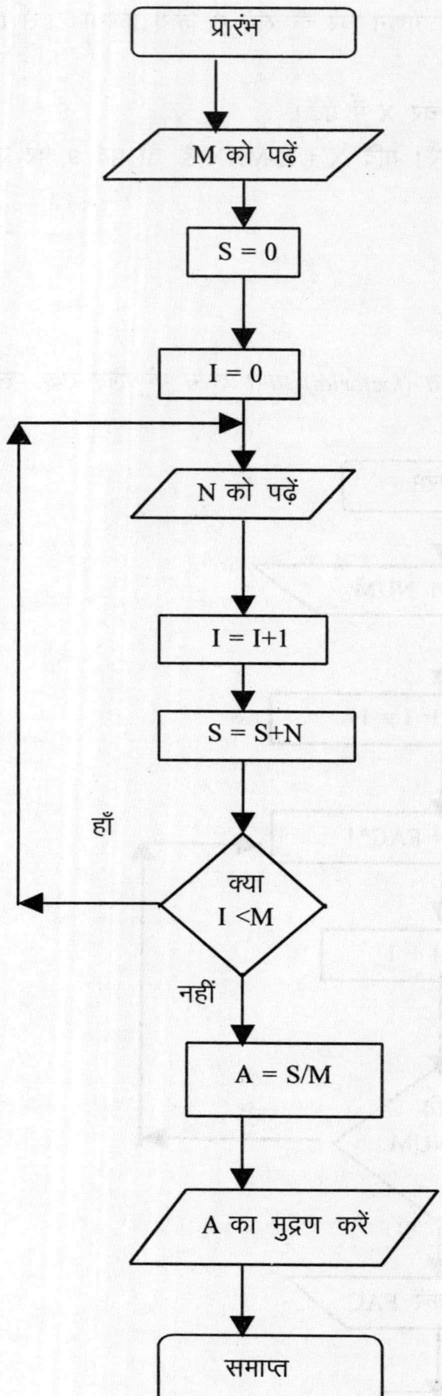

उदाहरण 10. *दी गयी N संख्याओं का योग ज्ञात करने के लिए एक फ्लोचार्ट बनाइए।*

हल:

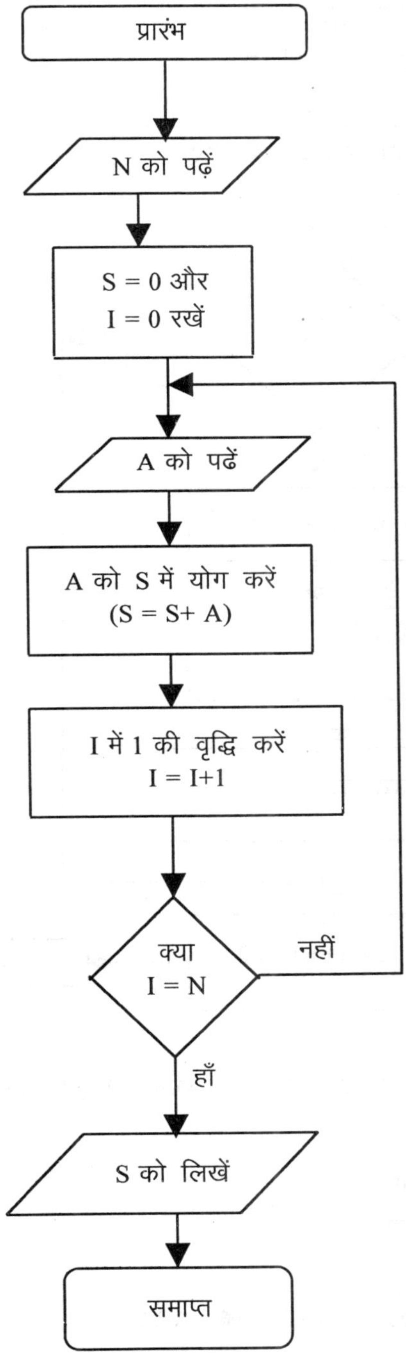

उदाहरण 11. *अपने मित्र के साथ खरीददारी हेतु जाने के लिए एक फ्लोचार्ट बनाएँ।*

हलः

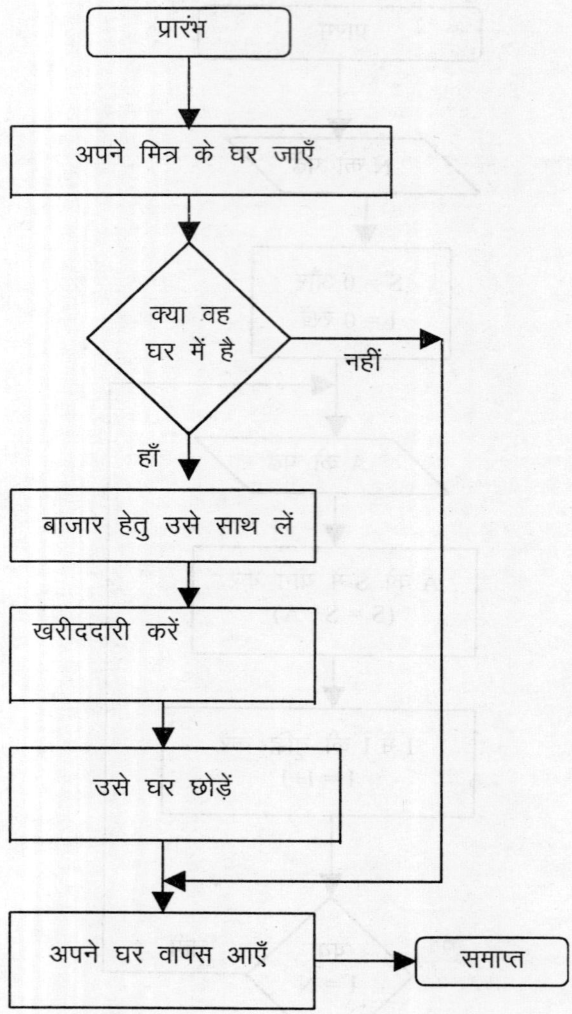

उदाहरण 12. *संख्याओं के समूह में से बड़ी संख्या चुनने हेतु एक एल्गोरिथ्म का निर्माण कीजिए।*

हलः
1. संख्या को पढ़ें।
2. Largest ⟵ संख्या
3. पद 4 और 5 की पुनरावृत्ति करें।
4. संख्या को पढ़ें।
5. यदि संख्या > Largest तब Largest ⟵ संख्या
6. Largest को लिखें।
7. समाप्त।

उदाहरण 13. *तीन विभिन्न संख्याओं A, B और C में से बड़ी संख्या चुनने के लिए एक फ्लोचार्ट बनाइए।*

हल:

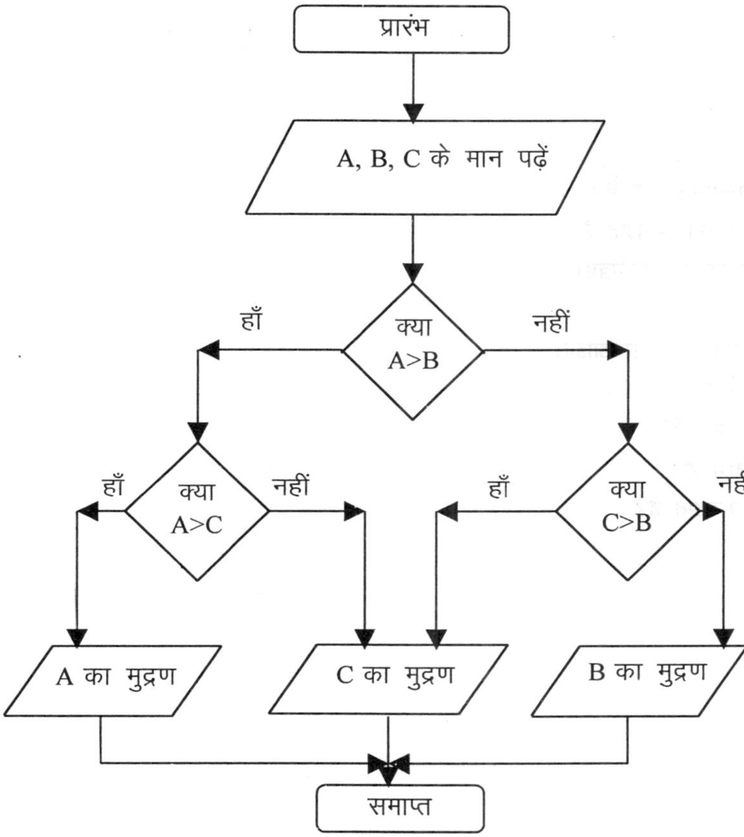

अभ्यास-प्रश्न (Exercise-Questions)

1. सॉफ्टवेयर क्या है?
2. सिस्टम सॉफ्टवेयर से आप क्या समझते हैं?
3. ऐप्लिकेशन सॉफ्टवेयर क्या है?
4. मशीन लैंग्वेज क्या है?
5. असेंबली लैंग्वेज को समझाइए।
6. उच्च स्तरीय भाषा क्या है?
7. निम्न स्तरीय भाषा से क्या समझते हैं?
8. कंपाइलर क्या है?
9. इंटरप्रीटर को विस्तारित करें।
10. प्रोग्रामिंग भाषा क्या है?
11. प्रोग्रामिंग भाषाओं के प्रकार लिखिए।

12. निम्न प्रोग्रामिंग भाषाओं को विस्तार से समझाइए–
    (*i*) FORTRAN
    (*ii*) ALGOL
    (*iii*) COBOL
    (*iv*) BASIC
    (*v*) LOGO
    (*vi*) PASCAL.
13. प्रोग्राम लॉजिक डवलपमेंट क्या है?
14. समस्या विश्लेषण से क्या समझते हैं?
15. अच्छी प्रोग्रामिंग के सिद्धांत लिखिए।
16. फ्लोचार्ट क्या है?
17. विभिन्न फ्लोचार्ट सिंबल को समझाइए।
18. फ्लोचार्ट के प्रकार बताइए।
19. फ्लोचार्ट के नियम क्या हैं?
20. फ्लोचार्ट से क्या लाभ है?
21. एल्गोरिथ्म से क्या समझते हैं?
22. 'C' भाषा क्या है?

14

सूचना प्रौद्योगिकी और डाटा वितरण का परिचय
(Introduction to Information Technology and Data Distribution)

14.1. सूचना और डाटा की अवधारणा (Concept of Information and Data)

वर्तमान निर्मित स्थिति में निर्णय लेने की प्रक्रिया हेतु तथ्यों, चित्रों और प्रतीकों के समूह के रूप में सूचना को परिभाषित किया जा सकता है। सूचना निश्चित रूप से आँकड़ों से भिन्न होते हैं। आँकड़े तथ्य और चित्र हैं जो निर्णय प्रक्रम के मूल हैं लेकिन तुरंत ही उनका उपयोग नहीं किया जाता है और उन्हें ऐतिहासिक अभिलेखों के रूप में लिया जाता है जो अभिलिखित होते हैं, जबकि सूचना प्रक्रमयुक्त आँकड़े हैं जिनका उपयोग तुरंत निर्णय लेने में किया जाता है। सूचना वर्गीकृत और व्याख्यात्मक आँकड़ों को रखता है जिनका उपयोग कुछ उद्देश्यों और निर्णय लेने में किया जाता है। आँकड़े असंसाधित्र (raw) तथ्य और चित्र, अकोड़ांतरित (unassembled) और एक दूसरे से असंबंधित होते हैं, जिन्हें तुरंत निर्णय प्रक्रम में उपयोग नहीं किया जाता है।

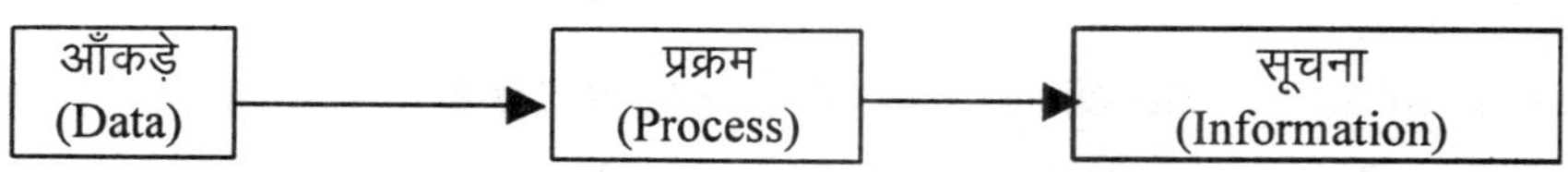

आँकड़ों और सूचना का संबंध
चित्र 14.1

सूचना के गुणधर्म:

सूचना के मान का कुछ गुणधर्मों द्वारा निर्धारण किया जा सकता है, जो इसके मान को प्रभावित करते हैं, वे हैं:

1. *अर्थ*–सूचना को अभिग्राही (receiver) हेतु अर्थपूर्ण और प्रासंगिक होना चाहिए। यदि सूचना का संरूप अव्यावहारिक होगा, तो अभिग्राही द्वारा इसे मूल्यांकित करना कठिन होगा।

2. *संक्षिप्त*–सूचना स्पष्ट और संक्षिप्त होनी चाहिए। अच्छे प्रतिवेदन इस प्रकार अभिकल्पित किए जाते हैं कि वहाँ कोई अनावश्यक सूचना न हो।

3. *पूर्णता*–सूचना अपने में पूर्ण होनी चाहिए।

4. *परिशुद्धता*–जब प्रक्रम विधि की अभिकल्पना की जाती है, तब उसमें उपयोग में आने वाली सूचनाएँ परिशुद्ध होनी चाहिए।

5. *समय पर*–सूचना का एक अभिलक्षण यह है कि यह अप्रचलित हो सकता है। जिस गति के साथ यह होता है वह सूचना के प्रकार के साथ समानुपाती होता है। अतः सूचना को समय–समय पर अद्यतन होना चाहिए।

6. *अपवाद*–सूचना अपवादित नहीं होनी चाहिए। यह सत्य होनी चाहिए।

आवश्यकता (Need)

जबकि प्रभावशाली सूचना प्रबंधन की आवश्यकता नई नहीं है, तब भी दो मुख्य पेरिफरल सूचना के महत्त्व का अ–अध्यक्षीय जागृति सृजन हेतु एक साथ आते हैं।

प्रथम, संगठनात्मक संरचनाओं और संक्रियाओं की वृद्धात्मक जटिलता तथा द्वितीय कार्य प्रकार्य और प्रतिरूप पर अभिकलनात्मक और संचार तकनीक का संघट्ट। फलस्वरूप, संगठनात्मक ढाँचे के अंतर्गत सूचना प्रक्रम और सूचना संसाधन पर प्रबंधन एक नया प्रकाश बिंदु है। तकनीकी विकास हेतु उन सभी शब्दों को पकड़ने के लिए अग्रसर होती है जो वर्तमान समय में एक स्थान रखते हैं।

14.2. कार्यक्षेत्र एवं उद्देश्य (Scope and Objectives)

सूचना तंत्र के बहुत से कार्यक्षेत्र हैं। उनमें से कुछ नीचे दिए गए हैं:

व्यवसाय के क्षेत्र में हम जानते हैं कि वहाँ विपणन, उत्पादन, व्यक्तिगत, क्रय एवं अन्य व्यवसायिक कार्यों की सूचना की आवश्यकता होती है। ये प्रत्येक आधारभूत कार्य संक्रमण स्तर के और नियमित निर्णय लेने वाले होते हैं तथा अद्वितीय निर्णय के उपस्थिति की आवश्यकता होती है। इससे यह स्पष्ट होता है कि एक संगठन में विभिन्न व्यवसायिक कार्यों के लिए सूचना तंत्र की आवश्यकता होती है। बैंक में जमा और निकासी का योग, जमा पर ब्याज आदि के नियमित प्रतिवेदन की आवश्यकता होती है। अतः बैंक के लिए सूचना तंत्र अत्यंत उपयोगी है।

उद्देश्य (Objectives)

1. आँकड़ों की वृहत् मात्रा को संगठित और अद्यतन करना।
2. आँकड़ों को शुद्वता और उच्च गति के साथ सूचना में प्रक्रम करने की योग्यता।
3. अत्यधिक मानव स्मृति।
4. कंप्यूटर में निवेशित होने वाले आँकड़ों का विभिन्न निर्गमों में और कई उद्देश्यों में प्रक्रम किया जा सकता है।
5. सूचना प्रक्रम और कंप्यूटर तकनीक इतनी विकसित है कि बिना किसी काल की प्रतीक्षा किए किसी भी कार्य या घटना के वास्तविक समय सूचना का प्रबंध करने में सक्षम होती है।

14.3. सूचना तंत्र (Information System)

किसी भी सूचना तंत्र में डाटा का प्रवाह एक विभाग से अन्य विभाग की ओर होता है यह व्यवसाय के सभी निकायों को सेवाएँ प्रदान करता है और अन्य विभागों से जोड़ता भी है। एक प्रकार के सूचना तंत्र को अगले पृष्ठ पर दिखाया गया है।

कंप्यूटर आधारित सूचना तंत्र

ऐसा सूचना तंत्र जो डाटा प्रोसेसिंग के लिए कंप्यूटर का प्रयोग करता है कंप्यूटर आधारित सूचना तंत्र कहलाता है। कंप्यूटर पर आधारित सूचना तंत्र सॉफ्टवेयर पैकेज का एक समूह होता है जो निष्पादित होने पर निर्णय लेने के लिए सूचना प्रदान करता है।

कंप्यूटर पर अधारित सूचना से लाभ

1. डाटा की अत्यधिक मात्रा को संगठित तथा अघतन करना।
2. परिशुद्धता और उच्च दर पर डाटा को सूचना में प्रोसेस करने की योग्यता।
3. अत्यधिक मेमोरी।
4. कंप्यूटर में इनपुट किए गए डाटा विभिन्न प्रकार के आउटपुट प्राप्त किए जा सकते हैं।

5. सूचना की प्रोसेसिंग और कंप्यूटर तकनीक अब अधिविकसित हो चुकी है कि हम वास्तविक सूचना बिना समय के अधिक प्रतीक्षा किए प्राप्त कर सकते हैं।

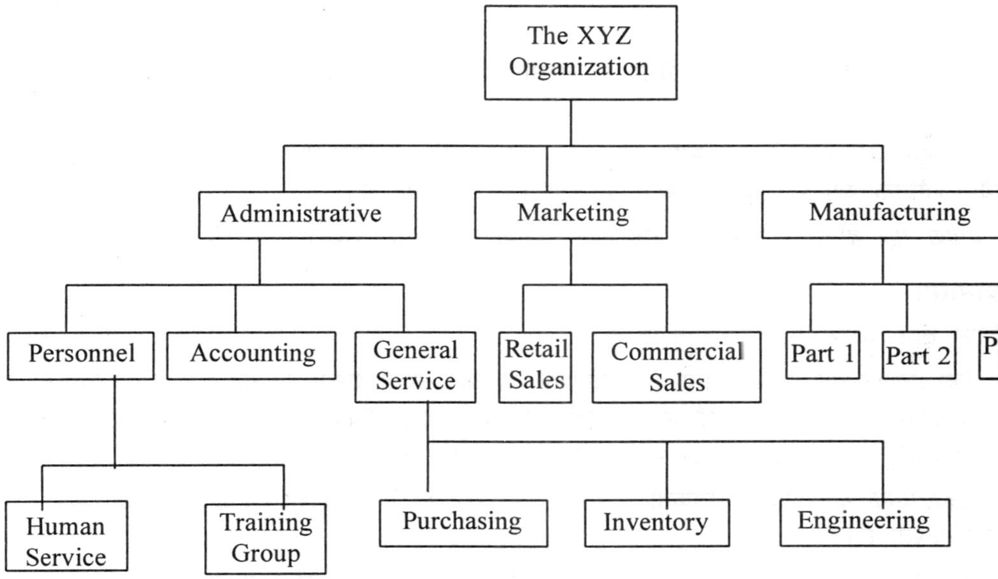

चित्र 14.2

14.4. सूचना तंत्र के प्रकार (Types of Information System)

14.4.1. *कार्यालय स्वशासी तंत्र (Office Automation System)*

यहाँ पर 'स्वशासी' शब्द का अर्थ तकनीक का अधिकतम प्रयोग तथा मानव का कम–से–कम उपयोग। एक कार्यालय जो इस सिद्धांत पर कार्य करता है, स्वशासी कार्यालय कहलाता है। वर्तमान में बाजार में कई इलेक्ट्रॉनिक उपकरण हैं जो हमें कार्यालय में सहायता प्रदान करते हैं। इनका श्रेय कंप्यूटर और संचार तकनीक को जाता है। निम्न हार्डवेयर और सॉफ्टवेयर विभिन्न अनुप्रयोगों में किसी भी स्वशासी कार्यालय को सहायता प्रदान करता है।

1. *इलेक्ट्रॉनिक मैसेज सिस्टम*

एक सिस्टम जो सूचना को एक स्थान से दूसरे स्थान पर इलेक्ट्रॉनिक माध्यम से पंहुँचाने का कार्य करता है इलेक्ट्रॉनिक मैसेज सिस्टम कहलाता है। तीन प्रकार के इलेक्ट्रॉनिक मैसेज सिस्टम हैं:

अ. इमेज प्रोसेसिंग सिस्टम

इस प्रकार के सिस्टम का उपयोग चित्रात्मक सूचना को सृजित करने, भंडारित करने और वितरित करने के लिए किया जाता है। इसके निम्न दो प्रकार हैं:

(i) फैक्सीमिल मशीन (Facsimile Machine)

दूरस्थ स्थान से टेलीफोन लाइन द्वारा आने वाली सूचना की प्रतिलिपि तैयार कर मुद्रित रूप में प्रस्तुत करने का कार्य इस मशीन द्वारा किया जाता है। इस तकनीक में किसी भी दस्तावेज की इमेज को इलेक्ट्रॉनिक सिग्नल में परिवर्तित करते हैं, ये सिग्नल ट्रांसमीट होते हैं और मूल दस्तावेज में पुनः परिवर्तित हो जाते हैं।

(ii) वीडियो कान्फरेन्सिंग

इस तकनीक में दो या अधिक व्यक्ति एक दूसरे से भौतिक रूप से वार्तालाप कर सकते हैं चाहे वे कितनी ही दूरी पर क्यों न हों।

ब. वाइस प्रोसेसिंग

इस विधि में आवाज के द्वारा संदेश को एक स्थान से दूसरे स्थान की ओर भेजा जाता है। इसके निम्न तीन प्रकार हैं:

(i) *PABX:* इस सिस्टम के द्वारा किसी भी संस्थान के टेलीफोन सिस्टम को अधिक प्रभावी व दक्ष बनाया जाता है।

(ii) *टेलीफोन कान्फरेन्सिंग:* इस विधि में दो या अधिक व्यक्ति शामिल होते हैं। वे कुछ विषय पर वार्तालाप करते हैं लेकिन भौतिक रूप से एक ही स्थान पर उपस्थित नहीं होते हैं।

(iii) *वाइस मेल बॉक्स सिस्टम:* यह टच टोन टेलीफोन की ओर संकेत करता है।

स. टेकस्ट प्रोसेसिंग

इसे निम्न तीन प्रकारों में वर्गीकृत करते हैं:

(i) *टेली टेकस्ट*—यह टेकस्ट डाटा के ट्रांसमीशन की ओर संकेत करता है। यह दर्शकों को विभिन्न सूचना देने की सुविधा प्रदान करता है, जैसे मौसम की पूर्ण जानकारी, खेल आँकड़े तात्कालिक समाचार, स्टॉक मार्केट आदि। भारत में टेली टेकस्ट सेवायें 1985 में दिल्ली दूरदर्शन द्वारा प्रारंभ की गई।

(ii) *इलेक्ट्रॉनिक मेल*—संदेश प्राप्तकर्ता से बिना संबंध स्थापित किए संदेशों को इलेक्ट्रॉनिक विधि से भेजने की ओर संकेत करता है।

(iii) *वर्ड प्रोसेसर*—वर्तमान में यह सबसे प्रसिद्ध प्रोग्राम पैकेज है। इस पैकेज के माध्यम से दस्तावेज मूलतः दिखाई देते हैं। किसी दस्तावेज को फार्मेटिंग करने की सुविधा वर्ड प्रोसेसर में उपलब्ध होती है। इसमें दो दस्तावेजों को मर्ज करना स्पेलिंग या ग्रामर का परीक्षण करना आदि सुविधा भी उपलब्ध है।

2. *सूचना प्रबंध तंत्र (Information Management System)*

यह प्रबंधक को निर्णय लेने तथा समस्या का निराकरण करने में सहायता प्रदान करता है। निम्न सॉफ्टवेयर और उपकरण सूचना का प्रबंधन करने में उपयोग में लाए जाते हैं:

अ. वर्क स्टेशन

VDT और माइक्रोकंप्यूटर को वर्क स्टेशन के रूप में पहचाना जा सकता है।

ब. लोकल एरिया नेटवर्क

यह हार्डवेयर, सॉफ्टवेयर और कम्यूनिकेशन चैनल का एक तंत्र है जिसमें विभिन्न उपकरण एक दूसरे से जुड़े रहते हैं। यह सीमित क्षेत्र में ही होता है जैसे एक बिल्डिंग या एक फैक्ट्री या कुछ किमी का क्षेत्र।

स. डाटा आधारित सॉफ्टवेयर

इसका उपयोग डाटाबेस को सृजित करने और व्यवस्थित करने के लिए किया जाता है। परिणामों को विभिन्न रूपों में प्रदर्शित करने के लिए उन्हें डाटाबेस में संग्रहित किया जाता है। फॉक्स प्रो, ऑरकेल, dBASEIII, dBASEIV आदि कुछ प्रचलित डाटा बेस पैकेज हैं।

3. *दस्तावेज निर्माण निकाय (Documentation Preparation System)*

यह डाकुमेंट को इनपुट करने या आउटपुट प्राप्त करने के लिए उसके प्रारूप को निर्मित करने की ओर संकेत करता है। डाकुमेंट को सृजित करने के लिए निम्न उपकरणों का उपयोग किया जाता है।

अ. डेस्क टॉप पब्लिसिंग

यह किसी टेकस्ट को वर्ड प्रोसेसिंग सॉफ्टवेयर की सहायता से तथा किसी चित्र को ग्राफिक सॉफ्टवेयर

की सहायता से सृजित करने की अनुमति प्रदान करता है। चित्र को Auto-Cad, MacDraw की सहायता से सृजित किया जाता है। PC Paint Brush, Page Maker, Xerox-Ventura's आदि के साथ मिलकर चित्र का निर्माण करता है।

ब. इलेक्ट्रॉनिक कॉपियर/प्रिंटर

यह डाटा प्रोसेसिंग प्रिंटर/ऑफिस कॉपियर और फेसीमिल मशीन की मिश्रित तकनीक को रखता है।

स. माइक्रोग्राफिक

इस विधि में किसी भी प्रकार की सूचना को सूक्ष्म रूप में परिणत करते हैं। हम किसी भी प्रकार के डाकुमेंट को फिल्म पर सूक्ष्म रूप में संग्रहित करते हैं। फिल्म बाद में प्रोसेस होती है और विभिन्न माइक्रो रूप में संग्रहित की जा सकती है। यह स्पेस, सुरक्षा, समय, सूचना की पुनः प्राप्ति और बढ़ती कीमत आदि की समस्या को हल करने में सहायता करता है।

14.4.2. *ट्रांजेक्शन प्रोसेसिंग सिस्टम (Transaction Processing System)*

इस सिस्टम का प्रमुख उद्देश्य नियमित बिजनेस क्रियाकलापों में प्रगति करना है जिस पर सभी संस्थान निर्भर होते हैं। यह मानक प्रचलन विधि भी कहलाता है। इस प्रकार के सिस्टम को दिन–प्रतिदिन ट्रांजेक्शन के लिए डिजाइन किया जाता है। ट्रांजेक्शन एक प्रकार की घटना या क्रिया–कलाप है जो संस्थान प्रभावित करता है। यह गति और परिशुद्धता भी प्रदान करता है और बिना किसी अस्थिरता के नियमित कार्य का अनुसरण करने हेतु निर्मित किया जाता है। ट्रांजेक्शन का प्रकार संस्थान से संस्थान परिवर्तित होता रहता है। ट्रांजेक्शन प्रोसेसिंग के द्वारा निम्न क्रिया–कलाप किए जाते हैं।

1. समेकित करना 2. छाँटना 3. गणना 4. वर्गीकरण 5. संग्रहण और पुनः प्राप्ति।

14.5. इंफॉरमेशन कंप्यूटिंग के प्रकार (Types of Information Computing Models)

14.5.1. *क्लाइंट/सर्वर (Client/Server)*

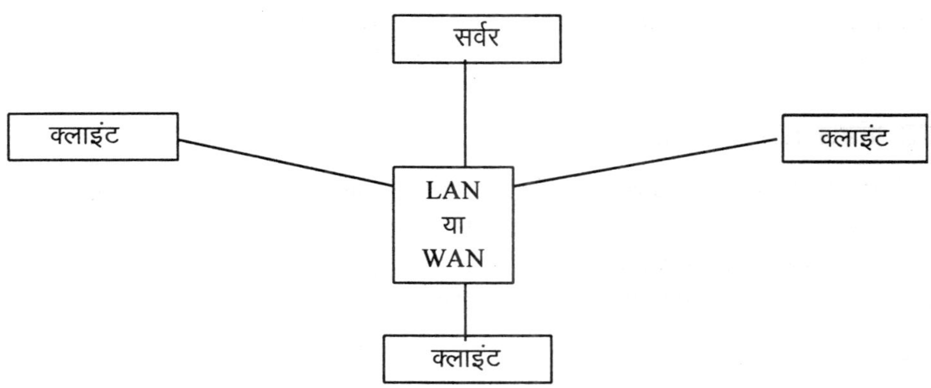

(क्लाइंट/सर्वर मॉडल)

चित्र 14.3

एक कंप्यूटर जो नेटवर्क पर डाटा, सॉफ्टवेयर संसाधनों की भागीदारी करने की सुविधा प्रदान करता है सर्वर कहलाता है। क्लाइंट और सर्वर के मध्य सूचना की भागीदारी क्लाइंट/सर्वर मॉडल कहलाता है। क्लाइंट/सर्वर मॉडल को निम्न उदाहरण से समझा जा सकता है:

दो प्रकार की दुकाने हैं। प्रथम प्रकार की दुकान में उपयोगकर्ता स्वयं वांछित वस्तुओं को खोज कर उन्हें आलमारी से प्राप्त करता हैं। उपयोगकर्ता वस्तुओं को समान क्रम में नहीं रखता है। जबकि दूसरी ओर वह दुकानदार जो स्वयं सभी वस्तुओं को खोज कर उन्हें उपयोगकर्ता को उपलब्ध कराता है और वस्तुओं को उनके क्रम में भी रखता है। उपयोगकर्ता को स्वयं वस्तु लेने की अनुमति नहीं देता है, वे दुकानदार से वांछित वस्तु के लिए प्रार्थना करते हैं और यदि संभव है तो दुकानदार उन्हें उनकी वांछित वस्तु प्रदान करता है। इस प्रकार द्वितीय प्रकार की दुकान क्लाइंट/सर्वर मॉडल को प्रदर्शित करती है जहाँ उपयोगकर्ता क्लाइंट होता है तथा दुकानदार सर्वर।

क्लाइंट/सर्वर मॉडल में उपयोगकर्ता डाटा प्राप्ति हेतु सर्वर से प्रार्थना करता है न कि स्वयं प्राप्त करने का प्रयास करता है। इस प्रकार एक मशीन जो डाटा प्राप्त करती है क्लाइंट कहलाती है और एक मशीन जो नेटवर्क के अनुदिश डाटा प्रेषित करती है सर्वर कहलाती है। क्लाइंट/सर्वर मॉडल में क्लाइंट का छोर Frond end तथा सर्वर का छोर back end कहलाता है।

लाभ

1. क्लाइंट और सर्वर के मध्य सूचना की भागीदारी।
2. ग्राफिकल यूजर इंटरफेस का उपयोग करने में आसानी।
3. उपयोगकर्ता एक ही प्रकार के सिस्टम पर निर्भर नहीं रहता है।
4. क्लाइंट और सर्वर मशीन उपयोग किए जाने वाले अनुप्रयोग की प्रोसेसिंग एक साथ करते हैं।
5. सर्वर एक से अधिक क्लाइंट के लिए उपलब्ध होता है।

14.5.2. *फाइल/सर्वर (File/Server)*

यह उस सिस्टम की ओर संकेत करता है जिसका प्रमुख उद्देश्य नेटवर्क पर डाटा फाइल को प्रेषित करना और प्राप्त करना है। अन्य शब्द फाइल/सर्वर फाइल से संबंधित समस्त प्रार्थना को सर्व करता है। यह ब्लॉक के माध्यम से डाटा को विभिन्न आकार में प्रेषित करने की अनुमति देता है। यदि नेटवर्क अत्यधिक बड़ा है, तो यह एक से अधिक फाइल/सर्वर की अनुमति देता है। प्रत्येक सर्वर विभिन्न प्रकार की फाइल को संभालता है।

फाइल/सर्वर मॉडल में सामान्यतः क्लाइंट के रूप में कंप्यूटर होता है। मानव उन्हें चालित करता है। डाटा फाइल में परिवर्तन करने के लिए वे उसे प्राप्त कर उसमें आवश्यक परिवर्तन कर वापस फाइल सर्वर को संग्रहित कर रखने के लिए प्रेषित करते हैं।

14.6. DFD मॉडल (DFD Model)

लेरी कॉनस्टेनटाईन ने इसे सर्वप्रथम विकसित किया था। DFD का विस्तारित रूप Data Flow Diagram है जो सिस्टम की आवश्यकता को ग्राफिकल रूप में प्रदर्शित करता है। इसे 'बबल चार्ट' के नाम से भी जाना जाता है यह बबल्स की एक श्रेणी को रखता है। जो एक रेखा द्वारा जुड़े रहते हैं। बबल्स डाटा ट्रांसमीशन को प्रदर्शित करते हैं और रेखाएँ सिस्टम में डाटा के प्रवाह को प्रदर्शित करती हैं।

DFD प्रतीक

1. *वर्ग (Square)*–यह डाटा सिस्टम का स्रोत या अंतिम बिंदु को परिभाषित करता है।

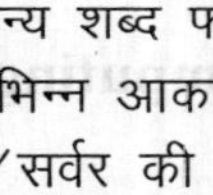

या

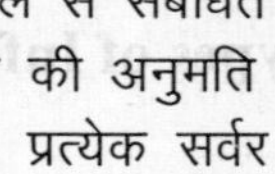

2. *ऐरो (Arrow)*–एक ऐरो डाटा के प्रवाह को प्रदर्शित करता है।

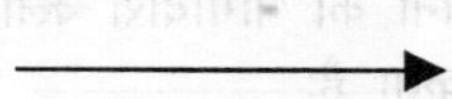

3. *वृत्त (Circle)*–एक वृत्त या एक बबल उस विधि को प्रदर्शित करता है जो प्राप्त होने वाले डाटा को प्रेषित होने में स्थानांतरित करता है।

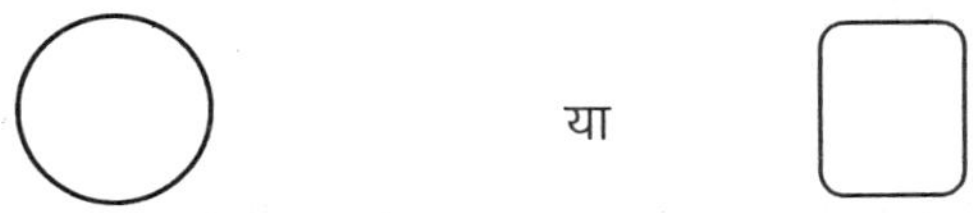

4. *खुला आयत (Open Rectangle)*–यह विश्रामावस्था में डाटा को प्रदर्शित करता है।

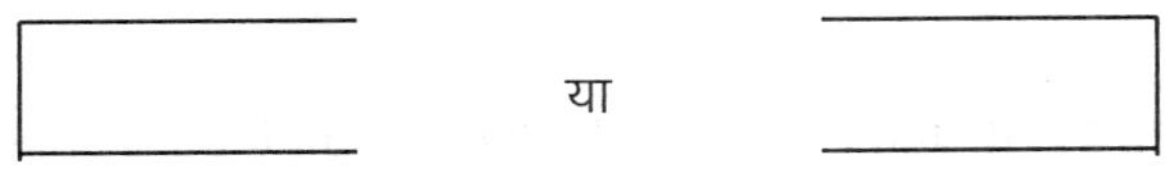

DFD मॉडल की संरचना करने हेतु नियम

1. प्रोसेस का नाम, संख्या आदि होना चाहिए।
2. प्रवाह की दिशा ऊपर से नीचे या बाएँ से दाएँ होनी चाहिए।
3. जब एक विधि निम्न स्तर से प्रारंभ होती है तब उसे संख्यातित होना चाहिए।
4. डाटा स्टोर स्रोत और वांछित स्थान का नाम ऊपर के लेख में होना चाहिए।

उदाहरण 1. *पब्लिशर ऑर्डर सिस्टम के लिए एक DFD मॉडल की संरचना करें। सिस्टम ग्राहक से ऑर्डर लेकर उन्हें परीक्षित करें, ग्राहक की क्रेडिट को देखें।*

हलः

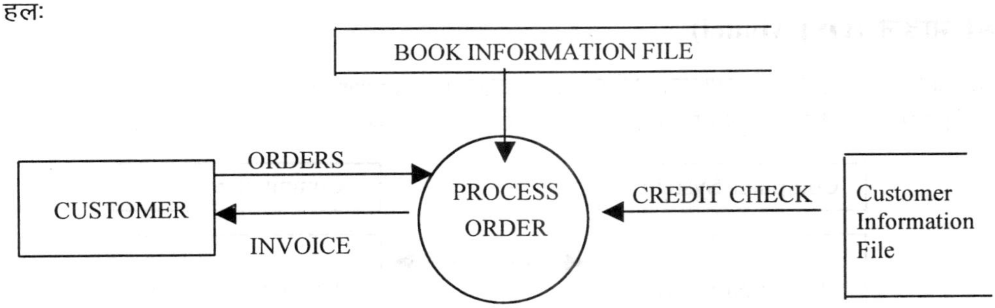

उदाहरण 2. *पे–रोल एकाउंटिंग सिस्टम के लिए एक DFD मॉडल की संरचना करें जिसमें संस्थान के प्रत्येक कर्मचारी को वेतन पर्ची दी जाती हो।*

हलः

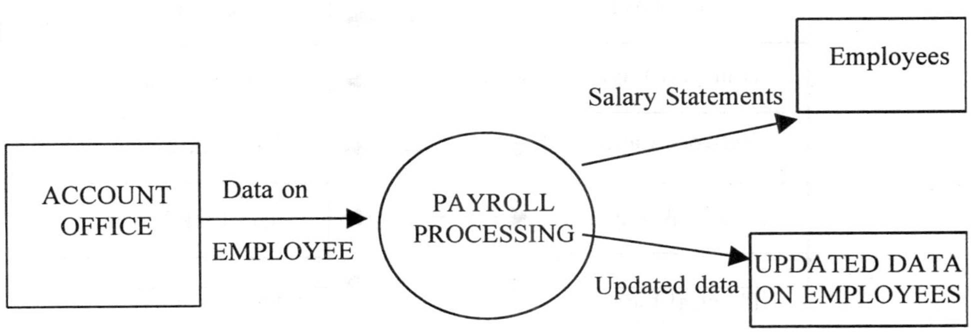

14.7. डिस्ट्रब्यूटेड डाटा प्रोसेसिंग (Distributed Data Processing)

कंप्यूटर के बढ़ते प्रयोग और अंतिम उपयोगकर्ता को जोड़े रखना ताकि सभी वास्तविक रूप में पहुँच सके,

ऐसे कार्यकलाप को डिस्ट्रीब्यूटेड डाटा प्रोसेसिंग कहते हैं। एक सिस्टम जिसमें कई स्वतंत्र कंप्यूटर सिस्टम टेलीकम्यूनिकेशन नेटवर्क द्वारा जुड़े रहते हैं और जिसमें संदेश, प्रोग्राम डाटा एवं अन्य सूचनाएँ एक सिरे से दूसरे सिरे तक पहुँचती हैं डिस्ट्रीब्यूटेड डाटा प्रोसेसिंग सिस्टम कहलाता है।

लाभ

1. अंतिम उपयोगकर्ता को कंप्यूटर संसाधन आसानी से उपलब्ध होता है।
2. विशिष्ट कंप्यूटर/कम्यूनिकेशन नेटवर्क की सहायता से उपयोगकर्ता अपना स्वयं का अनुप्रयोग विकसित कर सकता है।
3. डिस्ट्रीब्यूटेड डाटा प्रोसेसिंग में केंद्रीकरण और विकेंद्रीकरण सुविधा उपलब्ध होती है।
4. जहाँ दूरी महत्त्वपूर्ण कारक है वहाँ डाटा तक शीघ्र पहुँचने की सुविधा इसमें उपलब्ध होती है।

हानि

1. विभिन्न कंपनियों के द्वारा उत्पादित किए गए उपकरणों को जोड़ना संभव नहीं होता है।
2. नेटर्वक से डिस्अपाइंटिंग होने के निम्न में से कोई भी कारण है: सिस्टम की विश्वसनीयता; लचीलापन, उत्तरदायी समय, टेली कम्यूनिकेशन की कीमत।
3. डाटा के सुरक्षा की कमी ।
4. केंद्रीय नियंत्रण का प्रबंधन करना कठिन।

14.8. OSI मॉडल (OSI Model)

70 के दशक में अमेरिकन नेशनल स्टैंडर्ड इंस्टीटयूट (American National Standard Institute) ने एक डिस्ट्रीब्यूटेड सिस्टम को विकसित किया। इस मॉडल के आधर पर इंटरनेशनल स्टैंडर्ड ऑरगेनाइजेशन ने एक ओपेन

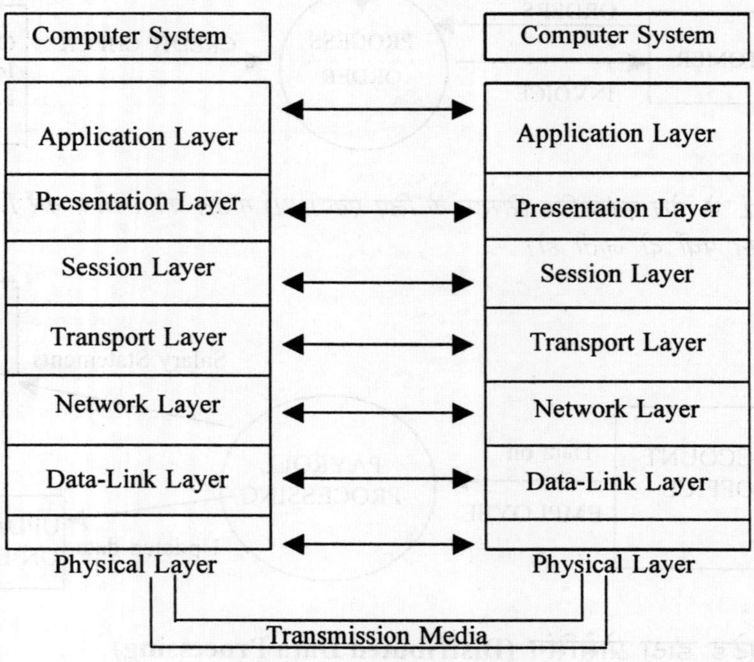

चित्र 14.4

सिस्टम इंटरकनेक्शन (Open System Interconnection OSI) मॉडल को 1983 में विकसित किया। यह एक 7 परतों वाला मॉडल है। नेटवर्क माध्यम से विभिन्न उपयोगकर्ता के मध्य डाटा का स्थानांतरण करता है।

1 से 4 परत यह परिभाषित करता है कि कंप्यूटर्स के मध्य कैसे कनेक्शन स्थापित होता है। 5 से 7 परत कंप्यूटर अनुप्रयोग के आंतरिक जुड़ाव को प्रदर्शित करता है। 7 परतें निम्न प्रकार हैं:

1. *भौतिक परत (Physical Layer)*

यह PC और नेटवर्क कम्यूनिकेशन सिस्टम के मध्य भौतिक जुड़ाव को परिभाषित करता है। यह जुड़ाव आंशिक रूप से यांत्रिक होता है जिसमें केबिल और कनेक्टर्स शामिल होते हैं। केबिल ट्रांसमीशन की गति को इसी परत में परिभाषित किया जाता है।

2. *डाटा लिंक परत (Data-Link Layer)*

यह नेटवर्क एक्सेस कंट्रोल यांत्रिकी को परिभाषित करता है।

3. *नेटवर्क परत (Network Layer)*

यह नेटवर्क के मध्य सूचनाओं के आदान–प्रदान को परिभाषित करता है। नेटवर्क मैनेजमेंट जो PC के लिए सूचना तथा नियमित पैकेट प्रवाह को रखता है, इसी परत में स्थापित किया जाता है।

4. *ट्रांसपोर्ट परत (Transport Layer)*

यह नेटवर्क ऐड्रेसिंग और उस पथ को प्रदर्शित करता है जिसमें भागीदारों के मध्य जुड़ाव किया जा सकता है।

5. *सेशन परत (Session Layer)*

इसका प्राथमिक कार्य ट्रांसपोर्ट परत के लिए ऐप्लिकेशन इंटरफेस परिभाषित करना है।

6. *प्रजेंटेशन परत (Presentation Layer)*

यह नेटवर्क के अनुप्रयोग हेतु फॉर्मेट के अनुवाद और सिंटेक्स को परिभाषित करता है।

7. *ऐप्लिकेशन परत (Application Layer)*

यह नेटवर्क ऐप्लिकेशन को परिभाषित करता है जो फाइल सर्विंग को सर्पोट करता है।

अभ्यास–प्रश्न (Exercise-Questions)

1. सूचना और डाटा की अवधारणा को समझाइए।
2. सूचना तंत्र क्या है?
3. सूचना तंत्र के निम्न प्रकारों को विस्तार से समझाइए–
   (*i*) कार्यालय स्वशासी तंत्र।
   (*ii*) ट्रांजेक्शन प्रोसेसिंग सिस्टम।
4. इंफॉरमेशन कंप्यूटिंग के निम्न प्रकारों को विस्तार से समझाइए–
   (*i*) क्लाइंट/सर्वर
   (*ii*) फाइल/सर्वर
5. DFD मॉडल क्या है?
6. डिस्ट्रब्यूटेड डाटा प्रोसेसिंग से क्या समझते हैं?
7. OSI मॉडल क्या है?

डाटा कम्यूनिकेशन और कंप्यूटर नेटवर्क
(Data Communication and Computer Network)

15.1. डाटा संचार के आधारी (Basics of Data Communication)

एक संचार माध्यम द्वारा एक बिंदु से अन्य बिंदु की ओर डाटा का स्थानांतरण डाटा का संचार कहलाता है। अन्य शब्दों में संदेश का एक बिंदु से अन्य बिंदु तक स्थांतरण की विधि संचार कहलाता है। एक बिंदु से अन्य बिंदु तक डाटा संचार के लिए मुख्य घटक डाटा सोर्स (data source), डाटा सिंक (data sink) और संचार माध्यम (communication media) हैं। अर्थात् प्रेषण करने वाला, माध्यम और प्राप्त करने वाला। इस प्रकार –

1. भेजने वाला (sender या source): स्थानांतरण के लिए संदेश का सृजन करता है।
2. माध्यमः संदेश ले जाता है।
3. प्राप्त करने वाला।

उदाहरण के लिए जब हम अपने मित्र से दूरभाष पर वार्तालाप करते हैं, तो हम संदेश प्रेषित करने का कार्य करते हैं। टेलीफोन लाइन जिसके द्वारा हमारी आवाज स्थांतरित होती है माध्यम का कार्य करती है और हमारा मित्र संदेश प्राप्त करने वाला होता है।

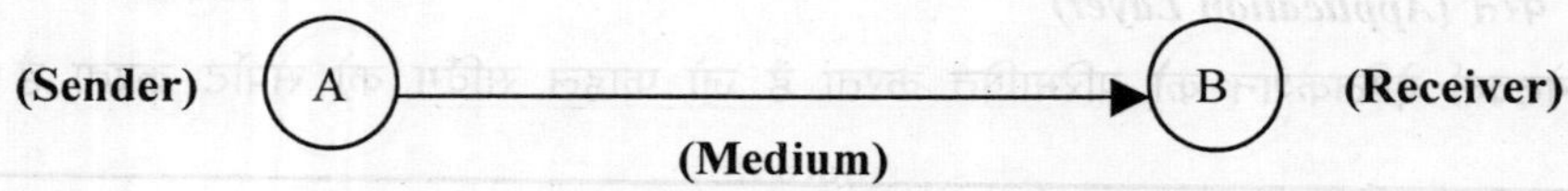

वह इलेक्ट्रॉनिक सिस्टम जो डाटा को एक बिंदु से अन्य बिंदु तक स्थानांतरित करने का कार्य करता है संचार सिस्टम कहलाता है। अर्थात् कंप्यूटर सिस्टम प्रेषण और प्राप्ति दोनों का कार्य करता है। टेलीफोन लाइन, माइक्रोवेब लिंक, सेटेलाइट लिंक आदि स्थानांतरण माध्यम कहलाते हैं।

डाटा को एक बिंदु से दूसरे बिंदु तक स्थानांतरित करने हेतु तीन विधियाँ हैं:

1. *सिंपलेक्स (Simplex)*

सिंप्लेक्स लाइन द्वारा डाटा केवल एक दिशा में ही स्थानांतरित होता है। अन्य शब्दों में यदि सिंप्लेक्स स्थानांतरण है तो संचार केवल एक ही दिशा में हो सकता है। इस प्रकार के सर्किट से संयुक्त उपकरण या तो प्रेषण या केवल प्राप्ति का कार्य करते हैं। सिंप्लेक्स स्थानांतरण के प्रमुख उदाहरण रेडियो ट्रांसमिशन और टेलीविजन ब्रॉड कास्टिंग है।

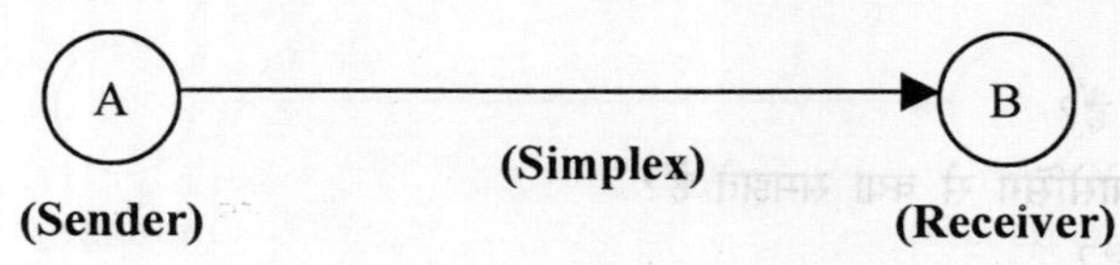

2. *हॉफ डुप्लेक्स (Half-Duplex)*

हॉफ डुप्लेक्स सिस्टम में डाटा दोनों दिशाओं में स्थानांतरित हो सकते हैं लेकिन एक समय में एक ही दिशा में। इस प्रकार हॉफ डुप्लेक्स लाइन एकांतर क्रम से डाटा को प्रेषण या प्राप्त करने का कार्य करती है। इस प्रकार के सिस्टम में वायर के युग्म की आवश्यकता होती है। उदाहरण के लिए टेलीफोन लाइन।

(Half Duplex)

(Sender or Receiver) **(Receiver or Sender)**

3. *फुल डुप्लेक्स (Full Duplex)*

इस सिस्टम में डाटा को दोनों ही दिशाओं में प्रेषित और प्राप्त किया जा सकता है। इस प्रकार के सिस्टम में चार वायर की आवश्यकता होती है। उदाहरण के लिए कंप्यूटर सिस्टम।

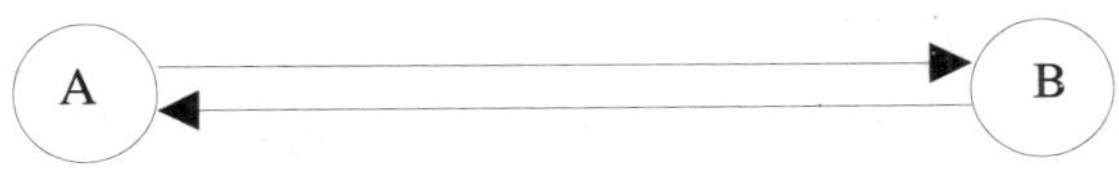

(Full Duplex)

(Sender and Receiver) **(Receiver and Sender)**

15.2. संचार माध्यम (Communication Media)

संचार माध्यम निम्न प्रकार के होते हैं–

1. *वायर पेयर (Wire Pairs)*

इसका उपयोग स्थानीय टेलीफोन लाइन और कम दूरी (लगभग 1 कि.मी.) के लिए किया जाता है। इस माध्यम के द्वारा डाटा स्थानांतरण की दर लगभग 9600 बिट्स प्रति सेकंड होती है, जबकि दूरी 100 मी. से अधिक की न हो।

2. *को-ऐक्सियल केबल (Co-axial Cable)*

इसके द्वारा डाटा का स्थानांतरण उच्च दर पर होता है। इसके केंद्र में कॉपर का तार होता है। यह कॉपर का तार PVC के द्वारा इंसुलेटेड होता है। इसका उपयोग लंबी दूरी के टेलीफोन लाइन और क्लोज्ड सर्किट TV के लिए किया जाता है।

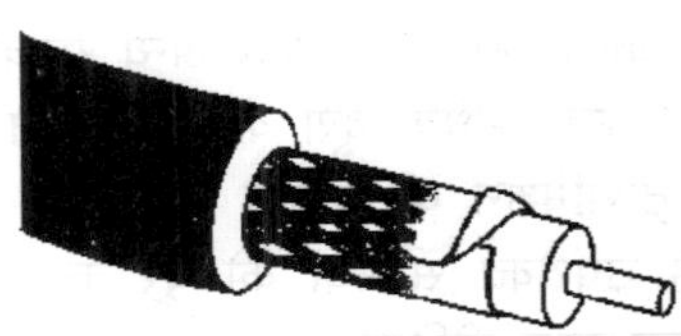

Co-axial Cable

3. *माइक्रोवेब सिस्टम (Microwave System)*

यह एक प्रचलित स्थानांतरण माध्यम है। इस सिस्टम में स्पेस के द्वारा डाटा का स्थानांतरण करने के लिए अधिक उच्च तीव्रता के रेडियो सिग्नल का प्रयोग किया जाता है। चूँकि माइक्रोवेब सिस्टम में ट्रांसमीटर और रिसीवर अत्यधिक उँचाई पर उपस्थित होते हैं, अतः यह आवश्यक है कि यह लाइन–ऑफ–साइट (line-of-site) में होना चाहिए। लाइन–ऑफ–साइट और कमजोर सिग्नल के आवर्धन क्षमता से बचने के लिए हम माइक्रोवेब सिस्टम में 25 से 30 किमी दूरी पर रिपीटर्स का प्रयोग करते हैं। ट्रांसमिशन व रिसीविंग स्टेशन के मध्य डाटा स्थानांतरण की दर 16 GB या 10^9 बिट्स प्रति सेकंड का होता है।

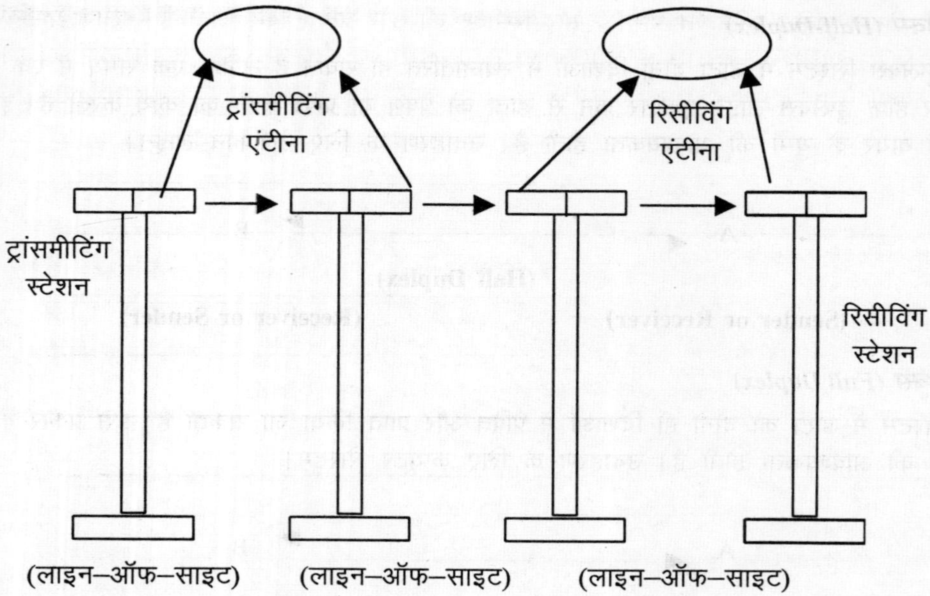

चित्र 15.1. *माइक्रोवेब कम्यूनिकेशन*

4. *कम्यूनिकेशन सेटेलाइट (Communication Satellite)*

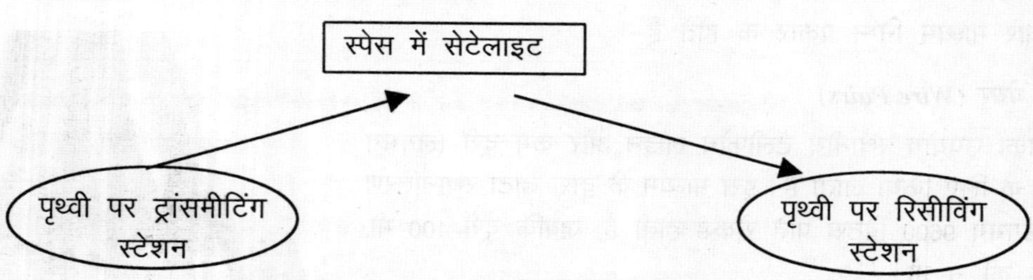

चित्र 15.2. *सेटेलाइट कम्यूनिकेशन*

पृथ्वी की वक्रता, पर्वत और अन्य संरचनाएँ अक्सर माइक्रोवेब संचार सिस्टम में लाइन–ऑफ–साइट को ब्लॉक कर देते हैं। अतः अधिक दूरी के ट्रांसमिशन में कई रिपीटर स्टेशन की आवश्यकता होती है। अतः दो बिंदुओं के मध्य डाटा ट्रांसमिशन की कीमत बढ़ जाती है। सेटेलाइट का प्रयोग जिसके द्वारा डाटा का ट्रांसमिशन सस्ते दर पर होता है उपरोक्त समस्या को दूर करता है। ये सेटेलाइट कक्षा में स्थापित होते हैं और अंतर्राष्ट्रीय व घरेलू डाटा, आवाज तथा वीडियो संचार में सहायता प्रदान करते हैं। इस संचार माध्यम का लाभ यह है कि यह एकल माइक्रोवेब रिले स्टेशन रखता है जो किसी भी बडे क्षेत्र के किसी भी बिंदु से दृष्टिगत होता है।

5. *ऑप्टिकल फाईबर (Optical Fiber)*

ऑप्टिकल फाईबर माध्यम में अत्यधिक लंबी दूरी पर बिना तीव्रता की हानि किए 1,86,000 मील प्रति से. की दर से बाल के बराबर पतले काँच (hair-thin-glass) के अनुदिश सेमीकंडक्टर लेसर द्वारा प्रकाश के रूप में सूचना का स्थानांतरण होता है। इसके स्रोत छोर पर एक परिवर्तक (converter) लगा होता है जो विद्युत संकेतों को प्रकाश तरंगों में परिवर्तित करता है। ये प्रकाश तरंगें फाइबर पर ट्रांसमीट होती हैं। सिंक छोर पर एक अन्य परिवर्तक लगा होता है जो प्रकाश तरंगों को वापस फोटो इलेक्ट्रिक डायोड के द्वारा विद्युत संकेतों में परिवर्तित

करता है। ये विद्युत संकेत परिवर्धित होते हैं और रिसीवर की ओर प्रेषित किए जाते हैं। ग्लास फाईबर केबल में सामान्य फाईबर का आकार मानव बाल के समान होता है। एनालॉग या डिजीटल सिग्नल संचार में ऑप्टिकल फाईबर का उपयोग किया जाता है। फाईबर ऑप्टिकल के अनुदिश ट्रांसमीशन विद्युत चुंबकीय व्यवधान द्वारा प्रभावित नहीं होता है।

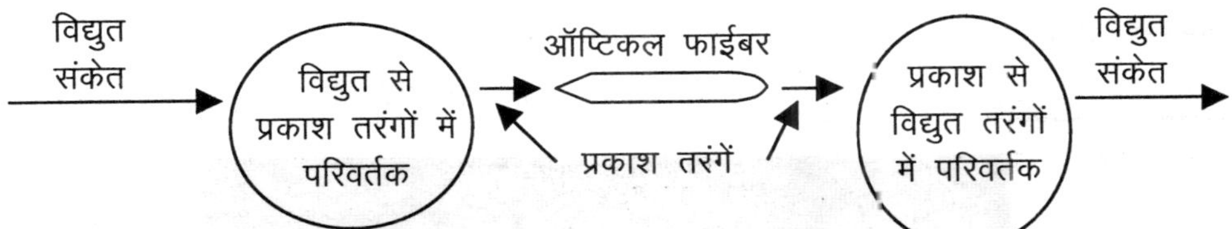

चित्र 15.3. *ऑप्टिकल फाईबर के द्वारा ट्रांसमीशन*

15.3. एनालॉग और डिजिटल संचार (Analog and Digital Communication)

एक स्थान से दूसरे स्थान पर डाटा का स्थानांतरण विद्युत संकेतों के माध्यम से होता है जो डिजिटल या एनालॉग रूप में होते हैं। ट्रांसमीशन शक्ति एक सतत परास के ऊपर एनालॉग रूप में अनुपाती होती है। उदाहरण के लिए ध्वनि, प्रकाश और रेडियो तरंगें। एनालॉग सिग्नल के एम्पलीट्यूड (Amplitude v) और आवृत्ति (frequency f) को क्रमशः वोल्ट और हर्ट्ज में मापा जाता है। डिजिटल सिग्नल को बाईनरी रूप में प्रदर्शित किया जाता है। यह वोल्टेज स्पंदन का एक क्रम होता है।

जब डिजिटल डाटा को एनालॉग सुविधा द्वारा प्रेषित किया जाता है तब डिजिटल सिग्नल को अवश्य एनालॉग के रूप में परिवर्तित होना चाहिए। वह तकनीक जिसके द्वारा डिजिटल को एनालॉग रूप में परिवर्तित किया जाता है मॉडूलेशन कहलाता है, जबकि एनालॉग सिग्नल को डिजिटल सिग्नल में परिवर्तित करने की विधि को डिमॉडूलेशन कहते हैं।

मॉडूलेशन के निम्न तीन प्रकार हैं:

1. *एंप्लीट्यूड मॉडूलेशन (AM)*–इस प्रकार में दो भिन्न एंपलीट्यूड होते हैं जो डिजिटल डाटा के बाइनरी मानों (0 और 1) को प्रदर्शित करते हैं। इस प्रकार के मॉडूलेशन में फ्रीक्वेंसी और फेज अचर होते हैं।

2. *फ्रीक्वेंसी मॉडूलेशन (FM)*–इस प्रकार के मॉडूलेशन में दो भिन्न प्रकार की फ्रीक्वेंसी होती हैं जो डिजिटल डाटा के बाइनरी मानों को प्रदर्शित करती हैं, जबकि एंपलीट्यूड और फेज अचर होता है।

3. *फेज मॉडूलेशन (FM)*–डिजिटल डाटा के दो बाइनरी मान कैरियर सिग्नल के फेज में शिफ्ट द्वारा प्रदर्शित किए जाते हैं। फेज 0^0 के साथ sine वेब डिजिट 1 को प्रदर्शित करता है, जबकि फेज 180^0 के साथ अन्य sine वेब डिजिट 0 को प्रदर्शित करता है।

मॉडेम का डिमॉडुलेटर टेलीफोन लाइन द्वारा ट्रांसमीट होने वाले एनालॉग सिग्नल को डिजिटल रूप में परिवर्तित करता है इस डिजिटल सूचना पर कंप्यूटर प्रोसेस करता है, एनालॉग रूप में मॉडुलेट करता है और इसे टेलीफोन लाइन द्वारा उस टर्मिनल की ओर वापस करता है जहाँ एनालॉग सिग्नल टर्मिनल पर डिस्प्ले होने के लिए डिजिटल रूप में डिमॉडूलेट होता है।

जब डाटा को लंबी दूरी पर प्रेषित किया जाता है तब एनालॉग सिग्नल कमज़ोर हो जाते हैं। वर्तमान समय में डाटा को डिजिटल रूप में प्रेषित किया जाता है। इस दशा में मॉडेम की आवश्यकता नहीं होती है। जब लंबी दूरी पर ट्रांसमीशन के लिए डिजिटल रूप का उपयोग किया जाता है तब सिग्नल को प्राप्त और प्रेषित करने के लिए रिपीटर्स का प्रयोग किया जाता है। डिजिटल डाटा के एनालॉग ट्रांसमीशन की तुलना में डिजिटल ट्रांसमिशन अधिक विश्वसनीय होता है।

डिजिटल ट्रांसमीशन के लाभ

1. कम कीमत।
2. मॉडेम की आवश्यकता नहीं।
3. ट्रांसमीशन गति उच्च होती है।
4. त्रुटि दर अल्प होती है।

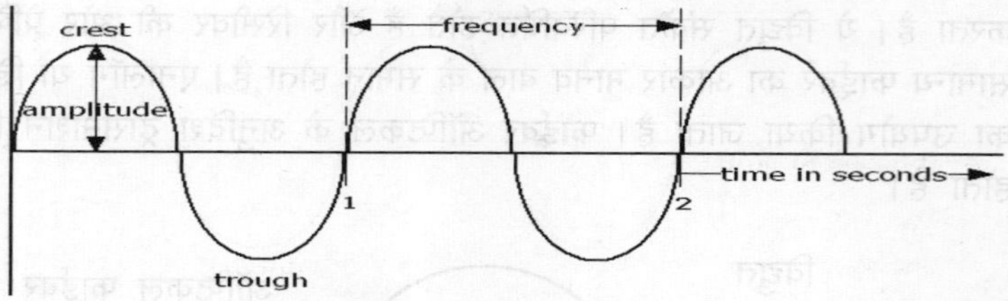

चित्र 15.4. *एनालॉग सिग्नल*

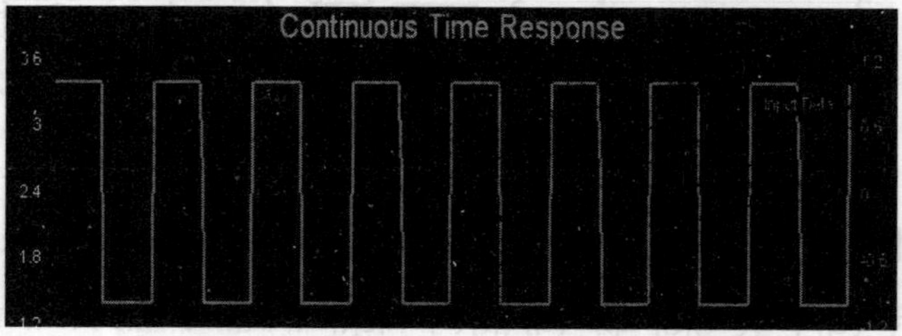

चित्र 15.5. *डिजिटल सिग्नल*

15.4. क्रमिक और समानांतर संचार (Serial and Parallel Communication)

किन्हीं दो नोड्स के मध्य डाटा का स्थानांतरण समानांतर या क्रमिक रूप में हो सकता है। पैरेलल डाटा ट्रांसमीशन में सूचना की प्रत्येक बिट अपना स्वयं का पथ रखता है और संपूर्ण सूचना एक ही समय में ट्रांसमीट होती है। अन्य शब्दों में n-बिट सूचना n पृथक चालक पथ द्वारा ट्रांसमीट होती है।

जबकि सीरियल डाटा ट्रांसमीशन में एक समय में सूचना की प्रत्येक बिट को क्रम से प्रेषित किया जाता है। पैरेलल डाटा ट्रांसमीशन, सीरियल डाटा ट्रांसमीशन से तीव्र होता है लेकिन कई तारों की आवश्यकता होती है। पैरेलल डाटा ट्रांसमीशन का प्रयोग कम दूरी के लिए किया जाता है जहाँ गति महत्त्वपूर्ण होती है। सीरियल डाटा ट्रांसमीशन, पैरलल डाटा ट्रांसमीशन की तुलना में धीमी गति का होता है। यह पैरलल डाटा ट्रांसमीशन की तुलना में कम खर्चीला होता है क्योंकि इसमें केवल एक चालक युग्म होता है।

सीरियल डाटा ट्रांसमीशन दो प्रकार के होते हैं।

1. *सिनक्रोनस :* इस प्रकार के ट्रांसमीशन में दो इकाइयाँ सार्व क्लॉक की साझेदारी करती हैं और क्लॉक पल्स द्वारा उल्लेखित दर पर बिट्स लगातार ट्रांसमीट होते हैं। समान आवृत्ति का एक पृथक ब्लॉक लंबी दूरी के क्रमिक ट्रांसमिशन में प्रत्येक इकाई को चालित करता है।

2. *एसिनक्रोनस :* इस प्रकार के ट्रांसमिशन में केवल बाइनरी सूचना को ही प्रेषित किया जाता है। जब कोई भी सूचना ट्रांसमीट नहीं होती है, तब लाइन आदर्श रूप से रिक्त रहती है। इसका प्रसार कई टर्मिनल पर किया जाता है। इस प्रकार की तकनीक में कैरेक्टर के तीन भाग होते हैः स्टार्ट बिट, कैरेक्टर बिट और स्टॉप बिट। ट्रांसमीट किए गए कैरेक्टर को निम्न नियमों की सहायता से रिसीवर पहचानता है–

अ. जब किसी भी कैरेक्टर को प्रेषित नहीं किया जाता, तब लाइन को 1–अवस्था पर रखा जाता है।

ब. स्टार्ट बिट (जो हमेशा 0 होता है) से ट्रांसमीट होने वाले कैरेक्टर के प्रारंभ का पता चलता है।

स. कैरेक्टर बिट हमेशा स्टार्ट बिट का अनुसरण करता है।

द. कैरेक्टर के अंतिम बिट के ट्रांसमीट होने के उपरांत स्टॉप बिट की पहचान होती है।

जब लाइन 1 से 0 की ओर जाती है, तब रिसीवर उपरोक्त नियमों की सहायता से स्टार्ट बिट की पहचान करता है।

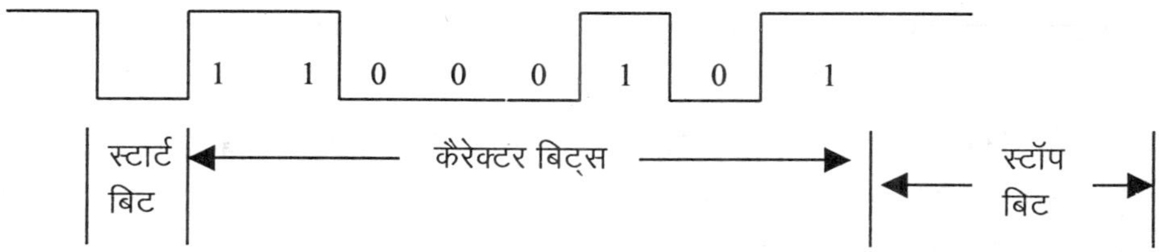

चित्र 15.6. *एसिनक्रोनस सीरियल ट्रांसमीशन*

15.5. कंप्यूटर नेटवर्क का परिचय (Introduction to Computer Network)

कंप्यूटर नेटवर्क एक कम्यूनिकेशन नेटवर्क होता है जिसमें कंप्यूटर का उपयोग प्रेषण व प्राप्तकर्ता के रूप में करते हैं। अन्य शब्दों में हम कह सकते हैं कि आंतरिक रुप से जुड़े हुए स्वशासी कंप्यूटर्स का संग्रह कंप्यूटर नेटवर्क कहलाता है। यदि दो कंप्यूटर सूचना का आदान–प्रदान करने में सक्षम हैं, तो वे आंतरिक रूप से जुड़े हुए कहलाते हैं। संयुक्त करने का माध्यम कॉपर वायर, ऑप्टिकल फाइबर, माइक्रोवेब, या सेटेलाइट हो सकता है।

आवश्यकता

1. संचार गति एवं परिशुद्धता में वृद्धि हेतु।
2. कंप्यूटर उपकरणों की भागीदारी हेतु।
3. कंप्यूटर फाइल की भागीदारी हेतु।
4. नेटवर्क के द्वारा डाकुमेंट का स्थानांतरण सस्ता होता है।
5. सूचना के स्थानांतरण में कम समय खपत होता है।
6. स्थानांतरण को किसी भी समय परीक्षित किया जा सकता है।
7. यह टेकस्ट के साथ–साथ पिक्चर को भी स्थानांतरित करने की अनुमति प्रदान करता है।

लाभ

1. यह स्टोरेज डिवाइज, प्रोग्राम फाइल, डाटा फाइल तथा प्रिंटर आदि के भागीदारी की अनुमति प्रदान करता है।

2. विश्वसनीयता में वृद्धि होती है। चूँकि फाइल एक या कई मशीन पर कॉपी होती है अतः यदि हार्डवेयर की खराबी के कारण कोई भी फाइल उपलब्ध नहीं है, तो अन्य प्रतिलिपियों का उपयोग किया जा सकता है।

3. एकल मशीन की तुलना में नेटवर्क में कार्य करना सस्ता होता है।

4. नेटवर्क के उपयोग से किसी भी सूचना को एक स्थान से अन्य स्थान पर स्थानांतरित करने में अपेक्षाकृत कम समय व कम लागत लगती है। एक A4 आकार का कागज़ जिस पर 30 KB का डाटा संग्रहित होता है, इसे फैक्स द्वारा भेजने में 25 सेकंड का समय लगता है जबकि ई–मेल द्वारा भेजने में 0.0016 से लेकर 1.67 सेकंड तक का समय लगता है।

15.6. कंप्यूटर नेटवर्क के प्रकार (Types of Computer Network)

15.6.1. *लोकल एरिया नेटर्वक (Local Area Network LAN)*

1. *लोकल एरिया नेटर्वक*–इसे LAN भी कहते हैं। यह सीमित क्षेत्र के लिए होता है, जैसे एक बिल्डिंग या फैक्ट्री या कुछ किमी.। इसका उपयोग किसी कंपनी या फैक्टरी के ऑफिस में पर्सनल कंप्यूटर और वर्क स्टेशन को जोड़कर उनके मध्य सूचनाओं का आदान–प्रदान करना है। LAN कंप्यूटर एक दूसरे से उच्च दर के ट्रांसमीशन माध्यम से जुड़े होते हैं। इस प्रकार के नेटवर्क का प्रबंधन उपयोगकर्ता के द्वारा किया जाता है। अन्य शब्दों में हम

यह कह सकते हैं कि एक ऐसा कंप्यूटर नेटवर्क जो स्थानीय क्षेत्र के लिए उपयोग में लाया जाता है लोकल एरिया नेटवर्क कहलाता है।

यह अन्य प्रकार की नेटवर्किंग से निम्न तीन गुणों द्वारा भिन्न होता है –

1. LAN का आकार सीमित होता है।

2. *ट्रांसमीशन तकनीक :* LAN में एक एकल केबल का प्रयोग किया जाता है जिसमें सभी मशीन जुड़ी रहती हैं।

3. *टोपोलॉजी :* वह उपाय जिसके द्वारा LAN केबल को व्यवस्थित किया जाता है, LAN टोपोलॉजी कहलाता है। यह कंप्यूटर नेटवर्क की एक आधारभूत संरचना है। इन टोपोलॉजी में प्रमुख बस, स्टार, रिंग आदि है।

LAN घटक

1. LAN केबलः ट्विस्टेड पेयर केबल, को–एक्सियल केबल और ऑप्टिकल फाइबर केबल।
2. कनेक्शन डिवाइसः ट्रांसीवर, हब, LAN एडॉप्टर कार्ड और कम्यूनिकेशन सॉफ्टवेयर।

LAN के अवयवों में हम इसके विभिन्न बिल्डिंग ब्लॉक्स को देखेंगे। ये हैं–

मीडियम : ट्रांसमीशन मीडियम संभवतः नेटवर्क का सबसे महत्त्वपूर्ण हिस्सा है। इसके मीडियम इस प्रकार हैं:

केबल या वायर मीडिया

केबल मीडिया इलेक्ट्रोमेग्नेटिक मीडिया के लिए एक चालक के जैसा कार्य करता है। इसका अर्थ यह है कि केबल मीडिया को किसी ऑप्टिकल कंडक्टर की भाँति पूरे नोड का डेटा केबल मीडिया द्वारा भेजा जाता है एवं आगे प्रेशित किया जाता है। आमतौर पर केबल मीडिया लैन के लिए प्रयोग में लाया जाता है। ट्विस्टेड पेयर केबल, को–एक्सियल केबल और ऑप्टिकल फाइबर केबल आमतौर पर प्रयुक्त किए जाते हैं।

केबल ट्रांसमीशन मीडिया

ऐसा माध्यम इलेक्ट्रोमैग्नेटिक वेब को बिना किसी विद्युतीय तथा ऑप्टिकल चालक के प्रयोग में ला सकता है। तार रहित लैन दिन–प्रतिदिन काफी लोकप्रिय हो रहा है। यह केबलयुक्त लैन की तुलना में कम इंफ्रास्ट्रक्चर, कम रखरखाव तथा लंबे समयांतराल के लिए कॉस्ट इफेक्टिव रहता है। इस कारण से तार रहित लैन की ओर झुकाव बढ़ रहा है। अतः तार रहित लैन भविश्य में एक बड़ा रोल अदा करेंगे। इनका एक और लाभ यह है कि यह काफी लंबा भौगोलिक क्षेत्र घेर सकते हैं। इसका एक और लाभ यह है कि यह बढ़ती हुई दूरी के बावजूद सिग्नल की ताकत बरकरार रखता है।

NIC

नेटवर्क इंटरफेस कार्ड के द्वारा किसी पी.सी. को एक नेटवर्क से जोड़ा जाता है। यह कंप्यूटर की आंतरिक बस तथा नेटवर्क के माध्यम के बीच एक सेतु का कार्य करता है। ज्यादातर कार्ड एक विषेश प्रकार के नेटवर्क प्रोटोकॉल तथा मीडिया के लिए बनाये जाते हैं। हालाँकि कुछ कार्ड कई नेटवर्क पर चल सकते हैं। लगभग सभी नेटवर्किंग के मानक कार्ड्स के द्वारा पूरे किए जा सकते हैं। इसमें नया वाला फास्ट ईथरनेट वातावरण भी शामिल है और इनकी गति अपने आप ही निर्धारित हो जाती है।

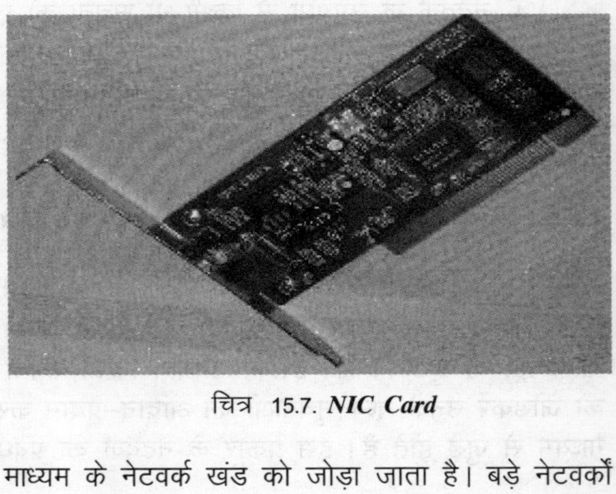

चित्र 15.7. ***NIC Card***

Hubs/Repeaters

यह लेयर 1 का डिवाइस है। इनके द्वारा किसी भी माध्यम के नेटवर्क खंड को जोड़ा जाता है। बड़े नेटवर्कों

में जैसे–जैसे सेग्मेंट का आकार बढ़ता है, उसी हिसाब से सिग्नल की गुणवत्ता घटेगी। हब के द्वारा सिग्नल को एम्पलीफाई किया जाता है। जिससे कोई भी खंड अपनी लंबाई की सीमा को लाँघ सकता है।

हब दो प्रकार के होते हैं: पैसिव हब, एक्टिव हब।

पैसिव हब मात्र किसी पैकेट को एक स्थान से दूसरे स्थान पर भेजते हैं। एक्टिव हब मूल डेटा को दोबारा उत्पन्न करता है, जिससे वह थोड़ा और ताकतवर हो जाए। हब को स्टार टोपोलॉजी में भी प्रयुक्त किया जाता है। हब के द्वारा ही उपयोगकर्ता ईथरनेट को शेयर कर सकते हैं। रिपीटर से लैन की सीमा रेखाएँ कहीं बढ़ जाती हैं।

चित्र 15.8. *HUB*

Bridges

ब्रिज का मूल उद्देश्य था दो अलग–अलग किंतु समान नेटवर्क को आपस में जोड़ना। ब्रिज प्रत्येक खंड के नोड के ईथरनेट एड्रेस को मैप कर लेता है तथा केवल आवश्यक ट्रैफिक को ही ब्रिज से निकलने दिया जाता है। जब ब्रिज को कोई पैकेट मिलता है तो वह उसका पता लगाता है कि वह किस खंड से आया है, कहाँ से आया है तथा उसे किस खंड में भेजा जाना है। यदि दोनों एक ही हैं तो पैकेट को छोड़ दिया जाता है। यदि खंड अलग हैं तो पैकेट सही खंड में भेज दिया जाता है। ब्रिज कभी भी खराब पैकेट को आगे नहीं भेजेगा।

ब्रिज को "स्टोर–एंड–फॉरवर्ड" डिवाइस भी कहा जाता है क्योंकि वह पूरा पैकेट देखकर ही आगे का निर्णय लेता है। कई ब्रिज सेल्फ–लर्निंग होते हैं। वे ईथरनेट एड्रेस जानने के लिए एक टेबल बनाते हैं। 1990 के मध्य में स्विचिंग तकनीक उभरने लग गई थी। स्विचेज ज्यादा लचीले, ज्यादा तेज तथा प्रति–पोर्ट के हिसाब से सस्ते पड़ते हैं। जिस कारण स्विच ब्रिज के स्थान पर उभरकर आगे आ रहे हैं।

Routers

इनकी व्यवसायिक प्रसिद्धी 1980 के मध्य में हुई। इस समय इंटरनेट ने उस समय तक के साधारण नेटवर्क का स्थान लेना शुरू कर दिया था। राउटिंग में जानकारी सोर्स से गतंव्य तक भेजी जाती है। ब्रिजिंग में भी कुछ ऐसा ही होता है। परंतु वह लेयर–2 में होता है। जबकि राउटिंग लेयर–3 में होती है। इस अंतर से दोनों को अलग–अलग जानकारी मिलती है तथा वह इसी जानकारी के आधार पर अलग–अलग तरीके से कार्य करते हैं। राउटर एक लैन से दूसरे लैन तक पैकेट भेजने के लिए कार्य करते हैं। इस हेतु राउटिंग टेबल बनाकर कार्य किया जाता है। इसके द्वारा कई लैन के जटिल नेटवर्क में भी राउटर अपना पैकेट भेजने का सबसे अच्छा पथ तलाश लेते हैं।

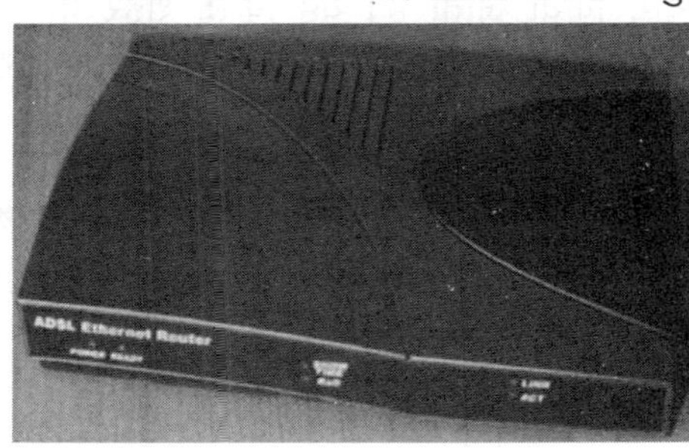

चित्र 15.9. *Router*

Gateway

गेटवे दो भिन्न प्रकार के प्रोग्राम को जोड़ने का कार्य करता है। इसके लिए वह नेटवर्क में अलग–अलग प्रोटोकॉल को अनुवादित करता है। इस प्रकार वह दो प्वाइंट–टू–प्वाइंट ओपेन सिस्टम को जोड़ता है। उदाहरण के तौर पर, ऐसा गेटवे जो भिन्न–भिन्न प्रोटोकॉल के बीच एक इंटरकनेक्शन स्थापित करे। गेटवे इंटरनेट तथा PSTN ऐप्लिकेशन से भी मदद करता है। अन्य उपयोगों में असमान होस्ट को इंटरकनेक्ट करना है, जैसे कि AS400 तथा इंटरनेट।

LAN के प्रकार

1. इथरनेट: Xerox और DEC कंपनी के द्वारा इसे विकसित किया गया था। यह 10 वर्षों के लिए उपलब्ध रहता है। इस प्रकार के नेटवर्क द्वारा 10 MB प्रति सेकंड की दर से डाटा को स्थानांतरित किया जा सकता है। इस प्रकार के LAN के लिए लीनीयर बस टोपोलॉजी का प्रयोग किया जाता है।

2. आर्कनेट: इस प्रकार के LAN की ट्रांसमीशन गति 2.5 MB प्रति सेकंड की होती है। इस प्रकार के LAN में लीनियर व स्टार टोपोलॉजी का संकर उपयोग में लाया जाता है।

3. टोकेन रिंग

लाभ

(i) उच्च मानक दर।
(ii) पेरीफेरल की भागीदारी।
(iii) संशोधित कम्यूनिकेशन।
(iv) तकनीकी लचीलापन।
(v) डाटा की भागीदारी।
(vi) नियंत्रित सुरक्षा।
(vii) अच्छा नियंत्रण।

हानियाँ

(i) उपयोगकर्ता द्वारा नियंत्रण में कमी।
(ii) कंप्यूटर मेमोरी की कम उपलब्धता।
(iii) सुरक्षा की हानि।
(iv) उच्च दर।

15.6.2. मेट्रोपोलियन एरिया नेटवर्क *(Metropolitan Local Area Network MAN)*

LAN का वृहद रूप मेट्रोपोलियन एरिया नेटवर्क के रूप में जाना जाता है। अन्य शब्दों में हम यह कह सकते हैं कि मेट्रोपोलियन क्षेत्र के लिए LAN का विस्तारित रूप MAN है और इसमें MAN के समान ही तकनीक का प्रयोग किया जाता है। यह किसी शहर या कार्पोरेट कार्यालय में स्थापित होता है। उदाहरण के लिए केबल TV नेटवर्क। MAN का प्रमुख उद्देश्य हार्डवेयर और सॉफ्टवेयर संसाधनों का उपयोगकर्ताओं के मध्य भागीदारी सुनिश्चित करना।

15.6.3. वायरलेस नेटवर्क *(Wierless Network)*

यह रेडियो ट्रांसमिशन के प्रयोग के द्वारा किया जाता है अर्थात् संचार हेतु विद्युत चुंबकीय तरंगें और सैटेलाइट सेवाएँ। इस नेटवर्क के प्रमुख लाभ निम्न हैं:

(i) केबल की आवश्यकता नहीं।
(ii) कोई भौतिक व्यवधान नहीं होता।
(iii) चलित संचार की अनुमति।

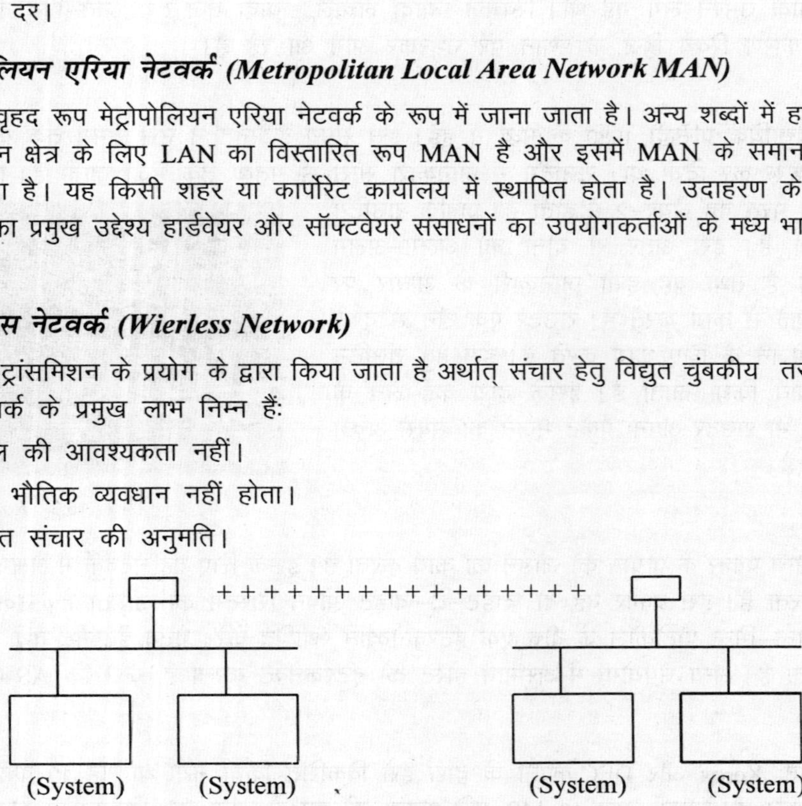

चित्र 15.10. *वायरलेस नेटवर्क*

15.6.4. वाइड एरिया नेटवर्क (*Wide Area Network WAN*)

यह एक बड़े क्षेत्र में फैला होता है, जैसे देश या देश के बाहर। यह कंप्यूटर का एक समूह होता है जो लंबी दूरी पर होते हैं और एक दूसरे से बंधे रहते हैं। यह LANs का समूह होता है। जो विभिन्न स्थानों पर फैला रहता है और एक साथ जुड़कर एक बड़ा LAN बनाता है। कम कीमत व उच्च दर पर सूचना का आदान–प्रदान के लिए कंप्यूटर WAN से जुड़े होते हैं।

WAN के घटक

(i) कम्यूनिकेशन लिंक।

(ii) डाटा कम्यूनिकेशन इक्यूमेंट।

(iii) इंटरफेस कार्ड।

(iv) कम्यूनिकेशन सॉफ्टवेयर।

सारणी 15.1

LAN, MAN और **WAN** का तुलनात्मक विकरण

Characteristics	**LAN**	**MAN**	**WAN**
सरलता	सबसे सरल	जटिल	अत्यंत जटिल
मूल्य	सबसे सस्ता	महँगा	सबसे महँगा
Error Sensitivity	सबसे भरोसेमंद	कम भरोसेमंद	सबसे कंप्यूटर भरोसेमंद
Topology	Bus, Ring, Star	Distributed Queue Dual Bus (DQDB)	Irregular
दायरा	कुछ किलोमीटर	150 किलोमीटर	असीमित
Transmission type	Broadcast or Multicast	Broadcast or Multicast	point to point
रख–रखाव	कम–से–कम	महँगा	सबसे महँगा

15.7. विभिन्न LAN टोपोलॉजी (Various LAN Topologies)

LAN टोपोलॉजी, LAN केबलिंग का पूर्व निर्धारित संयोजन होता है। विभिन्न प्रकार की लैन टोपोलॉजी का वर्णन निम्न है–

1. *प्वाइंट-टू-प्वाइंट टोपोलॉजी (Point-to-Point Topology)*

इस टोपोलॉजी में प्रत्येक नोड्स केवल अगले नोड को ही डाटा ट्रांसमीट करते हैं। इस टोपोलॉजी में दो नोड्स प्रत्यक्षतः जुड़े होते हैं। इस टोपोलॉजी से 200 नोड्स तक जुड़े हो सकते हैं।

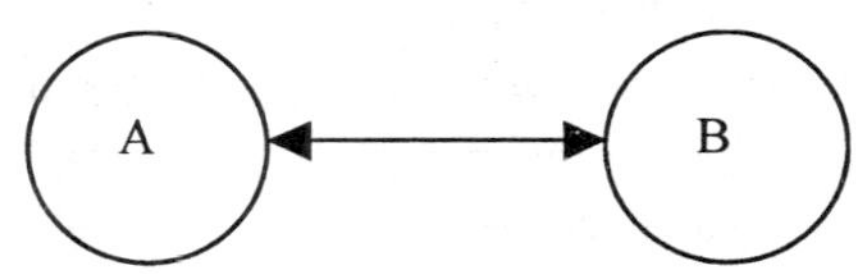

चित्र 15.11. *प्वाइंट–टू–प्वाइंट टोपोलॉजी*

2. *मल्टी प्वाइंट टोपोलॉजी (Multi Point Topology)*

इसमें नोड्स एक रेखा में भागीदारी निभाते हैं। यह वहाँ अधिक उपयोगी होता है जहाँ उच्च गति से डाटा के स्थानांतरण की आवश्यकता नहीं होती है और कीमत एक महत्त्वपूर्ण कारक होता है।

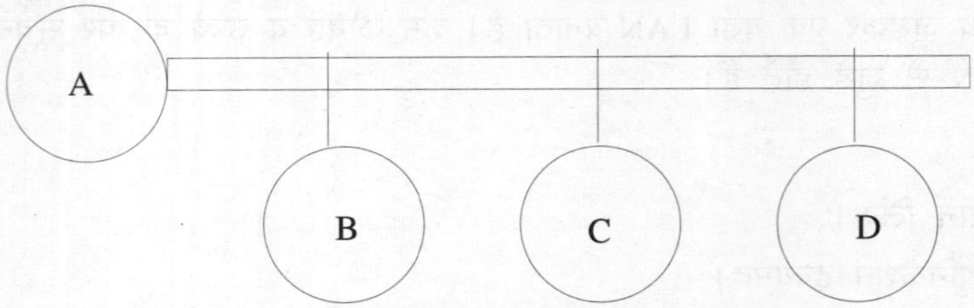

चित्र 15.12. *मल्टी प्वाइंट टोपोलॉजी*

3. *बस या लीनियर टोपोलॉजी (Bus or Linear Topology)*

यह ट्रांसमीशन माध्यम (जैसे को–एक्सियल केबल) की एकल लंबाइ को रखता है, जिसमें विभिन्न नोड्स जुड़े होते हैं। बस के किसी भी स्टेशन से ट्रांसमीशन प्रारंभ हो सकता है। यह ट्रांसमीशन दोनों दिशाओं में हो सकता है और डाटा को सभी स्टेशन द्वारा प्राप्त किया जाता है। डाटा छोटे ब्लॉक्स के रूप में ट्रांसमीट होते हैं जिन्हें पैकेट कहते हैं। प्रत्येक पैकेट समान डाटा बिट को रखता है साथ में एक शीर्ष भी होता है जो किसी अन्य नोड्स से जोड़ने के लिए पता रखता है प्रत्येक नोड पैकेट पर उपस्थित पते को पहचान कर डाटा को अपने डिस्क पर कॉपी कर लेते हैं।

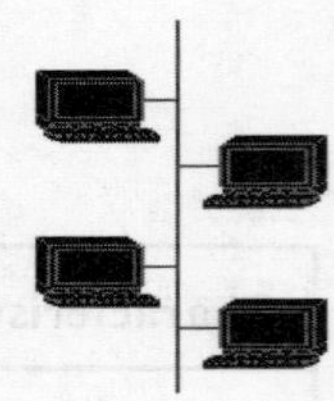

चित्र 15.13. *बस या लीनियर टोपोलॉजी*

लीनियर टोपोलॉजी से लाभ

(i) कम लंबाई के केबल की आवश्यकता होती है।

(ii) सरल आर्कीटेक्चर।

(iii) त्रुटि का निराकरण कठिन।

(iv) नोड्स को बुद्धिमान होना।

(v) कान्फ़ीगरेशन की पुनरावृत्ति।

4. *मेश टोपोलॉजी (Mesh Topology)*

लंबी दूरी पर नोड्स के मध्य डाटा ट्रांसमीशन करने के लिए मेश टोपोलॉजी का उपयोग किया जाता है। ये नोड्स मैसेज स्विच / सर्किट स्विच या पैकेट स्विच के रूप में कार्य करते हैं। मेश से जुड़े नोड्स की संख्या $n(n-1)/2$ होती है। ट्रांसमीशन मीडिया की लंबी दूरी होने के कारण संदेश अपेक्षाकृत देर से पहुँचता है।

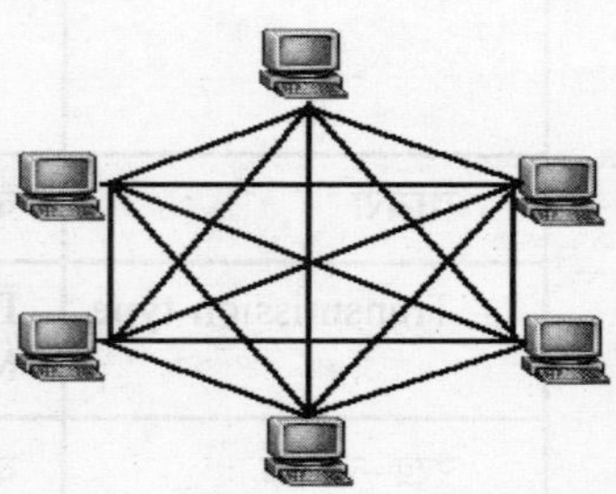

चित्र 15.14. *मेश टोपोलॉजी*

5. *रिंग टोपोलॉजी (Ring Topology)*

इस प्रकार की टोपोलॉजी में प्रत्येक नोड केवल अपने दो पड़ोसी नोड से जुड़ा रहता है। प्रत्येक नोड अपने पड़ोसी नोड से डाटा प्राप्त करता है तथा अगले पड़ोसी नोड को ट्रांसमीट करता है। इस प्रकार डाटा केवल एक दिशा में ही ट्रांसमीट होता है नोड से नोड होता हुआ प्रत्येक रिंग पर। प्रत्येक नोड पर से गुजरने के उपरांत डाटा वापस प्रथम नोड पर आ जाता है जो इसे हटा देता है।

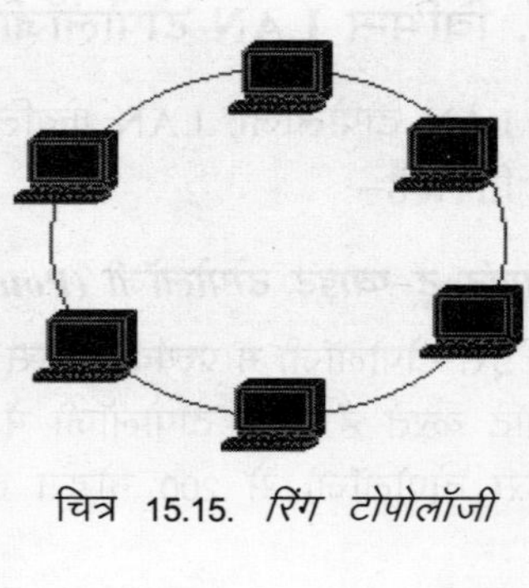

चित्र 15.15. *रिंग टोपोलॉजी*

लाभ

(i) कम लंबाई के केबल की आवश्यकता।

(ii) ऑप्टीकल फाइबर के लिए उपयुक्त।

(iii) वायरिंग क्लोजसेट स्पेस की आवश्यकता नहीं।

सीमाएँ

(i) नोड के फेल होने पर नेटवर्क फेल हो जाता है।

(ii) त्रुटि की पहचान कठिन।

(iii) नेटवर्क को पुनः चालित करना कठिन।

6. *स्टार टोपोलॉजी (Star Topology)*

इस प्रकार की टोपोलॉजी में एक केंद्रीय नोड होता है जिसमें अन्य नोड एक एकल पथ से जुड़े रहते हैं। इस प्रकार की टोपोलॉजी का उपयोग अधिकांश नेटवर्क में किया जाता है।

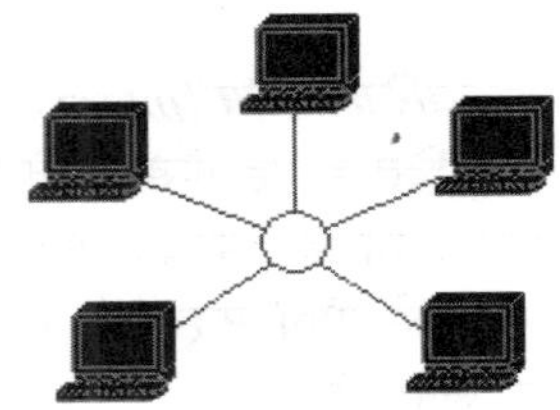

चित्र 15.16. *स्टार टोपोलॉजी*

लाभ

(i) उपयोग में आसान।

(ii) प्रत्येक बिंदु से केवल एक डिवाइस जुड़ा रहता है।

(iii) केंद्रीय नियंत्रण/समस्या की आसानी से पहचान।

(v) सरल प्रोटोकॉल।

हानियाँ

(i) लंबी केबल का उपयोग।

(ii) विस्तार करने में कठिनाई।

(iii) केंद्रीय नोड पर आधारित।

7. *ट्री टोपोलॉजी (Tree Topology)*

यह बस टोपोलॉजी का संशोधित रूप है। इस नेटवर्क में एक केंद्रीय नोड होता है और अन्य नोड्स इसकी शाखाओं के रूप में रहते हैं। इस टोपोलॉजी के द्वारा ट्रांसमीशन बस टोपोलॉजी के समान ही होता है। ऐसे अनुप्रयोग जो डाटा का वंशानुक्रमिक प्रवाह और नियंत्रण रखते हैं उनके लिए ट्री टोपोलॉजी ही अधिक उपयोगी होता है। चूँकि यह 'शुद्ध' नेटवर्क टोपोलॉजी का संशोधित रूप है अतः इसे हाइब्रिड टोपोलॉजी कहते हैं।

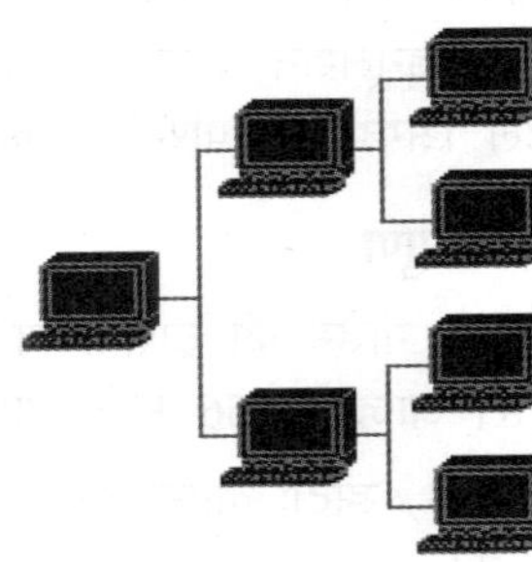

चित्र 15.17. *ट्री टोपोलॉजी*

15.8. मॉडेम (Modem)

एक डॉयल–अप PPP एकाउंट के द्वारा हमारा मॉडेम हमारे ISP (Internet Service Provider) के मॉडेम से बात कर सकता है। आज के समय में 56 Kbps के मॉडेम उपलब्ध हैं। मॉडेम दो प्रकार के हो सकते हैं, जो इस पर निर्भर है कि वह कंप्यूटर के संदर्भ में कहाँ पर हैं:

बाह्य मॉडेम (External Modem)–जैसा कि नाम से विदित है यह मॉडेम कनेक्ट किए गए कंप्यूटर से बाहर होते हैं। इनका अपना पॉवर यूनिट भी होता है। इस मॉडेम को पी.सी. से कनेक्ट करने के लिए एक मानक इंटरफेस की आवश्यकता होती है, जिसे हम RS-232 कहते हैं। यह पोर्ट ज्यादातर कंप्यूटर में उपलब्ध होता है।

चित्र 15.18. *बाह्य मॉडेम*

आंतरिक मॉडेम (Internal Modem)–जैसा कि नाम से विदित है यह मॉडेम कनेक्ट किए गए कंप्यूटर के अंदर होता है। इनका अपना पॉवर यूनिट नहीं होता है। इसे सीधे मदरबोर्ड के एक्सपेंशन स्लॉट में लगाया जाता है।

चित्र 15.19. *आंतरिक मॉडेम*

टेलीफोन पर अलग–अलग प्रोटोकॉल डाटा भेजने के लिए उपलब्ध हैं। धीमी गति पर कार्य करने वाले मॉडेम में कोई कठिनाई नहीं होगी। अधिकतर ऐसे मॉडेम में किसी प्रकार का कष्ट नहीं आता है। हालाँकि तेज गति पर प्रोटोकॉल फिलहाल कम उपलब्ध हैं।

मॉडेम की कार्य प्रणाली

मोडेम एक मोड्यूलेशन–डीमोड्यूलेशन सर्किट है। यह मूलतः इंटरनेट से डॉयल–अप कनेक्शन के लिए प्रयुक्त होता है। टेलीफोन की तार एनालॉग डेटा सिग्नल पर कार्य करती है। दूसरी ओर कंप्यूटर डिजिटल सिग्नल पर कार्य करता है। अतः टेलीफोन लाइन के द्वारा इंटरनेट से कनेक्ट होने के लिए हमें एक माध्यम की आवश्यकता होती है जो एनालॉग को डिजिटल तथा डिजिटल को एनालॉग कर सके। यही सुविधा मॉडेम प्रदान करता है। कंप्यूटर से टेलीफोन पर डाटा भेजते समय कंप्यूटर के डिजिटल सिग्नल एनालॉग में परिवर्तित हो जाते हैं। इस प्रक्रिया को हम मोड्यूलेशन कहते हैं। दूसरी ओर इंटरनेट से डाटा कंप्यूटर में जाने पर टेलीफोन का एनालॉग सिग्नल डिजिटल सिग्नल में परिवर्तित कर दिया जाता है। इस प्रक्रिया को हम डीमोड्यूलेशन कहते हैं।

मॉडेम के गुण

bps - मॉडेम की ट्रांसमीशन की गति को bps (Bits per second) या Kbps (KiloBits per second) में दर्शाया जाता है। आजकल 56 Kbps गति के मॉडेम उपलब्ध हैं।

वाइस/डाटाः वाइस तथा डाटा की सुविधा वाला मॉडेम आम कार्यों के अलावा टेलीफोन संबंधी कार्य भी कर सकता है।

डाटा कंप्रेशनः कुछ मॉडेम डाटा को कंप्रेस करके भेज सकते हैं। इससे डाटा भेजने की गति बढ़ जाएगी। हालाँकि इसके लिए दूसरे छोर पर मोडेम को उसी तकनीक से डाटा को डीकंप्रेस करना पड़ेगा।

फ्लैश मेमोरीः पारंपरिक ROM के बदले कुछ मॉडेम में फ्लैश मेमोरी होती है। ऐसा होने पर कम्यूनिकेशन प्रोटोकॉल को अत्यंत सरलता से अपग्रेड किया जा सकता है।

फैक्सः कई मॉडेम के मॉडल फैक्स मॉडेम हैं। अर्थात उनके द्वारा फैक्स भेजा तथा प्राप्त किया जा सकता है।

अभ्यास-प्रश्न (Exercise-Questions)

1. डाटा संचार के प्रमुख आधारी क्या हैं?
2. संचार माध्यम से क्या समझते हैं?
3. एनालॉग और डिजिटल संचार में क्या अंतर है?
4. क्रमिक और समानांतर संचार में क्या अंतर है?
5. कंप्यूटर नेटवर्क क्या है?
6. कंप्यूटर नेटवर्क के निम्न प्रकारों को समझाइए–
   (*i*) लोकल एरिया नेटवर्क (Local Area Network LAN)
   (*ii*) मेट्रोपोलियन एरिया नेटवर्क
   (*iii*) वायरलेस नेटवर्क
   (*iv*) वाइड एरिया नेटवर्क।
7. LAN टोपोलॉजी क्या है?
8. मॉडेम क्या है?

16

इंटरनेट (Internet)

16.1. क्रमिक विकास (Evolution)

व्यापक अर्थ में इंटरनेट को सर्वत्र उपलब्ध कंप्यूटर्स के नेटवर्क का नेटवर्क कहा जा सकता है। इस नेटवर्क पर सूचनाओं का आदान–प्रदान विद्युत संकेतों के रूप में किया जाता है।

मुख्य रूप से सूचनाओं के आदान–प्रदान के लिए बनाया गया यह नेटवर्क, लगभग 30 वर्ष पूर्व अमेरिका के रक्षा विभाग द्वारा प्रारंभ किए गए एक प्रयोग का परिणाम है। 1960 के दशक में अमेरिकी रक्षा विभाग को एक ऐसे कंप्यूटर नेटवर्क की आवश्यकता महसूस हुई जो परमाणु युद्ध के समय भी कार्य कर सके। इस नेटवर्क की एक प्रमुख विशेषता यह होती थी कि इसके एक भाग के पूर्णतः नष्ट हो जाने की स्थिति में भी शेष पूर्ण रूप से कारगर होगा। इंटरनेट के विकास का क्रम निम्न है–

1. *1962 से 1969*–इस काल में इंटरनेट की परिकल्पना की गई तथा इंटरनेट कागज से निकल कर छोटे से नेटवर्क के रूप में सामने आया।

2. *1970 से 1973*–इस काल में ARPANET परियोजना का विकास किया गया। ARPA (Advanced Research Project Agency) एक सैन्य संगठन था, ने ARPANET को बनाने के संबंध में विचार विमर्श प्रारंभ किया।

3. *1974 से 1981*–इस काल में ARPANET सैन्य रिसर्च से बाहर आया तथा अन्य व्यक्तियों को यह पता लगा कि कंप्यूटर नेटवर्क आम जीवन में कितना उपयोगी है।

4. *1982 से 1987*–इस काल में ARPANET के स्थान पर इंटरनेट शब्द का प्रयोग प्रारंभ किया गया। इसी काल में इंटरनेट प्रोटोकॉल का विकास किया गया।

5. *1988 से 1990*–इस काल में सूचना के सुरक्षित आदान–प्रदान व कंप्यूटर सुरक्षा पर ध्यान देने का कार्य प्रारंभ हुआ।

6. *1991 से 1993*–इस काल में इंटरनेट के वाणिज्यिक उपयोग ने गति पकड़ी।

7. *1994 से 1998*–इंटरनेट युग का सूत्रपात इसी काल में प्रारंभ हुआ।

16.2. प्रोटोकॉल्स (Protocols)

संदेशों के ऐसे प्रारूप जिन्हें औपचारिक रूप से वर्णित किया जाता है, प्रोटोकॉल कहलाते हैं। दो मशीनों के मध्य डाटा के आदान–प्रदान के लिए प्रोटोकॉल का पालन करना अत्यंत आवश्यक है। विभिन्न प्रकार के प्रोटोकॉल निम्न हैं:

1. *POP (Post Office Protocol):* यह क्लाइंट–सर्वर–मॉडल (Client-Server-Model) पर आधारित होता है।

इसका प्रयोग ई–मेल को डाउनलोड या अपलोड करने में किया जाता है। इस प्रोटोकॉल के माध्यम से क्लाइंट सर्वर से ई–मेल प्राप्त करता है।

2. *ICMP (Internet Control Message Protocol)* : यह प्रोटोकॉल, गेटवे (Gateway) व होस्ट (Host) के बीच गलतियों व सूचनाओं को नियंत्रित करता है।

3. *ARP (Address Resolution Protocol)* : इस प्रोटोकॉल की सहायता से इंटरनेट ऐड्रेस को हार्डवेयर ऐड्रेस में परिवर्तित किया जाता है।

4. *RARP (Reverse Address Resolution Protocol)* : यह प्रोटोकॉल ARP के विपरीत होता है। अर्थात् इस प्रोटोकॉल की सहायता से हार्डवेयर ऐड्रेस को इंटरनेट ऐड्रेस में परिवर्तित किया जाता है।

5. *TCP (Transmission Control Protocol)* : इसके द्वारा दो कंप्यूटर्स के मध्य संबंध स्थापित कर डाटा का स्थानांतरण किया जाता है। इस प्रोटोकॉल का प्रयोग अधिकांशतः इंटरनेट प्रोग्राम्स के द्वारा किया जाता है।

इसे कनेक्शन ओरिएंटेड प्रोटोकॉल (Connection Oriented Protocol) भी कहते हैं। यह IP प्रोटोकॉल के साथ संयुक्त होकर TCP/IP बनाता है।

6. *UDP (User Data Program Protocol)* : इसके द्वारा दो कंप्यूटर्स के मध्य कोई संबंध स्थापित नहीं किया जाता है, अर्थात् यह कनेक्शन रहित प्रोटोकॉल है।

7. *FTP (File Transfer Protocol)* : इसके द्वारा एक सिस्टम से दूसरे सिस्टम पर फाइल का स्थानांतरण किया जाता है। यह क्लाइंट–सर्वर–मॉडल पर आधारित होता है। यह क्लाइंट प्रोसेस व सर्वर प्रोसेस के मध्य दो कनेक्शन स्थापित करता है। प्रथम प्रकार का कनेक्शन डाटा के स्थानांतरण हेतु और दूसरे प्रकार का कनेक्शन सूचनाओं को नियंत्रित करने के लिए। यह बाइनरि फाइल और टेकस्ट फाइल दोनों को ही स्थानांतरित कर सकता है। इस प्रणाली के अंतर्गत उपयोगकर्ता यह निर्धारित करता है कि कौन–सी फाइल स्थानांतरित की जाएगी तथा उसे स्थानांतरित करने की विधि क्या होगी। इस कार्य विधि के कुछ चरण निम्न हैं:

(अ) सर्वर से जोड़ना।

(ब) फाइल के स्ट्रक्चर का संचालन करना।

(स) अंत में फाइल को स्थानांतरित करना।

8. *TFTP (Trivial File Transfer Protocol)* : इसके द्वारा भी एक सिस्टम से दूसरे सिस्टम पर फाइल का स्थानांतरण किया जाता है। लेकिन यह FTP के समान गुण प्रदर्शित नहीं करता है। इसकी एकमात्र विशेषता यह है कि यह क्लाइंट प्रोसेस व सर्वर प्रोसेस के मध्य फाइलों को प्राप्त करने और भेजने की योग्यता रखता है।

9. *SMTP (Simple Mail Transfer Protocol)* : यह इंटरनेट पर ई–मेल को सहायता प्रदान करता है। इसके द्वारा विभिन्न उपयोगकर्ताओं के मध्य ई–मेल करने में सुविधा रहती है। इसके अन्य कार्य निम्न हैं:

(अ) किसी संदेश को एक या एक से अधिक प्राप्तकर्ताओं को भेजना।

(ब) ऐसे संदेशों को भेजना जिसमें ध्वनि, टेकस्ट, वीडियो या ग्राफिक्स इमेज शामिल हों।

16.3. इंटरफेस अवधारणा (Interface Concept)

इंटरनेट से जुड़े हुए सभी कंप्यूटर्स का इंटरफेस अलग–अलग होता है। प्रत्येक इंटरनेट सर्विस द्वारा हमारे कंप्यूटर को एक अलग इंटरफेस प्रदान किया जाता है, जैसे–ग्राफिकल इंटरफेस, मेन्यू ड्रिविन इंटरफेस। अतः इंटरफेस का चुनाव करना उपयोगकर्ता पर निर्भर करता है।

16.4. इंटरनेट और इंट्रानेट (Internet and Intranet)

इंट्रानेट किसी कंपनी का आंतरिक नेटवर्क होता है, जो इंटरनेट मानकों का उपयोग करता है, जबकि इंटरनेट

नेटवर्क्स का नेटवर्क है। इंट्रानेट के द्वारा इंटरनेट सॉफ्टवेयर व इंटरनेट प्रोटोकॉल का भी प्रयोग किया जाता है, लेकिन यह सदैव इंटरनेट से स्थायी संबंध नहीं रखता है। इंटरनेट और इंट्रानेट में प्रमुख अंतर निम्न हैं:

इंट्रानेट	इंटरनेट
1. इसके द्वारा LAN को जोड़ा जा सकता है।	इसके द्वारा LAN और WAN दोनों को जोड़ा जा सकता है।
2. इसके द्वारा इंटरनेट मानकों का प्रयोग एक निश्चित जगह में ही किया जा सकता है।	इसके द्वारा इंटरनेट मानकों का प्रयोग विश्वव्यापी रूप में किया जाता है।
3. यह मेल सर्वर व सूचनाओं का प्रयोग व्यक्तिगत न्यूजग्रुप बनाने में करता है।	यह मेल सर्वर व सूचनाओं का प्रयोग सार्वजनिक न्यूजग्रुप बनाने में करता है।
4. इंट्रानेट साइट को बिना इंटरनेट साइट की सहायता के नहीं बनाया जा सकता है।	इंटरनेट साइट को बिना इंट्रानेट साइट के बनाया जा सकता है।
5. इसके द्वारा सूचनाओं का आदान–प्रदान सीमित क्षेत्र में होता है।	इसके द्वारा सूचनाओं का आदान–प्रदान कहीं भी हो सकता है।

16.5. इंटरनेट का विकास (Growth of Internet)

आज के इंटरनेट के इस मूल रूप को ARPANET के नाम से जाना जाता है। इंटरनेट को प्रारूप देने वाले सभी नेटवर्क एक विशेष प्रोटोकॉल पर आधारित होते हैं। सूचनाओं का आदान–प्रदान करने वाले दोनों पक्षों के इस प्रोटोकॉल पर सहमति होने के उपरांत ही वे इंटरनेट का उपयोग कर पाते हैं। 1972 में बढ़ते नेटवर्क के लिए एक मानक बनाने हेतु International Working Group की स्थापना की गई। जिसके प्रथम अध्यक्ष Vinton Cerf हुए जिन्हें आगे जाकर इंटरनेट का पितामह कहा गया।

1982 में समस्त इंटरनेट उपयोगकर्ताओं के लिए एक समान प्रोटोकॉल TCP/IP का विकास किया गया। इसी समय इंटरनेट नाम प्रथम बार प्रयुक्त किया गया।

1985 में National Science Foundation (NSF) ने NSFNET की स्थापना की जो अनुसंधान और शिक्षा संबंधी संचार के लिए स्थापित नेटवर्क का समूह था। ARPANET प्रोटोकॉल पर आधारित NSFNET ने अमेरिका में राष्ट्रीय स्तर पर किसी भी अमेरिकी अनुसंधान और शिक्षण संस्थान को मुफ्त में सेवा प्रदान कर इंटरनेट का मार्ग प्रशस्त किया।

1987 में USENET का निर्माण किया गया। साथ ही इसका वाणिज्यिक उपयोग आरंभ हुआ। 1989 में BITNET और CSNET को मिलाकर Corporation for research नाम की संस्था बनायी गई। 1990, में ARPANET को समाप्त कर दिया गया तथा नेटवर्क्स के नेटवर्क के रूप में इंटरनेट शेष रह गया। 1993 में MOSAIC नामक पहला आलेख आधारित वेब ब्राउसर (wave browser) विकसित किया गया। 1998 में भारत में प्रत्येक स्थान पर इंटरनेट को पहुँचाने का प्रयास आरंभ किया गया।

NSF ने ही इस समय एक और सुविधा पर भी कार्य प्रारंभ किया, जिसे InterNIC के नाम से जाना गया। इस संस्था का कार्य इंटरनेट पर प्रयोग में लाए जाने वाले नए डोमेन रजिस्टर का निर्माण करना था, जो .com, .org, .edu आदि का हिस्सा होते। दूसरे शब्दों में यह कहा जा सकता है कि इस संस्था की जिम्मेदारी यह थी कि इंटरनेट पर बनने वाली प्रत्येक साइट का नाम अद्वितीय हो। वर्तमान में यह कार्य InterNIC, AT&T और Network Solution के साथ मिलकर कर रहा है।

90 के दशक में भारत में इंटरनेट का आरंभ शैक्षणिक अनुसंधान हेतु बनाए गए तंत्र के लिए हुआ जिसे प्रारंभ में ERNET के नाम से जाना जाता था। इंटरनेट का आरंभ United Nations Development Program और भारत सरकार के Department of Electronics द्वारा किया गया। प्रारंभ में यह नेटवर्क मात्र शैक्षणिक और अनुसंधान संस्थाओं तक ही सीमित था।

भारत में सार्वजनिक रूप में प्रथम बार इंटरनेट सेवा 15 अगस्त 1995 में विदेश संचार निगम लि. द्वारा प्रारंभ की गई जब VSNL ने अपना Gateway Internet Access Services प्रारंभ किया। प्रारंभ में GIAS सिर्फ देश के महानगरों के अतिरिक्त पुणे के लिए ही उपलब्ध था। धीरे–धीरे VSNL ने दूरसंचार विभाग के साथ मिलकर इंटरनेट की उपलब्धता को देश के कोने–कोने तक पहुँचाया।

आज इंटरनेट सुविधा को उपभोक्ताओं तक पहुँचाने में VSNL और DoT के अतिरिक्त कई निजी संस्थाएँ भी कार्यरत हैं, जिनमें सत्यम, इंफोवे, एच सी एल आदि प्रमुख हैं।

16.6. ISP

ISP का विस्तारित रूप Internet Service Provider है। इसके द्वारा उपयोगकर्ता को इंटरनेट एकाउंट व ई–मेल एकाउंट प्रदान किया जाता है। अर्थात् यह उपयोगकर्ता को इंटरनेट प्रयोग करने की अनुमति प्रदान करता है।

सामान्यतः ISP के द्वारा उपयोगकर्ता से अपनी सेवाओं के लिए कुछ शुल्क लिया जाता है। लेकिन कुछ सरकारी व शैक्षणिक संस्थानों को मुफ्त में सेवाएँ उपलब्ध कराते हैं। ISP उपयोगकर्ता को NEP (Network Entry Point) या POP (Point of Presence) के माध्यम से इंटरनेट से जोड़ते हैं।

यदि हम अपने ऑफिस में भारत में बैठे हुए विश्व की किसी अन्य वेब साइट से संपर्क करना चाहते हैं, तो उसके लिए हमें अपने कंप्यूटर को स्थानीय इंटरनेट एक्सेस प्रोवाइडर से जुड़ना होगा। नवम्बर 1998 तक भारत में मात्र एक ही इंटरनेट एक्सेस प्रोवाइडर जिसे VSNL के नाम से जाना जाता है, परंतु दिसंबर 1998 में सरकार ने निजी कंपनियों को ISP हेतु लाइसेंस प्रदान किए। निजी कंपनियों में सत्यम कम्यूनिकेशन कंपनी को भारत में प्रथम ISP लाइसेंस प्राप्त हुआ। इसके उपरांत Mantra on Line, Sigma on Line, Dishnet और MTNL ने यह कार्य आरंभ किया। ISP के द्वारा इंटरनेट ऐक्सेस करने की विधियाँ निम्न हैं:

1. *समर्पित कनेक्शन (Dedicated Connection)* : एक Leased Line, 56 kbps या 64 kbps या एक TL लिंक 1.544 Mbps को एक LAN/WAN के गेटवे कंप्यूटर या राउटर/ब्रिज (Router/Bridge) से जोड़ता है।

2. *ऑन डिमांड कनेक्शन (On Demand Connection)* : इसमें उपयोगकर्ता मॉडेम (Modem) की सहायता से डॉयल–अप करके ISP या ISDN नंबर डॉयल करता है।

3. *डॉयल–अप शेल एकाउंट (Dial-up Shell Account)* : इस प्रकार के कनेक्शन में उपयोगकर्ता कंप्यूटर की सहायता से एक कंप्यूटर के साथ कनेक्ट होता है। उपयोगकर्ता X-Modem, Z-Modem या Kermit प्रोटोकॉल की सहायता से डाटा डाउनलोड करता है।

4. *SLIP/PPP एकाउंट (Serial Line Internet Protocol/Point to Point Protocol Account)* : इस प्रकार के कनेक्शन में उपयोगकर्ता के समस्त अनुप्रयोग कंप्यूटर पर रन होते हैं।

5. *Part-time Polled Connection* : इस प्रकार का कनेक्शन UUCP पर आधारित होता है। उपयोगकर्ता संगठन को ई–मेल आदि सुविधाएँ ISP डॉयल–अप कनेक्शन के द्वारा समय अंतरालों पर उपलब्ध होती हैं।

ISP से संबंधित कुछ प्रमुख बिंदु निम्न हैं:

(1) *गति* : ISP के द्वारा प्रदान की गई डाटा स्थानांतरण की दर एक प्रमुख बिंदु है। अतः हमें अधिकतम गति वाले इंटरनेट कनेक्शन को लेना चाहिए।

(2) *इंटरफेस* : इंटरनेट से जुड़े हुए सभी कंप्यूटर्स का इंटरफेस अलग–अलग होता है। प्रत्येक इंटरनेट सर्विस द्वारा हमारे कंप्यूटर को एक अलग इंटरफेस प्रदान किया जाता है, जैसे–ग्राफिकल इंटरफेस, मेन्यू ड्रिविन इंटरफेस। अतः इंटरफ़ेस का चुनाव करना उपयोगकर्ता पर निर्भर करता है।

(3) *संग्रहण क्षमता* : हमें ऐसे ISP का चुनाव करना चाहिए जो अधिक संग्रहण क्षमता प्रदान करता हो।

(4) *सॉफ्टवेयर* : किसी भी कंप्यूटर को किसी अन्य कंप्यूटर से कनेक्ट करने के लिए कम्यूनिकेशन सॉफ्टवेयर की आवश्यकता होती है। प्रायः उपयोग में लाए जाने वाले कम्यूनिकेशन सॉफ्टवेयर निम्न हैं:

Macintosh: Zterm, Versaterm, Microsophonell, Kermit
PC with DOS: Qmodem, Procomm Telemate, Kermit
PC Running Microsoft Windows: Procomm Plus, Netscape Navigator

(5) *सुरक्षा:* किसी उपयोगकर्ता की अनुमति के बिना कोई अन्य उपयोगकर्ता उसकी सूचनाओं का उपयोग न कर सके, ऐसी सुरक्षा ISP के द्वारा प्रदान की जानी चाहिए।

(6) *तकनीकी सुविधाएँ:* ISP के द्वारा उपयोगकर्ता को वांछित और आवश्यक तकनीकी सुविधाएँ प्रदान की जानी चाहिए।

भारत में निम्न Internet Service Provider हैं–

(1) VSNL (विदेश संचार निगम लिमिटेड)
(2) MTNL (महानगर टेलीफोन निगम लिमिटेड)
(3) Satyam On Line
(4) BSNL (भारत संचार निगम लिमिटेड)

इंटरनेट का आकार क्या हो?

इंटरनेट कनेक्शन के आकार का तात्पर्य उसके नेटवर्क के आकार से है, अर्थात् उसकी डाटा स्थानांतरण गति से होता है। डाटा स्थानांतरण की गति को सामान्यतः बिट्स प्रति सेकंड में प्रदर्शित किया जाता है लेकिन कभी–कभी इसे बाइट, किलो बाइट अथवा मेगा बाइट में भी दर्शाया जाता है।

जब कभी भी इस तथ्य पर चर्चा की जाती है कि कितना डाटा, नेटवर्क कनेक्शन पर प्रेषित या प्राप्त किया जा सकता है तब एक और शब्द बहुतायत में प्रयुक्त होता है वह है बैंड विड्थ (Band Width), बैंड विड्थ यह दर्शाता है कि कितनी मात्रा में डाटा नेटवर्क कनेक्शन पर आ या जा सकता है।

उपयोगकर्ता को किस आकार के बैंड विड्थ वाला इंटरनेट कनेक्शन चाहिए यह इस बात पर निर्भर करता है कि वह किस प्रकार के डाटा फाइल का आदान–प्रदान इस नेटवर्क कनेक्शन के माध्यम से करना चाहता है। विभिन्न प्रकार की फाइलों का औसतन आकार लगभग निम्न प्रकार का होता है:

सूचना प्रकार	*फाइल आकार*
ई–मेल संदेश	2.2 KB
बड़े दस्तावेज (20 पेज)	44 KB
ग्राफिक्स चित्र	330 KB
ऑडियो (1 मिनट)	475 KB
वीडियो (1 मिनट)	2400 KB

उदाहरण के लिए माना हम 2.2 KB आकार का ई–मेल नेटवर्क से भेजना चाहते हैं। 2.2 KB का अर्थ $(2.2 \times 1024 \times 8) = 18022$ बिट्स से है। अब यदि नेटवर्क कनेक्शन का आकार 2400 BPS (बिट प्रति सेकंड) है, तो इस संदेश के प्रेषण में लगने वाला समय $18022/2400 = 7.5$ सेकंड्स। विभिन्न बैंड विड्थ पर 22KB का ई–मेल संदेश भेजने में लगने वाला समय निम्नानुसार होगा:

बैंड विड्थ	*लगने वाला समय*
2400 BPS	7.5 सेकंड्स
9600 BPS	1.87 सेकंड्स
19200 BPS	0.938 सेकंड्स
56 KBPS	0.314 सेकंड्स
1 MBPS	0.0175 सेकंड्स
1.5 MBPS	0.0117 सेकंड्स
2 MBPS	0.00879 सेकंड्स

16.7. डॉयल-अप (Dial-up)

टेलीफोन सुविधा उपलब्ध कराने वाली कंपनी के द्वारा डॉयल–अप सेवाएँ प्रदान की जाती हैं। इस सेवा के द्वारा हम लोकल क्षेत्र के एक्सचेंज पर स्थित स्विच के साथ कनेक्ट हो जाते हैं। कनेक्शन स्थापित हो जाने के उपरांत उपयोगकर्ता सूचनाओं का आदान–प्रदान कर सकता है।

डॉयल–अप सेवाओं का प्रयोग टेलीफोन के माध्यम से इंटरनेट को एक्सेस करने के लिए किया जाता है। इसे स्विचिंग सर्विस भी कहते हैं। इस प्रकार के कनेक्शन की बैंड विड्थ (Bandwidth) कम होती है, जो 0 से 400 Hz तक हो सकती है।

डॉयल–अप नेटवर्किंग स्थापित करने के प्रमुख चरण निम्न हैं–

1. कंप्यूटर के डेस्कटॉप में 'Start' बटन पर क्लिक करें।

   ऊपर की ओर खुलती हुई एक सूची दिखायी देगी।

2. इस सूची के 'Setting' विकल्प में 'Control Panel' विकल्प पर क्लिक करें।

   'Control Panel' खुल जाएगा। चित्र 16.1 व 16.2 देखें।

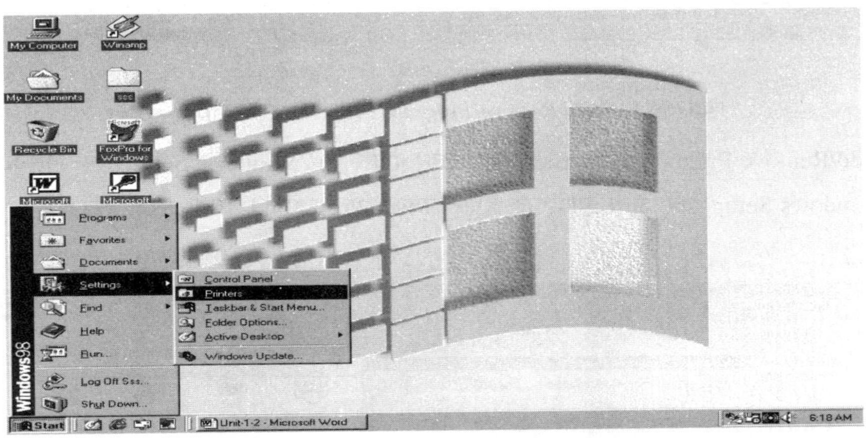

चित्र 16.1

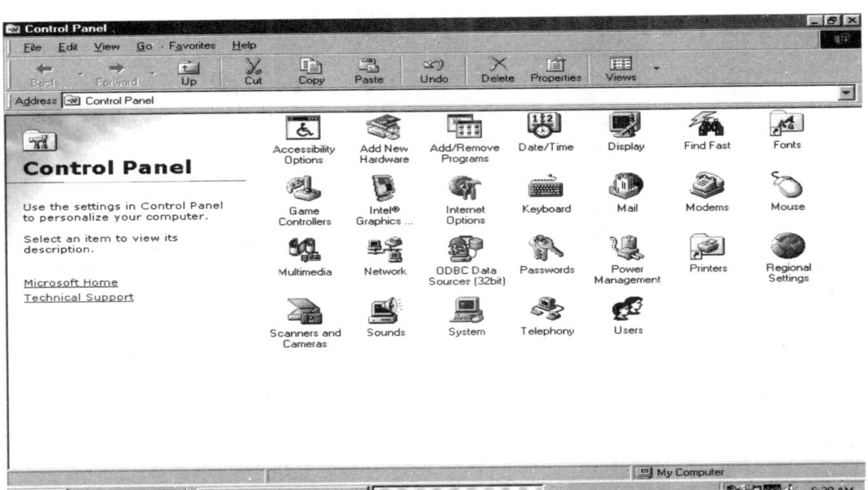

चित्र 16.2. *'Control Panel'*

3. 'Control Panel' में 'Add/Remove Program' पर डबल क्लिक करें।

   'Add/Remove Program Properties' डायलॉग बॉक्स खुल जाएगा। चित्र 16.3 देखें।

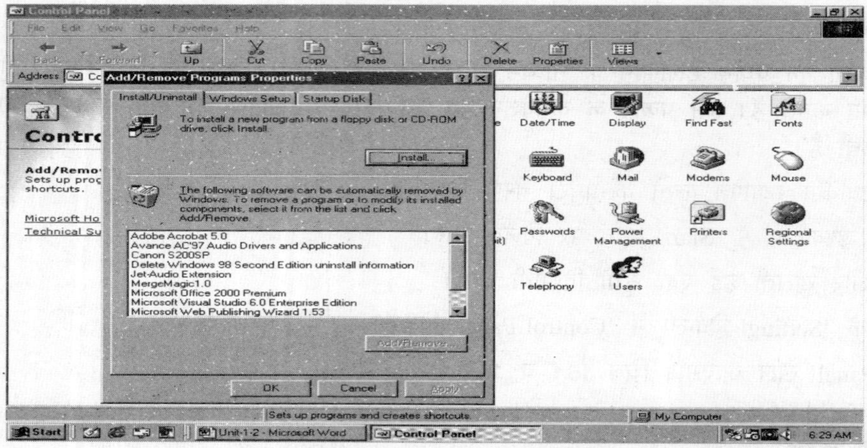

चित्र 16.3. *'Add/Remove Program Properties' डायलॉग बॉक्स*

4. 'Add/Remove Program Properties' डायलॉग बॉक्स में 'Windows Setup' पर क्लिक करें।

   'Windows Setup' की अन्य प्रापर्टीज हमारे समक्ष आ जाएँगी। चित्र 16.4 देखें।

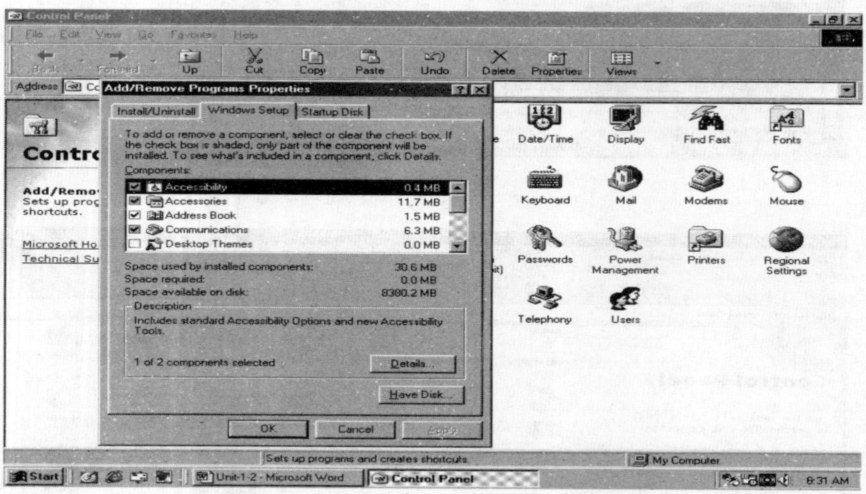

चित्र 16.4. *'Windows Setup' की प्रापर्टीज*

5. 'Windows Setup' में 'Communication' पर डबल क्लिक करें।

   'Communication' प्रापर्टीज खुल जाएगी। चित्र 16.5 देखें।

चित्र 16.5. *'Communication' प्रापर्टी*

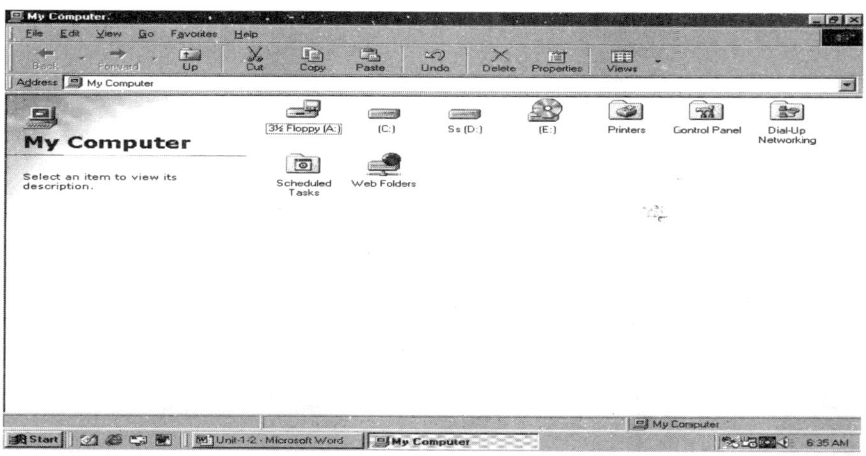

चित्र 16.6. *'My Computer' की विंडो*

6. अब 'Dial-up Networking' के सामने के चेक बॉक्स पर क्लिक करें।

   अंत में 'OK' बटन पर क्लिक करें।

7. परिणाम देखने के लिए डेस्कटॉप में 'My Computer' आइकॉन पर डबल क्लिक करें।

'My Computer' की विंडो खुल जाएगी, जिसमें 'Dial-up Networking' के आइकॉन को देखा जा सकता है। चित्र 16.6 देखें।

16.8. इंटरनेट से जोड़ना (Connectivity with Internet)

इंटरनेट से कनेक्ट होने के लिए सर्वप्रथम हमारे पास ISP द्वारा जारी किया गया User Name और Password होना चाहिए। यदि आप Modem और ISP के साथ Internet Connection का Installation पूरा कर चुके हैं, तो Internet पर पहुँचने के लिए निम्न चरणों का अनुसरण करें:

1. डेस्कटॉप में 'My Computer' Icon पर माउस के बाएँ बटन द्वारा दो बार शीघ्रता से क्लिक करें। 'My Computer' की विंडो खुल जाएगी। निम्न चित्र देखें–

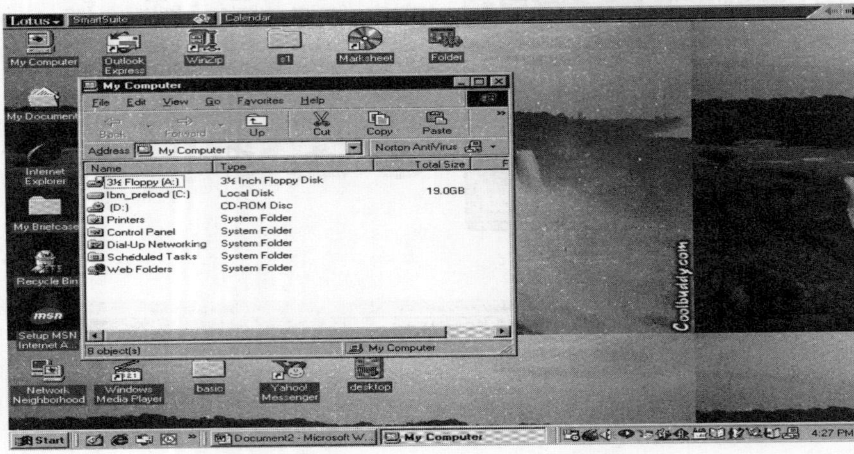

चित्र 16.7. *'My Computer' की विंडो*

2. इस विंडो में 'Dial-Up Networking' आइकॉन पर डबल क्लिक करें। 'Dial-Up Networking' डायलॉग बॉक्स खुल जाएगा। निम्न चित्र देखें–

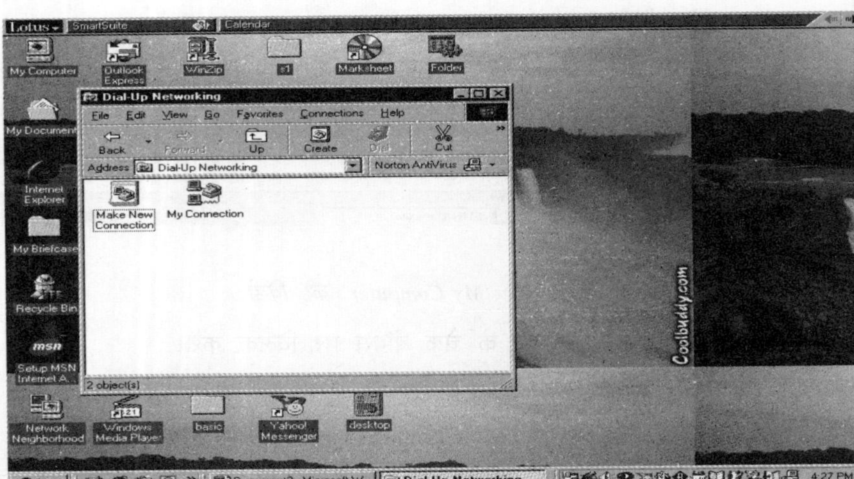

चित्र 16.8. *'Dial-Up Networking' डायलॉग बॉक्स*

3. अब ISP के लिए पहले से बनाये गए आइकॉन 'My Connection' पर डबल क्लिक करें। 'Connect To' डायलॉग बॉक्स खुल जाएगा। चित्र 16.9 देखें–

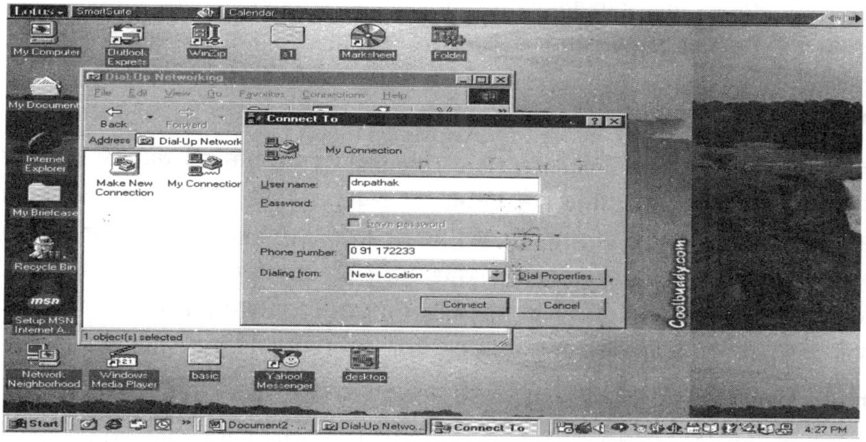

चित्र 16.9. *'Connect To' डायलॉग बॉक्स*

4. 'Connect To' डायलॉग बॉक्स में उस User Name और Password को वांछित स्थान पर टाइप करें जो ISP द्वारा आपको प्रदाय किया गया है। समस्त वांछित प्रविष्टियों के उपरांत 'Connect' बटन पर क्लिक करें।

कुछ क्षणों तक Modem से 'चीं–चीं' आवाज आती है। यह इस बात का संकेत है कि हमारा Modem, ISP के Modem के साथ कनेक्शन की क्रिया में संलग्न है। इस प्रक्रिया को Handshaking कहते हैं।

कुछ क्षण पश्चात् Handshaking की ध्वनि समाप्त हो जाती है और Desktop के दाहिने कोने में दो कंप्यूटर्स एक के ऊपर एक चढ़े हुए दिखाई देते हैं। यह इस बात का द्योतक है कि हमारा कंप्यूटर ISP से जुड़ गया है।

अब टॉस्क बार में e के चिह्न पर क्लिक करते ही Internet Explorer खुल जाता है। निम्न चित्र देखें–

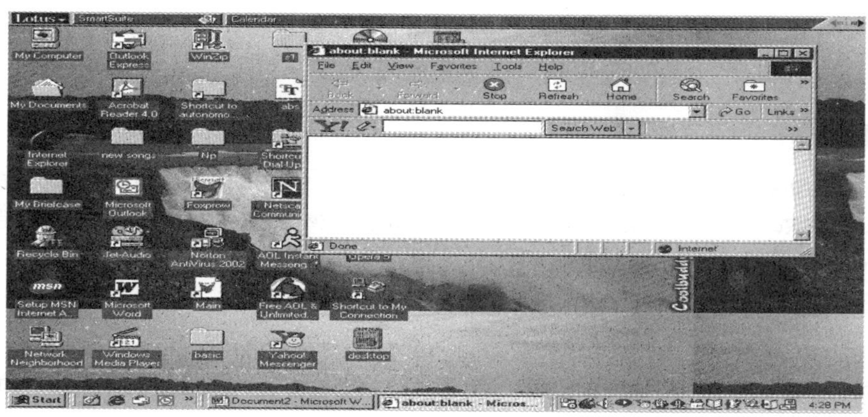

चित्र 16.10. *Internet Explorer*

जहाँ हम वांछित वेब साइट का टंकण कर और उसकी सहायता से वांछित वेब पेज पर पहुँच सकते हैं।

16.9. लीज़्ड लाइन (Leased Line)

यह एक ऐसी सेवा है जो किसी उपभोक्ता के लिए पूरी तरह समर्पित होती है तथा अन्य उपभोक्ताओं के साथ हमेशा जुड़ी होती है। इस प्रकार का कनेक्शन टेलीफोन नेटवर्क में स्विचों के द्वारा स्थापित होता है। वे उपभोक्ता जो इस प्रकार की सेवा का लाभ लेते हैं उन्हें ऐसा महसूस होता है कि कनेक्शन सिर्फ उन्हीं के लिए ही है। कनेक्शन

स्थापित करने के लिए डायलिंग की आवश्यकता नहीं होती है। लीज़्ड लाइन की बैंड विड्थ अधिक होती है। अतः उपभोक्ता के द्वारा कम समय में अधिक मात्रा में डाटा का स्थानांतरण किया जा सकता है।

16.10. VSAT

VSAT का विस्तारित नाम Very Small Aperture Terminal है। यह एक नई खोज है जो बहुत कम दर वाले माइक्रोस्टेशन पर लागू होता है। इन टर्मिनल्स में एंटीना की लंबाई 1 मीटर होती है तथा 1 वॉट की शक्ति होती है। अपलिंक क्षमता 19.2 kbps तक ठीक होती है तथा डाउन लिंक 512 kbps तक होता है। ऐसे VSAT सिस्टम जिनके अंतर्गत माइक्रोस्टेशन किसी अन्य स्टेशन से सीधे जुड़ने की क्षमता नहीं रखते हैं, वे एक विशेष प्रकार के ग्राउंड स्टेशन जोकि बहुत बड़े एंटीना रखते हैं के द्वारा जुड़ते हैं। ये बड़े स्टेशन हब कहलाते हैं, इनके द्वारा VSATs के मध्य सूचनाओं का आदान प्रदान होता है। VSATs प्रायः निम्न तीन विधियों द्वारा बने होते हैं–

1. Point-to-Point: यह दो VSATs को जोड़ने वाला एक Two-Way नेटवर्क है।

2. स्टार नेटवर्क (Star Network): यह मास्टर अर्थ स्टेशन (Master Earth Station) या हब और VSAT को जो दूरस्थ स्थानों पर स्थित हैं, के मध्य मल्टीप्वाइंट कम्यूनिकेशन (Multipoint Communication) की सुविधा प्रदान करता है।

3. मैश नेटवर्क (Mesh Network): इसकी सहायता से वे सभी VSATs जो नेटवर्क की विभिन्न साइट्स पर उपस्थित हैं, सीधे संपर्क कर सकते हैं।

डाटा को विभिन्न सैटेलाइट नेटवर्क पर स्थानांतरित करने हेतु VSATs के द्वारा उपयोग किए जाने वाले नेटवर्क प्रोटोकॉल निम्न हैं–

(a) Frequency Division Multiple Access (FDMA)
(b) Time Division Multiple Access (TDMA)
(c) Code Division Multiple Access (CDMA)
(d) Frequency Time Division Multiple Access (FTDMA)

VSATs का प्रयोग प्रायः Financial Institution द्वारा किया जाता है। जैसे बैंक इत्यादि।

16.11. URL

URL का विस्तारित नाम Uniform Resource Locator है। यह एक निश्चित मापक है जो किसी सूचना को इंटरनेट पर व्यक्त करता है। एक URL वेब पर किसी भी साइट अथवा वेब पेज का ऐड्रेस होता है, उदाहरण के लिए http://www.microsoft.com/ms.htm

एक URL के मूलतः निम्न चार भाग होते हैं–

प्रथम भाग उस प्रोटोकॉल को दर्शाता है जिसका प्रयोग कर इस डाकुमेंट को प्राप्त करने के लिए किया जा रहा है। उपरोक्त उदाहरण में http वह प्रोटोकॉल है। इसके अतिरिक्त ftp और telnet ऐसे प्रोटोकॉल हैं, जिनका प्रयोग अधिकांशतः किया जाता है।

URL का दूसरा भाग उस होस्ट कंप्यूटर का नाम होता है जिस पर वांछित डाकुमेंट संग्रहित है। उक्त URL में हम microsoft के होस्ट कंप्यूटर पर रखे डाकुमेंट को प्राप्त करना चाहते हैं। URL के इस भाग को डोमेन भी कहा जाता है। सामान्यतः डोमेन नेम के अंत में दिया गया शब्द .com उस संस्था की प्रकृति के बारे में जानकारी देता है। जैसे .com व्यवसायिक संस्थाओं के लिए, .edu शैक्षणिक संस्थाओं के लिए, .gov सरकारी संस्थाओं के लिए प्रयोग में लिए जाते हैं।

कई बार डोमेन के अंत में देश का कोड भी संलग्न होता है। जैसे http://www.msn.co.uk इंग्लैंड का और http://www.msn.co.in भारत का होने का संकेत देता है।

URL का तीसरा भाग उस डॉयरेक्टरी को दर्शाता है जिसमें डाकुमेंट संग्रहित किया हुआ है। चौथा भाग उस डाकुमेंट अथवा फाइल को जिसे हम अपने ब्राउजर में लाना चाहते हैं। उपरोक्त URL में वह डाकुमेंट **ms.htm** है, जो होस्ट कंप्यूटर की रूट डॉयरेक्टरी में संग्रहित है। इसलिए यहाँ तीसरे भाग के रूप में किसी भी डॉयरेक्टरी का नाम नहीं दर्शाया गया है। परंतु यदि हम http://www.microsoft.com/windows/default.asp में देखें तो windows वह डायरेक्टरी है, जिसमें default.asp नामक डाकुमेंट संग्रहित किया गया है।

16.12. डोमेन नाम (Domain Name)

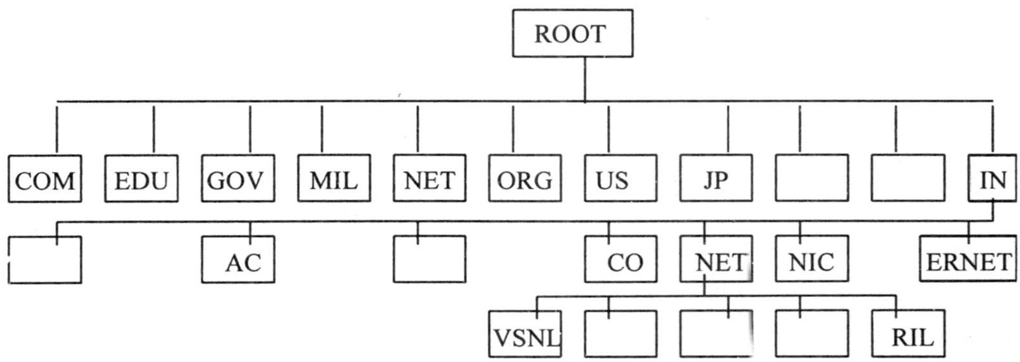

चित्र 16.11. *इंटरनेट संरचना*

किसी व्यक्ति या शहर के नाम के समान इंटरनेट से जुड़े हुए कंप्यूटर्स को भी डोमेन नाम प्रणाली के अंतर्गत शब्दों में नाम प्रदान किए जाते हैं, ताकि उस कंप्यूटर की स्थिति को जाना जा सके। इंटरनेट से जुड़े प्रत्येक होस्ट कंप्यूटर का एक डोमेन नाम अवश्य होता है। इन शब्दों से बने डोमेन नाम के समानांतर ही इन कंप्यूटर्स को एक अंकों पर आधारित इंटरनेट प्रोटोकॉल पता (IP Address) भी दिया जाता है, अर्थात् इंटरनेट से जुड़े हुए प्रत्येक होस्ट कंप्यूटर का एक डोमेन नाम व इंटरनेट प्रोटोकॉल पता अवश्य होता है।

डोमेन नाम की सहायता से किसी भी कंप्यूटर के संस्थान व उसकी भौतिक स्थिति का पता लगता है, अर्थात् वह कंप्यूटर किस देश का है, किस संस्थान का है व वह किस प्रकार का है इनका अनुमान सरलता से लग जाता है। डोमेन नाम को समझने के लिए हम निम्न उदाहरण को लेते हैं–

माना barc.res.rnet.in

किसी कंप्यूटर का डोमेन नाम है। इसे निम्न प्रकार दायीं ओर से समझा जा सकता है:

1. यह .in अर्थात् INDIA में स्थित है।
2. यह rnet अर्थात् रिसर्च नेटवर्क के अंतर्गत है।
3. यह res अर्थात् रिसर्च से संबंधित है।
4. इस कंप्यूटर का नाम BARC है, जो संभवतः किसी संस्थान का नाम है।

इंटरनेट के अंतर्गत 6 ऐसे भी डोमेन हैं जो भौगोलिक स्थिति पर आधारित नहीं है अर्थात् इनके साथ देश का कोड नहीं लगा है। वे निम्न हैं–

.com	वाणिज्यिक संस्थानों के लिए।
.edu	शिक्षण संस्थानों के लिए।
.gov	शासकीय संस्थानों के लिए।
.mil	सैन्य संस्थानों के लिए।

.net	इंटरनेट के अंदर ही अन्य नेटवर्क संस्थानों के लिए।
.org	उन संस्थानों के लिए जो न तो वाणिज्यिक और न ही शिक्षा में आते हैं।

टीपः .com, .edu, .gov डोमेन अमेरिका स्थित हैं। अमेरिकन डोमेन में .us देश का नाम नहीं लगाते हैं। अर्थात् जहाँ देश का नाम .in, .au, .uk, नहीं होता वह सर्वर अमेरिका स्थित है।

IP पता प्रणाली

IP पता प्रणाली के अंतर्गत इंटरनेट से जुड़े समस्त होस्ट कंप्यूटर्स को अंकों के एक समूह का उपयोग करते हुए अलग–अलग ऑक्टेल संख्या प्रदान किया जाता है। यहाँ ऑक्टेल अंकों का समूह उस कंप्यूटर का IP पता कहलाता है। जब किसी कंप्यूटर से डाटा का आदान–प्रदान करने के लिए हम डोमेन नाम प्रणाली के अनुसार उस कंप्यूटर का इंटरनेट पता शब्दों में अपने कंप्यूटर को देते हैं तो हमारा सर्वर कंप्यूटर इस पते को IP पते में अर्थात् निर्धारित अंकों में परिवर्तित करता है। इसके उपरांत ही कनेक्शन की प्रक्रिया आगे बढ़ती है। इंटरनेट से जुड़े हुए प्रत्येक कंप्यूटर का अलग–अलग IP पता अर्थात् नंबर होता है।

IP पते के चार भाग होते हैं और ये सभी भाग डॉट (.) द्वारा एक दूसरे से जुड़े होते हैं। उदाहरण के लिए दिल्ली स्थित VSNL सर्वर के IP पते को लें: 202.54.15.1

टीपः IP पते को सदैव बायीं ओर से दायीं ओर तथा डोमेन नाम को दायीं ओर से बायीं ओर पढ़ा जाता है। यहाँ 202.54.15.1 भारत के VSNL को दिया गया IP पता है जिसे हम निम्न प्रकार पढ़ेंगे:

202.54	in.net
15	vsnl
1	दिल्ली स्थित सर्वर

1 से 254 तक का अंक प्रदान कर VSNL द्वारा देश में कुल 254 सर्वर स्थापित किया जा सकता है। इस IP पता प्रणाली को निम्न टेलीफोन नंबर द्वारा सरलता से समझा जा सकता है, माना किसी अन्य देश में बैठा कोई व्यक्ति भोपाल में 2761419 फोन नंबर पर वार्ता करना चाहता है, तो उसे 0091 0755 2761419 डॉयल करना होगा, अर्थात् सर्वप्रथम भारत का कोड 0091, तत्पश्चात् भोपाल का कोड 0755 और फिर वांछित नंबर 276149। इसी प्रकार इंटरनेट पर भी वांछित कंप्यूटर तक पहुँचने के लिए IP पते में सर्वप्रथम उसकी भौगोलिक स्थिति अनुसार कोड, तत्पश्चात् नेटवर्क का कोड, इसके उपरांत संस्थान का कोड फिर वांछित कोड टाइप करना होगा।

डोमेन नाम का पंजीकरण

IP पता एवं डोमेन नाम प्रदाय करने का कार्य IANA (इंटरनेट असाइंड नंबर अथॉरिटि) नामक प्राधिकरण INTERNIC (इंटरनेट नेटवर्क इंफारमेशन सेंटर) के द्वारा करता है। यदि हम INTERNIC से अपने डोमेन नाम का पंजीकरण करवाना चाहते हैं तब हमें वर्तमान दर से INTERNIC को भुगतान करना होगा। इसके पश्चात हमारा डोमेन नाम 2 वर्षों के लिए पंजीकृत हो जाता हैतथा डोमेन नाम के अंत में .com, .edu या .org लगा होगा।

लेकिन यदि हम भारत में डोमेन नाम पंजीकृत करवाना चाहते हैं, तो हमें भारत के लिए निर्धारित क्षेत्रीय पंजीकरण इकाई NCST (नेशनल सेंटर फॉर सॉफ्टवेयर टेक्नॉलाजी) मुंबई को आवेदन करना होगा। प्रदाय किए गए डोमेन नाम के अंत में .in लगा होगा। IN डोमेन के अंतर्गत द्वितीय स्तर पर सब–डोमेन के रूप में ERNET (Education &Research NET) शैक्षणिक एवं खोज संस्थाओं हेतु, NIC-नेशनल इंफारमेटिक्स सेंटर हेतु, NET-इंटरनेट सर्विस प्रोवाइडर हेतु आदि डोमेन हैं।

तृतीय स्तर के डोमेन के रूप में वह संस्थान जिसके लिए डोमेन नाम प्रदाय किया जा रहा है के नाम का उपयोग किया जाता है। उदाहरण के लिए 'vsnl.net.in'

यदि हम अपने संस्थान के लिए डोमेन नाम का पंजीकरण कराना चाहते हैं, तो हम आवश्यक आवेदन पत्र domainreg@sangam.ncst.ernet.in से इलेक्ट्रॉनिक विधि से मेल भेज कर प्राप्त कर सकते हैं। आवेदन पत्र को

पूरी तरह से भरकर वापस उपरोक्त पते पर ही भेजना होता है। यदि हम समस्त आवश्यक अर्हताएँ पूर्ण करते हैं, तो NCST हमारे डोमेन नाम का पंजीकरण कर लेता है।

भारतीय सर्वर–

net.in	नेटवर्क सुविधा उपलब्ध कराने वाले संस्थानों हेतु
co.in	व्यवसायिक संस्थानों हेतु
gov.in	शासकीय संस्थानों हेतु
res.in	रिसर्च संस्थानों हेतु
ac.in	शैक्षणिक संस्थानों हेतु

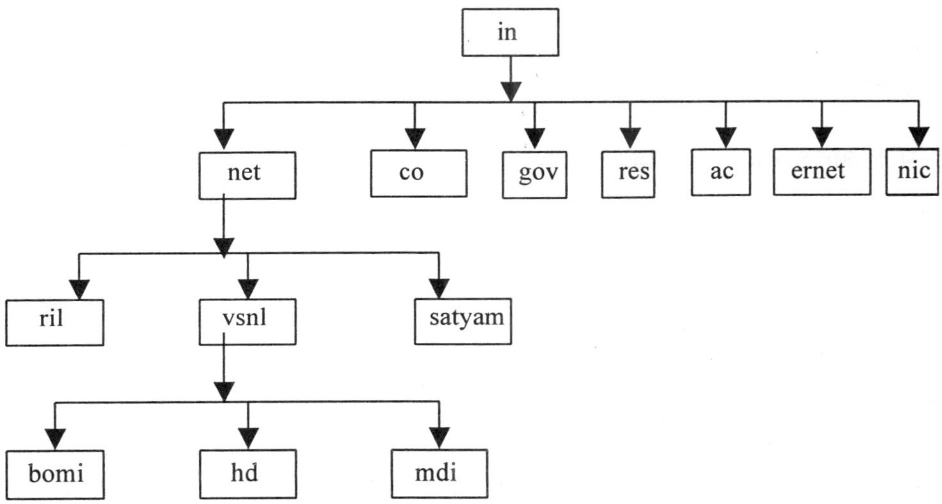

चित्र 16.12. *भारत की इंटरनेट संरचना*

16.13. पोर्टल (Portals)

Portal से तात्पर्य इलेक्ट्रॉनिक पोर्टल (Electronic Portal) से है। यह ऐसी वेबसाइट है जिसके द्वारा हमें विभिन्न वस्तुओं के क्रय–विक्रय से संबंधित जानकारी प्राप्त होती है। जैसे yahoo.com एक पोर्टल है।

e-Portal के माध्यम से उपयोगकर्ता अपने स्थान पर बैठे–बैठे कुछ भी क्रय और विक्रय कर सकता है। इस प्रकार की सुविधा में उपयोगकर्ता को सिर्फ वेबसाइट पर लिखी प्रविष्टियाँ भरनी होती हैं, व कंपनी को अपना पता देना होगा ताकि वह अपने एजेंट के माध्यम से हमें वांछित वस्तुएँ उपलब्ध करा सके।

16.14. अनुप्रयोग (Application)

हम इंटरनेट का प्रयोग दो रूपों में कर सकते हैं। एक, संचार माध्यम के रूप में और दूसरा, सूचनाओं के स्रोत के रूप में। संचार माध्यम के रूप में हम इंटरनेट के विभिन्न अनुप्रयोगों का प्रयोग व्यक्ति से व्यक्ति तक और व्यक्ति से समूह को संबोधित करने के लिए कर सकते हैं।

सूचनाओं के स्रोत्र के रूप में इंटरनेट के तीन अनुप्रयोगों को मुख्य रूप से उपयोग में लाया जाता है। इनमें सबसे प्रसिद्ध है www (world wide web) जहाँ जानकारियों का भंडार web pages के रूप में उपलब्ध है। इसके अतिरिक्त FTP और TELNET को भी इस श्रेणी में लिया जा सकता है, जो इंटरनेट पर उपलब्ध विशेष प्रकार के

कंप्यूटर्स से फाइलों के रूप में संग्रहित सूचनाओं को हमारे कंप्यूटर सिस्टम तक पहुँचाने का कार्य करती हैं। www पर सूचनाओं को वेब पेज के रूप में संग्रहित किया जाता है।

हम भले ही समाज के किसी भी वर्ग से संबंध रखते हों इंटरनेट के उपरोक्त अनुप्रयोग किसी न किसी रूप में हमारे लिए उपयोगी हो सकते हैं। यदि हम छात्र हैं, तो एक ओर ई–मेल और चैट की सहायता से हम किसी भी विषय के विशेषज्ञों से परामर्श ले सकते हैं, वहीं दूसरी ओर www पर उपलब्ध ज्ञानवर्धक साइट्स पर वांछित जानकारी प्राप्त कर सकते हैं।

व्यापारियों के लिए इंटरनेट के कई अनुप्रयोग उपयोगी हो सकते हैं। इंटरनेट पर चल रहे व्यवसाय को ई–कामर्स कहा जाता है। जब दो व्यापारिक संस्थाएँ इंटरनेट के विभिन्न अनुप्रयोगों का उपयोग करते हुए आपस में व्यापार करती हैं, तब ऐसे व्यापार को B2B ई–कामर्स के रूप में जाना जाता है, जबकि एक व्यवसायिक संस्था और उपभोक्ताओं के मध्य होने वाले व्यवसाय को B2C के नाम से जाना जाता है।

हमारे देश में आज़ कई गाँव भी इंटरनेट से जुड़ चुके हैं, जहाँ अनाज मंडी में किसी भी वस्तु का मूल्य और मौसम की जानकारी प्राप्त कर ग्रामीण सूचना प्रौद्योगिकी का भरपूर लाभ उठा रहे हैं।

16.15. ई–मेल अवधारणा (E-Mail Concept)

ई–मेल वह प्रणाली है जोकि कंप्यूटर और सॉफ्टवेयर का उपयोग करते हुए इस प्रकार विकसित की गई है जिसके द्वारा कोई भी व्यक्ति अपने कंप्यूटर से जुड़े हुए किसी भी दूसरे व्यक्ति को कोई संदेश, दस्तावेज या सूचना इलेक्ट्रॉनिक माध्यम से दे सकता है।

साधारण डाक के द्वारा विभिन्न संदेशों को एक स्थान से दूसरे स्थान तक भेजने में जो प्रक्रिया अपनानी पड़ती है उसमें भी अधिक समय लगता है एवं पत्रों के सही समय पर न पहुँचने अथवा खो जाने की आशंका भी बनी रहती है। इन पत्रों के द्वारा गोपनीयता के भंग होने का खतरा भी बना रहता है। लेकिन ई–मेल में ऐसा नहीं होता है।

इस प्रक्रिया के अंतर्गत संदेश भेजने वाला व्यक्ति सर्वप्रथम विभिन्न दस्तावेजों या सूचनाओं को इलेक्ट्रॉनिक रूप से कंप्यूटर पर तैयार करता है एवं फिर इसे प्राप्तकर्ता को विभिन्न इलेक्ट्रॉनिक संचार माध्यमों द्वारा स्थानांतरित कर देता है। वहाँ पहुँचकर ये संदेश उस प्राप्तकर्ता कंप्यूटर की मेमोरी में संग्रहित हो जाते हैं एवं प्राप्तकर्ता द्वारा पढ़े एवं उपयोग किए जा सकते हैं। इस प्रणाली में दो प्रकार की व्यवस्थाएँ होती हैं। प्रथम पद्वति में सर्वर कंप्यूटर की मेमोरी में एक भाग ई–मेल के लिए निर्धारित कर दिया जाता है एवं इस भाग में कई छोटे–छोटे स्थान प्रत्येक संदेशकर्ता के लिए निश्चित एवं आरक्षित किए जा सकते हैं जिन्हें मेल बॉक्स कहते हैं। प्राप्तकर्ता कंप्यूटर की संचालन प्रणाली इन विभिन्न संदेशों को उनके भेजने वाले के अनुसार आरक्षित स्थान पर एकत्रित की जाती है, एवं प्राप्तकर्ता जब भी चाहे वह इन विभिन्न मेल बॉक्सेज से संबंधित मेल को प्राप्त कर सकता है। दूसरी पद्वति में विभिन्न संदेशों को किन्हीं विशिष्ट अलग–अलग बॉक्सेज में एकत्रित न करते हुए, उनके प्राप्ति के समय अनुसार क्रमबद्ध रूप में एकत्रित किया जाता है एवं उपयोगकर्ता उन विभिन्न संदेशों को समय मिलने पर एक–एक कर पढ़ सकता है। यदि भविष्य में इनकी आवश्यकता हो तो इन्हें कहीं अन्यत्र संग्रहित कर रखा जा सकता है।

कुछ ई–मेल सिस्टम मल्टीमीडिया की विशेषताएँ भी रखते हैं। ये विशेषताएँ किसी प्रयोगकर्ता को ई–मेल संदेश के अतिरिक्त, चित्र व आवाज भी भेजने में सहायता प्रदान करती हैं।

ई–मेल में निम्न चरणों का अनुसरण किया जाता है–

1. ई–मेल प्रोग्राम का आरंभ।
2. वह पता लिखना जहाँ हमें ई–मेल भेजना है।
3. ई–मेल प्रोग्राम की सहायता से संदेश टाइप करना।
4. संदेश भेजने के लिए कमांड देना।

ई–मेल प्रोग्राम को मेल यूजर एजेंट (Mail User Agent) कहते हैं। क्योंकि यह किसी प्रयोगकर्ता की जगह कार्य करता है। यह प्रोग्राम किसी प्रयोगकर्ता व कंप्यूटर के बीच मध्यस्थ की भूमिका अदा करता है।

ई–मेल के माध्यम से संदेश भेजने के उपरांत वह संदेश कई भागों में विभाजित कर दिया जाता है। इन भागों को पैकेट कहते हैं। इसका आकार भेजे गए संदेश पर निर्भर करता है। पैकेट के निम्न भाग होते हैं–

1. भेजने वाले प्रयोगकर्ता का ई–मेल पता।
2. प्राप्त करने वाले प्रयोगकर्ता का ई–मेल पता।
3. संदेश जिसकी लंबाई 1 से 1500 अक्षरों के मध्य हो। (एक पैकेट = 1500 बिट्स)

ई–मेल के विभिन्न भाग निम्न हैं–

1. *हेडर (Header) :* यह उपयोगकर्ता व ई–मेल निकाय को ई–मेल निकाय के विभिन्न भागों के बारे में बताता है। प्रत्येक हेडर का एक निश्चित नाम व निश्चित उद्देश्य होता है। कुछ हेडर्स के उदाहरण निम्न हैं–

Return-Path	किसी ई–मेल का उत्तर देने के लिए प्रयोग किया जाता है।
Date	यह ई–मेल भेजने वाले का पता बताता है।
From	यह ई–मेल प्राप्त करने वाले का पता बताता है।
Subject	यह ई–मेल के विषय के बारे में बताता है।

2. *मैसेज बॉडी (Message Body) :* यह ई–मेल का वह भाग है जो ई–मेल भेजने वाले का संदेश रखता है।

3. *सिग्नेचर (Signature) :* यह कोई हस्ताक्षरित नाम नहीं होता है, वरन यह पंक्तियों का एक क्रम होता है, जोकि ई–मेल भेजने वाले व्यक्ति के बारे में जानकारी देता है। ई–मेल के इस भाग का प्रयोग वांछनीय है। अर्थात् यदि हम चाहें तो इस भाग का प्रयोग न करें।

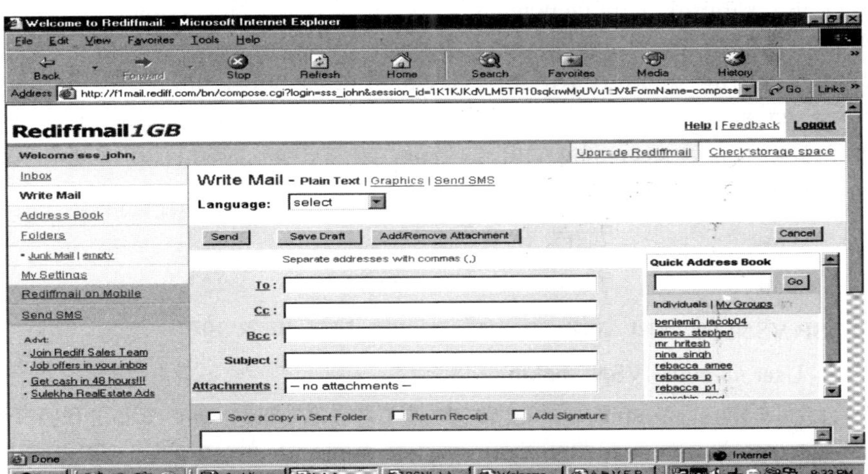

चित्र 16.13

16.16. POP और WEB आधारित ई-मेल (POP and WEB based E-Mail)

विभिन्न वेबसाइटों द्वारा उपलब्ध ई–मेल सेवाएँ POP (Post Office Protocol) और WEB आधारित होती हैं। POP वह प्रोटोकॉल है जिसका उपयोग ई–मेल को डाउनलोड और अपलोड करने में किया जाता है।

सर्वप्रथम हॉटमेल ने ई–मेल सेवाओं का आरंभ किया था। वर्तमान में www.hotmail.com विश्व की सबसे

बड़ी ई–मेल देने वाली इंटरनेट कंपनी है। इसे एक भारतीय सबीर भाटिया द्वारा विकसित किया गया था। बाद में माइक्रोसॉफ्ट कंपनी द्वारा इसे 70 लाख डालर में क्रय कर लिया गया।

WEB आधारित कुछ अन्य ई–मेल साइट निम्न हैं–

(i) www.yahoo.com
(ii) www.rediff.com
(iii) www.netaddress.com
(iv) www.Indiatimes.com
(v) www.sify.com

16.17. ई-मेल के लाभ (Advantages of E-Mail)

ई–मेल के विभिन्न लाभ निम्न हैं–

1. ई–मेल के माध्यम से पत्रों और संदेशों के साथ–साथ विभिन्न फाइल, डाटा, चित्र तथा कई अन्य प्रकार के डाकुमेंट भेज सकते हैं।
2. ई–मेल के लिए दिया गया मूल्य भेजे गए संदेशों की संख्या व आकार पर निर्भर करता है न कि दूरी पर।
3. कोई भी रिसीवर ई–मेल को रोक नहीं सकता।
4. ई–मेल संदेशों के खो जाने का डर नहीं होता है।
5. कोई भी ई–मेल कुछ सेकंड में ही अपने पते पर पहुँच जाती है।
6. ई–मेल भेजते या प्राप्त करते समय कोई भी व्यक्ति या माध्यम अवरोध उत्पन्न नहीं कर सकता है।

16.18. ई-मेल का पता (Address of E-mail)

ई–मेल का पता सामान्यतः User @ domain के रूप में रहता है। यहाँ domain का अर्थ है नोड (node) जो नेटवर्क से जुड़ा हुआ है। यथा Chip @ Chip-India.com ई–मेल पते में समस्त जानकारियाँ निहित रहती हैं। यह आवश्यक नहीं है कि यह व्यक्तिगत स्तर का हो। एक ही संदेश अनेकों नोड के पते पर भी प्रेषित किया जा सकता है। ई–मेल पते के दो भाग होते हैं। प्रथम व्यक्ति या समूह की आइडेंटटी (identity) और द्वितीय ISP की आइडेंटटी। ये दोनों भाग @ से पृथक किए जाते हैं। **.com** इस बात का संकेत करता है कि चिप एक व्यापारिक संस्थान है। अन्य विस्तार निम्न प्रकार भी हो सकते हैं–

.Gov	शासन से संबंधित
.edu	शैक्षणिक कार्यों से संबंधित

भारत में ISP VSNL के साथ संबद्ध व्यक्तियों का पता निम्न प्रकार होगा:

User @ com3.VSNL.net.in

टीपः 15 अक्टूबर 2004 को TIOL को महोदय प्रेम चंद गुप्त (मिनिस्टर ऑफ स्टेट फॉर कंपनी अफेयर्स) द्वारा दिए गए एक साक्षात्कार में कहा गया कि 'कंपनी एक्ट के अंतर्गत ई–मेल प्रमाणिक रूप में ग्राह्य होगा।

16.19. ई-मेल भेजने और प्राप्त करने के आधारी (Basics of Sending and Receiving E-MAIL)

इंटरनेट में ई–मेल भेजने तथा प्राप्त करने की बहुत अच्छी तथा उपयोगी सुविधा है। इंटरनेट एक्सप्लोरर, माइक्रोसॉफ्ट आउटलुक या आउटलुक एक्सप्रेस सॉफ्टवेयर के द्वारा हम इंटरनेट से जुड़े दूसरे व्यक्तियों इलेक्ट्रॉनिक मेल का आदान–प्रदान कर सकते हैं। हम अपने संदेशों को फोल्डरों में व्यवस्थित करके रख सकते हैं और भेजे जाने वाले संदेशों में अपने हस्ताक्षर भी कर सकते हैं।

इन सॉफ्टवेयर्स में ऐड्रेस–बुक (address – book) की सुविधा भी उपलब्ध है, जिसमें हम उन लोगों के ई–मेल

पते संग्रहित कर सकते हैं, जिनके साथ हमारा इलेक्ट्रॉनिक पत्र व्यवहार होता है और उस पुस्तिका के पते चुनकर संदेशों में भर सकते हैं। इन सभी साफ्टवेयर्स की कार्यप्रणाली लगभग एक ही जैसी है। यहाँ हम rediff के माध्यम से ई–मेल सुविधा का उपयोग करने के बारे में चर्चा करेंगे।

ई–मेल पढ़ने हेतु निम्न चरणों का अनुसरण करें–

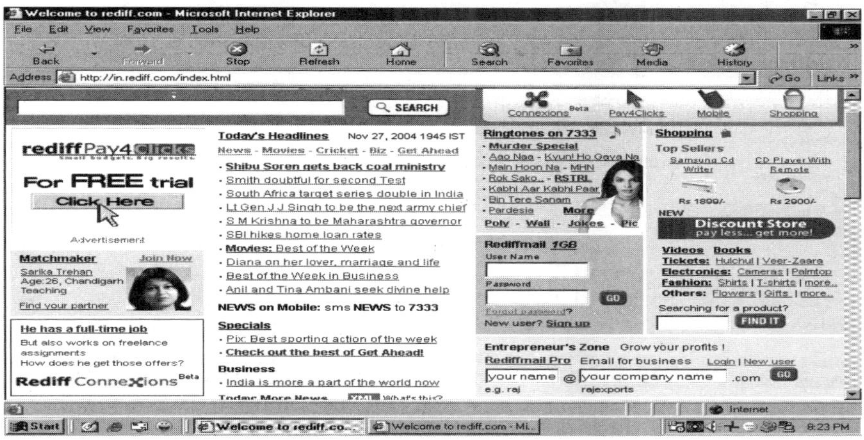

चित्र 16.14. *rediff साइट की विंडो*

1. इंटरनेट एक्सप्लोरर की विंडो में www.rediff.com साइट को टाइप कर 'Go' बटन को क्लिक करें। rediff साइट की विंडो खुल जाएगी। चित्र 16.14 देखें–

2. इस विंडो में निर्धारित स्थान पर 'User Name' और 'Password' टाइप कर 'Go' बटन पर क्लिक करें। ऐसा करते ही स्क्रीन पर rediff प्रोग्राम में 'Inbox' फोल्डर की विंडो खुल जाएगी। निम्न चित्र देखें–

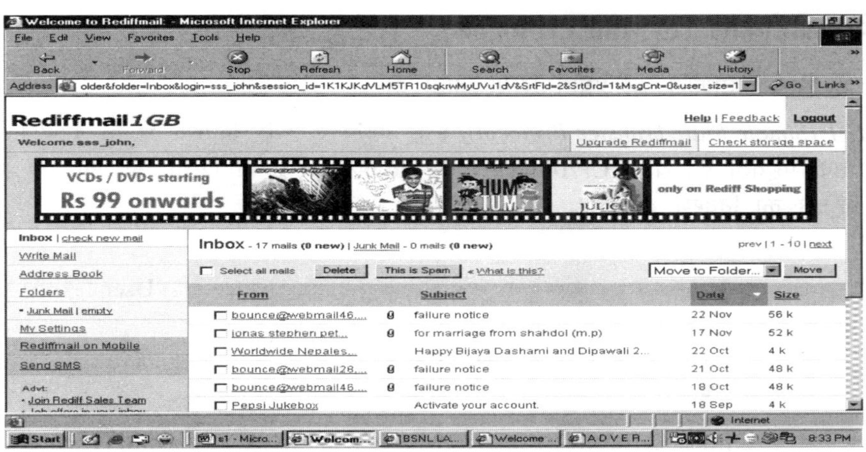

चित्र 16.15. *rediff का 'Inbox' विंडो*

इस विंडो में आई हुई ई–मेल की सूची तथा अन्य बटन स्थित होते हैं। मेल किस दिनांक को आई है यह भी अंकित होता है। हम वांछित मेल को क्लिक कर उसे पढ़ सकते हैं।

ई–मेल भेजने के लिए निम्न चरणों का अनुसरण करें–

1. rediff प्रोग्राम में 'Write Mail' विकल्प पर क्लिक करें।

ऐसा करते ही 'Write Mail' बॉक्स खुल जाएगा। निम्न चित्र देखें–

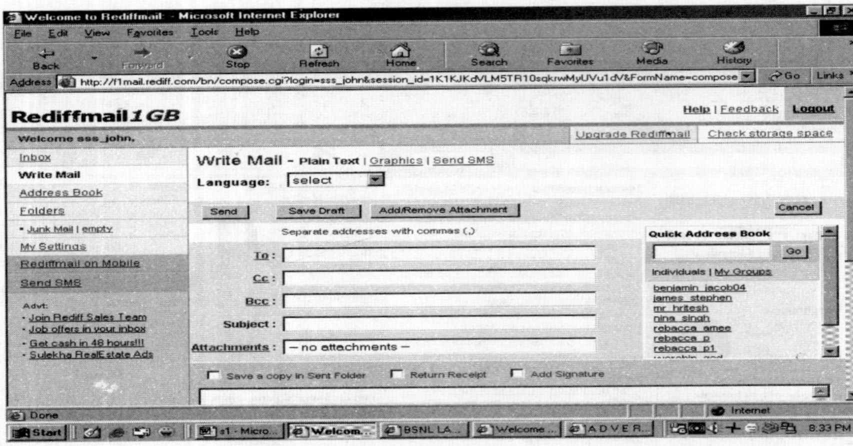

चित्र 16.16. *rediff का 'Write Mail' बॉक्स*

2. इस डायलॉग बॉक्स के 'To' टेकस्ट बॉक्स में वह ई–मेल ऐड्रेस भरें, जहाँ संदेश भेजा जाना है। 'CC' टेकस्ट बॉक्स में उन ई–मेल ऐड्रेस को भरा जा सकता है, जहाँ संदेश की प्रतियाँ भेजी जानी हैं। 'Subject' टेकस्ट बॉक्स में संदेश का विषय संक्षेप में लिखें। इस डायलॉग बॉक्स में नीचे के बड़े बॉक्स में संदेश टाइप किया जाता है।

3. संदेश तैयार हो जाने के बाद 'Send' टूल बटन को क्लिक करें।

ऐसा करते ही हमारा संदेश ई–मेल में भेज दिया जाएगा।

16.20. ई-मेल प्रोटोकॉल (E-Mail Protocols)

ई–मेल में निम्न प्रोटोकॉल का प्रयोग किया जाता है–

1. *SMPT (Simple Mail Transfer Protocol):* इस प्रोटोकॉल की सहायता से ही ई–मेल एक कंप्यूटर से दूसरे कंप्यूटर तक पहुँचती है। यह TCP/IP परिवार का प्रोटोकॉल है। यह किसी मेल का एक सिस्टम से दूसरे सिस्टम तक पहुँचने का विवरण देता है।

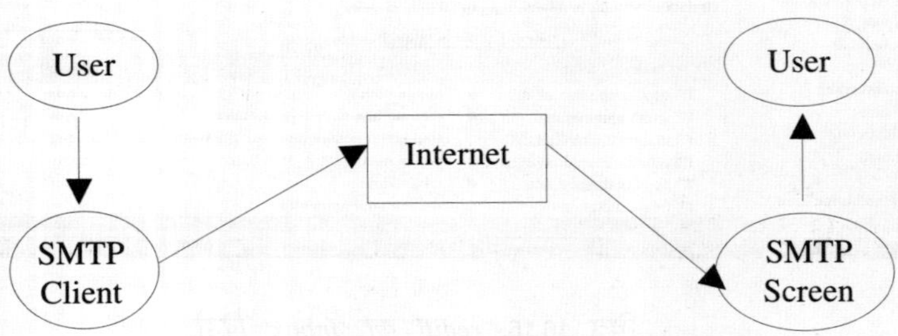

2. *Post Office Protocol POP :* यह एक क्लाइंट सर्वर प्रोटोकॉल है। यह ई–मेल को डाउनलोड व अपलोड करने के काम आता है। POP की सहायता से प्रत्येक क्लाइंट सर्वर से अपने ई–मेल को प्राप्त करता है।

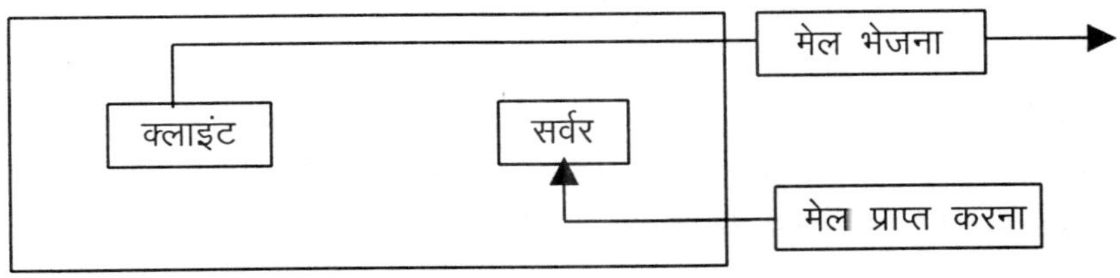

(SMTP)

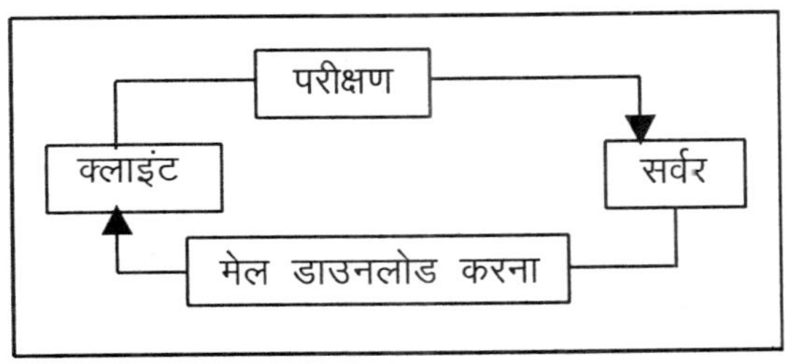

(POP)

उपरोक्त दोनों प्रोटोकॉल के अतिरिक्त TCP/IP परिवार का प्रत्येक प्रोटोकॉल ई–मेल सर्वर में सहायता प्रदान करता है। जैसे–TCP, IP, UDP, UUCP, FTP, TELNET आदि।

16.21. मेलिंग लिस्ट (Mailing List)

मेलिंग लिस्ट का तात्पर्य उन सभी व्यक्तियों की सूची से है जिन्हें हम मेल एक साथ भेजना चाहते हैं। मेलिंग लिस्ट से लाभ यह है कि कई व्यक्तियों को अलग–अलग मेल न भेजकर हम एक साथ कई व्यक्तियों को मेल भेज सकते हैं।

जब हम एक से अधिक व्यक्तियों को ई–मेल भेजना चाहते हैं, तो हमें एक विशेष नाम व्यवस्थित करना होता है, जिसे ALIAS कहते हैं। यह ALIAS व्यक्तियों के समूह को व्यक्त करता है। उदाहरण के लिए यदि हम चार व्यक्तियों को ई–मेल भेजना चाहते हैं, तो हमें यह मेल इन चार व्यक्तियों के लिए निश्चित किए गए ALIAS एक्जिक्यूटिव को भेजना होगा, यह मेल प्रोग्राम मेल को सूची में स्थित समस्त चारों व्यक्तियों को भेज देगा। इसी प्रकार जब चारों व्यक्ति आपस में मेल भेजना चाहते हैं, तो वे ई–मेल को भेजेंगे, जिससे ई–मेल की प्रति आपस में बँट जाती है।

प्रत्येक मेलिंग लिस्ट का एक निश्चित पता होता है। जब हम इस पते पर संदेश भेजते हैं, तो वह संदेश स्वतः ही लिस्ट में नामांकित सभी व्यक्तियों के पते पर पहुँच जाता है। इसी प्रकार जब हम संदेश का जवाब देते हैं, तो इसका अर्थ यह है कि हम मेल लिस्ट में नामांकित प्रत्येक व्यक्ति के पते पर मेल कर रहे हैं।

मेलिंग लिस्ट का प्रबंधन

मेलिंग लिस्ट प्रबंधन से तात्पर्य लिस्ट में वर्णित व्यक्तियों से संबंधित जानकारी रखना। मेलिंग लिस्ट में कुछ जोड़ना Subscribe करना कहलाता है तथा लिस्ट से कुछ हटाना Unsubscribe करना कहलाता है। सामान्यतः किसी लिस्ट को किसी प्रोग्राम द्वारा व्यवस्थित किया जाता है। फिर भी कुछ मेलिंग लिस्ट को हाथ से व्यवस्थित किया जाता है। व्यापक रूप में मेलिंग लिस्ट सार्वजनिक होती हैं, पर कुछ लिस्ट व्यक्तिगत भी होती हैं। इन व्यक्तिगत सूचियों को प्रबंधक की अनुमति के बिना परिवर्तित नहीं किया जा सकता है।

मॉडरेटेड और अनमॉडरेटेड मेलिंग लिस्ट

कुछ मेलिंग लिस्ट मॉडरेटेड होती हैं। अर्थात् सभी संदेश किसी एक व्यक्ति को भेजे जाते हैं। उस व्यक्ति को मॉडरेटर कहते हैं और वह निर्धारित करता है कि कौन–सा संदेश सूची में उपस्थित किस व्यक्ति को भेजा जाना है। अधिकतर मॉडरेटर स्वयं संदेशों का संपादन कर सकते हैं। कुछ मॉडरेटर संदेशों को एकत्र कर समूहों में बाँट देते हैं, ये समूह डाइजेस्ट (DIGEST) कहलाते हैं। डाइजेस्ट एक इलेक्ट्रॉनिक मैगजीन के समान होता है, जो सभी संदेशों को रखता है। मॉडरेटेड लिस्ट का लाभ यह है कि हमें केवल उपयोगी संदेश ही प्राप्त होता है और हानि यह है कि इसे व्यवस्थित करने के लिए अधिक कार्य करना पड़ता है। प्रायः सभी मेलिंग लिस्ट अनमॉडरेटेड होती हैं, जिनमें किसी के द्वारा भेजा गया संदेश सूची में उपस्थित सभी व्यक्तियों के पते पर पहुँच जाता है तथा अवांछनीय संदेश भी प्राप्त होते हैं।

मेलिंग लिस्ट प्रोग्राम

मेलिंग लिस्ट प्रोग्राम निम्न हैं–

(अ) लिस्टसर्व (LISTSERVE): इसका पूरा नाम LIST SERVER है। इसे IBM के मेनफ्रेम कंप्यूटर पर क्रियान्वित करने के लिए बनाया गया था। यह प्रोग्राम मेलिंग लिस्ट को व्यवस्थित करता है।

(ब) लिस्टप्रॉक (LISTPROC): चूँकि LISTSERVE प्रोग्राम सिर्फ मेनफ्रेम कंप्यूटर के लिए ही सुरक्षित था। अतः अन्य कंप्यूटर्स के लिए LISTSERVE के कई संस्करण बनाए गए, जिसमें से CREN (Corporation For Research and Educational Networking) के द्वारा बनाया गया वर्जन सबसे अधिक लोकप्रिय हुआ, जिसे LISTPROC कहा गया।

(स) मेजरडोमो (MAJORDOMO): इस प्रोग्राम को Brent Chapman के द्वारा विकसित किया गया था। अन्य प्रोग्राम्स के समान यह भी मेलिंग लिस्ट में आने वाले सभी संदेशों को व्यवस्थित करता है।

मेलिंग लिस्ट के भाग

मेलिंग लिस्ट के तीन भाग होते हैं, वे निम्न हैं–

(अ) लिस्ट का नाम
(ब) कंप्यूटर का नाम
(स) मेलिंग लिस्ट प्रोग्राम का प्रकार

निम्न उदाहरणों को लें–

(1) Ancient: LISTSERVE Mailing list
List Name: History
Subscription Address: Listserve@Vcwn.cc.cow.edu

(2) Special Function: LISTPROC mailing list
List Name: Society
Subscription Address: Listproc@liverpool.ac.IN

(3) Michael Tucker: Majordomo mailing list
List Name: explosive-cargo
Subscription Address: majordomo@world.std.com

प्रथम उदाहरण में–लिस्ट का नाम Ancient, कंप्यूटर का नाम Vcwn.cc.cow.edu तथा मेलिंग लिस्ट प्रोग्राम का प्रकार LISTSERVE है।

द्वितीय उदाहरण में–लिस्ट का नाम Society, कंप्यूटर का नाम liverpool.ac.IN तथा मेलिंग लिस्ट प्रोग्राम का प्रकार LISTPROC है।

तृतीय उदाहरण में–लिस्ट का नाम explosive-cargo, कंप्यूटर का नाम world.std.com तथा मेलिंग लिस्ट प्रोग्राम का प्रकार Majordomo है।

मेलिंग लिस्ट के पते

मेलिंग लिस्ट में दो प्रकार के पते होते हैं–

(1) *एडमिनिस्ट्रेटिव एड्रेस*–इसका उपयोग मेलिंग लिस्ट प्रोग्राम के साथ कम्यूनिकेशन करने में किया जाता है। उपरोक्त उदाहरणों में एडमिनिस्ट्रेटिव एड्रेस निम्न हैं

(i) Listserve@Vcwn.cc.cow.edu
(ii) Listproc@liverpool.ac.IN
(iii) majordomo@world.std.com

(2) *इंफॉरमेशन कम्यूनिकेशन एड्रेस*–इसका उपयोग लिस्ट को संदेश भेजने में किया जाता है।
उपरोक्त उदाहरणों में इंफॉरमेशन कम्यूनिकेशन एड्रेस निम्न हैं

(i) History@Vcwn.cc.cow.edu
(ii) Society@liverpool.ac.IN
(iii) explosive-cargo@world.std.com

मेलिंग लिस्ट प्राप्त करना

इंटरनेट पर मेलिंग लिस्ट विभिन्न स्रोतों के माध्यम से प्राप्त किया जा सकता है। इन्हें हम LIST-OF-LIST कहते हैं। कुछ LIST-OF-LIST निम्न हैं–

(i) *PAML (Publicly Accessible Mailing List)*–यह एक बहुत बड़ी LIST-OF-LIST है, जो सार्वजनिक रूप से प्रयोग करने वाली इंटरनेट मेलिंग लिस्टों की जानकारी रखता है।

(ii) *Internet List of List*–इसके द्वारा प्रत्येक सार्वजनिक मेलिंग लिस्ट का विवरण प्राप्त होता है।

(iii) *Listserv Mailing List*–इसके द्वारा प्रत्येक Listserv मेलिंग लिस्ट का विवरण प्राप्त होता है।

(iv) *Mailing List Search Engine*–इसका उपयोग मेलिंग लिस्ट डाटाबेस को सर्च करने में किया जाता है।

16.22. मुफ्त ई-मेल सेवाएँ (Free E-Mail Services)

मुफ्त ई–मेल सेवा प्रदान करने का प्रमुख उद्देश्य उपयोगकर्ता से विभिन्न जानकारी एकत्र करना और एक डाटाबेस तैयार करना है। इस डाटाबेस का उपयोग विभिन्न कंपनियों द्वारा अपने निर्मित सामानों, सेवाओं को बेचने में किया जाता है।

वे वेबसाइट जो मुफ्त ई–मेल सेवाएँ प्रदान करती हैं, उनमें से कुछ निम्न हैं–

(i) www.yahoo.com
(ii) www.rediff.com
(iii) www.go4.com
(iv) www.Indiatimes.com
(v) www.hotmail.com

16.23. डाटा ट्रांसमिशन प्रोटोकॉल (Data Transmission Protocols)

वे प्रोटोकॉल जो सूचनाओं और संदेशों को डाटा के रूप में कंप्यूटर्स या नेटवर्कों के मध्य आदान–प्रदान करने का कार्य करते हैं, डाटा ट्रांसमिशन प्रोटोकॉल कहलाते हैं। डाटा ट्रांसमिशन प्रोटोकॉल निम्न हैं

1. *TCP/IP (Transfer Control Protocol/Internet Protocol)*

इसे 1980 में निर्मित किया गया था। यह TCP/IP सूट भी कहलाता है, क्योंकि इसे कई प्रोटोकॉल्स की सहायता से निर्मित किया जाता है। इसे चार परतों में विभाजित किया जाता है तथा प्रत्येक परत में एक या एक से अधिक प्रोटोकॉल होते हैं। निम्न चित्र देखें–

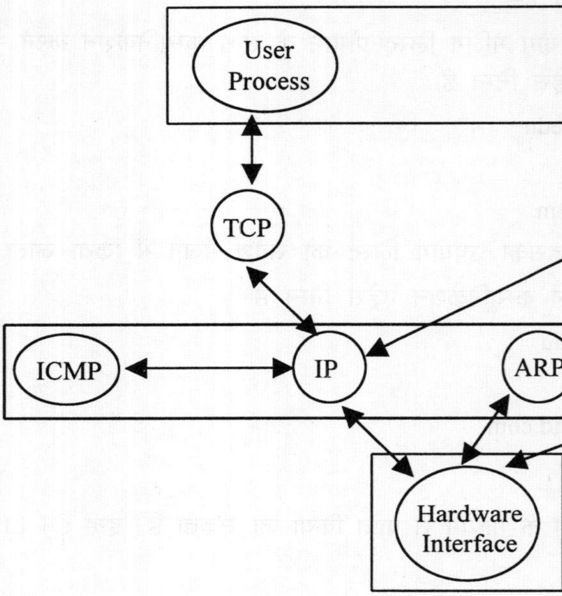

चित्र 16.17. *TCP/IP सूट में इंटरनेट प्रोटोकॉल की परतें*

प्रत्येक प्रोटोकॉल का कार्य पूर्व निर्धारित होता है जो निम्न है–

(i) *TCP (Transmission Control Protocol):* यह कनेक्शन ओरिएंटेड प्रोटोकॉल कहलाता है जो उपयोगकर्ता प्रक्रम (User Process) हेतु विश्वसनीय, फुल डुप्लेक्स (Full Duplex) तथा डाटा को बाइट स्ट्रीम (Byte Stream) में स्थानांतरित करता है। अधिकांशतः इंटरनेट ऐप्लिकेशन प्रोग्राम इसी प्रोटोकॉल का प्रयोग करते हैं, क्योंकि यह IP प्रोटोकॉल का प्रयोग करता है। अतः इसे TCP/IP प्रोटोकॉल कहते हैं।

(ii) *UDP (User Datagram Protocol):* यह उपयोगकर्ता प्रक्रम (User Process) के लिए कनेक्शन रहित प्रोटोकॉल है। यह किसी भी प्रकार की निश्चिता प्रदान नहीं करता है कि हमारा डाटाग्राम अपने सुनिश्चित स्थान पर पहुँच जाएगा, जबकि TCP प्रोटोकॉल यह निश्चता प्रदान करता है।

(iii) *ICMP (Internet Control Message Protocol):* यह गेटवे (Gateway) तथा उपयोगकर्ता के मध्य होने वाली त्रुटियों को संभालता है तथा उनके मध्य सूचना के आदान–प्रदान को नियंत्रित करता है। ICMP संदेश IP डाटाग्राम के द्वारा भेजे जाते हैं।

(iv) *IP (Internet Protocol):* यह TCP, UDP तथा ICMP को डाटा पैकेट पहुँचाने का कार्य करता है।

(v) *ARP (Address Resolution Protocol):* ये इंटरनेट एड्रेस को हार्डवेयर मशीन पर मानचित्रित करने का कार्य करते हैं।

(vi) *RARP (Reverse Address Resolution Protocol):* ये हार्डवेयर एड्रेस को इंटरनेट ऐड्रेस पर मानचित्रित करने का कार्य करते हैं।

2. *FTP (File Transfer Protocol)*

फाइलों को एक सिस्टम से दूसरे सिस्टम पर स्थानांतरित करने के लिए इस प्रोटोकॉल का प्रयोग किया जाता है। यह कई विकल्प प्रदान करता है, जैसे यूजर ऑथैंटिकेशन (User Authentication), डाटा स्थानांतरण, डायरेक्टरी की सूची आदि। जब उपयोगकर्ता अपने सिस्टम पर FTP क्लाइंट प्रोसेस (Client Process) का आरंभ करता है, तब यह क्लाइंट प्रोसेस TCP प्रोटोकॉल की सहायता से FTP रिमोट सर्वर के साथ कनेक्शन स्थापित करता है। FTP दो प्रकार के कनेक्शन स्थापित करता है। प्रथम कनेक्शन क्लाइंट और सर्वर के मध्य कमांड तथा उसका परिणाम देने हेतु एवं दूसरा कनेक्शन डाटा का स्थानांतरण करने के लिए। यह प्रोटोकॉल बाइनरि तथा टेकस्ट फाइलों का आदान–प्रदान करता है।

3. *TFTP (Trivial File Transfer Protocol)*

इसका उपयोग क्लाइंट तथा सर्वर प्रोसेस के मध्य फाइलों के आदान–प्रदान करने के लिए किया जाता है। यह UDP प्रोटोकॉल का प्रयोग करता है न कि TCP का। इसकी सहायता से किसी भी वर्कस्टेशन को LAN में आसानी से जोड़ा जा सकता है तथा Read Only Memory में आसानी से कार्यान्वित किया जा सकता है।

4. *TELNET*

यह रिमोट लॉग–इन की सुविधा प्रदान करता है। यह FTP के समान TCP प्रोटोकॉल का उपयोग करता है। इसका मानक प्रोग्राम RFC854 [Postel और Reynolds 1983] है।

5. *SMTP (Simple Mail Transfer Protocol)*

दो सिस्टम के मध्य मेल का आदान–प्रदान करने के लिए इस प्रोटोकॉल का प्रयोग किया जाता है। इसकी परिभाषा RFC821 [Postel 1982] है।

6. *XNS (Xerox Network System)*

इसे Xerox Corporation ने 1970 में निर्मित किया था। अधिकांशतः 4.3 BSD सिस्टम XNS को सपोर्ट करते हैं। इस प्रोटोकॉल की संरचना TCP/IP प्रोटोकॉल के समान होती है। इस प्रोटोकॉल में चार परतें होती हैं तथा प्रत्येक परत में एक से अधिक प्रोटोकॉल होते हैं। अतः इसे XNS प्रोटोकॉल सूट भी कहते हैं। चित्र 16.18 देखें। XNS की विभिन्न परतों में प्रयुक्त प्रोटोकॉल निम्न हैं–

(i) *ECHO (Echo Protocol):* यह उस पैकेट के बारे में बताता है जोकि होस्ट ने प्राप्त किया है। अधिकतर XNS प्रोटोकॉल में इस प्रोटोकॉल का प्रयोग किया जाता है।

(ii) *RTP (Routing Information Protocol):* यह उस रूटिंग डाटाबेस (Routing Database) को बनाए रखता है जो एक होस्ट से IDP पैकेट के रूप में दूसरे होस्ट तक भेजे जाते हैं। एक होस्ट से दूसरे होस्ट तक भेजे जाने वाले पैकेटों के पथ की जानकारी रखने का कार्य RIP प्रोटोकॉल करता है।

(iii) *PEX (Packet Exchange Protocol):* यह उपयोगकर्ता प्रक्रम (User Process) के लिए कनेक्शन रहित प्रोटोकॉल है। यह किसी भी प्रकार की निश्चिता प्रदान नहीं करता है कि हमारा डाटाग्राम अपने सुनिश्चित स्थान पर पहुँच जाएगा, जबकि TCP प्रोटोकॉल यह निश्चता प्रदान करता है। यह प्रोटोकॉल सिर्फ ट्रांसमिशन करता है।

(iv) *ERRORP (Error Protocol):* किसी भी प्रकार के प्रक्रम में इस प्रोटोकॉल का प्रयोग किया जाता है। यदि किसी भी प्रक्रम को डाटा ट्रांसमिशन में कोई त्रुटि मिलती है तो उस त्रुटि की रिपोर्ट इस प्रोटोकॉल को की जाती है।

(v) *IDP (Internet Datagram Protocol):* यह कनेक्शन रहित प्रोटोकॉल है। यह किसी भी प्रकार की निश्चिता प्रदान नहीं करता है कि हमारा डाटाग्राम अपने सुनिश्चित स्थान पर पहुँच जाएगा। यह डाटा को डाटाग्राम के रूप में भेजता है। यह प्रोटोकॉल ऊपर की सभी परतों को पैकेट पहुँचाने का कार्य करता है।

7. *UUCP (Unix to Unix Copy Protocol)*

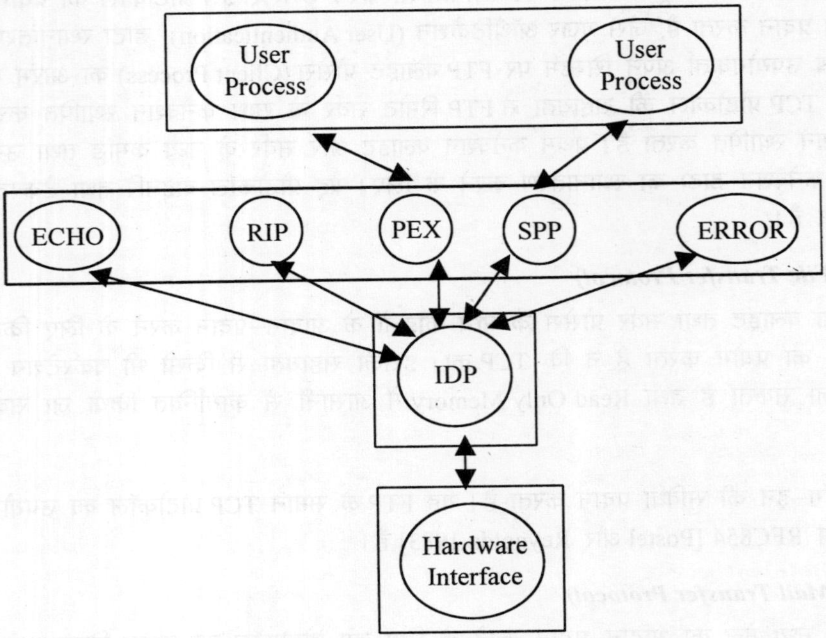

चित्र 16.18. *XNS प्रोटोकॉल सूट में परतें*

यह कई प्रोग्राम्स का एक समूह होता है। यह फाइलों को कॉपी करने तथा कमांड को दूसरे सिस्टम पर रन करने का कार्य करता है। इस प्रोटोकॉल का प्रथम संस्करण Version 7 Unix के नाम से 1978 में निर्मित किया गया था जो टेलीफोन लाइन की सहायता से डायल–अप नेटवर्क पर कार्य करता था। वर्तमान में इसके दो संस्करण मौजूद हैं। UUCP प्रोटोकॉल कई प्रोग्राम्स का एक समूह होता है, उनमें से कुछ प्रोग्राम निम्न हैं–

(i) *UUCP:* किसी भी फाइल को एक सिस्टम से दूसरे सिस्टम पर कॉपी करने के लिए इसका प्रयोग किया जाता है। यह Unix के cp कमांड पर आधारित होता है, जिसका कार्य एक से अधिक फाइलों को कॉपी करना है।

(ii) *UUX:* यह प्रोग्राम कई कमांड्स को रखता उपयोगकर्ता इन कमांड्स को अधिकतर उपयोग में लाता है।

(iii) *UUCICO:* यह प्रोग्राम तब रन होता है जब कोई प्रक्रम उस कार्य को करने का आग्रह करता है जोकि UUCP या UUX द्वारा पहले भेजी गयी कमांड्स के द्वारा संभव नहीं है।

(iv) *UUXQT:* यह उन फाइलों को रन करने का कार्य करता है जो UUX प्रोग्राम द्वारा प्रदान की जाती है। इसे अधिकांशतः UUX द्वारा सक्रिय किया जाता है ताकि यह उन फाइलों को रन कर सके जोकि दूसरे सिस्टम से प्राप्त की गई हैं।

16.24. क्लाइंट/सर्वर आर्किटेक्चर और उसके गुण (Client/Server Architecture & its Characteristics)

जब कई कंप्यूटर्स एक छोटे वर्कस्टेशन से आपस में नेटवर्क के द्वारा एक ऐसे कंप्यूटर के साथ जुड़े हों, जिस पर इन सभी कंप्यूटर्स की फाइलें सुरक्षित हो रही हों तो ऐसे मॉडल को क्लाइंट–सर्वर मॉडल कहते हैं। इस मॉडल में एक या एक से अधिक क्लाइंट होते हैं तथा केवल एक सर्वर होता है। एक क्लाइंट सर्वर प्रोग्राम उपयोगकर्ता को फाइल प्राप्त करने, ई–मेल भेजने आदि सुविधाएँ प्रदान करता है।

क्लाइंट—एक प्रोग्राम जो स्थानीय मशीन पर रन हो रहा होता है तथा सर्वर से किसी सेवा की प्रार्थना करता है क्लाइंट कहलाता है। एक क्लाइंट प्रोग्राम तभी क्रियान्वित होता है, जब किसी प्रार्थना को सर्वर की सेवाओं की आवश्यकता होती है।

सर्वर—एक प्रोग्राम जो दूरस्थ मशीन पर रन कर रहा होता है तथा क्लाइट की प्रार्थना को पूरा करता है सर्वर कहलाता है। एक सर्वर एक या एक से अधिक क्लाइंट को सेवाएँ उपलब्ध कराता है। अतः यह संबंध Many-to-One कहलाता है। सर्वर प्रोग्राम हमेशा रन होता रहता है।

क्लाइंट सर्वर आर्किटेक्चर को निम्न चित्र द्वारा समझा जा सकता है—

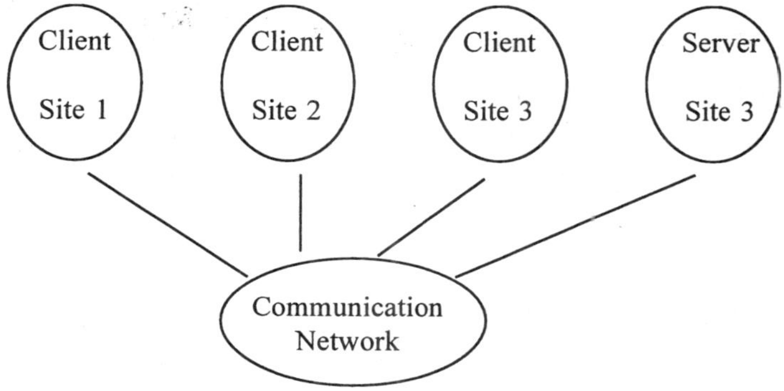

चित्र 16.19. *क्लाइंट/सर्वर आर्किटेक्चर*

गुण

1. इस मॉडल के द्वारा क्लाइंट, सर्वर पर उपस्थित सभी स्रोतों का उपयोग कर सकता है।
2. इसमें क्यू सिस्टम का प्रयोग किया जाता है।
3. इसमें किसी कंप्यूटर नेटवर्क का पूर्ण रूप से उपयोग किया जा सकता है।
4. नेटवर्किंग की दो पद्धतियाँ LAN (Local Area Network) तथा WAN (Wide Area Network) क्लाइंट सर्वर मॉडल पर आधारित हैं।
5. इंटरनेट भी क्लाइंट सर्वर मॉडल पर आधारित होता है।

16.25. FTP और उसका उपयोग (FTP & its Usages)

FTP का विस्तारित नाम File Transfer Protocol है। इंटरनेट के द्वारा एक कंप्यूटर से दूसरे कंप्यूटर पर किसी फाइल को कॉपी करने का कार्य FTP के माध्यम से किया जाता है। इस अनुच्छेद में हम निम्न बिंदुओं पर चर्चा करेंगे—

1. बेनाम FTP साइट व रिट्राइविंग फाइलों का संयोजन।
2. सार्व FTP कमांड।
3. विभिन्न फाइलों के साथ कार्य।
4. ई–मेल के द्वारा FTP साइट पर पहुँच।

1. बेनाम FTP साइट व रिट्राइविंग फाइलों का संयोजन

बेनाम FTP की सहायता से हम उन सभी फाइलों को कॉपी कर सकते हैं जो अन्य साइट पर उपस्थित होती हैं। हम ftp कमांड टाइप कर बेनाम FTP साइट पर पहुँच सकते हैं। ftp कमांड के उपरांत डोमेन नाम तथा उस साइट

का पता टाइप करते हैं, जहाँ पहुँचना चाहते हैं। संबंध स्थापित हो जाने के उपरांत हमसे यूजर नेम (User Name) टाइप करने के लिए कहा जाता है। हम यूजर नेम के स्थान पर Anonymous टाइप करते हैं इसलिए इसे Anonymous FTP कहा जाता है। इसके पश्चात् FTP साइट द्वारा पासवर्ड टाइप करने के लिए कहा जाता है। अधिकांश FTP साइटें उस ई–मेल ऐड्रेस को पासवर्ड के रूप में उपयोग में लाती हैं जो ई–मेल ऐड्रेस उस साइट पर दर्ज होता है। लेकिन कुछ दशाओं में हम guest को पासवर्ड की तरह उपयोग में ला सकते हैं। FTP के माध्यम से फाइलों के स्थानांतरण के लिए हमारे पास वांछित साइट का यूजर नेम तथा पासवर्ड होना अनिवार्य होता है अन्यथा हमें Anonymous FTP के द्वारा फाइलों का स्थानांतरण करना पड़ता है।

निम्न उदाहरण को देखें, जिसमें Anonymous FTP द्वारा इंटरनेट साइट nic.merit.edu से फाइल प्राप्त करने की विधि को स्पष्ट किया गया है। इस कार्य हेतु हम निम्न चरणों का अनुसरण करेंगे–

(i) कमांड तथा साइट ftp nic.merit.edu टाइप कर 'Enter' Key दबाएँ।

ऐसा करते ही ftp कमांड हमारे कंप्यूटर सिस्टम पर ftp प्रोग्राम आरंभ कर देता है तथा जब हम nic.merit.edu टाइप कर 'Enter' Key दबाते हैं तो हमारे और nic.merit.edu कंप्यूटर्स के मध्य सत्र प्रारंभ हो जाता है तथा निम्न संदेश प्राप्त होता है–

Connected to nic.merit.edu

220 nic.merit.edu FTP server (sun OS 4.1 ready)

एवं सर्वर द्वारा निम्न संदेश की सहायता से हमसे नाम पूछा जाता है–

Name (nic.merit.edu: mozarit)

(ii) Name के सामने Anonymous टाइप कर 'Enter' Key दबाएँ।

ऐसा करते ही सर्वर द्वारा निम्न संदेश प्राप्त होता है–

331 Guest login OK, Send ident as password.

उपरोक्त संदेश यह बतलाता है कि login Name सही है तथा अपना पासवर्ड टाइप करें। यहाँ शब्द ident का अर्थ है कि पासवर्ड के स्थान पर अपना ई–मेल ऐड्रेस टाइप करें।

(iii) पासवर्ड टाइप कर 'Enter' Key दबाएँ।

ऐसा करते ही सर्वर द्वारा निम्न संदेश प्राप्त होता है–

230 Guest login OK, access restrictions apply.

उपरोक्त संदेश यह बतलाता है कि पासवर्ड सही है तथा स्क्रीन पर निम्न Prompt प्रदर्शित होता है:

fttp>

उक्त Prompt यह दर्शाता है कि अब हम दूसरी कमांड टाइप कर सकते हैं।

(iv) माना हम READ.ME फाइल को प्राप्त करना चाहते हैं, अतः अब हम इस Prompt पर निम्न प्रकार टाइप करेंगे:

fttp> get READ.ME

तथा 'Enter' Key दबाने पर सर्वर द्वारा निम्न संदेश प्राप्त होता है–

200 Port command successful.

150 ASCII data connection for READ.ME (192.65.245.76, 4619, 16622 bytes)

226 ASCII Transfer complete.

16979 bytes received in 6.16 seconds (2.69 K bytes)

उपरोक्त संदेश में प्रथम पंक्ति यह दर्शाती है कि फाइल READ.ME की प्रार्थना सर्वर द्वारा समझ ली गई है। द्वितीय पंक्ति यह दर्शाती है कि दोनों कंप्यूटर्स के मध्य संबंध स्थापित हो चुका है तथा READ.ME फाइल

ASCII या टेकस्ट के रूप में क्लाइंट सिस्टम को भेज दी जाएगी तथा 16, 622 bytes स्थानांतरित की जाएगी। तृतीय व चतुर्थ पंक्ति यह दर्शाती है कि स्थानांतरण पूर्ण हो चुका है तथा स्थानांतरण कितनी देर तक चला और उसकी दर क्या थी?

(v) अंत में हम निम्न कमांड टाइप करेंगे–

fttp> quit

ऐसा करते ही FTP सत्र समाप्त हो जाएगा तथा निम्न संदेश प्राप्त होगा:

221 Goodbye

2. *सार्व FTP कमांड*

कुछ सार्व FTP कमांड और उनके कार्य निम्न हैं–

कमांड	अर्थ
get	इस कमांड के द्वारा बेनाम FTP साइट से फाइल प्राप्त करने का कार्य किया जाता है। इसका पूरा कमांड निम्न प्रकार है– get remote-Filename Local Filename
quit	यह कमांड चल रहे बेनाम सत्र को समाप्त कर देता है।
ftp	किसी साइट से संबंध स्थापित करने के लिए इसका प्रयोग किया जाता है।
dir	यह उन सभी फाइलों तथा उप–डायरेक्टिरियों को दर्शाता है जोकि वर्तमान डायरेक्टरी में उपस्थित है।
cd	यह डायरेक्टरी को परिवर्तित करने का कार्य करता है।
pwd	यह वर्तमान डायरेक्टरी को दर्शाता है।

3. *विभिन्न फाइलों के साथ कार्य*

जब हम FTP सत्र में फाइलों का स्थानांतरण करते हैं तो वे दो रूपों ASCII या BINARY में से किसी एक रूप में ट्रांसमिट होती हैं। ASCII रूप में उन फाइलों का स्थानांतरण किया जाता है जो टेकस्ट या ASCII फॉरमेट में होती हैं। ASCII तथा टेकस्ट फॉरमेट में 1 बाइट एक कैरेक्टर को दर्शाता है जैसे कि एक शब्द, संख्या, रिक्त स्थान आदि।

बाइनरि रूप में फाइलों का स्थानांतरण करने के लिए हमें सर्वप्रथम FTP साइट को बाइनरि रूप में परिवर्तित करना होगा। जैसे ही हम binary टाइप करते हैं FTP साइट स्वयं बाइनरि रूप में ट्रांसमिशन प्रारंभ कर देती है। जब हमें ASCII में ट्रांसमिशन करना होता है तो FTP साइट पर ASCII टाइप कर 'Enter' Key को दबाने पर वापस ASCII रूप में ट्रांसमिशन प्रारंभ हो जाता है। जिन फाइलों के विस्तारित नाम अर्थात् डॉट (.) के बाद वाले शब्द निम्न में से होते हैं, वे सभी बाइनरि फाइल होती हैं–

.gif, .gz, .jpeg, .lzh, .sit, .z, .zip, .zoo

4. *ई-मेल के द्वारा FTP साइट पर पहुँच*

हम ई–मेल की सहायता से FTP साइट पर पहुँच सकते हैं। हम किसी भी ई–मेल सर्वर के द्वारा FTP फाइल को अपने कंप्यूटर पर उपलब्ध करा सकते हैं। उदाहरण के लिए यदि हम ई–मेल एंड्रेस ftpmail@decurl.dec.com को ई–मेल करते हैं, जिसमें कि ftp कमांड लिखते हैं तो वह हमें वापस एक ई–मेल भेज देता है। इसमें केवल एक शब्द लिखा होता है help जिसमें वे सभी ऐड्रेस लिखे होते हैं, जिनको ई–मेल कर हम FTP साइट को प्राप्त कर सकते हैं।

16.26. टेलनेट अवधारणा (Telnet Concept)

Telnet का विस्तारित रूप Terminal Emulation over Network है। यह वह इंटरनेट सुविधा है जोकि एक कंप्यूटर उपयोगकर्ता को अन्यत्र स्थित कंप्यूटर से जुड़कर उस कंप्यूटर पर कार्य करने की अनुमति प्रदान करता है। यह सुविधा उन लोगों के लिए अत्यधिक लाभदायक है जोकि व्यापार या अन्य कार्य से अपने शहर से दूर जाते रहते हैं, साथ ही वे यह चाहते हैं कि वे वहीं से अपने कंप्यूटर पर स्वयं के लिए आई हुई ई–मेल पढ़ सकें तथा अपने कंप्यूटर पर स्थित डाटा आदि को प्राप्त कर सके।

हम टेलनेट के द्वारा किसी रिमोट साइट या कंप्यूटर पर Telnet टाइप कर तथा उसके बाद डोमेन नाम या इंटरनेट ऐड्रेस टाइप करने के बाद Enter Key दबाकर उस साइट के साथ जुड़ सकते हैं। किसी अन्य कंप्यूटर से जुड़ने के लिए हमें उस कंप्यूटर का पासवर्ड और लॉगइन ज्ञात होना चाहिए।

उदाहरण के लिए US Library of Congress पर उपलब्ध मदों को देखने के लिए हमें telnet locis.loc.gov टाइप कर 'Enter' Key दबाना होगा, जिससे उस कंप्यूटर सिस्टम पर उपलब्ध लाइब्रेरी की सूची हमें प्राप्त हो जाएगी। यह साइट लॉगइन या पासवर्ड नहीं माँगती है पर कुछ साइट लॉगइन या पासवर्ड माँगते हैं।

जब हम टेलनेट का उपयोग कर दूसरे कंप्यूटर पर उपलब्ध जानकारी को प्राप्त करना चाहते हैं, तब हमारा कंप्यूटर एक निश्चित तथा आवश्यक जानकारी को इंटरनेट के द्वारा रिमोट साइट को भेज देता है। स्थानीय टेलनेट प्रोग्राम, क्लाइंट कहलाता है तथा रिमोट टेलनेट प्रोग्राम को सर्वर कहते हैं। सर्वर साइट द्वारा पावती भेजा जाता है। यदि हम बीच में ही कम्यूनिकेशन को समाप्त करना चाहते हैं तो कमांड टाइप कर इस कम्यूनिकेशन को समाप्त कर सकते हैं।

यह ध्यान रखना चाहिए कि हम दूसरे कंप्यूटर पर गेस्ट के रूप में होते हैं तथा हमें उस कंप्यूटर पर उपलब्ध साइट के नियमों का पालन करना होता है। रिमोट कंप्यूटर पर उपलब्ध साइट पर सूचना तथा जानकारी को खोजने के लिए एक टूल उपयोग में लाया जाता है जिसे हाइटेलनेट कहते हैं। हम टेलनेट की सहायता से निम्न कार्य कर सकते हैं–

1. विभिन्न विषयों की साइट पर डाटाबेस में उपलब्ध जानकारी प्राप्त कर सकते हैं।
2. अन्य इंटरनेट सुविधाओं जैसे – WAIS, Archie, Gopher आदि का उपयोग कर सकते हैं।
3. मौसम की जानकारी प्राप्त कर सकते हैं।
4. इलेक्ट्रॉनिक कार्ड कैटेलॉग को किसी भी लाइब्रेरी के लिए खोज सकते हैं।

टेलनेट के माध्यम से किसी रिमोट सिस्टम पर पहुँच

हम Telnet कमांड की सहायता से रिमोट कंप्यूटर में लॉगइन कर सकते हैं। इसके लिए टेलनेट सत्र का आरंभ कर जिस साइट पर जाना चाहते हैं उस साइट का Telnet कमांड के बाद डोमेन नाम या न्यूमेरिकल IP ऐड्रेस टाइप करना होता है। कनेक्शन स्थापित होने के उपरांत रिमोट साइट द्वारा हमसे लॉगइन नाम और पासवर्ड माँगा जाता है। कुछ दशाओं में टेलनेट सेवाओं का रिमोट साइट के साथ संबंध बनाने के लिए Telnet कमांड के बाद डोमेन नाम या IP ऐड्रेस तथा पोर्ट नंबर टाइप करना होता है। इस प्रकार की साइट लॉगइन नहीं माँगती है। जब क्लाइंट का रिमोट साइट के साथ कनेक्शन स्थापित हो जाता है, तो रिमोट साइट स्वतः प्रोग्राम का आरंभ कर देती है।

कनेक्शन स्थापित करने के लिए उपयोग में आने वाले कमांड

कमांड	*उदाहरण*
telnet domain name	telnet delocn.udel.edu
telnet IP address	telnet 112.8.175.24
telnet domain name Port number	telnet wind.atmo.vah.edu.3000

टेलनेट सत्र का आरंभ करने के लिए निम्न प्रकार टाइप करें

telnet delocn.udel.edu
Typing ....
connected to delocn.udel.edu
Escape character is '^]'

टेलनेट कनेक्शन स्थापित होने के उपरांत उपरोक्त समस्त जानकारी सर्वर या रिमोट सिस्टम द्वारा भेजी जाती है। इस कनेक्शन को समाप्त करने के लिए निम्न चरणों का अनुसरण करें–

1. Ctrl +] 'Key' को दबाएँ।
   ऐसा करते ही प्रॉम्प्ट पर telnet > दिखाई देगा।
2. इस प्रॉम्प्ट पर quit टाइप करें अर्थात्
   telnet > quit

ऐसा करते ही टेलनेट प्रोग्राम समाप्त हो जाता है।

उदाहरण

टेलनेट के द्वारा हम किसी साइट पर कैसे पहुँच सकते हैं, यह इस उदाहरण के द्वारा स्पष्ट किया जा रहा है। उदाहरण के लिए माना हम टेलनेट के द्वारा Health Science Information Network जोकि एक लाइब्रेरी सिस्टम है, पर पहुँचना चाहते हैं। इस साइट का डोमेन नाम Shrsys.hslc.org, IP ऐड्रेस 192.100.94.3 तथा यूजरनेम SAL है। उपरोक्त साइट पर पहुँचने के लिए निम्न चरणों का अनुसरण करें:

1. टैलनेट सत्र को Shrsys.hslc.org साइट के साथ आरंभ करें।
2. SAL को लॉगइन नेम की तरह प्रयोग करें।
3. कनेक्शन समाप्त करने के लिए Ctrl +] 'Key' को दबाएँ।
4. quit कमांड टाइप कर टेलनेट से बाहर आएँ।

टेलनेट प्रोग्राम को प्राप्त करना

विंडोज 95 तथा विंडोज 3.11 के वर्कग्रुप संस्करण के साथ टेलनेट क्लाइंट प्रोग्राम आता है जिसका नाम टेलनेट होता है। यूनिक्स ऑपरेटिंग सिस्टम के साथ टेलनेट प्रोग्राम आता है। इसे प्रारंभ करने के लिए यूनिक्स के प्रॉम्प्ट पर Telnet टाइप कर 'Enter' Key को दबाएँ।

16.27. रिमोट लॉगइन (Remote Login)

जब कोई उपयोगकर्ता किसी रिमोट मशीन में स्थित किसी ऐप्लिकेशन प्रोग्राम का प्रयोग करता है तो उसे रिमोट लॉगइन कहते हैं। इस प्रक्रिया हेतु टेलनेट क्लाइंट तथा सर्वर का प्रयोग किया जाता है। इस प्रक्रिया में उपयोगकर्ता टर्मिनल ड्राइवर को प्रार्थना भेजता है। टर्मिनल ड्राइवर पर उपस्थित ऑपरेटिंग सिस्टम उसे कैरेक्टर के रूप में न तो ग्रहण करता है और न ही उसका आकलन करता है। इसके उपरांत कैरेक्टर्स को टेलनेट क्लाइंट पर भेजा जाता है जोकि इन कैरेक्टर्स को यूनिवर्सल कैरेक्टर समूह में परिवर्तित कर देता है तथा इन्हें TCP/IP स्टैक (stack) पर भेज देता है। इस यूनिवर्सल कैरेक्टर समूह को पहले NVT (Network Virtual Terminal Characters), इसके उपरांत कमांड या टेकस्ट इंटरनेट के माध्यम से रिमोट मशीन पर पहुँचाया जाता है। वहाँ इन कैरेक्टर्स को ऑपरेटिंग सिस्टम की सहायता से टेलनेट सर्वर पर भेज दिया जाता है। टेलनेट सर्वर इन कैरेक्टर्स को ऐसे कैरेक्टर में परिवर्तित कर देता है जोकि रिमोट कंप्यूटर द्वारा पहचाना जा सके। इसके उपरांत इन कैरेक्टर्स को PSEUDO टर्मिनल ड्राइवर जोकि एक प्रकार का सॉफ्टवेयर है पर भेज दिया जाता है। यह Pseudo सॉफ्टवेयर इन कैरेक्टर्स को रिमोट कंप्यूटर पर भेज देता है।

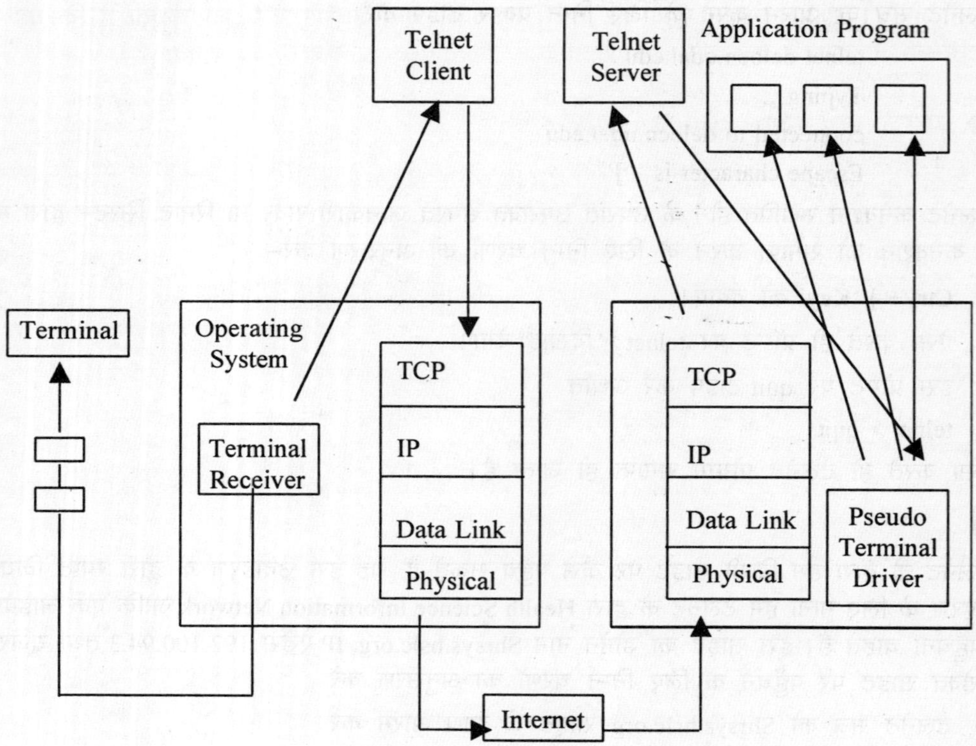

चित्र 16.20. *रिमोट लॉगइन प्रक्रिया*

rlogin और logout कमांड

rlogin कमांड की सहायता से रिमोट कंप्यूटर पर लॉगइन किया जा सकता है। उदाहरण के लिए माना जिस मशीन पर हमें लॉगइन करना है, उस मशीन का नाम Sophiya है, तो हम निम्न कमांड का प्रयोग करते हैं–

```
$ rlogin Sophiya
Password:
```

पासवर्ड प्रॉम्प्ट पर हमें Sophiya मशीन का पासवर्ड देना होता है। इसी प्रकार logout कमांड के द्वारा रिमोट कंप्यूटर से कनेक्शन समाप्त किया जा सकता है।

```
$ logout
connection closed
```

16.28. टर्मिनल एमुलेशन (Terminal Emulation)

टर्मिनल से तात्पर्य ऐसे कंप्यूटर, मॉनीटर से है जोकि केवल शब्दों, अंकों तथा वाक्यों को दर्शाता हो, चित्रों या ग्राफिक्स को नहीं। यूनिक्स ऑपरेटिंग सिस्टम टर्मिनल के साथ कार्य करने के लिए बनाया गया था। यह कैरेक्टर आधारित होता है। लेकिन कुछ समय के उपरांत यूनिक्स ऑपरेटिंग सिस्टम आरपानेट (Arpanet) नेटवर्क का भाग बन गया। यूनिक्स विभिन्न प्रकार के टर्मिनल्स के साथ कार्य कर सकता है।

टर्मिनल VT-100 जो defacto मानक पर खरा उतरता था, को Digital Equipment Corporation ने बनाया था। जब किसी प्रोग्राम को किसी टर्मिनल की कार्यशीलता प्रदान करनी होती है तो प्रोग्रामर ऐसा प्रोग्राम तैयार

करता है जो VT-100 के समान कार्य कर सके। तकनीकी शब्दों में यह कहा जा सकता है कि वह प्रोग्राम VT-100 टर्मिनल की बराबरी कर रहा है। इस प्रक्रिया को टर्मिनल एमुलेशन कहा जाता है।

16.29. मैसेज बोर्ड (Message Board)

मैसेज बोर्ड विचारों को व्यक्त करने का एक सशक्त माध्यम है। इसकी सहायता से हम किसी विषय, व्यक्ति या वस्तु आदि के बारे में अपने विचारों को व्यक्त कर उन्हें इंटरनेट के माध्यम से अन्य व्यक्तियों के साथ बाँट सकते हैं। इंटरनेट की विभिन्न साइटों पर मैसेज बोर्ड की सुविधा उपलब्ध होती है। जैसे – yahoo.com, hotmail.com आदि। उस साइट के मैसेज बोर्ड में उपस्थित विषयों पर हम अपनी राय या विचार व्यक्त कर सकते हैं तथा दूसरे व्यक्तियों के विचारों को भी जान सकते हैं।

जब हम किसी इंटरनेट साइट जोकि मैसेज बोर्ड को सुविधा प्रदान करती है पर उपस्थित कई विकल्पों में से किसी विकल्प के लिए मैसेज बोर्ड पर क्लिक करते हैं तो वह उन सभी विषयों की सूची उपलब्ध कराती है जिन पर हम अपने विचार व्यक्त कर सकते हैं तथा दूसरे के विचारों को पढ़ सकते हैं। जब हम अपने चुने गए विषय पर क्लिक करते हैं तो हमारे समक्ष उन सभी व्यक्तियों के विचारों की सूची प्रकट होती है जिन्होंने उस विषय पर अपने विचार पूर्व में प्रकट किए हैं। इनमें से किसी पर भी क्लिक कर उसे पढ़ा जा सकता है। इस सूची में नीचे की ओर एक स्थान दिया होता है जहाँ हम अपने विचार उस विषय के बारे में व्यक्त कर सकते हैं।

16.30. इंटरनेट चैटिंग (Internet Chatting)

इंटरनेट पर तुरंत वार्तालाप की उपलब्ध सुविधा को चैटिंग कहते हैं। जब हम किसी चैट प्रोग्राम की सहायता से वार्तालाप करते हैं, तो हमारे द्वारा टाइप किया गया संदेश उन सभी कंप्यूटर्स की स्क्रीन पर दिखाई देता है जोकि उस वार्तालाप में संदेशों का आदान–प्रदान कर रहे होते हैं।

यह टेलीफोन पर वार्तालाप करने जैसा नहीं होता है। चैटिंग में कई व्यक्ति आपस में संदेशों का आदान–प्रदान करते हैं। कई इंटरनेट साइटों के द्वारा चैटिंग करने की सुविधा प्रदान की जाती है तथा चैटिंग करने हेतु वांछित प्रोग्राम भी उन्हीं साइटों पर उपलब्ध होते हैं। उदाहरण के लिए yahoo साइट पर उपलब्ध चैटिंग सुविधा प्राप्त करने के लिए हमें yahoo messanger नाम का चैटिंग प्रोग्राम डाउनलोड करना होता है।

चैट में सूचनाओं का सिनक्रोनस ट्रांसमिशन (Synchronous Transmission) होता है, जबकि ई–मेल में एसिनक्रोनस ट्रांसमिशन (Synchronous Transmission) होता है। चैट में भाग लेने वाले व्यक्तियों के मध्य संदेशों को तुरंत ट्रांसमिट किया जाता है एवं उनके मध्य कोई समय अंतराल नहीं होता है, जबकि ई–मेल में सूचना का ट्रांसमिशन विभिन्न समय अंतरालों के मध्य किया जाता है।

जिन अलग–अलग तकनीकों का उपयोग करते हुए चैट की जा सकती है उन्हें मूलतः दो भागों में बाँटा जाता है IRC और इंस्टेंट मैसेजिंग।

1. *IRC:* इंटरनेट रिले चैट (Internet Relay Chat), इंटरनेट पर उपलब्ध एक ऐसी सेवा है, जो उपयोगकर्ता को आसानी से और तीव्रता से चैट की सुविधा प्रदान करती है। इसका आविष्कार फिनलैड के जैरको ओकरिनेन ने 1988 में किया था। इस समय तक वेब, अपनी प्रसिद्धि की सीमा को सही तरह से छू भी नहीं सका था।

IRC मूलतः एक प्रोटोकॉल है। इस पर आधारित नेटवर्क को IRC नेटवर्क के नाम से जाना जाता है जोकि क्लाइंट/सर्वर विचार पर आधारित है। इसका सीधा–सा तात्पर्य यह है कि इसे उपयोग में लेने के लिए क्लाइंट और सर्वर दोनों सॉफ्टवेयरों की आवश्यकता होती हैं। एक ही समय पर इस नेटवर्क में कई सर्वर एक साथ कार्य करते हैं जोकि अलग– अलग विषयों के लिए किए जाने वाले वार्तालाप को सुव्यवस्थित बनाये रखते हैं।

IRC के विचार को एक सामान्य से उदाहरण के माध्यम से समझा जा सकता है कल्पना कीजिए एक ऐसे गलियारे की जिसमें कई कमरे हैं, प्रत्येक कमरे में कुछ लोग पहले से किसी विषय में चर्चा में लगे हुए हैं। प्रत्येक

कमरे में चर्चा का विषय उसके दरवाजे पर लिखा हुआ है। इस गलियारे से गुजरते हुए हम सभी दरवाजों पर उपलब्ध विषयों पर नजर डालते हैं और उस कमरे में प्रवेश करते हैं जिसके विषय में हमारी रूचि है। इस कमरें में प्रवेश करने के पश्चात् जो भी वार्तालाप वहाँ पहले से मौजूद लोग कर रहे होंगे उसे हम सुन सकेगें। इतना ही नहीं यदि हम इस कमरें में उपस्थित रहकर कुछ भी बोलेंगे तो इसे यहाँ उपस्थित अन्य सभी लोग सुन भी सकेंगे।

IRC की स्थिति में वह गलियारा जिसमें इस प्रकार के कमरे उपलब्ध हैं IRC नेटवर्क है। इसमें प्रवेश के लिए उपयोगकर्ता को अपने निकटतम सर्वर से कनेक्ट होना होता है। यह कनेक्शन उपयोगकर्ता के कंप्यूटर पर इंस्टॉल IRC क्लाइंट सॉफ्टवेयर के माध्यम से स्थापित होता है। IRC नेटवर्क पर प्रवेश के समय ही उपयोगकर्ता को एक द्वितीय पहचान भी प्राप्त करनी होगी। जिसे IRC की भाषा में हैंडल (handle) अथवा निकनेम (nickname) कहा जाता है।

इस नेटवर्क पर पहले से ही कुछ उपयोगकर्ता उपलब्ध होते हैं। ये सभी उपयोगकर्ता जिन भी विषयों पर चर्चा कर रहे होते हैं उन सभी विषयों को अलग– अलग, काल्पनिक सीमा रेखा में बाँध दिया जाता है। एक नये यूजर को इनमें से किसी भी विषय पर चर्चा के लिए इस सीमा में प्रवेश करना होता है। IRC की भाषा में इस सीमा क्षेत्र को चैनल कहा जाता है। इंटरनेट चैट के नये रूप वेब आधारित चैट में इन्हें चैट रूम के नाम से जाना जाता है इन्हें ही हमने अपने उदाहरण में कमरों के रूप में सम्मिलित किया था।

जब किसी यूजर को इस नेटवर्क पर अपनी पंसद का चैनल नहीं मिलता है तो वह एक नया चैनल बना सकता है। इतना ही नहीं यदि आप अपने किसी मित्र से संपर्क बनाना चाहते हैं तो इस चैनल को अपने निजी उपयोग में भी ले सकते हैं जिनमें अन्य कोई भी यूजर आपकी आज्ञा के बाद ही प्रवेश पा सकेगा।

वह व्यक्ति जो एक चैनल के प्रबंधन का कार्य करता है ''चैनल ऑपरेटर'' के नाम से जाना जाता है। यही व्यक्ति इस चैनल के व्यवहार का और अन्य उपयोगकर्ताओं के प्रवेश का निर्धारण करता है।

IRC कुछ समय पहले तक सिर्फ पूरी तरह टेकस्ट आधारित हुआ करता था परंतु पिछले कुछ समय से IRC क्लाइंट तो ग्राफिकल उपलब्ध हैं ही साथ ही यह नेटवर्क भी अब इमेजों और ग्राफिक्स के साथ कार्य करने में लगे हैं। IRC क्लाइंटस में इस समय के सर्वाधिक प्रसिद्ध क्लाइंट हैं mIRC, Pirch, Virc आदि।

2. *इंस्टेंट मैसेजिंग :* IRC में गोपनीयता की कमी को ध्यान में रखते हुए इंस्टेंट मैसेजिंग का अविष्कार किया गया। यह भी क्लाइंट सर्वर विचार पर आधारित है। जिसमें उपयोगकर्ता के कंप्यूटर पर एक विशेष क्लाइंट सॉफ्टवेयर की आवश्यकता होती है। जिसे इंस्टेंट मैसेंजर कहा जाता है। यह सॉफ्टवेयर ही अपनी वेब साइट के माध्यम से यूजर को एक अद्वितीय पहचान प्रदान करता है। अपनी विशेष पहचान को प्रविष्ट करने के बाद ही इस सॉफ्टवेयर की सहायता से लॉगइन किया जाता है।

इस प्रकार की चैट में दो अथवा दो से अधिक जानकार उपयोगकर्ता बिना कोई चैनल बनाए एक दूसरे से परस्पर संपर्क स्थापित कर सकते हैं। इतना ही नहीं इसके अंतर्गत उन सभी उपयोगकर्ताओं की सूची भी बनाई जा सकती है जिनसे आप अक्सर चैट करना चाहते हैं। अलग–अलग इंस्टेंट मैसेंजरों में इस लिस्ट को अलग–अलग नाम दिया जाता है। जैसे फ्रैड्स लिस्ट, बडी लिस्ट आदि। इस लिस्ट में से सम्मिलित नामों में से किसी के भी ऑन लाइन होने की स्थिति में ये सॉफ्टवेयर उपयोगकर्ता को इस बात की जानकारी देता है।

इंस्टेंट मैसेंजिंग में अन्य उपयोगकर्ताओं की सूची में उपलब्ध किसी उपयोगकर्ता को फाइल भेजना भी संभव होता है। इसी के माध्यम से ई–मेल ऐड्रेसों की सूची भी तैयार की जा सकती है। अधिकांश इंस्टेंट मैसेंजर सॉफ्टवेयर अब वाइस चैट की सुविधा भी प्रदान करने लगे हैं। इस सुविधा के अंतर्गत एक उपयोगकर्ता अन्य किसी भी उपयोगकर्ता से बोलकर वार्तालाप कर सकता है।

इंस्टेंट मैसेंजिग की प्रक्रिया IRC से कुछ भिन्न होती है। IRC नेटवर्क में सर्वर पूरी दुनिया में फैले होते हैं, जबकि इंस्टेंट मैसेंजिंग में सर्वर एक ही स्थान पर होते हैं मूल सर्वर से कनेक्ट करने के उपरांत उपयोगर्ता से आने वाले संदेशों और उपयोगकर्ता को भेजे जाने वाले संदेशों की देखरेख एक अन्य सर्वर करता है।

16.30.1. *वॉइस चैट (Voice Chat)*

इस प्रकार की चैटिंग में व्यक्तियों के संदेशों को माइक्रोफोन की सहायता से कंप्यूटर में वेब फाइलों के रूप में परिवर्तित कर उनका आदान–प्रदान किया जाता है। यह कार्य वॉइस चैट की सुविधा प्रदान करने वाली साइट तथा प्रोग्राम का होता है। वॉइस चैट में सिनक्रोनस ट्रांसमिशन (Synchronous Transmission) होता है। वॉइस चैट की सुविधा कई साइटों पर उपलब्ध होती है, जैसे–yahoo.com, hotmail.com आदि।

16.30.2. *टेकस्ट चैट (Text Chat)*

टेकस्ट चैट में सूचनाओं का आदान–प्रदान टेकस्ट या शब्दों के रूप में किया जाता है। टेकस्ट चैटिंग में स्क्रीन पर संदेश टेकस्ट रूप में दिखाई देते हैं तथा की–बोर्ड की सहायता से संदेश को टाइप कर उसे ट्रांसमिट किया जाता है। चैट प्रोग्राम में दो प्रकार की विंडो होती हैं। एक विंडो में संदेश प्राप्त होते हैं तथा दूसरी विंडो में संदेश को टाइप कर उसे 'Send' बटन को क्लिक कर भेजा जाता है।

16.30.3. *वीडियो चैट (Video Chat)*

अपने मूल रूप में वीडियो चैट दो या अधिक व्यक्तियों के बीच चलचित्र और आवाज को आदान–प्रदान करने की प्रक्रिया है। इसके लिए एक कंप्यूटर से दूसरे कंप्यूटर पर वीडियो भेजने हेतु डिजिटल कैमरे और आवाज भेजने हेतु माइक्रोफोन की आवश्यकता होती है। डाटा भेजने वाला कंप्यूटर इन्हें प्राप्त करने के उपरांत संकुचित और एनकोड कर देता है। तत्पश्चात् इस डाटा को डाटा पैकेटों में विभाजित कर दूरस्थ कंप्यूटर पर (डाटा पाने वाले पक्ष के पास) भेज दिया जाता है। यहाँ इन पैकेटों को एक पैकेट के रूप में जोड़कर इसे असंकुचित और डिकोड करते हुए प्ले कर दिया जाता है। यह पूरी प्रक्रिया काफी छोटे–छोटे समय अंतराल पर की जाती है जिससे दोनों पक्षों को ऑडियो–वीडियो में व्यवधान का आभास न हो। वीडियो चैटिंग के लिए प्रयोग होने वाले सॉफ्टवेयरों में से नेटमीटिंग व व्हाइटपाइन CU-SeeMe प्रमुख हैं।

16.31. वर्ल्ड वाइड वेब (World Wide Web)

वर्ल्ड वाइड वेब एक प्रकार का डाटाबेस है जो पूरे विश्व में फैला हुआ है। कोई भी यूजर इसके माध्यम से सूचनाओं को प्राप्त करता है। इसमें यूजर के द्वारा सूचना से संबंधित शीर्षक दिया जाता है। इस शीर्षक से संबंधित सभी सूचनाओं का वह उपयोग कर सकता है। पहले www में सिर्फ लिखित सूचनाएँ ही उपलब्ध थीं। लेकिन अब चित्र, ध्वनि, कार्टून या कोई भी ऐसी सामग्री, जिसकी हम कल्पना कर सकते हैं, इसमें उपलब्ध हो जाती है। वर्ल्ड वाइड वेब का अधिकांशतः प्रयोग इंटरनेट पर होता है। वर्ल्ड वाइड वेब और इंटरनेट, दोनों एक समान नहीं हैं, परंतु वे एक दूसरे से संबंधित तथा एक दूसरे पर आश्रित हैं। वास्तव में वर्ल्ड वाइड वेब इंटरनेट का सुपरसेट है, जिसको हम इंटरनेट का ग्राफिकल–इंटरफेस कह सकते हैं। यह हमको सूचनाओ को प्राप्त करने के नये–नये तरीकों के बारे में जानकारी प्रदान करता है जिसके द्वारा लोग आपस में एक दूसरे सें जुड़ सकते हैं।

वर्ल्ड वाइड वेब एक सिस्टम है जो संगठन तथा संबंध स्थापित करने के लिए प्रयोग में लाया जाता है। इसके माध्यम सें इंटरनेट फाइल्स, स्रोत तथा सूचनाओं का उपयोग किया जा सकता है।

टिम बर्नर ली को हम वर्ल्ड वाइड वेब के पिता के रूप में पहचानते हैं। बर्नर, स्विटजरलैंड़ में स्थित यूरोपियन ऑर्गेनाइजेशन फॉर न्यूक्लियर रिसर्च नामक प्रयोगशाला में भौतिक शास्त्री थे। सन् 1989 में उन्होंने सिस्टम के प्रस्ताव को यूरोपियन ऑर्गेनाइजेशन फॉर न्यूक्लियर रिसर्च के इलेक्ट्रॉनिक्स एवं कंप्यूटिंग विभाग के समक्ष प्रस्तुत किया तथा इस प्रस्ताव पर फीड बैक प्राप्त करने के बाद अपने सहयोगी राबर्ट कैलियो के साथ संशोधन कर इस प्रस्ताव को दोबारा प्रस्तुत किया।

फरवरी,1993 में नेशनल सेंटर फॉर सुपर कंप्यूटिंग ऐप्लिकेशन द्वारा www का पहला संस्करण मोजेक (Mosaic) जनता के लिए प्रदान किया गया। यह एक यूजर फ्रेंडली ग्राफिकल यूजर इंटरफेस (GUI) प्रदान करता है। इसके

अतिरिक्त मोजेक माउस के प्रयोग की अनुमति देता है। अर्थात् कोई यूजर बिना की–बोर्ड के भी इसका प्रयोग कर सकता है।

16.32. वेब के कार्य (Working of the Web)

वेब के कार्य समझने के पूर्व हमें कुछ शब्दों से परिचित होना होगा, वे शब्द हैं – वेब पेज, वेब साइट आदि।

1. *वेब पेज*

www एक ग्राफिकल इंटरनेट सेवा है, जोकि प्रतिक्रिया संबंधी दस्तावेजों के एक नेटवर्क को तथा इस तक पहुँचने के लिए सॉफ्टवेयर्स उपलब्ध कराती है। यह दस्तावेजों पर आधारित होता है तथा इसे पेज के नाम से जाना जाता है।

www का विस्तारित रूप World Wide Web है। इसके लिए सिर्फ Web का भी प्रयोग किया जाता है। वेब जानकारियों को 'दस्तावेजों' की एक श्रृंखला के रूप में प्रस्तुत करता है जिसे वेब पेज कहा जाता है। वेब पेज का निर्माण HTML की सहायता से किया जाता है। HTML का प्रयोग करके, एक दस्तावेज का लेखक, दस्तावेज के विभागों को विशिष्ट रूप से कूटबद्ध कर सकता है, जो जानकारियों के स्रोतों की ओर संकेत करते हैं। इन विशिष्ट कूटबद्ध विभागों को Hypertext संबंधों के नाम से जाना जाता है।

पहले के समय में वेब पेज पर केवल टेकस्ट उपलब्ध होता था, लेकिन तकनीकी विकास के कारण, आज वेब पेज पर टेकस्ट के साथ–साथ चित्र तथा मल्टीमीडिया के तत्व भी उपलब्ध होते हैं। वेब पेज तथा परंपरागत माध्यम में मुख्य अंतर यह है कि वेब पेज प्रतिक्रिया संबंधी है।

टीपः

(1) किसी भी दस्तावेज में ऐसा टेकस्ट जो किसी अन्य दस्तावेज अथवा टेकस्ट के लिंक को अपने में संजोए हुए है, हाइपर–टेकस्ट कहलाता है। हाइपर–टेकस्ट पर माउस के बाएँ बटन द्वारा क्लिक कर उस दस्तावेज या टेकस्ट को देखा जा सकता है, जो इससे जुड़ा हुआ है। भले ही वह दस्तावेज किसी अन्य कंप्यूटर पर क्यों न भंडारित हो।

(2) HTML एक हाइपर–टेकस्ट भाषा है, जो वेब पेज को निर्मित करने में उपयोगी होती है। HTML टेकस्ट में सामान्य टेकस्ट के अतिरिक्त भी सम्मिलित होते हैं, जिन्हें वेब ब्राउसर आसानी से समझकर उन्हीं के आधार पर टेकस्ट को प्रदर्शित करता है।

(3) ब्राउसर एक ऐसा सॉफ्टवेयर है जो हमारे सिस्टम पर रहते हुए हमारी आवश्यकतानुसार वेब पेज को वेब सर्वर से डाउनलोड कर दिखाता है। दरअसल यह वेब सर्वर के क्लाइंट के रूप में कार्य करता है।

(4) वेब पेज का लेखक किसी अन्य पेज का संदर्भ देते समय पेज के नाम को उस पेज से ही जोड़ देता है। अर्थात् जब इस संदर्भ पर माउस के बाएँ बटन द्वारा क्लिक किया जाएगा तो तुरंत ही वह पृष्ठ दिखायी देगा, चाहे संदर्भ वाला पृष्ठ दुनिया के किसी भी हिस्से में स्थित किसी भी वेब सर्वर कंप्यूटर पर भंडारित क्यों न हो। उदाहरण के लिए यदि हम करन जौहर द्वारा निर्मित किसी चलचित्र की साइट पर उस चलचित्र के बारे में कुछ पढ़ रहे हैं और अचानक ही हम Yash Rajfilms की साइट पर जाना चाहते हैं जो एक पृथक साइट है और संभवतः पृथक सर्वर पर भंडारित है तो सिर्फ Yash Rajfilms टेकस्ट पर क्लिक करते ही वह साइट खुल जाएगी।

(5) वेब पेज पर इस प्रकार के संदर्भ जो किसी अन्य पेज को जोड़ते हैं हाइपरलिंक अथवा हाइपर–टेकस्ट के नाम से जाने जाते हैं। कुछ लोग वेब पेज और वेब साइट को एक ही मानते हैं, जबकि ऐसा नहीं है। वेब साइट एक अथवा एक से अधिक वेब पेज का समूह है। उदाहरण के लिए www.webdunia.com एक साइट है जबकि www.webdunia.com/news.htm एक वेब पेज है।

एक वेब पेज दो भागों से मिलकर बना होता है–Head और Body।

(1) Head: यह किसी भी वेब पेज का प्रथम भाग होता है, इसमें पेज का शीर्षक तथा अन्य मानक उपलब्ध रहते हैं जिन्हें ब्राउजर द्वारा उपयोग में लाया जाता है।

(2) Body: किसी पेज के वास्तविक कनटेंट पेज के इस भाग में रहते हैं और वह कनटेंट टेकस्ट और टैग को शामिल रखते हैं।

2. *वेब साइट*

वेब साइट कई वेब पेजों को जोड़कर बनाई गई एक संरचना है। वेब सॉफ्टवेयर क्लाइंट–सर्वर संरचना को ध्यान में रख कर बनाया जाता है। वेब क्लाइंट एक प्रोग्राम है जो डाकुमेंट के लिए किसी भी सर्वर पर अपनी प्रार्थना भेजता है। वेब सर्वर भी एक प्रोग्राम है जो प्रार्थना करके माँगे गए विवरण को वापस क्लाइंट के पास भेजता है। वेब प्रक्रिया का कार्य निम्नलिखित हैं

1. किसी प्रोग्राम में कार्य करते समय उपयोगकर्ता किसी हाइपरलिंक के माध्यम से किसी दूसरे डाकुमेंट से जुड़ सकता है। जैसे–Generation of Computer.

2. वेब क्लाइंट किसी हाइपरलिंक के माध्यम से किसी पता का उपयोग करता है जो हमें किसी निश्चित नेटवर्क पर स्थित वेब सर्वर से जोड़ता है तथा हमें Generation of Computer के बारे में बताता है।

3. सर्वर अपनी प्रतिक्रिया किसी टेकस्ट को भेजकर तथा उस टेकस्ट में पिक्चर, साउंड या मूवी को क्लाइंट तक भेजकर व्यक्त करता है और वह क्लाइंट उसको यूजर स्क्रीन पर भेजकर व्यक्त करता है।

16.33. वेब ब्राउजर और उनके कार्य (Web Browsers and its Functions)

वेब ब्राउजर एक ऐसा प्रोग्राम है जिसका प्रयोग इंटरनेट पर उपलब्ध सारी सुविधाओं तथा स्रोतों को वर्ल्ड वाइड वेब के माध्यम से प्राप्त करने में किया जाता हैं।

दूसरे शब्दों में हम यह कह सकते हैं कि वे सॉफ्टवेयर जो किसी इंटरनेट उपयोगकर्ता को किसी www साइट को कनेक्ट करने व उस पर उपलब्ध सामग्री को देखने, सुनने, पढ़ने व प्राप्त करने की सुविधा प्रदान करते हैं वेब ब्राउजर कहलाते हैं। अलग–अलग ऑपरेटिंग सिस्टम के लिए अलग–अलग अनेक वेब ब्राउसर बाजार में उपलब्ध हैं। उनमें से प्रमुख निम्न हैं–

(1) यूनिक्स ऑपरेटिंग सिस्टम के लिए Lynx.

(2) विंडोज ऑपरेटिंग सिस्टम के लिए Cello, WinWeb, Netscape, Explorer.

(3) मैक (MAC) ऑपरेटिंग सिस्टम के लिए Samba, MacWeb.

वेब ब्राउजर, एक वर्ल्ड वाइड वेब क्लाइंट ऐप्लिकेशन है जिसका उपयोग हाइपर–टेकस्ट डाकुमेंट तथा वेब पर उपलब्ध अन्य HTML प्रलेखों को लिंक के माध्यम से प्राप्त करने में किया जाता है। इस तरह हम यह कह सकते हैं कि वेब ब्राउजर एक ऐसा प्रोग्राम है जिसके माध्यम से हम www वेब साइट से कनेक्ट करते हैं।

वेब ब्राउसर इंटरनेट पर चाही गई जानकारी के लिए वेब सर्वर कंप्यूटर को संदेश भेजता है। वेब सर्वर कंप्यूटर के पोर्ट 80 पर चल रहा HTTPD प्रोग्राम इस संदेश को ग्रहण करता है। यह प्रोग्राम तदनुसार प्रक्रिया कर वापस वेब ब्राउजर को वांछित जानकारी भेज देता है। वेब सर्वर से प्राप्त हो रही इस जानकारी को वेब ब्राउजर पैकेट के रूप में प्राप्त कर एकत्रित करता है तथा इन प्राप्त पैकेटों को व्यवस्थित कर स्क्रीन पर जानकारी डिस्प्ले कर देता है। कुछ प्रचलित वेब ब्राउजर निम्नलिखित है–

1. *मोजेक (Mosaic)*

यह एक GUI (Graphical User Interface) ब्राउजर है जिसे NCSA (National Centre of Supercomputing Application) द्वारा विकसित किया गया है। इसका प्रयोग मुख्यतः विंडो आधारित ऑपरेटिंग सिस्टम पर किया जाता

है। NCSA Mosaic Win 95 व 98 का एक क्लाइंट प्रोग्राम है, जिसे TCP/IP नेटवर्क के लिए प्रयोग किया जाता है। मोजेक इंटरनेट का सबसे पहला सफल सॉफ्टवेयर है। इसके अन्य संस्करण Spyglass Mosaic, Air Mosaic और CompuServe Mosaic हैं। मोजेक के कार्य निम्न हैं–

(1) मोजेक उन स्रोतों तक पहुँचने में सहायता प्रदान करता है जोकि URL Address को प्रदर्शित करते हैं।

(2) इसके द्वारा हम अपने होम पेज पर आसानी से पहुँच सकते हैं।

(3) मोजेक Usenet News को आसानी से पढ़ने में सहायता प्रदान करता है।

(4) इसके माध्यम से ई–मेल भी भेजा जा सकता है।

(5) मोजेक की सहायता से डाकुमेंट में कोई भी शब्द, स्ट्रिंग को आसानी से खोजा जा सकता है।

(6) मोजेक के माध्यम से हम अपने डाकुमेंट को रि–लोड (Reload) कर सकते हैं।

(7) मोजेक की सहायता से हम अपने वर्तमान डाकुमेंट को Hotlist में जोड़ सकते हैं। Hotlist स्थानों की एक सूची होती है।

(8) इसके द्वारा हम वर्तमान डाकुमेंट के मध्य मूव कर सकते हैं, यदि हम पूर्व या अगले डाकुमेंट पर जाना चाहते हैं, तो आसानी से जा सकते है।

(9) इसकी सहायता से हम वर्तमान मोजेक संस्करण के बारे में सूचनाएँ प्राप्त कर सकते हैं।

(10) इसके द्वारा होम पेज में भी परिवर्तन किया जा सकता है।

2. *लाइनेक्स (Lynx)*

यह टेकस्ट आधारित वर्ल्ड वाइड वेब ब्राउजर या सॉफ्टवेयर है जिसका उपयोग इंटरनेट से सूचनाओं को हाइपर–टेकस्ट रूप में प्राप्त करने में प्रयुक्त होता है। इसे University of Kansas में विकसित किया गया था। यह एक पूर्ण स्क्रीन प्रोग्राम है, जिसका उपयोग करना अत्यंत सरल होता है। लाइनेक्स के कार्य निम्न हैं:

(1) पेज को संपूर्ण स्क्रीन पर देखने के लिए इसका उपयोग किया जाता है।

(2) पूर्व कॉपी पर वापस जाने के लिए इसका उपयोग किया जाता है।

(3) इसके द्वारा हम अगले लिंक पर जा सकते हैं।

(4) यह पूर्व लिंक पर जाने में भी सहायता प्रदान करता है।

(5) किसी विशेष टेकस्ट को खोजने में इसका प्रयोग किया जाता है।

(6) खोज की पुनरावृत्ति करने के लिए भी इसका प्रयोग किया जाता है।

(7) वर्तमान लिंक का चुनाव करने में इसका उपयोग किया जाता है।

3. *नेटस्केप नेवीगेटर (Netscape Navigator)*

यह GUI (Graphical User Interface) सहित एक www ब्राउजर है जो हमें विंडो वातावरण प्रदान करता है। इसे मोजेक निर्माताओं ने नेटस्केप कम्यूनिकेशन कॉरपोरेशन (Netscape Communication corporation) द्वारा विकसित किया गया है। इसमें कुछ अतिरिक्त विशेषताएँ हैं जो किसी अन्य वेब ब्राउजर में नहीं है। यह अन्य ब्राउजर की अपेक्षा सूचनाओं को जल्दी प्राप्त व प्रदर्शित करता है। नेटस्केप नेवीगेटर के कार्य निम्न हैं:

(1) यदि कोई पूर्व डाकुमेंट है, तो उस पर पहुँचने का कार्य करता है।

(2) अगले डाकुमेंट पर भी पहुँचने में सहायता प्रदान करता है।

(3) होम पेज पर पहुँचने के लिए इसे प्रयुक्त किया जाता है।

(4) वर्तमान डाकुमेंट को रि–लोड (Reload) करने लिए इसका उपयोग किया जाता है।

(5) एक या उससे अधिक शब्दों को खोजने के लिए भी इसका प्रयोग किया जाता है।

(6) इसका उपयोग लोडिंग रोकने के लिए किया जाता है।

4. माइक्रोसॉफ्ट इंटरनेट एक्सप्लोरर *(Microsoft Internet Explorer)*

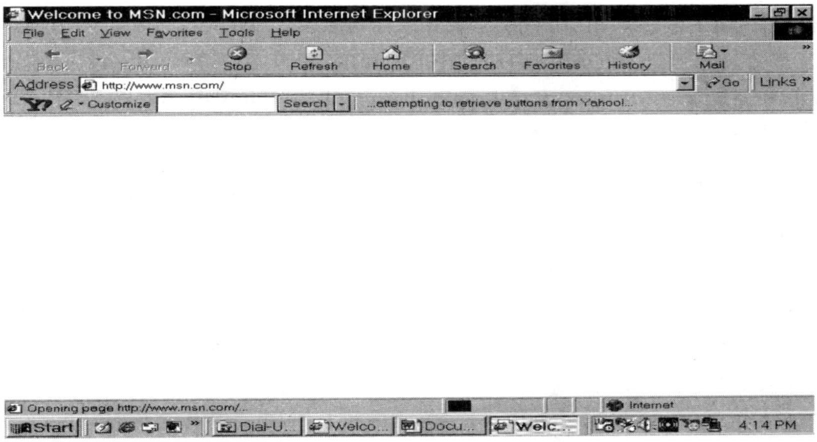

चित्र 16.21. *माइक्रोसॉफ्ट इंटरनेट एक्सप्लोरर*

यह एक स्टैंड एलोन (Stand Alone) वेब ब्राउजर है जो इंटरनेट कनेक्शन के साथ कार्य करता है। इसे "The Internet Icon" द्वारा प्रदर्शित किया जाता है। जब हम वेब से कनेक्ट होते हैं तो माइक्रोसॉफ्ट होम पेज स्वतः ही बिना किसी साइट का विवरण दिए हुए आ जाता है। अधिकांशतः ब्राउजर होम पेज का संदर्भ देते हैं, लेकिन इंटरनेट एक्सप्लोरर प्रारंभिक पेज को संदर्भित करता है। निम्न चित्र देखें–

कुछ अन्य वेब ब्राउजर जो उपयोग में आते हैं, वे निम्न हैं–

(1) Net cruiser

(2) CompuServe Mosaic

(3) AOL

(4) NCSA Mosaic

(5) Netcom

(6) Spyglass Mosaic.

16.34. सर्च इंजन की अवधारणा (Concept of Search Engines)

आरंभ में दो सर्वरों के मध्य संबंध स्थापित करना एवं वांछित जानकारी प्राप्त करना कठिन कार्य था। इस समस्या को दूर करने के लिए 1993 में दो विद्यार्थियों ''डेविड फीलो'' तथा ''जैरी यंग'' के मस्तिष्क में एक ऐसी तकनीक को विकसित करने का विचार आया जिसकी सहायता से इंटरनेट पर कार्य करते हुए विश्वव्यापी सूचनाएँ आसानी तथा शीघ्रता से प्राप्त की जा सकें। इस प्रकार सन् 1994 अप्रैल में पहले सर्च इंजन का विकास हुआ जिसे Yahoo नाम दिया गया।

सर्च इंजन एक प्रकार के प्रोग्राम होते हैं, जिन्हें एक निश्चित अंतराल के उपरांत नवीन जानकारियों से अद्यतन किया जाता है। वर्तमान में ऐसा कोई भी सर्च इंजन नहीं है जो सभी जानकारियों को प्रदान करने का दावा कर सके।

सर्च इंजन, डाटाबेस पर आधारित होते हैं, जिसमें इंडेक्सिंग स्कीम (Indexing Scheme), क्वेरी प्रोसेसर (Query Processor) तथा स्पाइडर्स (Spiders) होते हैं। जब हम किसी सर्च इंजन पर कार्य करते हैं, तो केवल पहले दो

अंगों को ही देख सकते हैं लेकिन स्पाइडर्स दिखाई नहीं देते हैं। स्पाइडर्स वे प्रोग्राम हैं जिन्हें डाटाबेस में सूचीबद्ध वेब पेज की देख–रेख के लिए बनाया जाता है। ये डाटाबेस के संबंधों की तथा उसमें उपलब्ध जानकारी को अद्यतन करते हैं एवं उपयोगकर्ता की आवश्यकतानुसार उन्हें प्रदर्शित करते हैं।

दूसरे शब्दों में हम यह कह सकते हैं कि सर्च इंजन एक प्रकार का वेब सर्वर है जो की–वर्ड के द्वारा वांछित वेब साइट को लोकेट करता है। किसी भी नई वेब साइट का URL पता सर्च इंजन के पास जमा किया जाता है तथा वेब साइट के इंडेक्स पेज पर की–वर्ड का निर्माण किया जाता है। किसी भी वेब साइट को सूची में आने के लिए 7 से 10 दिन तक का समय लगता है। SubmitAway.com एक ऐसी वेब साइट है जो हमारा पता सर्च इंजन में सबमिट करने में सहायता करती है।

कुछ प्रसिद्ध सर्च इंजन निम्न हैं:

1. *www.yahoo.com*

इस सर्च इंजन का विकास अप्रैल 1984 में हुआ था। यह सर्च इंजन के साथ–साथ एक सर्च डायरेक्टरी भी है। इसके साथ–साथ Yahoo अन्य सेवाएँ भी प्रदान करता है, जैसे – निःशुल्क ई–मेल, चैट, समाचार आदि। एक लॉगइन नाम व पासवर्ड देकर इस सुविधा के उपयोगकर्ता बन सकते हैं। लॉगइन व पासवर्ड प्रदान करने की यह सुविधा SIGN IN कहलाती है। यदि हम पूर्व से ही इसके उपयोगकर्ता हैं तब लॉगइन व पासवर्ड देने के उपरांत मात्र उस वर्ग का चयन करना होता है जिसमें कि हम बातचीत करना चाहते हैं।

अब प्राप्त स्क्रीन के दाएँ तरफ उपलब्ध बॉक्स में से किसी भी व्यक्ति जोकि उस समय लॉगइन है, का चयन करिए। अब स्क्रीन पर एक और विंडो बॉक्स आ जाएगा जिसमें कि हम जो टाइप करेंगे, उस उपयोगकर्ता की स्क्रीन पर प्रदर्शित होगा तथा जवाब में वह जो टाइप करेगा, हमारी स्क्रीन पर आ जाएगा। यह पूर्णतया मेन्यू ड्राइवेन IRC सर्वर है, जिसमें कि और भी अनेक विकल्प उपलब्ध हैं तथा इनका आवश्यकतानुसार उपयोग किया जा सकता है।

टीप: सर्च डायरेक्टरी, इंटरनेट पर उपलब्ध वेब साइट का संगठित तथा श्रृंखलात्मक रूप है जो विभिन्न समूहों में विभाजित होती है। इन्हें अद्यतन करने के लिए समादेश देना पड़ता है, जबकि सर्च इंजन एक निश्चित समय के बाद अपने आप अद्यतन हेतु तैयार हो जाते हैं।

2. *www.alvistadigital.com*

इस सर्च इंजन का विकास सन् 1995 में हुआ था और यह बहुत अधिक जानकारी उपलब्ध होने तथा शक्तिशाली खोज सुविधा के कारण बहुत लोकप्रिय सर्च इंजन था। बाद में कुछ नए सर्च इंजन जैसे – hotbot तथा excite आने पर इसकी लोकप्रियता में कमी आयी। यह सरल बूलियन संक्रिया जैसे – AND, OR, NOT, Case Sensitive Search, Data Range इत्यादि भी प्रदान करता है। यह सर्च इंजन कोई समाचार उपलब्ध नहीं कराता है।

3. *www.hotbot.com*

इसमें लगभग 54 मिलियन वेब पेज की जानकारी उपलब्ध रहती है। यह चुने हुए शब्दों तथा वाक्य खंडों की खोज के लिए उत्तम है। यह किसी साइट के भागों या किसी साइट की पुनरावृत्ति को उपलब्ध नहीं कराता है।

4. *www.lycos.com*

इसमें लगभग 66 मिलियन वेब पेज की जानकारी उपलब्ध रहती है। यह कई विशेष जानकारियाँ उपलब्ध कराता है। जैसे–समाचार, ध्वनि तथा प्रतिरूप आदि।

5. *www.excite.com*

इसमें लगभग 50 मिलियन वेब पेज की जानकारी उपलब्ध रहती है। यह आसान तथा "Fuzzy" सर्च उपलब्ध कराता है। यह सर्च इंजन किसी भी वेब साइट का निम्न तीन विधियों से मूल्यांकन करता है: Depth, Exploration, Appeal इसमें उपलब्ध साइट को दो विधियों से प्राप्त किया जा सकता है। पहला Reviewed को सूचीबद्ध श्रृंखला द्वारा और दूसरा की–बोर्ड सर्च द्वारा।

6. *www.google.com*

यह सर्च इंजन लोक प्रियता के आधार पर वेब साइटों की वरीयता निर्धारित करता है। इससे परिणाम में कुछ बेहतर वेब साइटों की लिंक प्राप्त होती है। यह विशाल इंडेक्स का प्रयोग करता है। Yahoo और Netscape के द्वारा भी इसका प्रयोग किया जाता है।

7. *www.go.com*

यह मूलतः Infoseek और Disney का पोर्टल है। अधिकारिक रूप से यह 1999 में प्रारंभ हुआ था। जबकि इससे पहले 1995 से यह Infoseek Service के नाम से जाना जाता था। सर्च इंजन के अतिरिक्त यह मुफ्त ई–मेल सेवा भी प्रदान करता है।

8. *www.AskJeeves.com*

इस सर्च इंजन की लोकप्रियता अत्यंत तीव्रता से बढ़ रही है और इसका मुख्य कारण है इसके द्वारा प्राकृतिक भाषा में क्वैरी को स्वीकार करना। अर्थात् इसमें सामान्य प्रश्न के रूप में सर्च करने वाला डाटा प्रदान किया जा सकता है। यह मूलतः मानव संपादित करोड़ों वेब साइटों की लिस्ट का प्रयोग करता है।

9. *www.rediff.com*

रीडिफ एक भारतीय पोर्टल है जिसकी स्थापना 1996 में की गई थी। यह मुफ्त ई–मेल, चैट, इंस्टेंट मैसेंजिंग और अपना स्वयं का होम पेज बनाने की सुविधा भी प्रदान करता है। इसका अनरीकी संस्करण भी उपलब्ध है जो अमेरिका स्थित भारतीयों के लिए काफी प्रासंगिक है।

10. *www.metacrawler.com*

यह सर्च इंजन, कुछ पुरानी मेटा सर्च सेवाओं में से एक है जिसका प्रारंभ जुलाई 1995 में वाशिंगटन विश्वविद्यालय में हुआ था। 1997 में इसे Go2Net द्वारा खरीद लिया गया।

सर्च इंजन के प्रकार

1. कुछ सर्च इंजन स्वयं ही वेब पेज पर भ्रमण कर उन्हें सूचीबद्ध कर लेते हैं ताकि उन्हें आसानी से खोजा जा सके। साथ ही समय–समय पर वे पुनः उन्हीं पर जाते हैं जिससे उनमें हुए परिवर्तनों का ध्यान रखा जा सके।

2. डायरेक्टरी पर आधारित सर्च इंजन मानवीय हस्तक्षेप पर निर्भर करते हैं। इनमें वेब पेज की जाँच संपादकों द्वारा की जाती है। उचित विश्लेषण के पश्चात् ही इन्हें डायरेक्टरी में शामिल किया जाता है। Yahoo इसका एक उचित उदाहरण है।

3. हाइब्रिड सर्च इंजन में भी डायरेक्टरी होती है। आजकल अधिकांशतः सर्च इंजन में इस विधि का प्रयोग किया जाता है। यह प्राथमिक तथा व्यावसायिक दोनों ही प्रकार के उपयोगकर्ताओं द्वारा प्रयोग किए जाते हैं।

4. मेटा सर्च इंजन में एक साथ कई सर्च इंजन का प्रयोग किया जाता है। सैद्धांतिक रूप से ये कहीं बेहतर परिणाम देते हैं, लेकिन कभी–कभी इसके परिणाम भ्रमित कर देने वाले होते हैं

सर्च इंजन का प्रयोग

1. आमतौर पर वेब सर्च इंजन का प्रयोग किया जाता है। इस प्रकार के सर्च इंजन उन लोगों में अधिक प्रचलित हैं जो वेब पेज पर सूचना खोजना चाहते हैं। इस श्रेणी के अंतर्गत Yahoo, Altavista, Excite आदि आते हैं।

2. न्यूज सर्च इंजन का कार्य न्यूज ग्रुप पर प्रतिदिन आने वाली दुनियाभर की नई–नई खबरों को खोजना है। Excite का News Tracker एक प्रगतिवान न्यूज सर्च इंजन है।

3. MP3 फाइलों को खोजने के लिए MP3 सर्च इंजन का प्रयोग किया जाता है। Audio Galaxy और Morpheus आदि इसके अच्छे उदाहरण हैं।

4. Altavista सर्च इंजन की सहायता से मल्टीमीडिया तथा इमेज फाइलों को खोजा जाता है।

5. क्षेत्रीय सर्च इंजन का कार्य भौगोलिक स्थिति के अनुसार संबंधित सूचना को खोजना है। इन सर्च इंजन का कार्य क्षेत्र केवल एक विशिष्ट भौगोलिक क्षेत्र तक ही सीमित रहता है।

दस भारतीय सर्च इंजन

www.khoj.com	www.123india.com
www.hindustan.net	www.indianindex.com
www.rediff.com	www.locateindia.com
www.indiainfo.com	www.bharatseek.com
www.indiaatoz.com	www.sholay.com

16.35. वेब को खोजना (Searching the Web)

किसी वेब को खोजने की कई विधियाँ हैं, वे निम्न हैं–

1. *डायरेक्टरी के द्वारा खोज (Searching through a Directory)*

YAHOO को अधिकांश डायरेक्टरियों में से एक अच्छी डायरेक्टरी माना जाता है। ऐड्रेस बॉक्स में http:/www.yahoo.com को टाइप कर इसे देखा जा सकता है। निम्न चित्र देखें–

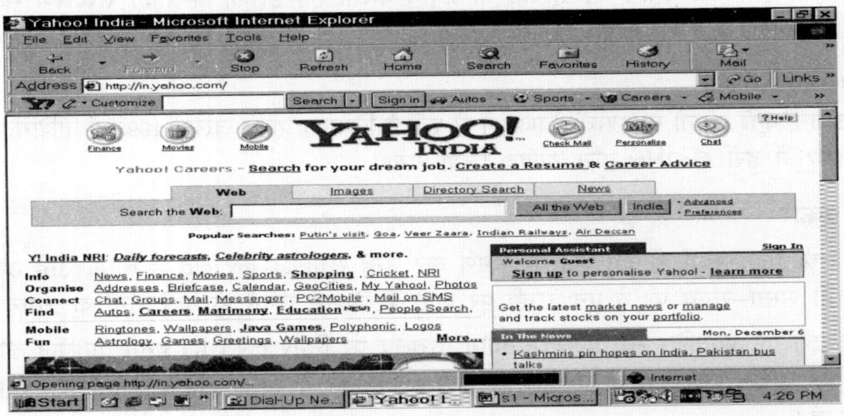

चित्र 16.22. *YAHOO*

2. विषय के द्वारा खोज *(Searching by Topic)*

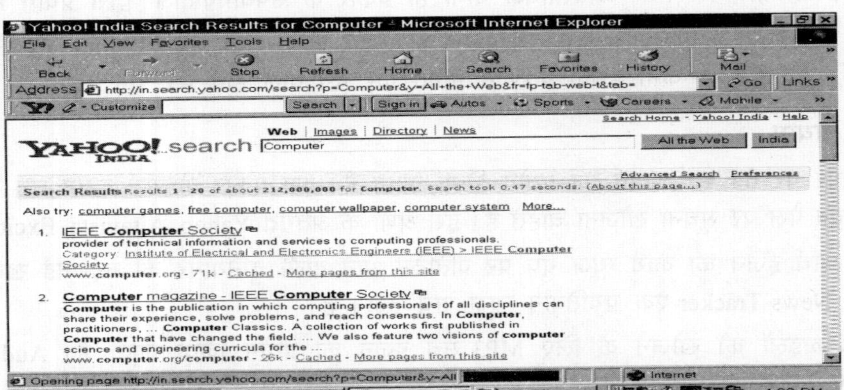

चित्र 16.23

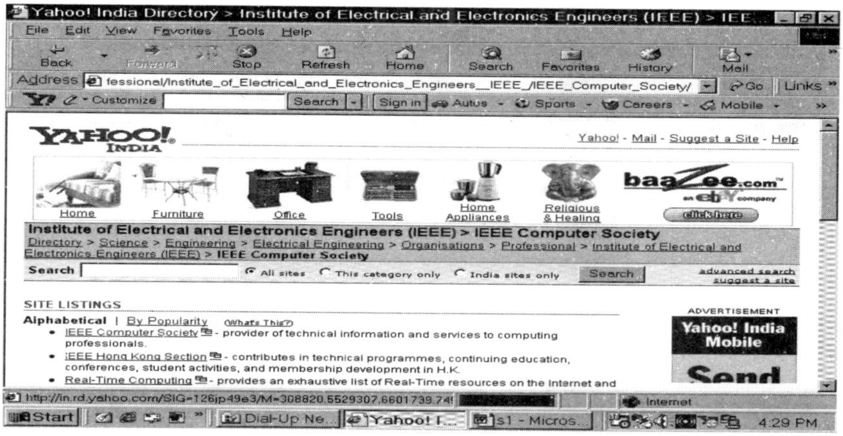

चित्र 16.24

याहू को वंशानुक्रमतः संगठित किया गया है। अर्थात् हम पहले एक साधारण विषय से शुरुआत करते हैं। तत्पश्चात् धीरे–धीरे विशेष विषयों के बारे में कार्य करते हैं। हर विषय के अंदर उसके कुछ महत्त्वपूर्ण उपविषय भी दिए होते हैं। अगर हम चाहें तो एक कदम के बाद छोड़ भी सकते हैं। उदाहरण के लिए यदि हम कंप्यूटर के क्षेत्र में रुचि रखते हैं, तो हमें सर्व प्रथम Search बॉक्स में Computer टाइप करना होगा। चित्र 16.23 देखें। ऐसा करते ही Computer पेज हमारे समक्ष उपस्थित हो जाएगा। चित्र 16.24 देखें। इस पेज में हम वांछित उपविषय पर क्लिक कर आगे की खोज जारी रख सकते हैं।

3. *की-वर्ड द्वारा खोजना (Searching by Key-Word)*

की–वर्ड के द्वारा खोज प्रक्रिया प्रारंभ करने के लिए हमको एक शब्द या कुछ शब्दों को सर्च बॉक्स में टाइप करना होता है जोकि पेज के सबसे ऊपरी भाग में होता है और फिर 'Search' बटन पर क्लिक कर देते हैं। उदाहरण के लिए यदि हम Health में रूचि रखते हैं और उसका कोई अच्छा रिसोर्स खोजना चाहते हैं, तो हमें सर्च बॉक्स में Health टाइप करके 'Search' बटन पर क्लिक करना होगा। याहू तुरंत उन सभी वेबसाइट जो Health से जुड़ी हुई हैं की सूची हमारे समक्ष प्रदर्शित कर देगा। चित्र 16.23 देखें।

4. *सर्च इंजन के साथ खोजना (Searching with a Search Engine)*

सर्च साइट के माध्यम से सारे इंटरनेट को सर्च करना अत्यंत आसान है। अधिकांश सर्च इंजन एक सिंगल वेब पेज प्राप्त करते हैं जो इंटरनेट पर लागू करना असंभव होता है। बहुत सारे सर्च इंजन में से google एक प्रचलित सर्च इंजन है। चित्र 16.25 देखें।

एक सर्च इंजन सामग्री खोजने में हमारी सहायता करे इसके लिए उसे पूर्व में ही समस्त सामग्री खोज कर रखनी होगी। इसके लिए सर्च इंजन स्पाइडर नामक विशेष सॉफ्टवेयर रोबोट काम में लेते हैं, जो करोड़ों–करोड़ वेब पेजों को पढ़ते हैं और उन पर पढ़े गए शब्दों की सूची तैयार करते जाते हैं। यह प्रक्रिया वेब कॉलिंग कहलाती है। एक प्रायोगिक तथा उपयोगी सूची बनाने के लिए इन स्पाइडरों को अनेकानेक वेब पेज पढ़ने पड़ते हैं। पर कोई स्पाइडर इस लंबी यात्रा का प्रारंभ कहाँ से करें? इसके लिए वह कोई बहुत लोकप्रिय साइट चुनकर उसे पढ़ना और उस पर रखे शब्दों का इंडेक्स बनाना प्रारंभ करता है तथा उस साइट पर उपलब्ध समस्त लिंक्स को टटोलता जाता है। इस प्रकार वह तीव्रता से वेब पर फैल जाता है।

एक बार जब स्पाइडर सूचनाओं को पढ़ने का कार्य समाप्त कर लेते हैं, तब इसके बाद इस खोज के परिणाम को व्यवस्थित तरीके से रखने की बारी आती है। इस कार्य हेतु दो महत्त्वपूर्ण पहलुओं को ध्यान में रखा जाता है, प्रथम डाटा के साथ जो सूचना संग्रहित की जाती है और द्वितीय सूचना किस प्रकार से इंडेक्स की गई है।

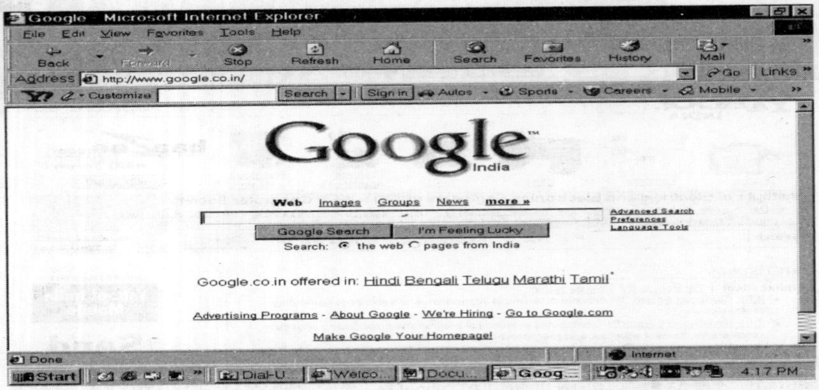

चित्र 16.25

सबसे आसान यह हो सकता है कि प्रत्येक शब्द तथा उसके URL को स्टोर कर लिया जाए। परंतु इससे उपयोगकर्ता को यह पता नहीं चलेगा कि इस शब्द को पृष्ठ में किसी शीर्षक जैसा महत्त्व दिया गया था, किसी पंक्ति में वैसे ही पाया गया था या यह शब्द किसी पृष्ठ पर कितनी बार प्रयुक्त हुआ है अथवा यह किसी अन्य पृष्ठ के लिंक के रूप में रखा था। इससे उस शब्द की वरीयता तय करना असंभव हो जाता है।

वरीयता निर्धारित होने से सर्च के परिणाम स्वरूप प्राप्त होने वाली सूची में प्राथमिकता निर्धारित होती है। अतः इंडेक्स को तैयार करने में सिर्फ शब्द URL ही स्टोर न करके, उनकी आवृत्ति आदि भी स्टोर कर लिए जाते हैं। जिसके आधार पर इंजन उस शब्द को कुछ महत्ता प्रदान करता है ताकि उसकी परिणाम सूची में वरीयता निर्धारित की जा सके। यह महत्ता उन्हें, उनके शीर्षक, उप–शीर्षक या मेटा टैग के रूप में अंकित होने से अथवा उसकी आवृत्ति के आधार पर दी जाती है। तत्पश्चात् इन समस्त सूचनाओं को जगह बचाने के उद्देश्य से ऐनकोडिंग कर स्टोर कर लिया जाता है। जब यह समस्त सूचना कंप्रैस हो जाती है तब इसकी इंडेक्सिंग की जाती है। जिसका एकमात्र उद्देश्य उपयोगकर्ता को सूचना शीघ्र उपलब्ध कराना है।

बेहतर खोज कैसे करें?

1. *स्पष्ट लिखें:* यदि हम Cricket Match fixing scandal के बारे में सूचना चाहते हैं, तो "Indian Cricket Scandal" ही लिखें न कि मात्र "Cricket"

2. *'+' चिह्न का प्रयोग:* यदि हम सिर्फ उन पेजों को ही खोजना चाहते हैं जिनमें हमारे द्वारा टाइप किए गए सभी शब्द उपलब्ध हों, तो निम्न प्रकार लिखें:

   Star + Zee

   उक्त स्थित में केवल वे पेज ही आएँगे जिनमें ये दोनों शब्द उपस्थित होंगे।

3. *'–' चिह्न का प्रयोग:* यदि हम सिर्फ उन पेजों को ही खोजना चाहते हैं जिनमें हमारे द्वारा टाइप किए गए सभी शब्दों में से एक उपस्थित हो दूसरा नहीं, तो निम्न प्रकार लिखें:

   "Indian Cricket Scandal" – Azharudin

   उक्त स्थित में केवल वे पेज ही आएँगे जिनमें Indian Cricket Scandal का जिक्र तो होगा लेकिन Azharudin का नहीं।

4. *" " चिह्न का प्रयोग:* यदि हम सिर्फ उन पेजों को ही खोजना चाहते हैं जिनमें शब्दों का समूह एक निश्चित क्रम में उपलब्ध हो तो शब्दों के इस क्रम को इंवर्टेड कौमा में टाइप करें, जैसे "Indian Cricket Scandal"

5. *उपरोक्त चिह्नों का संयुक्त प्रयोग:* उपरोक्त चिह्नों को एक साथ उपयोग में लेकर भी सर्च को अधिक

विश्वसनीय बनाया जा सकता है। उदाहरण के लिए यदि हम सिर्फ उन पेजों को ही खोजना चाहते हैं जिनमें Pentium III हो न कि Pentium II और Celeron तो सर्च के लिए "Pentium III" – "Pentium II" – Celeron टाइप करें।

6. *टाइटल सर्च :* यदि हम यह चाहते हैं कि हमारे द्वारा टाइप किए गए शब्द पेज के टाइटल में ही रहें, तो सर्च बॉक्स में निम्न प्रकार टाइप करें–

title: "Government of India"

7. *साइट सर्च :* यदि हम चाहते हैं कि सर्च केवल एक विशेष वेब साइट पर ही क्रियान्वित हो तो निम्न प्रकार टाइप करें–

"move no 007" – host:badreview.com

8. *वाइल्ड कार्ड का प्रयोग :* आवश्यक होने पर हम वाइल्ड कार्ड का भी प्रयोग कर सकते हैं। जैसे Sing* सर्च करने पर Singer, Singing आदि शब्दों को भी खोजा जा सकता है।

16.36. HTTP

HTTP का विस्तारित रूप Hyper Text Transfer Protocol होता है। यह एक ऐसा प्रोटोकॉल है जो मुख्यतः वर्ल्ड वाइड वेब से डाटा ऐक्सेस करने में प्रयुक्त होता है। यह प्रोटोकॉल डाटा को सादा टेकस्ट, हाइपर टेकस्ट, आडियो, वीडियो के रूप में हस्तांतरित करता है। इस प्रकार Hyper Text Transfer Protocol की कार्यक्षमता हमको Hyper Text वातावरण में यह सुविधा प्रदान करती हैं कि हम एक डाकुमेंट से दूसरे डाकुमेंट पर आसानी से जा सकें।

Hyper Text Transfer Protocol, Simple Mail Transfer Protocol के समान होता है क्योंकि यह डाटा को क्लाइंट तथा सर्वर के मध्य हस्तांतरित करता है। इसमें हमारा संदेश Header द्वारा नियंत्रित रहता है।

Hyper Text Transfer Protocol की विधि अत्यंत सरल है क्योंकि इसमें एक क्लाइंट अपनी प्रार्थना सर्वर को भेजता है। इसके बाद सर्वर अपनी प्रतिक्रिया मेल आदि के रूप में वापस क्लाइंट को भेजता है। यह प्रार्थना तथा प्रतिक्रिया संदेश पत्र के रूप में MIME फॉरमेट के साथ रहता है।

HTTP Transaction

Hyper Text Transfer Protocol का लेनदेन क्लाइंट तथा सर्वर के मध्य रहता है। इसमें क्लाइंट इस लेनदेन को सर्वर के पास संदेश भेजकर शुरू करता है तथा सर्वर अपना उत्तर प्रदान कर उसके प्रति अपनी प्रतिक्रिया दर्शाता है।

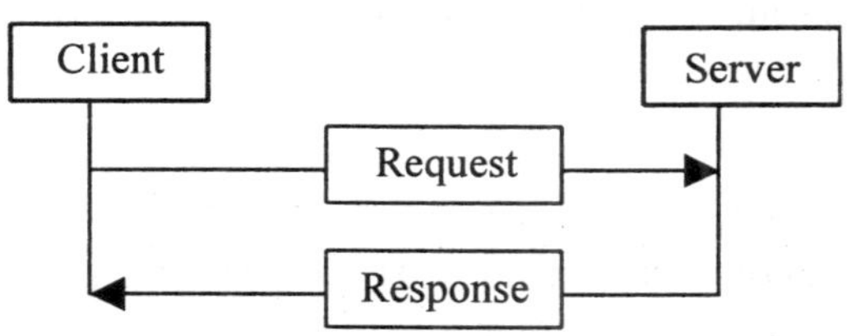

HTTP Transaction

HTTP Message

HTTP संदेश मुख्य रूप से दो प्रकार के होते हैं–

1. ***Request Messages***

Request संदेश में एक रिक्वेस्ट लाइन, हेडर्स (Headers) तथा कभी–कभी बॉडी (Body) भी शामिल होती है।

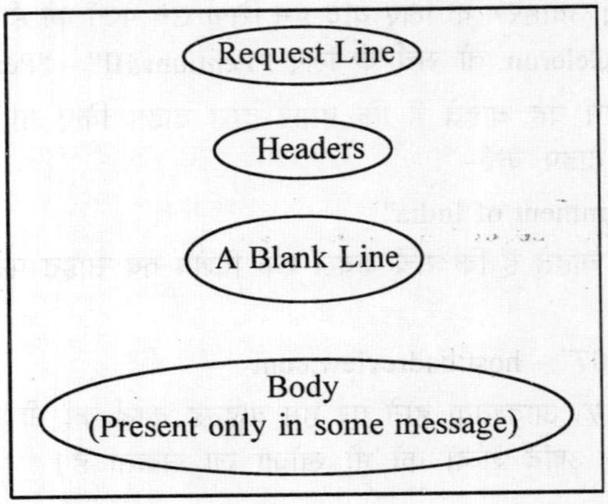

2. *Response Messages*

Response संदेश में एक स्टेटस लाइन, हेडर्स और कभी–कभी बॉडी भी शामिल होती है।

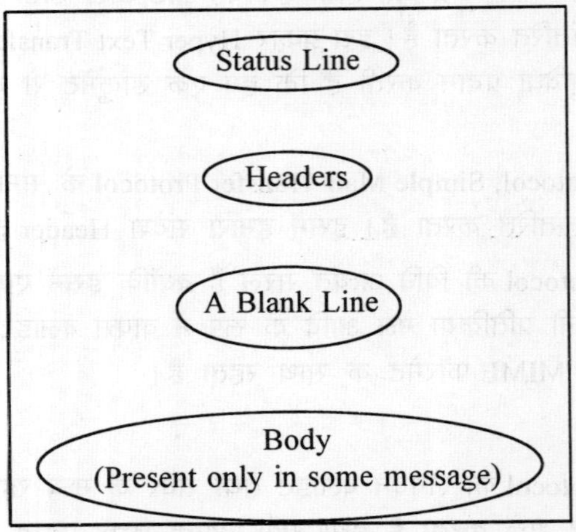

टीपः विभिन्न डाकुमेंटों का प्रयोग करने के लिए HTTP, लोकेटर की अवधारणा का प्रयोग करता है। URL वास्तव में एक एड्रैस है जिसके माध्यम से HTTP विभिन्न सुलेखों को अपने सही पते पर पहुँचाता है।

16.37. URLs

URL का विस्तारित रूप Uniform Resource Locator है। यदि हम कोई वेबसाइट प्राप्त करना चाहते हैं, तो हमें उस वेबसाइट से सूचना प्राप्त करने के लिए उसका URL या एड्रैस ज्ञात होना चाहिए, जो सदैव "http:" शब्दों से आरंभ होता है। एक वेब एड्रैस का नाम एक प्रोटोकॉल के नाम से आरंभ होता है। अधिकांशतः यह HTTP होता है, जिसका विस्तारित रूप Hyper Text Transfer Protocol है।

इस प्रोटोकॉल का " :// " द्वारा अनुसरण किया जाता है एवं इसके उपरांत फॉर्म के इंटरनेट ऐड्रेस को site, subdomains.domain द्वारा व्यक्त किया जाता है। इसके पश्चात् हम एक कॉलन (Colon) और एक पोर्ट नंबर, (Port Number) जिसमें फोल्डर की सूची व डॉयरेक्टरी के नाम होते हैं जिसे Forward Slashes द्वारा अलग किया जाता है तथा एक फाइल प्राप्त करते हैं, जिसका विस्तारित नाम "HTML" होता है।

URL वह विशेष विधि बताता है जिसके माध्यम से हम किसी भी इंटरनेट स्रोतों का निश्चित स्थान, जो हमने सोचा हो, आसानी से प्राप्त कर सकते हैं।

URL के दो रूप होते हैं, जो निम्न हैं–

Scheme: //host name/description

Scheme: description

प्रथम प्रकार के द्वारा किसी विशेष मशीन पर उपस्थित स्रोतों का विवरण ज्ञात कर सकते हैं, जबकि द्वितीय प्रकार के द्वारा सामान्य इंटरनेट स्रोतों को ज्ञात करते हैं। निम्न उदाहरण देखें–

http://www.alan.com/Aln

news: rec.humer

प्रथम उदाहरण किसी निशचित कंप्यूटर पर उपस्थित वेब पेज के बारे में बताता है तथा द्वितीय उदाहरण के द्वारा Usenet Discussion group के बारे में विस्तृत जानकारी प्राप्त होती है।

टीपः प्रत्येक URL, Scheme से आरंभ होता है, यह एक नाम है जो एक विशेष स्रोत के बारे में बताता है। प्रथम उदाहरण में http को scheme कहते हैं, जो Hyper Text Resource को दर्शाता है। द्वितीय उदाहरण में news को scheme कहते हैं जो Usenet Discussion group को दर्शाता है। सर्वप्रथन इसे समाचारों के वितरण के लिए बनाया गया था। वर्तमान में इसे News Group कहते हैं। Scheme को URI (Uniform Resource Identifier) भी कहते हैं। कुछ मुख्य scheme निम्न हैं–

http, ftp, Gopher, mailto, news, Telnet

HTML में URI या scheme का प्रयोग निम्न कार्यों हेतु किया जाता है–

(1) अन्य स्रोतों से Link बनाने हेतु।

(2) Image Map बनाने के लिए।

(3) Form को जमा करने के हेतु।

(4) Frame Document को बनाने के लिए।

URL और Host Name

हमें ज्ञात है कि URL संरूप दो प्रकार के होते हैं, जिनकी सहायता से हम URL scheme को दर्शाते हैं। News तथा mailto scheme में Host Name शामिल नहीं होता है। "Host" उस कंप्यूटर का नाम है जो इंटरनेट पर होता है।

कुछ URL जिनमें Host Name शामिल हैं, निम्न हैं–

http://www.wendy.com/~wendy
btp://btp.uu.net/usenet/news.answers/alt-sex/painters.z
Gopher://Gopher.loc.gov/ | | / congress
Telnet://nightmare.winternet.com:1701

कुछ URL जिनमें Host Name शामिल नहीं हैं, निम्न हैं–

news:rec.humor
mailto:president@whitehouse.gov

URL और Port Number

प्रत्येक इंटरनेट सुविधा का अपना एक पृथक Port Number होता है। यद्यपि हमें URL में Port Number टाइप करना पड़ता है। उदाहरण के लिए–Telnet का Port Number 23 है। यदि हन Telnet सुविधा बिना Port Number टाइप किए माँगते हैं, तो URL स्वयं ही यह समझ जाता है कि Port Number 23 है। निम्न URL एक समान हैं:

Telnet://Locis.loc.gov/
Telnet://Locis.loc.gov:23/

जब हम Telnet स्रोत का उपयोग करते समय मानक भाग का प्रयोग नहीं करते हैं तब हमें Port Number, URL के समान बनाना होता है। उदाहरण के लिए–

Telnet://nightmare.winternet.com:1701

टीप: दो कंप्यूटर के मध्य लॉजिकल कनेक्शन (Logical Connection) को Port कहते हैं। यह लॉजिकल कनेक्शन एक संख्या के द्वारा स्थापित होता है, इसे Port Number कहते हैं। अन्य शब्दों में Port Number वह संख्या है, जिसकी सहायता से कोई भी Host क्लाइंट द्वारा की गई प्रार्थना को पहचानता है। उदाहरण के लिए: http सर्वर port number 80, Gopher 70 एवं SMTP port number 25 का प्रयोग करता है।

URL को निम्न तीन भागों में विभाजित किया जाता है–

(1) **Scheme:** यह Hyper Text Resource को बताता है।

(2) **Host Name:** एक कंप्यूटर का नाम होता है।

(3) **Path Name:** Path Name यह दर्शाता है कि Host कंप्यूटर पर Hyper Text Resource कहाँ संग्रहित है? निम्न उदाहरण देखें:

http://www.cathouse.org / cathouse/humor/sex/dates.from.Hel

Scheme Host Name Path name

16.38. वेब सर्वर (Web Server)

वह उपाय जो उपयोगकर्ता और वेब तथा वेब पेज को एक दूसरे से जोड़ने के लिए प्रयोग में लाया जाता है, वेब सर्वर कहलाता है। हमें www के अंतिम चरण में जिस बिंदु की आवश्यकता होती है, उस बिंदु को वेब सर्वर कहते हैं। वेब सर्वर ब्राउजर को वेब पेज तथा वेब साइट्स उपलब्ध कराने में सहायता करता है। सर्वर के बिना कोई वेब नहीं हो सकता है। यहाँ इंटरनेट पर लाखों वेब सर्वर है और प्रत्येक में हंजारों होम पेज शामिल है।

वेब सर्वर का यह उत्तरदायित्व है कि ब्राउजर द्वारा चाहे जाने पर उसे होम पेजों को उपलब्ध कराएँ। वेब सर्वर हार्डवेयर और सॉफ्टवेयर से मिलकर बना होता है। इस प्रकार हम कह सकते हैं कि वेब सर्वर एक सॉफ्टवेयर, हार्डवेयर, पैकेज होता है जो वेब क्लाइंट को सुविधाएँ प्रदान करता है। वेब सर्वर सॉफ्टवेयर समस्त प्रचलित ऑपरेटिंग सिस्टम पर उपलब्ध रहता है। इसमें यूनिक्स के समस्त गुण Windows NT सर्वर तथा NT Workstation शामिल रहते हैं। विडोंज आधारित कुछ वेब सर्वर निम्न हैं–

1. *Microsoft Internet Information Server :* इसे सन 1996 में लागू किया गया था। यह एक शक्तिशाली वेब सर्वर है जो NT सर्वर की सुरक्षा एवं उसे नियंत्रित करने के लिए NT Server से निकटता से जुड़ा हुआ है। इसमें यूजर ग्रुप, एकाउंट फाइल व डायरेक्टरी शामिल रहती हैं।

2. *Netscape Fast Track Server :* इसे Netscape कम्यूनिकेशन कॉरपोरेशन द्वारा NCSA तथा CERN की प्रोग्रामिंग एवं टेक्नीकल टीम द्वारा विकसित किया गया था। Netscape ने वास्तव में दो उत्पाद विकसित किए हैं। Netscape Communication Server और Netscape Commerce Server। Top setting Netscape enterprise server तथा Netscape fast track server द्वारा इन दोनों उत्पादों का अनुसरण किया गया। Netscape Fast Track Server एक प्रचलित सर्वर हैं जिसके माध्यम से हम Internet को अधिक तेजी से रन कर सकते हैं।

3. *Commerce Builder :* Commerce Builder का निर्माण The Internet Factory Inc. द्वारा किया गया है। इसे पूर्ण रूप से अच्छी सुरक्षा तथा Proxy Server गुण के आधार पर बनाया गया है। यह मुख्य रूप से Windows 95 तथा Windows NT के लिए रन करता है। हम अपने समस्त पैरामीटर Commerce Builder Server के Global level पर सेट कर सकते हैं।

4. *EMWAC HTTPS:* इसे आधार सर्वर EMWAC (European Microsoft Windows NT Academic Center at Edinburgh University Computing Service in Scotland) द्वारा Microsoft Windows NT व NT Workstation पर कार्य करने हेतु निर्मित किया गया था। इस वेब सर्वर का एक दोष है–कम सुरक्षा।

इसमें किसी भी प्रकार का कोई यूजर एकाउंट पासवर्ड या फाइल डायरेक्टरी को एक्सेस करने के लिए नहीं था। इस प्रकार यह एक पब्लिक वेब सर्वर था।

5. *Purveyar Intraserver :* इसे Process सॉफ्टवेयर के द्वारा विकसित किया गया है। यह एक शक्तिशाली व पूर्ण रूप से गुणों से भरपूर वेब सर्वर है जो Internet market में समय की बचत करता है। Purveyar Encrypt Web Server, Windows NT में सर्विस प्रदान करता है तथा जब सर्वर बूट हो रहा होता है तो यह स्वतः ही शुरू हो जाता है।

6. *Netscape Enterprise Server :* इसका निर्माण Fast Track Server के निर्माण के बाद प्रारंभ हुआ है। इसमें कुछ अतिरिक्त रुचि वाले गुणों को रखा गया है जहाँ पर विभिन्न लोग मैनेजमेंट के कार्यों को संपन्न करते थे।

7. *Open Market Secure Web Server :* यह मुख्यतः Windows 95 तथा Windows NT पर कार्य करता है। इसके अतिरिक्त यह Unix के समस्त प्रचलित संस्करणों पर भी कार्य करता है।

16.39. वेब प्रोटोकॉल (Web Protocols)

वेब पर सूचनाओं के आदान–प्रदान के लिए जिन प्रोटोकॉल का उपयोग किया जाता है, उन्हें वेब प्रोटोकॉल कहते हैं। इन प्रोटोकॉल के माध्यम से विभिन्न वेब पेज जो टेकस्ट व ग्राफिक्स से मिलकर बने होते हैं, वेब सर्वर से वेब ब्राउजर तक भेजे जाते हैं। अतः वेब प्रोटोकॉल, वेब सर्वर तथा वेब ब्राउजर के मध्य संबंध स्थापित करने में एक महत्त्वपूर्ण भूमिका निभाता है।

वेब प्रोटोकॉल एक नियम या कुछ निश्चित नियमों का समूह होता है जो विभिन्न भागों के बीच कम्यूनिकेशन का वातावरण प्रदान करते हैं। प्रोटोकॉल निम्नलिखित सुविधाएँ प्रदान करता है–

1. ट्रांसमिशन माध्यम की व्यवस्था।
2. नेटवर्क Entities को एक दूसरे से संयुक्त करना।
3. डाटा का हस्तांतरण।
4. डाटा हस्तांतरण का समय।

HTTP सबसे महत्त्वपूर्ण वेब प्रोटोकॉल है। यह प्रोटोकॉल इंटरनेट के माध्यम से HTML फाइल्स के आदान–प्रदान हेतु प्रयोग में आता है। HTTP से कोई उपयोगकर्ता किसी एक डाकुमेंट से दूसरे डाकुमेंट पर या एक डाकुमेंट के अंदर विभिन्न स्थानों तक जा सकता है।

सूचनाओं के आदान–प्रदान हेतु कुछ अन्य इंटरनेट प्रोटोकॉल, जैसे – FTP, SMTP आदि का प्रयोग किया जाता है।

अभ्यास-प्रश्न (Exercise-Questions)

1. इंटरनेट के क्रमिक विकास को बताइए।
2. प्रोटोकॉल्स क्या हैं?
3. इंटरफेस अवधारणा क्या है?
4. इंटरनेट और इंट्रानेट में क्या अंतर है?
5. ISP क्या है?

6. डॉयल-अप से क्या समझते हैं?
7. इंटरनेट से कैसे जुड़ते हैं?
8. लीज्ड लाइन क्या है?
9. VSAT से क्या समझते हैं?
10. URL क्या है?
11. डोमेन नाम क्या है?
12. पोर्टल से क्या समझते हैं?
13. ई-मेल अवधारणा क्या है?
14. POP और WEB आधारित ई-मेल से क्या समझते हैं?
15. ई-मेल से क्या लाभ है?
16. ई-मेल पता से क्या समझते हैं?
17. ई-मेल भेजने और प्राप्त करने के प्रमुख आधार क्या हैं?
18. ई-मेल प्रोटोकॉल क्या है?
19. मेलिंग लिस्ट से क्या समझते हैं?
20. मुफ्त ई-मेल सेवाएँ क्या हैं?
21. डाटा ट्रांसमिशन प्रोटोकॉल क्या है?
22. क्लाइंट/सर्वर आर्किटेक्चर क्या है? उसके गुणों को लिखिए।
23. FTP और उसका उपयोग लिखिए।
24. टेलनेट की अवधारणा को विस्तारित करें।
25. रिमोट लॉगइन क्या है?
26. टर्मिनल एमुलेशन क्या है?
27. मैसेज बोर्ड से क्या समझते हैं?
28. निम्न इंटरनेट चैटिंग को समझाइए–
    (*i*) वॉइस चैट
    (*ii*) टेकस्ट चैट
    (*iii*) वीडियो चैट।
29. वर्ल्ड वाइड वेब क्या है?
30. वेब के प्रमुख कार्य लिखिए।
31. वेब ब्राउजर और उनके कार्यों को लिखें।
32. सर्च इंजन की अवधारणा को विस्तारित करें।
33. वेब को कैसे खोजते हैं?
34. HTTP क्या है?
35. URLs से क्या समझते हैं?
36. वेब सर्वर क्या है?
37. वेब प्रोटोकॉल को समझाइए।

17

कंप्यूटर ग्राफिक्स
(Computer Graphics)

17.1. मॉनीटर (Monitor)

मॉनीटर कंप्यूटर का डिस्प्ले यूनिट है। प्लास्टिक के केस में बंद संपूर्ण डिस्प्ले यूनिट को हम मॉनीटर कहते हैं। व्यवहारिक तौर पर मॉनीटर, डिस्प्ले तथा स्क्रीन को हम एक ही तौर पर लेते हैं। मॉनीटर को विजुअल डिस्प्ले यूनिट (Visual Display Unit VDU) भी कहते हैं। मॉनीटर उपयोगकर्ता को टेक्स्ट तथा ग्राफिक्स दिखाता है। इसमें अलग–अलग तकनीक का प्रयोग होता है, जैसे कि–

(*i*) कैथोड रे ट्यूब (Cathode Ray Tube CRT)

(*ii*) लिक्विड क्रिस्टल डिस्प्ले (Liquid Crystal Display LCD)

(*iii*) लाइट इमीटिंग डायोड (Light Emitting Diode LED)

(*iv*) गैस प्लाज्मा (Gas Plasma)

अधिकांशतः कंप्यूटर डिस्प्ले चित्र की निर्माण प्रक्रिया में एनालॉग सिग्नल का इनपुट लेते हैं। मॉनीटर का सबसे महत्त्वपूर्ण अंग पिक्चर ट्यूब है जिसे हम कैथोड रे ट्यूब (CRT: Cathode Ray Tube) कहते हैं। स्क्रीन पर दिखाई देने वाला चित्र CRT ही बनाता है। अच्छे मॉनीटर में हमेशा ही अच्छा CRT होगा। खराब CRT वाला मॉनीटर हमेशा ही खराब परिणाम देगा तथा इसमें कोई भी उपाय विशेष अंतर नहीं ला सकती। वास्तव में मॉनीटर तथा CRT एक दूसरे से इतना करीब से जुड़े हैं कि मॉनीटर को कई बार सिर्फ CRT ही कहा जाता है।

एनालॉग तथा डिजिटल CRT

आज दिखाई देने वाले लगभग सभी मॉनीटर एनालॉग हैं जबकि पुराने मॉनीटर डिजिटल होते थे। यह थोड़ा दुविधाजनक है–आखिरकार कंप्यूटर मुख्यतः डिजिटल डाटा ही पढ़ते हैं। ऐसे में मॉनीटर को एनालॉग कहना विरोधाभासी लगता है। इसके अतिरिक्त, वास्तविकता यह है कि मॉनीटर वास्तव में एनालॉग है। उसे नियंत्रित करने वाला सर्किट डिजिटल है।

अब भी संदेह में हैं? तो इसे इस तरह देखें–C.P.U. से मॉनीटर तक डाटा की यात्रा निम्न चार चरणों में होती है–

(*i*) *बस (BUS) से वीडियो चिपसेट (Video Chipset) :* जहाँ उसे प्रोसेस किया जाता है। [डिजिटल डाटा (Digital Data)]।

(*ii*) *वीडियो चिपसेट से वीडियो मेमोरी (Video Memory) :* यहाँ पर स्क्रीन का प्रतिबिंब संग्रहित किया जाता है [डिजिटल डाटा (Digital Data)]।

(*iii*) *वीडियो मेमोरी से डिजिटल एनालॉग कनवर्टर (Digital analog Converter-DAC):* यहाँ पर स्क्रीन का प्रतिबिंब पढ़कर मॉनीटर के लिए परिवर्तित किया जाता है (डिजिटल डाटा)।

(*iv*) डिजिटल एनालॉग कंवर्टर से मॉनीटर तक [एनालॉग डाटा (Analog Data)]।

जैसा हमने देखा, प्रथम तीन चरणों में डाटा डिजिटल ही था परंतु चतुर्थ चरण पर अर्थात् मॉनीटर में प्रवेश करने पर उसका एनालॉग प्रारूप हो गया। इस कारण से हम आज के अधिकांश मॉनीटरों को एनालॉग कहते हैं।

आरंभ में मॉनीटर डिजिटल कलर सिग्नल देते थे। इसका अर्थ यह है कि प्रत्येक कलर के लिए कुछ पूर्व निर्धारित कलर के स्तर थे। यह CGA और EGA वीडियो कार्ड में लागू होता था। डिजिटल वीडियो सिग्नल को TTL भी कहते हैं अर्थात् ट्रांजिस्टर–ट्रांजिस्टर लॉजिक (Transistor To Transistor Logic)।

IBM के VGA कार्ड लाँच करने से डिजिटल छोड़कर एनॅालाग की दुनिया में प्रवेश किया गया। जैसा कि हम जानते हैं एनालॉग सिग्नल के लिए वैल्यू की रेंज होती है। इस कारण एनालॉग सिग्नल में विभिन्न कलर के स्तर की संख्या बहुत बढ़ जाती है। व्यवहारिक तौर पर, एनालॉग कलर प्रत्येक कलर के लिए 256 विभिन्न कलर वैल्यू का प्रयोग करता है। इस तरह हमारे पास कुल 16.7 मिलियन विभिन्न कलर की उपलब्धता हो जाती है।

आधुनिक मॉनीटर तथा वीडियो कार्ड एनालॉग सिग्नल का प्रयोग करते हैं। 1980 के उत्तरार्ध में नये एनालॉग VGA कार्ड आए थे। परंतु पुराने डिजिटल आधारित CGA/EGA कार्ड भी बाजार में चल रहे थे। अतः कुछ कंपनियों ने ऐसे मॉनीटर बनाए जो कि एनालॉग तथा डिजिटल, दोनों सिग्नल पर चल सकते थे। इनके पीछे एक स्विच था जिससे हम डिजिटल या एनालॉग में बदल सकते थे। बेशक ये मॉनीटर पुराने तथा अनुपयोगी हो गए हैं। लगभग सभी नये मॉनीटर एनालॉग सिग्नल पर चलते हैं। यह VGA, SVGA तथा अन्य नवीनतम कार्ड की आवश्यकता भी है।

आकार (Size)

आकार को स्क्रीन के आर–पार विकर्णतः नापा जाता है। आमतौर पर 14, 15, 17 तथा 21 इंच के मॉनीटर उपलब्ध हैं। बड़े साइज के मॉनीटर ज्यादा महँगे होते हैं तथा यह डेस्कटॉप पब्लिशिंग, ग्राफिक्स या बड़ी स्प्रेडशीट के काम करने के लिए उपयुक्त हैं। निर्माता प्रायः मॉनीटर की पिक्चर ट्यूब के एक कोने से दूसरे कोने के नाप को ही दर्शाते हैं। यह असल दिखाई देने वाले क्षेत्र से अधिक होता है। इसका कारण यह है कि मॉनीटर पर एक प्लास्टिक का केस भी होता है। इस कारण वास्तव में दिखाई देने वाला क्षेत्र कुछ कम हो जाता है। अतः साइज का निर्णय लेते वक्त वास्तविक दिखाई देने वाला साइज ही सर्वोपरि होना चाहिए – पिक्चर ट्यूब का कोने से कोने का माप अपनी जगह है। 16 इंच या उससे अधिक साइज के मॉनीटर को हम "फुल पेज मॉनीटर" कहते हैं।

रिजोल्यूशन (Resolution)

यह बताता है कि मॉनीटर के पिक्सल (Pixel) कितने पास–पास हैं। आमतौर पर, अधिक पिक्सल होने से चित्र भी अच्छा बनता है। पिक्सल की संख्या अक्सर डॉट्स–पर–इंच (DPI-Dots Per Inch) में दर्शायी जाती है। अधिकांशतः मॉनीटर आज 1024×768 रिजोल्यूशन दिखा सकते हैं और यही SVGA स्टैंडर्ड है। कुछ महँगे मॉनीटर 1280×1024 या 1600×1200 भी दिखा सकते हैं। आज 2048×1536 सबसे बड़ी रिजोल्यूशन है।

कुछ मॉनीटर स्थिर आवृत्ति के हैं अर्थात् वह सिर्फ एक ही आवृत्ति में इनपुट लेंगे। कई मॉनीटर मल्टी स्कैनिंग हैं अर्थात् वह आने वाले सिग्नल की आवृत्ति के अनुसार अपने आपको ढाल सकेंगे। इसका तात्पर्य ये है कि वह चित्रों को अलग–अलग रिजोल्यूशन पर दिखा सकते हैं।

रिफ्रेश दर (Refresh Rate)

डिस्प्ले मॉनीटर को प्रति सेकेंड कई बार रिफ्रेश करना पड़ता है। रिफ्रेश रेट को सिर्फ *हर्ट्ज* में पढ़ा जाता है और इसे हम ऊर्ध्वाधर आवृत्ति (Vertical Frequency) या ऊर्ध्वाधर स्केन दर (Vertical scan Rate) या ऊर्ध्वाधर

रिफ्रेश दर (Vertical Refresh Rate) भी कहते हैं। रिफ्रेश दर अधिक होने से स्क्रीन पर फ्लिकर (Flicker) कम हो जाती है। इससे आँखों पर बोझ कम पड़ता है।

रिफ्रेश रेट यह बताता है कि एक सेकेंड में कितनी बार मॉनीटर पूरे स्क्रीन को रिड्रॉ (Redraw) करता है। पूर्व का मापदंड 60 मेगाहर्ट्ज था। आज का नया VESA मापदंड रिफ्रेश दर 75 हर्ट्ज पर रख देता है। इसका मतलब यह है कि मॉनीटर पूरे स्क्रीन को एक सेकेंड में 75 बार बनाता है।

इंटरलेस्ड/नॉन-इंटरलेस्ड मॉनीटर (Interlaced/Non-Interlaced Monitor)

मॉनीटर पर नजर आने वाली पिक्चर बार–बार रिफ्रेश की जाती है। अधिकांशतः मॉनीटर 60 मेगाहर्ट्ज पर प्रत्येक पिक्चर को रिफ्रेश कर सकते हैं। यद्यपि कुछ मॉनीटर लघु रीति का उपयोग करते हैं तथा एक लाइन छोड़कर रिफ्रेश करते हैं। इससे मॉनीटर 1 सेकेंड में 60 बार रिफ्रेश तो होगा परंतु हर एक पिक्सल की लाइन एक सेकेंड में 30 बार ही रिफ्रेश होगी। इस प्रक्रिया को हम इंटरलेसिंग कहते हैं।

इंटरलेस्ड मॉनीटर नॉन–इंटरलेस्ड मॉनीटर से सस्ते होते हैं। परंतु इंटरलेस्ड मॉनीटर से नॉन–इंटरलेस्ड मॉनीटर रिफ्रेश ज्यादा करेंगे। यदि हम लंबे समय तक स्क्रीन के सामने बैठते हैं तो हमें नॉन–इंटरलेस्ड मॉनीटर लेना चाहिए।

डॉट पिच (Dot Pitch)

इसे फॉस्फोरस पिच (Phosphor Pitch) भी कहते हैं, जो मॉनीटर पर 2 डॉट्स के मध्य की दूरी है। CRT का स्क्रीन लाल, हरे तथा नीले फॉस्फोरस मटेरियल से बना होता है। हर एक ऐलिमेंट को हम डॉट पिच कहते हैं। प्रत्येक लाल, हरे, नीले समूह के अगले समूह को हम डॉट पिच कहते हैं। डॉट पिच से चित्र की शार्पनेस (Sharpness) निर्धारित होती है। जितना छोटा डॉट पिच उतना अच्छा चित्र। इस कारण हमें छोटे डॉट पिच के मॉनीटर का चुनाव करना चाहिए। डॉट पिच बताता है कि चित्र को बनाने वाले डॉट कितने बारीक हैं। यदि हम दो 15 इंच के मॉनीटर देखें जिनका डॉट पिच 0.26 तथा 0.31 मिमी है, तो हम यकीन से कह सकते हैं कि 0.26 मिमी वाला मॉनीटर हमें बेहतर चित्र देगा। साधारणतः बड़े मॉनीटरों का डॉट पिच भी ज्यादा होता है।

17.2. ग्राफिक्स एक्सीलरेटर कार्ड (Graphics Accelerator Card)

किसी वीडियो कार्ड की गुणवत्ता, रिजोल्यूशन, कलर मोड इत्यादि को बताने के लिए कई तरीके हैं। इस कारण पी.सी. के आरंभिक वर्षों में IBM ने वीडियो स्टैंडर्ड (Video standards) लाए थे। इनके पीछे उद्देश्य था कि कुछ सर्वसम्मत रिजोल्यूशन, कलर, रिफ्रेश दर इत्यादि के मापदंड स्थापित किए जाएँ। इससे पी.सी., मॉनीटर तथा सॉफ्टवेयर के निर्माता अपने–अपने उत्पाद को अन्य उत्पादों के साथ बेहतर तरीके से चला सकते थे।

पिछले कुछ वर्षों से IBM अपने ऊँचे स्थान से नीचे खिसक गया है। इस कारण कोई मापदंड स्थापित करने वाला बचा नहीं। साथ ही, कई निर्माता नये तथा तेज कार्ड बनाना चाहते हैं। इससे मार्केट में भिन्न–भिन्न प्रकार के मापदंड स्थापित हो गए हैं। इन नये स्टैंडर्ड को एक बेहतर प्रारूप देने के लिए वीडियो इलेक्ट्रॉनिक स्टैंडर्ड एसोशिएशन (Video Electronics Standards Association VESA) बनायी गयी है। वीडियो स्टैंडर्ड का क्रमशः विकास निम्न प्रकार हैः

1. *मोनोक्रोम डिस्प्ले ऐडाप्टर (Monochrome Display Adapter MDA)*

इसे IBM ने अपने पहले पी.सी. के साथ उतारा था। आरंभिक मशीनों के वीडियो कार्ड सभी MDA का उपयोग करते थे। यह एक ही रंग का स्टैंडर्ड है जो केवल टेकस्ट स्टैंडर्ड को सपोर्ट करता है। इसमें 80×25 कैरेक्टर के हिसाब से टेकस्ट दिखाया जाता है। इससे हमें 720×350 की रिजोल्यूशन मिलती है। इसमें रिफ्रेश दर 50 Hz है। आज के परिपेक्ष्य में MDA बहुत ही पुरानी टेक्नॉलोजी है।

2. *हरक्युलिस ग्राफिक्स ऐडाप्टर (Hercules Graphics Adapter HGA)*

MDA की सबसे बड़ी कमी यह थी कि इसमें ग्राफिक्स का सपोर्ट नहीं था। 1980 के पूर्वाद्ध में हरक्युलिस

नाम की कंपनी ने ऐसा वीडियो कार्ड निकाला जो टेकस्ट के साथ ग्राफिक्स भी सपोर्ट करता था। Lotus1-2-3 जैसे लोकप्रिय सॉफ्टवेयर ने ग्राफ तथा चार्ट दिखाने के लिए इस कार्ड का सहारा लिया।

3. *कलर ग्राफिक्स ऐडाप्टर (Color Graphics Adapter CGA)*

यह 1981 में IBM द्वारा उतारा गया। यह IBM पी.सी. के लिए पहला कलर कार्ड था। यह मुख्यतः कंप्यूटर गेम्स के लिए बनाया गया था तथा इसमें शार्प कैरेक्टर नहीं आते थे।

यह 2-color mode में 640 × 200 का रिजोल्यूशन देता है। 16 कलर में रिजोल्यूशन 160 × 200 हो जाती है। इसका रिफ्रेश दर 60Hz. है। यह बताना आवश्यक है कि CGA की अधिकतम रिजोल्यूशन MDA से कम है। इस कारण से डिस्प्ले अच्छी गुणवत्ता का नहीं था।

4. *एनहेंसड ग्राफिक्स ऐडाप्टर (Enhanced Graphics Adapter EGA)*

1984 में IBM ने इनहेंस ग्राफिक्स ऐडाप्टर (Enhanced Graphics Adapter EGA) को उतारा। CGA के मुकाबले EGA ने अधिक बेहतर रिजोल्यूशन तथा कलर दिए। EGA ने 16 कलर में 640 × 350 का रिजोल्यूशन दिया। रिफ्रेश दर 60Hz. ही रहा। विंडोज 3.0 सिस्टम के लिए कम से कम EGA की आवश्यकता होती है।

5. *वीडियो ग्राफिक्स ऐडाप्टर (Video Graphics Adapter VGA)*

यह IBM का आखरी सर्वमान्य मापदंड था। आज के पी.सी. में हर वीडियो कार्ड VGA से निकला है। VGA को IBM ने PS2 मशीन में सर्वप्रथम निकाला था, जिसे अन्य निर्माताओं ने कॉपी किया। IBM के पतन के बाद भी VGA चलता रहा तथा इसका कई रूपों में विस्तार होता गया।

कई वीडियो कार्ड आज VGA से अधिक रिजोल्यूशन तथा कलर सपोर्ट करते हैं। परंतु वह मूल VGA को भी सपोर्ट करते हैं। इस कारण यह कार्ड "VGA Compatible" कहे जाते हैं। आज के संदर्भ में VGA काफी पुराना है तथा विंडोज की स्टैंडर्ड रिजोल्यूशन इसको पार कर गयी है। VGA 16 कलर में 640 × 480 रिजोल्यूशन देता है तथा 256 कलर में 320 × 200 रिजोल्यूशन देता है।

VGA एनालॉग सिग्नल प्रयुक्त करने वाला पहला कार्ड था। इससे कलर की बारीकी और बढ़ गयी (पुराने कार्ड डिजिटल सिग्नल का प्रयोग करते थे।) VGA में कोई हार्डवेयर एसिलिरेशन (Acceleration) के गुण नहीं थे–डिस्प्ले इमेज बनाने का सारा काम सिस्टम प्रोसेसर ही करता था। हार्डवेयर एसिलिरेशन का अर्थ यह है कि क्या वीडियो कार्ड अपनी ओर से इमेज बनाने में हार्डवेयर की सहायता करता है या नहीं। VGA में एसिलिरेशन के गुण नहीं होने का अर्थ है कि उसमें हार्डवेयर की गति बढ़ाने से संबंधित कोई गुण नहीं था।

6. *सुपर वीडियो ग्राफिक्स अरे (Supper Video Graphics Array SVGA)*

VGA आखिरी सर्वमान्य वीडियो कार्ड था। IBM के पतन के बाद कई कंपनियों ने नये कार्ड बनाए परंतु सभी VGA से Compatible थे। आज कई कार्ड तथा मॉनीटर सुपर VGA (SVGA) होने का दावा करते हैं। SVGA के असली मायने स्पष्ट नहीं है। SVGA में मात्र तीन बातें हैः अलग–अलग रिजोल्यूशन, अलग–अलग कलर मोड, कुछ कम मान्यता लिए मापदंड।

अतः SVGA कोई बहुत स्पष्ट जानकारी नहीं देता है। विभिन्न प्रकार के वीडियो स्टैंडर्ड होने से हमें प्रत्येक कार्ड के रिजोल्यूशन, रिफ्रेश दर इत्यादि का बारीकी से अध्ययन करना पड़ता है। इसी प्रकार, SVGA मॉनीटर की भी कुछ धूमिल–सी परिभाषा है।

हाल ही में एक और परिभाषा आयी है–Ultra VGA या UVGA। SVGA की तरह UVGA का भी कुछ स्पष्ट मतलब नहीं है। कहा जाए तो UVGA केवल दुविधा ही बढ़ा रहा है। कुछ व्यक्ति इन्हें ऐसे परिभाषित करते हैं : VGA 640 × 480 रिजोल्यूशन, SVGA 800 × 600 रिजोल्यूशन, UVGA 1024 × 768 रिजोल्यूशन।

हालाँकि ये भी काफी स्पष्ट नहीं है। IBM ने VGA का विस्तार किया तथा कुछ नये स्टैंडर्ड बनाए। VGA

के मुकाबले इनका ज्यादा पालन नहीं हुआ। इसका कारण यह था कि ये कार्ड IBM के MCA (Micro Channel Architecture) पर आधारित थे–तथा MCA की खुद मार्केट में कोई पकड़ नहीं बन सकी थी।

7. *8514/A*

IBM ने 1987 में पी.सी. के लिए एक उच्च रिजोल्यूशन मानक वीडियो प्रदान किया। ये मानक VGA के समय पर ही लांच किया गया था तथा VGA के मुकाबले इसके निम्न फायदें हैं: बेहतर रिजोल्यूशन, बेहतर कलर मोड, सीमित हार्डवेयर एसिलिरेशन की क्षमता।

आज के मानकों से तुलना करने पर 8514/A पुराना लगता है : 1024 × 768 रिजोल्यूशन 256 कलर तथा 43.5 रिफ्रेश दर के साथ; 640 × 480 60Hz (Non Interlaced) के साथ। 1024 × 768 पर 8514/A VGA से 2.5 गुणा रिजोल्यूशन देता है।

8. *एक्सटेंडेड ग्राफिक्स अरे (Extended Graphics Array XGA)*

Extended Graphics Array (XGA) को 1990 में लाया गया। इसने 8514/A की जगह ली। PS/2 मशीन के नये मॉडलों में इसे जगह मिली। Bus Mastering के द्वारा यह तेजी से कार्य करता है। इसमें 512KB या 1MB कि VRAM भी है। VRAM वीडियो सिस्टम के लिए बनायी गयी विशेष मेमोरी है। XGA 1024 × 768 रिजोल्यूशन 256 कलर में या फिर 640 × 480 रिजोल्यूशन हाई कलर (16 Bits Per Pixel) में देता है। 8514/A के 256 कलर के मुकाबले यह 65,000 कलर देता है तथा इसमें मॉनीटर Non-Interlaced हो सकता है।

9. *XGA-2*

यह XGA को बेहतर करते हुए हाई कलर में 1024 × 768 देता है। इसके रिफ्रेश दर भी XGA तथा 8514/A से अधिक है।

10. *VESA Super VGA मानक*

चूँकि विभिन्न SVGA मानक एक दूसरे से लड़ रहे हैं। इस हेतु वीडियो इलेक्ट्रॉनिक स्टैंडर्ड एसोसिएशन (Video Electronic Standard Association VESA) ने कुछ नये वीडियो मानक स्थापित किए हैं। एक बार फिर उद्देश्य यही है कि वीडियो हार्डवेयर तथा ऐप्लिकेशन सॉफ्टवेयर के मध्य एक समान सा प्लेटफॉर्म विकसित किया जाए। इस तरह सॉफ्टवेयर बनाने वाले को एक ही वीडियो मॉडल के लिए कोड करना होगा। उन्हें बाजार में उपलब्ध अलग–अलग कार्ड के लिए अलग–अलग प्रोग्राम नहीं बनाने होंगे।

कई प्रोग्राम विशेषकर कंप्यूटर गेम्स VESA SVGA के द्वारा अच्छा प्रदर्शन करते हैं। इस कारण VESA मानक को आज सभी के द्वारा माना जा रहा है। VESA के SVGA मानक को VESA BIOS Extension (VBE) भी कहते हैं। इसके कई संस्करण प्रचलन में है। VBE सॉफ्टवेयर तथा हार्डवेयर दोनों में क्रियान्वित हो सकता है। इस लचीलेपन के कारण VBE काफी पसंद किया जा रहा है।

VBE के दो मानक उपयोग में हैं–1.2 तथा 2.0 । पुराना होने के कारण 1.2 ज्यादा नजर आता है। नये कार्ड 2.0 के लिए सपोर्ट देते हैं। 2.0 के लिए हार्डवेयर सपोर्ट बेहतर विकल्प है। इसमें हमें हार्डवेयर सपोर्ट के लिए अतिरिक्त सॉफ्टवेयर कि आवश्यकता नहीं होती है।

17.3. डिजिटल इमेज और उसका प्रदर्शन (Digital Image and its Representation)

इमेज वास्तविक या काल्पनिक संसार से हो सकती है और रेखा, वक्र या वृत्त के अर्थों में संशोधित नहीं की जा सकती। इन्हें मानों के स्थानीय अरे (spatial array) के रूप में परिभाषित किया जाता है। सबसे छोटा पता युक्त छाया अवयव (addressable image element) पिक्सल कहलाता है। वस्तु आधारित (object oriented) संशोधन संभव नहीं है लेकिन बिटमैप इमेज को संशोधित करने के लिए इमेज एडीटिंग टूल्स (image editing tools) उपलब्ध हैं। बिटमैप का एक अवगुण यह है कि उन्हें ग्राफिक्स की तुलना में अधिक संग्रहण क्षमता की आवश्यकता होती है।

लाभ यह है कि उन्हें डिस्प्ले करने के पूर्व किसी भी प्रोसेसिंग की आवश्यकता नहीं होती है। स्कैनर या वीडियो कैमरा के द्वारा एनालॉग सिग्नल से प्राप्त इमेज को बिटमेप के रूप में प्रदर्शित किया जाता है।

डिजिटल इमेज को प्राप्त करने की विधि मुख्यतः इमेज के उद्‌गम (origin) पर निर्भर करती है, अर्थात् वास्तविक या डिजिटल इमेज एक डिजिटल इमेज M पिक्सल के साथ N पंक्तियों को रखता है।

कोई भी चित्र एक द्वि–वीमीय छाया (two dimensional image) होता है जिसे वास्तविक रूप से त्रि–विमीय संसार (three dimensional world) से प्राप्त किया जाता है। चित्र 17.1 नाभीय दूरी (focal length) F के साथ किसी इमेज को प्राप्त करने के सिस्टम के कैमरा अज्ञात प्रतिरूप (camera obscure model) को दिखाता है, जहाँ स्थानीय कार्तिकेय निर्देशांक (spatial cartesion co-ordinate) $[w_1, w_2, w_3]$ कैमरा लेंस से स्थानीय बिंदु तक की दूरी को उल्लेखित करता है। निम्न केंद्रीय प्रक्षेप्ति समीकरण (central projection equation) को प्रयुक्त कर उन बिंदुओं को इमेज स्तर w = [r, s] के निर्देशांक पर प्रतिबिंबित किया जाता है।

$$r = F \times (W_1/W_3); \; s = F \times (W_2/W_3)$$

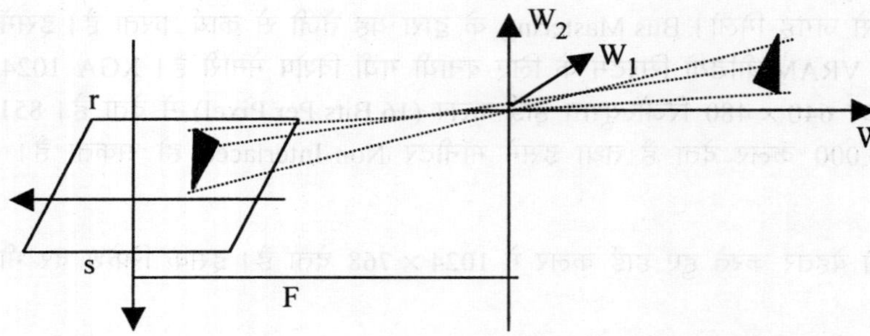

चित्र 17.1

इमेज प्राप्त करने का उपकरण जैसे CCD स्केनर या CCD कैमरा स्टिल इमेज के लिए या चलायमान इमेज के लिए ब्राइटनेस सिग्नल (brightness signal) को इलेक्ट्रॉनिक सिग्नल में परिवर्तित करता है।

डिजिटाइज्ड चित्रों को पंक्ति और स्तंभों से बने मैट्रिक्स के द्वारा प्रदर्शित किया जाता है। ब्राइटनेस मान के संगत में मैट्रिक्स में प्रत्येक निवेश होता है। यदि I एक द्वि–विमीय मैट्रिक्स (two dimensional matrix) को उल्लेखित करता है, तो I(r, c) उस स्थान का ब्राइटनेस मान होगा जहाँ rवीं पंक्ति और cवाँ स्तंभ मिलते हैं।

स्थानीय द्वि–विमीय मैट्रिक्स (spatial two-dimensional matrix) पिक्सल से बनी इमेज को प्रदर्शित करता है जो सबसे छोटा इमेज रिजोल्यूशन अवयव है। प्रत्येक पिक्सल आंकिक मान रखता है, अर्थात् उपलब्ध बिट्स की संख्या जो पिक्सल की कोडिंग करता है; यह एंपलीट्यूड डेप्थ (amplitude depth) या पिक्सल डेप्थ (pixel depth) कहलाता है। एक आंकिक मान या तो एक काला (आंकिक मान 0) या सफेद (आंकिक मान 1) डॉट बाइटोनल इमेज (dot bitonal image (binary)) में या कांटीनुअस–टोन मोनोक्रोमेटिक इमेज में ग्रे स्तर (gray level) का या कलर पिक्चर (color picture) में पिक्चर के कलर एट्रीब्यूट्स रूप में प्रदर्शित कर सकता है। ग्रे लेवल रेंज के लिए आंकिक मान 0 (काले के लिए) से FF (सफेद के लिए) तक होता है।

डिजिटल इमेज सामान्यतः बहुत बड़ी होती है। यदि हम VGA (video graphics array) वीडियो नियंत्रक की सहायता से एक मानक TV पिक्चर (525 पंक्तियों की) बिना खराब स्थिति में पहुँचे प्रदर्शन योग्य बनाते हैं, तो हम ऐसी स्थिति में कम से कम 640 × 480 पिक्सल की एक मैट्रिक्स का प्रयोग करते हैं, जहाँ प्रत्येक पिक्सल को 8–बिट के पूर्णांक में 256 असंतत ग्रे लेवल (discontinues gray level) की अनुमति के साथ प्रदर्शित किया जाता है। यह इमेज मैट्रिक्स रूप में 307,200 8–बिट संख्या को रखता है, अर्थात् 2457600 बिट्स।

17.4. इमेज फॉर्मेट (Image Formats)

विभिन्न इमेज फॉर्मेट को वर्णित करने का साहित्य उपलब्ध है, लेकिन सामान्यतः इमेज प्राप्त करना और इमेज को संग्रहित करने के अंतर को समझना आवश्यक है अर्थात् वह फॉर्मेट जिसमें डिजिटाइज्ड प्रोसेस के समय इमेज को सृजित किया जाता है और फॉर्मेट जिसमें इमेज को संग्रहित किया जाता है।

1. *इमेज प्राप्त करना*

इमेज के फॉर्मेट को दो मापों द्वारा परिभाषित किया जाता है, स्थानीय रिजोल्यूशन (spatial resolution) जो पिक्सल में चिह्नित होता है और कलर इनकोडिंग (color encoding) जो प्रति पिक्सल बिट्स में मापा जाता है। दोनों ही मापों के मान इमेज को इनपुट और आउटपुट करने के हार्डवेयर तथा साफ्टवेयर पर निर्भर करता है।

2. *इमेज संग्रहण*

किसी इमेज को संग्रहित करने के लिए इमेज को द्वि–विमीय मैट्रिक्स में प्रदर्शित करते हैं। जिसमें प्रत्येक मान एक इमेज पिक्सल के साथ संयुक्त होने वाले डाटा के संगत होता है। बिटमैप में, यह मान बाइनरि संख्या होती है। कलर इमेज में मान निम्न में से कोई एक हो सकता है–

1. तीन संख्याएँ जो सामान्यतः लाल, हरा और नीला घटकों की तीव्रता को उल्लेखित करती हैं।
2. तीन संख्याएँ उस टेबल के संदर्भ को प्रदर्शित करती हैं जो लाल, हरा और नीला रंगों की तीव्रता को रखती हैं।
3. एक एकल संख्या जो उस टेबल के संदर्भ में कार्य करता है जो तीनों रंगों को रखता है।
4. एक सूचक जो किसी अन्य डाटा स्ट्रक्चर के समूह की ओर संकेत करता है, जो रंगों को प्रदर्शित करते हैं।

माना कि पर्याप्त मेमोरी उपलब्ध है। एक इमेज को असंकुचित RGB ट्रिपल में संग्रहित किया जाता है। यदि संग्रहण स्थान अप्राप्त हो तब इमेज को उपयुक्त माध्यम द्वारा संकुचित होना चाहिए। जब किसी इमेज या सूचना को प्रत्येक पिक्सल के संदर्भ में संग्रहित किया जाता है, तब प्रत्येक पिक्सल में प्रत्येक कलर चैनल के मान संग्रहित होते हैं।

इमेज के साथ अतिरिक्त सूचना को जोड़ा जा सकता है, जैसे चौड़ाई और ऊँचाई, गहराई या उस व्यक्ति का नाम जिसने इमेज का सृजन किया है।

इस प्रकार की इमेज के गुणों को संग्रहित करने की आवश्यकता है जो कई लचीले संरूप (flexible format) को देता है, जैसे RIFF (Resource Interchange File Format) या BRIM (RIFF का व्युत्पन्न रूप) जिसका डाटाबेस सिस्टम में अक्सर उपयोग किया जाता है। RIFF फॉर्मेट बिटमैप वेक्टर ड्राइंग, एनीमेशन, आडियो और वीडियो को शामिल करता है। BRIM में एक इमेज चौड़ाई, ऊँचाई, लेखक की सूचना और एक क्षेत्र रखता है जो जनन विधि और संशोधन (generation process and modification) को रखता है।

सर्वाधिक प्रचलित इमेज स्टोरिंग फॉर्मेट Postscript, GIF (Graphic Interchange Format), XBM (XII Bitmap), JPEG, TIFF (tagged Image File Format), PBM (Portable Bitmap) और BMP को शामिल करता है।

विंडो अपने सार्व इमेज फाइल फॉर्मेट (common image file format) के रूप में DIB (Device Independent Bitmaps) का प्रयोग करता है, जो सामान्यतः BMP फाइल के रूप में लिखा होता है। DIB स्टैंड एलोन हो सकता है या RIFF में शामिल हो सकता है। एक RIFF वास्तव में विंडो में सभी मल्टीमीडिया के विकास हेतु फाइल की ओर संकेत करता है, क्योंकि इस फॉर्मेट को सभी प्रकार की फाइल को रखने के लिए डिजाइन किया गया था जिसमें बिटमैप, MIDI (Musical Instrument Digital Interface) और फॉर्मेटेड टेकस्ट शामिल हैं। विंडो में मैकिनटोश PICT (Apple Macintosh Picture Format) फाइल के सामान सार्व फॉर्मेट (common format) में खींचे गए ऑब्जेक्ट की व्यवस्था में कोई मानक प्रावधान नहीं होता है।

विंडोज डेव्हलपर (windows developers) द्वारा अधिकांशतः उपयोग में लाए जाने वाले बिटमैप फॉर्मेट DIB, BMP, PCX और TIFF है। एक BMP फाइल एक विंडोज बिटमैप फाइल होती है। PCX फाइल को मूलतः Z-Soft MS-DOS पेंट पैकेज में उपयोग हेतु विकसित किया जाता है। इन फाइलों को सभी MS-DOS पेंट सॉफ्टवेयर और डेस्कटॉप पब्लिशिंग सॉफ्टवेयर द्वारा खोला तथा सुरक्षित किया जाता है। TIFF को सार्वभौमिक बिटमैप इमेज फॉर्मेट (common bitmap image format) के लिए डिजाइन किया गया था और इसका उपयोग डेस्कटॉप पब्लिशिंग पैकेज के लिए भी किया जाता है। अक्सर अनुप्रयोग पूर्वनिर्धारित फाइल फॉर्मेट का प्रयोग इमेज को संग्रहित करने के लिए करते हैं। एडॉब फोटोशॉप (Adobe Photoshop) के लिए एक PSD और AI फाइल का उदाहरण के लिए सृजित करते हैं। कोरल (Corel) एक CDR फाइल का सृजन करते हैं। माइक्रोग्राफ डिजाइनर (micrograph designer) और पिक्चर पब्लिशर अनुप्रयोग (picture publisher application) DSF और PPF फाइल का उपयोग करते है।

निम्न सूची इमेज फाइल फॉर्मेट को रखती है जिसे विंडो वातावरण में प्राप्त कर सकते हैं–

फॉर्मेट (Format)	*विस्तारक (Extension)*
Microsoft Windows DIB	.bmp, .dib, .rle
Microsoft RLE DIB	.dib
Microsoft Palette	.pal
Microsoft RIFF DIB	.rdi
Computer Graphics Metafile	.cgm
Micrografx Designer/Draw	.drw
AutoCAD Format 2-D	.dxf
Encapsulated PostScript	.eps
CompuServe GIF	.gif
HP Graphic Language	.hgl
JPEG	.jpg
PC Paintbrush	.pcx
Apple Macintosh PICT	.pic or .pct
Lotus 1-2-3 Graphics	.pic
AutoCAD Import	.plt
True vision TGA	.tga
TIFF	.tif
Windows Metafile	.wmf
DrawPerfect	.wpg

17.5. ग्राफिक फॉर्मेट (Graphic Formats)

कंप्यूटर ग्राफिक्स को दो वर्गों में वर्गीकृत किया जा सकता है। बिटमैप और वेक्टर।

बिटमैप इमेज (Bitmap Image)

तकनीकी रूप से इसे रास्टर इमेज (raster image) कहते हैं। जिसमें रंगों के ग्रिड का उपयोग किया जाता है। जिसे पिक्सल (pixel) कहते हैं। पिक्सल की सहायता से इमेज को प्रदर्शित किया जाता है। प्रत्येक पिक्सल विशिष्ट

चित्र 17.2

स्थित तथा कलर वैल्यू को निर्दिष्ट करता है। उदाहरण के लिए, बिटमेप इमेज में साइकिल टायर पिक्सल के मोजेक से बना होता है। बिटमेप इमेज कांटीनुअस टोन इमेज के लिए अधिकतम सार्व इलेक्ट्रॉनिक माध्यम है। जैसे फोटोग्राफ या डिजिटल पेंटिंग क्योंकि वे शेड और कलर के उपयुक्त ग्रेडियेशन को प्रदर्शित कर सकते हैं। बिटमेप इमेज रिजोल्यूशन आधारित होते हैं–अर्थात् वे पिक्सल की एक निश्चित संख्या रखते हैं।

बिटमैप मोड (Bitmap Mode)

यह मोड किसी इमेज में पिक्सल को प्रदर्शित करने के लिए दो कलर मानों काले और सफेद में से किसी एक का प्रयोग करता है। बिटमैप मोड में इमेज को बिटमैप 1–बिट इमेज कहते हैं क्योंकि वे एक बिट की गहराई रखते हैं।

CMYK प्रतिरूप (CMYK Model)

यह कागज पर मुद्रित स्याही के प्रकाश अवशोषण गुण पर आधारित होता है। जैसे सफेद प्रकाश पारदर्शी स्याही से टकराता है। कुछ दृश्य तरंगद्वैर्ध्य अवशोषित हो जाती हैं जबकि अन्य हमारी आँख की ओर परिवर्तित हो जाती हैं। सिद्धांत में सभी प्रकाश को अवशोषित करने और काला रंग जनित करने के लिए शुद्ध Cyan (C), Magenta (m) और Yellow (y) पिगमेंट को संयुक्त होना चाहिए।

इस कारण से इन रंगों को सबट्रेक्टिव कलर कहते हैं। चूँकि सभी मुद्रण स्याहियाँ कुछ अशुद्धता रखती हैं, अतः ये तीनों स्याहियाँ वास्तव में एक ब्राउन कलर जनित करती है और वास्तव में काला रंग जनित करने के लिए ये Black (k) इंक से संयुक्त होती है। इन स्याहियों का संयुक्त होकर पुनः रंगों को जनित करना फोर कलर प्रोसेस प्रिंटिंग (four color process printing) कहलाता है।

RGB प्रतिरूप (RGB Model)

Red, Green और Blue (RGB) रंगों के प्रकाश को विभिन्न अनुपात और तीव्रता में मिश्रित कर दृश्य स्पेक्ट्रम के एक बड़े भाग को प्रदर्शित किया जा सकता है। चूँकि RGB कलर संयुक्त होकर सफेद रंग जनित करते हैं। अतः यह additive कलर भी कहलाते हैं।

BMP

यह डॉस (DOS) और विंडोज (Windows) युक्त कंप्यूटर पर मानक विंडोज इमेज फॉर्मेट है। यह RGB इंडेकस्ड कलर, ग्रे स्केल और बिटमैप कलर मोड को सपोर्ट करता है। हम इमेज के लिए या तो विंडोज या OS/2 फॉर्मेट तथा एक बिट डेप्थ (one bit depth) का उल्लेख कर सकते हैं। 4–बिट और 8–बिट इमेज के लिए विंडोज फॉर्मेट का प्रयोग करते हैं। BMP इमेज को सामान्यतः नीचे से ऊपर की ओर लिखा जाता है।

TIFF

TIFF का विस्तारित रूप Tagged Image File Format है। इसका उपयोग अनुप्रयोगों और कंप्यूटर प्लेटफार्म के मध्य फाइलों के आदान–प्रदान के लिए किया जाता है। यह एक लचीला बिटमैप इमेज फॉर्मेट है जिसे सभी Paint, Image Editing और page Layout अनुप्रयोगों द्वारा सर्पोट किया जाता है। साथ ही सभी डेस्क टॉप स्कनर्स TIFF इमेज जनित करते हैं।

TIFF फॉर्मेट CMYK, RGB, Lab, Indexed–clour और gray scale इमेज को बिटमैप मोड इमेज के साथ सपोर्ट करता है।

JPEG

JPEG का विस्तारित रूप Joint Photographic Experts Group है। इसका उपयोग वर्ड वाइड वेब और अन्य

ऑन लाइन सेवाओं पर HTML डाक्यूमेंट में फोटोग्राफ और अन्य इमेज को डिस्प्ले करने के लिए किया जाता है। JPEG फॉर्मेट CMYK, RGB और Gray Scale कलर मोड को सपोर्ट करता है। GIF फॉर्मेट के विपरीत JPEG, RGB इमेज में सभी कलर इंफार्मेशन रखता है।

एक JPEG इमेज को जब खोला जाता है तब यह स्वयं असंकुचित (decompressed) हो जाती है। उच्च स्तर का संकुचन निम्न इमेज की गुणवत्ता देता है जबकि निम्न स्तर का संकुचन उच्च स्तर की गुणवत्ता देता है।

GIF

GIF का विस्तारित रूप Graphics Interchange Format है। इसका अधिकांशतः उपयोग वर्ल्ड वाइड वेब और अन्य ऑन लाइन सेवाओं पर HTML डाक्यूमेंट में इंडेकस्ड कलर ग्राफिक्स (Indexed Color Graphics) और इमेज को डिस्प्ले करने के लिए किया जाता है। GIF एक LZW-कंप्रेस्ड फॉर्मेट है जिसे फाइल का आकार और इलेक्ट्रॉनिक ट्रांसफर टाइम को न्यूनतम करने के लिए डिजाइन किया जाता है। GIF फॉर्मेट इंडेकस्ड कलर इमेज में ट्रांसपेरेंसी को रखता है।

PICT

इस फॉर्मेट का वृहत् रूप से उपयोग Mac ऑपरेटिंग सिस्टम ग्राफिक्स और पेज लेआउट अनुप्रयोगों के मध्य इमेज को स्थानांतरित करने के लिए किया जाता है। PICT फॉर्मेट RGB इमेज को इंडेकस्ड कलर, ग्रेस्केल और बिटमैप–मोड इमेज के साथ सपोर्ट करता है। PICT फॉर्मेट विशिष्ट रूप से ठोस कलर के वृहत् क्षेत्र के साथ संकुचित इमेज पर प्रभावी होता है।

जब RGB इमेज को PICT फॉर्मेट में सुरक्षित किया जाता है तब हम या तो 16–बिट या तो 32–बिट पिक्सल रिजोल्यूशन का चुनाव कर सकते हैं। ग्रेस्कल इमेज के लिए हम 2, 4 या 8 बिट प्रति पिक्सल का चुनाव कर सकते हैं।

PDF

PDF का विस्तारित रूप Portable Document Format है। यह एक लचीला, क्रास–प्लेटफार्म, क्रास–ऐप्लिकेशन फाइल फॉर्मेट है। पोस्ट स्क्रिप्ट इमेजिंग पर आधारित PDF फाइलें पूर्णतया डिस्प्ले होती हैं और फॉन्ट, पेज लेआउट तथा बिटमैप ग्राफिक्स दोनों को सुरक्षित रखती हैं। इसके अतिरिक्त PDF फाइलें इलेक्ट्रॉनिक डॉक्यूमेंट सर्च और नेवीगेशन विशेषताएँ जैसे इलेक्ट्रॉनिक लिंक को रखती हैं।

PSD

PSD का विस्तारित रूप Photo Shop Document है। ये इमेज RGB मोड में होती हैं और अधिकतम कलर डेप्थ (color depth) का प्रयोग करती हैं। ये बड़ी होती हैं लेकिन अधिकतम सूचनाओं को रखती हैं जो उस समय उपयोगी रूप से प्रोसेस की जा सकती हैं जब उनका आकार परिवर्तित किया जा रहा हो और हमें उचित परिणाम प्राप्त होता है। ये लेयर (layer) भी रखती हैं जो एक उपयोगी विशेषता है। इमेज को 72 पिक्सल प्रति इंच रिजोल्यूशन पर उपयोग करें। जब हम 24–बिट RGB इमेज को एक 8–बिट इमेज में परिवर्तित करते हैं, तब हम रंगों की एक बड़ी मात्रा खो देते हैं जिसे पुनः प्राप्त नहीं किया जा सकता। अतः इमेज में सभी प्रकार के परिर्वतन जैसे, साइज, शार्पनेस आदि RGB मोड में करें, और इस स्रोत इमेज को PSD फाइल के रूप में RGB मोड में सुरक्षित करें।

17.6. डिजाइन के सिद्धांत (Theory of Design)

डिजाइन संगठित वस्तुओं की एक व्यवस्था या तरीका है। डिजाइन में विभिन्न वस्तुओं का प्रयोग किया जा सकता है। कुछ ऐसे तत्व हैं जिन्हें डिजाइन के दृश्य रूप से चिह्नित किया जा सकता है। डिजाइन के तत्व निम्न हैं:

1. बिंदु (Point)

2. रेखा (Line)
3. आकृति (Shape)
4. स्पेस (Space)
5. टेक्सचर (Texture)
6. रंग (Color)
7. टाइप (Type)

17.6.1. रेखा *(Line)*

डिजाइन का प्रथम तत्व बिंदु है। जब कभी एक टूल जैसे पेंसिल किसी तल जैसे कागज से मिलता है, तो एक बिंदु निर्मित होता है। जब हम किसी बिंदु पर एक बल किसी भी दिशा में प्रयुक्त करते हैं, तो एक रेखा का निर्माण होता है।

रेखा डिजाइन का आधारभूत तत्व है और किसी भी डिजाइन गतिविधि के लिए एक महत्त्वपूर्ण टूल है। रेखा कई प्रकार की हो सकती है। रेखा के विभिन्न प्रकार निम्न हैं:

1. सरल रेखा *(Straight Lines)*

दो बिंदुओं के मध्य कम–से–कम दूरी को एक सरल रेखा कहते हैं। सरल रेखा को सार्व रूप में आर्किटेक्चर डिजाइन में उपयोग करते हैं। सरल रेखा क्षैतिज, ऊर्ध्वाधर या विकर्ण रूप में हो सकती है।

(अ) *क्षैतिज रेखा (Horizontal Lines):* एक क्षैतिज रेखा क्षितिज के समानांतर होती है। एक क्षैतिज रेखा मानव मस्तिष्क में उस रेखा को प्रदर्शित करती है जिस पर मानव खड़ा हो सकता है या चल सकता है। यह एक आधार को प्रदर्शित करती है जिस पर कोई वस्तु विराम में रहती है।

क्षैतिज रेखा

(ब) *ऊर्ध्वाधर रेखा (Vertical Lines):* एक ऊर्ध्वाधर रेखा क्षैतिज रेखा पर लंबवत् होती है। ऊर्ध्वाधर रेखा आकाश की ओर गति करती है तथा मानव की पहुँच से दूर होती जाती है। एक ऊर्ध्वाधर रेखा को क्षैतिज रेखा पर रखने पर परिणाम में लंबवत रेखा प्राप्त होती है।

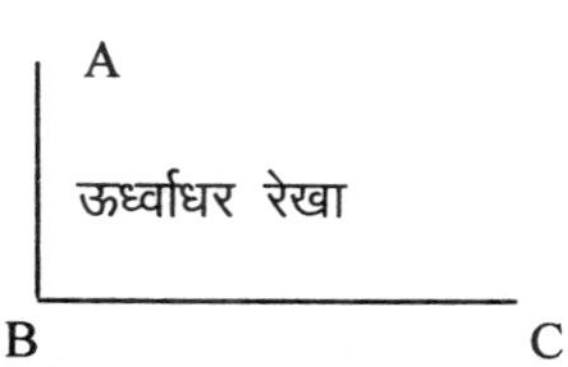

(स) *विकर्ण रेखा (Diagonal Lines) :* एक विकर्ण रेखा क्षैतिज तथा ऊर्ध्वाधर तल से एक कोण बनाते हुए प्रकट होती है।

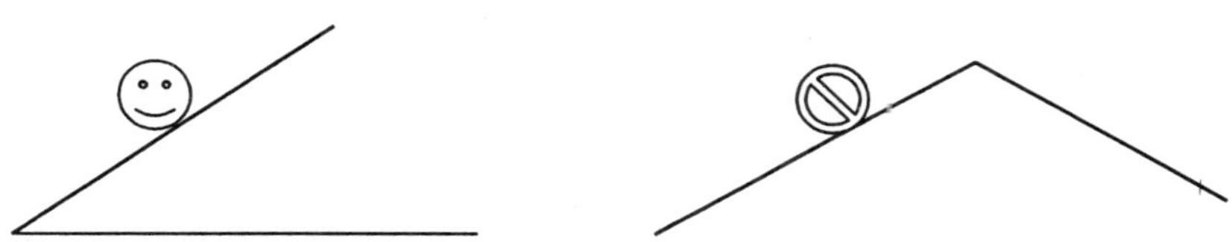

विकर्ण रेखा

2. वक्र रेखा *(Curved Lines)*

वक्र रेखा एक सरल रेखा है जो सतत रूप में आसानी से मुड़ जाती है। वक्र रेखा हमारी आँख को आगे–पीछे कर गति उत्पन्न करने का प्रयास करती है। स्पाइरल वक्र रेखा का एक अच्छा उदाहरण है।

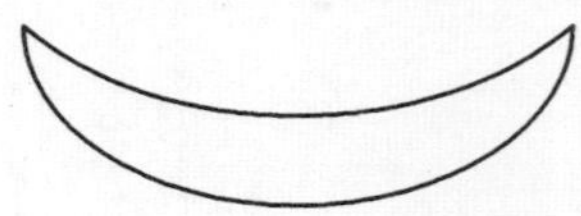

वक्र रेखा

3. टेढ़ी-मेढ़ी रेखा *(Zigzag Lines)*

जब एक सरल रेखा एकांतर दिशा में तीव्र मोड़ लेती है, तब हमें टेढ़ी–मेढ़ी रेखा प्राप्त होती है। एक टेढ़ी–मेढ़ी रेखा विकर्ण रेखाओं के संग्रह पर टूट सकती है। प्रकाश पुँज टेढ़ी–मेढ़ी रेखा की श्रेणी को प्रदर्शित करता है।

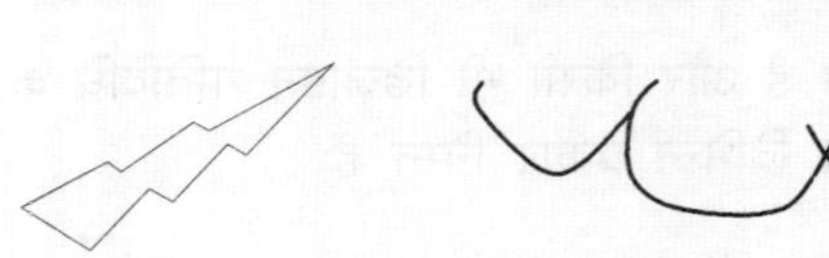

टेढ़ी–मेढ़ी रेखा

4. टूटी रेखा *(Broken Lines)*

टूटी हुई रेखा सतत्र नहीं होती है। टूटी रेखा लक्षित रेखा (implied line) का एक प्रकार है।

....

टूटी हुई रेखा

17.6.2. फार्म *(Form)*

पूर्व अनुच्छेद में हमने रेखा के बारे में अध्ययन किया। रेखाएँ संयुक्त होकर एक तल का निर्माण करती हैं, और तल तत्पश्चात् द्वि–विमीय आकृति (two-dimensional shapes) को निर्मित करते हैं। द्वि–विमीय आकृति पुनः परिवर्तित होकर एक त्रि–विमीय आकृति का निर्माण करती है जिसे फार्म कहते हैं।

तीन प्रकार की आधारभूत आकृतियाँ हैं–वर्ग (square), त्रिभुज (triangle) और वृत्त (circle)।

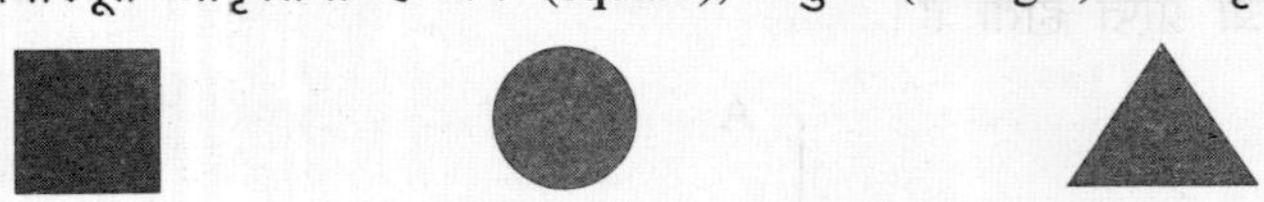

आधारभूत आकृतियाँ

आकृति द्वि–विमीय या त्रि–विमीय हो सकती है। एक द्वि–विमीय आकृति वह आकृति है जो मात्र दो विमाओं ऊँचाई और चौड़ाई को रखती है। जबकि एक त्रि–विमीय आकृति तीन विमाओं ऊँचाई, चौड़ाई और गहराई को रखती है। एक त्रि–विमीय आकृति फार्म कहलाती है। गहराई की विमा को जोड़कर किसी भी द्वि–विमीय आकृति को त्रि–विमीय आकृति में परिवर्तित किया जा सकता है। उदाहरण के लिए, एक वर्ग एक घन (cube) में परिवर्तित होता है।

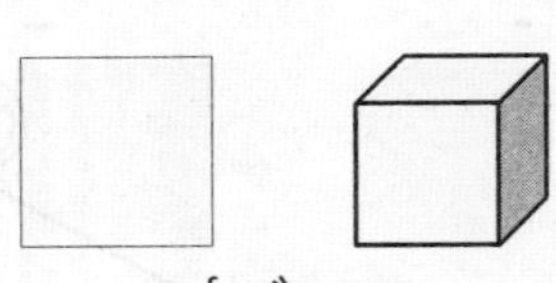

वर्ग और घन

इसी प्रकार वृत्त को गोले में और त्रिभुज को प्रिज्म या पिरामिड में परिवर्तित कर सकते हैं।

17.6.3. स्पेस (*Space*)

स्पेस को सतत असीमित क्षेत्र के रूप में परिभाषित किया जा सकता है जो किसी वस्तु को रख सकता है या नहीं भी रख सकता है। अन्य शब्दों में फार्म विस्तारित होकर स्पेस का निर्माण करता है। स्पेस के तीन प्रकार हैं: घिरा हुआ (Enclosed), खुला (Open) और भरा (Packed)।

1. *Enclosed Space*

घिरा हुआ स्पेस एक रिक्त स्पेस की ओर संकेत करता है जो फार्म से घिरा होता है। अन्य शब्दों में घिरा हुआ स्पेस उस रिक्त स्पेस की ओर संकेत करता है जो एक निश्चित आकृति से घिरा होता है।

घिरा हुआ स्पेस

2. *Open Space*

खुले स्पेस को एक ऐसे स्पेस के रूप में परिभाषित किया जा सकता है जो किसी सीमा में घिरा हुआ नहीं होता है।

खुला स्पेस

3. *Packed Space*

भरा हुआ स्पेस ऐसे स्पेस की ओर संकेत करता है जो किसी सीमा में घिरा हुआ होता है।

भरा हुआ स्पेस

17.6.4. टेक्सचर (*Texture*)

टेक्सचर एक संरचनात्मक गुण है जो किसी ऑब्जेक्ट के सतह के साथ महसूस होता है। अन्य शब्दों में टेक्सचर किसी ऑब्जेक्ट का वह गुण है जो स्पर्श के लिए उत्तरदायी होता है। हमारे चारों ओर बिखरी हुई वस्तुएँ, जैसे कुर्सी, दीवार, कागज आदि विभिन्न टेक्सचर रखती हैं। कुर्सी जो लकड़ी से निर्मित होती है दानेदार (grainy) टेक्सचर रखती है, जबकि किसी धातु से बनी कुर्सी चिकना टेक्सचर रखती है। टेक्सचर का उपयोग विषमता या अंतर (contrast) उत्पन्न करने के लिए किया जाता है। दो प्रकार के टेक्सचर हैं: विजुअल और टैक्टाइल।

1. विजुअल टेक्सचर (*Visual Texture*)

वह टेक्सचर जो आँख के द्वारा ग्रहण किया जाता हो न कि स्पर्श से विजुअल टेक्सचर कहलाता है।

द्वि–विमीय ऑब्जेक्ट में विजुअल टेक्सचर महत्त्वपूर्ण होता है। सपाट, चमकीला आदि जैसे शब्द विजुअल टेक्सचर से संबंधित होते हैं।

2. टैक्टाइल टेक्सचर *(Tactile Texture)*

वह टेक्सचर जिसे हम स्पर्श से ग्रहण कर सकते हैं, टैक्टाइल टेक्सचर कहलाता है। सॉफ्ट, वेलबेट, फर आदि शब्द टैक्टाइल टेक्सचर को वर्णित करते हैं।

इसके अतिरिक्त टेक्सचर को स्रोत वस्तुओं के आधार पर निम्न वर्गों में विभाजित किया जा सकता हैः प्राकृतिक और मानव निर्मित।

प्राकृतिक टेक्सचर (Natural Texture): पत्थर, रेत, घास, पत्ती, फूल, जल, लकड़ी आदि।

मानव निर्मित टेक्सचर (Manmade Texture): धातु, कपड़े, काँच, प्लास्टिक, लकड़ी की टाइल्स, कंक्रीट।

विभिन्न टेक्सचर

17.6.5. *रंग (Color)*

प्रकाश रंगों का स्रोत है और रंग मानव मस्तिष्क का एक गुण है। रंगों को निम्न वर्गों में वर्गीकृत किया जा सकता है।

1. *प्राथमिक रंग (Primary Color)*–इसे किसी अन्य रंगों के मिश्रण से व्युत्पन्न नहीं किया जा सकता है। लाल, हरा और नीला प्राथमिक रंग होता है।

2. *द्वितीयक रंग (Secondary Color)*–किन्हीं भी दो प्राथमिक रंगों के मिश्रण से इसे निर्मित किया जाता है। पीला, केयान और मैग्नेटा द्वितीयक रंग हैं।

Red + Green = Yellow

Green + Blue = Cyan

Blue + Red = Magenta

3. *तृतीयक रंग (Tertiary Colors)*–इन्हें माध्यमिक रंग भी कहते हैं। इन्हें एक प्राथमिक तथा एक द्वितीयक रंग के मिश्रण से निर्मित किया जाता है। ऑरेंज, ग्रीन–केयान और परपल तृतीयक रंग हैं।

Red + Yellow = Orange

Green + Cyan = Green-Cyan

Blue + Magenta = Purple

रंगों के गुण निम्न हैंः ह्यू, तीव्रता और मान।

1. *ह्यू (Hue):* यह शुद्ध रंग होता है जिसे बदला नहीं जा सकता है। उदाहरण के लिए, लाल और नीला।

2. *तीव्रता (Intensity):* तीव्रता रंग के चमक या हल्केपन की मात्रा है। एक ह्यू जो अपनी शुद्ध अवस्था में हो और कोई अन्य रंग इससे मिश्रित न होता हो, अधिकतम तीव्रता रखता है।

3. *मान (Value):* रंग का मान रंग के प्रकाशित या अंधेरे पक्ष की ओर संकेत करता है। उच्च मान के साथ एक रंग जैसे विवर्ण पीला (pale yellow) सापेक्षतः प्रकाशित होता है। सफेद रंग के निकटस्थ रंग अधिकतम मान रखता है। इसी प्रकार, निम्न मान के साथ रंग, जैसे ब्राउन सापेक्षतः गहरा (dark) होता है।

17.7. टाइपोग्राफी (Typography)

टाइपोग्राफी किसी फ्रेम पर टाइप रूप में कैरेक्टर्स को व्यवस्थित, सुगठित और स्थानांतरित करने की कला है। टाइपोग्राफी का आधारभूत तत्व टाइप या कैरेक्टर कहलाता है। टाइप कोई भी कैरेक्टर हो सकता है जैसे वर्णमाला के अक्षर। प्रत्येक कैरेक्टर निम्न घटकों को रखता है: बेसलाइन, मीनलाइन, ऐसेंडर, डिसेंडर, x–हाइट, एपेक्स, काउंटर, स्ट्रेस, क्रासबार, आई, स्टेम, बॉउल, लूप, टर्मिनल और टेल।

1. *बेसलाइन (Baseline):* बेसलाइन एक आभासी क्षैतिज रेखा है जिस पर अधिकांश कैरेक्टर्स स्थित होते हैं।

2. *मीनलाइन (Meanline):* मीनलाइन एक आभासी क्षैतिज रेखा है जो छोटे (lowercase) कैरेक्टर्स की ऊँचाई को परिभाषित करते हैं।

3. *ऐसेंडर (Ascender):* छोटे कैरेक्टर्स का वह भाग जो मीनलाइन के ऊपर होता है ऐसेंडर कहलाता है।

4. *डिसेंडर (Descender):* छोटे कैरेक्टर्स का वह भाग जो बेसलाइन के नीचे होता है डिसेंडर कहलाता है।

5. *x-हाइट (x-height):* ऐसेंडर और डिसेंडर को छोड़कर छोटे कैरेक्टर्स की शेष ऊँचाई कैरेक्टर की x-हाइट कहलाती है।

6. *एपेक्स (Apex):* किसी कैरेक्टर का उच्चतम बिंदु एपेक्स कहलाता है। उदाहरण के लिए, कैरेक्टर 'A' एक एपेक्स रखता है।

7. *काउंटर (Counter):* किसी कैरेक्टर का ऋणात्मक स्थान (negative space) काउंटर की ओर संकेत करता है। कैरेक्टर में काउंटर आंशिक या पूर्ण रूप से घिरा हो सकता है। उदाहरण के लिए,

8. *स्ट्रेस (Stress):* कैरेक्टर में काउंटर की दिशा स्ट्रेस उत्पन्न करती है। यदि हम किसी कैरेक्टर के पतले भाग से गुजरती हुई एक रेखा खींचे, तो हमें एक विकर्ण रेखा प्राप्त होगी। यह कैरेक्टर का स्ट्रेस कहलाता है।

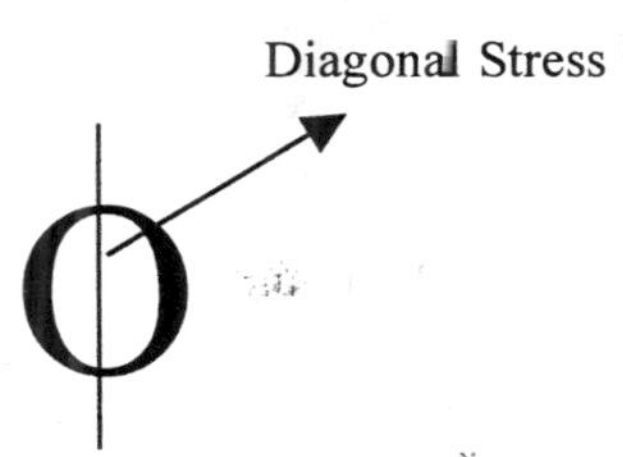

9. *क्रासबार (Crossbar):* एक क्षैतिज रेखा जो कैरेक्टर के ऊर्ध्वभाग से जुड़ी रहती है जैसे A, H और T या ऊर्ध्व भाग को प्रतिच्छेदित करती हो जैसे 't' और 'f', क्रासबार कहलाती है।

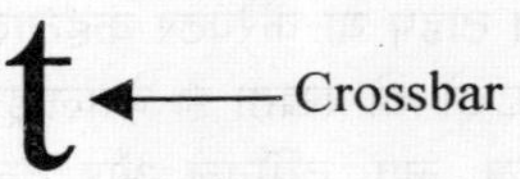

10. *आई (Eye):* यह काउंटर का एक प्रकार है जो छोटे कैरेक्टर्स में घिरा होता है जैसे 'e'।

11. *स्टेम (Stem):* किसी कैरेक्टर का ऊर्ध्व या विकर्ण भाग स्टेम कहलाता है। उदाहरण के लिए, अक्षर 'I' एक स्टेम रखता है, जबकि अक्षर 'O' कोई स्टेम नहीं रखता है।

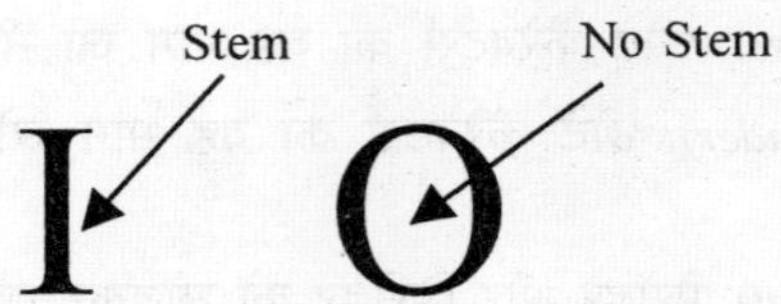

12. *बाउल (Bowl):* एक वक्र जो काउंटर को घेरती है, बाउल कहलाती है। उदाहरण के लिए, कैरेक्टर 'g' एक बाउल रखता है जो ऊपरी काउंटर को घेरता है।

13. *लूप (Loop):* बाउल के समान लूप भी छोटे कैरेक्टर्स का एक भाग होता है, जो निचले काउंटर को घेरता है।

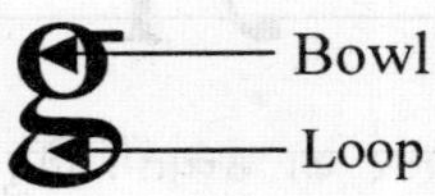

14. *टर्मिनल (Terminal):* स्ट्रोक का अंत टर्मिनल कहलाता है। उदाहरण के लिए, छोटा अक्षर जैसे 'y' एक टर्मिनल रखता है।

15. *टेल (Tail):* अक्षर के अंत में एक एक छोटा विकर्ण स्ट्रोक जैसे 'Q', 'R' और 'K', टेल कहलाता है।

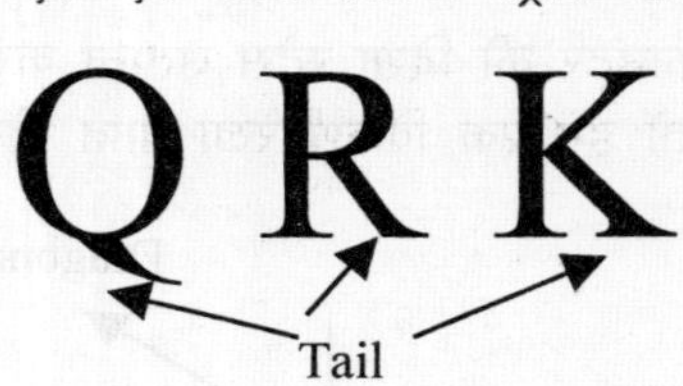

टाइप के प्रगुण (Attributes of Type)

1. *आकार (Size)*

टाइप का आकार कैरेक्टर की ऊँचाई की ओर संकेत करता है। आकार बिंदुओं में मापा जाता है। हम विभिन्न

उद्देश्यों के लिए विभिन्न बिंदुओं के टाइप फेस का प्रयोग करते हैं। वृहत् आकार के टाइप का प्रयोग शीर्ष, मध्यम आकार के टाइप का प्रयोग टेक्सचर और छोटे आकार के टाइप का प्रयोग टीप दर्शाने के लिए किया जाता है। उदाहरण के लिए,

We are Indians.

We are Indians.

We are Indians.

We are Indians.

2. भार *(Weight)*

टाइपफेस का भार कैरेक्टर की मोटाई पर निर्भर करता है। अतः कुछ टाइपफेस गहरे और भारी होते हैं, जबकि कुछ हल्के और पतले होते हैं। मोटे और पतले स्ट्रोक का अंतर टेक्सट में विजुअल टेक्सचर के परास को जनित करता है। टाइपफेस का भार टेक्सट के प्रस्तुतीकरण को प्रभावित करता है। टाइपफेस निम्न चार भारों को रखता है जिनका सार्व रूप में प्रयोग किया जाता है: भारी, नियमित, हल्का और त्रियक।

Arial ⟶ Heavy
Arial ⟶ Regular
Arial ⟶ Light
Arial ⟶ Italics

17.8. लेआउट (Layout)

कंपोजीशन के आधार पर हमें टेक्सट को बाएँ, दाएँ या केंद्र में रखने की आवश्यकता होती है। फ्रेम में टेक्सट की यह स्थिति टेक्सट के लेआउट की ओर संकेत करती है। चार ऐसी विधियाँ हैं जिनकी सहायता से टेक्सट को ऐडजेस्ट किया जा सकता है: फ्लश लेफ्ट (flush left), फ्लश राइट (flush right), जस्टीफाइड (justified) और सेंटर (center)।

1. *फ्लश लेफ्ट (Flush Left):* टेक्सट का लेफ्ट एलाइंमेंट फ्रेम के लेफ्ट मार्जिन के अनुदिश बनता है। फ्लश लेफ्ट का उपयोग टेक्सट की बॉडी को एलाइन करने के लिए किया जाता है।

By drawing, man has extended his
ability to see and comprehend
what he sees.
– Frederick Gore.

फ्लश लेफ्ट

2. *फ्लश राइट (Flush Right):* टेक्सट का राइट एलाइंमेंट फ्रेम के राइट मार्जिन के अनुदिश बनता है। फ्लश राइट का उपयोग अधिकांशतः टेबल में दशमलव संख्याओं और पत्रों में हस्ताक्षर को प्रदर्शित करने के लिए किया जाता है।

By drawing, man has extended his
ability to see and comprehend
what he sees.
– Frederick Gore.

फ्लश राइट

3. *जस्टीफाइड (Justified):* जस्टीफाइड एलाइमेंट में टेक्सट फ्रेम के लेफ्ट और राइट मार्जिन के अनुदिश होता है।

> By drawing, man has extended his ability to see and comprehend what he sees.
>
> – Frederick Gore.

जस्टीफाइड

4. *सेंटर (Centered):* टेक्सट का सेंटर एलाइमेंट टेक्सट को फ्रेम के केंद्र में स्थित होने की ओर संकेत करता है। इस लेआउट का अधिकांशतः उपयोग शीर्ष और उपशीर्ष को प्रदर्शित करने के लिए किया जाता है।

> By drawing, man has extended his
> ability to see and comprehend
> what he sees.
> – Frederick Gore.

सेंटर

17.9. डिजाइन के सिद्धांत (Principles of Design)

कंपोजीशन (Composition)

कंपोजीशन एक विधि है जिसमें डिजाइन के विभिन्न तत्व, जैसे आकृति, रंग और टेक्सचर को दिए गए स्पेस में व्यवस्थित किया जाता है। कंपोजीशन डिजाइन के विभिन्न तत्वों की सुव्यवस्था का एक परिणाम है। कंपोजीशन में प्रत्येक तत्व विभिन्न गुणों को रख सकता है।

डिजाइन के सिद्धांत निम्न हैं–

1. यूनिटी (Unity)
2. बैलेंस (Balance)
3. प्रोपोरशन (Proportion)
4. रिदम (Rhythm)
5. रिपीटीशन (Repetition)
6. वेरायटी (Variety)
7. इकोनॉमी (Economy)

1. *यूनिटी (Unity)*

यूनिटी कंपोजीशन के समस्त तत्वों के मध्य आपसी सहयोग का परिणाम है। एक कंपोजीशन जो यूनिटी रखता है, के सभी तत्व एक दूसरे को सपोर्ट करते हैं और एक अद्वितीय स्टाइल की सहभागिता करते हैं।

यूनिटी

2. *बैलेंस (Balance)*

बैलेंस कंपोजीशन में साम्यावस्था की स्थिति है। बैलेंस धनात्मक और ऋणात्मक आकृतियों में समान वितरण को शामिल करता है जो आकृतियों के दृश्य भार पर आधारित होता है।

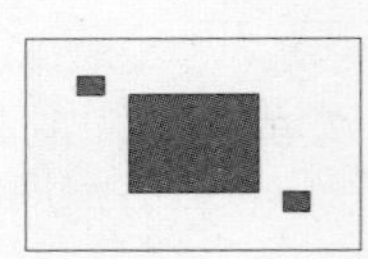

बैलेंस

3. प्रोपोरशन *(Proportion)*

प्रोपोरशन कई भागों का एक दूसरे के साथ आकार संबंध की ओर संकेत करता है। देखने वाला विभिन्न अनुपातों के प्रति उत्तरदायी होता है। पूरे समय कलाकार सटीक अनुपात के नियमों को व्यवस्थित करता है; नियम जो कला की गारंटी होते हैं। सबसे महत्त्वपूर्ण सुनहरा भाग (Golden Section) कहलाता है। सुनहरे भाग का नियम यह है कि छोटे भाग का आकार बड़े भाग से संबंधित होता है और बड़े भाग का आकार संपूर्ण से संबंधित होता है। सुनहरे भाग का सूत्र बीजीय रूप में निम्न प्रकार प्रदर्शित किया जाता है।

रिदम

4. रिदम *(Rhythm)*

रिदम घटनाओं या तत्वों का नियमित आवर्ती अनुक्रम है। रिदम दृश्य पथ से संबंधित होता है जिसे नेत्र कंपोजीशन में लेता है।

रिदम के प्रकार (Types of Rhythms)

(*i*) नियमित रिदम (Regular Rhythms)

जब कंपोजीशन में तत्वों को इस प्रकार व्यवस्थित किया जाता है कि नेत्र एक बिंदु से दूसरे बिंदु तक आसानी से अवलोकन कर सके, तब नियमित रिदम जनित होता है।

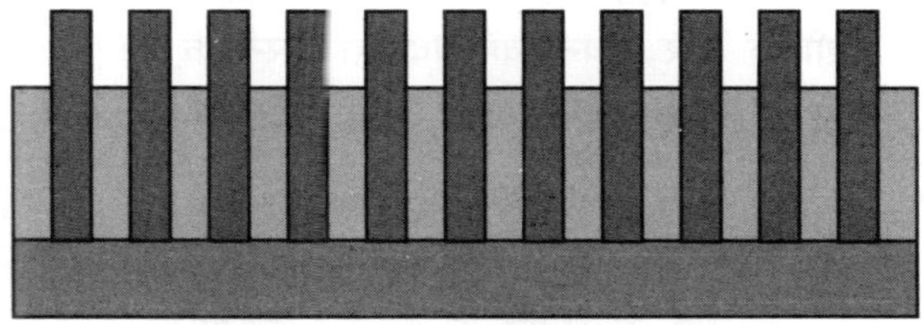
नियमित रिदम

(*ii*) असंयुक्त रिदम (Staccato Rhythm)

जब कंपोजीशन में तत्वों को इस प्रकार व्यवस्थित किया जाता है कि नेत्र एक बिंदु से दूसरे बिंदु तक आसानी से अवलोकन न कर सके, तब असंयुक्त रिदम जनित होता है।

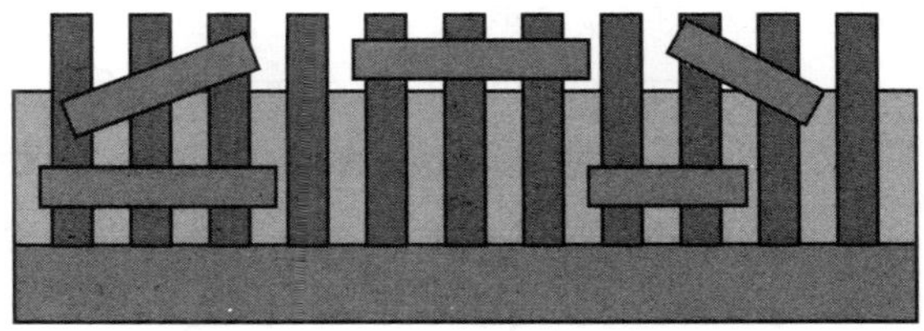
असंयुक्त रिदम

5. रिपीटीशन *(Repetition)*

रिपीटीशन कंपोजीशन में किसी भी तत्व को बार–बार उपयोग करता है। रिपिटीशन का प्रयोग डिजाइन प्रभाव को सृजित करने के लिए किया जाता है। कुछ डिजाइन तत्व निम्न हैं जिसे हम कंपोजीशन में रिपीट कर सकते हैं: आकृति, रंग और टेक्सचर।

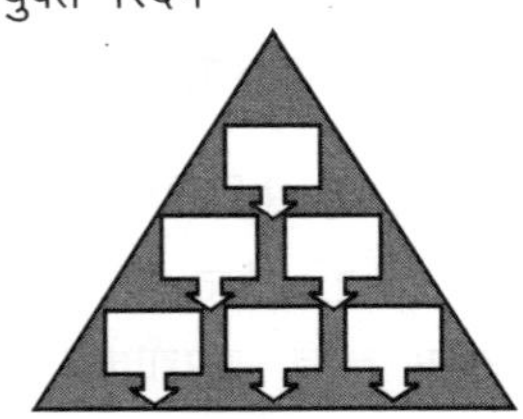
रिपीटीशन आकृति

6. वेरायटी *(Variety)*

एकसमानता की अनुपस्थिति में वेरायटी को प्रयुक्त किया जाता है। डिजाइन तत्वों के कुछ गुणों के द्वारा हम रिपीटीशन के विपरीत प्रभाव को नियंत्रित कर सकते हैं। हम रंगों की तीव्रता को परिवर्तित करने के लिए मोटी, पतली और वक्राकार रेखा का प्रयोग कर सकते हैं तथा विभिन्नता लाने के लिए चिकने और खुरदरे टेक्सचर का प्रयोग कर सकते हैं।

आकृति में वेरायटी

7. इकोनॉमी *(Economy)*

इकोनॉमी उन सभी तत्वों के उपयोग की ओर संकेत करता है जो प्रभाव सृजित करने के लिए आवश्यक होते हैं। ऐसे दृश्य तत्वों का विलोपन किया जाना चाहिए जो आवश्यक नहीं हैं।

8. *लाइट और शेड (Light and Shade)*

किसी रंग का लाइट शेड मुलायम दिखाई देता है। ये आंतरिक डिजाइन में अत्यधिक प्रभावी होते हैं। लाइट शेड प्रचलन में भी हैं।

काला और गहरा शेड भारीपन महसूस कराता है। काला विशिष्ट रूप से ठोस होता है। गहरा लाल, गहरा हरा और गहरा नीला रंग रॉयल्टी से संबंधित होते हैं।

17.10. पोस्टर डिजाइन करना (Poster Designing)

किसी पोस्टर को डिजाइन करते समय निम्न बिंदुओं का ध्यान रखें:

1. स्थानीयता के आधार पर फॉन्ट के प्रकार का चुनाव किया जाना चाहिए। सामान्यतः अंग्रेजी फॉन्ट उपयुक्त होता है, जैसे Times New Roman, Arial आदि। हिंदी भाषी क्षेत्र में देवनागरी फॉन्ट का उपयोग किया जा सकता है। शीर्षक और सूचना को प्रदर्शित करने के लिए दो या अधिक प्रकार के फॉन्ट का उपयोग किया जा सकता है।
2. फॉन्ट का आकार वृहत् होना चाहिए ताकि इसे दूर से देखा जा सके।
3. फॉन्ट आकर्षक होने चाहिए और यह कार्य वर्ड आर्ट या अन्य पैकेज का प्रयोग कर संपन्न किया जा सकता है क्योंकि कभी–कभी आकर्षक फॉन्ट डिजाइन के कारण व्यक्ति पोस्टर को देखता है।
4. रंगों के चुनाव के अंतर्गत बैकग्राउंड कलर, फोरग्राउंड कलर और फॉन्ट कलर को लिया जाना चाहिए। बैकग्राउंड कलर हल्का होना चाहिए क्योंकि फॉन्ट का रंग सामान्यतः गहरा होता है जिससे कोई भी व्यक्ति इसे दूरस्थ स्थान से पढ़ सके।
5. सूचना और पोस्टर के आधार पर एनीमेशन का प्रयोग किया जा सकता है।
6. पोस्टर पर प्रदर्शित होने वाली सूचना शीर्षक के साथ पूर्ण, सत्य और सीमित होनी चाहिए।
7. पोस्टर का टेक्सचर दृष्टव्य होना चाहिए, जैसे शाइनी और ग्लोसी।
8. पोस्टर डिजाइन करते समय टाइपोग्राफी के नियमों का अवश्य पालन करना चाहिए।

17.11. पुस्तक डिजाइन करना (Designing of Books)

1. कम–से–कम तीन प्रकार के फॉन्ट का उपयोग किया जाना चाहिएः शीर्षक, उपशीर्षक और टेकस्ट के लिए।
2. फॉन्ट के आकार हेतु वृहत्, वृहत्तर और सबसे वृहत् नियम का उपयोग किया जाना चाहिए, अर्थात् शीर्षक सबसे वृहत्, उपशीर्षक वृहत्तर तथा टेकस्ट वृहत् होना चाहिए।
3. फॉन्ट फेस सामान्य होना चाहिए ताकि पाठक इसे आसानी से पढ़ सके।
4. पुस्तक को आकर्षक बनाने के लिए पार्श्व रंगों का प्रयोग किया जा सकता है। यदि आवश्यक हो तो रंगीन चित्रों का समावेश करें।
5. शीर्षक, उपशीर्षक और टीप में एनीमेशन का प्रयोग किया जा सकता है।
6. विषयवस्तु जस्टीफाइड होनी चाहिए।
7. टेकसचर ग्लोसी होना चाहिए।
8. टाइपोग्राफी पुस्तक को आकर्षक बना सकता है, अतः इसका प्रयोग किया जाना चाहिए।
9. पुस्तक का आवरण पृष्ठ शीर्षक से संबंधित होना चाहिए। कभी–कभी सामान्य से पृथक दिखाई देने वाले आवरण पृष्ठ पाठक को आकर्षित करते हैं, अतः एनीमेशन और कार्टून का प्रयोग किया जा सकता है।

17.12. पत्रिका डिजाइन करना (Designing of Magazines)

विभिन्न प्रकार की पत्रिकाएँ उपलब्ध हैं: राजनीतिक, प्रतियोगितात्मक, बच्चों एवं महिलाओं आदि की। किसी पत्रिका को डिजाइन करते समय निम्न बिंदुओं का ध्यान रखना चाहिए:

1. पत्रिका के अनुसार ही आवरण पृष्ठ को डिजाइन किया जाना चाहिए। उदाहरण के लिए: राजनीतिक पत्रिका के आवरण पृष्ठ पर किसी राजनीतिज्ञ का ही चित्र रखें।
2. टाइपोग्राफी और टेक्सचर भिन्न हो सकते हैं, अतः टाइपोग्राफी और टेक्सचर दोनों के नियमों का पालन करें।
3. बैकग्राउंड कलर और फोरग्राउंड कलर का प्रयोग किया जा सकता है क्योंकि यह पत्रिका को आकर्षक बनाता है।
4. शीर्षक, उपशीर्षक और टेकस्ट के लिए फॉन्ट का प्रकार, फॉन्ट का आकार और टाइपफेस भिन्न होना चाहिए, जैसी आवश्यकता हो।
5. एनीमेशन का उपयोग किया जा सकता है।
6. प्रदर्शित होने वाला टेकस्ट स्पष्ट होना चाहिए।

17.13. कॉमिक्स डिजाइन करना (Designing of Comics)

1. कॉमिक्स के सभी पृष्ठ रंगीन होने चाहिए, जिससे पुस्तक आकर्षक दिखाई दे सके।
2. कॉमिक्स के पात्रों को पूर्णतया समझने के लिए उनकी मुद्राएँ स्पष्ट होनी चाहिए।
3. डायलॉग बॉक्स विभिन्न प्रकार के होने चाहिए, जैसे टेढ़े–मेढ़े, वक्राकार, वृत्ताकार आदि।
4. एक ही टेकस्ट में विभिन्न प्रकार और आकार के फॉन्ट तथा टाइपफेस का प्रयोग किया जा सकता है, शर्त यह है कि बच्चे आसानी से समझ जाएँ।
5. चूँकि कॉमिक्स का पाठन सामान्यतः बच्चे ही करते हैं, अतः कॉमिक्स को ऐसा डिजाइन किया जाना चाहिए कि वह बच्चों की आँखों को आकर्षित कर सके। यह आकर्षण टेक्सचर और टाइपोग्राफी की सहायता से निर्मित किया जा सकता है।
6. एनीमेशन का निवेश बच्चों को प्रभावित कर सकता है और पुस्तक को आकर्षक बनाएगा। अतः एनीमेशन का प्रयोग किया जाना चाहिए।
7. क्या आप 3डी–प्रभाव को जानते हैं? यदि हाँ, तो यह पुस्तक की प्रसिद्धी में वृद्धि कर सकता है। अतः 3डी–प्रभाव का प्रयोग करें।

17.14. चित्रात्मक पुस्तकों को डिजाइन करना (Designing of Picture Books)

चित्रात्मक पुस्तकें सूचना का वह माध्यम हैं, जो व्यक्तियों को आकर्षित करती हैं। दृश्य सूचनाओं की वृहत् मात्रा को रूचिकर रूप में प्रदर्शित करने का यह एक लचीला प्लेटफॉर्म है। अतः चित्रात्मक पुस्तकों को डिजाइन करते समय निम्न बिंदुओं को ध्यान में रखना चाहिए–

1. परंपरागत पुस्तकों के विपरीत चित्रात्मक पुस्तकों में टेकस्ट, ग्राफिक्स और वीडियो इमेज को आकर्षक रूप में प्रस्तुत होना चाहिए।
2. दृश्य प्रभावों की बहुलता होने के कारण सूचना प्रदर्शन हेतु लेखक के पास स्कोप उपलब्ध होता है, अतः एनीमेशन का भी प्रयोग करें। 2डी और 3डी–प्रभावों का उपयोग किया जाना चाहिए।
3. टेक्सचर और टाइपोग्राफी के नियमों का पालन करें।
4. डिजाइन के सिद्धांतों का प्रयोग कर चित्रात्मक पुस्तक को आकर्षक बनाएँ।
5. आवश्यकतानुसार विभिन्न फॉन्ट आकार और टाइपफेस का प्रयोग किया जा सकता है।
6. पृष्ठ रंगीन होने चाहिए तथा रंगीन चित्रों का प्रयोग करें।

17.15. चिल्ड्रेन लिटरेचर डिजाइन करना (Designing of Children Literature)

चिल्ड्रेन लिटरेचर डिजाइन करते समय निम्न बिंदुओं का ध्यान रखें–

1. 2डी और 3डी–प्रभावों का उपयोग करें।
2. एनीमेशन प्रभाव बच्चों को आकर्षित करता है, अतः इसका प्रयोग करें।
3. चिल्ड्रेन लिटरेचर डिजाइन करते समय टाइपोग्राफी और टेक्सचर के नियमों का अनुसरण करें।
4. विभिन्न प्रकार और आकार के फॉन्ट तथा टाइपफेस का प्रयोग करें, शर्त यह है कि बच्चे उसे समझ सकें।
5. सभी पृष्ठ रंगीन होने चाहिए ताकि बच्चे आकर्षित हो सकें।
6. डायलॉग बॉक्स विभिन्न प्रकार के होने चाहिए, जैसे टेढ़े–मेढ़े, वक्राकार, वृत्ताकार आदि।
7. आवरण पृष्ठ आकर्षक होना चाहिए।

17.16. ब्रोशर डिजाइन करना (Designing of Brochures)

1. दो या अधिक फॉन्ट प्रकार का प्रयोग करें।
2. विभिन्न प्रकार के फॉन्ट आकार का उपयोग किया जाना चाहिए।
3. फॉन्ट फेस आकर्षक होना चाहिए और 3डी–प्रभाव का प्रयोग कर ऐसा किया जा सकता है, क्योंकि कभी–कभी व्यक्ति फॉन्ट डिजाइन आकर्षण होने के कारण ही ब्रोशर को पढ़ता है।
4. बैकग्राउंड कलर, फोरग्राउंड कलर और फॉन्ट कलर आकर्षक होने चाहिए।
5. एनीमेशन का प्रयोग किया जा सकता है।
6. ब्रोशर पर प्रदर्शित होने वाली सूचना पूर्ण होनी चाहिए।
7. टेक्सचर और टोपोग्राफी के नियमों का पालन करें।

अभ्यास-प्रश्न (Exercise-Questions)

1. मॉनीटर क्या है?

2. ग्राफिक्स एक्सीलरेटर कार्ड से क्या समझते हैं?

3. डिजिटल इमेज क्या है और उसका प्रदर्शन कैसे करते हैं?

4. इमेज फॉर्मेट क्या है?

5. ग्राफिक फॉर्मेट से क्या समझते हैं?

6. डिजाइन के निम्न सिद्धांत को समझाइए–

(*i*) रेखा (*ii*) फार्म
(*iii*) स्पेस (*iv*) टेक्सचर
(*v*) रंग।

7. टाइपोग्राफी क्या है?

8. लेआउट से क्या समझते हैं?

9. निम्न को कैसे डिजाइन करते हैं–

(*i*) पोस्टर (*ii*) पुस्तक
(*iii*) पत्रिका (*iv*) कॉमिक्स
(*v*) चित्रात्मक पुस्तक (*vi*) चिल्ड्रेन लिटरेचर
(*vii*) ब्रोशर।

18

कंप्यूटर वायरस
(Computer Virus)

18.1. कंप्यूटर वायरस क्या है? (What is Computer Virus?)

वर्ष 1988 कंप्यूटर जगत के लिए एक विशेष ऐतिहासिक महत्त्व का रहा। इस वर्ष एक अनबूझे छद्म, अनजाने सॉफ्टवेयर प्रोग्राम ने बिना किसी पूर्व सूचना के कंप्यूटर क्षेत्र में प्रवेश किया और तहलका मचा दिया। ऐसे सॉफ्टवेयर प्रोग्रामों को न कभी पहले देखा गया था और न ही इनके बारे में कोई जानकारी ही उपलब्ध थी।

इस प्रकार के अति सूक्ष्म प्रोग्रामों ने विश्व की सूचना–विज्ञान तकनीक को एक गहरा धक्का पहुँचाया। इन सभी अनबुझे सॉफ्टवेयर प्रोग्रामों को कंप्यूटर वायरस कहा गया।

वायरस प्रोग्रामों की शुरुआत पाकिस्तान से हुई मानी जाती है। 1988 के इस बहुचर्चित सूक्ष्म प्रोग्राम का नाम "सी ब्रेन" (C-Brain) था। इस कुख्यात वायरस प्रोग्राम के बाद इसी प्रकार के कई अन्य प्रोग्राम की कंप्यूटर जगत में बाढ़ सी आ गई।

वायरस प्रोग्रामों का प्रमुख उद्देश्य केवल कंप्यूटर मेमोरी में एकत्रित आँकड़ों व संपर्क में आने वाले सभी प्रोग्रामों को अपने संक्रमण से प्रभावित करना है। जिस तरह वायरल इंफैक्शन या वायरल बुखार, मानव शरीर की कार्यप्रणाली ठप्प कर देता है, ठीक इसी तरह कंप्यूटर वायरस, कंप्यूटर की आंतरिक प्रणाली ठप्प कर देता है। किसी अति सूक्ष्म कीटाणु की भाँति यह वायरस प्रोग्राम भी अपनी संख्या स्वगुणन प्रक्रिया से तीव्र गति से बढ़ाते हैं और फैलते जाते हैं।

वास्तव में कंप्यूटर वायरस कुछ निर्देशों का एक कंप्यूटर प्रोग्राम मात्र होता है जो अत्यंत सूक्ष्म किंतु शक्तिशाली होता है। यह कंप्यूटर को अपने तरीके से निर्देशित कर सकता है। ये वायरस प्रोग्राम किसी भी सामान्य कंप्यूटर प्रोग्राम के साथ जुड़ जाते हैं और उनके माध्यम से कंप्यूटर में प्रवेश पाकर अपने उद्देश्य अर्थात् डाटा और प्रोग्राम को नष्ट करने के उद्देश्य को पूरा करते हैं। अपने संक्रमणकारी प्रभाव से ये संपर्क में आने वाले सभी प्रोग्रामों को प्रभावित कर नष्ट अथवा क्षत–विक्षत कर देते हैं।

वायरस से प्रभावित कोई भी कंप्यूटर प्रोग्राम अपनी सामान्य कार्य शैली में अनजानी तथा अनचाही रूकावटें, गलतियाँ तथा कोई अन्य समस्याएँ पैदा कर देता है। इनसे काफी परिश्रम से कंप्यूटर की मेमोरी में एकत्रित किए गए आँकड़ें भी नष्ट हो सकते हैं। कोई भी वायरस किस हद तक कंप्यूटर प्रोग्रामों तथा आँकड़ों में क्षति पहुँचा सकता है। यह कंप्यूटर वायरस प्रोग्राम के निर्माता पर निर्भर करता है कि उसने अपने वायरस प्रोग्राम में क्या निर्देश दिए हैं।

प्रत्येक वायरस, प्रोग्राम कुछ कंप्यूटर निर्देशों का एक समूह होता है जिसमें उसके अस्तित्व को बनाए रखने का तरीका संक्रमण फैलाने का तरीका तथा हानि का प्रकार निर्दिष्ट होता है। सभी कंप्यूटर वायरस प्रोग्राम मुख्यतः

असेंबली भाषा या किसी उच्च स्तरीय भाषा जैसे ''पास्कल'' या ''सी'' में लिखे होते हैं। सभी वायरस प्रोग्रामों में निम्न अभिलक्षण पाये जाते हैं–

1. अत्यंत सूक्ष्म प्रोग्राम, जिनसे इनको ज्ञात करना अत्यंत कठिन।

2. किसी भी अन्य प्रोग्राम से जुड़ जाना या अन्य प्रोग्रामों को प्रतिस्थापित कर देना। जैसे– ''सी–अशर'' वायरस डिस्क में से बूट–स्ट्रेप प्रोग्राम को शून्य सेक्टर से उठाकर अन्यत्र प्रतिस्थापित कर देता है तथा स्वयं शून्य सेक्टर में स्थापित हो जाता है।

3. संक्रमण–वह प्रक्रिया जिससे वायरस अपनी स्व–प्रतिलिपि गुणात्मक प्रक्रिया में निरंतर बढ़ते हुए फैलता रहता है।

4. संक्रमित प्रोग्राम के क्रियान्वयन में कठिनाइयाँ उत्पन्न करता, जैसे– किसी खास समय पर विशेष संदेश प्रदर्शित करना, या किसी विशिष्ट समय अथवा दिनांक पर डिस्क में उपस्थित समस्त प्रोग्राम तथा डाटा नष्ट कर देना इत्यादि प्रक्रियाएँ करना।

18.2. वायरस का इतिहास (History of Virus)

वायरस शब्द का कंप्यूटर से संबंधित शब्दावली में प्रयोग अंग्रेजी लेखक डेविड गेरोल्ड ने अपनी पुस्तक "When Harlie was One" में सन् 1972 में किया था, उन्होंने परिकल्पना के तौर पर इस पुस्तक में एक कंप्यूटर प्रोग्राम का नाम ''वायरस'' रखा था जो टेलीफोन की घंटी मनमाने ढंग से तब तक बजाता था जब तक टेलीफोन के तारों से जुड़ा कोई कंप्यूटर नेटवर्क उसे नहीं मिल जाता था। सन् 1975 में जॉन ब्रनर ने उनके उपन्यास "The short wave rider" में "Worm" (वर्म) शब्द का उपयोग किया था, इस उपन्यास में उनकी परिकल्पना थी कि यह ''वर्म'' प्रोग्राम स्वतः किसी भी कंप्यूटर में एकत्रित आँकड़ों को मनचाहे ढंग से बदल सकता था।

जैसा कि पूर्व में बताया गया है कि वायरस प्रोग्रामों की शुरुआत पाकिस्तान के लाहौर शहर में हुई। इस शहर में रहने वाले दो भाईयों ''अमजद'' और ''बसित'' ने सबसे पहले ''सी–असर'' और ''सी–ब्रेन'' नाम के दो वायरस प्रोग्राम बनाए। लाहौर में इन दोनों भाइयों की एक दुकान थी। जहाँ ये असल प्रोग्रामों की नकल वाली प्रति कम से कम दामों में बेचा करते थे। लाहौर में उनकी दुकान से बिकने वाले अनेक सस्ते सॉफ्टवेयर प्रोग्रामों को उन्होनें संक्रमित करके खासतौर पर पश्चिमी सैलानियों को बेचा, इनकी दुकान में अधिकतर पश्चिमी सैलानी महँगे सॉफ्टवेयर की सस्ती प्रति लेने के लालच में आते थे। इन दोनों भाइयों का उद्देश्य इस तरह की अनाधिकृत प्रति खरीदने वाले ग्राहकों को सबक सिखाना था, जिससे वायरस प्रोग्राम में संक्रमित सॉफ्टवेयर से परेशान और आतंकित होकर इस प्रकार नकली प्रतियाँ खरीदना बंद कर दें।

''सी–ब्रेन'' वायरस आज तक देखे गए वायरसों में सबसे अधिक चर्चित रहा और इसने लगभग 1,50,000 पर्सनल कंप्यूटरों को अपने शिकंजें में जकड़ा, जोकि एक रिकार्ड है।

सच तो यह है कि इस तरह के सूक्ष्म प्रोग्राम जिनका कोई खास मकसद होता है ''कंप्यूटर'' जगत के लिए कोई नई बात नहीं है क्योंकि तीसरी पीढ़ी के कंप्यूटरों के जमाने में भी ऐसे प्रोग्राम बनाए जाते थे जोकि स्वतः दूसरे प्रोग्राम के साथ जुड़कर उन्हें खास परिस्थिति के अनुरूप परिवर्तित कर सकते थे। तीसरी पीढ़ी में बनाए गए इन सूक्ष्म प्रोग्रामों को इस प्रकार का सॉफ्टवेयर बम (विस्फोटक प्रोग्राम) कहा जाता था। हालाँकि ये प्रोग्राम संक्रमण फैलाने के उद्देश्य से नहीं लिखे जाते थे। उदाहरण के लिए मेनफ्रेम या नेटवर्क पर जुड़े कंप्यूटरों के लिए उनकी निर्माता कंपनियाँ कुछ रोचक संदेश छद्म प्रोग्रामों के जरिए कुछ विशेष तारीखों पर ही दर्शाने के लिए अपने कंप्यूटरों के सॉफ्टवेयर के साथ दिया करते थे।

आधुनिक युग में माइक्रो कंप्यूटर व पर्सनल कंप्यूटरों के पदार्पण में अनेक छोटी–बड़ी कंपनियाँ व व्यवसायी कंप्यूटर का उपयोग अपने–अपने लाभ के लिए कर रहे हैं। किंतु अच्छे सॉफ्टवेयर बहुत कीमती होते हैं। इन्हें खरीद पाना प्रत्येक व्यक्ति या संस्था की बात नहीं होती। किंतु उनके कार्यों के आधार पर उनकी आवश्यकता सभी को

होती है। इसलिए आवश्यकता को पूरा करने के लिए गलत तरीकों से सॉफ्टवेयर बेचे व खरीदे जाते हैं। इस प्रकार नकली सॉफ्टवेयर की प्रतियाँ बेचने व खरीदने वाले व्यक्तियों का एक बड़ा समूह कंप्यूटर जगत में बन गया। इस अवैध व्यापार को रोकने के उद्देश्य से प्रेरित होकर वायरस प्रोग्रामों ने जन्म लिया। किंतु आजकल ये एक भयंकर महामारी के रूप में कंप्यूटर जगत में व्याप्त हो चुका है।

18.3. वायरस के प्रकार (Types of Virus)

मुख्यतः वायरस प्रोग्राम तीन प्रकार के होते हैं–

18.3.1. *बूट सेक्टर वायरस (Boot Sector)*

इस श्रेणी के वायरस हार्ड डिस्क या डिस्क प्रचालन प्रणाली (Disk Operating, DOS) की बूट फ्लॉपी के शून्य सेक्टर में अपना संक्रमण फैलाते हैं। यह वायरस हार्ड–डिस्क में मौजूद विभाजन सारणी (Partition Table) को भी बदल देते हैं।

इस श्रेणी के वायरस कंप्यूटर के चालू (Start) होते ही सबसे पहले प्रचालन प्रणाली के प्रोग्राम के स्थान पर स्वयं मेमोरी में स्थापित हो जाते हैं।

वस्तुतः पर्सनल कंप्यूटर में कुछ आंतरिक निर्देश उसक रीड ओनली मेमोरी (ROM) में ही संग्रहित होते हैं और कंप्यूटर प्रचालन के लिए महत्त्वपूर्ण निर्देश कंप्यूटर की हार्ड डिस्क या डिस्क प्रचालन प्रणाली की बूट फ्लॉपी के शून्य सेक्टर में जाकर ''स्टार्ट–अप'' प्रोग्राम (वह अति महत्त्वपूर्ण प्रोग्राम, जो कंप्यूटर के परिचालन के समय डिस्क ड्राइव, मध्यस्थ परिपथों तथा सहायक उपकरणों को कार्यरत रहने का निर्देश देता है) में ढूँढ़ते हैं, यदि शून्य सेक्टर में वायरस मौजूद है तो ''स्टार्ट–अप'' प्रोग्राम के स्थान पर वायरस मेमोरी के महत्त्वपूर्ण स्थान पर स्थापित हो जाएगा तथा इसके पश्चात् ही ''स्टार्ट–अप'' प्रोग्राम स्थापित हो पाएगा।

बूट वायरस कंप्यूटर की मेमोरी में तब भी स्थापित हो सकता है जब किसी भी अन्य डिस्क से (जो बूट डिस्क न हो) कंप्यूटर को बूट करने का प्रयास करें, क्योंकि ऐसी स्थिति में कंप्यूटर डिस्क का शून्य सेक्टर डिस्क प्रचालन प्रणाली को पढ़ने का प्रयास करते समय वायरस प्रोग्राम पढ़ कर ''नॉन सिस्टम डिस्क एरर'' प्रदर्शित करेगा, परंतु तब तक वायरस मेमोरी में स्थापित हो चुका होगा। इस दशा में बूट डिस्क के प्रयोग से मेमोरी में मौजूद वायरस डिस्क में प्रवेश कर जाता है (यदि डिस्क राइट प्रोटेक्टेड (Write- Protected) न हो तो)।

बूट वायरस तब तक मेमोरी में प्रभावी रहते हैं जब तक कंप्यूटर को बंद न कर दिया जाए। अभी तक जितने बूट वायरसों के विषय में जानकारी प्राप्त है, वे इस प्रकार हैं–

1. पाकिस्तानी ब्रेन और असर वायरस
2. स्टोन वायरस
3. येल (एलामेडा) वायरस
4. बाऊसिंग बॉल (पिंगपांग) वायरस
5. डैनजुक वायरस
6. जैरूसलेम वायरस–संस्करण ''अ''
7. जैरूसलेम वायरस–बी–2
8. 1701/1704–संस्करण ''ब'' और ''स'' वायरस
9. 1168 वायरस
10. वेक्सीना वायरस
11. गोल्डन गेट संस्करण ''स'' वायरस

12. फू मान्चू संस्करण ''अ'' वायरस
13. निकॉल्स वायरस
14. 2730 वायरस
15. वियेना (Viyena) संस्करण ''ब'' संस्करण ''अ''
16. अप्रेल फर्स्ट संस्करण ''अ'' वायरस
17. 3066 ट्रेस बैक वायरस
18. पैंटागन
19. सरातोगा/आइरनलैंडिक वायरस
20. इजराइली बूट वायरस
21. ओहियो वायरस
22. टाइपो बूट वायरस व 8290 वायरस।

कुछ प्रमुख बूट सेक्टर वायरसों की कार्य शैली का संक्षिप्त विवरण इस प्रकार हैं–

1. *सी–ब्रेन वायरस*

यह वायरस, डिस्क के शून्य सेक्टर में बने रहने के लिए बनाया गया है। यह वायरस मेमोरी में तभी प्रवेश करता है जब किसी संक्रमित डिस्क से कंप्यूटर को बूट करने का प्रयत्न किया जाता है।

यह वायरस मुख्य रूप से प्रचालन प्रणाली (Operating System) के इनपुट–आउटपुट नियंत्रक पर कब्जा करता है। यह क्रिया संक्रमण के बाद किसी विशेष समय शुरू हो जाती है और इसके साथ–साथ यह स्वयं को फैलाते भी जाता है। यह डिस्क की फाइल निर्धारण सारणी (File Allocation table) को भी नष्ट कर देता है, जिससे डिस्क में संग्रहित आँकड़ें व प्रोग्राम अनुपयोगी हो जाते हैं। यह वायरस डिस्क में मौजूद होने का लक्षण डिस्क के वाल्यूम लेबल (Volume Lebel) की सी–ब्रेन (C-Brain) से बदल कर दर्शाता है।

2. *जैरूसलेम वायरस*

इस वायरस की उपस्थिति का प्रमाण हेब्रयू विश्वविद्यालय जैरूसलेम में 1987 में मिला था। यह वायरस केवल शुक्रवार, जनवरी 13 को ही अपना प्रभाव दिखाता है, इस दिन यह सभी COM और EXE फाइलों को नष्ट कर देता है।

3. *पी.सी. स्टोन या मारीजुआना वायरस*

इस वायरस की उपस्थिति का प्रथम प्रमाण बैंगलोर में अक्टूबर 1989 में मिला था। यह बूट सेक्टर संक्रमण करने वाला वायरस है। यह मेमोरी में प्रवेश, संक्रमित डिस्क से पी.सी. को बूट करने के प्रयास से करता है। इसकी कार्यशैली ''सी–ब्रेन'' वायरस के जैसी है व प्रभावी होने पर यह वायरस कंप्यूटर मॉनीटर पर एक खास संदेश दर्शाता है। "Your P.C. is stored legalize Marijuana !

18.3.2. *फाइल वायरस (File Virus)*

जैसा कि नाम से स्पष्ट है कि इस श्रेणी के वायरस कंप्यूटर प्रोग्राम फाइलों में प्रवेश करते हैं। ये वायरस COM, EXE, SYS, OVL तथा BIN फाइलों को ही अपना शिकार बनाते हैं। मुख्यतः किसी भी EXE या COM फाइलों पर इनका प्रभाव देखा जा सकता है। यह वायरस फाइलों से स्वयं को जोड़ लेता है और स्वयं पहले क्रियान्वित होता है, बाद में उस फाइल को क्रियान्वित होने देता है, यहाँ कुछ फाइल वायरसों के विवरण दिए जा रहे हैं :–

1. 17XX वायरस (COM) फाइल वायरस।

   (यहाँ "XX" का अर्थ है–01 से 04, संस्करण ''ब'' ''स'' और 44)

2. अप्रैल फर्स्ट (EXE फाइल वायरस)
3. जैरूसलेम संस्करण "ब" (COM और EXE वायरस)
4. 648 वायरस (COM वायरस)
5. डाटा क्राइम 1280, 1168 (सभी COM फाइल वायरस)
6. ली हाई वायरस
7. 405 वायरस
8. 3066 वायरस
9. रेनड्राप वायरस

कुछ वायरस फाइलों में संक्रमण करने का साथ–साथ बूट क्षेत्र में भी संक्रमण करते हैं, जैसे–648 वायरस। यहाँ कुछ फाइल वायरसों की कार्यविधि स्पष्ट की जा रही है।

1. *8290 वायरस*

यह वायरस डिस्क में मौजूद होने का कोई भी प्रमाण अथवा संदेश नहीं दर्शाता है। यह "सी–ब्रेन" से भी शक्तिशाली होता है, परंतु उसकी तरह बूट क्षेत्र में संक्रमण करता है। इसका नाम 8290 इसलिए रखा गया है। क्योंकि यह डिस्क में केवल 82 और 90 इन दो संख्याओं की तलाश करता है।

यह डॉस के INT 13 (इनपुट–आउटपुट में यह सहायक होता है) के ऊपर कब्जा कर सभी इनपुट–आउटपुट कार्य स्वयं के निर्धारित कोड के तहत करवाता है।

जब यह डॉस के बूट क्षेत्र में 82" और 90" को ढूँढ़ने में असफल होता है। तब ये बूट रिकार्ड को उसके स्थान से हटाकर अन्यत्र लिख देता है। (11 वे सेक्टर पर यदि ड्राइव डबल साइड, डबल डेंसिटी की है और 114 वे सेक्टर में यदि 20 मेगा बाइट की हार्ड–डिस्क है।)

चूँकि डॉस INT 13 के पर इसका संपूर्ण आधिपत्य है इसलिए सभी I/O कार्य सामान्य से अधिक समय लेते हैं, इतना करने के बाद मूल सिस्टम फाइलें नष्ट हो जाती हैं और डिस्क के द्वारा कंप्यूटर "बूट" नहीं हो सकता है। इस स्थिति तक वायरस बूट रिकार्ड की कुछ फाइल बनाकर डिस्क में लिख चुका होता है, इन सब क्रियाओं से डिस्क की भंडारण क्षमता घटने लगती है और नई फाइलों का निर्माण करने पर "File creation error" संदेश दर्शाता है। डिस्क के वाल्यूम लेबल के स्थान पर कुछ अनजाने आस्की अक्षर भर जाते हैं, साथ ही डिस्क की डायरेक्टरी के आखिर में मूल सिस्टम फाइलों को दर्शाता है, जिसमें मनगढ़ंत तारीख, समय और आकार होता है। इन फाइलों के नाम डॉस के संस्करण के ऊपर निर्भर रहते हैं।

2. *रेनड्राप वायरस*

रेनड्राप वायरस सभी वायरसों में अत्यंत दर्शनीय है। यह COM वायरस है, यह डॉस के इंटरनेट 274 के सहयोग से मेन मेमोरी में बना रहता है। यह डॉस के मेमोरी में लोड होते ही क्रियान्वयन व्यंजकों को अवरूद्ध करके COM फाइलों को लगातार परखता रहता है, वास्तव में यह ऐसी फाइलें तलाशता है जोकि EXE फाइल न हो, क्योंकि प्रत्येक EXE फाइल के शुरू में एक भिन्न कोड होता है, अगर फाइल EXE नहीं होती है तब यह वायरस उसके पहले तीन बाइट्स को अपने सूक्ष्म जंप निर्देशों से बदलकर मूल बाइट्स को फाइल के अंत में रख छोड़ता है। जहाँ यह अपना प्रोग्राम निर्देश छद्म रूप में जोड़ देता है।

इस वायरस का प्रमुख प्रभाव तब आरंभ होता है जब कंप्यूटर में तारीख 1988 के बाद की हो, क्योंकि यह डिस्क प्रचालन प्रणाली (DOS) के टाइमर रूटीन को पूरे समय परखता रहता है, जैसे ही इसे निर्धारित तारीख मिल जाती है तब इसका स्क्रीन रूटीन अपना प्रभाव दिखाना शुरू कर देता है और अक्षरों का डिस्क प्रचालन प्रणाली के निर्देश लाइन पर टपकना (किसी बरसात की तरह) शुरू होता है।

3. *शुक्रवार 13 वायरस*

यह दो स्तरों पर अपना प्रभाव दिखाता है , जब किसी संक्रमित EXE अथवा COM फाइल को पहली बार चलाया जाता है तब यह वायरस सेक्टर 21 पर अपना कब्जा कर लेता है और स्वयं का कोड इससे जोड़ देता है, इस क्रिया के बाद जो भी EXE फाइल को चलाया जाता है, वह फाइल भी इस वायरस से संक्रमित हो जाती है और उसका आकार 1808 बाइट्स से बढ़ जाता है, क्योंकि EXE फाइल का आकार निरंतर बढ़ता जाता है, इसलिए ऐसी फाइलें अपने आकार की विशालता के कारण कंप्यूटर की मेमोरी में लोड नहीं हो पाती हैं या होती भी हैं तो कार्य की गति अति मंद हो जाती है।

इस प्रकार संक्रमण होने के बाद पहले शुक्रवार को पड़ने वाली 13 तारीख के दिन जो भी COM या EXE फाइल का प्रयोग किया जाता है। वह स्वयंमेव नष्ट हो जाती है।

4. *ली-हार्ड वायरस*

ली–हार्ड वायरस डिस्क प्रचालन प्रणाली की मुख्य फाइल COMMAND.COM के स्टेक क्षेत्र में प्रवेश करता है जब किसी भी पर्सनल कंप्यूटर को इस वायरस से संक्रमित डिस्क से ''बूट'' करने का प्रयास किया जाता है तब यह कंप्यूटर की मेमोरी में चला जाता है और प्रचालन प्रणाली के किसी भी साधारण निर्देश जैसे TYPE, DIR, COPY इत्यादि के जरिए किसी अन्य डिस्क पर भी अपनी स्व–प्रतिलिपि तैयार कर लेता है। इस वायरस में एक गणक (Counter) होता है, प्रत्येक बार एक प्रतिलिपि तैयार करने पर यह गणक का मान एक से बढ़ जाता है। जब यह गणक का मान 4 हो जाता है तब यह वायरस फाइल निर्धारित सारणी (File allocation Table) के साथ ही संपूर्ण डिस्क के प्रोग्राम व डाटा को नष्ट कर देता है।

18.3.3. *अन्य वायरस (Other Virus)*

उपरोक्त बूट सेक्टर वायरसों तथा फाइल वायरसों के अलावा कुछ अन्य वायरस भी होते हैं। जो कंप्यूटर में संग्रहित प्रोग्रामों तथा डाटा को भारी क्षति पहुँचाते हैं। इन अन्य वायरसों में प्रत्येक की कार्यशैली भिन्न–भिन्न होती है। इनमें से मुख्य के बारे में नीचे समझाया जा रहा है।

1. *ट्रोजन*

अन्य वायरस प्रोग्रामों की श्रेणी में ट्रोजन प्रोग्राम आते हैं। ये प्रोग्राम इस्तेमाल के समय तो बड़े आकर्षक रूप के, भिन्न–भिन्न प्रकार के शब्द संसाधक (Word-Processor) या डाटाबेस प्रोग्राम होने का दावा/भ्रम पैदा कर देता हैं, परंतु वास्तव में यह सब चालाकी से बनाए हुए वायरस ही होते हैं। जैसे एड्स बीमारी से बचने के उपायों को प्रसारित करने के लिए एक प्रमुख प्रोग्राम बाजार में जोर–शोर से बिका, परंतु बाद में विश्लेषण करने पर पाया गया कि यह ट्रेनिंग प्रोग्राम न होकर एक अज्ञात वायरस प्रोग्राम है।

2. *वर्म*

अन्य वायरसों की श्रेणी में ''वर्म'' (Worm) वायरस प्रोग्राम भी आते हैं, ये किसी भी जैविक कीड़े की भाँति लंबी दूरी तक फासले तय करने की क्षमता रखते हैं। ये मुख्यतः लंबे कंप्यूटर नेटवर्क को संक्रमण से प्रभावित करते हैं। इस तरह एक नेटवर्क से किसी अन्य नेटवर्क तक आसानी से फैलते रहते हैं। ये एक प्रकार के अत्याधुनिक वायरस प्रोग्राम हैं, जिनमें सूक्ष्म निर्देश होते हैं, जिनसे ये हर प्रकार की क्रिया करने में सक्षम होते हैं। इस प्रकार के वायरस अधिकतर यूनिक्स ऑपरेटिंग सिस्टम पर आधारित कंप्यूटर नेटवर्कों पर संक्रमण करते हैं। मुख्यतः इस तरह के प्रोग्रामों के लिए सी–भाषा का उपयोग किया जाता है।

3. *मैक्रो*

यह वायरस Macros पर प्रहार करता है। MS-OFFICE जैसे उत्पाद में Macros प्रयोग में आते हैं। Macro के द्वारा MS-WORD तथा MS-EXCEL में कुछ कार्यों को स्वतः करने की क्षमता आ जाती है। इसमें Visual Basic

भाषा का एक रूप प्रयुक्त होता है। सर्वप्रथम Macro Virus का नाम Concept था। MS-WORD में Macro की क्षमता समाहित होते ही यह वायरस निकाला गया।

Macro तथा Script Virus आज काफी प्रचलन में हैं। Script Virus तथा Macro Virus में एक महत्त्वपूर्ण अंतर यह है कि Script Virus Multiple Product Environment में काम कर सकते हैं। VBScript Language का कोड Web Server, Browser, Microsoft outlook इत्यादि में चल सकता है। Scripting Language के द्वारा वायरस के लेखक संक्रमित कंप्यूटर पर Macro Language के बजाए अधिक नियंत्रण देते हैं।

4. *मल्टी प्वाइंट*

यह दोहरा किस्म का वायरस है। इसे Boot Sector वायरस तथा File Infecting Virus का मेल कह सकते हैं। यह संक्रमित फाइलों के द्वारा फैलता है तथा खुद को Boot Sector में लोड कर देता है। यह चक्र चलता जाता है। अधिकतर नये प्रकार के वायरस इसी श्रेणी में आते हैं।

5. *स्क्रिप्ट*

Script Virus अपने कार्य करने हेतु किसी Scripting Language पर आश्रित रहते हैं। उन्हें एक Host Environment की भी आवश्यकता होती है। जो उनके कमांड को ठीक से समझ सके। संक्रमण करने का एजेंट Text File भी हो सकती है, जैसा कि mIRC Script Virus में देखा जाता है।

Script Virus Micro Virus से अलग होते हैं। यह अंतर हम पहले ही Macro Virus के अंतर्गत देख चुके हैं। VBS/Bubbleboy, VBS/Redlof कुछ प्रचलित Script Viruses हैं। VBS/Bubbleboy किसी ई–मेल संदेश से ही Run कर सकता है।

18.3.4. *नेटवर्क पर वायरस (Viruses on Networks)*

कुछ समय पहले कंप्यूटर Users वायरस के बारे में इतने चिंतित नहीं होते थे। वायरस के संपर्क में आने के काफी कम मौके थे। आज–कल कई कंप्यूटर User संदेश भेजना, डाटा का एक–दूसरे से आदान–प्रदान करना आदि कार्य Networks, फ्लॉपी डिस्क/हार्ड डिस्क तथा इंटरनेट के द्वारा भी करते हैं।

ऐसे में वायरस से बचाव अत्यंत आवश्यक हो गया है। वायरस–रोधी रणनीति महज एक आधुनिकता समेटे शब्द नहीं है। हमारे कंप्यूटर का डेटा कई महीनों या सालों की मेहनत तथा काफी पूँजी निवेश के बाद बनता है। यदि कोई वायरस इसका सफाया कर दे तो हमारी सारी मेहनत तथा पूँजी व्यर्थ जाएगी। संभव है कि इस डाटा का पुनर्निर्माण बहुत जटिल अथवा असंभव भी हो । इसके अलावा नेटवर्क पर अन्य कंप्यूटर भी वायरस की चपेट में आ सकते हैं।

कुछ समय पहले कंपनियाँ Desktop Antivirus के द्वारा बचाव करती थीं । Trend Micro जैसी Antivirus कंपनियाँ एक दूसरी रणनीति का समर्थन करती हैं। इनके अनुसार वायरस को Corporate gateway पर रोकना ही सबसे बड़ी समझदारी है। शोध–आधारित कंपनी I.D.C. के अनुसार Gateway filtering आज एंटीवायरस के बाजार का सबसे तेजी से बढ़ता हिस्सा है। अतः इस बाजार में आने वाले 2 वर्षों में 34 प्रतिशत वृद्धि की संभावना है। फिलहाल Trend Micro इस बाजार में अग्रणी है तथा इसका 45 प्रतिशत बाजार पर कब्जा है।

Gateway पर Filter करने हेतु मूल सिद्धांत यह है कि SMTP, HTTP तथा FTP पर नियंत्रण रखा जाऐ। Gateway ही इस खतरे को सबसे पहले भाँपता है। अंतिम उद्देश्य यह है कि नेटवर्क पर वायरस का खतरा न्यूनतम कर दिया जाएँ। नेटवर्क के अंदर वायरस के प्रवेश में SMTP की सबसे बड़ी गलती होती है। अनुमान है कि 87 प्रतिशत वायरस SMTP के द्वारा ही अंदर प्रवेश करते हैं ।

I.D.C. के अनुसार Gateway पर एंटीवायरस सुरक्षा किसी भी बड़ी कंपनी के लिए अत्यंत महत्त्वपूर्ण है। हालाँकि Gateway Filtering ही सब कुछ नहीं है। कंपनियों को अपना पूरा नेटवर्क बचाना चाहिए ना कि कोई एक विशेष प्वाइंट। विशेषज्ञों के अनुसार इस मद के लिए 10 से 20 प्रतिशत का प्रावधान सर्वथा उचित होगा ।

हाल ही के अत्यंत विध्वंसक क्षमता वाले वायरसों के चलते एक अच्छे Firewall system की अत्यधिक आवश्यकता है। Firewall एक "आग की दीवार" सा कार्य करते हैं। Firewall एक विशेष प्रकार का सॉफ्टवेयर है। इसके द्वारा हम यह तय कर सकते हैं कि कौन–सा डेटा या प्रोग्राम नेटवर्क में प्रवेश करेगा तथा किसे बाहर ही रोक दिया जाएगा। इस तरह से नेटवर्क में कार्यरत पी.सी. वायरस तथा Worm के प्रहार से सुरक्षित रहेंगे।

18.4. वायरस का पता लगाना (Searching of Virus)

बूट तथा फाइल वायरसों के संक्रमण को रोकने या उनके मौजूद होने का प्रमाण विभिन्न खोजी प्रोग्रामों के माध्यम से लगाया जाता है। इसमें से कुछ प्रमुख खोजी (Scaning) प्रोग्रामों का विवरण नीचे प्रस्तुत किया जा रहा है।

1. *बूट–पी (BOOT- P)*

इस प्रोग्राम को AUTOEXEC.BAT फाइल के माध्यम से कंप्यूटर को बूट करते समय क्रियान्वित किया जाता है। यह प्रोग्राम किसी भी ऐसी प्रोग्राम पर नजर रखता है जो फ्लॉपी या हार्ड डिस्क की विभाजन सारणी (Partition Table) को बदलने या नष्ट करने का प्रयास करता है।

इस प्रकार के किसी प्रोग्राम को देखते ही यह चेतावनी संदेश तुरंत ही स्क्रीन पर प्रदर्शित कर देता है, जिससे तत्काल कंप्यूटर को बंद किया जा सके। लेकिन यह प्रोग्राम स्वयं किसी संक्रमित डिस्क में होने पर अपना प्रभाव खो देता है।

2. *आई.वी.टी.चैक (IVTCK)*

सभी पर्सनल कंप्यूटर की कार्यविधि इंटरप्ट पर आधारित होती है। इनकी कार्यप्रणाली पर ही कंप्यूटर का परिचालन सही रूप से संभव हो सकता है। यदि इंटरप्ट पर ही वायरस का आक्रमण हो तब कंप्यूटर की परिचालन प्रणाली में भारी अनियमितताएँ होने लगती हैं। आई.वी.टी. चैक प्रोग्राम इन्हीं इंटरप्ट की स्थिति का विश्लेषण करने के लिए बनाया गया है। इस प्रोग्राम को भी AUTOEXE.BAT फाइल के माध्यम से क्रियान्वित किया जाता है। जिससे यह शीघ्र ही इंटरप्ट वेक्टरों की स्थिति प्रदर्शित कर देता है। जब कभी भी इंटरप्ट की स्थिति में आसामान्य फेरबदल होता है तब यह तुरंत ही इसका विवरण कंप्यूटर की स्क्रीन पर उपलब्ध करा देता है।

3. *एम–वेरीफाई (M-Verify)*

यह अत्यंत महत्त्वपूर्ण खोजी प्रोग्राम है। ये प्रोग्राम कंप्यूटर की संपूर्ण रैंडम एक्सेस मेमोरी के विषय में जानकारी देता है। यह तीन प्रकार से RAM की क्षमता किलोबाइट्स में आँकता है।

यह डिस्क प्रचालन प्रणाली के हैडर, BIOS और C-MOS RAM के जरिए मेमोरी आँकता है। प्रचालन प्रणाली क्षेत्र के हैडर से यह पता लगता है कि प्रचालन प्रणाली कुल कितनी मेमोरी का उपयोग कर रहा है। BIOS इंटरप्ट 124 जोकि मेमोरी के क्षेत्र 413, 414 को देखता है, से यह कुल RAM की संख्या पता लगाता है, तीसरा सबसे महत्त्वपूर्ण तरीका कुल मेमोरी संख्या पता करने का है। C-MOS RAM के जरिए और साधारणतः कोई भी वायरस C-MOS के निर्देशों को नहीं छू पाते हैं।

ज्यादातर कंप्यूटर की RAM 512K या 640K बाइट्स होती है और यदि ऊपर उल्लेखित तीनों तरीकों में से किसी एक से भी यदि कुल मेमोरी का मिलान असफल रहा तो आप पता कर सकते हैं कि कुछ संदेह की स्थिति है। खासतौर पर ब्रेन और मारीजुआना वायरस के जैसे कई वायरसों के लिए यह काफी असरदार सिद्ध होता है।

4. *पी.एम.आर.पी. (PMRP)*

यह Autoexec.Bat फाइल के जरिए प्रयुक्त होने वाला एक खोजी प्रोग्राम है, इसका प्रमुख उद्देश्य है कि

बिना आपकी इजाजत के किसी भी प्रोग्राम को यह मेमोरी में लंबे समय तक बने रहने नहीं देता है। क्योंकि वायरस प्रोग्राम की छद्म तरीके से मेमोरी में बना रहता है और अपने अनुसार अन्य प्रोग्रामों को बदलता रहता है। अतः यह खोजी प्रोग्राम PMRP वायरस को उसके उद्देश्य में सफल होने से रोकता है।

कोई भी प्रोग्राम यदि मेमोरी में ही रखना चाहता है तो PMRP खोजी प्रोग्राम पहले ही आपको सूचित कर देगा कि ऐसा प्रोग्राम मेमोरी में मौजूद है और इजाजत माँगेगा कि उसे रहने दिया जाए अथवा नहीं।

5. *नोस्पर (NOSPR)*

यह खोजी प्रोग्राम EXE और COM वायरसों के लिए महत्त्वपूर्ण है, क्योंकि यह किसी भी वायरस को EXE या COM फाइल से जुड़ने के पहले आपको सतर्क कर इजाजत माँगता है और इस तरह वायरस अपने प्रमुख उद्देश्य में असफल हो जाता है। यह खोजी प्रोग्राम फाइल संक्रमण फैलाने वाले वायरसों को इस तरह गुणात्मक क्रिया में आने से रोक देता है, इसे भी Autoexec.Bat फाइल के जरिए प्रभावी बनाया जाता है।

6. *मेमोरी (Memory)*

यह टोही प्रोग्राम RAM मेमोरी के विषय में संपूर्ण जानकारी देता है अर्थात् किसी भी नियत समय में RAM का प्रयोग किस तरह किया जा रहा है। यदि कोई ऐसे प्रोग्राम का विवरण आप देखें जो आपने नहीं चलाया है तो आप तुरंत वायरस से बचने की कार्यवाही कर सकते हैं।

7. *पी.एच.डी. (P.H.D.)*

कंप्यूटर में संक्रमण न हो इसके लिए उपरोक्त उल्लेखित सभी खोजी प्रोग्रामों को इस्तेमाल करने की हिदायत दी जाती है और यदि हार्ड डिस्क का इस्तेमाल हो रहा है तो हमेशा "C" ड्राइव ही ''बूट'' करने के लिए प्रयोग करनी चाहिए न कि कोई भी अन्य ''बूट'' डिस्क।

किसी भी अनजाने कंप्यूटर खेल को चलाने के पहले PHD प्रोग्राम को चलाना जरूरी है, क्योंकि यह प्रोग्राम संपूर्ण हार्ड डिस्क को किसी छद्म प्रोग्राम द्वारा नष्ट करने या कुछ और लिखने से बचाता है।

8. *ब्रेकोव (BSRECOV)*

यह प्रोग्राम डिस्क के बूट क्षेत्र की एक प्रति सुरक्षित कर रख लेता है और जब कभी आप इस प्रोग्राम को दूसरी बार चलाएँगे तो यह सुरक्षित किए ''बूट क्षेत्र'' को मौजूदा बूट क्षेत्र से मिलाता है। यदि इसमें कोई फर्क है तो यह आपको सूचित कर देता है, साथ ही यह सुविधा भी देता है। जिससे आप चाहें तो पुराना ''बूट क्षेत्र'' दो बार मौजूदा ''बूट क्षेत्र'' में लिखवा सकते हैं यानी पुराना ''बूट क्षेत्र'' आप पुनः उपयोग भी कर सकते हैं।

18.5. वायरस का उपचारः टीका (Vaccine)

जिस प्रकार वायरस सूक्ष्म प्रोग्राम कोड से अनेक हानिकारक प्रभाव छोड़ता है ठीक उसी तरह ऐसे कई प्रोग्राम बनाए गए हैं जो इन वायरसों को नेस्तनाबूद कर देते हैं, इन्हें ही वायरस के टीके कहा जाता है। यह टीके विभिन्न वायरसों के चरित्र और प्रभाव पर संपूर्ण अध्ययन करके बनाए गए हैं और काफी प्रभावी सिद्ध हुए हैं।

प्रत्येक वायरस के लिए पृथक–पृथक टीके उपलब्ध हैं। जैसे P.C. Stone वायरस के लिए Vacstone.exe टीका है। इस टीके का यदि किसी डिस्क के लिए प्रयोग किया जाए तो यह स्टोन वायरस के मौजूद होने या न होने का संदेश दर्शाता है।

ठीक इसी तरह सभी अलग–अलग वायरसों के लिए अलग–अलग टीके या वैक्सीन उपलब्ध है।

1. *टीके की कार्यशैली*

किसी भी वायरस का टीका सबसे पहले डिस्क में उस वायरस का हस्ताक्षर उसके चरित्रानुसार ढूँढ़ता है,

इस हस्ताक्षर का मौजूद होना ही वायरस का प्रमाणीकरण है, इसके बाद टीका इस हस्ताक्षर को डिस्क से नष्ट कर देता है। विभिन्न टीकों के नाम इस प्रकार हैः VAC 648, VAC Stone, Vac 8290, Vac 1701, Vac Joohi

2. *स्केनिंग प्रोग्राम*

वैक्सीन प्रोग्रामों का उपयोग हम तभी कर सकते हैं जब हमें यह पता लगाने के लिए स्कैनिंग प्रोग्राम निर्मित किया गया है, जिसमें किस्म–किस्म के वायरसों के हस्ताक्षर मौजूद होते हैं। जब इस प्रोग्राम को किसी विशेष डिस्क के लिए चलाया जाता है। तब यह एक–एक कर सभी वायरस के लिए डिस्क को परखता है। यदि इस प्रोग्राम में मौजूद कोई भी हस्ताक्षर डिस्क में मौजूद हस्ताक्षर से मिलता है तो यह प्रोग्राम तुरंत एक संदेश के जरिए आपको सूचित करता है कि अमुक वायरस डिस्क में पाया गया है। यह निर्धारित होने के बाद आप उस वायरस का वैक्सीन उपयोग करके वायरस को प्रभावहीन बना सकते हैं। उदाहरण के लिए ब्रेन वायरस का हस्ताक्षर निम्न होता हैः

8CC8ED88EDOBCOOFOFBA0067CA2087C8BOE077C890EOA7CE85700

इस प्रकार प्रत्येक वायरस का हस्ताक्षर भिन्न होता है। उपलब्ध वायरस स्केनिंग प्रोग्रामों में प्रमुख प्रोग्राम VIRSCAN है, इसे J.P. Van Dir Landen ने लिखा था जो कि हॉलेंड के निवासी हैं। इस प्रोग्राम के साथ एक डाटा फाइल VIRSCAN.DAT भी उपलब्ध होती है, जिसमें 50 अलग–अलग वायरसों के हस्ताक्षर मौजूद रहते हैं, इसे चलाने के लिए केवल VIRSCAN (पाथनेम) देना पड़ता है।

3. *भारत में बनाए गए टीके*

भारत में भी विभिन्न वायरसों के टीकों को बनाया जा चुका है, जिनका विवरण यहाँ प्रस्तुत हैः

(अ) इंटफाइल वैक्सीन प्रोग्राम

एंपरसैंड कंसलटेंट का INTFILE वैक्सीन प्रोग्राम सभी 17XX सिरीज के वायरसों का निदान करने में सक्षम है, साथ ही 648, जैरूसलेम, वियेना डॉस 62 के ''स'' और ''ब'' संस्करणों को भी नष्ट करता है।

इन्हीं का INTBOOT वैक्सीन प्रोग्राम खतरनाक ''बूट क्षेत्र'' के वायरसों का निदान करता है। इनमें प्रमुख हैं ब्रेन वायरस, स्टोन, बाऊसिंग बॉल, 8290 और जोशी वायरस। इसकी कीमत मात्र 750 रुपए है।

(ब) टर्बो वैक्सीन

मद्रास के अपेक्स सिस्टम और सॉफ्टवेयर का TURBO वैक्सीन सभी प्रकार के ''बूट क्षेत्र'' फाइल, वायरसों से छुटकारा दिलाने में सक्षम है, साथ ही ट्रोजन और वर्म प्रोग्राम का भी यह निदान कर सकता है।

(स) पर्ल और सुपर वैक्सीन

मद्रास के कंप्यूटर पर्ल का पर्ल और सुपर वैक्सीन प्रोग्राम सभी प्रकार के ''बूट–क्षेत्र'' और अन्य फाइल वायरसों को हटाने में और उनके प्रभाव को रोकने में सक्षम है।

18.6. वायरस से बचावः सावधानियाँ (Precautions)

यहाँ पर कुछ ऐसी सावधानियाँ बताई जा रही हैं जिनके पालन करने से वायरस के प्रकोप से काफी हद तक बचा जा सकता है :–

1. कभी भी किसी अनजानी फ्लॉपी डिस्क का प्रयोग तब तक न करें जब तक यह सुनिश्चित न हो जाए कि वह डिस्क संक्रमण से मुक्त है।

2. सभी मूल EXE तथा COM फाइलों की प्रति एक राइट प्रोटेक्ट (Write Pritect) डिस्क में सुरक्षित रखें।

3. जहाँ तक संभव हो कंप्यूटर खेल न खेलें या इन खेलों के लिए एक अलग बूट डिस्क का निर्माण करके रखें और खेलने के पश्चात् किसी अन्य सॉफ्टवेयर का प्रयोग करने से पूर्व कंप्यूटर का स्विच ऑफ करना न भूलें।

ऐसी स्थिति में यदि वायरस मेमोरी में होगा तब भी कंप्यूटर के बंद होते ही नष्ट हो जाएगा तथा अन्य सॉफ्टवेयर का संक्रमण से बचाव हो सकेगा।

4. यदि कभी वायरस का प्रवेश किसी डिस्क में हो जाए तो संक्रमित डिस्क को निर्धारित वायरस के टीके का उपयोग करके वायरस रहित कर ले तथा फिर उसका उपयोग करें ताकि संक्रमण और अधिक न फैले।

5. प्रत्येक डिस्क को जहाँ तक संभव हो राइट प्रोटेक्ट करके रखें।

6. वायरस के प्रभाव को रोकने के लिए समय–समय पर डिस्क का विश्लेषण "पी.सी. टूल्स", "नॉरटन प्रोग्राम" या "वायरस खोजी प्रोग्राम" की सहायता से करते रहें।

7. हमेशा इस बात का ध्यान रखें कि अपने कंप्यूटर को किसी अनजानी डिस्क से CTRL-ALT-DEL से बूट न करें।

8. किसी भी सॉफ्टवेयर की जॉली या अवैध प्रति का उपयोग न करें। हमेशा सही प्रति ही खरीदें।

उपर्युक्त सावधानियों का पूर्णतः पालन करने पर काफी हद तक इन वायरसों के संक्रमण से बचा जा सकता है, इतने पर भी यदि किसी वायरस का आक्रमण आपके कंप्यूटर पर हो जाए तब आप सूचना प्राप्त होते ही कंप्यूटर को बंद कर दें तथा किसी कंप्यूटर विशेषज्ञ को बुलाकर उन वायरसों को अपने कंप्यूटर में से नष्ट कर दीजिए।

अभ्यास-प्रश्न (Exercise-Questions)

1. कंप्यूटर वायरस क्या है?
2. वायरस का इतिहास लिखिए।
3. वायरस के निम्न प्रकारों को समझाइए–
    (*i*) बूट सेक्टर वायरस
    (*ii*) फाइल वायरस
    (*iii*) अन्य वायरस
    (*iv*) नेटवर्क पर वायरस।
4. वायरस का कैसे पता लगाते हैं?
5. वायरस का उपचार कैसे करते हैं?
6. वायरस से बचाव: सावधानियाँ को विस्तारित करें।

परिशिष्ट

कुछ आधारभूत परिभाषाएँ और शब्दावली
(Some Basic Definitions and Glossary)

परिभाषाएँ एवं शब्दावली (Definitions and Glossary)

1. *अल्फान्यूमेरिक (Alphanumeric) :* ऐसे डाटा को कहा जाता है, जिसमें कोई विशेष चिह्न शामिल नहीं होता, केवल वर्णमाला के अक्षर (A to z) या अंक (0 to 9) या रिक्त स्थान (Blank) शामिल हो सकते हैं।
2. *असेंबलर (Assembler) :* यह एक ऐसा विशेष प्रोग्राम है, जो किसी कंप्यूटर की असेंबली भाषा में लिखे गए प्रोग्राम को उसकी मशीनी भाषा में बदल देता है।
3. *असेंबली भाषा (Assembley Language) :* यह एक निम्नस्तरीय प्रोग्रामिंग भाषा होती है, जिसमें प्रोग्राम संकेतों तथा पतों (Addresses) के माध्यम से लिखे जाते हैं। इन प्रोग्रामों का मशीनी भाषा में अनुवाद असेंबलर द्वारा किया जाता है।
4. *आई.एस.डी.एन. (I.S.D.N.) :* यह इंटरग्रेटेड डिजिटल नेटवर्क (Integrated Service Digital Network) का संक्षिप्त रूप है। यह एक प्रकार का संपर्क माध्यम है, जिसका उपयोग साधारण टेलीफोन लाइनों पर किया जाता है। इससे इंटरनेट तथा वीसैट (VSAT) के उपयोग की गति बढ़ जाती है।
5. *आउटपुट(Out put) :* किसी प्रोग्राम या आदेश के पालन के बाद कंप्यूटर से प्राप्त होने वाले परिणामों को आउटपुट कहा जाता है।
6. *आभासी स्मृति (Virtual Memory) :* जब सूचनाओं को विशेष तकनीकों के अनुसार विभिन्न प्रकार की स्मृतियों में इस प्रकार स्टोर किया जाता है कि कंप्यूटर की मुख्य स्मृति बड़ी मालूम होती हैं, तो इस प्रकार उपलब्ध होने वाली स्मृति को आभासी स्मृति कहा जाता है, इसके लिए कंप्यूटर की हार्डडिस्क का उपयोग किया जाता है।
7. *आस्की (ASCII) :* यह 'American Standard Code for Information Interchaange' का छोटा रूप है। यह दुनिया भर के कंप्यूटरों में प्रयोग की जाने वाली ऐसी कोड प्रणाली है, जिसमें 7 बिटों के द्वारा रोमन वर्णमाला के छोटे तथा बड़े अक्षरों, सभी अंकों और आवश्यक विशेष चिह्नों सहित 128 प्रकार के चिह्नों को कंप्यूटर में भरा जा सकता है।
8. *इनपुट (Input) :* किसी प्रोग्राम या आदेश के पालन के लिए कंप्यूटर को दिए जाने वाले डाटा को इनपुट कहा जाता है। यह किसी इनपुट साधन के माध्यम से दिया जाता है।
9. *इलेक्ट्रॉनिक मेल (Electronic Mail) :* जब डाटा या संदेश को एक भंडारण माध्यम से किसी दूसरे भंडारण माध्यम में इलेक्ट्रानिक संकेतों द्वारा भेजा जाता है, तो उसे इलेक्ट्रॉनिक मेल कहा जाता है।

10. *इंक जेट प्रिंटर (Ink Jet Printer) :* यह एक ऐसा तेज गति का प्रिंटर है, जिसमें स्याही की पिचकारियों द्वारा बनाए जाने वाले छोटे–छोटे बिंदुओं से किसी चिह्न या चित्र को कागज पर छापा जाता है।

11. *इंटरनेट (Internet) :* यह कंप्यूटरों का एक विश्वव्यापी नेटवर्क है, जिसमें कंप्यूटर एक दूसरे से जुड़कर सूचनाओं का आदान–प्रदान करते हैं, इससे जुड़ने के लिए आपके पास मॉडेम तथा टेलीफोन लाइन होनी आवश्यक है और फिर इंटरनेट सेवा प्रदान करने वाली कंपनी की सेवाएँ शुल्क देकर ली जा सकती है।

12. *इंटरफेस (Interface) :* दो भिन्न–भिन्न मशीनों या साधनों के बीच संबंध बनाने की तकनीक या सुविधा को इंटरफेस कहा जाता है, जैसे प्रिंटर इंटरफेस किसी प्रिंटर का संबधं कंप्यूटर से जोड़ता है।

13. *इंटरग्रेटेड सर्किट (Intergrated Circuit) :* यह एक ऐसा सर्किट है, जिसमें सैकड़ों–हजारों ट्राँजिस्टर सूक्ष्म रूप में एक छोटी सी चिप में आ जाते हैं।

14. *ईप्रोम (EPROM) :* यह शब्द 'Erasable and Programmable Read-Only Memory' का संक्षिप्त रूप हैं। यह एक प्रकार की रोम (ROM) स्मृति है, जिसे आवश्यकता होने पर अल्ट्रा वायलेट प्रकाश द्वारा साफ किया जा सकता है और प्रोग्राम किया जा सकता है।

15. *ई–मेल (E-mail) :* यह इलेक्ट्रॉनिक मेल (Electronic Mail) का संक्षिप्त रूप है, जिसका उपयोग कंप्यूटरों के माध्यम से संदेश भेजने और प्राप्त करने में किया जाता है।

16. *उच्च स्तरीय भाषाएँ (High-Level Languages) :* जिन प्रोग्रामिंग भाषाओं में प्रोग्राम किसी प्राकृतिक भाषा के शब्दों तथा चिह्नों के द्वारा इस प्रकार लिखे जाते हैं कि मनुष्य उन्हें आसानी से समझ तथा सुधार सकें, उन्हें उच्च भाषाएँ कहा जाता हैं। इनमें लिखे गए प्रोग्रामों का अनुवाद उनके कंपाइलरों द्वारा कंप्यूटर की मशीनी भाषा में किया जाता है, बेसिक, कोबॉल, फॉरट्रान, पास्कल, सी आदि कुछ ऐसी भाषाएँ हैं।

17. *ए.एल.यू. (A.L.U.) :* यह 'Arithmetic and Logical Unit' का छोटा रूप है। यह कंप्यूटर की सी.पी.यू. का वह भाग है जिसमें सभी प्रकार की गणनाएँ और तुलनाएँ की जाती है। इसमें गणनाओं के लिए कई प्रकार के रजिस्टर होते हैं।

18. *एक्यूमुलेटर (Accumulator) :* यह ए.एल.यू. का एक विशेष रजिस्टर है, जिसमें ए.एल.यू. द्वारा की जाने वाली गणनाओं का परिणाम या कोई संख्या कुछ समय के लिए स्टोर को जाती है।

19. *ऐडाप्टर (Adapter) :* यह किसी उपकरण का एक इलेक्ट्रॉनिक भाग होता है, जिसके द्वारा उस उपकरण का उपयोग किया जाता है, जैसे ग्राफिक ऐडाप्टर द्वारा चित्रात्मक डाटा स्क्रीन पर दिखाए जाते हैं।

20. *एंसी (ANSI) :* यह 'American National Standards Institute' का छोटा रूप है। यह अमरीका का एक ऐसा संस्थान है, जो कंप्यूटर संबंधी वस्तुओं का मानकीकरण (standardisation) करता है।

21. *एनालॉग कंप्यूटर (Analog Computer) :* यह एक विशेष प्रकार का कंप्यूटर होता है, जिसमें डाटा को किसी भौतिक वस्तु, जैसे तापमान, वेग, वोल्टेज आदि द्वारा दिखाया जाता है। इसमें किसी समस्या को उसके तुल्य गणितीय मॉडल बनाकर हल किया जाता है.

22. *ऐप्लिकेशन सॉफ्टवेयर (Application Software) :* जो प्रोग्राम कंप्यूटर के उपयोगकर्ता के विशेष कार्यों, जैसे वेतन गणना, हिसाब–किताब आदि के लिए लिखे जाते हैं, उन्हें ऐप्लिकेशन सॉफ्टवेयर कहा जाता है।

23. *एम.आई.एस. (M.I.S.) :* यह 'Management Information System' का छोटा रूप है। यह कंप्यूटर की सहायता से बनाया हुआ ऐसा सूचना तंत्र होता है, जिससे किसी संगठन को अच्छी तरह चलान के लिए उसके प्रबंधकों को सभी आवश्यक सूचनाएँ प्राप्त होती हैं।

24. *एल्गोरिथ्म (Algorithm) :* एल्गोरिथम निर्देशों के ऐसे समूह को कहा जाता है, जिसमें निर्देश किसी विशेष क्रम से इस प्रकार दिए गए हों कि उनका पालन करने से कोई समस्या हल हो जाए या कोई कार्य पूरा हो जाए।

25. *आइकॉन (Icon) :* यह एक छोटा सा विशेष चित्र होता है, जो किसी वस्तु (जैसे फाइल, प्रोग्राम, प्रिंटर आदि) का प्रतिनिधित्व करता है।
26. *ऑन लाइन (On-line) :* ऐसे कार्यों को, जो सीधे कंप्यूटर की सी.पी.यू. के नियंत्रण में किए जाते हैं, ऑन लाइन कहा जाता है।
27. *ऑफ लाइन (Off-line) :* ऐसे कार्यों को, जो कंप्यूटरों की सी.पी.यू. के नियंत्रण में नहीं किए जाते, बल्कि स्वतंत्र रूप से किए जाते हैं, ऑफ–लाइन कहा जाता है।
28. *ऑपरेटिंग सिस्टम (Operating System) :* यह सिस्टम सॉफ्टवेयर का वह भाग है, जो कंप्यूटर का संचालन करता है। इसका कार्य उपयोगकर्ता के आदेशों को समझकर उनके अनुसार कंप्यूटर से कार्य कराना होता है। यह कंप्यूटर और उसके उपयोगकर्ता के बीच संबंध बनाता है।
29. *ऑब्जेक्ट प्रोग्राम (Object Program) :* यह किसी प्रोग्राम का मशीनी भाषा में किया गया अनुवाद है, जो किसी कंपाइलर या असेंबलर द्वारा किया जाता है। ऐसे प्रोग्रामों को हम कंप्यूटर पर सीधे ही पालित करा सकते हैं।
30. *ओ.सी.आर. (O.C.R.) :* यह 'Optical character Recognition' का छोटा रूप है। यइ इनपुट की एक ऐसी तकनीक है, जिसके द्वारा कागज पर बनाए गए चिह्नों को प्रकाश की सहायता से पहचाना तथा पढ़ा जाता है।
31. *क्रमिक उपयोग (Serial या Sequential Access) :* यह किसी डाटा फाइल को स्टोर करने तथा उसे फिर से पढ़ने (या उपयोग करने) की वह विधि है, जिसमें किसी रिकार्ड तक पहुँचने के लिए उससे पहले के सभी रिकार्डों से होकर गुजरना पड़ता है। उदाहरण के लिए, हमें किसी फाइल के ग्यारवें रिकार्ड को पढ़ने के लिए पहले दस रिकार्डों को पढ़ते हुए जाना होगा।
32. *क्लायंट (Client) :* यह कोई ऐसा कंप्यूटर है, जो किसी नेटवर्क में जुड़ा रहता है। यह नेटवर्क के सर्वर (Server) तथा अन्य क्लायंट कंप्यूटरों के साथ सूचनाओं तथा सुविधाओं का साझा (Share) करता है।
33. *क्लॉक (Clock) :* यह एक ऐसी इलेक्ट्रॉनिक मशीन है, जो इनपुट स्वीकार करती है, उस पर दिए गए निर्देशों (प्रोग्राम) के अनुसार क्रियाएँ करती है और उसका परिणाम (आउटपुट) देती है।
34. *कंप्यूटर (Computer) :* यह एक ऐसी इलेक्ट्रॉनिक मशीन है, जो इनपुट स्वीकार करती है, उस पर दिए गए निर्देशों (प्रोग्राम) के अनुसार क्रियाएँ करती है और उसका परिणाम (आउटपुट) देती हैं।
35. *कंप्यूटर नेटवर्क (Computer Network) :* यह दो या दो से अधिक कंप्यूटरों का एक ऐसा तंत्र (जाल) है, जिसमें सभी कंप्यूटर आपस में इस प्रकार जुड़े होते हैं कि वे एक–दूसरे की सूचनाओं और साधनों का साझा कर सकें। नेटवर्क का प्रत्येक कंप्यूटर स्वतंत्र रूप से भी कार्य कर सकता है।
36. *कंपाइलर (Compiler) :* यह एक ऐसा प्रोग्राम है, जो किसी उच्चस्तरीय प्रोग्रामिंग भाषा में लिखे गए प्रोग्रामों का कंप्यूटर की मशीनी भाषा में अनुवाद करता है, प्रत्येक प्रोग्रामिंग भाषा का अपना अलग कंपाइलर होता है।
37. *कर्सर (Curser) :* यह स्क्रीन पर दिखायी देने वाली ऐसी रेखा या कोई चिह्न अथवा आकृति है, जो हमें बताती है कि अगला टाइप किए जाने वाला अक्षर या चिह्न कहाँ पर दिखेगा या भरा जाएगा। इसको कर्सर कुँजियों अर्थात तीर के चिह्न वाली कुँजियों (Arrow Keys), होम (Home), एंड (End), पेज अप (PgUp), पेज डाउन (PgDn) आदि के द्वारा इधर–उधर ले जाया जा सकता है।
38. *की फील्ड (Key-Field) :* यह किसी रिकार्ड का वह विशेष डाटा–फील्ड होता है, जिसका प्रयोग फाइल में उस रिकार्ड को ढूँढने या पहचानने में किया जाता है।
39. *कुँजी पटल (Key Board) :* यह इनपुट का वह साधन है, जिससे विभिन्न कुँजियों या बटनों को दबा–दबाकर कंप्यूटर को कोई सूचना या आदेश भेजा जाता है।

40. *कृत्रिम बुद्धि (Artificial Intelligence) :* यह कंप्यूटर विज्ञान की वह शाखा है, जिसमें मनुष्य के सोचने की विधि के अनुसार समस्याएँ हल करने में कंप्यूटर के प्रयोग का अध्ययन किया जाता है और इस प्रकार कंप्यूटर में 'बुद्धि' पैदा की जाती है। कंप्यूटर उपलब्ध ज्ञान (Knowledge) या डाटा का उपयोग करता है और उस पर लागू किए जाने वाले नियमों की सहायता से परिणाम निकाल देता है।

41. *कैड/कैम (CAD/CAM) :* ये शब्द 'Computer Aided Design' तथा 'Computer Aided manufacturing' के संक्षिप्त रूप हैं। ये कंप्यूटर की सहायता से विभिन्न प्रकार की डिजाइनें बनाने और उत्पादन करने की तकनीकें हैं।

42. *कैश मेमोरी (Cache Memory) :* यह सेमीकंडक्टर की बनी हुई अत्यंत तीव्र गति की स्मृति होती है, जिसके प्रयोग से कंप्यूटर का निष्पादन (Performance) बहुत बढ़ जाता है, परंतु यह बहुत महँगी भी होती है।

43. *कैसेट टेप (Cassette Tape) :* ये छोटे आकार के ऐसे चुंबकीय टेप हैं, जिनका प्रयोग माइक्रो कंप्यूटरों के साथ किया जाता है, देखने में ये घरेलू टेप रिकार्डरों के टेपों जैसे लगते हैं।

44. *कंट्रोल यूनिट (Control Unit) :* यह सी.पी.यू. का वह भाग है, जो किसी स्टोर किए हुए प्रोग्राम के निर्देशों को एक–एक करके पढ़ता है, उनका विश्लेषण करता है तथा कंप्यूटर के विभिन्न भागों द्वारा उनका पालन कराता है।

45. *ग्राफिक्स (Graphics) :* यह ऐप्लिकेशन सॉफ्टवेयर का वह प्रकार है, जिसमें सूचनाओं को चित्रों के रूप में प्रदर्शित किया जाता है.

46. *ग्राफिकल यूजर इंटरफेस (Graphical User Interface) :* यह कंप्यूटर का उपयोग करने की वह विधि है जिसमें प्रोग्रामों तथा आदेशों को उनके प्रतीकों या आइकॉनों द्वारा पहचाना और चलाया जाता है, जैसे विंडोज।

47. *गीगा बाइट (Giga Byte) :* 1024 मेगाबाइटों की संचयन क्षमता को 1 गीगा बाइट कहते हैं।

48. *चर (Variable) :* यह एक ऐसा नाम (या संकेत चिह्न) है, जो मेमोरी के किसी लोकेशन को व्यक्त करता है। उस लोकेशन में भरी हुई संख्या (या डाटा) को इस चर का मान कहा जाता है। चर का मान प्रोग्राम द्वारा कभी भी और कितनी भी बार बदला जा सकता है।

49. *चिप (Chip) :* किसी सिलिकॉन के टुकड़े पर बने हुए इंटरग्रेटेड सर्किट को चिप या सिलिकॉन चिप कहा जाता है, यह प्रायः ट्रांजिस्टरों, डायोडों तथा अन्य अवयवों से मिलकर बना होता है, जो रासायनिक प्रक्रियाओं द्वारा आपस में जुड़े रहते हैं।

50. *चुंबकीय टेप (Magnetic Tape) :* यह प्लास्टिक का बना हुआ लंबा फीता होता है, जिसके एक ओर किसी चुंबकीय पदार्थ का लेप होता है। इसी तरह चुंबकीय चिह्नों के द्वारा सूचनाएँ लिखी जाती हैं। चुंबकीय टेपों का प्रयोग कंप्यूटर द्वारा सूचनाएँ लिखने तथा पढ़ने में किया जाता है।

51. *जॉय स्टिक (Joy-Stick) :* यह एक ऐसा लीवर (या हैंडिल) होता है, जिसके द्वारा स्क्रीन पर कर्सर को नियंत्रित किया जाता है। इसका प्रयोग वीडियो गेम खेलने में किया जाता है।

52. *ट्रैक (Track) :* यह किसी भंडारण माध्यम का वह पथ या भाग है, जिस पर सूचनाएँ (या डाटा) अंकित की जाती हैं।

53. *टर्मिनल (Tarminal) :* एक ऐसा साधन है, जिसमें एक कुँजी पटल तथा एक वी.डी.यू. होती है और कंप्यूटर से इस प्रकार जुड़ा होता है कि उसका प्रयोग कंप्यूटर को इनपुट देने तथा उससे आउटपुट प्राप्त करने दोनों कार्यों में किया जा सकता है।

54. *टेलिकम्यूनिकेशन (Telecommunication) :* यह विज्ञान की वह शाखा है, जिसमें तारों, टेलीफोनों, टेलेक्स, फैक्स, टेलीविजन आदि के माध्यम से संवाद बनाया जाता है।

55. *टाइम शेयरिंग सिस्टम (Time Sharing System) :* यह ऐसा ऑपरेटिंग सिस्टम होता है, जिसमें एक साथ

कई उपयोगकर्ता कंप्यूटर का उपयोग कर सकते हैं। इसमें प्रत्येक उपयोगकर्ता को बारी–बारी से सी.पी.यू. का कुछ समय दिया जाता है, हालाँकि सबको यही मालूम पड़ता है कि उनका कार्य लगातार किया जा रहा है।

56. *टीसीपी/आईपी (TCP/IP) :* यह ट्रांसमिशन कंट्रोल प्रोटोकॉल/इंटरनेट प्रोटोकाल (Transmission Control Protocol/internet Protocol) का संक्षिप्त रूप है। यह ऐसे नियमों का एक संग्रह है, जिनके द्वारा इंटरनेट से जुड़े कंप्यूटर एक–दूसरे से संपर्क स्थापित करते हैं।

57. *डाटा (Data) :* किसी वस्तु या वस्तुओं के बारे में किसी तथ्य या जानकारी को डाटा कहा जाता है।

58. *डाटा आइटम (Data Item) :* डाटा की उस छोटी–से–छोटी इकाई को, जिसे नाम से पहचाना जा सके, डाटा आइटम या डाटा फील्ड (Data Field) कहा जाता है।

59. *डाटा डिक्शनरी (Data Dictionary) :* किसी डाटाबेस के सभी डाटा आइटमों की सूची को डाटा डिक्शनरी कहते हैं।

60. *डाटा प्रोसेसिंग (Data Processing) :* किसी दिए हुए डाटा से उपयोगी सूचनाएँ प्राप्त करने के लिए उस पर जो भी क्रियाएँ करनी पड़ती हैं, उन्हें डाटा प्रोसेसिंग कहा जाता है।

61. *डाटा बेस (Data Base) :* यह सूचनाओं या फाइलों का ऐसा व्यवस्थित संग्रह होता है, जिसे इस प्रकार स्टोर किया जाता है कि कोई भी उपयोगकर्ता अपनी आवश्यकता के अनुसार उसका उपयोग कर सकें।

62. *डायरेक्टरी (Directory) :* यह कंप्यूटर की डिस्क या टेप पर संचित फाइलों के एक समूह को कहा जाता है, इसमें उन फाइलों की पूरी सूची भी वर्णमाला के क्रम में रखी जाती है। एक डायरेक्टरी में फाइलों के साथ दूसरी सब–डायरेक्टरियाँ भी हो सकती हैं।

63. *डिजिटल कंप्यूटर (Digital Computer) :* यह ऐसा कंप्यूटर है, जिसमें सभी प्रकार का डाटा अंकों या संख्याओं के माध्यम से स्टोर किया जाता है और उस पर ही सारी क्रियाएँ की जाती हैं।

64. *डिबग (Debug) :* किसी प्रोग्राम में गलतियाँ (Bug) पकड़ने की क्रिया को डिबग कहते हैं।

65. *डिवाइस ड्राइवर (Device Driver) :* यह सॉफ्टवेयर का वह भाग है, जो कंप्यूटर के किसी भाग की सूचना किसी उपकरण तक पहुँचाता है और इस प्रकार उस उपकरण द्वारा निर्धारित कार्य कराने में सहायता करता है। दूसरे शब्दों में, यह उस उपकरण को चलाने वाल सॉफ्टवेयर है। उदाहरण के लिए एक प्रिंटर का ड्राइवर किसी वर्ड प्रोसेसर को इस प्रिंटर की सभी विशेषताओं का उपयोग करने की सुविधा प्रदान करता है।

66. *डिस्क (Disk) :* यह भंडारण का ऐसा चुंबकीय माध्यम है, जिसका प्रयोग डाटा और प्रोग्रामों को स्टोर करने में किया जाता है। यह प्रायः तीन प्रकार की होती है–फ्लॉपी डिस्क, हार्ड डिस्क और कॉम्पैक्ट डिस्क।

67. *डी.बी.एम.एस. (D.B.M.S.) :* यह "Data Base Management System' का छोटा रूप है। यह ऐसा सिस्टम या प्रोग्राम होता है, जो डाटा बेसों के निर्माण, संचालन तथा देख–रेख के लिए प्रयोग किया जाता है।

68. *डेस्क टॉप पब्लिशिंग (Desk Top Publishing) :* कंप्यूटर की सहायता से पुस्तकें, पत्रिकाएँ तथा अन्य सामग्री प्रकाशित करने की क्रिया को डेस्क टॉप पब्लिशिंग या डीटीपी कहा जाता है।

69. *डॉट मैट्रिक्स प्रिंटर (Dot Maitrex Printer) :* यह एक ऐसा प्रिंटर होता है, जिसमें छोटे–छोटे बिंदुओं द्वारा किसी चिह्न या चित्र की छपाई की जाती है।

70. *तुलना ऑपरेटर (Comparison Operator) :* दो संख्याओं (या डाटा) की तुलना करते समय प्रयोग किए जाने वाले चिह्नों को तुलना ऑपरेटर कहा जाता है। ये तीन होते हैं – छोटा (Less than), बड़ा (More than) तथा बराबर (Equal), जिन्हें क्रमशः '<', '>' तथा '=' चिह्नों से दिखाया जाता है। इन्हें संबंध वाचक ऑपरेटर (Relational Operator) भी कहा जाता है।

71. *डॉस (Dos) :* यह 'Disk Operating System' का छोटा रूप है।

72. *निम्न स्तरीय भाषाएँ (Low-Level languages)* : ये ऐसी प्रोग्रामिंग भाषाएँ हैं जिनका प्रत्येक कथन (या निर्देश) किसी मशीन भाषा के एक कथन के समान होता है, जैसे असेंबली भाषा।

73. *निर्देश (Instruction)* : किसी प्रोग्राम के एक कथन या वाक्य को निर्देश कहा जाता है।

74. *प्रत्यक्ष उपयोग (Direct Access)* : यह किसी भंडारण माध्यम से सूचना प्राप्त करने की वह विधि है, जिसमें किसी फाइल के किसी भी रिकार्ड तक सीधे पहुँचा जा सकता है।

75. *प्रिंटर (Printer)* : यह एक ऐसा साधन है, जिसके द्वारा कंप्यूटर दिए गए आउटपुट को कागज पर छापता है।

76. *प्रोग्राम (Program)* : यह निर्देशों का एक ऐसा व्यवस्थित समूह है, जिनका पालन करके कंप्यूटर द्वारा कोई कार्य संपन्न किया जाता है।

77. *प्रोग्रामिंग भाषा (Programming Languages)* : जिस भाषा में कंप्यूटर के लिए प्रोग्राम लिखे जाते हैं, उन्हें प्रोग्रामिंग भाषा कहा जाता है। इन भाषाओं का अपना अलग–अलग व्याकरण होता है।

78. *प्रोसेसर (Processer)* : यह कंप्यूटर का वह भाग है, जिसमें सभी प्रोसेसिंग की जाती है। जब प्रोसेसर एक ही चिप पर होता है, तो उसे माइक्रो प्रोसेसर (Micro-Processor) कहा जाता है।

79. *पता (Address)* : यह एक ऐसा संदर्भ होता है, जिससे कंप्यूटर की मेमोरी के प्रत्येक लोकेशन को पहचाना जाता है।

80. *पर्सनल कंप्यूटर (Personal Computer)* : यह छोटे आकार का एक विशेष प्रकार का कंप्यूटर होता है, जिसके साधन सीमित होते हैं और जिन पर सामान्यतया एक ही व्यक्ति एक समय पर कार्य कर सकता है। ये कई प्रकार के होते हैं, जैसे पीसी–एटी (PC-AT) पीसी–एक्सटी (PC-XT) पेंटियम (Pentium) आदि।

81. *पेपर टेप (Paper Tape)* : यह कागज का एक लंबा फीता होता है, जिस पर छोटे–छोटे गोल छिद्रों द्वारा सूचनाएँ अंकित की जाती हैं।

82. *पेंटियम (Pentium)* : यह अत्यंत तीव्र गति का एक ऐसा पर्सनल कंप्यूटर होता है, जिसकी मुख्य स्मृति 8 मेगाबाइट से लेकर 128 मेगाबाइट तक होती हैं।

83. *पैकेज (Package)* : ये एक प्रकार के रेडीमेट ऐप्लिकेशन सॉफ्टवेयर होते हैं, जो अधिकांश उपयोगकर्ताओं के उपयोग के लिए बाजार में उपलब्ध रहते हैं।

84. *फ्लॉपी डिस्क (Floppy Disk)* : यह प्लास्टिक की एक पतली वृत्ताकार प्लेट होती है, जिसके दोनों ओर चुंबकीय सतह होती है, जिस पर सूचनाएँ लिखी जाती हैं, इनका प्रयोग प्रायः पर्सनल कंप्यूटरों में डाटा भंडारण के सहायक माध्यम के रूप में किया जाता है यह अधिकतर दो आकारों में मिलती है।

85. *फ्लोचार्ट (Flow Chart)* : यह किसी प्रोग्राम का चित्र के रूप में प्रदर्शन होता है, जिसके विभिन्न प्रकार के बॉक्सों (आकृतियों) द्वारा प्रोग्राम के विभिन्न कथनों (या चरणों) को व्यक्त किया जाता है।

86. *फाइल (File)* : एक जैसे ढ़ाँचे वाले रिकार्डों के संग्रह को फाइल कहा जाता है। ऐसे सभी रिकार्ड प्रायः एक ही विषय से संबंधित होते हैं।

87. *फॉण्ट (Font)* : अक्षरों को दिखाने तथा छापने के विशेष रूप को फॉण्ट कहते हैं। अलग–अलग रूपों के अलग–अलग नाम होते हैं, जैसे टाइम्स न्यू रोमन, कूरियर, एरियल, स्क्रिप्ट, चाँदनी, सुरेख आदि।

88. *फीफो (FIFO)* : यह 'First-in-first-out' का संक्षिप्त रूप है। यह साधारण पंक्ति (Queue) का तकनीकी नाम है, जिसमें सबसे पहले आने वाले (या सबसे आगे खड़े हुए) व्यक्ति को सबसे पहले सेवा प्रदान की जाती है।

89. *बग (Bug)* : किसी प्रोग्राम या सिस्टम में रह जाने वाली गलती को बग (या छिद्र) कहा जाता है।

90. *बफर (Buffer)* : कंप्यूटर से जुड़े विभिन्न उपकरणों की कार्य करने की गति अलग–अलग होती है। इसलिए

जब कंप्यूटर द्वारा किसी उपकरण को डाटा भेजा जाता है, तो वह बीच में अस्थायी रूप से स्टोर करना पड़ता है। इसी स्टोर करने की सुविधा को बफर कहते हैं।

91. *बस (Bus) :* कंप्यूटर के विभिन्न भाग आपस में तारों या सर्किटों द्वारा जुड़े रहते हैं। इनके ही माध्यम से डाटा कंप्यूटर के एक भाग से दूसरे भाग को भेजा जाता है। इन तारों या चैनलों को बस कहा जाता हैं।

92. *बाइट (Byte) :* आठ लगातार बिटों के समूह को बाइट कहा जाता है। कंप्यूटर की मेमोरी में लाखों–करोड़ों बाइटें होती हैं। मेमोरी का आकार तथा किसी डाटा की लंबाई बाइटों में ही नापी जाती है।

93. *बाइनरी (Binary) :* यह एक ऐसी संख्या प्रणाली है, जिसका आधार 2 होता है इस प्रणाली में केवल दो अंक होते हैं–शून्य (0) तथा एक (1) सभी कंप्यूटर बाइनरी प्रणाली में ही कार्य करते हैं।

94. *बिओस (BIOS) :* यह बेसिक इनपुट–आउटपुट सीक्वेंस (Basic input/output sequence) का संक्षिप्त रूप है। यह एक ऐसा सॉफ्टवेयर है, जो कंप्यूटर के विभिन्न भागों जैसे मेमोरी, डिस्क, प्रोसेसर, मॉनीटर इत्यादि के बीच डाटा के आवागमन में सहयोग करता है। यह प्रायः रोम (ROM) में सुरक्षित रहता है।

95. *बिट (Bit) :* यह 'Binary Digit' का संक्षिप्त रूप है। यह सूचना की सबसे छोटी इकाई है, जिसके दो मान हो सकते हैं–0 या 1।

96. *बूट स्ट्रैप (Boot Strap) :* कंप्यूटर की बत्ती जलाने के बाद उसे कार्यशील बनाने के लिए एक प्रक्रिया अपनायी जाती है, इस प्रक्रिया को बूट स्ट्रैप कहा जाता है।

97. *बेसिक (BASIC) :* यह "Beginner's All-purpose Symbolic Instruction Code" का संक्षिप्त रूप है। यह एक उच्च स्तरीय प्रोग्रामिंग भाषा है, जो अधिकांश पर्सनल कंप्यूटरों पर पायी जाती है।

98. *बैक अप (Back Up) :* कंप्यूटर में भरे हुए डाटा या प्रोग्रामों की नकल करके उसे किसी दूसरे भंडारण माध्यम जैसे टेप या फ्लॉपी पर उतारने की क्रिया को बैकअप लेना कहा जाता है, ऐसा सुरक्षा कारणों से किया जाता है।

99. *बैच प्रोसेसिंग (Batch Processing) :* यह एक ऐसी तकनीक है, जिसमें कई कार्यों को एक गट (या बैच) बनाकर प्रस्तुत किया जाता है और उन्हें क्रमशः पालित किया जाता है। पर्सनल कंप्यूटरों पर प्रायः इसी विधि से कार्य होता है।

100. *मल्टीमीडिया (Multimedia) :* यह ऐसे विशेष कंप्यूटरों को दिया गया नाम है, जिन्हें साधारण डाटा और चित्रों के अलावा ध्वनि आधारित कार्यों, जैसे फिल्म, गीत, खेलों आदि में भी प्रयोग किया जा सकता है, ऐसे कंप्यूटरों में अनेक प्रकार के उपकरण एक साथ जोड़े जा सकते हैं।

101. *माइकर (MICR) :* यह 'Magnetic Ink Character Recognition' का छोटा रूप है। यह एक ऐसी तकनीक है, जिसमें चुंबकीय स्याही से लिखे या छपे हुए चिह्नों को पहचानकर इनपुट के रूप में प्रयोग किया जाता है। इस तकनीक का प्रयोग प्रायः बैंकों द्वारा चैक आदि के समाशोधन (Clearing) में किया जाता है।

102. *माइक्रो कंप्यूटर (Micro Computer) :* एक छोटा कंप्यूटर, जो माइक्रो प्रोसेसर पर आधारित होता है, माइक्रो कंप्यूटर कहा जाता है। सभी प्रकार के पर्सनल कंप्यूटर वास्तव में माइक्रो कंप्यूटर ही है।

103. *माइक्रो प्रोसेसर (Micro Processer) :* यह एक ऐसी सिलिकॉन चिप होती है, जिसमें किसी सी.पी.यू. के सभी आवश्यक भाग, जैसे–ए.एल.यू., कंट्रोल यूनिट तथा मेमोरी, शामिल होते हैं। इनका प्रयोग माइक्रो कंप्यूटरों में किया जाता है।

104. *माउस (Mouse) :* यह एक छोटा सा उपकरण है, जिसे हाथ से पकड़कर एक समतल सतह पर इधर–उधर चलाते हुए उसके द्वारा मॉनीटर की स्क्रीन पर कर्सर या पॉइंटर को कंट्रोल किया जाता है।

105. *मिनी कंप्यूटर (Mini Computer) :* यह माइक्रो कंप्यूटरों से बड़ा परंतु बड़े कंप्यूटरों से कुछ छोटे आकार का ऐसा कंप्यूटर होता है, जिस पर एक साथ कई उपयोगकर्ता कार्य कर सकते हैं।

106. *मुख्य मेमोरी (Main Memory) :* यह कंप्यूटर की मेमोरी का वह भाग है, जिसका प्रयोग सी.पी.यू. द्वारा सीधे किया जा सकता है, वास्तव में यह सी.पी.यू. का ही एक भाग होती है, इसे प्राइमरी मेमोरी भी कहा जाता है।

107. *मेनफ्रेम कंप्यूटर (Mainframe Computer) :* ये बड़े आकार और क्षमता के ऐसे कंप्यूटर होते हैं, जिन पर सैकड़ों लोग एक साथ कार्य कर सकते हैं।

108. *मेमोरी (Memory) :* यह कंप्यूटर का वह भाग है, जिसमें सभी डाटा तथा प्रोग्राम स्टोर किए जाते हैं। यह दो प्रकार की होती है–प्राइमरी या मुख्य मेमोरी और सेकेंडरी या सहायक मेमोरी।

109. *मॉडेम (Modem) :* यह 'Modulator Demodulator' का संक्षिप्त रूप है। यह एक ऐसा उपकरण है, जो कंप्यूटर से प्राप्त होने वाले अंकीय डाटा को विद्युत चुंबकीय तरंगों में तथा पुनः विद्युत चुंबकीय तरंगों को अंकीय डाटा में बदल देता है। इस उपकरण का प्रयोग डाटा को टेलीफोन तारों में होकर लंबी दूरी तक भेजने तथा प्राप्त करने में किया जाता है।

110. *मॉनिटर (Monitor) :* कंप्यूटर से प्राप्त होने वाली सूचनाओं को प्रदर्शित करने वाले पर्दे को मॉनीटर कहा जाता है। यह देखने में टेलीविजन जैसा होता है।

111. *यूजर फ्रेंडली (User Friendly) :* यह सॉफ्टवेयर पैकेजों का वह गुण है, जिसके अनुसार कंप्यूटर का प्रारंभिक ज्ञान न रखने वाला व्यक्ति भी उनका उपयोग कर सकता है।

112. *यादृच्छ उपयोग (Random Access) :* यह किसी डाटा फाइल का उपयोग करने की वह तकनीक है, जिसमें किसी भी रिकार्ड तक कभी भी सीधे पहुँचा जा सकता है। ऐसा उस फाइल के रिकार्डों के किसी की–फील्ड के मान के आधार पर किया जाता है।

113. *यूनिक्स (UNIX) :* यह एक ऑपरेटिंग सिस्टम है, जिसमें मल्टी प्रोग्रामिंग तथा टाइमशेयरिंग सुविधा उपलबध होती है।

114. *यूपीएस (UPS) :* यह अनवरत विद्युत आपूर्ति (Uninterrupted power supply) का संक्षिप्त रूप है। यह कंप्यूटर को विद्युत आपूर्ति करने वाली मुख्य लाइन में इस प्रकार जोड़ा जाता है कि बिजली चली जाने पर भी अपनी बैटरी की सहायता से कंप्यूटर को विद्युत प्रवाह लगातार बनाए रखता है. इसमें लगी बैटरियाँ बिजली आते रहने पर स्वयं ही चार्ज होती रहती हैं।

115. *रजिस्टर (Register) :* ये कुछ ऐसी मेमोरी लोकेशन है, जो किसी विशेष कार्य के लिए ही प्रयोग में लाए जाते हैं।

116. *रिकार्ड (Record) :* किसी वस्तु के बारे में विभिन्न सूचनाओं. के संग्रह को रिकार्ड कहा जाता है।

117. *रीअल टाइम सिस्टम (Real Time System) :* जिस सिस्टम में इनपुट उत्पन्न होने के तत्काल बाद उसका उपयोग करके डाटा फाइलों को सुधार दिया जाता है, उसे रीअल टाइम सिस्टम कहा जाता है, जैसे रेलवे आरक्षण।

118. *रैम (RAM) :* यह 'Randaom Access Memory' का छोटा रूप है। यह कंप्यूटर की मुख्य मेमोरी का वह भाग है, जिसका प्रयोग उपयोगकर्ता द्वारा अपनी इच्छानुसार दिया जा सकता है।

119. *रोबोट (ROBOT) :* यह ऐसी कंप्यूटरीकृत मशीन होती है, जो मनुष्य द्वारा की जाने वाली बहुत–सी क्रियाओं को सफलता पूर्वक कर सकती है।

120. *लीफो (LIFO) :* यह 'Last-in-first-out' का छोटा रूप है। यह ऐसी स्थिति को व्यक्त करता है, जिसमें सबसे बाद आने वाली वस्तु का उपयोग सबसे पहले किया जाता है, उदाहरण के लिए किसी डिब्बे में बाद में रखी जाने वाली वस्तु पहले निकाली जाती है। यह फीफो (FIFO) का विलोम या विपरीत होता है।

121. *लूप (Loop) :* यह प्रोग्रामों का पालन करते समय उत्पन्न होने वाली वह स्थिति है, जिसमें प्रोग्राम के किसी

भाग को बार–बार तब तक पालित किया जाता है, जब तक कोई दी हुई परिस्थिति या शर्त (Condition) पूरी न हो जाए।

122. लॉजिक (Logic) : यह विज्ञान की वह शाखा है जिसमें कुछ दिए हुए तथ्यों से तर्क आधार पर कोई निष्कर्ष निकाला जाता है।

123. *लॉजिकल ऑपरेटर (Logical Operator) :* ये ऐसे आपरेटर या चिह्न हैं, जिनके द्वारा दो शर्तों (Condition) को आपस में जोड़कर एक नयी शर्त बनायी जाती है या किसी शर्त को उलटा जाता है। मुख्य लॉजिकल ऑपरेटर तीन होते हैं– तथा (AND) अथवा (OR) और नहीं (NOT).

124. *लैन (LAN) :* यह लोकल एरिया नेटवर्क (Local Area Network) का संक्षिप्त रूप है। यह ऐसा नेटवर्क है, जिसका विस्तार एक छोटे क्षेत्र तक सीमित होता है तथा जिसके सभी कंप्यूटर केबिलों द्वारा ही एक दूसरे से सीधे जुड़े रहते हैं, इसमें मॉडेम तथा टेलीफोन लाइन की आवश्यकता नहीं होती।

125. *व्याकरण (Syntax) :* किसी प्रोग्रामिंग भाषा में प्रोग्राम लिखने के सामान्य नियमों को उस भाषा का व्याकरण कहते हैं।

126. *व्याकरण त्रुटि (Syntex Error) :* किसी प्रोग्रामिंग भाषा के व्याकरण का पालन न करने से उत्पन्न होने वाली त्रुटि को व्याकरण त्रुटि कहा जाता है। प्रोग्राम को कंपाइलर द्वारा त्रुटियों को दूर करना अनिवार्य है।

127. *वर्ल्ड वाइड वेब (World Wide Web) :* यह इंटरनेट का एक प्रमुख भाग है, जिसमें विश्वभर में कंप्यूटरों पर सूचनाओं का एक विशाल संग्रह सुरक्षित किया गया है, जिन्हें वेबसाइट (Website) कहते हैं, ऐसी प्रत्येक वेबसाइटों के पते में इसके संक्षिप्त रूप 'www' का प्रयोग किया जाता है।

128. *वर्ड (Word) :* यह कंप्यूटर की मेमोरी में एक या अधिक बाइटों का ऐसा समूह है, जो पूरी तरह स्वतंत्र होता है और जिसे सी.पी.यू. द्वारा एक इकाई की तरह उपयोग किया जाता है।

129. *वर्ड प्रोसेसिंग (Word Processing) :* यह वह प्रक्रिया है जिसमें किसी प्राकृतिक भाषा में दी हुई पाठ्य सामग्री (Text Data) को कंप्यूटर में प्रविष्ट करने, देखने, सुधारने, स्टोर करने, पुनः प्राप्त करने, छापने आदि के कार्य कंप्यूटर की सहायता से किए जाते हैं। इन कार्यों के लिए जो साफ्टवेयर पैकेज (प्रोग्राम) प्रयोग किया जाता है, उसे वर्ड (Word Processer) कहा जाता है।

130. *वर्ण (Character) :* कोई ऐसा चिह्न (या प्रतीक), जो कंप्यूटर में स्टोर किया जाता है, वर्ण कहलाता है, इसमें अक्षर, अंक तथा विशेष वर्ण शामिल होते हैं। इसका प्रयोग अधिकांशतः माइक्रो कंप्यूटरों में किया जाता है।

131. *विंचेस्टर डिस्क (Winchester Disk) :* यह एक प्रकार की हार्ड डिस्क होती है जो आकार में छोटी होती है तथा डिब्बे में अच्छी तरह बंद कर दी जाती है। इसका प्रयोग अधिकांशतः माइक्रो कंप्यूटरों में किया जाता है।

132. *विंडो (Window) :* यह एक ऐसी सुविधा है, जिसमें वीडीयू की स्क्रीन के किसी आयताकार भाग को स्वतंत्र स्क्रीन के रूप में प्रयोग किया जाता है।

133. *विन्यास (Array) :* यह एक ही प्रकार के कई डाटा फील्डों का एक व्यवस्थित समूह होता है, जिसे या तो रेखीय (Linear) क्रम में या आयताकार (Ractangular) रूप में रखा जाता है। इसके प्रत्येक डाटा फील्ड की पहचान उसकी क्रम संख्या अथवा सब्सक्रिप्ट (Subscript) द्वारा की जाती है।

134. *वीडीयू (V.D.U.) :* यह 'Visual Display Unit' का लघु रूप है टी.वी. जैसे आकार की कैथेड रे टयूब (CRT) को वीडीयू कहा जाता है। इस पर कंप्यूटर से प्राप्त होने वाली सभी सूचनाओं को चिह्नों या चित्रों के रूप में दिखाया जा सकता है।

135. *स्केनर (Scanner) :* यह एक ऐसा उपकरण है, जो किसी कागज पर बने चित्रों आदि को पढ़कर उन्हें बाइनरी डाटा में बदलकर कंप्यूटर में भेज देता है, जिनका उपयोग कंप्यूटर में साधारण चित्रों की तरह किया जा सकता है, कुछ स्केनर आदेश दिए जाने पर चित्रों का रंग रूप भी बदल सकते हैं।

136. *स्ट्रिंग (String) :* वर्णों की किसी शृंखला को स्ट्रिंग कहा जाता है, जैसे कोई शब्द, वाक्यांश या वाक्य।

137. *स्रोत प्रोग्राम (Source Program) :* किसी प्रोग्रामिंग भाषा में लिखे गए मूल प्रोग्राम को स्रोत प्रोग्राम कहा जाता है।

138. *सत्यापन (Validation) :* किसी फाइल में भरे हुए डाटा की वैधता (validity) की जाँच करना सत्यापन कहलाता है।

139. *सबरूटिन (Subroutine) :* यह ऐसा प्रोग्राम होता है, जो स्वतंत्र रूप से नहीं चलाया जाता, बल्कि किसी दूसरे प्रोग्राम द्वारा आहूत (Call) किया जाता है और इसके पालन के बाद कंट्रोल फिर मुख्य प्रोग्राम पर लौट जाता है।

140. *सहायक मेमोरी (Auxiliary Memory) :* यह कंप्यूटर की वह स्मृति है, जो सी.पी.यू. से बाहर होती है और जिस पर सूचनाएँ स्थायी रूप से स्टोर कर दी जाती हैं तथा आवश्यकता पड़ने पर वहाँ से पढ़ ली जाती हैं। चुंबकीय डिस्क, टेप आदि ऐसी ही मेमोरी है।

141. *साउंड कार्ड (Sound Card) :* यह ऐसा इलेक्ट्रॉनिक साधन होता है, जो कंप्यूटर द्वारा विभिन्न प्रकार की ध्वनियों को रिकार्ड करने और उन्हें उत्पन्न करने अर्थात बजाने में सहायता करता है। यह मल्टीमीडिया कंप्यूटरों में लगाया जाता है।

142. *साधन (Peripherals) :* कंप्यूटर से जुड़े इनपुट–आउटपुट के विभिन्न उपकरणों को साधन कहा जाता है, जैसे टर्मिनल, प्रिंटर, प्लॉटर, स्पीकर, माउस आदि।

143. *सिमुलेशन (Simulation) :* किसी प्राकृतिक क्रिया का अध्ययन करने के लिए कंप्यूटर में वैसा ही काल्पनिक मॉडल बनाने की क्रिया को सिमुलेशन कहा जाता है।

144. *सिस्टम (System) :* वस्तुओं के ऐसे समूह या संगठन को, जो आपस में जुड़े होते हैं और किसी एक निश्चित उद्देश्य के लिए कार्य करते हैं, सिस्टम कहा जाता है। सामान्यतया हर प्रकार के कंप्यूटरों को सिस्टम कहा जाता है।

145. *सिस्टम एनालाइसिस (System Analysis) :* किसी कार्य का गहरा अध्ययन और विश्लेषण करने की कला को सिस्टम एनालाइसिस कहा जाता है। ऐसे अध्ययन का उद्देश्य उस कार्य का कंप्यूटरीकृत करना होता है। यह कार्य करने वाला व्यक्ति सिस्टम एनालिस्ट कहलाता है।

146. *सीडी रोम (CD-ROM) :* यह 'Compact Disk-Read Only Memory' का छोटा रूप है। यह एक ऐसा भंडारण माध्यम है, जो संगीत आदि के रिकार्ड करने वाली कॉम्पैक्ट डिस्क तकनीक पर आधारित है। इसमें एक ही सीडी पर सैकड़ों मैगाबाइट डाटा संग्रहीत किया जा सकता है परंतु एक बार रिकार्ड हो जाने के बाद डाटा को बदला नहीं जा सकता।